Wolfgang Mühlfriedel
Klaus Wießner

Die Geschichte der Industrie der DDR bis 1965

Forschungen zur WIRTSCHAFTS GESCHICHTE

herausgegeben von
Jürgen Kuczynski
Hans Mottek
Helga Nussbaum

Band 25

Wolfgang Mühlfriedel
Klaus Wießner

Die Geschichte der Industrie der DDR bis 1965

Akademie-Verlag Berlin 1989

ISBN 3-05-000843-1
ISSN 0138-5100

Erschienen im Akademie-Verlag Berlin, Leipziger Str. 3–4, DDR-1086 Berlin

Lizenznummer: 202 · 100/51/89
Printed in the German Democratic Republic
Gesamtherstellung: VEB Druckerei »Gottfried Wilhelm Leibniz«,
4450 Gräfenhainichen · 7223
Lektor: Günter Hertel
Umschlaggestaltung: Anke Baltzer
LSV 0305
Bestellnummer: 755 024 5 (2140/25)

03800

Inhalt

Vorwort

Die vorgelegte Monographie zur industriellen Entwicklung der DDR in den Jahren des Übergangs vom Kapitalismus zum Sozialismus ist der Versuch einer geschlossenen Darstellung der sozialökonomischen, ökonomischen, wissenschaftlich-technischen und strukturellen Wandlungsprozesse in einem der wichtigsten Bereiche der Volkswirtschaft. Sie wird mit einer Skizze des industriellen Standes am Ausgang der faschistischen Kriegswirtschaft eingeleitet, um die materiellen Voraussetzungen für einen im Mai 1945 begonnenen tiefgreifenden Umgestaltungsprozeß in der Industrie zu verdeutlichen. Die Monographie konzentriert sich auf die mit dem Ablösen der kapitalistischen durch die sozialistischen Prouktionsverhältnisse verbundenen Grundprozesse, auf die damit untrennbar verknüpften Veränderungen in den industriellen Produktivkräften und auf den Einfluß, der davon auf die Ausbildung der sozialistischen Produktionsweise ausging. Einen großen Raum nehmen die im betrachteten Zeitraum erzielten Ergebnisse der wissenschaftlich-technischen Arbeit und deren Überleitung in die Produktion, die davon ausgehenden qualitativen Wandlungen in den materiell-technischen Produktivkräften, in der Industriearbeiterschaft und der wissenschaftlich-technischen Intelligenz ein. Sie verfolgt die Entwicklung der privatkapitalistischen Industrie in der antifaschistisch-demokratischen Umwälzung und arbeitet die sozialökonomischen Wandlungen, die sich in einer wachsenden Anzahl von Privatunternehmen seit Mitte der 50er Jahre vollzogen, heraus. Die Darstellung schließt Mitte der 60er Jahre, in der die Industrie aus der sozialistischen Umgestaltung in eine Entwicklungsperiode hinüberwuchs, die vom Aufbau der entwickelten sozialistischen Gesellschaft gekennzeichnet ist.

Die Monografie über die Geschichte der Industrie in der DDR jener Jahre konnte sich nicht die Aufgabe stellen, ein detailliertes Bild aller Zweige der Industrie zu bieten. So verzichtet sie auf eine eingehende Behandlung der Leicht- und Nahrungsgüterindustrie, die zweifellos einen beachtlichen volkswirtschaftlichen Beitrag leistete, selbst aber – sieht man von sozialökonomischen Veränderungen ab – aufgrund der historischen Umstände noch keine einschneidenden Veränderungen erfuhr.

Die Beziehungen zwischen der Industrie und der Außenwirtschaft wurden vornehmlich im Zusammenhang mit der materiell-technischen Versorgung der Industrie, dem Nutzen von Projektierungsunterlagen und Ausrüstungen für große Investitionsobjekte sowie der veränderten Produktionssortimente in verschiedenen Industriezweigen behandelt. Die seit Mitte der 50er Jahre einsetzenden Bemühungen um eine internationale Arbeitsteilung innerhalb des Rates für gegenseitige Wirtschaftshilfe auf ausgewählten Gebieten der industriellen Produktion wurde nicht reflektiert, weil sie im betrachteten Zeitraum noch keinen tiefgreifenden praktischen Einfluß auf die Industrie nahm.

Bei ihren Arbeiten konnten sich die Verfasser auf eine umfangreiche Literatur, die sich vornehmlich mit der Rolle der Industrie in der Wirtschaftspolitik der SED, mit der Geschichte der Leitung und Planung der volkseigenen Industrie, mit dem Verlauf des industriellen Reproduktionsprozesses, mit dem Investitionsgeschehen, mit einzelnen Zeitabschnitten der Industrieentwicklung, mit der Geschichte ausgewählter Zweige und volkseigener Betriebe sowie mit der Masseninitiative auf dem Produktionsfeld befaßt, stützen.

Die der Monographie zugrunde liegende Konzeption ließ sich nur realisieren, weil es den Verfassern möglich war, die umfangreichen Bestände in den Archiven der DDR zu nutzen. Für die fördernde Unterstützung, die sie durch die Archivare erfuhren, danken die Verfasser herzlich.

Dankbar verweisen die Verfasser auf Vorarbeiten von Dr. Ulrich Hartmann, die in die Kapitel 5 und 6 mit eingegangen sind.

Großen Nutzen zogen die Autoren aus den Diskussionen, die auf den schon seit einem Jahrzehnt von der Abteilung Sozialismus des Instituts für Wirtschaftsgeschichte bei der Akademie der Wissenschaften der DDR und des Wissenschaftsgebietes Wirtschaftsgeschichte der Sektion Wirtschaftswissenschaften an der Friedrich-Schiller-Universität gemeinsam in Jena veranstalteten wissenschaftlichen Kolloquien zur Geschichte der sozialistischen Industrie zu den Ergebnissen ihrer Arbeit geführt wurden. Diese Diskussionen ermutigten die Autoren in ihrem Vorhaben und veranlaßten sie, verschiedene ursprüngliche Auffassungen zu korrigieren und sich mit manchem Problem noch eingehender zu befassen.

Ein besonderer Dank gebührt den Professoren Dr. Lothar Baar und Dr. Jörg Roesler, die durch ihre kameradschaftliche Hilfe, die nicht zuletzt in kritischen Hinweisen und Anmerkungen ihren Ausdruck fand, schon in einer sehr frühen Phase unsere Arbeit förderten. Ebenso dankbar sind wir Günter Hertel, der mit verständnisvollem und sachkundigem Rat Inhalt und Form des Vorliegenden positiv beeinflußte. Zu einem herzlichen Dank sind wir Frau Ingeborg Pfeifer für die termingerechte technische Herstellung des Manuskripts verpflichtet.

Die Autoren wenden sich mit ihrer Publikation an die Fachkollegen ebenso wie an die Historiker, die sich mit der jüngeren Geschichte unseres Landes befassen, und an die am Thema allgemein interessierten Leser. Sie hoffen auf eine kritische Wertung ihres Arbeitsergebnisses.

Die Verfasser

Jena und Karl-Marx-Stadt
im Mai 1989

TEIL I

Die Industrie in der antifaschistisch-demokratischen Umwälzung (1945 bis 1949)

Kapitel 1

Die industriellen Voraussetzungen für die gesellschaftlichen Veränderungen in der sowjetischen Besatzungszone

1. Merkmale der Industrieentwicklung in den letzten Jahren der faschistischen Kriegswirtschaft

Der Verlauf der antifaschistisch-demokratischen Umwälzung in der sowjetischen Besatzungszone und die sozialistische Revolution in der DDR wurde von der in Deutschland bis 1945 vollzogenen industriellen Entwicklung mitbestimmt. Wenngleich in den deutschen Gebieten, in denen sich die tiefgreifenden historischen Veränderungen vollzogen, die Industrie einige spezifische Züge aufwies, so wurde sie doch bis 1945 von den gleichen Merkmalen bestimmt, wie die Industrie in Deutschland insgesamt. Die deutsche Industrie war ein wesentliches Element der faschistischen Rüstungs- und Kriegswirtschaft.[1]

Sie war die Quelle außergewöhnlicher Rüstungsprofite für die Finanzoligarchie und andere Kriegsinteressenten und eine der materiellen Grundlagen für die Vorbereitung und Führung des faschistischen Aggressionskrieges.[2]

In seinem Verlauf wurden in den Ländern Europas, insbesondere in der UdSSR unermeßliche Schäden angerichtet.[3]

Im Interesse der reaktionären Teile der deutschen Monopolbourgeoisie und ihrer politischen und militaristischen Parteigänger wurde die Industrie in den Jahren der faschistischen Herrschaft konsequent auf die Erfordernisse des Krieges ausgerichtet. Ein Merkmal der Industrieentwicklung, das alle anderen beherrschte.

Am Vorabend des zweiten Weltkrieges nahm die deutsche Industrie hinter den USA den zweiten Platz unter den kapitalistischen Industrieländern ein. 1938 entfielen auf Deutschland 13,2 Prozent der Weltindustrieproduktion.[4]

Dieses industrielle Potential wurde in den Jahren 1939 bis 1944, wenn auch unter kriegswirtschaftlichen Gesichtspunkten, entschieden erweitert. Unter Ausschöpfung aller im Deutschen Reich und in den vom faschistischen deutschen Imperialismus okkupierten Ländern verfügbaren materiellen und personellen Ressourcen stieg die industrielle Produktion in Deutschland bis 1944 an.

Die Tabelle 1 gibt die allgemeine Bewegung der deutschen Industrieproduktion in den Kriegsjahren wieder.

1 LV-133, S. 443ff. (Klassenkampf)
2 LV-48 (Deutschland, 1–6); LV-77 (Eichholz, 1–2); LV-302 (Zumpe)
3 LV-48 (Deutschland, 2–6); LV-22, S. 92ff. (Barthel)
4 LV-77, S. 34 (Eichholz, 1)

Tabelle 1

Die Entwicklung der Industrieproduktion im Deutschen Reich 1939 bis 1944 (1939 = 100)

Jahr	Industrie-produktion
1940	106,5
1941	116,6
1942	118,1
1943	131,8
1944	132,6

Quelle: LV-48, S. 46 (Deutschland, 5)

An diesem Ansteigen der Industrieproduktion waren die einzelnen Industriebereiche und -zweige sehr unterschiedlich beteiligt.

Das Wachstum der industriellen Produktion wurde durch die Produktionsmittel-, insbesondere durch die Rüstungsindustrie geprägt. Der Produktionsindex der metallverarbeitenden Industrie erhöhte sich von 100 im Jahre 1939 auf 186,1 im Jahre 1943 und erreichte im Jahre 1944 mit 203,4 den höchsten Stand. Überdurchschnittlich entwickelte sich bis 1943 auch die chemische Industrie, die Kraftstoffherstellung eingeschlossen. Ihr Produktionsindex war 1944 von 100 im Jahre 1939 auf 139,8 angestiegen.[5] 1944 wirkten sich in diesem Zweig bereits die gezielten Luftangriffe der britisch-amerikanischen Luftstreitkräfte aus. Im Bergbau und in der Metallurgie wurde 1944 die höchste Produktion während des Krieges registriert. An diesem Anwachsen der industriellen Produktion hatten die einzelnen Regionen Deutschlands einen unterschiedlichen Anteil. Größere Produktionskapazitäten entstanden im Verlaufe des Krieges auf dem Gebiet, auf dem die DDR gegründet wurde.

Die Tabelle 2 macht kenntlich, wie sich auf diesem Territorium zwischen 1936 und 1944 die industrielle Struktur veränderte.

Tabelle 2

Entwicklung der industriellen Bruttoproduktion auf dem Gebiet der späteren DDR zwischen 1936 und 1944 (1936 = 100)

Industriebereich	1944
Industrie gesamt	154
Investitionsgüterindustrie	242
sonst. Produktionsmittelindustrie	152
Konsumgüterindustrie	88

Quelle: LV-22, S. 31 (Barthel)

„Die Ausdehnung der Industrieproduktion war erheblich größer als im Durchschnitt des ehemaligen Deutschen Reiches. Sie betrug für das Gebiet der Deutschen Demokratischen Republik ohne Hauptstadt Berlin von 1936 bis 1944 etwa 50 Prozent.

5 LV-48, S. 46 (Deutschland, 4)

Dabei waren in diesem Gebiet sowohl die Ausdehnung der Rüstungsproduktion als auch die Einschränkung in der Produktion von Gebrauchsgütern (vor allem in den letzten Kriegsjahren) stärker als im Durchschnitt des ehemaligen Deutschen Reiches. Besonders hoch war die Steigerung der Produktion von 1936 bis 1944 im Maschinen- und Fahrzeugbau, in der Elektroindustrie, in der Feinmechanik/Optik, in der Produktion von Eisen-, Stahl- und Metallwaren und in der Produktion von chemischen Erzeugnissen (einschließlich Kraftstoffe). Die Produktion betrug in diesen Zweigen 1944 zum Teil das Mehrfache im Vergleich zu 1936.

Die Einbeziehung auch mittlerer und kleiner Industriebetriebe in die Rüstungsproduktion im weitesten Sinne führte vor allem in Thüringen und Sachsen zu einer weiteren Arbeitsteilung und zu einer Produktionsstruktur, die weiter von einheimischen Rohstoffen abgerückt war."[6] Die Erhöhung der industriellen Produktion ging mit einer zunehmenden Vergesellschaftung der Produktion und der Arbeit, die in einer starken Konzentration der Produktion, in einer entwickelten Arbeitsteilung und Spezialisierung der industriellen Produktion und in einer relativ günstigen Standortverteilung der Industrie zum Ausdruck kam, einher. Wie sich der Prozeß der Produktionskonzentration vollzog, geht aus der Tabelle 3 über die Struktur der Betriebsgrößen[7] in Industrie und Handwerk im Deutschen Reich insgesamt und in den uns besonders interessierenden Ländern und Provinzen hervor.

Tabelle 3

Anteil der Betriebsgrößenklassen an den Gesamtbeschäftigten in Industrie und Handwerk im Deutschen Reich und in ausgewählten Ländern 1939 (in Prozent)

Gebiet	Klein-Betriebe 1–10 Beschäftigte	Klein-Betriebe 11–50 Beschäftigte	Mittel-Betriebe 51–200 Beschäftigte	Groß-Betriebe 201–1000 Beschäftigte	Groß-Betriebe über 1000 Beschäftigte
Deutsches Reich	25,4	14,0	16,8	20,7	23,1
Anhalt	17,8	10,9	14,2	16,0	41,1
Sachsen	24,5	14,2	20,4	25,1	15,8
Prov. Sachsen	23,1	12,9	14,3	20,3	29,5
Thüringen	26,7	15,7	19,3	23,6	14,7

Quelle: LV-125, S. 159 (John)

Die Tabelle 3 weist für das Deutsche Reich im Jahre 1939 einen beträchtlichen Anteil an Großbetrieben aus. Nahezu 50 Prozent der registrierten industriellen und handwerklichen Produktionsstätten waren ihrer Beschäftigtenzahl nach Großbetriebe. Hinzu kam eine bemerkenswerte Anzahl von Betrieben mittlerer Größe.

Die Angaben aus den ausgewählten Ländern und Provinzen verdeutlichen die Differenziertheit im Konzentrationsgrad der Produktion innerhalb des Deutschen Reiches. In den Provinzen Sachsen und Anhalt lag, vor allem auf Rohstoffvorkommen gegründet, die Anzahl der Großbetriebe über dem Reichsdurchschnitt. Dem gegenüber dominierten in Sachsen und in Thüringen die Betriebe mit einer Belegschaft zwischen

6 LV-22, S. 35 (Barthel)

7 Die Verfasser sind sich der Problematik dieser Klassifizierung bewußt. Sie verwerten in Ermangelung von Zahlen, die den Grad der Produktionskonzentration schärfer wiedergeben, die Angaben der Tabelle 3.

201 und 1000 Beschäftigten. Lediglich in Thüringen überstieg die Anzahl der Kleinbetriebe den im Deutschen Reich gegebenen Durchschnitt. Die Zahl der Großbetriebe mit über 1000 Beschäftigten belief sich in diesem Jahr lediglich auf 44, wovon die Mehrzahl metallverarbeitende Betriebe waren.[8] Der Konzentrationsprozeß der Produktion war in den einzelnen Industriezweigen sehr unterschiedlich verlaufen. Darüber gibt die Verteilung des Aktienkapitals auf die Industriebereiche Auskunft.

Tabelle 4
Anteil der Aktiengesellschaften und des Nominalkapitals in den Industriebereichen.
Stand: 31. 12. 1936 (in Prozent)

Industriebereich	Aktiengesellschaften	Nominalkapital
Grundstoffindustrie	14,2	31,1
Verarbeitende Industrie	79,9	48,8
Energie- u. Wasserwirtschaft	5,9	20,1
Industrie gesamt	100,0	100,0

Quelle: Errechnet nach LV-241, S. 47 (Statistische Praxis 1950)

Das in der Tabelle 4 vermittelte Bild wird noch deutlicher, wenn die Höhe des durchschnittlichen Nominalkapitals einer Aktiengesellschaft in den einzelnen Industriezweigen in die Betrachtung einbezogen wird.

Tabelle 5
Durchschnittliches Nominalkapital einer Aktiengesellschaft in ausgewählten Industriezweigen.
Stand: 31. 12. 1936 (in Mill. RM)

Industriezweig	Durchschnittliches Nominalkapital
Industrie, gesamt	3,26
Steinkohlebergbau	33,36
Kalibergbau	27,62
Erzbergbau	19,85
Energie- u. Wasserversorgung	11,16
Braunkohlebergbau	10,35
Fahrzeugbau	74,1
Glasfabrikation	20,7
Leder- u. Linoleumindustrie	17,3
Textilindustrie	1,56
Maschinen- u. Apparatebau	15,4
Nahrungs- u. Genußmittelindustrie	12,8

Quelle: Errechnet nach LV-241, S. 47 (Statistische Praxis 1950)

[8] LV-125, Anhang, Tabelle XXX/I (John)

Tabelle 5 läßt erkennen, daß in den Zweigen der Grundstoffindustrie eine überdurchschnittliche Kapitalkonzentration vorlag. Zu beachten ist ferner die geringe Aktienkapitalhöhe in der Konsumgüterindustrie und im Maschinenbau. Unter den Bedingungen der faschistischen Kriegswirtschaft schritt die Produktionskonzentration rasch fort. Da uns dafür keine ins Detail gehenden statistischen Angaben zur Verfügung stehen, müssen wir uns, um die Tendenz zu verdeutlichen, mit den Gesamtzahlen über die Aktiengesellschaften begnügen. Das ist für unsere Zwecke aber durchaus möglich, weil sich in der zweiten Hälfte der 30er Jahre ca. 76 Prozent der Aktiengesellschaften mit der industriellen Produktion befaßten. Sie repräsentierten 73 Prozent des gesamten Aktienkapitals.

1938 existierten in Deutschland 5518 Aktiengesellschaften. Bis 1943 sank ihre Zahl auf 5367 ab. Ihr Kapital belief sich auf 18,7 bzw. 29,7 Milliarden RM. Das durchschnittliche Aktienkapital einer Gesellschaft erhöhte sich zwischen 1938 und 1943 von 3,4 auf 5,5 Millionen RM. Die Anzahl der Gesellschaften mit einem Kapital von 50 Millionen RM und mehr war zwischen 1938 und 1943 von 59 auf 108 angestiegen. Es sei hinzugefügt, daß der Anteil der Gesellschaften mit einem Aktienkapital von 5 Millionen und mehr RM an der Gesamtzahl von 11,2 auf 16,7 Prozent zunahm. 1943 hatten 18,7 Prozent der Aktiengesellschaften mit mehr als 5 Millionen RM Kapital einen Anteil von 18,7 Prozent.[9]

Die hohe Konzentration der Produktion und des Kapitals war damit verbunden, daß in einer Reihe von Industriezweigen – hier sind die Grundstoffindustrie, die

Tabelle 6
Übersicht ausgewählter staatskapitalistischer und privatkapitalistischer Monopolunternehmen, deren Betriebe in der sowjetischen Besatzungszone und in Berlin unter Sequester gestellt waren und in Landeseigentum und staatliches sowjetisches Eigentum übergingen

Unternehmen	Anzahl der Betriebe
AEG-Konzern	11
Deutsche Continental-Gasgesellschaft	24
Diring-Textilkonzern	11
Flick-Konzern	28
Göring-Konzern	17
Henkel-AG	7
Krupp-Cruson	1
Mannesmann-Konzern	9
Rütger-Konzern	14
Reemtsma-Konzern	8
Siemens-Konzern	11
Stinnes-Konzern	17
Thüringer Gasgesellschaft	45
Bayrische Motorenwerke	1

Quelle: LV-143, S. 19 (Kühne); LV-17, S. 59 (Müller/Reißig)

9 LV-48, S. 503 (Deutschland, 4)

Energieerzeugung und -verteilung, die elektrotechnische, feinmechanisch-optische Industrie sowie der Fahrzeugbau vor allem zu nennen – Großunternehmen die Produktion monopolisiert hatten.[10] Ihre Zentralen waren vornehmlich in Berlin und in westdeutschen Städten angesiedelt. Auf dem Gebiet der späteren DDR gab es nur einige dieser Zentralen. In der Regel hatten auf diesem Gebiet nur Produktionsstätten der Monopolunternehmer ihren Standort (vgl. Tabelle 6).

In verschiedenen Zweigen der Produktionsmittelindustrie nahm das staatskapitalistische Eigentum an den industriellen Produktionsmitteln einen beachtlichen Platz ein. Das traf insbesondere auf die Energiewirtschaft, auf den Bergbau, die Metallurgie und die chemische Industrie zu.[11] Der Staat war 1936 von den 17 ausgewiesenen Industriezweigen in 13 Zweigen an Aktiengesellschaften und in drei Industriezweigen an GmbH beteiligt.[12] Die Tabelle 7 gibt einen Überblick über jene Zweige, in denen der Staatskapitalismus besonders vertreten war.

Tabelle 7
Anteil der öffentlichen Hand am Kapital der Aktiengesellschaften und der GmbH in ausgewählten Industriezweigen. Stand: 31. 12. 1936 (in Prozent)

Industriezweig	Nominalkapital der Aktiengesellschaft	Stammkapital der GmbH
Elektrizitäts-, Gas- und Wasserversorgung	37,2	41,6
Schiffbau	21,6	62,8
Erzbergbau	5,0	–
Kalibergbau	3,4	–

Quelle: LV-241, S. 47 (Statistische Praxis 1950)

Unmittelbar vor dem zweiten Weltkrieg und in seinem Verlauf nahm der staatskapitalistische Anteil im Erzbergbau, in der Metallurgie und in der chemischen Industrie sowie in der Energiewirtschaft weiter zu.

Kennzeichnend für die industrielle Entwicklung in Deutschland war ferner, daß die Industrie alle für eine entwickelte kapitalistische Volkswirtschaft wichtigen Bereiche, Zweige und Erzeugnisgruppen umfaßte. Es ist hervorzuheben, daß die Zweige, die den technischen Fortschritt trugen, wie der Werkzeugmaschinenbau, die feinmechanisch-optische Industrie, der wissenschaftliche Gerätebau, die modernen Bereiche der elektrotechnischen Industrie und die chemische Industrie in der Industriestruktur vertreten waren und vielfach einen maßgeblichen Platz einnahmen. Die Tabelle 8 gibt die Industriezweigstruktur des Jahres 1936 wieder.

Im Verlaufe des zweiten Weltkrieges veränderte sich diese Struktur zugunsten jener Zweige, von denen die Erzeugung von Waffen, Munition, Kriegsgerät, Transportmittel usw. abhing.[13] Ein eindrucksvolles Bild davon vermittelt die Tabelle 9 über die Zu- und Abnahme der Produktion im Maschinenbau zwischen 1938 und 1943.

[10] LV-174, S. 88ff. (Mottek); LV-302, S. 113f. (Zumpe)
[11] LV-302, S. 182f. (Zumpe); LV-125, S. 270 (John)
[12] LV-241, S. 47 (Statistische Praxis 1950)
[13] LV-77 (Eichholz, 1–2)

Tabelle 8
Anteil der Industriebereiche an der industriellen Bruttoproduktion und an den in der Industrie Beschäftigten im Jahre 1936 (in Prozent)

Industriebereich	Bruttoproduktion	Beschäftigte
Bergbau	5,7	
Bergbau, Salinenwesen, Torfgräbereien		6,6
metallurgische Industrie einschließlich Gießereien	8,3	4,9
Eisen-, Stahl- und Metallwarenindustrie	6,8	7,2
Eisen- und Stahlbau	1,6	
Maschinen- und Fahrzeugbau	9,2	14,5
elektrotechnische Industrie u. feinmechanisch-optische Industrie	4,4	5,5
chemische und chemisch-technische Industrie	6,3	
chemische Industrie		4,0
Kautschuk- u. Asbestindustrie	0,8	0,6
Kraftstoffindustrie	1,2	
Papier-, Pappen-, Zellstoff- u. Holzstoffindustrie sowie Druck- und Papierverarbeitung	4,5	4,9
Leder- u. Linoleumindustrie	2,4	1,0
Textilindustrie	10,3	10,8
Bekleidungsindustrie	2,5	5,2
Glas- u. Keramische Industrie	1,0	
Säge- u. holzverarbeitende Industrie	3,2	5,3
Industrie d. Steine u. Erden	2,6	6,4
Bauindustrie u. sonstige Industriezweige	11,1	
Baugewerbe (einschließlich Baunebengewerbe)		12,2
Nahrungs- u. Genußmittelindustrie einschließlich Spirituosenindustrie	12,4	
Nahrungs- u. Genußmittelindustrie		8,5
Musikinstrumente- und Spielwarenindustrie		0,4
Industrie der Öle und Fette, Futtermittel u. tierische Leime	2,1	
Elektrizitäts- u. Gasversorgung	3,6	
Wasser-, Gas- u. Elektroenergiegewinnung		2,0
Industrie gesamt	100	100

Quelle: Errechnet nach AV-125 (StAW, MP, Nr. 1375)

Bedeutsam für die industrielle Entwicklung der späteren DDR war die territoriale Struktur der deutschen Industrie. Im Ergebnis der kapitalistischen Industrialisierung entstanden in Deutschland einerseits relativ geschlossene Industrieregionen, in denen eine Vielzahl miteinander verflochtener Industriezweige ihren Standort hatten. Andererseits gab es eine größere Anzahl von Industriezweigen, die sich an bestimmten Standorten, oftmals durch Rohstoffvorkommen bedingt, konzentrierte. Sie versorgten mit ihrer teilweise sehr spezialisierten Produktion die gesamte deutsche Wirtschaft.

Tabelle 9
Zweige des Maschinenbaus mit starker Produktionszunahme oder -abnahme 1943 gegenüber 1938

Produktionszweig	Produktion in Mill. RM 1938	1943	Veränderung in Prozent	Vergleichszahl Arbeitskräfte[1]
Zunahme				
Schwere elektrische Ausrüstungen	699	1383	+ 98	+ 25
Werkzeugmaschinen	650	858	+ 32	+ 6
Lokomotiven	125	675	+440	+180
Kompressoren u. Pumpen	449	594	+ 32	+ 4
Kraftmaschinen	290	496	+ 71	+ 45
Armaturen u. Maschinenteile	259	484	+ 87	− 9
Maschinen- und Präzisionswerkzeuge	200	356	+ 78	+132
Feuerwehrgeräte	25	139	+453	+103
Abnahme				
Baumaschinen	309	275	− 11	− 38
Textilmaschinen	223	113	− 49	− 67
Büromaschinen	201	102	− 49	− 69
Maschinen für Lebensmittelindustrie	172	85	− 50	− 74
Nähmaschinen	101	39	− 61	− 77
Druckmaschinen	61	12	− 80	
Maschinen für Papiererzeugung und -verarbeitung	93	29	− 69	
Holzverarbeitungsmaschinen	62	52	− 16	− 50
Maschinen für Schuh- und Lederindustrie	28	13	− 53	− 77
Wäschereimaschinen	15	7	− 52	− 50
Registrierkassen	11	0,1	− 99	− 99

[1] Die Vergleichszahl zeigt die prozentuale Veränderung in der Zahl der Arbeitskräfte (nur Lohnarbeiter) im Januar 1944 gegenüber Juli 1939 an.

Quelle: LV-77, S. 375 (Eichholtz 2)

Die Tabelle 10 gibt einen Eindruck von der industriellen Territorialstruktur auf dem Gebiet der DDR.

In der Zweigstruktur der deutschen Industrie spiegelte sich deren Stellung in der internationalen Arbeitsteilung wider. Deutschland nahm 1938 mit einem Anteil von 8 Prozent am Welthandel teil.[14] Die Außenhandelsstruktur Deutschlands war vornehmlich durch den Import industrieller Roh- und Hilfsstoffe und durch den Export industrieller Fertigerzeugnisse geprägt. Am Außenhandelsumsatz war das Gebiet der

[14] LV-142, S. 48 (Kuczynski)

Tabelle 10
Anteil der auf dem Territorium der DDR angesiedelten Industrie an der deutschen Industrie im Jahre 1936 in ausgewählten Zweigen bzw. Erzeugnissen (in Prozent)

Industriezweig/Erzeugnis.	Anteil
Eisenerzbergbau	5,1
Blei- und Zinkerzbergbau	3,9
Kupfererzbergbau	92,8
Stein- und Kalisalzbergbau	59,7
Steinkohlebergbau	2,3
Braunkohlebergbau	64,1
Erdölgewinnung	0,02
Eisenschaffende Industrie	6,5
Nichteisenmetallindustrie	31,5
Gießerei-Industrie	21,6
Kraftstoffindustrie [1]	40,1
Düngemittelindustrie einschl. Karbid, Stickstoff-Phosphor-Verbindungen	32,9
Kunststoff-Industrie	35,9
chemisch-technische Industrie [1]	24,0
Kautschuk- und Asbestindustrie	17,1
Steine und Erden	26,2
Eisen- und Stahlwarenindustrie	23,4
Maschinenbau[2]	31,1
davon:	
Werkzeugmaschinen [1]	37,9
Textilmaschinen [1]	54,3
Landwirtsch. Maschinen [1]	22,2
Fahrzeugbau [1]	27,5
Elektroindustrie	25,4
Feinmechanik u. optische Industrie	33,1
Keramische und Glasindustrie	38,1
Druck- und Papierverarbeitung	37,1
Lederindustrie	24,5
Textilindustrie	37,2
Bekleidungsindustrie	44,9
Nahrungs- und Genußmittelindustrie	31,9

[1] Ohne Berücksichtigung Berlins, da die Produktion dieser Zweige nicht aufgegliedert für die Hauptstadt der DDR einerseits und Westberlin andererseits vorlag.

[2] einschließlich Fahrzeugbau, Schiffbau und Flugzeugindustrie.

Quelle: LV-17, S. 29 (Baar)

späteren DDR im Jahre 1936 mit ca. 25 Prozent beteiligt.[15] Im Außenhandel dominierten die Beziehungen zu den west- und nordeuropäischen Ländern. Die Veränderungen, die sich während des Krieges in diesen Beziehungen ergaben, müssen hier außer Betracht bleiben. Wichtig ist für unser Thema, daß mit der totalen Niederlage des faschistischen deutschen Imperialismus jene Industriezweige, die sich auf den Außenhandel gründeten, in eine außerordentlich schwierige Situation kamen.

Die industrielle Struktur verweist ebenso wie der Grad der Vergesellschaftung der Produktion auf ein weiteres Merkmal der deutschen Industrie. Es bestand in einem allgemein hohen technisch-technologischen Niveau der Produktion und Erzeugnisse.

Diese Feststellung ist in zwei Punkten zu relativieren. Zum ersten waren innerhalb der Industriezweige erhebliche Unterschiede in der technisch-technologischen Ausstattung der Betriebe zu verzeichnen. Neben mit den modernsten Produktionsmitteln ausgerüsteten Produktionsstätten gab es technisch rückständige. Auch in den Betrieben selbst war das produktionstechnische Niveau differenziert/uneinheitlich. Das traf vor allem auf die Fertigindustrie zu. Zweitens existierte ein bemerkenswertes Gefälle zwischen den Industriezweigen. Aufgrund der konjunkturellen Entwicklung besonders in der Leichtindustrie erfolgte über längere Zeit hinweg keine durchgängige Erneuerung des Produktionsapparates. Desweiteren herrschte in einer Reihe von Zweigen die Hand- gegenüber der Maschinenarbeit noch vor, wie z. B. in der feinmechanisch-optischen sowie der Glas- und keramischen Industrie.[16]

Der unterschiedliche Technisierungsgrad in der Industrie brachte einen, gemessen an den anderen kapitalistischen Hauptländern, relativ niedrigen Stand der Produktivität der gesellschaftlichen Arbeit hervor. Im Vergleich mit den USA, Großbritannien, Frankreich und Japan, in denen zwischen 1929 und 1937 die Produktivität je Arbeitsstunde zwischen 33 und 20 Prozent anstieg, vermochte die deutsche Industrie in diesen Jahren in einer Arbeitsstunde nur 9 bis 10 Prozent mehr zu produzieren.[17] In den Kriegsjahren gelang der deutschen Industrie in dieser Hinsicht kein entscheidender Fortschritt. Veränderungen erzielten lediglich große Rüstungsunternehmen.[18]

Als ein weiteres Kennzeichen der deutschen Industrie muß das kulturell-technische Niveau und die soziale Lage der Industriearbeiterschaft sowie die Struktur der in der Industrie tätigen wissenschaftlich-technischen Intelligenz genannt werden. Die deutsche Bourgeoisie verfügte über disziplinierte und gut ausgebildete Industriearbeiter.[19] 1936 waren in der Industrie 9708916 Arbeiter und Angestellte tätig[20], die in ihrer überwiegenden Mehrzahl seit längerer Zeit ihre Arbeitserfahrungen und -fertigkeiten im industriellen Arbeitsprozeß gesammelt hatten und zu einem Großteil über eine gründliche berufliche Ausbildung verfügten.

Das Heranziehen großer Teile der Industriearbeiterschaft zum Dienst in der faschistischen Wehrmacht und in anderen militärischen Organisationen und der Tod, den eine beträchtliche Anzahl von Industriearbeitern auf den Schlachtfeldern des zweiten Weltkrieges fand, beeinträchtigte das kulturell-technische Niveau der deutschen

15 LV-22, S. 85 (Barthel)
16 LV-174, S. 23ff. (Mottek): LV-193a (Produktivkräfte)
17 LV-77, S. 35 (Eichholz, 1)
18 LV-77, S. 293ff. (Eichholz, 2)
19 LV-174, S. 55ff. (Mottek)
20 AV-125 (StAW, LTh, MD, 1375)

Industriearbeiterschaft während des Krieges und nach der Befreiung des deutschen Volkes vom Faschismus für längere Zeit. Durch den „totalen Krieg" wurde die berufliche Ausbildung einer neuen Arbeitergeneration behindert.

Das relativ hohe technische Niveau der Rüstungsproduktion zwang die faschistischen Machthaber allerdings dazu, eine größere Anzahl von qualifizierten Arbeitskräften auch bei einer äußerst zugespitzten militärischen Lage in den kriegswichtigen Betrieben zu belassen.[21] Das gereichte der Arbeiterklasse nach der Befreiung vom Faschismus zum Vorteil.

Mit zunehmender Dauer des faschistischen Aggressionskrieges ersetzte die Monopolbourgeoisie in einem wachsenden Maße deutsche Arbeitskräfte durch Kriegsgefangene und durch aus den okkupierten Ländern nach Deutschland verschleppte Arbeiter.[22] Ihre Wohlfeilheit ermöglichte es den Unternehmern, in verschiedenen Industriezweigen die Technisierung der Produktion zu vernachlässigen. Das hatte in den ersten Jahren nach der Befreiung vom Faschismus zur Folge, daß mit dem dann verfügbaren Arbeitskräftereservoir die Arbeitsplätze nicht ohne weiteres besetzt werden konnten.

Ein überaus wichtiges Merkmal für die Entwicklung der Industrie in den 30er und frühen 40er Jahren bestand in dem hohen Niveau, in dem sich die Forschung und Entwicklung, die in der Industrie selbst und für die Industrie betrieben wurde, befand. Es muß angemerkt werden, daß nicht alle Industriezweige an den Ergebnissen der wissenschaftlich-technischen Arbeit, die in Deutschland erzielt wurden, partizipierten. Verschiedene Zweige gründeten ihre Produktion ausschließlich auf solche Ergebnisse. Andere wiederum verfügten über keinerlei eigene Forschungs- und Entwicklungskapazitäten.[23]

Die verschiedenen Merkmale der industriellen Entwicklung spiegelten aber auch wider, daß in Deutschland, im Schoße des staatsmonopolistischen Kapitalismus, die materiellen Vorbedingungen für das Entstehen einer neuen Gesellschaftsordnung herangereift waren. Der hohe Grad der kapitalistischen Vergesellschaftung der industriellen Produktion und Arbeit waren das entscheidende Anzeichen dafür, daß der Entwicklungsstand der gesellschaftlichen Produktivkräfte es gestattete, grundlegende Bedürfnisse aller Gesellschaftsmitglieder zu befriedigen. Als ein negativer Beleg dafür kann die massenhafte Vergeudung der materiellen Ressourcen und des gesellschaftlichen Arbeitsvermögens in den Vorkriegs- und Kriegsjahren genommen werden.[24]

Die kapitalistische Vergesellschaftung der industriellen Produktion war von einem solchen Niveau, daß für das Aufheben der antagonistischen Klassen und Klassenunterschiede und für die freie und allseitige Entfaltung der Persönlichkeit die materiellen Voraussetzungen gegeben waren. Auf der in den letzten Jahren der faschistischen Herrschaft erreichten Stufe der Vergesellschaftung der Produktion und der Arbeit bestanden also alle erforderlichen materiellen Vorbedingungen, um die Gesellschaft von dem antagonistischen Widerspruch zwischen dem gesellschaftlichen Charakter der Produktion und der privatkapitalistischen Aneignung ihrer Ergebnisse zu befreien und in Verhältnisse zu führen, die es erlaubten, die Entwicklung der Produktivkräfte durch die Gesellschaft zu beherrschen.

Unter den Bedingungen der Kriegswirtschaft vollzog sich diese Entwicklung der

21 LV-77, S. 179ff. (Eichholz, 2); LV-193a, S. 456ff. (Produktivkräfte)

22 LV-77, S. 179ff. (Eichholz, 2)

23 LV-174, S. 48ff. (Mottek)

24 LV-48 (Deutschland, 1–6); LV-77 (Eichholz, 1–2); LV-302 (Zumpe)

materiellen Vorbedingungen des Sozialismus außerordentlich widersprüchlich. Einerseits kam es in dieser Hinsicht zu bemerkenswerten Fortschritten. Zum anderen entstanden im Prozeß der Kriegsrüstung in wachsendem Maße spezifische Produktionskapazitäten, die im Zuge der Entmilitarisierung der Wirtschaft, der Zerschlagung des Hitlerfaschismus ohne Einschränkung vernichtet werden mußten. Im Verlaufe des Krieges wurde das industrielle Produktionspotential, das zur Befriedigung der materiellen und kulturellen Bedürfnisse aller Mitglieder der Gesellschaft dienen konnte, zunehmend in Mitleidenschaft gezogen. Insbesondere seit 1944 kam es durch angloamerikanische Bombardements zu Zerstörungen von industriellen Produktionsanlagen und wirksamen Unterbrechungen von Transportverbindungen mit erheblichen Folgen für den Ablauf der Produktion. Wenn 1942 durch den Luftkrieg lediglich 2,5 Prozent der Produktion ausfielen, so waren es 1944 bereits 17 Prozent.[25] Schließlich sank in den ersten Monaten des Jahres 1945 die Industrieproduktion rasch ab und kam im April 1945 vollständig zum Erliegen. Dafür sorgten die SS- und Wehrmachtseinheiten, die bei ihrem Rückzug auf deutschem Gebiet die Taktik der verbrannten Erde fortsetzten. Darüber hinaus wurde ein erheblicher Teil von Betrieben und Betriebsteilen bei Bodenkämpfen vernichtet.

Auf dem Territorium der späteren DDR fielen so über 1500 Groß- und 800 Klein- und Mittelbetriebe der Zerstörung anheim. Über den Umfang der durch die Bombardements und Bodenkämpfe auf dem sowjetischen Besatzungsgebiet vernichteten industriellen Produktionskapazitäten liegen keine gesicherten Angaben vor. Die Angabe, daß ca. 40 Prozent des Industriepotentials zerstört worden seien, erscheint nach neueren Untersuchungen über die Kriegsfolgen in ausgewählten Zweigen als zu hoch angesetzt.[26]

Ungeachtet der durchaus beträchtlichen Auswirkungen des Krieges, der Wiedergutmachungsleistungen an die UdSSR und die VR Polen und der entstandenen Disproportionen durch die imperialistische Spaltung Deutschlands auf die Industrie, waren die materiellen Vorbedingungen für einen tiefgreifenden Wandel der Gesellschaftsverhältnisse in der sowjetischen Besatzungszone bzw. in der DDR stärker ausgebildet als in den anderen Ländern, die den Weg in den Sozialismus beschritten hatten.

Rußland war vor der Großen Sozialistischen Oktoberrevolution ein Land von mittelmäßigem Niveau der Industrie, in der die Konsumgütererzeugung mit einem Anteil von 66,7 Prozent dominierte. In Albanien, Bulgarien, Jugoslawien, Rumänien und Ungarn bestimmte die agrarische Produktion die Volkswirtschaft. Die Tabelle 11 gibt eine Übersicht über den Anteil der Industrie an der von ihr und der Landwirtschaft erbrachten Gesamtproduktion, sowie über den Anteil der Produktionsmittel- und Konsumgüterindustrie an der gesamten industriellen Erzeugung in ausgewählten Ländern.

In den sozialistischen Ländern Asiens herrschte gleichfalls die Landwirtschaft vor. Der Industrieanteil an der Gesamtproduktion von Industrie und Landwirtschaft belief sich Ende der 40er Jahre in China auf 30,1 Prozent, in Nordkorea auf 47 Prozent und in Nordvietnam im Jahre 1955 auf 16,9 Prozent. Der Maschinenbau trug in China lediglich mit 1,7 Prozent und in Nordkorea mit 1,4 Prozent zur Industrieproduktion bei.[27]

25 LV-22, S. 38 (Barthel)
26 LV-22, S. 44 (Barthel); LV-170, S. 16 (Müller/Reißig); LV-213 (Roesler/Siedt/Elle)
27 LV-147, S. 6ff. (Laschke)

Tabelle 11
Ökonomische Grundstruktur ausgewählter europäischer Länder vor dem zweiten Weltkrieg

Land	Anteil von Industrie und Landwirtschaft am Gesamtprodukt beider Bereiche in Prozent		Anteil der Abteilungen A und B an der Industrieproduktion in Prozent		Anteil von Maschinenbau und Metallverarbeitung an der Industrieproduktion in Prozent
	Industrie	Landwirtschaft	A	B	
Bulgarien	24,8	75,2	22,6	77,4	2,5
ČSR	57,0	43,0	49,3	50,7	16,6
Polen	47,4	52,6	47,1[1]	52,9[1]	7,0
Rumänien	35,0	65,0	45,5	54,5	10,2
Ungarn	42,0	58,0	44,8	55,2	14–15

[1] Stand des Jahres 1949

Quelle: LV-147, S. 17 (Laschke)

Die Industrie war in den europäischen und in den asiatischen Volksdemokratien weitgehend in die Arbeitsteilung hochentwickelter kapitalistischer Industrieländer einbezogen und hatte eine einseitig ausgerichtete Struktur.

Die Unterschiede in den industriellen Ausgangsverhältnissen der sozialistischen Länder bestanden aber nicht nur in der volkswirtschaftlichen Bedeutung der Industrie, im Grad der Vergesellschaftung der Produktion und der Arbeit und in der industriellen Struktur, sondern auch in der Bedeutung, die die nichtmonopolistische Industrie in den einzelnen Ländern einnahm. Während in den Ländern, die den sozialistischen Weg beschritten, die Industrie weitgehend vom ausländischen Finanzkapital beherrscht wurde, nationale Monopolunternehmen lediglich in einigen Zweigen präsent waren, und die kleinen und mittleren Fabrikanten den maßgeblichen Teil der nationalen Bourgeoisie bildeten, waren in Deutschland die nichtmonopolistischen Industriefirmen den einheimischen Monopolunternehmen untergeordnet und vom deutschen Finanzkapital abhängig. Die nichtmonopolistischen Unternehmer befanden sich objektiv in einer Frontstellung zur deutschen Monopolbourgeoisie. Aus diesem Grunde und weil sie eine durchaus starke ökonomische und technisch-technologische Position in einer Vielzahl von Industriezweigen hatten, fiel den kleinen und mittleren Unternehmern in der antifaschistisch-demokratischen Umwälzung, aber auch in der sozialistischen Revolution eine etwas andere Rolle zu als in sozialistischen Ländern Europas und Asiens. Daher wird die Lage der nichtmonopolistischen Industrie in der faschistischen Kriegswirtschaft etwas eingehender betrachtet.

2. Zur Lage der nichtmonopolistischen Industrie in der faschistischen Kriegswirtschaft

Die Existenz jener industriellen Unternehmen, die wegen geringer Kapitalausstattung mit ihren Erzeugnissen weder den Warenmarkt zu monopolisieren vermochten, noch an einem derartigen Monopol teilhatten, gestaltete sich im faschistischen Deutschland höchst widersprüchlich. Diese Unternehmen nutzten die Bedingungen, die das staatsmonopolistische Herrschaftssystem seit der Errichtung der faschistischen Diktatur zur Sicherung der kapitalistischen Profitwirtschaft geschaffen hatte. Sie konnten ihre Interessen gegenüber den Belegschaften uneingeschränkt durchsetzen. Es sei nur auf das Verbot der revolutionären Arbeiterbewegung, der Gewerkschaften, auf die Einführung des Führerprinzips in den Betrieben, auf die faschistische Lohnpolitik verwiesen.[28] Ein erheblicher Teil kleiner und mittlerer Unternehmer zog einen nicht unbeträchtlichen ökonomischen Vorteil aus der Aufrüstung. Darauf ist noch einzugehen. Dessen ungeachtet gehörten die nichtmonopolistischen Industriellen zur Schicht der Bourgeoisie, die die Monopolkapitalisten von der Teilnahme an der unmittelbaren Macht im faschistischen Deutschland, die kleine Gruppe der Naziaktivisten unter ihnen ausgenommen, ausgeschlossen hatte.[29] Der faschistische Aggressionskrieg traf eine zunehmende Anzahl nichtmonopolistischer Industrieunternehmen an ihrer ökonomischen Wurzel.

Mit dem Ausbau des staatsmonopolistischen Systems schufen sich die Monopolisten auch immer bessere Voraussetzungen, um die Konkurrenz der nichtmonopolistischen Unternehmen einzuschränken und, wenn möglich, gänzlich aufzuheben. Die von den Monopolunternehmen dabei praktizierten Methoden waren vielfältig. Seit 1933 wurden die Vertreter der nichtmonopolistischen Industriebourgeoisie entschieden aus den Gremien der unternehmerischen Organisationen verdrängt. Ein Vorgang, der im Zuge der Reorganisation der Industrie in den folgenden Jahren forciert wurde.[30]

In den umgestalteten oder neu geschaffenen Gremien des staatsmonopolistischen Regulierungsapparates nahmen die Repräsentanten der Monopolunternehmen maßgebliche Positionen ein[31], die sie dazu nutzten, die kleineren und mittleren Unternehmen aus dem Felde zu schlagen. Das zeigte sich schon in der Aufrüstungsphase, in der nichtmonopolistische Unternehmen, die ihr Kapital in Industriezweigen angelegt hatten, die für die Kriegsvorbereitung ohne oder nur von geringer Bedeutung waren, teilweise beträchtliche Einschränkungen in ihrer Geschäftstätigkeit hinnehmen mußten. Das traf insbesondere auf Firmen zu, die Erzeugnisse für den Weltmarkt

[28] LV-48 (Deutschland, 1–6)

[29] Die ungefähre Anzahl nichtmonopolistischer Industrieunternehmen in Deutschland läßt sich mit Hilfe der Betriebsstättezählung des Jahres 1939 ermitteln. Die Statistik weist 147000 Betriebe in Deutschland aus, in denen mehr als 10 Beschäftigte tätig waren. Davon sind 137000 zu Klein- und Mittelbetrieben zu rechnen, deren Beschäftigtenzahl zwischen 11 und 200 lag. 79,1 Prozent dieser Betriebe beschäftigten zwischen 11 und 50, 20,9 Prozent zwischen 51 und 200 Arbeiter und Angestellte. Errechnet nach: LV-83, S. 25 (Faingar)

[30] LV-302, S. 124 (Zumpe)

[31] LV-302, S. 182f./222f./250f./316f./(Zumpe); LV-48, S. 74f./135f./198f./220f./531f. (Deutschland, 1)/S. 283f. (Deutschland, 2)/S. 211f. (Deutschland) 3)/S. 433f. (Deutschland, 4)

produzierten, die sich im Hinblick auf den Aggressionskrieg nicht in die Außenwirtschaftsstrategie des Monopolkapitals einfügten.[32] Eine besonders wirksame Methode des Konkurrenzkampfes gegen die nichtmonopolistische Industrie bestand darin, die kriegswirtschaftlichen Mobilmachungspläne so anzulegen, daß bei Kriegsbeginn vornehmlich die Betriebe der Monopolunternehmen zu dem Kreis derer gehörten, die als wehrwirtschaftlich wichtige Betriebe das Recht hatten, ihre Produktion fortzusetzen. Ein treffender Beleg dafür ist die chemische Industrie. Im Runderlaß des Reichswirtschaftsministeriums Nr. 120/40, im Februar 1940 verfaßt, wurde festgestellt: „Die zur chemischen Industrie gehörenden W-Betriebe sind daher tatsächlich eine Auslese und als Mindestzahl anzusehen, die für die Kriegsführung erforderlich sind.“[33] Die Abteilung II des Reichswirtschaftsministeriums führte über die Mobilmachungsmaßnahmen für die Lackindustrie aus, „daß die Pläne zur Betriebseinschränkung oder -stillegung sorgfältig vorbereitet und im Benehmen mit der fachlich zuständigen Organisation der gewerblichen Wirtschaft, der Fachgruppe Lacke, aufgestellt worden sind.“[34]

Anlaß für das Selektionsverfahren bot den Monopolunternehmen die Notwendigkeit, wegen der Begrenztheit der Elektroenergieerzeugung, der Roh- und Brennstoffe, der Einengung des Binnenmarktes, der kriegsbedingten Beschränkung des individuellen Konsums, des Ausfalls von Teilen des Außenmarktes und des Personalbedarfs der faschistischen Wehrmacht sowie der Rüstungsindustrie[35], die Produktion in leistungsfähigen Betrieben zu konzentrieren. Im September 1939 traten die Mobilisierungspläne in Kraft und lösten eine Welle von Stillegungen industrieller Unternehmen aus, die allerdings das ursprünglich in Aussicht genommene Ausmaß nicht erreichte.

Ein wichtiger Grund dafür bestand neben dem Verlauf der militärischen Kampfhandlungen in der Reaktion der betroffenen Belegschaften und Unternehmer. Darauf weist ein Brief des Kreiswirtschaftsberaters der NSDAP Gera-Stadt und Land, am 25. September 1939 verfaßt, hin. Er reflektierte die Stimmung in der Geraer Textilunternehmerschaft, die mit der Wirkung der Anordnung Nr. 1 des Sonderbeauftragten für Spinnstoffe konfrontiert worden war. Das Befolgen der am 4. September in Kraft getretenen Verordnung, die bis ins einzelne die Verwendung von Textilfasern bestimmte, führte zur Produktionseinstellung in ganzen Branchen der Textilindustrie.

32 LV-77, S. 13ff. (Eichholz, 1)

33 AV-121 (StAW, Th. WM, 4216)

34 AV-121 (StAW, Th. WM, 4216)

35 Am 30. 1. 1940 ließ die Fachgruppe Lacke der Wirtschaftsgruppe Chemie an 650 Firmen ein Einschreiben zustellen, in dem es heißt: „Im Interesse Ihrer betrieblichen Disposition glauben wir, Sie schon heute im Einvernehmen mit den zuständigen Stellen vorsorglich darüber unterrichten zu sollen, daß Sie . . . ab 1. März ds. Js. mit einer Zuteilung bewirtschafteter Rohstoffe seitens der beteiligten Reichsstellen nicht mehr rechnen können.“
AV-121 (StAW, Th. WM, 4216)
Die Auswirkungen der Rohstoffbewirtschaftung auf die betroffenen Firmen gehen aus folgenden Angaben hervor. Im Vergleich zu 1938 konnten Unternehmen, die nicht als kriegswichtig eingestuft waren, im Jahre 1940 nur eine Zuteilung von Ölen, Natur- und Kunstharzen von 35 Prozent erwarten.
AV-121 (StAW, Th. WM, 4216)

Der Kreiswirtschaftsberater schreibt dazu: „Es war natürlich, daß die im Bezirk ansässige Textilindustrie durch die neuen kriegswirtschaftlichen Verfügungen ... stark beunruhigt worden ist ... Das nunmehr gewonnene Bild (von den Auswirkungen der Spinnstoffverordnung, d. V.) ... erregte die größte Besorgnis.“[36] Unter Verweis darauf, daß Gera und Ostthüringen früher „eine Hochburg der roten Parteien, deren Spuren heute noch fühlbar sind“, war, warnte der Geraer Nazi die Wehrwirtschaftsstelle Weimar mit den Worten: „... darf man vorausschauend doch nicht die stimmungsmäßigen Auswirkungen von Betriebsstillegungen und Arbeitslosigkeit übersehen, besonders dann, wenn sie längere Zeit und in größerem Ausmaße einen verhältnismäßig kleinen Bezirk treffen.“[37] Die faschistische Führung ließ darum, solange es möglich war, von einer massenhaften Stillegung industrieller Produktionsstätten der mittleren und kleinen Unternehmer ab und wählte den Weg der Streuung staatlicher Aufträge an einen größeren Kreis von Unternehmen.[38]

Eine andere, vornehmlich von Monopolunternehmen in der metallverarbeitenden Industrie praktizierte Methode, kleine und mittlere Firmen vom Markt zu verdrängen, bestand in deren kommerzieller Unterordnung. Sie wurde durch den Umstand außerordentlich begünstigt, daß zu Beginn des Krieges die Mehrheit der nichtmonopolistischen Unternehmen nicht als wehrwirtschaftlich wichtig eingestuft war. Von einer solchen Einstufung hing es ab, ob und in welchem Umfang das Unternehmen weitergeführt werden konnte. Sie war aber in der Regel nur durch die Übernahme von Aufträgen der im Rüstungsgeschäft stehenden Monopolbetriebe zu erreichen. Die Auftraggeber bestimmten Art und Weise dieser Aufträge und unterwarfen damit sehr häufig die kleinen und mittleren Unternehmen einer technisch-ökonomischen Abhängigkeit. In den meisten Fällen waren die betroffenen Unternehmen gezwungen, um die geforderten Mengen an Zulieferteilen zu garantieren, traditionelle Erzeugnisse aus dem Produktionssortiment zu nehmen. Das Unterordnen von Unternehmen der nichtmonopolistischen Bourgeoisie unter ein Monopolunternehmen bedeutete nicht in jedem Falle eine unmittelbare kommerzielle Benachteiligung. Die Beteiligung an Rüstungsaufträgen brachte mittleren und kleinen Unternehmen oft einen bemerkenswerten finanziellen Vorteil, der aber aufgrund der kriegswirtschaftlichen Bestimmungen nicht für eine ökonomische Weiterentwicklung der Unternehmen genutzt werden konnte. Darüber hinaus wog ein derartiger Vorteil zumeist die negativen Veränderungen in den Existenzbedingungen der Unternehmen und der Industriellen nicht auf. Trotzdem verstand es mancher Unternehmer auch, eine günstige Konstellation zu nutzen und seine Firma in den Kreis der Großbetriebe zu führen.

Wenn zwischen 1939 und 1941 das Einordnen einer großen Anzahl von kleinen und mittleren Unternehmen in den Reproduktionsprozeß von Monopolunternehmen noch mehr oder weniger auf dem Wege des gegenseitigen Einvernehmens erfolgte, so veränderte sich die Sachlage mit dem grundlegenden Wandel der militärischen und wirtschaftlichen Situation des faschistischen deutschen Imperialismus, der mit dem Überfall auf die UdSSR eintrat. Im Gefolge der für die faschistische Wehrmacht verlustreichen Kämpfe an der deutsch-sowjetischen Front griffen die staatsmonopolistischen Regulierungsorgane zu administrativen und kommerziellen Mitteln, von

[36] AV-122 (StAW, Th. WM, 4217)
[37] AV-122 (StAW, Th. WM, 4217)
[38] LV-29 (Bericht 2. 2. 1940)

denen sich das Monopolkapital und die faschistische Führung ein wirkungsvolleres Anpassen der Industrie an die Erfordernisse des Krieges erhofften. Die außerordentlichen Befugnisse, die sich die führenden Männer der Monopolbourgeoisie einräumten, gestatteten es dem Monopolkapital, seine Interessen uneingeschränkter wahrzunehmen.[39]

Aufgrund des Hitlererlasses vom 3. Dezember 1941 über die „Vereinfachung und Leistungssteigerung unserer Rüstungsproduktion" und der Verfügung vom 22. Dezember 1941, die die „Selbstverwaltung der Rüstungswirtschaft" anordnete[40], diskutierte der Beirat der Reichsgruppe Industrie am 5. Februar 1942 die Schritte, die notwendig waren, um das Ziel des Hitlererlasses zu erreichen. Wilhelm Zangen, Leiter der Reichsgruppe, hob in seinem einführenden Beitrag hervor, „daß die gesamte Industrie als Rüstungsindustrie zu gelten habe und damit vor die Aufgabe der Durchführung des Führerbefehls (vom 3. Dezember 1941, d. V.) gestellt sei."[41] Der Geschäftsführer der Wirtschaftsgruppe Maschinenbau und Bevollmächtigte für Maschinenproduktion formulierte in der Diskussion die Aufgabe wie folgt: „Erste Etappe: Typenbeschränkung. Zweite Etappe: Bereinigung des Fertigungsprogramms. Dritte Etappe: Umstellung der Fertigung oder Stillegung."[42] Obgleich Wilhelm Zangen in der Beiratssitzung die Versicherung abgab, daß die Aktion „keineswegs gegen Mittel- und Kleinbetriebe gerichtet sei, vielmehr ausschließlich gegen unwirtschaftliche Betriebe"[43], zeigte sich, daß ein zunehmender Kreis nichtmonopolistischer Unternehmen in die Position eines unwirtschaftlichen Betriebes geriet. Der Rationalisierungsprozeß, der von den Monopolunternehmen ausging und ganz in ihrem Dienst stand, schränkte den ökonomischen Spielraum mittlerer und kleinerer Unternehmen erheblich ein. Das wurde sowohl durch administrative als auch ökonomische Entscheidungen des staatsmonopolistischen Lenkungsapparates erreicht. Als ein Beispiel für die Auswirkungen der Rationalisierungsmaßnahmen auf die von uns untersuchte Unternehmensgruppe nehmen wir die Firma Goswin u. Co. in Iserloh/Westfalen. Dieser Armaturen- und Baubeschlagfabrik wurde am 9. Juni 1943 vom Münsteraner Landeswirtschaftsamt verboten, ihr traditionelles und gewinnbringendes Erzeugnis weiter herzustellen. Das Amt beauftragte ein größeres Unternehmen mit der Fortführung der Armaturenherstellung. Die Iserloher Firma hatte ihre Fertigungskapazität für die Fabrikation von Munitionsteilen einzusetzen. Darauf war sie aber technisch nicht eingerichtet.[44]

Mit den Rationalisierungstendenzen in der Rüstungsindustrie war also für viele mittlere und kleine Unternehmen nicht nur das Verdrängen vom Markt, das Eingliedern in den Reproduktionsprozeß großer Firmen und der Verlust der ökonomischen Selbständigkeit verbunden, sondern auch die Verpflichtung, Produktionsinstrumente, die wegen der Spezialisierung der Produktion nicht mehr genutzt wurden, an andere Betriebe abzugeben. All diese Maßnahmen der rüstungswirtschaftlichen Rationalisierung wirkten sich sowohl auf die aktuelle Lage der betroffenen Unternehmen als auch auf ihre künftige Stellung auf dem Markt aus.[45]

39 LV-48, S. 285f., 326f. (Deutschland, 2)
40 LV-302, S. 338, 340f. (Zumpe); LV-48, S. 287f. (Deutschland, 2)
41 LV-4, S. 385 (Anatomie)
42 LV-4, S. 385 (Anatomie)
43 LV-4, S. 385 (Anatomie)
44 AV-1, Bl. 12 (ZStAP, Reichswirtschaftsministerium, Nr. 11642)

In welchem Umfang die Monopolunternehmen die Rationalisierung nutzten oder zu nutzen suchten, um die nichtmonopolistische Konkurrenz vom Markt zu vertreiben, erhellt folgendes Beispiel: Am 8. August 1944 ging beim Reichswirtschaftsminister ein von Richard Oetker verfaßtes Exposé ein.[46] Es enthielt den Vorschlag, von dem einschlägigen Gesamtsortiment des Industriezweiges nur noch Puddingpulver und Vanillinzucker herzustellen und „für die Fertigung nur die leistungsfähigsten Betriebe der Branche unter Ausnutzung ihrer Höchstkapazität heranzuziehen".[47] Richard Oetkers Überlegungen gipfelten in der Erkenntnis: „10–20 der leistungsstärksten Firmen würden nach meinem Dafürhalten bei Ausnutzung der Höchstkapazität durchaus in der Lage sein, den gesamten Bedarf der deutschen Bevölkerung zu decken ... Würde man darunter die über das Reich verstreut liegenden Oetker-Betriebe ... für die Produktion einspannen, so könnten diese unter den gegebenen Verhältnissen die Backpulverherstellung ganz übernehmen, von der Vanillinzuckerherstellung würde sie etwa 70 % und von der Puddingpulverherstellung 50–60 % schaffen."[48] Der Vorschlag des Monopolkapitalisten Richard Oetker berührte die Existenz von ca. 400 Back- und Puddingpulver produzierenden Unternehmen, deren Eigentümer in ihrer überwiegenden Mehrheit zur nichtmonopolistischen Industriebourgeoisie gehörten.[49]

Wenn auch das rasche Ende der faschistischen Herrschaft einen Erfolg Richard Oetkers verhinderte, so lag doch dessen Streben ganz im Sinne von Wilhelm Zangen, der am 1. März 1942 in der Nazizeitung „Das Reich" schreibt: „Zunächst kommt es mehr als bisher auf die Verlagerung der Produktion auf die besten Betriebe an".[50] Die „Schonung guter alter Betriebe" durch eine Streuung der Aufträge sei eine nicht mehr überall durchzuhaltende Maßnahme. Frontbedürfnisse erforderten „heute eine allgemeine Neigung zur Konzentration der Arbeit auf das hochindustrialisierte technisch und wirtschaftlich leistungsfähigste Werk". Zangen hielt das Bedauern über „eine Zwangsläufigkeit der Entwicklung" für zwecklos.[51]

Mit welcher Entschiedenheit dabei vorgegangen wurde, zeigen die Veränderungen in der Anzahl der Produktionsstätten im Maschinenbau. Bis Oktober 1943 sank die Anzahl von Maschinenbaubetrieben von 4210 auf 1255. Am entschiedensten vollzog sich dieser Prozeß im Holzbearbeitungsmaschinen-, im Drehmaschinen-, im Waggon- und Büromaschinenbau. In diesen Branchen verminderten sich die Produktionsstätten zwischen 93 und 77 Prozent.[52]

Dieser Konzentrationsprozeß in der Industrie, der auf Kosten nichtmonopolistischer Unternehmer ging, wurde auch durch eine geänderte Preispolitik unterstützt. Seit Ende 1941 löste in der Rüstungsindustrie das Festpreissystem die mit der Kriegswirtschaftsverordnung vom 4. September 1939 allgemeinverbindlichen Preisbildungs- und Kalkulationsvorschriften ab.[53] Es ist hier nicht der Platz, um näher auf die Preis-

45 LV-23 (Baumbach)
46 AV-2, Bl. 7 (ZStAP, Reichswirtschaftsministerium, Nr. 11665)
47 AV-2, Bl. 7 (ZStAP, Reichswirtschaftsministerium, Nr. 11665)
48 AV-2, Bl. 7f. (ZStAP, Reichswirtschaftsministerium, Nr. 11665)
49 AV-2, Bl. 2 (ZStAP, Reichswirtschaftsministerium, Nr. 11665)
50 LV-297 (Zangen) 51 LV-297 (Zangen)
52 LV-77, S. 317 (Eichholz, 2)
53 LV-48, S. 301f. (Deutschland, 2); LV-77, S. 513ff. (Eichholz, 2); LV-122, S. 106ff. (Hundt)

bildungsprobleme einzugehen. Wichtig aber ist die Feststellung, daß mit dem Festpreissystem die mittleren und kleineren Industrieunternehmen in der Regel benachteiligt wurden, weil sie nicht die technisch-ökonomischen Voraussetzungen für das Ausnutzen der mit den Festpreisen gegebenen Möglichkeiten zum Profitmachen hatten. Das galt umso mehr für Unternehmen, die erst durch kriegswirtschaftliche Entscheidungen in die Rüstungsproduktion eingegliedert worden waren.

Der ständig anwachsende Personalbedarf der faschistischen Wehrmacht bot den Monopolunternehmen eine weitere Gelegenheit, um den ökonomischen Kampf gegen die kleinen und mittleren Betriebe zu führen. Die Arbeitskräfte dieser Betriebe wurden entweder zur Wehrmacht oder zu anderen faschistischen Organisationen eingezogen bzw. wenn es sich um Fachkräfte handelte, zur Arbeit in Monopolbetrieben zwangsverpflichtet. Schon im Frühjahr 1940 kam es aus diesem Grunde zu einer „Stillegung der Betriebe mit *nicht*kriegswirtschaftlicher Produktion“.[54] Das betraf vornehmlich die Konsumgüterindustrie.

Die damit verbundene Unruhe von Unternehmern und Arbeitern veranlaßte das Reichswirtschaftsministerium, besänftigende Erklärungen abzugeben. Das Abziehen von Arbeitskräften und das Ausbleiben von Rohstofflieferungen veränderten die Reproduktionsbedingungen vieler mittlerer und kleiner Unternehmen der Konsumgüterindustrie seit dem Herbst 1941. Immer mehr von diesen Unternehmern waren vor die Entscheidung gestellt, die Betriebsstätte zu schließen, jede Möglichkeit der Profitmacherei aufzugeben, vom Markt zu verschwinden, die noch verbliebenen Teile der Belegschaft für lange Zeit, vielleicht für immer zu verlieren, oder einen Weg zu suchen, der den Erhalt des Unternehmens, wenn auch im deformierten Zustand, gestattete. Dieser Weg öffnete sich für sie auch nur durch Unterwerfung unter eine Rüstungsfirma, womit die Aufgabe des bisherigen Fertigungsprogramms und die Übernahme einer völlig fremden Produktion verbunden war. Welche Probleme damit für den betroffenen Unternehmer entstanden, läßt die folgende Ausführung eines V. Malthesius in der „Deutschen Allgemeinen Zeitung“ erkennen: „Worauf es ihm (dem Unternehmer, d. V.) jetzt ankommt, das ist, *auch in der neuen Etappe der Konzentration, seinen Betrieb zu erhalten.* Dieser Selbstbehauptungswille kann sich zugleich in den Dienst des Ganzen stellen, wenn er sich neue Fertigungsziele setzt und alle Anstrengungen macht, dieser, zugegebenermaßen oft recht schwierigen Aufgabe, Herr zu werden.“[55] Die Probleme, die sich aus der Umstellung auf neue Fertigungsziele für den Unternehmer ergaben, lassen die folgenden Betrachtungen des Artikelschreibers erkennen: „Der Weg ist gewiß steinig und in manchen Fällen vielleicht für's erste wenig einladend, schon unter rein finanziellen Aspekten. Denn man weiß, daß Unterlieferungen heute sehr genau kalkuliert werden müssen, im Zuge der neuen Preispolitik noch schärfer als bisher, so daß dem sich umstellenden Betrieb keine goldenen Berge winken.“[56]

Für viele Unternehmer in der Konsumgüterindustrie wurde vor allem der Personalbedarf der Wehrmacht und der Rüstungsbetriebe zu einer Bedrohung ihrer wirtschaftlichen Existenz. Ganz besonders, nachdem am 13. Januar 1943 Hitler den Erlaß „Über den umfassenden Einsatz von Männern und Frauen für die Reichsverteidigung“

54 LV-121 (Holtz)
55 LV-153 (Malthesius)
56 LV-153 (Malthesius)

unterzeichnet hatte.[57] Schon wenige Tage später stellte Albert Speer, Reichsminister für Bewaffnung und Munition, in einem Aufruf an die Leiter der Ausschüsse und Ringe fest: „Es wird sich nicht vermeiden lassen, wiederum Stillegungen auch kleiner und unrationell arbeitender Unternehmen anzuordnen und die freigesetzten Arbeitskräfte spezialisierten Bestbetrieben zuzuführen.“[58]

Im Zusammenhang mit den Stillegungen von Industriebetrieben ist auf eine weitere Methode des Konkurrenzkampfes der Monopole gegen die nichtmonopolistischen Unternehmen zu verweisen. Rüstungsunternehmen verlagerten während des Krieges Teile ihrer Produktion in Regionen, die vor Luftangriffen geschützt schienen. Sie brachten Maschinen und Arbeitskräfte in den Produktionsräumen stillgelegter Betriebe unter. Verschiedentlich erwarben die Rüstungsfirmen solche Firmen, teilweise verschafften sie sich Zugang durch Zwangspachtung.[59]

Die seit Ende des Jahres 1942 rasche Verschlechterung des wirtschaftlichen Daseins einer ständig wachsenden Zahl nichtmonopolistischer Industrieunternehmen kann, weil dazu statistische Angaben fehlen, nicht zusammenfassend dargestellt werden. Wir verfügen nur über Einzelangaben und indirekte Belege. Zu solch einer Einzelangabe zählt eine 1943 in „The Economic Journal“ veröffentlichte Übersicht. Danach sollen von 5000 Ziegeleien 4000, 11000 Spiritusbrennereien, die über 50 Prozent der Gesamtkapazität verfügten, 50 Prozent der Textil- und 75 Prozent der Möbelbetriebe (das Handwerk eingeschlossen) stillgelegt worden sein.[60]

Die Zahl der Beschäftigten in der Thüringer Textilindustrie, die Bekleidungsindustrie ausgenommen, sank vom Mai 1939 bis zum Mai 1940 von 66800 auf 23000, und die Umstellung der Produktion in der Textilindustrie führte in der gleichen Region zu einem Absinken der betriebenen Kammgarnspindeln von 340000 auf 100000 und der Webstühle von ca. 12500 auf 9000.[61]

Als ein allgemeiner Ausdruck für die sich negativ entwickelnde ökonomische Lage eines großen Teils der nichtmonopolistischen Industrie kann der stetig absinkende Anteil der Konsumgüterproduktion am Nationaleinkommen genommen werden. Er verringerte sich auf dem Territorium des Deutschen Reiches, auf dem die DDR entstand, von 42 Prozent im Jahre 1936 auf 28,1 Prozent im Jahre 1944.[62]

Die Veränderungen, die sich im Laufe des faschistischen Aggressionskrieges in der Lage der kleinen und mittleren Unternehmen vollzogen, ließen in der nichtmonopolistischen Bourgeoisie das Interesse an dem baldigen Ende dieses Krieges und des faschistischen Regimes aufkommen. Dieses Interesse richtete sich zugleich darauf, den Einfluß des staatsmonopolistischen Regulierungssystems auf das Wirtschaftsleben entschieden zu schwächen.

57 LV-4, S. 417f. (Anatomie); LV-34, S. 59f. (Bleyer)
58 LV-4, S. 419f. (Anatomie)
59 LV-34, S. 108f. (Bleyer)
60 LV-249, S. 245 (Journal)
61 LV-120, S. 11 (Holfter)
62 LV-22, S. 33 (Barthel)

Kapitel 2

Die Wiederbelebung der industriellen Produktion und das Zurückdrängen der ökonomischen Macht der Monopolbourgeoisie sowie anderer Kriegs- und Naziverbrecher

1. Die Wiederaufnahme der Industrieproduktion

Die antifaschistisch-demokratische Umwälzung der Industrie, integrierender Bestandteil des grundlegenden Wandels in den Gesellschaftsverhältnissen der sowjetischen Besatzungszone, in dessen Verlauf der Faschismus endgültig ausgerottet wurde und ein demokratisches Regime entstand[1], wurde Ende April/Anfang Mai 1945 eingeleitet.

Sie war in die zwischen Imperialismus einerseits und Sozialismus und Demokratie auf der anderen Seite stattfindenden weltweiten Auseinandersetzung eingebettet. Es waren verschiedenartige, eng miteinander verflochtene Prozesse, die die Anfangsphase dieser Umwälzung kennzeichneten. Unter ihnen sollen die durchgängige Wiederaufnahme der industriellen Produktion, die Durchsetzung der demokratischen Mitbestimmung der Arbeiterklasse über das Ziel der Produktion und über die Verwendung des Produzierten, die Säuberung des Wirtschaftsapparates und der Betriebe von aktiven Faschisten und das Übernehmen von Leitungsfunktionen durch Antifaschisten, das entschiedene Zurückdrängen der ökonomischen Macht der Monopolbourgeoisie und anderer Kriegs- und Naziverbrecher unter den Industriellen sowie die Entmilitarisierung der Industrie besonders hervorgehoben werden. Die politischen Bedingungen für die antifaschistisch-demokratische Umwälzung in der Industrie und in anderen gesellschaftlichen Bereichen entstanden bereits in den ersten Wochen und Monaten nach der Befreiung vom Hitlerfaschismus. Die von der Regierung der UdSSR im Juni 1945 gebildete Sowjetische Militäradministration[2] (im folgenden SMAD), die in der sowjetischen Besatzungszone die oberste Regierungsgewalt ausübte, verfolgte eine konsequent gegen den Faschismus und seine ökonomischen Wurzeln und auf die Demokratisierung gerichtete Politik. Sie förderte nach Kräften die antifaschistisch-demokratische Bewegung in der sowjetischen Besatzungszone. Das zeigte sich sowohl in der Zulassung politischer Parteien und Organisationen antifaschistisch-demokratischen Charakters als auch im Übertragen staatlicher Befugnisse an die entstehenden demokratischen Staatsorgane.[3]

Die Kommunistische Partei Deutschlands ließ sich in ihrem politischen Wirken von dem klaren Programm einer grundlegenden Wandlung der politischen, ökonomischen, sozialen und kulturellen Verhältnisse leiten.[4] Dieses Programm und die gute

[1] LV-97, S. 72ff. (SED); LV-94, S. 21ff. (DDR)
[2] LV-264, S. 51ff. (Dokumente)
[3] LV-94, S. 72ff. (DDR); LV-82, S. 31ff. (Arbeiter-und-Bauern-Staat)
[4] LV-264, S. 56ff. (Dokumente); LV-97, S. 76ff. (SED)

Organisation der Partei ermöglichten es ihr, die politische Führung der Arbeiterklasse, dem Hegemon der antifaschistisch-demokratischen Umwälzung, zu übernehmen. Zwischen der Kommunistischen und der Sozialdemokratischen Partei Deutschlands, deren politische Grundsätze mit denen der Kommunisten in den Grundfragen übereinstimmten, entwickelte sich von Anfang an eine kameradschaftliche Zusammenarbeit. Durch sie vertiefte sich der Einfluß der revolutionären Arbeiterbewegung auf die Arbeiterklasse und andere Teile der werktätigen Bevölkerung rasch. Das fand vor allem im Entstehen einer einheitlichen Gewerkschafts- und Jugendbewegung ihren Ausdruck. Die Aktionseinheit zwischen der KPD und der SPD stärkte die antifaschistisch-demokratischen Haltungen in den bürgerlich-demokratischen Parteien.[5]

Die übereinstimmende Grundorientierung der antifaschistisch-demokratischen Kräfte bildete den hauptsächlichsten Faktor dafür, daß sich demokratische Organe ausbildeten, die imstande waren, den gesellschaftlichen Wandlungsprozeß in der sowjetischen Besatzungszone mit staatlichen Mitteln zu führen.[6]

Die Durchführung der industriepolitischen Aufgaben oblag den im Juli 1945 als beratende Organe der SMAD eingerichteten Deutschen Zentralverwaltungen für Brennstoffindustrie, für Industrie sowie für Handel und Versorgung und den bei den Landes- und Provinzialverwaltungen entstandenen Wirtschaftsabteilungen. Von der politischen Reife und der Sachkunde der demokratischen Staatsorgane hing es wesentlich ab, in welchem Tempo und mit welcher Kompetenz die demokratische Industriepolitik verwirklicht wurde.[7]

Der erste Schwerpunkt in der Tätigkeit der demokratischen Staatsorgane auf industriellem Gebiet bestand darin, die Wiederaufnahme der Produktion zu organisieren und die vielfältigen Bemühungen der Belegschaften sowie von kleinen und mittleren Industriellen, ihre Betriebe wieder in Gang zu setzen, tatkräftig zu unterstützen. Ihrem Wirken war es mit zu danken, daß in den ersten Monaten nach der Befreiung vom Faschismus die Industrieproduktion partiell wieder aufgenommen wurde. Es waren vornehmlich die Arbeiter und Ingenieure in der Elektroenergiewirtschaft und in der Brennstoffindustrie, die dabei die größten Fortschritte erzielten. Die Beschäftigten der Elektroenergiewirtschaft vermochten in kurzer Zeit die Kraftwerke betriebsbereit und das im Gefolge von Kampfhandlungen unterbrochene Netz der Elektroenergieübertragung, wenn auch vorerst provisorisch, wieder funktionstüchtig zu machen.[8] Sie erhielten dabei durch die Dienststellen der sowjetischen Besatzungsmacht und durch Spezialeinheiten der Sowjetarmee alle erdenkliche Unterstützung. In Berlin, wo am 27. April 1945 das Energiesystem vollends zusammengebrochen war, gelang es schon am 28. April 1945, eine Notversorgung aufzubauen.[9] Am 10./11. Mai 1945 erzeugten die Kraftwerke in der sowjetischen Besatzungszone die ersten 53 Megawatt. Im Juli 1945 belief sich die Elektroenergieerzeugung bereits auf 800 bis 1000 Megawatt. Daran waren vornehmlich die Großkraftwerke in Sachsen und Sachsen-

[5] LV-97, S. 88ff., 107ff. (SED)
[6] LV-82, S. 41ff. (Arbeiter-und-Bauern-Staat)
[7] LV-161, S. 22ff., 99ff. (Merker)
[8] LV-129, S. 68ff. (Kirchhoff)
[9] LV-129, S. 81 (Kirchhoff)
[10] LV-129, S. 80f. (Kirchhoff)

Anhalt beteiligt.[10] Die Voraussetzung für diese Entwicklung wurde in den Braunkohlengruben dieser Länder geschaffen.[11]

Betriebsbelegschaften in anderen Industriezweigen befaßten sich, waren ihre Produktionsstätten durch militärische Aktionen in Mitleidenschaft gezogen, mit Aufräumungsarbeiten oder nahmen eine improvisierte Produktion von Haushaltsgegenständen, landwirtschaftlichem Gerät u. ä. auf. Eine Reihe von Belegschaften beteiligte sich an der Wiederherstellung zerstörter kommunaler Einrichtungen und von Verkehrsanlagen.[12]

Im Sommer 1945 waren die subjektiven und objektiven Voraussetzungen für den Übergang zu einer durchgängigen Wiederbelebung der industriellen Produktion in der sowjetischen Besatzungszone herangereift. Von den Produktionsbefehlen der SMAD gefördert, begann sich eine zunehmende Anzahl von Industriebetrieben an der Produktion zu beteiligen.[13] Ihre Zahl belief sich im letzten Quartal des Jahres 1945 auf 13685 Betriebe. Zu ihnen gesellten sich bis zum Frühherbst 1946 weitere 7926

Tabelle 12
Anzahl der arbeitenden Betriebe in der sowjetischen Besatzungszone im IV. Quartal 1945 und im III. Quartal 1946 im Monatsdurchschnitt

Gebiet	IV. Quartal 1945	III. Quartal 1946
Sowjetische Besatzungszone insgesamt	13.685	21.611
Brandenburg	1.341	2.107
Mecklenburg	393	1.359
Sachsen	7.043	11.993
Sachsen-Anhalt	939	1.936
Thüringen	3.969	4.216

Quelle: LV-22, S. 120 (Barthel)

Tabelle 13
Entwicklung der industriellen Produktion ausgewählter Länder und Provinzen in der sowjetischen Besatzungszone im zweiten Halbjahr 1945 (in Mill. RM)

Zeitraum	Sachsen[1]	Thüringen	Provinz Sachsen	Brandenburg[3]	Sowjetische Besatzungsz.
Juli	–	49	–	11	–
Oktober	155	–	–	36	–
November	187	110	100[2]	41	657[2]
Dezember	–	122	–	56	–

[1] Betriebe mit mehr als 10 Beschäftigten (ohne Bergbau und Lebensmittelindustrie)
[2] Produktionswert des gesamten IV. Quartals 1945
[3] Produktionswert der industriellen und handwerklichen Produktion

Quelle: LV-130, S. 138 (Kirste)

11 LV-129, S. 29 (Kirchhoff)
12 LV-22, S. 108f. (Barthel)
13 LV-163, S. 89ff. (Mühlfriedel)

Betriebe.[14] Dieser Prozeß vollzog sich, verursacht durch die verschiedenartigen Produktionsbedingungen und durch den unterschiedlichen Grad der Zerstörungen in den einzelnen Ländern und Provinzen sehr differenziert (vgl. Tabellen 12 und 13).

Bei der Betrachtung dieser Tabellen ist zu beachten, daß sich Ende 1945 in Thüringen 90 Prozent, in der Provinz Sachsen-Anhalt 80 Prozent und in Brandenburg 40 Prozent aller Industriebetriebe an der Produktion beteiligten.[15]

Das Volumen des Produzierten blieb weit hinter den gegebenen Produktionskapazitäten zurück. Nach einer Schätzung belief sich die Industrieproduktion in den ersten Monaten nach der Befreiung vom Faschismus auf 10 bis 20 Prozent und Ende 1945 auf 25 Prozent des Standes von 1936.[16]

Die Produktionsbefehle der SMAD und das Wirken der demokratischen Staatsorgane sorgten dafür, daß mit der zunehmenden Industrieproduktion eine Erweiterung des Produktionssortiments einherging. Vor allem in der metallverarbeitenden Industrie verdrängte allmählich die traditionelle die improvisierte Produktion wieder. Sie folgte damit einer Orientierung, die der Präsident der Deutschen Zentralverwaltung für Industrie auf der ersten Zusammenkunft seiner Dienststelle mit den Leitern der Wirtschaftsabteilungen aus den Landes- und Provinzialverwaltungen am 25. und 26. September 1945 gab. Leo Skrzypzynski führte aus: „Viel zu viel Betriebe beschäftigen sich mit Gegenständen für Landwirtschaft, Hausrat usw., so daß in absehbarer Zeit Absatzschwierigkeiten zu befürchten sind. Hinzu kommt häufig mangelhafte Ausführung infolge Fehlens einheitlicher technischer Unterlagen. Andererseits sind Erzeugnisse aus den Produktionsprogrammen völlig verschwunden, was auf die Dauer nicht zu vertreten ist.“[17]

Der relativ zügige Übergang zu einer durchgängigen Wiederbelebung der Industrieproduktion gründete sich auf zwei günstige materielle Voraussetzungen. Einmal waren in den Betrieben und in den zentralen Lagern der faschistischen Kriegswirtschaft noch beachtliche Materialvorräte vorhanden. Zum andern gewann die Elektroenergieerzeugung und die Brennstoffgewinnung zunehmend größere Stabilität. So war es in der Elektroenergiewirtschaft bis Mitte 1946 gelungen, von den in der sowjetischen Besatzungszone nach den Demontagen verbliebenen 5000 Megawatt bereits 1850 Megawatt zur Stromerzeugung in Betrieb zu nehmen.[18] Das wurde vornehmlich durch die Braunkohlenförderung in Sachsen, Sachsen-Anhalt und Thüringen möglich. Sie stieg zwischen September und Dezember 1945 von 5726468 auf 7118218 Tonnen an. Allerdings ist zu vermerken, daß die Rohstoffgewinnung in Sachsen und Sachsen-Anhalt im Dezember niedriger als im Vormonat lag. In Sachsen-Anhalt betrug der Rückgang immerhin 4,5 Prozent.[19]

Die Erzeugung von Braunkohlenbriketts stieg in den drei Ländern von September bis Dezember 1945 von 1516126 Tonnen auf 1839665 Tonnen. Bei diesem Erzeugnis

[14] LV-22, S. 120 (Barthel)
[15] LV-131, S. 36 (Kirste)
[16] LV-22, S. 114 (Barthel)
[17] AV-113 (StAD, LRS, Mp. Nr. 1372)
[18] LV-129, S. 135 (Kirchhoff)
[19] Als ein entscheidender Grund für diesen Rückgang der Kohleförderung ist die Sabotage durch die Direktionen der Braunkohlenwerke zu nennen. Vgl. S. 38 der vorliegenden Arbeit.

verzeichneten die Brikettfabriken Sachsens mit 35,5 Prozent den größten Zuwachs. In Thüringen erhöhte sich die Brikettproduktion um 20,1 und in Sachsen-Anhalt um 13,3 Prozent.[20]

Die sächsischen Steinkohlenwerke förderten im August 150000 Tonnen und im Oktober 1945 180000 Tonnen. In den beiden folgenden Monaten sank die Förderung wieder ab. Sie belief sich im Dezember 1945 auf 171000 Tonnen.[21]

Das Ansteigen der Industrieproduktion im zweiten Halbjahr 1945 war von einer zunehmenden Beschäftigung von Industriearbeitern und ingenieurtechnischem Personal begleitet. Die Volkszählung vom 1. Dezember 1945 wies aus, daß in der sowjetischen Besatzungszone in der Industrie und im Handwerk ca. 1800000 Arbeiter tätig waren.[22] Ihre Verteilung auf die Länder und Provinzen der sowjetischen Besatzungszone geht aus der Tabelle 14 hervor.

Tabelle 14
Verteilung der in Industrie und Handwerk der sowjetischen Besatzungszone Beschäftigten auf die Länder und Provinzen. Stand: 1. Dezember 1945 (in Prozent)

Gebiet	
Sowjetische Besatzungszone insgesamt	100
Brandenburg	11
Mecklenburg	5
Sachsen	45
Sachsen-Anhalt	21
Thüringen	18

Quelle: Errechnet nach LV-67, S. 5 (Diesener)

Die gute Beschäftigungslage in der Industrie führte zu einer verhältnismäßig geringen Arbeitslosigkeit. Der Anteil der voll arbeitsfähigen männlichen und weiblichen Arbeitslosen an der Gesamtzahl der Erwerbsfähigen betrug im Dezember 1945 lediglich 6,7 bzw. 14,9 Prozent.[23] Die im Gefolge des Krieges zu befürchtende Massenarbeitslosigkeit konnte aufgrund der von der SMAD und von den antifaschistisch-demokratischen Kräften verfolgten Wirtschaftspolitik verhindert werden.

Das bis Ende 1945 erreichte Niveau der Industrieproduktion und der damit verbundene Grad der Beschäftigung sicherte die elementare materielle Existenz der Industriearbeiterschaft und der in der Industrie tätigen wissenschaftlich-technischen Intelligenz. Mit der durchgängigen Wiederaufnahme der Industrieproduktion entstand eine entscheidende Voraussetzung dafür, daß sich die Arbeiterklasse organisieren konnte. Die Großbetriebe entwickelten sich seit dem Frühjahr 1945 zu Zentren der

20 AV-120 (HStAF, TBBJ, HA Mauerberger Nr. 192); LV-131, S. 29, 140 (Kirste)
21 LV-131, S. 30 (Kirste)
22 LV-67, S. 5 (Diesener)
23 LV-22, S. 59 (Barthel)

revolutionären Arbeiterbewegung, von denen starke Impulse für die Belebung und Steigerung der Produktion ausgingen. Die starken Positionen, die sich die organisierte Arbeiterklasse in den Großbetrieben schuf, ermöglichten auch, die Direktionen von aktiven Faschisten und von Exponenten des Monopolkapitals gründlich zu säubern. Die demokratische Mitbestimmung der Belegschaften bildete sich vor allem in diesen Großbetrieben frühzeitig und umfassend heraus.

Die von den Kommunisten und Sozialdemokraten in den ersten Wochen und Monaten nach der Befreiung vom Faschismus gebildeten Betriebsräte und Gewerkschaftsorganisationen waren die Initiatoren der antifaschistisch-demokratischen Aktionen in der Industrie[24] und in der Gesellschaft.

2. Die Auseinandersetzung um die demokratische Umgestaltung in der Industrie

Das Fortschreiten der antifaschistisch-demokratischen Umwälzung veranlaßte die Monopolbourgeoisie ihre gegen diesen Prozeß gerichteten Aktivitäten zu verstärken und zu koordinieren. Sie hielt die Zeit für gekommen, mit aller Entschiedenheit gegen die grundlegenden Wandlungen in den Gesellschaftsverhältnissen Front zu machen. Die Monopolkapitalisten gingen von ihren Stützpunkten, die sie in den Konzernzentralen in den Berliner Westsektoren, in den Direktionen der in der sowjetischen Besatzungszone angesiedelten Konzernbetriebe, in illegal arbeitenden Unternehmerorganisationen, in den Dienststellen demokratischer Verwaltungen und in den Büros bürgerlich-demokratischer Parteien hatten, zum Gegenangriff über. Sie erteilten den bereits vor der Zerschlagung des faschistischen Regimes in Erwartung einer sowjetischen Besetzung in den Monopolbetrieben etablierten und den zur Verstärkung entsandten zuverlässigen Konzernmitarbeitern den Auftrag, entschiedener und mit vielfältigeren Mitteln gegen die Mitbestimmung der Belegschaften Widerstand zu leisten, zur Wirtschaftssabotage überzugehen und einer Enteignung der Betriebe vorzubauen.

Am 23. August 1945 hatten sich in Berlin-Schlachtensee 60 Vertreter des Monopolkapitals auf einer geheimgehaltenen Beratung darüber verständigt, die Produktion nur auf einem geringen Niveau zu halten und das Tempo des wirtschaftlichen Wiederaufbaus zu verlangsamen.[25] Die Konzernbeauftragten praktizierten dazu verschiedene Methoden.

Eine bestand im gezielten Mißmanagement. Als ein treffendes Beispiel können die Direktionen der Tagebaubetriebe der AG Sächsische Werke genommen werden, die schon seit dem Winter 1944/45 darauf hinwirkten, durch das Verletzen technologischer Prinzipien die Kohleförderung im Herbst und Winter 1945 zum Erliegen zu bringen.[26]

Eine wachsende Rolle spielten desweiteren die Bemühungen, kommerzielle und technische Unterlagen, wichtige Produktionsanlagen, seltene Rohstoffe und Materialien aus den Monopolbetrieben zu entwenden und in die Westzonen zu bringen. Hinzu kam das Abwerben von Fachpersonal.

24 LV-95, S. 179ff. (FDGB)
25 LV-93, S. 73 (Arbeiterbewegung, 6)
26 LV-118, S. 190ff. (Heyne)

Die Monopolbourgeoisie mußte aber auch eine Reihe von Kampfformen anwenden, die bereits den veränderten Gesellschaftsverhältnissen angepaßt waren. Dazu gehörte, zuverlässige Mitarbeiter in die bürgerlich-demokratischen Parteien zu entsenden und führende Vertreter dieser Parteien zur Wahrnehmung ihrer Interessen zu gewinnen. Zu einem besonders einflußreichen Verteidiger der monopolkapitalistischen Belange wurde der Funktionär der Christlich-Demokratischen Union (im folgenden CDU) und Präsident der Deutschen Zentralverwaltung für Brennstoffindustrie Ferdinand Friedensburg. Gestützt auf einen gut ausgewählten Mitarbeiterstab unternahm er alles, um den demokratischen Umgestaltungsprozeß der Kohlenindustrie zu verhindern. Es bedurfte eines erheblichen politischen Einsatzes, um Friedensburg schließlich aus seinem Amt zu entfernen.[27]

Vielfach waren die Konzernleitungen schon im Herbst 1945 gezwungen, die Entscheidungen demokratischer Staatsorgane gegen ihre Eigentumsrechte zu akzeptieren und zu versuchen, wenigstens einen gewissen Einfluß zu behalten. So verhielt es sich bei der Siemens-Schuckert AG. Ihre Zweigwerke in Thüringen waren beschlagnahmt und der Thüringischen Verwaltungs-Gesellschaft mbH, einem landeseigenen Unternehmen, zur treuhänderischen Verwaltung übergeben worden. Ende Oktober 1945 erreichten aus Westberlin angereiste Konzernmitarbeiter bei der Verwaltungs-Gesellschaft, daß in deren Schoß ein sogenannter Siemens-Ausschuß gebildet wurde, dessen Aufgabe es sein sollte, die kommerziellen Verbindungen zwischen der Konzernzentrale und den von Treuhändern geleiteten Produktionsstätten in Thüringen herzustellen und zu pflegen. Die Siemens-Schuckert AG bediente sich also demokratischer Einrichtungen, um trotz veränderter Besitzverhältnisse den Konzern zusammenzuhalten.[28] Direktoren von AEG-Betrieben in der sowjetischen Besatzungszone versuchten, die ihnen anvertrauten Produktionsstätten vor der Beschlagnahme und der Enteignung zu bewahren, indem sie diese Betriebe auf eigenen Namen weiterführten und als aus dem Konzernverband ausgeschieden erklärten. So handelte z. B. im Oktober 1945 der Direktor des Thalheimer AEG-Betriebes.[29]

Weil der Erfolg der monopolistischen Gegenoffensive von einer wirkungsvollen Organisation abhing, schenkte die Monopolbourgeoisie frühzeitig dem Reaktivieren der Unternehmerorganisationen die gebührende Aufmerksamkeit. Schon im Sommer 1945 fanden sich Monopolkapitalisten mit Repräsentanten des ehemaligen faschistischen Wirtschaftsapparates in einer „Reichsindustriegruppe“, einer Art Spitzengremium des Monopolkapitals, zusammen.[30] Unternehmerische Fachverbände, in denen die Konzerne die Führung inne hatten, wie der in Halle ansässige Stahlbauverein, knüpften wieder die Verbindungen zu ihren Mitgliedern in der sowjetischen Besatzungszone.[31] Vertreter des Monopolkapitals förderten auch nach Kräften die vielfältigen Bemühungen in der nichtmonopolistischen Unternehmerschaft, wieder regionale Fachverbände und Arbeitgeberorganisationen ins Leben zu rufen. Das geschah in der Absicht, diese Organisationen als Waffe gegen die revolutionären Veränderungen in der sowjetischen Besatzungszone einzusetzen.

27 LV-130, S. 324ff. (Kirste)
28 LV-283, S. 352f. (Wahl)
29 LV-257, S. 261 (Ulbricht)
30 LV-72, S. 282 (Doernberg)
31 AV-116, Bl. 98 (StAD, LRS, Min. f. Wirt., Büro des Ministers, Nr. 520)

Unter dem Eindruck dieser vielgestaltigen, zunehmend aufeinander abgestimmten Aktionen der Monopolbourgeoisie und eingedenk ihrer Verantwortung vor dem eigenen Volk und vor den Völkern der Welt, verstärkten die antifaschistisch-demokratischen Kräfte ihre Anstrengungen, um den Wirkungsraum des Monopolkapitals entschieden einzuschränken.

Dafür hatte das von den sowjetischen Stadtkommandanten unmittelbar nach dem Einrücken der Sowjettruppen verfügte Verbot einer jeglichen Tätigkeit der kapitalistischen Finanzinstitute und das in einem Befehl vom 23. Juli 1945 angeordnete Schließen der Banken[32] eine ebenso wichtige Voraussetzung geschaffen, wie die demokratische Agrarumwälzung im Herbst 1945.[33]

Die Arbeiterparteien, die demokratischen Staatsorgane, die Gewerkschaften und die Belegschaften der Betriebe von Kriegs- und Naziverbrechern bereiteten seit Sommer 1945 eine Offensive gegen das Monopolkapital und gegen alle Kriegs- und Naziverbrecher unter den Industriellen vor. Angeregt von der Parteiführung der KPD erklärten vielfach Belegschaften, auf die seit der Befreiung vom Faschismus geleistete Aufbauarbeit verweisend, ihre Betriebe als aus dem Konzernverband ausgeschieden und forderten die staatlichen Organe auf, die Verwaltung dieser Betriebe zu übernehmen.[34]

Die Landes- und Provinzialverwaltungen bereiteten im Sommer 1945 nach weitgehend einheitlichen Gesichtspunkten Verordnungen über die Konfiskation des Eigentums der Kriegs- und Naziverbrecher vor.[35] In Thüringen wurde am 9. Oktober 1945 ein entsprechendes „Gesetz über die Sicherstellung und Enteignung von Naziver-mögen"[36] erlassen. Im September und Oktober 1945 trafen die demokratischen Staatsorgane eine Vielzahl von Maßnahmen, die zur Schwächung der ökonomischen Macht der Monopolbourgeoisie beitrugen. In Thüringen beschlagnahmte am 7. September 1945 der Landespräsident das Werk Eisenach der Bayrischen-Motoren-Werke AG.[37] Das Präsidium der sächsischen Landesverwaltung bereitete, veranlaßt durch die Wirtschaftssabotage, die Bildung von staatlichen Stein- und Braunkohlenunternehmen vor, die ungeachtet der bestehenden Eigentumsverhältnisse den sächsischen Kohlenbergbau zu leiten hatten.[38] Ende Oktober 1945 nahmen in Kreisen des Landes Sachsen Ämter für Betriebsneuordnung, denen die Führung der unter Treuhand stehenden Betriebe übertragen wurde, ihre Tätigkeit auf.[39] Am 29. Oktober 1945 beschloß das Präsidium der Landesverwaltung Sachsen, „die dem Kriegsverbrecher Flick gehörigen und im Bundesland Sachsen gelegenen Unternehmungen mit all ihren Beteiligungen und Rechten sowie alle sonstigen im Besitz des Kriegsverbrechers Flick befindlichen Vermögenswerte im Bundesland Sachsen zu enteignen und in das Eigentum des Bundeslandes zu überführen."[40] Mit seinem Beschluß war das Präsidium der

32 LV-72, S. 252ff. (Doernberg)
33 LV-306, S. 65ff. (Wirtschaftspolitik)
34 LV-130, S. 319 (Kirste)
35 LV-82, S. 156 (Arbeiter-und-Bauern-Macht)
36 LV-283, S. 339 (Wahl)
37 LV-283, S. 341 (Wahl)
38 AV-110, Bl. 255, 329 (StAD, LRS, MP, 676); AV-111, Bl. 3, 5 (StAD, LRS, MP, 678); AV-117 (StAD, Min. f. Wirtschaft u. Arbeit, 337)
39 AV-118 (StAD, Land-Kreis Zwickau 246)
40 LV-264, S. 184f. (Dokumente)

Landesverwaltung Sachsen über die bisher von den demokratischen Staatsorganen getroffenen Entscheidungen hinausgegangen. Es hatte sich nicht mehr auf die Konfiskation beschränkt, sondern das Vermögen von Friedrich Flick, einem Monopolkapitalisten, der auf einer amerikanischen Liste der Kriegs- und Naziverbrecher an exponierter Stelle verzeichnet war, entschädigungslos zugunsten des Landes Sachsen enteignet.[41] Die Präsidiumsmitglieder waren damit den Forderungen der Arbeiter aus den Konzernbetrieben nachgekommen und hatten juristisch nur das fixiert, was von den Belegschaften bereits durch ihr politisches und ökonomisches Wirken praktisch vollzogen worden war. Diese Entscheidung kam in der vorgesehenen Form wegen des am 30. Oktober 1945 erlassenen Befehls Nr. 124 der SMAD vorerst nicht zum Tragen.

In den Monaten August und September 1945 gingen die demokratischen Verwaltungen, von der SMAD auf das energischste unterstützt, auch gegen die verschiedenen Unternehmerorganisationen vor. Mitte September 1945 sah sich die SMAD erneut veranlaßt, nachdrücklich sämtliche Reichsvereinigungen, Reichsgesellschaften, Reichskammern usw. zu verbieten.[42]

Die sich im Herbst 1945 außerordentlich zuspitzende Auseinandersetzung zwischen der Arbeiterklasse und ihren Verbündeten auf der einen Seite und der Monopolbourgeoisie und deren politischer und ökonomischer Anhängerschaft andererseits verlangte nach einem umfassenderen Vorgehen gegen die ökonomischen Machtpositionen der Monopolkapitalisten und der anderen Kriegs- und Naziverbrecher. Von einem solchen Vorgehen hing nun der zügige Fortgang der antifaschistisch-demokratischen Umgestaltung insgesamt ab. Die SMAD, die mit äußerster Aufmerksamkeit das aggressiver werdende Vorgehen der Monopolkapitalisten verfolgte und zugleich die zunehmende Entschlossenheit der Arbeiterklasse und der demokratischen Staatsorgane, die Verantwortlichen für die nationale Katastrophe und den Völkermord mit allen Konsequenzen zur Rechenschaft zu ziehen, konstatierte, hielt Ende Oktober 1945 den Zeitpunkt für gekommen, eine grundlegende Entscheidung gegen die Kriegs- und Naziverbrecher in der Wirtschaft zu treffen. In jenen Oktoberwochen hatte sich auch offenbart, daß im Alliierten Kontrollrat eine von allen Siegermächten gemeinsam getragene praktische Festlegung gegen die übermäßige Konzentration der deutschen Wirtschaft in Gestalt der monopolkapitalistischen Unternehmen und Organisationen vorerst nicht zu erwarten war. Die dazu in den verschiedenen Gremien des Kontrollrates seit August 1945 geführten Verhandlungen hatten zu keiner einheitlichen Auffassung geführt. Ende Oktober 1945 hielt es der Oberste Chef der SMAD darum für unumgänglich, in seinem Verantwortungsbereich das von den Regierungschefs in Potsdam Vereinbarte auszuführen.[43] Er erließ am 30. Oktober 1945 den Befehl Nr. 124, in dem er bestimmte, daß das Eigentum des deutschen Staates, der Amtsleiter der NSDAP, der führenden Mitglieder und einflußreichen Anhänger dieser Partei, der militärischen Behörden und Organisationen, der vom sowjetischen Kommando verbotenen und aufgelösten Gesellschaften, Klubs und Vereinigungen und der besonders bezeichneten Personen zu beschlagnahmen und ebenso wie das in der sowjetischen Besatzungszone befindliche herrenlose Gut in provisorische Verwaltung zu nehmen ist. Dieser Befehl wurde am folgenden Tag durch den Befehl Nr. 126, der die Kon-

41 LV-72, S. 282 (Doernberg)
42 Siehe Abschnitt 3; LV-21, S. 7ff. (Badstübner)
43 LV-264, S. 189ff.; 194ff. (Dokumente)

fiskation des in der sowjetischen Besatzungszone befindlichen Eigentums der NSDAP und ihrer Organisationen verfügte, ergänzt.[44]

Die Ausführung dieser Befehle übertrug die SMAD den demokratischen Staatsorganen. Im Laufe des November 1945 suchten die Präsidenten der Landes- und Provinzialverwaltungen nach einem Weg, der es ermöglichte, einen großen Kreis von Antifaschisten an der Lösung dieser entscheidenden Aufgabe zu beteiligen. Nach Konsultationen mit der SMAD entstand der Vorschlag, durch Kommissionen aus Mitarbeitern der demokratischen Staatsorgane, Vertretern der politischen Parteien, der demokratischen Massenorganisationen und Arbeitern aus Großbetrieben prüfen zu lassen, welche Vermögensobjekte aufgrund der Rolle, die ihre Eigentümer in der faschistischen Zeit gespielt hatten, unter Sequester zu stellen sind. Anfang Dezember 1945 entstanden zunächst in Sachsen und Thüringen derartige Kommissionen. Bis zum Januar 1946 hatten sich in allen Ländern und Provinzen der sowjetischen Besatzungszone diese Kommissionen konstituiert.[45] Die in den Industriegemeinden, in den Städten und Kreisen wirkenden Sequesterkommissionen leisteten die Hauptarbeit. Ihre Mitarbeiter ermittelten in den verdächtigen Unternehmungen, prüften die Geschäftsunterlagen, befragten Arbeiter und Angestellte und gaben den beschuldigten Unternehmern Gelegenheit, sich zu rechtfertigen. Nach dieser eingehenden Prüfung faßten die Mitglieder der Kommissionen in der Regel einen gemeinsamen Beschluß darüber, ob dem Unternehmer das Verfügungsrecht über sein Eigentum zu entziehen ist oder nicht. Durch ihr Wirken gewannen die Mitglieder der Sequesterkommissionen, dabei von Kommunisten und Sozialdemokraten unterstützt, Einsichten in den inneren Zusammenhang von Faschismus, Militarismus und Monopolkapitalismus. Das erleichterte es ihnen auch, die Versuche, die von Angehörigen der Kommissionen, das Mandat einer bürgerlich-demokratischen Partei ausnutzend, unternommen wurden, um Monopolbetriebe vor einer Beschlagnahme zu bewahren, zurückzuweisen. Desgleichen gelang es nicht, Kommissionen und ihre Mitglieder zu bestechen und durch Drohungen von ihrem Auftrag abzubringen.

Dem konsequenten und umsichtigen, auf die Arbeiterklasse und anderen antifaschistisch-demokratischen Kräften gestützten Wirken der Sequesterkommissionen war es zu danken, daß bis zum Frühjahr 1946 die in den Befehlen Nr. 124 und 126 der SMAD gestellten Aufgaben im wesentlichen erfüllt waren. Die Sequesterkommissionen schlugen der SMAD vor, 19932 Vermögensobjekte zu beschlagnahmen, davon befanden sich in Thüringen 43 Prozent, in Sachsen und Sachsen-Anhalt jeweils 21 Prozent, in Brandenburg 10 Prozent und in Mecklenburg-Vorpommern 5 Prozent.[46] Die Liste dieser Objekte verzeichnete alle in der sowjetischen Besatzungszone angesiedelten Betriebe von staatskapitalistischen und privatmonopolistischen Unternehmungen.

Die Sequesterkommissionen hatten sich zu einem wichtigen Element der antifaschistisch-demokratischen Volksbewegung entwickelt. Durch sie wurde der entscheidende Schlag gegen die ökonomischen Träger des faschistisch-militaristischen Systems in Deutschland vorbereitet. Die Entscheidungen der Sequesterkommissionen entsprachen den Festlegungen der alliierten Siegermächte über die Bestrafung von

44 LV-283, S. 353 (Wahl); LV-82, S. 160f. (Arbeiter-u. -Bauern-Staat)
45 LV-140, S. 67 (Krause); LV-131, S. 183ff. (Kirste)
46 LV-97, S. 118ff. (SED)

Kriegs- und Naziverbrechern und über die Zerschlagung der monopolistischen Vereinigungen in Deutschland. Sie stimmten mit dem Gesetz Nr. 9, das der Alliierte Kontrollrat am 30. November 1945 zur Beschlagnahme des Vermögens des IG-Farben-Konzerns getroffen hatte, überein. Die SMAD entzog den Kriegs- und Naziverbrechern jegliche Verfügungsgewalt über ihr Eigentum und übertrug es den demokratischen Staatsorganen. Die Landes- und Provinzialverwaltungen beauftragten Treuhänder mit der Leitung der unter Sequester stehenden Betriebe.

Im Frühjahr 1946 waren in der sowjetischen Besatzungszone die politischen Voraussetzungen für die entschädigungslose Enteignung der monopolkapitalistischen Betriebe und der Produktionsstätten anderer Kriegs- und Naziverbrecher herangereift. Dabei kam der im April 1946 vollzogenen Vereinigung der beiden Arbeiterparteien zur Sozialistischen Einheitspartei Deutschlands eine besondere Bedeutung zu.[47]

Die Sequesterkommssionen und die zuständigen Mitarbeiter der Landes- und Provinzialverwaltungen schlossen die Überprüfung der von den Eigentümern der unter Sequester stehenden Betriebe begangenen Kriegs- und Naziverbrechen ab. Im Ergebnis ihrer Recherchen unterbreiteten die Sequesterkommissionen Vorschläge über das weitere Schicksal des betreffenden Eigentums. Sie faßten auf einer mit A bezeichneten Liste jene Betriebe zusammen, die entschädigungslos enteignet wurden. Auf einer Liste B verzeichneten sie die Betriebe, die entweder an ihre Eigentümer zurückgegeben bzw. anderen privaten Interessenten überlassen werden sollten. Von den unter Sequester stehenden Vermögensobjekten wurden 34 Prozent enteignet. 66 Prozent wurden den Privateigentümern zurückgegeben.[48] Bei letztgenannten Betrieben handelte es sich um solche, deren Eigentümer sich nicht als Kriegs- und Naziverbrecher erwiesen hatten, und um Produktionsstätten von geringer Bedeutung. Betriebe, über deren Zukunft sich die Regierung der UdSSR die Entscheidung vorbehielt, wurden auf einer Liste C festgehalten.

Am 21. Mai 1946 ermöglichte die SMAD mit ihrem Befehl Nr. 154/181 den Landes- und Provinzialverwaltungen, ihre Entscheidung gegen die Kriegs- und Naziverbrecher zu fällen.[49] Zwischen Ende Juni und Mitte August 1946 erließen die Landes- und Provinzialverwaltungen Gesetze und Verordnungen, durch die sie die auf ihrem Territorium angesiedelten Betriebe von Kriegs- und Naziverbrechern zugunsten der Länder und Provinzen entschädigungslos enteigneten. Diese juristischen Akte stützten sich auf eine breite Massenbewegung, die sich seit Beginn des Jahres 1946 in der sowjetischen Besatzungszone entwickelt hatte und in dem sächsischen Volksentscheid über die Übergabe von Betrieben von Kriegs- und Naziverbrechern in das Eigentum des Volkes vom 30. Juni 1946 ihren konzentrierten Ausdruck fand.[50]

3. Die Vernichtung des industriellen Rüstungspotentials und die Wiedergutmachung

Unter den antifaschistisch-demokratischen Maßnahmen, die die ökonomische Macht der Monopolbourgeoisie und anderer Kriegs- und Naziverbrecher einschränkten, nahmen die Zerstörung des Rüstungspotentials und die Demontage industrieller

47 LV-140, S. 67 (Krause); LV-131, S. 183ff. (Kirste)
48 LV-264, S. 272 (Dokumente)
49 LV-306, S. 109ff. (Wirtschaftspolitik)
50 LV-306, S. 109ff. (Wirtschaftspolitik)

Produktionsmittel aus den Monopolbetrieben einen besonderen Platz ein. Die SMAD führte die in den politischen Grundsätzen des Potsdamer Abkommens verfügte Bestimmung, die gesamte für den Krieg nutzbare deutsche Industrie auszuschalten oder zu überwachen, sorgfältig und konsequent aus.[51] Sie stellte entsprechend der Direktive des Alliierten Kontrollrates Nr. 39 „Über die Liquidierung des Rüstungspotentials" eine Liste von Werken und Werkteilen zusammen, deren Ausrüstungen entfernt oder vernichtet und deren Gebäude abgerissen wurden.[52] Darunter befanden sich u. a. 311 Flugzeugwerke, 140 Munitionsfabriken, 129 Waffenfabriken und 14 Panzerbetriebe.[53] Das unverzügliche Beseitigen der ausgesprochenen Rüstungskapazitäten entzog der Monopolbourgeoisie die Möglichkeit, unter dem Vorwand der Reorganisation für eine Friedensproduktion diese Kriegsbetriebe zu erhalten und schwächte die ökonomische Position der Monopolunternehmen.

Das Potsdamer Abkommen, das die berechtigten Forderungen der alliierten Siegermächte nach einer Wiedergutmachung der durch den faschistischen Aggressionskrieg verursachten materiellen Schäden bekräftigte, ermächtigte die UdSSR, ihre Reparationsansprüche im wesentlichen aus ihrem Besatzungsgebiet zu befriedigen und sicherte ihr Reparationsleistungen aus den westlichen Besatzungszonen zu.[54] Die Kriegsschäden, die der UdSSR durch den faschistischen deutschen Imperialismus zugefügt worden waren, beliefen sich auf insgesamt 485 Milliarden Dollar in Vorkriegspreisen.[55] In Erwägung, daß Deutschland nicht imstande sein wird, die im zweiten Weltkrieg verursachten Schäden jemals begleichen zu können, bezifferte die Regierung der UdSSR die Reparationsforderungen gegenüber Deutschland auf 10 Milliarden Dollar in den Preisen von 1933.[56] Die Siegermächte hatten sich darauf geeinigt, daß die Reparationen in Sach- und Arbeitsleistungen zu erbringen waren. Durch einen im März 1946 vom Alliierten Kontrollrat fixierten Reparations- und Industrieplan, der das für das Jahr 1949 zugelassene Niveau der Industrieproduktion in Deutschland vorgab, verständigten sich die vier Besatzungsmächte über jene Produktionskapazitäten, die für eine mögliche Demontage zur Verfügung standen.[57]

Um eine Vorstellung von den im Industrieplan genannten Dimensionen zu geben, sollen zwei Forschungsberichte angeführt werden, die im Auftrag der Landesverwaltung Sachsen vom Leipziger Weltwirtschaftsinstitut im Sommer 1946 angefertigt wurden. Im ersten Forschungsbericht heißt es: „Es wird berechnet, daß das Gesamtergebnis des Planes eine Kürzung des Standes der Industrie insgesamt auf etwa 50 oder 55 Prozent des Vorkriegsstandes im Jahre 1938 (ausschließlich Bauwesen und Baumaterialindustrie) bedeutet."[58]

Der zweite Forschungsbericht[59] behandelte die Auswirkungen des Industrieplanes auf die einzelnen Zweige der Industrie. Dabei wurde zwischen Zweigen unterschieden, die durch den Plan nicht tangiert, weniger oder nachhaltig beeinträchtigt wurden.

51 LV-264, S. 108 (Dokumente)
52 LV-264, S. 405f. (Dokumente)
53 LV-72, S. 275 (Doernberg)
54 LV-46, S. 29 (Potsdamer Abkommen)
55 LV-22, S. 92 (Barthel)
56 LV-22, S. 96 (Barthel)
57 AV-125–126 (StAW, LTh, MP, Bd. MP, Nr. 1375; 1376)
58 AV-125, (StAW, LTh, MP, Bd. MP, Nr. 1375)
59 AV-125 (StAW, LTh, MP, Bd. MP, Nr. 1375)

Zu den wenig beschränkten Zweigen gehörte die Zementindustrie, die 64 Prozent des Standes von 1937 erreichen konnte. Der Textilindustrie war erlaubt, ein Produktionsvolumen von 77 Prozent des Jahres 1936 zu erzielen. Die Metallurgie gehörte zu den stark beeinträchtigten Industriezweigen. Die Eisen- und Stahlindustrie durfte nach dem genannten Plan nur 30,9 Prozent des Jahres 1936 umfassen. Dabei sollten nur veraltete Werke in Betrieb bleiben. Die Nichteisenmetallurgie mußte auf 37 Prozent des Standes von 1936 verringert werden. Der Maschinen-, Apparate- und Fahrzeugbau hatte den Produktionsumfang, so gab der Leipziger Forschungsbericht an, auf 30 Prozent des Niveaus von 1938 zu senken. Der Rückgang sollte allerdings sehr differenziert erfolgen. Am tiefsten war das Niveau des Werkzeugmaschinenbaus angesetzt. Man hatte 11,4 Prozent des letzten Vorkriegsjahres errechnet. Bei schweren Maschinen wurde ein Umfang von 31 und bei sonstigen Maschinen von 50 Prozent des Standes von 1938 angenommen. Die geringste Einschränkung erfuhr der Landmaschinenbau. Er konnte 80 Prozent des Volumens von 1938 produzieren. Im Kraftfahrzeugbau war es – im Vergleich zu 1936 – gestattet, 67 Prozent der Lastkraftwagen und 16 Prozent der Personenkraftwagen zu fertigen. Der elektrotechnischen Industrie war erlaubt, 30 Prozent der schweren Elektroausrüstungen und 50 Prozent der sonstigen Artikel des Standes von 1938 zu fabrizieren. Der chemischen Industrie war die Möglichkeit eingeräumt worden, 60 Prozent der Produktion des Jahres 1938 zu erzeugen. Die Grundchemikalien durften allerdings die 40-Prozent-Marke nicht überschreiten. Pharmazeutika konnten zu 80 Prozent hergestellt werden. Die Herstellung einer Reihe von Erzeugnissen war überhaupt untersagt. Dazu gehörten Flugzeuge, Seeschiffe, Benzin-, Öl-, Gummi- und Ammoniaksynthesen. Die Stickstofferzeugung mußte aufgegeben werden, sobald dieses Produkt importiert werden konnte.

Das Leipziger Weltwirtschaftsinstitut prüfte auch, wie sich der Industrieplan auf die Beschäftigtenlage auswirken mußte. Für das Bundesland Sachsen kam das Institut zu dem Ergebnis, daß durch den Plan die Gesamtbeschäftigtenzahl in der Industrie gegenüber 1938 von 1202546 auf 813557 zurückgehen würde. Am meisten würden die Schwarzmetallurgie, die Metallwarenindustrie und der Maschinen- und Fahrzeugbau betroffen sein. In diesen Zweigen rechnete man mit einem Rückgang der Arbeitsplätze von 29471 auf 7686, von 73902 auf 29561 bzw. von 194727 auf 58418.[60]

Unter den realen Verhältnissen im Nachkriegseuropa ließen sich aber weder das rigorose Reduzieren des Industriepotentials noch das Produktionsverbot für Erzeugnisse, die für eine industrialisierte Volkswirtschaft unerläßlich waren, realisieren. Unter den Bedingungen einer fortschreitenden Zonalisierung der deutschen Wirtschaft trat die Unmöglichkeit, den Plan auszuführen, bald zutage. Die UdSSR, die die alliierte Abmachung zunächst strikt einhielt, sah sich sowohl aufgrund der wirtschaftlichen Entwicklung in ihrer Zone als auch unter dem Eindruck der amerikanischen Besatzungspolitik veranlaßt, 1947 den Plan zu verändern und schließlich aufzugeben.

Die Demontagen in der sowjetischen Besatzungszone begannen im Sommer 1945. Über das Wirken der sowjetischen Demontagekommandos hält der Bericht der Industrie- und Handelskammer Sachsen für das Jahr 1947 fest: „Mit dem Ziele der Vernichtung des deutschen Kriegspotentials wie auch zum Zwecke der teilweisen

60 AV-125 (StAW, LTh, MP, Bd. MP, Nr. 1375)

Wiedergutmachung der von der deutschen Wehrmacht in der Sowjet-Union angerichteten Schäden erfolgten in den Jahren 1945 und 1946 Entnahmen von Produktionseinrichtungen aus vorhandenen Betrieben. Sie betrafen vornehmlich den Braunkohlenbergbau, die Energiewirtschaft und die Produktionsgüterindustrie, während sie sich in der Verbrauchsgüterindustrie im allgemeinen in bescheidenen Grenzen bewegten. Daß diese im Ausmaß bedeutungsvollen Eingriffe nicht zu einer absoluten Erschütterung des Wirtschaftsablaufes führten, sondern sogar durch einen Prozeß des ständigen Anstiegs der Industrieproduktion überdeckt werden konnten, war nicht nur eine Folge des allgemeinen Wiederaufbauwillens, sondern auch davon, daß die Besatzungsmacht den Wiederaufbau selbst verlangte und verschiedentlich förderte."[61]

Durch die Vernichtung und Demontagen des industriellen Produktionspotentials war eine erste Veränderung in der Struktur der Industrie in der sowjetischen Besatzungszone eingetreten, die für die industrielle Entwicklung ein sehr unterschiedliches Gewicht hatte. Ohne Wirkung blieb die Vernichtung der Produktionsanlagen für Waffen, Munition und spezielles militärisches Gerät. Geringen Einfluß hatte der Abbau von Produktionskapazitäten, die aufgrund der Kriegswirtschaft und der traditionellen Arbeitsteilung größer waren als künftig benötigt. Das betraf verschiedene Zweige der Metallverarbeitung und der Leichtindustrie. Anders verhielt es sich mit einer Reihe von Produktionsanlagen der chemischen Industrie, der elektrotechnischen Industrie, der Metallverarbeitung, der feinmechanisch-optischen Industrie, des Fahrzeugbaus und ganz besonders der Schwarzmetallurgie. Ihre Demontage hatte teilweise akute Auswirkungen auf die Wiederherstellung der Industrieproduktion in der weiterverarbeitenden Industrie. Es soll nur auf den Mangel an Schwefelsäure verwiesen werden, der durch die Demontage des einzigen Werkes, das diese Chemikalie in der sowjetischen Besatzungszone herstellte, entstand und verschiedene Industriezweige tangierte. Von außerordentlicher Bedeutung war die entschiedene Reduzierung der Produktionskapazitäten in den Stahl- und Walzwerken der sowjetischen Besatzungszone.

Im ersten Halbjahr 1946 veränderte die Regierung der UdSSR das Demontageprogramm. Sie beließ es beim vornehmlich teilweisen Abbau von ca. 1650 industriellen Objekten.[62] Die letzten Demontagen, sie betrafen die Ausrüstungen von 7 Braunkohlentagebauen, erfolgten im Frühjahr 1947.[63]

Bedeutsam war, daß die Regierung der UdSSR 213 Groß- und Mittelbetriebe, die demontiert werden sollten, in staatliches sowjetisches Eigentum übernahm und in der sowjetischen Besatzungszone bzw. im sowjetischen Sektor von Berlin beließ. Schon 1947 übergab die Regierung der UdSSR 74 dieser Betriebe in das Eigentum der Landes- und Provinzialverwaltungen.[64]

61 AV-119 (StAD, IHK, Nr. 1)

62 AV-89, Bl. 10 (ZStAP, 0–3, Nr. 1414) Die SMAD übergab im Frühjahr 1948 der DWK eine Liste der in der sowjetischen Besatzungszone demontierten Objekte. Im Auftrag der DWK überprüften die Landesregierungen im Sommer 1948 diese Liste und stellten die tatsächlich demontierten Objekte und deren weiteres Schicksal fest.

63 LV-264, S. 371 (Dokumente)

64 LV-264, S. 371 (Dokumente)

KAPITEL 3

Das Entstehen einer neuen Produktionsweise in der Industrie

1. Die Konstituierung neuer Produktionsverhältnisse

a) *Gesellschaftliches Eigentum an den industriellen Produktionsmitteln*

Mit den juristischen Entscheidungen der Landes- und Provinzialverwaltungen und der SMAD vom Sommer 1946, das staatskapitalistische Eigentum und das von Kriegs- und Naziverbrechern in gesellschaftliches Eigentum zu verwandeln, war die hauptsächlichste Bedingung für das Entstehen von Eigentumsverhältnissen neuen Typs in der Industrie der sowjetischen Besatzungszone gegeben.

Die von der SMAD den Sowjetischen Aktiengesellschaften (im folgenden SAG) in Deutschland zur Nutzung übergebenen industriellen Produktionsmittel waren staatliches sowjetisches Eigentum geworden. Sie wurden 1946 durch 213 Industriebetriebe in der Elektroenergiewirtschaft, im Bergbau, in der Metallurgie, in der chemischen Industrie, im Maschinen- und Fahrzeugbau sowie in der Elektroindustrie verkörpert.[1]

Die durch die Präsidien der Landes- und Provinzialverwaltungen enteigneten industriellen Produktionsmittel gingen in das Eigentum verschiedener Institutionen über.[2] Die wirtschaftlich bedeutsamsten Industriebetriebe verblieben im Eigentum der Länder und Provinzen, weniger wichtige Betriebe wurden von Städten und Gemeinden, von Konsum- und landwirtschaftlichen Genossenschaften sowie von gesellschaftlichen Organisationen in Eigentum übernommen. Verschiedene Kleinbetriebe verkauften die Landes- und Provinzialverwaltungen an Privatpersonen. Wie z. B. in Sachsen aufgrund eines Beschlusses des Präsidiums der sächsischen Landesverwaltung vom 2. August 1946 mit dem ehemaligen Eigentum der Kriegs- und Naziverbrecher verfahren wurde, ist der Tabelle 15 zu entnehmen.

Die Art und Weise, wie das gesellschaftliche Eigentum entstanden war, brachte es mit sich, daß die demokratischen Staatsorgane vielfach nur Eigentümer eines Teils der Betriebe wurden. So waren von den im Dezember 1947 unter der Leitung der

1 LV-72, S. 329 (Doernberg)

2 Die Landesverwaltung Thüringen hatte in ihrem Gesetz betreffend die Übergabe von sequestrierten und konfiszierten Vermögen durch die SMA an das Land Thüringen vom 24. Juli 1946 im Artikel 2 ausschließlich festgehalten, daß sie entscheidet, „welche enteigneten Betriebe, Unternehmen und Vermögenswerte beim Land Thüringen verbleiben und welche in das Eigentum der kommunalen Selbstverwaltungskörperschaften, der antifaschistisch-demokratischen Parteien oder anderer Organisationen übergehen.“ LV-62, S. 256 (Gesetze)

Tabelle 15
Neue Eigentumsformen der im Juni 1946 in Sachsen enteigneten Betriebe. Stand: August 1946

Eigentümer	Anzahl der Betriebe	Anteil in Prozent
Land Sachsen	1002	57
Kommunen	278	15,8
Konsum und landwirtschaftliche Genossenschaften	101	5,7
Zum Verkauf gestellt	379	21,5
Betriebe, insgesamt	1760	100,0

Quelle: LV-239, S. 57 (Stasiak)

Landesregierung Thüringens stehenden 460 Industriebetriebe lediglich 275 Betriebe vollständiges Eigentum des Landes.[3] In Sachsen belief sich im August 1946 die Zahl der Betriebe, an denen das Land Sachsen nun beteiligt war, auf 101.[4]

Die vollständige Übersicht über die Struktur der in Landeseigentum übergegangenen industriellen Produktionsmittel lag Ende 1947 für die gesamte sowjetische Besatzungszone vor. Im Dezember 1947 wurden in der sowjetischen Besatzungszone 2791 landeseigene Betriebe registriert. Über ihre Verteilung auf die einzelnen Industriezweige gibt die Tabelle 16 Auskunft. Die Tabelle zeigt zugleich anhand eines Vergleiches zwischen der durchschnittlichen Beschäftigtenzahl der landeseigenen Betriebe mit der aller Betriebe der sowjetischen Besatzungszone – die SAG-Betriebe ausgenommen – welches ökonomische Gewicht die landeseigenen Betriebe hatten. Zusammenfassende Angaben über den Umfang der Grundfonds dieser Betriebe fehlen.

Das Landeseigentum an industriellen Produktionsmitteln erhielt eine juristische Form wie vormals das staatskapitalistische Eigentum. Das Verfügungsrecht über das Landeseigentum lag bei den Landesparlamenten, denen die Entscheidung über Erwerb oder Veräußerung des industriellen Landesvermögens oblag. Die in den Landesverfassungen der sowjetischen Besatzungszone festgehaltenen Regelungen schlossen daher eine Reprivatisierung dieses Eigentums nicht aus.[5] Im Befehl Nr. 154/181 vom 21. Mai 1946 hatte die SMAD die Landes- und Provinzialverwaltungen lediglich verpflichtet, das übergebene Eigentum im Interesse der deutschen Volkswirtschaft zu nutzen.[6]

Dieses Verhaftetsein im bürgerlichen Eigentumsrecht fand auch in der juristischen Gestaltung der Vermögensorganisation seinen Niederschlag. In Sachsen, Thüringen und Mecklenburg wurden zur Leitung des landeseigenen Betriebe bei den Organen der Länder Hauptverwaltungen Landeseigener Betriebe geschaffen. Die erhielten die juristische Gestalt einer Anstalt der öffentlichen Rechts wie in Sachsen oder einer Körperschaft des öffentlichen Rechts wie in den beiden anderen Ländern. In Sachsen-

[3] LV-143, S. 20 (Kühne)
[4] LV-239, S. 57 (Stasiak)
[5] LV-223, S. 32f. (Schultes)
[6] LV-264, S. 272 (Dokumente)

Tabelle 16
Landeseigene Betriebe in der Industrie der sowjetischen Besatzungszone. Stand: Dezember 1947

Industriezweig	Anzahl der Betriebe	Durchschnittl. Beschäftigtenzahl pro Landesbetrieb	pro Betrieb insgesamt
Bergbau	115	841,2	669,2
Metallurgie	81	199,2	111,8
Maschinenbau	599	164,3	56,5
Elektrotechnik	93	178,1	56,3
Feinmechanik/Optik	38	119,6	58,6
Chemie	167	149,8	49,0
Baumaterialien	227	111,5	37,3
Holzindustrie	214	74,7	28,5
Textilindustrie	359	224,2	75,6
Leichtindustrie	129	160,0	36,9
Zellstoff/Papier	89	202,0	118,4
Energie	317	78,2	63,4
Nahrungs- u. Genußmittel	363	121,4	52,2
Industrie, gesamt	2791	174,5	40,0

Quelle: LV-143, S. 21 (Kühne)

Anhalt und in Brandenburg wurden die „Industrie-Werke" bzw. die „Provinzbetriebe Mark-Brandenburg" zu Körperschaften des öffentlichen Rechts ausgestaltet.

Die durch die landeseigenen Betriebe repräsentierten Vermögenswerte wurden gleichfalls sehr unterschiedlich behandelt. In Sachsen wurde dieses Vermögen als Sondervermögen der Hauptverwaltung Landeseigener Betriebe geführt. In Thüringen bildete das Vermögen eines jeden landeseigenen Betriebes ein Sondervermögen. Das Vermögen der landeseigenen Betriebe in den anderen Ländern und Provinzen wurde unmittelbar durch die Verwaltungen bzw. Regierungen vertreten.[7]

Diese niedere Stufe des gesellschaftlichen Eigentums an den industriellen Produktionsmitteln existierte bis zum Frühjahr 1948. Die Fortschritte in der antifaschistisch-demokratischen Umgestaltung und die sich verändernden politischen und ökonomischen Verhältnisse in den westlichen Besatzungszonen ermöglichten und erforderten zugleich, das gesellschaftliche Eigentum an den industriellen Produktionsmitteln im Rahmen der sowjetischen Besatzungszone zu organisieren. In der Deutschen Wirtschaftskommission (im folgenden DWK) waren dazu im März 1948 die erforderlichen Vorbereitungen getroffen worden.[8]

Ende März 1948 unterbreitete das Sekretariat der DWK der SMAD den Vorschlag,

7 AV-112 (StAD, LRS, MP, 679); LV-291, S. 39f. (Wiegand); LV-281 (Voß); LV-105 (Gold); LV-37 (Brundert)
8 AV-7, Bl. 1ff. (ZStAP, C-15, Nr. 297; AV-8, Bl. 49 (ZStAP, C-15, Nr. 300)

das Sequesterverfahren abzuschließen und eine gesamtzonale Organisation des gesellschaftlichen Eigentums an den industriellen Produktionsmitteln zu schaffen.[9] Seit Anfang des Jahres 1948 waren von der Zentralen Deutschen Kommission für Sequestrierung und Beschlagnahme im Zusammenwirken mit den Landessequesterkommissionen und den Landesregierungen die endgültigen Listen aller in gesellschaftliches Eigentum übergegangenen Industriebetriebe zusammengestellt und Ende März 1948 der SMAD zur Bestätigung vorgelegt worden.[10] Darunter befanden sich auch jene Sequesterbetriebe, die von den Landesregierungen erst zwischen Herbst 1947 und Frühjahr 1948 in gesellschaftliches Eigentum verwandelt worden waren. Das betraf auch die leistungsfähigen Produktionsstätten, die – wie das Jenaer Zeiss-Werk – bisher noch unter Sequester gestanden hatten. Das gab zugleich den privatkapitalistischen Unternehmern die Gewißheit, daß nun der Prozeß des Überprüfens ihrer politischen Vergangenheit abgeschlossen war und sie sich voll und ganz der Entwicklung ihrer Betriebe zuwenden konnten.

Der Oberste Chef der SMAD gab am 17. April 1948 dem Ersuchen des DWK-Sekretariats vom 31. März 1948, die Sequestrierung zum Abschluß zu bringen, in seinem Befehl Nr. 64 statt. Er bestätigte die der SMAD vorgelegten Listen der Betriebe von Monopolkapitalisten und anderen Kriegs- und Naziverbrechern, die aufgrund von Vorschlägen der demokratischen Kräfte enteignet und in das Eigentum der Länder überführt worden waren. Der Oberste Chef der SMAD erklärte das aus der Bestrafung der Kriegs- und Naziverbrecher hervorgegangene Landes-, Kommunal-, Genossenschafts- und Organisationseigentum zu einem einheitlichen Volkseigentum, das an Privatpersonen oder Organisationen weder veräußert noch übergeben werden durfte.[11]

Die im Befehl Nr. 64 der SMAD getroffene Verfügung über das einheitliche Volkseigentum an industriellen Produktionsmitteln schuf in der sowjetischen Besatzungszone einen neuartigen Eigentumstyp. Neben das natürlichen und juristischen Personen gehörende Eigentum trat nun das dem ganzen Volke gehörende Eigentum.[12]

Die neue juristische Qualität dieses Eigentums bestand darin, daß es im Unterschied zum Landeseigentum, das vor einer Reprivatisierung nicht rechtlich gesichert war und aufgrund der Landesverfassungen auch nicht ohne weiteres zum Rahmen der sowjetischen Besatzungszone zusammengefaßt werden konnte, in das Eigentum des Volkes in der sowjetischen Besatzungszone überging. Es war unantastbar und durfte an Privatpersonen oder Organisationen weder veräußert noch übergeben werden. Zum Volkseigentum verschmolz nun sowohl das Landeseigentum als auch das aus der Enteignung der Nazi- und Kriegsverbrecher hervorgegangene kommunale, genossen-

9 LV-264, S. 616f. (Dokumente)
10 LV-264, S. 616f. (Dokumente)
11 LV-264, S. 620ff. (Dokumente)
12 LV-278, S. 18 (Volksbetriebe)
Fritz Selbmann führte zur Veränderung des Charakters des gesellschaftlichen Eigentums 1948 aus: „Die Deutsche Wirtschaftskommission ist bei ihrem Plan über die Verwaltung der enteigneten Betriebe davon ausgegangen, daß diese enteigneten Betriebe nicht irgendeine juristische Persönlichkeit sind, sei es das Land oder irgendeine andere öffentliche Körperschaft, sondern daß diese Betriebe nach dem Wortlaut und dem Sinne des Befehls 64 Eigentum des Volkes geworden sind.“ LV-229, S. 20 (Volksbetriebe im Wirtschaftsplan)

schaftliche und Organisationseigentum. Das neugebildete Volkseigentum ging in die Rechtsträgerschaft der DWK, der Landesregierungen, der Kommunen, Genossenschaften und gesellschaftlichen Organisationen über.

Das Volkseigentum umfaßte nach dem Abschluß der Sequesterverfahren 6763 Industriebetriebe. Ihre Verteilung auf die Länder der sowjetischen Besatzungszone geht aus der Tabelle 17 hervor.

Tabelle 17
Verteilung der volkseigenen Betriebe auf die Länder der sowjetischen Besatzungszone. Stand: 29. 10. 1948

Land	Anzahl	Anteil in Prozent
Brandenburg	1053	15,6
Mecklenburg	489	7,2
Sachsen	2233	33,0
Sachsen-Anhalt	1398	20,7
Thüringen	1590	23,5
Sowjetische Besatzungszone, insgesamt	6763	100,0

Quelle: LV-143, S. 83 (Kühne)

b) Das Organisations- und Leitungssystem der volkseigenen Industrie und der Sowjetischen Aktiengesellschaften

Mit der juristischen Entscheidung über die Bildung des gesellschaftlichen Eigentums an industriellen Produktionsmitteln waren zugleich Maßnahmen zur Organisation dieses Eigentums getroffen worden. Entsprechend seiner verschiedenen Formen entstanden im Sommer 1946 die Organisation und Leitung der landeseigenen bzw. provinzeigenen Industrie und die des staatlichen sowjetischen Eigentums. Durch den Befehl Nr. 154/181, der verfügt hatte, daß das Eigentum der Monopolbourgeoisie und anderer Kriegs- und Naziverbrecher in das Eigentum der Länder und Provinzen übergehen sollte, war zugleich der Rahmen für seine Organisation abgesteckt.[13]

Die Landes- und Provinzialverwaltungen hatten sich seit Herbst 1945 mehr oder weniger auf die Aufgabe, gesellschaftliches Eigentum an den industriellen Produktionsmitteln zu nutzen, vorbereitet. In Thüringen war dazu im September 1945 die Thüringische Staats-Gesellschaft m.b.H. gegründet worden.[14]

Die sächsische Landesverwaltung hatte im Herbst 1945 zwei Wege zur Organisation der in ihrem Eigentum befindlichen oder noch zu erwartenden Betriebe eingeschlagen. Der eine Weg bestand in der Bildung der Ämter für Betriebsneuordnung. Diese

13 LV-264, S. 272 (Dokumente)
14 LV-283, S. 338ff. (Wahl)

Ämter wurden bis Dezember 1945 in einem jeden Stadt- und Landkreis gebildet. Ihre Aufgabe bestand, wie ein Rundschreiben des Ressorts für Wirtschaft, Arbeit und Verkehr der Landesverwaltung vom 31. Oktober 1945 verfügte, darin, die in ihrem Amtsbereich liegenden herrenlosen Betriebe – darunter wurden auch alle zu einer Aktiengesellschaft gehörenden Produktionsstätten verstanden – und der Beschlagnahme unterliegende Betriebe zu erfassen und zu betreuen.[15] Auf diese Aufgabe richteten sich die Ämter auch in ihrer Struktur aus. Im Januar 1946 legten die zuständigen Funktionäre fest, daß im Amt für Betriebsneuordnung drei Fachgebiete gebildet werden sollten. Das erste Fachgebiet befaßte sich mit der Produktionslenkung und Kontrolle. Dazu gehörten die Rohstoffbeschaffung und -erfassung, der Maschinenausgleich usw. Die betriebswirtschaftliche Überprüfungsstelle, zu deren Tätigkeiten u. a. die Betriebskontrolle, die Bilanzprüfung und -beratung, die Lohn- und Gehaltsangelegenheiten und die Preisbildung gehörten, wurde das zweite Ressort im Amt. Eine Rechtsstelle übernahm für die zum Verantwortungsbereich des Amtes gehörenden Betriebe die juristischen Fragen. Die Ämter sorgten für die bessere Nutzung der Kapazitäten und der Rohstoffe in den ihnen unterstellten Betrieben. Sie führten den Maschinenausgleich zwischen den Betrieben durch. Des weiteren griffen sie im Interesse einer Produktionssteigerung und einer effektiven Produktion in die bestehende Organisationsstruktur der Betriebe ein, führten bisher selbständige Betriebe zusammen usw. Die Ämter für Betriebsneuordnung waren Keimzellen für die künftige Organisation des gesellschaftlichen Eigentums an industriellen Produktionsmitteln in Sachsen. Gegenüber Mitarbeitern der Ämter führte am 24. April 1946 der Leiter des Ressorts Wirtschaft der sächsischen Landesverwaltung, Fritz Selbmann, auf einer Arbeitstagung aus: „Die Betriebe, die wir jetzt enteignen, werden künftig im wesentlichen von den Ämtern für Betriebsneuordnung verwaltet werden. Die Ämter für Betriebsneuordnung werden einmal ihr natürliches Ziel erreicht haben ... Wir werden daraus Ämter zur Führung landeseigener Betriebe machen.“[16] Die Treuhänder, so fügte Fritz Selbmann hinzu, werden Direktoren der Betriebe, die der Staatsführung verantwortlich sind.

Den zweiten Weg für eine künftige Organisation des gesellschaftlichen Eigentums schlug die sächsische Landesverwaltung im Kohlenbergbau ein. Sie folgte dabei einer Forderung der Bergarbeiterbetriebsräte, die am 7. Oktober 1945 „die Zusammenfassung aller Werke unter einer einheitlichen Leitung“ verlangt hatten.[17] Gerhard Ziller, der im Ressort für Wirtschaft für den Bergbau zuständig war, beauftragte eine Kommission von Fachleuten, die dazu erforderlichen Vorschläge zu unterbreiten.[18] Im Ergebnis dieser Expertenarbeit bildete die Sächsische Landesverwaltung Ende November 1945 die „Sächsischen Steinkohlenwerke GmbH“, in der alle Steinkohlenwerke, gleichgültig, wessen Eigentum sie waren, zusammengefaßt wurden.[19] Ebenso verfuhr die sächsische Landesverwaltung mit dem Braunkohlenbergbau.[20] Mit diesen

[15] AV-118 (StAD, Zwickau, Nr. 246)
[16] AV-118 (StAD, Zwickau, Nr. 246)
[17] LV-247, S. 40 (Stützner)
[18] AV-117 (StAD, MWA, Nr. 337)
[19] AV-110, Bl. 329 (StAD, LR, MP, Nr. 676); AV-117 (StAD, MWA, Nr. 337); LV-247, S. 41 (Stützner)
[20] AV-112, Bl. 255 (StAD, LR, MP, Nr. 679); AV-111, Bl. 3ff. (StAD, LR, MP, Nr. 678)

beiden von der sächsischen Landesverwaltung gegründeten Betriebsgesellschaften entstand das Grundprinzip für die Organisierung von Landeseigenen Betrieben in den Industriezweigen durch demokratische Staatsorgane.

Die seit Herbst 1945 gesammelten Erfahrungen und die in Vorbereitung auf das Übernehmen verschiedener Eigentumskategorien in Landeseigentum angestellten Überlegungen fanden in dem Beschluß des Präsidiums der Landesverwaltung Sachsen Eingang, der am 28. Juni 1946 über den „Plan zur Verwertung der durch den Volksentscheid vom 30. Juni 1946 enteigneten Betriebe und Geschäftsteile“ gefaßt wurde.[21] Dieser Plan enthielt die Grundsätze für die „Organisation, Leitung und wirtschaftliche Nutzbarmachung“ der landeseigenen Betriebe. Er legte fest, daß alle in unmittelbares Eigentum des Landes übergegangenen Betriebe in 65 Industrieverwaltungen als Zweigniederlassungen zusammengefaßt und nach Zweigen und regionalen Gesichtspunkten gegliedert wurden. Nach diesem Plan wurde bis August 1946 die landeseigene Industrie in Sachsen organisiert. Im August 1946 übertrug die Landesverwaltung, die bisher die volle Verantwortung für die Sicherung und Entwicklung des industriellen Landeseigentums innehatte, einen wesentlichen Teil der damit verbundenen Rechte und Aufgaben an die Hauptverwaltung Landeseigener Betriebe, die im Januar 1947 zur Anstalt des öffentlichen Rechts ausgestaltet wurde.[22]

Auf diese Organisationsstruktur gründete sich die Leitung der landeseigenen Industrie in Sachsen. Ihre Grundsätze waren in dem bereits zitierten Plan enthalten. Ab August 1946 wurde die Hauptverwaltung Landeseigener Betriebe das Leitungszentrum der landeseigenen Industrie in Sachsen. Als Organ des Ministeriums für Wirtschaft und Arbeit übernahm es die wirtschaftliche, finanzielle und verwaltungsmäßige Leitung der 65 Industrieverwaltungen. Diesen Industrieverwaltungen oblag die Produktionsplanung, die Disposition der materiell-technischen und der personellen Produktionsbedingungen, die Führung der Finanzwirtschaft der von ihnen zusammengefaßten Betriebe sowie die Lenkung und Kontrolle aller wirtschaftlichen Vorgänge in ihrem Wirkungsbereich. Die Betriebe, die ihre ökonomische und juristische Selbständigkeit verloren hatten, bildeten als Zweigniederlassungen die unterste Ebene der landeseigenen Industrie.[23]

Als Leitungsgremien fungierten in der landeseigenen Industrie Sachsens die Generaldirektion der Hauptverwaltung Landeseigener Betriebe, die Direktionen der Industrieverwaltungen sowie die Betriebsleitungen. Die Leitungskader der Industrieverwaltungen wurden von der Landesregierung berufen. Bei der Konzipierung der Leitungsprinzipien und -strukturen spielte von Anfang an die Einbeziehung der Arbeiterklasse eine wichtige Rolle. Schon bei der Gründung der „Sächsischen Steinkohlenwerke GmbH“ wurde bestimmt, daß an der Leitung dieser Gesellschaft sowohl die Landesverwaltung als auch der Freie Deutsche Gewerkschaftsbund und die Betriebsräte beteiligt werden. Bei den einzelnen zur Gesellschaft gehörenden Werken wurden den Direktoren Beiräte aus jeweils drei Bergarbeitern und zwei technischen Angestellten zur Seite gestellt. Diese Beiräte nahmen die Interessen der Belegschaften gegenüber den Direktionen wahr.[24]

21 AV-112, Bl. 115 (StAD, LR, MP, Nr. 679)
22 LV-239, S. 71ff. (Stasiak)
23 LV-239, S. 71ff. (Stasiak)
24 LV-247, S. 42f. (Stützner)

Auf die von den Beiräten gewonnenen guten Erfahrungen gegründet entstanden bei der Hauptverwaltung Landeseeigner Betriebe und bei den Industrieverwaltungen Verwaltungsräte. Sie setzten sich aus Betriebsräten der zur Verwaltung gehörenden Betriebe zusammen.

Im Jahre 1947 konstituierte sich dann der Verwaltungsrat bei der Hauptverwaltung Landeseigener Betriebe. Unter dem Vorsitz des Ministers für Wirtschaft und Arbeit, Fritz Selbmann, nahmen u. a. Hermann Kastner, Johannes Dieckmann, Grete Groh-Kummerlow sowie weitere Vertreter des FDGB, 2 Betriebsräte und 3 leitende Angestellte aus den Unternehmen ihre Arbeit in diesem Gremium auf.[25] Die Zusammensetzung des Verwaltungsrates bei der Hauptverwaltung Landeseigener Betriebe trug also einen etwas anderen Charakter als die bei den Industrieverwaltungen.

Die sich bis in das Jahr 1947 hinein vollziehende Herausbildung einer zweckmäßigen Organisations- und Leitungsstruktur der landeseigenen Industrie Sachsens zeigt an, daß es sich um einen komplizierten Prozeß handelte, der auch in den anderen Ländern und Provinzen eine geraume Zeit beanspruchte und nicht frei von Irrungen war.

Das Zentralsekretariat der SED ließ es sich von Anfang an angelegen sein, diesen Organisationsprozeß in den Ländern und Provinzen zu analysieren und die fortschrittlichsten Formen der Organisation und Leitung zu verallgemeinern. So gab das Büro Ulbricht/Fechner im September 1946 an die Landesparteiorganisationen ein Rundschreiben heraus, in dem detaillierte Angaben über die geeignetste Organisations- und Leitungsstruktur des landeseigenen Industrie enthalten waren.[26] Mitte 1947 empfahl das Zentralsekretariat der SED allen Ländern einheitliche Organisations- und Leitungsprinzipien für die landeseigene Industrie. Die zuständigen Zentralverwaltungen wurden angeregt, für die Durchsetzung solcher Prinzipien zu sorgen. In einem Verordnungsentwurf über „Gemeinsame Grundlagen des Aufbaus landeseigener Betriebe“ wurde die in Sachsen praktizierte Struktur als Modell für alle Länder festgehalten.[27] Nach diesem Modell erfolgte im zweiten Halbjahr 1947 die Reorganisation der landeseigenen Industrie in allen Ländern.[28] Damit fand die erste Etappe der Herausbildung einer Grundstruktur der Organisation und Leitung der landeseigenen Industrie in der sowjetischen Besatzungszone ihren Abschluß. Die nun in allen Ländern bestehende gleichartige Struktur entsprach im wesentlichen dem Charakter des Landeseigentums an den industriellen Produktionsmitteln. Die zweite Etappe war durch das stetige Qualifizieren der Leitungsprinzipien, die noch keineswegs alle in diesem Eigentum innewohnenden Potenzen zum Tragen brachten, gekennzeichnet. Das wurde in dem Maße möglich, in dem in den Leitungsorganen der landeseigenen Industrie fähige Repräsentanten der Arbeiterklasse und demokratisch gesinnte Angehörige der wissenschaftlich-technischen Intelligenz tätig wurden. Welcher Stand dabei 1947 erreicht war, geht aus der Tabelle 18 hervor.

Im Organisations- und Leitungsaufbau der landeseigenen Industrie gab es zwei Ausnahmen. Sie betrafen die Elektroenergiewirtschaft und die Brennstoffindustrie. Obgleich Kraftwerke, Kohlengruben und Brikettfabriken Eigentum der Länder

[25] LV-239, S. 73 (Stasiak)
[26] LV-239, Anlage 4 (Stasiak)
[27] LV-143, S. 19f. (Kühne)
[28] Zur Angleichung der Organisations- und Leitungsstruktur in Thüringen: LV-291, S. 48ff. (Wiegand)

Tabelle 18
Soziale Herkunft der Direktoren der landeseigenen Industrieverwaltungen und der landeseigenen Betriebe in der sowjetischen Besatzungszone. Stand: Sommer 1947 (in Prozent)

Soziale Herkunft	Funktion Direktoren der Industrie-verwaltungen[1]	Betriebs-direktoren
Arbeiter	23,0	21,7
Angestellte	15,9	30,7
Ingenieure	23,0	17,8
Kaufleute	32,2	23,6
Betriebsleiter	5,9	6,2

[1] ohne Thüringen

Quelle: LV-195, S. 321 (Protokoll II. Parteitag der SED)

waren, wurden sie seit 1945/46 im Rahmen der sowjetischen Besatzungszone organisiert und durch die Deutsche Zentralverwaltung für Brennstoffindustrie direkt geleitet. Die Energiewirtschaft unterstand der von Albert Bergholz geführten Hauptabteilung Energie in dieser Zentralverwaltung.[29] Im Kohlenbergbau schuf der Befehl Nr. 323 der SMAD vom 20. November 1946 die Voraussetzungen dafür, daß sich die Hauptabteilung Kohle unter Gustav Sobottka in der Deutschen Zentralverwaltung für Brennstoffindustrie im Laufe des Jahres 1947 zur zentralen Leitung dieses Industriezweiges entwickeln konnte.[30]

Dieser Prozeß war mit wesentlichen Veränderungen in den Ländern verbunden. In Sachsen gliederte die Landesregierung am 25. März 1947 den bergbaulichen Teil aus dem Sondervermögen der landeseigenen Industrie aus und übertrug ihn der „Verwaltung für Kohlenindustrie“, die nun dem Ministerpräsidenten und der Deutschen Zentralverwaltung für Brennstoffindustrie direkt unterstand. Wenig später wurde diese Verwaltung in das „Direktorat der Kohlenindustrie des Landes Sachsen“ umgebildet. Derartige Direktorate entstanden als Leitungsorgane der Deutschen Zentralverwaltung für Brennstoffindustrie nach einheitlichen Gesichtspunkten in allen Ländern.[31] Die zentralisierende Funktion der Deutschen Zentralverwaltung für Brennstoffindustrie für diese beiden Industriezweige konnte im Gefolge der Vereinbarungen zwischen den Wirtschaftlichen Zentralverwaltungen und den Landesregierungen vom Frühjahr 1947 gestärkt werden.[32]

Das Beispiel der Elektroenergiewirtschaft und des Kohlenbergbaus verdeutlichte, daß eine die gesamte sowjetische Besatzungszone umfassende Organisation und Leitung des gesellschaftlichen Eigentums an den industriellen Produktionsmitteln deren Potenzen wesentlich rascher und umfassender zur Geltung brachte. Zugleich zeigte

[29] LV-129, S. 134f. (Kirchhoff)
[30] LV-247, S. 50 (Stützner)
[31] LV-247, S. 50f. (Stützner)
[32] LV-161, S. 155ff. (Merker)

dieses Beispiel, daß solch eine Organisation und Leitung eine höhere Stufe der Vergesellschaftung des Eigentums war. Die Länderverfassungen behinderten die zweckmäßige Nutzung des gesellschaftlichen Eigentums, weil, wie in der Kohlenindustrie geschehen, dem Umsetzen von Produktionsmitteln aus Thüringen nach Sachsen erst eine lange juristische Prozedur vorausgehen mußte.

Durch den Befehl Nr. 64 der SMAD vom 31. März 1948, der das Volkseigentum in der sowjetischen Besatzungszone deklarierte, waren die für ein höheres Niveau der Organisation und Leitung des gesellschaftlichen Eigentums an den industriellen Produktionsmitteln erforderlichen Voraussetzungen gegeben. Die Vorarbeiten dazu erfolgten durch die DWK bis Mitte März 1948. Am 16. März 1948 befaßte sich das Sekretariat der DWK mit den Vorschlägen für die künftige Organisation der volkseigenen Industrie und bereitete die „Grundlagen für die Verwaltung derjenigen volkseigenen Betriebe in der sowjetischen Besatzungszone, die der zonalen Verwaltung unterstehen“[33], die am 23. April 1948 von der SMAD in ihrem Befehl Nr. 76 bestätigt wurden, vor.[34] Danach erklärte die DWK ihre Verantwortung für die volkseigenen industriellen Betriebe. Sie beauftragte die ihr unterstehenden Hauptverwaltungen Kohle, Energie, Metallurgie, Chemie, Maschinenbau und Elektrotechnik, Leichtindustrie sowie Steine und Erden, die im Sekretariat Industrie unter Fritz Selbmann zusammengefaßt waren, mit der unmittelbaren Leitung der volkseigenen Betriebe.

Damit wurde das Sekretariat Industrie zum Zentrum der Organisation und Leitung der volkseigenen Industrie. Der Organisationsplan der DWK teilte die in Volkseigentum übergegangenen Betriebe nach ihrer politischen und wirtschaftlichen Bedeutung in drei Gruppen ein. Die wichtigsten 1631 Betriebe mit einer Belegschaft von 578707 Arbeitern und Angestellten wurden den industriellen Hauptverwaltungen der DWK direkt unterstellt. 3064 Betriebe von regionalem Gewicht mit 223362 Beschäftigten blieben in der Verantwortung der Landesregierungen und 2064 Betriebe gingen in die Nutzung von Kommunalverwaltungen über.[35] Wie sich die drei Gruppen von volks-

Tabelle 19
Verwaltungsform der volkseigenen Betriebe in den Ländern. Stand: 29. 10. 1948

Land	Verwaltungsform zentral geleitet Zahl	 Anteil	 landes geleitet Zahl	 Anteil	 kommunal geleitet Zahl	 Anteil
Brandenburg	102	6,2	700	22,8	251	12,1
Mecklenburg	11	0,7	320	10,4	158	7,6
Sachsen	1098	67,3	784	25,6	351	17,0
Sachsen-Anhalt	333	20,4	412	13,5	653	31,6
Thüringen	87	5,3	848	27,7	655	31,7
Sowjetische Besatzungszone insgesamt	1631	100	3064	100	2068	100

Quelle: LV-143, S. 83 (Kühne)

[33] LV-143, S. 81 (Kühne)
[34] LV-264, S. 624ff. (Dokumente)
[35] LV-143, S. 83f. (Kühne)

Tabelle 20
Anteil der zentral- und landesgeleiteten Betriebe und deren Belegschaften in den Ländern. Stand: 29. 10. 1948 (in Prozent)

Land	zentral geleitet		landes geleitet	
	Betriebe	Belegschaft	Betriebe	Belegschaft
Brandenburg	12,7	36,1	27,3	63,9
Mecklenburg	3,3	40,1	96,7	59,9
Sachsen	58,3	85,6	41,7	14,4
Sachsen-Anhalt	44,7	67,4	55,3	32,6
Thüringen	9,3	55,4	90,7	44,6

Quelle: Errechnet nach LV-143, S. 83f. (Kühne)

eigenen Betrieben auf die einzelnen Länder verteilten, kann den Tabellen 19 und 20 entnommen werden. Entsprechend ihrem gleichartigen oder ähnlichen Produktionsprofil führte die DWK die Betriebe der ersten und zweiten Gruppe in Vereinigungen Volkseigener Betriebe (im folgenden VVB) zusammen. Diese Vereinigungen waren große Wirtschaftseinheiten, die als VVB (Z) den Hauptverwaltungen der DWK unmittelbar oder als VVB (L) den Landesregierungen unterstellt waren. Die politisch und wirtschaftlich wichtigen volkseigenen Betriebe wurden in 75 VVB (Z) organisiert. Die Tabelle 21 gibt eine Übersicht über die Verteilung der VVB (Z) auf die einzelnen Industriezweige.

Tabelle 21
Vereinigung Volkseigener Betriebe (Z), volkseigene Betriebe und deren Beschäftigte. Stand: 29. 10. 1948

Hauptverwaltung	VVB	VEB	Beschäftigte
Kohle	9	80	107803
Energie	5	58	21196
Metallurgie	5	42	36884
Chemie	10	143	38252
Steine und Erden	4	59	16057
Maschinenbau und Elektrotechnik	19	580	177070
Leichtindustrie	23	669	181445
Zentralgeleitete Industrie insgesamt	75	1631	578707

Quelle: LV-143, S. 85 (Kühne)

Die Struktur und die Prinzipien der Leitung der VVB und ihrer Betriebe entsprachen den in der landeseigenen Industrie bereits bewährten. Die VVB wurden von den von der Hauptverwaltung der DWK berufenen Hauptdirektoren, denen Verwaltungsräte aus Gewerkschaftern und von den Gewerkschaften benannte Angehörige der wissenschaftlich-technischen Intelligenz zur Seite standen, geleitet. Die VVB erhielten ihre aus den Produktionsplänen der sowjetischen Besatzungszone abgeleiteten Produktionsaufgaben von den DWK-Hauptverwaltungen bzw. von den zuständigen Dienststellen der Landesregierungen. Die VVB bilanzierten den Aufwand und die Ergebnisse ihrer wirtschaftlichen Tätigkeit und entwickelten Elemente einer wirtschaftlichen Rechnungsführung. Sie waren unter ihrem Namen in das Handelsregister eingetragen. Neben ihrer Funktion als Wirtschaftseinheiten wirkten die VVB auch als wirtschaftsleitende Organe, weil die zu ihnen gehörenden Betriebe juristisch und ökonomisch unselbständig waren. Sie hatten die Stellung einer Zweigniederlassung der VVB und standen nicht mehr im Handelsregister.[36]

Mit dem neuen Eigentumstyp in der Industrie und der ihm gemäßen Organisations- und Leitungsstruktur war die hauptsächlichste Voraussetzung dafür entstanden, daß nicht nur die Elektroenergiewirtschaft und der Kohlenbergbau, die schon seit 1945 bzw. 1946/47 von der Deutschen Zentralverwaltung für Brennstoffindustrie aus gesamtzonaler Sicht geleitet wurden, sondern daß nun die volkseigene Industrie insgesamt entsprechend ihres relativ hohen Vergesellschaftungsgrades unabhängig von der territorialen Lage der einzelnen Betriebe im Rahmen der sowjetischen Besatzungszone organisiert werden konnte.

Damit ging der mit der Konstituierung der landeseigenen Industrie eingeleitete Prozeß der Überwindung des Widerspruchs zwischen dem gesellschaftlichen Charakter der Produktion und der privatkapitalistischen Aneignung in einen Prozeß über, der zur Übereinstimmung zwischen dem Charakter der Produktivkräfte und ihrer gesellschaftlichen Entwicklungsform führte.

Das staatliche sowjetische Eigentum an den industriellen Produktionsmitteln in der sowjetischen Besatzungszone und im sowjetischen Sektor von Berlin wurde 1946 in 28 SAG zusammengefaßt. Die SAG waren nach dem Zweigprinzip gegliedert. Verschiedentlich wurden im Rahmen solcher Aktiengesellschaften technologisch zusammengehörige Produktionsstätten zu kleineren Unternehmen mit der Bezeichnung Kombinat zusammengeführt. Das traf insbesondere auf die Brennstoffindustrie zu. In der Kaliindustrie wurden Werke mit gleicher Erzeugnisspezialität in SAG zusammengeschlossen. Es gab die Staatliche Aktiengesellschaft für Kalidüngemittel „Kali“ mit 2 Werken, die Staatliche Aktiengesellschaft für Kalidüngemittel „Kainit“ mit 3 Werken, die Staatliche Aktiengesellschaft für Kalidüngemittel „Silvinit“ mit 2 Werken sowie die Aktiengesellschaft für Kalidüngemittel in Deutschland mit 7 Werken.[37] In der Grundstoffindustrie gab es des weiteren die Aktiengesellschaft für Metallurgie, für chemische Industrie, die 1947 in zwei Gesellschaften gegliedert wurde.[38] Das staatliche sowjetische Eigentum in der metallverarbeitenden Industrie verteilte sich auf eine größere Anzahl von Aktiengesellschaften. Es gab die SAG für Maschinenbau, für Präzisionsmaschinenbau, für Transportmittelbau, für Gerätebau, für Feinmechanik. Darüber hinaus waren SAG für Gummiindustrie, für Baumaterialien, für Textilindustrie, für Kino und Film sowie für Kraftwerke organisiert worden. Schließlich ist noch die SAG „Wismut“ zu nennen.[39]

Bei der Bildung der einzelnen Aktiengesellschaften ließen sich die zuständigen Leitungen vom technologischen Prinzip leiten. Das brachte mit sich, daß Betriebe, die bislang verschiedenen Konzernen angehört hatten, zu einem Wirtschaftsorganis-

36 LV-211, S. 18ff. (Roesler)
37 LV-90, S. 34 (Ganz)
38 LV-252, S. 65 (Buna)
39 LV-139, S. 366ff. (Koppelmann)

mus verschmolzen wurden. Als Beispiele können das Kombinat Böhlen und die SAG für Kalidüngemittel dienen.[40]

Die Leitung der SAG oblag der „Verwaltung für Angelegenheiten der Sowjetischen Aktiengesellschaften in Deutschland", die wiederum der „Hauptverwaltung für sowjetisches Eigentum im Ausland" beim Ministerrat der UdSSR unterstand.[41] In den zu den jeweiligen Gesellschaften gehörenden Betrieben existierte eine sowjetische Generaldirektion, der eine deutsche Betriebsleitung zur Seite stand. Die Leitungsstruktur in der staatlichen sowjetischen Industrie zeichnete sich durch einen einfachen Leitungsaufbau und durch wenige Leitungsebenen aus. Die Beziehungen zwischen den Leitungen waren von Anfang an durch die Prinzipien des demokratischen Zentralismus geprägt. Mit der einfachen Leitungsstruktur war verbunden, daß die Generaldirektoren der einzelnen SAG-Betriebe einen erheblichen Entscheidungsspielraum hatten. Die sowjetische Leitung zeichnete sich durch strikte Wahrung des Prinzips der Einzelleitung aus.[42]

Die sowjetischen Wirtschaftsfunktionäre, die in den Direktionen der SAG und deren Betrieben tätig waren, verfügten zumeist über große Erfahrungen in der Organisation und Leitung der sowjetischen Industrie. Sie blieben, im Unterschied zu dem häufigen Wechsel, der bei dem leitenden Personal in der landes- und volkseigenen Industrie erfolgte, zumeist über mehrere Jahre in ihren Leitungspositionen. So zum Beispiel Michael Iwanowitsch Mumschijeff, der seit Juli 1945 in der Filmfabrik Wolfen als Reparationsbeauftragter der Sowjetunion tätig war und, nachdem die Fabrik staatliches Eigentum wurde, die Filmfabrik Wolfen mehrere Jahre als Generaldirektor leitete.[43]

Durch die Kontinuität in der Besetzung der Leitungsfunktionen erhöhte sich nicht nur die Sachkunde bei der Leitung der Betriebe, sondern auch ihre erzieherische Wirkung auf die deutschen Betriebsleitungen und auf die Belegschaften. Die sowjetischen Generaldirektoren und ihre Mitarbeiter machten es sich zur Pflicht, vom ersten Tage ihrer Tätigkeit an mit den politisch und fachlich kompetenten Vertretern der Belegschaft die Probleme der Betriebsentwicklung zu beraten. Einen engen Kontakt hielten sie mit den SED-Betriebsparteiorganisationen. Sehr sorgfältig wählten die Generaldirektoren die Mitarbeiter der deutschen Betriebsleitungen aus. Dabei waren sie darauf bedacht, die personelle Kontinuität der bisherigen Betriebsleitung in fachlicher Hinsicht zu wahren. Sie unternahmen den Versuch, politisch und fachlich akzeptable Mitglieder der alten Leitung in ihren Funktionen zu belassen. Dadurch wurde nicht nur für eine rasche technische und ökonomische Entwicklung der Betriebe Sorge getragen, sondern auch die Bündnispolitik der Arbeiterklasse mit der wissenschaftlich-technischen Intelligenz, aus denen sich in der Regel diese alten Leitungskräfte rekrutierten, unterstützt. Eine zweite kaderpolitische Linie bestand im Aufnehmen von klassenbewußten Arbeitern und fortschrittlichen Intellektuellen in die Betriebsleitungen. Es gehörte zu den Prinzipien der Leitungstätigkeit der sowjetischen Generaldirektoren, die Selbständigkeit der deutschen Betriebsleitungen auf ihrem Verantwortungsgebiet mit allen Mitteln zu fördern.

40 LV-139, S. 368 (Koppelmann); LV-90, S. 34 (Ganz)
41 LV-210, S. 525 (Roesler)
42 LV-210, S. 532 (Roesler); LV-160, S. 141 (Mehls); LV-111, S. 102 (Hartkopf)
43 LV-100, S. 116 (Wolfen)

c) *Einheitliche Wirtschaftsplanung in der sowjetischen Besatzungszone*

Mit der Bildung der landeseigenen Industrie und der SAG erhielt die Wirtschaftsplanung in der sowjetischen Besatzungszone ihr sozialökonomisches Fundament. Die dem gesellschaftlichen Eigentum an den Produktionsmitteln innewohnende Planmäßigkeit begann, den Charakter der Wirtschaftsplanung zu bestimmen. Wenn die seit Sommer 1945 getroffenen Maßnahmen zu einer planvollen Wiederaufnahme der industriellen Produktion in der Hauptsache zum Ziel hatten, die Folgen des faschistischen Aggressionskrieges abzuschwächen, die elementaren Lebensbedingungen der Bevölkerung zu sichern und die Wiedergutmachungsverpflichtungen zu erfüllen, so wurde die Wirtschaftsplanung jetzt vor allem zu einem Instrument der planmäßigen Leitung der landes- bzw. volkseigenen Industrie und der SAG. Das einheitliche System der Wirtschaftsplanung entstand über einen längeren Zeitraum in engster Korrespondenz zur Entwicklung des gesellschaftlichen Eigentums an den Produktionsmitteln sowie zur Herausbildung des Organisations- und Leitungssystems der volkseigenen Industrie.

Im Sommer 1946 schufen die demokratischen Staatsorgane in den Ländern und Provinzen eigene Institutionen, die sich mit der Wirtschaftsplanung befaßten. Ihre Mitarbeiter verfügten über erste Erfahrungen in der Vorbereitung und Durchführung von wirtschaftsplanerischen Maßnahmen. Sie hatten sich hinreichende Kenntnisse über die innerhalb ihrer Zuständigkeit gegebenen wirtschaftlichen Verhältnisse verschafft. Die ökonomische Lage war stabiler geworden. All das erlaubte es den Wirtschaftsfunktionären, in einem größeren Umfang mit eigenen Vorschlägen an der Gestaltung der Wirtschaftsplanung in den Ländern und Provinzen mitzuwirken.

Von besonderer Bedeutung für das Entstehen eines einheitlichen Planungssystems in der sowjetischen Besatzungszone war die politische Führungstätigkeit, die die SED auf diesem Gebiet leistete. Gegründet auf die Einsicht, daß der Wirtschaftsplanung eine entscheidende Rolle bei der Realisierung der ökonomischen Politik der SED zukommt[44], entwickelte sich das Zentralsekretariat der SED, insbesondere die Abteilung Wirtschaft und Finanzen, zu einem theoretischen und organisatorischen Zentrum der Wirtschaftsplanung in der sowjetischen Besatzungszone. Walter Ulbricht und Max Fechner, die für die Wirtschaft zuständigen stellvertretenden Parteivorsitzenden, sowie Bruno Leuschner, der Leiter der Abteilung Wirtschaft und Finanzen, arbeiteten mit großer Intensität an der Ausbildung eines Planungssystems, das den politischen und ökomonischen Erfordernissen der antifaschistisch-demokratischen Umgestaltung gerecht wurde. Sie trugen im Zusammenwirken mit den führenden Funktionären der Planökonomischen Abteilung bei der SMAD entscheidend dazu bei, das Wesen und die Funktion der Wirtschaftsplanung im antifaschistisch-demokratischen Umgestaltungsprozeß theoretisch zu klären und die entsprechenden Planungsprinzipien und -methoden zu erarbeiten.[45] Das Zentralsekretariat der SED und die Abteilung Wirtschaft und Finanzen hatten entscheidenden Anteil daran, daß die über die Wirtschaftsplanung gewonnenen theoretischen und organisatorischen Erkenntnisse zur Grundlage der planerischen Tätigkeit der Deutschen Zentralverwaltungen und der Landesregierungen wurden. Die ersten Früchte zeigten sich schon in den Vorschlägen, die

[44] LV-163, S. 19 (Mühlfriedel)
[45] AV-134 (IML, ZPA, IV. 182/951)

zur Verbesserung der Planung für das IV. Quartal 1946 von deutscher Seite unterbreitet und von der SMAD berücksichtigt wurden.[46]

Die im Laufe des Jahres 1946 von der SMAD ausgebildeten Prinzipien und Methoden der Wirtschaftsplanung blieben bis Sommer 1948 im wesentlichen unverändert.[47] Die SMAD gab jeweils im Herbst in einem Befehl die Grundorientierung für die industrielle Entwicklung im kommenden Jahr. Zugleich beauftragte sie durch diesen Befehl die Landesregierungen, nach vorgegebenen Rahmenkennziffern die Planung des Produktionsvolumens und der verfügbaren Rohstoffe und Materialien für die Industriezweige vorzunehmen. Die zuständigen Zentralverwaltungen faßten die Ergebnisse der Länderplanung zu Zweigplänen für die gesamte sowjetische Besatzungszone zusammen. Die SMAD bestätigte sodann den Gesamtplan für die Industrieentwicklung in der sowjetischen Besatzungszone für das betreffende Jahr. Zur konkreten Gestaltung der Industrieproduktion entstanden dann auf der Grundlage dieses Jahresplanes Pläne für die einzelnen Quartale, die in Form von SMAD-Befehlen die Arbeit der Zentralverwaltungen und der Landesregierungen bestimmten. Aus diesen Plänen leiteten die deutschen Planungsorgane die Produktionsauflagen für die landeseigenen und privatkapitalistischen Betriebe ab. Die Auflagen bestimmten den Umfang der Produktion und, allerdings zumeist nur sehr grob, das Produktionssortiment. Die leistungsstärksten Betriebe wurden zu Beginn der Planungsarbeiten aufgefordert, über ihre Produktionsmöglichkeiten im kommenden Jahr zu informieren.[48]

Die Fortschritte, die im zweiten Halbjahr 1946 auf dem Gebiet der Wirtschaftsplanung erreicht worden waren, machten es möglich und zugleich erforderlich, die in den Landes- und Provinzialverwaltungen und in den Zentralverwaltungen bestehenden Planungsabteilungen in ihrer Struktur und Stellung zu vereinheitlichen. Das erfolgte Ende 1946/Anfang 1947. Ende Januar 1947 bildeten die Planungsfachleute aus den Zentralverwaltungen und den Landesregierungen eine Plankommission, die es sich zur Aufgabe machte, „das gesamte Planungsvorgehen in der sowjetischen Besatzungszone festzulegen und zu diesem Zweck verbindliche Vorschriften auszuarbeiten.“[49] Mit der Bildung der Deutschen Wirtschaftskommission und ihrer ständigen Abteilung für Wirtschaftsfragen erhielt im Sommer 1947 der Planungsapparat der demokratischen Staatsorgane und der landeseigenen Industrie sein staatliches Zentrum.

Diese wichtige organisatorische Voraussetzung für die Herausbildung eines einheitlichen Planungssystems in der sowjetischen Besatzungszone wurde im Verlaufe des Jahres 1947 noch durch eine andere ergänzt. Die SMAD übergab den demokratischen Staatsorganen schrittweise die volle Verantwortung für die Industrie, die entsprechend der alliierten Bestimmungen bisher bei der SMAD lag.[50]

Die Abteilung für Wirtschaftsfragen bei der DWK begann im Herbst 1947, einen Plan der DWK für die wirtschaftliche Entwicklung der sowjetischen Besatzungszone für das Jahr 1948 auszuarbeiten. Er lag am Jahresende im Entwurf vor, kam aber aus verschiedenen Gründen in der gegebenen Gestalt noch nicht zum Tragen. Eine

46 LV-163, S. 17f. (Mühlfriedel)
47 AV-5, Bl. 21ff. (ZStAP, C-15, Nr. 6)
48 LV-164, S. 13ff. (Mühlfriedel)
49 LV-264, S. 468 (Dokumente)
50 AV-115 (StAD, LR, MP, Nr. 1856)

seiner Besonderheiten bestand darin, daß in ihm erstmals die Produktionsziele der landeseigenen Industrie gesondert ausgewiesen waren.[51] Auf die bei der Ausarbeitung dieses Planes gewonnenen inhaltlichen und methodischen Erkenntnisse gründete im Frühjahr 1948 die Hauptverwaltung für Wirtschaftsplanung, die nach der Neubildung der DWK aus der Abteilung für Wirtschaftsfragen hervorgegangen war, den „Produktionsplan für das zweite Halbjahr 1948". Dieser Plan konzentrierte sich auf die Industrie. Er gab die Produktionsziele für die einzelnen Industriezweige insgesamt vor und wies die Kennziffern für die unter der direkten Leitung der DWK-Hauptverwaltungen stehenden volkseigenen Betriebe im Detail aus.[52] Die Tabelle 22 gibt den Anteil der unter unmittelbarer Leitung der DWK-Hauptverwaltungen stehenden Betriebe am Produktionsplan im zweiten Halbjahr 1948 an.

Tabelle 22
Anteil der zentralgeleiteten volkseigenen Industrie am Produktionsplan der DWK für das zweite Halbjahr 1948

Industriezweig	in Mill. RM	in Prozent an der Gesamtproduktion der deutschen Betriebe
Kohle	289	100
Energie	82	43,1
Baustoffe	35	20,0
Metallurgie	77	60,2
Maschinenbau und Elektrotechnik	401	52,9
Chemie	184	42,2
Leichtindustrie	628	41,7
Industrie, insgesamt	1696	34,3

Quelle: AV-135, Bl. 1 (ZGA, Nr. 1222)

Im „Produktionsplan für das zweite Halbjahr 1948" waren die Kennziffern für die Kohlenindustrie besonders gut begründet, weil sie aus dem „Generalplan für die Wiederherstellung der Kohlenindustrie für die Jahre 1948 bis 1950", der seit Ende 1947 vorlag, abgeleitet werden konnten.

Dieses Dokument entstand auf Anregung der DWK im Herbst 1947 in der Deutschen Zentralverwaltung für Brennstoffindustrie.[53] Die DWK hatte im Sommer 1947, unmittelbar nach ihrer Gründung, die Frage zu beantworten, ob die sowjetische Besatzungszone in der Lage sein würde, die traditionell aus dem Ruhrgebiet bezogenen, aber wegen der imperialistischen Embargopolitik nicht mehr verfügbaren Brennstoffe aus eigenem Aufkommen zu kompensieren.[54] Nach einer eingehenden Beratung ent-

51 LV-164, S. 9ff. (Mühlfriedel)
52 LV-165, S. 1ff. (Mühlfriedel)
53 LV-290, S. 503ff. (Wiegand)
54 LV-285, S. 27f. (Weißleder)

schloß sich die DWK, die eigene Kohlenindustrie im erforderlichen Umfang zu entwickeln.

Die inhaltlichen Voraussetzungen für diesen Plan wurden von acht Ausschüssen aus Mitarbeitern der Zentralverwaltung und der Landesregierungen sowie aus Fachleuten der Bergbaudirektionen geschaffen.[55] Diese Arbeitsausschüsse befaßten sich mit Tage- und Tiefbauanlagen des Braunkohlenbergbaus, mit Brikettfabriken und Schwelereien, mit dem Steinkohlenbergbau, mit der Energieplanung, mit dem Transport, mit geologischen Problemen, mit der materiell-technischen Versorgung des Industriezweiges, mit Arbeitskräften und Sozialfragen. Die Überlegungen, die in den Arbeitsausschüssen angestellt worden waren, fanden im November 1947 in dem Generalplan, der von einem unter Leitung Gustav Sobottkas stehenden zentralen Arbeitsausschuß zusammengestellt wurde, Eingang. Der Generalplan umfaßte die Produktionszahlen für die Kohlenindustrie im Jahre 1948. die Festlegungen über den Neuaufschluß von Kohlengruben und über den Wiederaufbau von Brikettfabriken. Die Regierungen der Länder und Provinzen, die am Entstehen dieses Planes beteiligt waren, verpflichteten sich, ihre Arbeiten auf seiner Grundlage durchzuführen.[56]

„Mit dem als Generalplan bezeichneten Plandokument war erstmals ein von deutscher Seite erarbeiteter, die gesamte Besatzungszone betreffender langfristiger Wirtschaftsplan eines Industriezweiges entstanden."[57] Der „Generalplan für Kohlenindustrie" bildete zugleich eine wichtige Vorarbeit für den von der SED initiierten „Zweijahrplan 1949–1950 zur Wiederherstellung und Entwicklung der Friedenswirtschaft in der sowjetischen Besatzungszone Deutschlands."[58]

Die intensiven Arbeiten an diesem ersten längerfristigen Wirtschaftsplan begannen Anfang Mai 1948. Die Mitarbeiter der Hauptverwaltung für Wirtschaftsplanung bei der DWK ließen sich dabei von den wirtschaftspolitischen Zielsetzungen des II. Parteitages und den folgenden Tagungen des Parteivorstandes der SED leiten. Das Sekretariat der DWK hatte im Ergebnis der zweiten Sitzung der DWK einen Beschluß gefaßt, in dem es heißt:

„1. Im Interesse des Wiederaufbaus und der Entwicklung der Friedenswirtschaft wird für die sowjetische Besatzungszone Deutschlands ein Zweijahrplan für die Jahre 1949 und 1950 aufgestellt und durchgeführt.
2. Die Hauptverwaltung Wirtschaftsplanung und das Statistische Zentralamt werden mit der sofortigen Aufnahme der notwendigen Vorarbeiten für die Aufstellung des Zweijahresplanes beauftragt".[59]

Wenige Tage später ordnete das Sekretariat der DWK bei den zuständigen Abteilungen an, die erforderlichen Planungsunterlagen beizubringen. Es wurde verlangt:

1. Neuaufbereitung und Auswertung der Produktionsstatistiken 1936 für die sowjetische Besatzungszone.
2. Neuaufbereitung der Produktionsstatistik für 1947 nach den im Befehl Nr. 327 enthaltenen Warenpositionen.

55 LV-290, S. 504 (Wiegand)
56 LV-290, S. 503ff. (Wiegand)
57 LV-290, S. 504 (Wiegand)
58 LV-54, S. 146ff. (Zweijahrplan)
59 LV-264, S. 640 (Dokumente)

3. Fertigstellen eines Preiskatalogs für alle Waren auf der Basis von 1936. Diese Unterlagen sollen einer vergleichenden Werteplanung dienen.
4. Erstellung von Struktur- und Richtziffern für industrielle Planung (Materialverbrauchsnormen, Lohnquoten, Produktivität/Kopf).
5. Verbrauchsanalyse für gewerbliche Konsumgüter, die der Planung der Bevölkerungsversorgung dienen.[60]

Nach diesen Vorbereitungsarbeiten konnte am 3. Juni 1948 in der Hauptverwaltung für Wirtschaftsplanung ein erster Gedankenaustausch über die Ziele des Zweijahrplanes geführt werden.[61] Neun Tage später, am 12. Juni 1948, referierten Heinrich Rau und Bruno Leuschner vor Otto Grotewohl, Anton Ackermann, Wilhelm Pieck, Walter Ulbricht, Otto Meier, Fritz Selbmann und Elli Schmidt über den Wirtschaftsplan 1949 bis 1950. Die Diskussion befaßte sich mit der Realität der im Plan vorgeschlagenen Kennziffern. Einen breiten Raum nahm die politische Funktion des Zweijahrplanes ein.[62] Die Ergebnisse dieser Beratung im Zentralsekretariat der SED gingen mit in das Referat, das Walter Ulbricht auf der 11. Tagung des Parteivorstandes zum Thema „Der Zweijahrplan zur Wiederherstellung und Entwicklung der Friedenswirtschaft" hielt, und in die endgültige Fassung der Direktive zum Zweijahrplan ein.[63] Nach dieser Tagung des Parteivorstandes setzte die Hauptverwaltung Wirtschaftsplanung die Arbeit an den einzelnen Kontrollziffern fort. Am 8. Juni 1948 konnte Bruno Leuschner Heinrich Rau mitteilen: „Die Kontrollziffern für den Zweijahrplan sind nun fertiggestellt."[64] Die Übergabe des fertigen Dokuments an das DWK-Sekretariat wurde noch einige Tage verzögert, weil auf Anregung der SMAD die Berechungen von der Preisbasis des Jahres 1936 auf die des Jahres 1944 umgestellt wurden.[65]

Am 21. Juli 1948 trat die 5. Vollsitzung der DWK zusammen, um über die Vorbereitung des Zweijahrplanes zu beraten. Nachdem sie das Referat Walter Ulbrichts entgegengenommen und debattiert hatten, beschlossen mit zwei Stimmenenthaltungen die Mitglieder der DWK, „daß der von der SED vorgelegte Zweijahrplan von der DWK als Arbeitsgrundlage genommen wird." Die Hauptverwaltung für Wirtschaftsplanung wurde beauftragt, entsprechend der vorliegenden Planziele die Kontrollziffern zur Ausarbeitung der einzelnen Pläne an die Hauptverwaltungen der DWK und Landesregierungen zu geben. Die Debatte über die Planziffern in den Verwaltungen, in der Wirtschaft, in der Wissenschaft und in den gesellschaftlichen Organisationen wurde von der Vollversammlung der DWK für erforderlich erachtet.[66]

Bis Anfang August 1948 erfolgten in der Hauptverwaltung für Wirtschaftsplanung die Arbeiten an den Kontrollziffern des Zweijahrplanes. Am 6. August 1948 übergaben Grete Wittkowski und Paul Straßenberger von der Hauptverwaltung für Wirtschaftsplanung die Kontrollziffern für den Zweijahrplan an den Chef der Planökonomischen Abteilung der SMAD.[67] Eine Kontrolle der Sekretariatsbeschlüsse der DWK am

60 AV-124 (StAW, LTh, Ministerpräsident, Nr. 385)
61 AV-10, Bl. 34 (ZStAP, C-15, Nr. 584)
62 LV-171, S. 126 (Müller); LV-255, S. 523f. (Ulbricht)
63 LV-254, S. 219f. (Ulbricht)
64 AV-11, Bl. 14 (ZStAP, C-15, Nr. 585)
65 AV-11, Bl. 16 (ZStAP, C-15, Nr. 585)
66 AV-109 (StAD, LS, MP, Nr. 436); AV-123 (StAW, LTh, MP, Büro MP, Nr. 374)
67 AV-11, Bl. 73 (StAP, C-15, Nr. 585)

30. August 1948 ergab, daß die vorbereitenden Arbeiten am Zweijahrplan abgeschlossen und die zuständigen Stellen im Besitz der notwendigen Unterlagen waren.[68]

Im Laufe der Monate September und Oktober erfolgte dann die Fertigstellung des Zweijahrplanes und des Volkswirtschaftsplanes für das Jahr 1949. Die SMAD erhielt am 1. November 1948 die entsprechenden Unterlagen.[69]

Bei der Disposition des Zweijahrplanes ließen sich die Funktionäre der SED von dem Grundgedanken leiten, daß alles unternommen werden muß, um die Lebenslage der werktätigen Massen rasch zu verbessern und die ökonomischen Grundlagen der antifaschistisch-demokratischen Ordnung zu festigen. Diese beiden unmittelbar miteinander verflochtenen Aufgaben bestimmten die Richtung, in der sich die industrielle Entwicklung in der sowjetischen Besatzungszone zu vollziehen hatte. Dabei war zu entscheiden, wie den Konsequenzen, die sich aus der 1948 mit Nachdruck betriebenen imperialistischen Spaltung Deutschlands für die Wirtschaft der sowjetischen Besatzungszone ergaben, zu begegnen war.

Aus der Entscheidung der von der SED geführten antifaschistisch-demokratischen Kräfte, durch eine allseitige Festigung der antifaschistisch-demokratischen Verhältnisse günstige Voraussetzungen für den Kampf um die Einheit Deutschlands auf der Grundlage des Potsdamer Abkommens zu schaffen, leiteten sich die grundlegenden industriepolitischen Schlußfolgerungen ab. Willi Stoph wies am 21. September 1948 auf der 5. Sitzung des Wirtschaftsausschusses des Deutschen Volksrates auf folgendes hin: „Infolge der reaktionären Entwicklung in Westdeutschland sind wir gezwungen, in der sowjetischen Besatzungszone einen eigenen Weg zu gehen, und zwar bis zu dem Zeitpunkt, an dem auch in der westlichen Besatzungszone die gleichen Voraussetzungen für einen gesamtdeutschen Wirtschaftsaufbau geschaffen worden sind ... Dieser Zweijahrplan soll die Garantie dafür schaffen, daß in Zukunft nicht wieder die alten monopolistischen Kräfte, die unser Elend verschuldet haben, in der sowjetischen Besatzungszone an die Macht gelangen."[70]

Die Anlage des Zweijahrplanes stellte in Rechnung, daß die Lücken, die durch das Abtrennen der in den Westzonen und in Westberlin angesiedelten Wirtschaft von der historisch gewachsenen deutschen Volkswirtschaft für die Industrie in der sowjetischen Besatzungszone entstanden, zu schließen und die durch die Spaltung gegebenen industriellen Überkapazitäten sinnvoll zu nutzen sind.[71]

Darum standen im Zweijahrplan drei Aufgaben im Mittelpunkt: Zum ersten mußte durch eine energische Steigerung der Produktivität der Arbeit und durch das Offenlegen der verfügbaren Reserven an Material usw. in allen Industriezweigen eine Zunahme der Produktion erreicht werden. Zweitens galt es, die besondere Aufmerksamkeit auf jene Zweige zu richten, von denen die Versorgung der Industrie und anderer Wirtschaftszweige mit Elektroenergie, Brennstoffen, Produktionsmitteln, Ersatzteilen usw. abhing. Schließlich kam es drittens darauf an, die metallverarbeitende Industrie und die Konsumgüterindustrie auf Erzeugnisse zu orientieren, die durch ihre Qualität auf dem internationalen Markt, besonders aber in der UdSSR und in den Volksdemokratien guten Absatz finden konnten. Durch sie wurden die Voraus-

68 LV-171, S. 127 (Müller)
69 AV-11, Bl. 121 (ZStAP, C-15, Nr. 585)
70 Zitiert in: LV-143, S. 136 (Kühne)
71 Vgl. die Angaben im Kapitel 1

setzungen für den Import von Rohstoffen, Halbzeugen und Nahrungsmitteln geschaffen. Diese drei Aufgaben spiegelten sich in den industriellen Kennziffern der SED-Direktive zum Zweijahrplan wider.

Tabelle 23
Ausgewählte Industriekennziffern des Zweijahrplanes der SED

Kennziffer	Zunahme 1949/50 gegenüber 1947 (1947 = 100)
Industrieproduktion, gesamt	135
Arbeitsproduktivität	130
Lohnsumme gesamt	115
Elektroenergie	129
Steinkohle	112
Braunkohle	116
Braunkohlebriketts	121
Roheisen	277
Stahl	817
Walzstahl	666
Chemische Industrie	146
Werkzeugmaschinen-, Fahrzeugbau, Schiffbau	200
Elektrotechnische Industrie	150
Baustoffindustrie	149
Textilindustrie – Spinnerei	160
– Weberei	170

Quellen: LV-54, S. 181ff. (Zweijahrplan), LV-170, S. 88 (Müller/Reißig), LV-143, S. 122 (Kühne)

Mit der Anlage des Zweijahrplanes und mit den daraus abgeleiteten Volkswirtschaftsplänen für 1949 und 1950 erfuhr die Planung in der sowjetischen Besatzungszone eine inhaltliche Wandlung. Bisher stand in der Planung die schrittweise Ausschöpfung der gegebenen industriellen Produktionsbedingungen im Mittelpunkt. Nun trat die systematische Veränderung der industriellen Struktur in den Vordergrund. Sie war darauf gerichtet, die industriellen Grundlagen für einen geschlossenen volkswirtschaftlichen Reproduktionsprozeß in der sowjetischen Besatzungszone zu schaffen.

Die aus der politischen und ökonomischen Notwendigkeit erwachsende Zielsetzung des Planes wurde von den politischen Kräften in der sowjetischen Besatzungszone sehr unterschiedlich beurteilt. In der SED, der Demokratischen Bauernpartei Deutschlands (im folgenden DBD), der National-Demokratischen Partei Deutschlands (im folgenden NDPD) und bei den mit den antifaschistisch-demokratischen Verhältnissen eng verbundenen Mitgliedern der CDU und der Liberal-Demokratischen Partei Deutschlands (im folgenden LDPD) wurde der von der Parteiführung der SED und von der DWK verfolgte Kurs gebilligt und aktiv unterstützt. Jene Kräfte in der

CDU, vor allem aber in der LDPD, die gegen eine konsequente Fortführung der gesellschaftlichen Veränderung in der sowjetischen Besatzungszone waren, lehnten diesen Kurs entschieden ab. Sie, die die Wirtschaftsplanung nicht billigten oder nur als eine zeitweilige, nachkriegsbedingte Erscheinung betrachteten, versuchten mit allen Mitteln, den Zweijahrplan zu Fall zu bringen. Sie sprachen sich entschieden gegen die dort gesetzten Prioritäten aus und traten für die Aufrechterhaltung der Industriestruktur und für eine Förderung der Konsumgüterindustrie ein. Es gelang in den grundsätzlichen Debatten, die im Block der demokratischen Parteien, in den DWK-Gremien und innerhalb der CDU und der LDPD geführt wurden, die Gegner des Zweijahrplanes zu isolieren. Sie verloren ihren Einfluß auf die Führung der bürgerlich-demokratischen Parteien.

Die Vorstöße restaurativer Kräfte gegen den Zweijahrplan waren unmittelbar mit dem Kampf gegen die volkseigene Industrie verbunden, der in der Absicht geführt wurde, das sozialökonomische Fundament der antifaschistisch-demokratischen Verhältnisse zu schwächen. Sie traten für die uneingeschränkte Entwicklung der privatkapitalistischen Industrie und Wirtschaftsform als einer ökonomischen Voraussetzung für die Rückkehr zum Kapitalismus und zur Angliederung der sowjetischen Besatzungszone an die Westzonen ein. Die SED, die demokratischen Staatsorgane und die Arbeiterklasse, unterstützt von den konsequenten Demokraten in den bürgerlich-demokratischen Parteien, vermochten diese Angriffe abzuwehren und die volkseigene Industrie zu fördern.[72]

Dabei spielte die Einstellung der Arbeiter, Ingenieure und Wissenschaftler in der volkseigenen Industrie zum Zweijahrplan eine entscheidende Rolle. Sie bekannten sich zu diesem wirtschaftspolitischen Programm und beteiligten sich in einem wachsenden Maße an den Planungsarbeiten, die in ihren Betrieben in Vorbereitung auf den Volkswirtschaftsplan für das Jahr 1949 erfolgten. Sie stützten sich dabei auf Erfahrungen, die auf diesem Gebiet bereits im Zusammenhang mit dem Aufbauplan 234 gesammelt werden konnten.

Seit Herbst 1947 waren in einer Reihe von landeseigenen Betrieben Planungsausschüsse und Plankommissionen entstanden, in denen Gewerkschafter und Wirtschaftsfunktionäre ihre Erfahrungen und ihr Wissen für die Ausarbeitung von Betriebsplänen einsetzten. So gab es Mitte 1948 in der sächsischen Metallindustrie bereits 1111 Plankommissionen mit 4599 Mitgliedern.[73] Die DWK schuf durch ihre Anordnung vom 21. Juli 1948 über die betrieblichen Planungsausschüsse die Voraussetzung für die Einbeziehung der Werktätigen der volkseigenen Industrie in den Planungsprozeß.[74] Den Betriebsplanungsausschüssen oblag es, die Produktions- und Versorgungspläne der Betriebe auszuarbeiten, die Produktionsauflagen und Materialversorgungspläne auf die Betriebsabteilungen aufzugliedern, den Arbeitsablauf im gesamten Betrieb zu überwachen und bei Störungen einzugreifen, über die Erfüllung der erteilten Produktionsauflagen zu berichten, die Rohstoffbewegung, den Material- und Arbeitskräfteeinsatz zu kontrollieren, am Erarbeiten von Materialeinsatzschlüsseln mitzuwirken, die Arbeit der Aktivisten auf dem Gebiet des betrieblichen Erfindungswesens zu lenken und zu unterstützen sowie ständigen Kontakt zur Planungs-

72 LV-141, S. 60 (Krubke); LV-116, S. 57ff. (Heinze); LV-143, S. 139f. (Kühne)
73 LV-229, S. 46 (Selbmann)
74 LV-140, S. 154 (Krause)

abteilung der Vereinigung zu halten. In größeren Betrieben wurden als geschäftsführende Organe der Betriebsplanungsausschüsse mit hauptamtlichen Mitarbeitern besetzte Planungsbüros eingerichtet.

Einen Schwerpunkt in der Tätigkeit der Betriebsplanungsausschüsse bildete die Prüfung der Möglichkeiten, die den Betrieben erteilten Produktionsauflagen überzuerfüllen. Solche Möglichkeiten waren von der Hauptverwaltung für Wirtschaftsplanung der DWK schon im März 1948 ins Auge gefaßt worden. Im Entwurf „Ablauf und Planung", der den beabsichtigten Planungsmechanismus skizzierte, heißt es dazu: „Es wird angestrebt, daß die Arbeiter in den Betrieben zusätzliche Pläne aufstellen. Diese zusätzlichen Pläne sollen Rohstoffreserven, Energiequellen, Arbeitskräfte oder Finanzmittel ausschöpfen ... Durch die zusätzlichen Pläne soll eine zusätzliche Erzeugung erzielt werden. Diese zusätzliche Erzeugung wird als voraussichtliche Reserve der DWK den im Plan bereits vorhandenen Reserven hinzugefügt."[75] Heinrich Rau konnte vor dem Deutschen Volksrat im Oktober 1948 über die Betriebsplanungsausschüsse berichten: „Von ihren Möglichkeiten ausgehend, arbeiten sie Gegenvorschläge aus, die sehr oft in ihrer Gesamtheit ein noch größeres Anwachsen der Industrieproduktion vorsehen, als das in unserem Planentwurf der Fall ist."[76] Diese Herangehensweise von Betriebsplanungsausschüssen an die Betriebsplanung führte im Zusammenhang mit dem Volkswirtschaftsplan 1949 zur Form des Gegenplanes. Dafür steht das Beispiel der Maxhütte Unterwellenborn.

Die Einrichtung von Planungsausschüssen in zentralgeleiteten volkseigenen Betrieben zog sich allerdings über einen längeren Zeitraum hin. Sie fanden 1949 allgemeine Verbreitung. Es ist noch hinzuzufügen, daß im betrieblichen Planungssystem auch die verschiedenen Kontrollinstanzen eine wichtige Rolle spielten.

Mit dem Entstehen von Betriebsplanungsausschüssen erhielt der Planungsapparat in der sowjetischen Besatzungszone einen betrieblichen Unterbau.

Das Planungssystem im Bereich der „Verwaltung für Angelegenheiten der Sowjetischen Aktiengesellschaften" in der sowjetischen Besatzungszone entwickelte sich aufgrund der durch das staatliche sowjetische Eigentum gegebenen politischen und ökonomischen Bedingungen schon 1946/47.

Die sowjetischen Leitungen der SAG erhielten ihre Produktionsaufgaben durch die „Verwaltung für Angelegenheiten der Sowjetischen Aktiengesellschaften". Sie wurden im Rahmen des sowjetischen Volkswirtschaftsplanes gestellt. Um diese Aufgabe bewältigen zu können, mußte die genannte Verwaltung sowohl die Produktionsprogramme der SAG-Betriebe bestimmen als auch deren Kooperation organisieren, damit die Produktionsprogramme der Finalproduzenten in quantitativer und qualitativer Hinsicht erfüllt werden konnten. Zugleich oblag es der Verwaltung, die Wirtschaft der sowjetischen Besatzungszone mit Erzeugnissen der SAG-Betriebe zu versorgen und Beziehungen zwischen den SAG-Betrieben und den landeseigenen Betrieben bzw. den privatkapitalistischen Betrieben in Bezug auf Zulieferungen für die SAG-Betriebe herzustellen bzw. zu fördern.

Die Planung der SAG und ihrer Betriebe war in der Zeit zwischen 1946 und 1948 ausschließlich Angelegenheit dieser Verwaltung. Auf der Basis der Produktionsaufgaben, die den SAG-Betrieben übertragen wurden, gestalteten die Generaldirektoren

[75] AV-6, Bl. 3 (ZStAP, C-15, Nr. 25

[76] Zitiert in: LV-70, S. 128f. (Dittrich)

der Betriebe ihre Betriebsplanung.[77] Das gesamte Planungssystem der SAG und ihrer Betriebe wurde nach den Prinzipien der sozialistischen Industrieplanung gestaltet. Nach einer situationsbedingten zeitweiligen Improvisation entstand ein Planungssystem, das sich durch Einfachheit und Elastizität auszeichnete. Die operative Quartalsplanung bildete den Planungsschwerpunkt. Dadurch gelang es, sich der Auftragslage besser anzupassen, ohne den Jahresplan in Gefahr zu bringen. Große Aufmerksamkeit wurde jenen Teilen der Jahrespläne gewidmet, die den wissenschaftlich-technischen Fortschritt förderten und der Spezialisierung und Kooperation dienten. Sie bestanden aus dem Plan Forschung und Technik und dem Kooperationsplan. Das Planungssystem in der SAG ließ den Generaldirektoren größeren Spielraum. Im Plan waren ihnen nur wenige Eckkennziffern vorgegeben, in deren Grenzen sie eigenverantwortlich entscheiden konnten.[78] Die sowjetischen Leitungen achteten den Plan als das entscheidende Betriebsdokument. Sie sorgten dafür, daß die deutschen Betriebsleitungen in den SAG-Betrieben zu der gleichen Haltung erzogen wurden.[79] Großen Wert legten die sowjetischen Leitungen auf die tagtägliche Analyse der Arbeitsergebnisse in den einzelnen Produktionseinheiten. Diese Analyse bildete die Voraussetzung für ein rasches Erfassen der Ursachen, die zu Rückständen geführt hatten. Im Braunkohlenkombinat Böhlen führte die sowjetische Generaldirektion Anfang 1947 ein System von Dispatchern ein, das stündlich Meldungen über den Produktionsablauf gab und besondere Vorkommnisse sofort signalisierte. Jeden Morgen fanden sich die Betriebsleitung, die Parteileitung und der Betriebsrat zusammen, um die Lage des Vortages im Kombinat zu erörtern und entsprechende Schlußfolgerungen zu ziehen.[80] Sorgfältig und unbürokratisch wurde auch bei der Planung von Investitionsvorhaben vorgegangen. Chefingenieur Starostin im Elektrochemischen Kombinat Bitterfeld (EKB) erarbeitete zur Vorbereitung einer Investition eine Instruktion für deutsche Leitungskräfte, in der er in Frageform auf das zu Beachtende aufmerksam machte.[81]

Die Wirkung des Planungssystems in den SAG wurde aber auch und vor allem durch die Gestaltung eines entsprechenden Systems der wirtschaftlichen Rechnungsführung zwischen den SAG und ihren Betrieben und in den Betrieben möglich. Geringerer Verwaltungsaufwand, schnelle Rechnungslegung, finanzielle Selbständigkeit der SAG-Betriebe, Verantwortung der Betriebe für ihren betrieblichen Reproduktionsprozeß und großzügige Gewinnplanung, die den SAG-Betrieben in einem gewissen Umfang auch eine eigenverantwortliche Finanzierung der erweiterten Reproduktion gestattete, zeichneten die wirtschaftliche Rechnungsführung aus.[82] Durch sie wurden die Leitungen der SAG-Betriebe auch frühzeitig auf die Senkung der Selbstkosten, die Steigerung der Arbeitsproduktivität und auf Qualitätsproduktion orientiert.

Das Praktizieren des sowjetischen Planungssystems in den SAG und ihren Betrieben vermittelte den deutschen Funktionären in den Betriebsleitungen, in den Leitungen

77 LV-71, S. 247f. (Domeinski)
78 LV-210, S. 532f. (Roesler)
79 LV-71, S. 248 (Domeinski)
80 LV-139, S. 370 (Koppelmann)
81 LV-71, S. 248f. (Domeinski)
82 LV-210, S. 533 (Roesler)

der Partei und der gesellschaftlichen Organisationen einen Begriff vom Wesen einer Planwirtschaft und von den Mechanismen des Planungssystems. Die deutschen Leitungskräfte lernten den sicheren Umgang mit dem Plan, weil sie durch die sowjetischen Generaldirektoren nicht nur zu seiner Anerkennung als oberstes Leitungsdokument verpflichtet wurden, sondern vor allem, weil sie maßgeblich in die Vorbereitung der Plandokumente einbezogen worden waren.

d) Weitere Bedingungen für den geschlossenen Reproduktionsprozeß in der volkseigenen Industrie

Die Ausgangssituation für die Bildung eines geschlossenen Reproduktionsprozesses in der volkseigenen Industrie war durch den Umstand geprägt, daß das gesellschaftliche Eigentum auf der Grundlage von politischen Entscheidungen entstand. Die in Landes- und Provinzialeigentum bzw. in staatliches sowjetisches Eigentum übergegangenen Produktionsstätten waren zumeist aus dem Reproduktionsprozeß von Monopolunternehmen herausgelöst worden. Die sowjetischen Dienststellen hatten allerdings bei ihren Entscheidungen über die Betriebe, die zu staatlichem sowjetischem Eigentum wurden, darauf geachtet, daß technisch-ökonomisch aufeinander abgestimmte oder abstimmbare Betriebe einander zugeordnet wurden. Darüber hinaus wurde das staatliche sowjetische Eigentum im Rahmen des gesamten sowjetischen Besatzungsgebietes zentral organisiert und geleitet.

Anders war die Lage für die landeseigenen Betriebe. Sie waren aus dem technisch-ökonomischen Verband, in dem sie sich bis zum Kriegsende befunden hatten, herausgelöst worden und standen vor der Notwendigkeit, in dem Lande, in dem sie angesiedelt waren, bzw. in der sowjetischen Besatzungszone die zu ihrer Produktion erforderlichen Kooperationsbeziehungen zu knüpfen. Das gestaltete sich außerordentlich problematisch, weil die Industrie in der sowjetischen Besatzungszone aufgrund der imperialistischen Spaltungspolitik von ihren traditionell gewachsenen Verbindungen abgeschnitten war. Die Industrie in der sowjetischen Besatzungszone stellte den Torso einer historisch gewachsenen, in hohem Maße international verflochtenen nationalen Industrie dar.

Hinzu kam, daß die materielle Struktur der Wiedergutmachungsleistungen aus der sowjetischen Besatzungszone auf der Voraussetzung basierte, daß Deutschland als wirtschaftliche Einheit fortbestehen wird. Das hatte zur Folge, daß Produktionskapazitäten, die für die Gestaltung des geschlossenen Reproduktionsprozesses der volkseigenen Industrie unabdingbar waren, der Demontage unterlagen bzw. in den Reproduktionsprozeß der SAG eingegangen waren.

Die in der volkseigenen Industrie notwendigen strukturellen Veränderungen waren erst nach der Korrektur der alliierten Bestimmungen über das Niveau und die Struktur der industriellen Produktion in Deutschland vom März 1946 möglich. Erste Schritte in dieser Richtung erfolgten im Ergebnis der zwischen dem Obersten Chef der SMAD und den beiden Vorsitzenden der SED im Januar 1947 geführten Gespräche. Das geschah auch im Hinblick auf die von der amerikanischen und britischen Militärregierung in ihren Zonen betriebenen Wirtschaftspolitik. Der Oberste Chef der SMAD gestattete, das industrielle Produktionsniveau um das drei- bis vierfache gegenüber dem im März 1946 zugestandenen anzuheben und erste Veränderungen im Produktionssortiment vorzunehmen.[83] 1948/49 kam die SMAD dem Ersuchen der DWK nach und stimmte der Produktion von Erzeugnissen zu, die bisher deutschen Betrieben verwehrt war. Damit war der Weg frei, die für einen geschlossenen Reproduktionsprozeß der volkseigenen Industrie erforderlichen produktionstechnischen Bedingungen zu schaffen.[84]

Diese Entwicklung wurde durch den beginnenden Kalten Krieg noch beschleunigt, weil er die bis dahin noch bestehenden Hoffnungen auf die Fortsetzung der traditionellen Arbeitsteilung zwischen der Industrie in der sowjetischen Besatzungszone und der in den anderen Besatzungsgebieten zunichte machte.

Die seit 1948/49 in der volkseigenen Industrie gegebenen Möglichkeiten, die erforderlichen Erzeugnisse herzustellen, verlangten aber zugleich, daß die Beziehungen zwischen den volkseigenen Betrieben, die sich aus der damit verbundenen zunehmenden Arbeitsteilung ergaben, unmittelbar geknüpft wurden. Das wiederum setzte voraus, daß in der Distributions- und Zirkulationssphäre der Wirtschaft in der sowjetischen Besatzungszone das Volkseigentum präsent war. Die volkseigene Industrie mußte in den Reproduktionsprozeß der volkseigenen Wirtschaft, die nicht nur den inneren Markt beherrschte, sondern auch das staatliche Außenhandelsmonopol repräsentierte, eingebettet sein. Die dazu erforderlichen Maßnahmen wurden in den Jahren 1948 und 1949 durch die DWK mit Unterstützung der SMAD durchgesetzt. Es entstand unter anderem der volkseigene Produktionsmittelhandel.[85]

Eine grundlegende Bedingung für die Herausbildung des geschlossenen Reproduktionsprozesses in der volkseigenen Industrie lag im Aufbau ihrer Finanzwirtschaft. Er wurde seit dem Frühjahr 1948 von der DWK vorbereitet.[86] Seit Anfang 1949 kam das finanzwirtschaftliche System der volkseigenen Industrie zum Tragen. Es stützte sich auf die im Juli 1948 aufgestellten Eröffnungsbilanzen der volkseigenen Betriebe, durch die erstmals ein vollständiger Überblick über die in den Händen des Volkes befindlichen industriellen Vermögenswerte sowie über deren Struktur in der Grund- und Umlaufmittelsphäre entstand.[87]

Der DWK-Haushalt räumte der volkseigenen Industrie ein eigenes Etatkapitel ein. Die volkseigenen Betriebe führten die von ihnen erzielten Gewinne und ihre Amortisationen an den DWK-Haushalt ab und erhielten daraus die Ausgaben für Investitionen und Umlaufmittel. Die Finanzwirtschaft der volkseigenen Betriebe beruhte auf dem Selbstkostenplan, dem Plan der Einnahmen und Ausgaben, dem Ergebnisplan, dem Richtsatzplan, dem Plan der Abschreibungen sowie auf dem Investitionsplan für Neubauten und für Großreparaturen.[88] Der Richtsatzplan und dessen Anlage, die die DWK in einer Anweisung vom Februar 1949 regelte, diente dazu, die Höhe der Eigenmittel der Betriebe und den Kreditbedarf festzustellen.[89]

Die Finanzplanung verfolgte das Ziel, eine weitere Grundlage für die Einheit von

83 LV-107, S. 362f. (Grotewohl)
84 Vgl. dazu Kapitel 3, Abschn. 2
85 LV-166a, S. 50 (Mühlfriedel)
86 LV-266, S. 148 (ZVBl. 48); LV-20, S. 55 (Bachmann); LV-173, S. 80f. (Mussler)
87 LV-236, S. 449 (Finanzwirtschaft); LV-173, S. 72ff. (Mussler)
88 LV-308, S. 3 (ZVBl. 49)
89 LV-218, S. 106 (Schmidt)

materieller und finanzieller Planung sowie für die Festigung der Finanzdisziplin und die Durchsetzung des Sparsamkeitsregimes zu schaffen.

Das Zusammenstellen der Finanzpläne der volkseigenen Betriebe nahm einen längeren Zeitraum in Anspruch. Mitte des Jahres 1949 mußte in einer Analyse festgestellt werden, daß die geforderten Pläne im allgemeinen noch nicht vorlagen.[90] Es war erst einen Reihe von Schwierigkeiten zu überwinden, damit die Finanzplanung die ihr zugedachte Funktion vollständig zu erfüllen vermochte. Sie ergaben sich einmal aus dem Umstand, daß die Finanz- und Produktionsplanung nur ungenügend in Übereinstimmung gebracht werden konnten. Die Finanzpläne spiegelten nur sehr mangelhaft die Produktions- und Warenbewegung wider. Es kam zu keinen realen betriebsindividuellen Richtsatzplänen. Die Produktions- und Finanzpläne waren terminlich nicht aufeinander abgestimmt usw. Andererseits war die oberste Planungsebene noch nicht auf eine Einheit von Produktions- und Finanzplanung eingerichtet. Die Banken kamen aus vielerlei Gründen ihrer Kontrollfunktion gegenüber den volkseigenen Betrieben nicht nach.[91]

Wenngleich die Finanzplanung in der volkseigenen Industrie im Verlaufe des Jahres 1949 noch in den Kinderschuhen steckte, so erfüllte sie doch insofern ihre Aufgabe, als sie die Leitungen der volkseigenen Industrie und ihrer Betriebe dazu veranlaßte, der Finanzwirtschaft ihre Aufmerksamkeit zuzuwenden. Die Entstehung eines einheitlichen Finanzsystems in der volkseigenen Industrie korrespondierte mit den Veränderungen, die 1948 im Gefolge der demokratischen Währungsreform im Steuer- und Bankwesen der sowjetischen Besatzungszone vor sich gegangen waren.[92] Sie begünstigten die Herausbildung eines geschlossenen Reproduktionsprozesses in der volkseigenen Industrie.

Mit dem Wirksamwerden der verschiedenen Bedingungen für diesen Reproduktionsprozeß entstanden zugleich immer bessere Möglichkeiten für dessen effektive Gestaltung. Sie wurden von den Leitungen der volkseigenen Industrie und von den fortgeschrittenen Teilen der Betriebsbelegschaften in einem wachsenden Maße genutzt. Das zeigte sich schon in den ersten Monaten der Existenz der landeseigenen Unternehmen. Nachdem sich die Leitungen dieser Unternehmen etabliert und eine Übersicht über die Anzahl und die technisch-technologische Beschaffenheit der ihnen unterstellten Produktionsstätten gewonnen hatten, schlugen sie Wege ein, die zu einer Produktionssteigerung führten und die es gestatteten, die gegebenen Produktionsmöglichkeiten wirkungsvoller zu nutzen.

Dafür können die Industrie-Werke Sachsen-Anhalts als Beispiel genommen werden.[93] Zu den ersten Maßnahmen, die deren Leitung 1947 einleitete, gehörte die Spezialisierung der Produktion in den provinzeigenen Gießereien, Maschinenbaubetrieben und in den chemischen Werken. So wurden die Waschmittelherstellung im vormaligen Henkels-Werk in Genthin und die Erzeugung von Laborchemikalien im ehemaligen Sidol-Werk konzentriert. Die Leitung der Industrie-Werke nutzte auch die Rekonstruktion von demontierten Produktionsstätten, um die Produktion zu

90 LV-218, S. 103 (Schmidt)
91 LV-218, S. 107f. (Schmidt)
92 LV-236, S. 447ff. (Finanzwirtschaft); LV-126, S. 101ff. (Kahle); LV-218, S. 56ff. (Schmidt)
93 AV-136 (ZGA, Nr. 23/19/1160)

konzentrieren. Sie stattete unter anderem das Elektromotorenwerk Wernigerode mit Produktionsmitteln aus den verschiedenen Betrieben des provinzeigenen Unternehmens so aus, daß es in der Lage war, den Elektromotorenbedarf der Industrie-Werke weitgehend zu decken. Mit einer solchen Spezialisierung ging eine Zentralisation der Produktion einher. So vereinigte die Leitung der Industrie-Werke fünf in Magdeburg beheimatete Maschinenbaubetriebe. In Halle sorgte sie für das Verschmelzen von drei elektrotechnischen Betrieben und in Liebenwerda entstand aus zwei Meßgerätefabriken ein derartiges Werk. Darüber hinaus bereinigten die Betriebe der Industrie-Werke ihr Produktionssortiment. Sie verzichteten auf das Herstellen volkswirtschaftlich unwichtiger Erzeugnisse und konzentrierten sich auf Produkte, die durch Produktionsauflagen festgelegt waren. Wie das Beispiel des Wernigeroder Elektromotorenwerkes zeigt, war die Produktionsspezialisierung häufig mit dem Umsetzen von Produktionsmitteln verbunden. Dazu erfolgte unter Anleitung der Hauptverwaltung in den Industrie-Werken ein Maschinenausgleich. Im Laufe des Jahres 1947 wurden 500 Maschinen innerhalb der Industrie-Werke in solche Betriebe umgesetzt, in denen sie dringend benötigt wurden. Schließlich kamen in den Gießereien erste Maßnahmen zur Rationalisierung der Produktion zum Tragen. Nach einer eingehenden Analyse der Fehlerquellen gelang es in den Gießereien der Industrie-Werke, den Ausschuß von 30—40 auf 10—15 Prozent zu reduzieren.

So, wie in den Industrie-Werken, begannen die Leitungen der landeseigenen Industrie in der gesamten sowjetischen Besatzungszone den Produktionsprozeß effektiver zu gestalten. Die dabei erzielten Ergebnisse waren aber nicht von solch einem Gewicht, daß sie die Ende 1946 einsetzende negative Entwicklung der industriellen Produktion zu verhindern vermochten.

Seit November 1946 löste ein Rückgang der industriellen Produktion die seit Anfang des Jahres zu beobachtende allmähliche Aufwärtsbewegung ab. Das hatte verschiedene Ursachen, deren Wirkung sich in den folgenden Monaten bündelte.[94]

Die auslösende Ursache war zweifellos der im Dezember 1946 einsetzende und bis Ende Februar 1947 anhaltende starke Frost. Er brachte die Braunkohlenförderung und das Transportwesen weitgehend zum Erliegen. Die ausbleibenden Kohlenlieferungen für die Kraftwerke und für die Industrie insgesamt erzwangen eine erhebliche Reduzierung der Produktion. Die ohnehin geringen Brennstoffvorräte waren im Dezember 1946 und im Januar 1947 weitgehend aufgebraucht. Weitere Ursachen für den Abfall der Produktion bestanden in den nun stärker spürbaren Folgen der Demontagen in der Rohstoff- und Halbzeugindustrie und in dem Umstand, daß die aus der faschistischen Kriegswirtschaft überkommenen Vorräte an Rohstoffen, Materialien und Ersatzteilen aufgebraucht waren. All das wurde durch das Ausbleiben von Lieferungen aus den westlichen Besatzungszonen noch verschärft. Die sowjetische Besatzungszone konnte zu jener Zeit ihre Situation durch einen erweiterten Außenhandel noch nicht erleichtern.

Im ersten Halbjahr 1947 wurden die Lebensverhältnisse der werktätigen Bevölkerung, vornehmlich der Industriearbeiterschaft, außerordentlich beeinträchtigt. Die schon 1946 angespannte Versorgung der Werktätigen mit Lebensmitteln verschlechterte sich bis zur Ernte im Herbst 1947 weiter. Untersuchungen in einem Dresdener Betrieb ergaben, daß nur noch 4,7 Prozent der Belegschaftsmitglieder ein überdurch-

[94] LV-306, S. 146ff. (Wirtschaftspolitik)

schnittliches Körpergewicht hatten. Anderen Angaben zufolge lag das physische Leistungsvermögen von Arbeitern 20 bis 30 Prozent unter dem Normalzustand. Hinzu kam, daß die Arbeiterhaushalte nur in sehr geringem Umfang mit Brennstoffen versorgt waren.[95] Die Verknappung der Elektroenergie und des Stadtgases führten häufig zu Abschaltungen. In jenen Monaten kam nur ein unbedeutendes Kontingent an Textilien, Schuhen und Haushaltsgegenständen zum Verkauf. Das Zurückgehen der Industrieproduktion verschlechterte die Lebenslage von Teilen der Industriearbeiterschaft, weil die Arbeitseinkünfte wegen der einsetzenden Kurzarbeit vielfach sanken und Arbeiter vorübergehend den Arbeitsplatz verloren. In der sowjetischen Besatzungszone erhöhte sich in den ersten beiden Monaten des Jahres 1947 die Zahl der Arbeitslosen um 79527. In Berlin waren im Januar 1947 200000 Menschen ohne Arbeit.[96]

Wie sich die Industrieproduktion zwischen Herbst 1946 und Sommer 1947 entwickelte, lassen die sächsischen Angaben erkennen (vgl. Tabelle 24).

Tabelle 24
Entwicklung der Industrieproduktion Sachsens und der durchschnittlichen Produktionswerte der landeseigenen Industrie pro Beschäftigten (Oktober 1946 = 100)

Monat/Jahr	Industrieproduktion [1]	Durchschnittlicher Bruttoproduktionswert pro Beschäftigten
November 1946	99,3	85,9
Dezember 1946	98,7	100,0
Januar 1947	64,3	54,7
Februar 1947	59,7	50,0
März 1947	68,8	59,3
April 1947	82,4	65,6
Mai 1947	92,0	75,0
Juni 1947	97,7	79,6
Juli 1947	98,0	70,3
August 1947	87,6	67,1

[1] Preisbasis 1944

Quelle: LV-239, S. 101f. (Stasiak)

Die industrielle Produktion ging in Sachsen, wie in der gesamten sowjetischen Besatzungszone, bis Februar 1947 rasch zurück und erholte sich erst in den Frühjahrsmonaten, ohne bis zum Sommer 1947 das Niveau vom Herbst des Vorjahres zu erreichen. Gravierend war, wie die Tabelle veranschaulicht, das Absinken des durchschnittlichen Bruttoproduktionswertes pro Beschäftigten in der landeseigenen Industrie Sachsens.

Diese gesamte Entwicklung veranlaßte das Zentralsekretariat der SED, sich eingehend mit der ökonomischen Entwicklung der landeseigenen Betriebe zu befassen. Am 26. Februar 1947 berieten Mitarbeiter der Abteilung Wirtschaft und Finanzen

95 LV-239, S. 119f. (Stasiak)
96 LV-306, S. 148 (Wirtschaftspolitik)

beim Parteivorstand gemeinsam mit Direktoren der Hauptverwaltungen Landeseigener Betriebe aus den Ländern über den Stand der Rentabilität der unterstellten Betriebe und über die Möglichkeiten, die Produktionsauflagen zu erfüllen. Anfang Mai 1947 beriet Bruno Leuschner, Leiter dieser Abteilung, mit führenden Vertretern der landeseigenen Kohlenindustrie über die dem Zweig obliegenden Aufgaben.[97] Im Mittelpunkt stand dabei die Frage, wie eine sorgfältige Planung der Kohlenproduktion die planvolle Entwicklung der Wirtschaft garantieren kann. Resultat dieser Besprechung war die Aufstellung eines Arbeitsprogrammes, in dem für die Kohlenindustrie die größtmögliche Ausnutzung der Produktionspotenzen, die sparsame Verwendung der Kohle, die Hebung der Arbeitsmoral der Bergarbeiter und verschärfte Kontrollmaßnahmen bei der Kohlenverteilung festgelegt wurden.[98]

Am 10. und 11. Mai 1947 erörterte das Zentralsekretariat der SED mit Vertretern der Landesregierungen Wege zu einer Produktivitätssteigerung. Diese Diskussion setzten die Wirtschaftsminister wenige Tage später fort. Sie befaßten sich mit verschiedenen Problemen der Produktion, mit dem Produktionswettbewerb, mit der Rohstoffversorgung, der Erzeugnisqualität und mit der Verteilung industrieller Erzeugnisse. Auch das Lohn- und Prämiensystem gehörte zu ihrem Themenkreis.[99]

Da es bis zum Sommer 1947 nicht gelang, eine Wende in der Ökonomie der landeseigenen Betriebe herbeizuführen, sahen sich die Parteiführung der SED, die Landesregierungen und die SMA in den Industrieländern der sowjetischen Besatzungszone zu eingehenden Untersuchungen der Situation in der landeseigenen Industrie gezwungen, die in den Sommermonaten des Jahres 1947 vorgenommen wurden. In Sachsen erließ die SMA im Juli 1947 den Befehl Nr. 733/47 zur „Überprüfung der Lage in den landeseigenen Betrieben."[100] Die SMA Sachsen-Anhalt erteilte im Befehl Nr. 94/47 einer Regierungskommission den Auftrag, eine Analyse der wirtschaftlichen und finanziellen Situation der landeseigenen Betriebe vorzunehmen.[101] Die SMA Thüringen hatte sich schon am 6. Juni 1947 im Befehl Nr. 128/47 mit den Unzulänglichkeiten in der landeseigenen Industrie Thüringens befaßt und Festlegungen zu ihrer Beseitigung getroffen.[102]

In Sachsen wurden aufgrund des Befehls Nr. 733/47 12 Kommissionen gebildet, in denen Vertreter der sächsischen Landesregierung und der SMA Sachsen tätig waren. Sie nahmen in 35 Betrieben der Industriezweige Maschinenbau, Elektroindustrie, Feinmechanik/Optik, Chemie und Pharmazeutik, Brennstoffe und Energie, Glas und Keramik, Spinnerei und Weberei, Trikotagen, Leder und Schuhwaren, Holzverarbeitung, Genußmittel sowie Papier und Zellulose Untersuchungen vor.

In den im Sommer 1947 vorgenommenen Untersuchungen über die landeseigenen Betriebe stand der gesamte Reproduktionsprozeß im Mittelpunkt. Nur eine solche Vorgehensweise konnte die Ursachen aufdecken, die es den landeseigenen Betrieben erschwerten, die Produktion zu steigern und mit Gewinn zu wirtschaften. Die Untersuchungen erstreckten sich sowohl auf die einzelnen Reproduktionsbedingungen als auch auf ihr Zusammenwirken im Reproduktionsprozeß.

97 LV-89, S. 35 (Füchsel)
98 LV-89, S. 32 (Füchsel)
99 LV-89, S. 35f. (Füchsel)
100 LV-239, S. 108 (Stasiak)
101 LV-89, S. 32 (Füchsel)
102 LV-120, S. 111f. (Holfter)

Als Hauptprobleme kristallisierten sich im Verlauf der Untersuchungen heraus: Die Effektivität der Organisation und Leitung der landeseigenen Industrie; die Einflüsse, die aus der Gesamtwirtschaftslage in der sowjetischen Besatzungszone und aus den von den Besatzungsmächten gesetzten Prämissen für die Finanzlage der landeseigenen Betriebe erwuchsen (Preisstop); das Unverständnis von Leitungen und Belegschaften der landeseigenen Industrie gegenüber einem leistungsorientierten Lohn- und Prämiensystem; die Unvollkommenheit der sozialen Einrichtungen in den landeseigenen Betrieben und der anderen Arbeitsbedingungen; die außerordentlich starke Verminderung der Arbeitsdisziplin in den landeseigenen Betrieben.[103]

Im Ergebnis dieser Analysen verstärkte die Parteiführung der SED ihre Anstrengungen, um die Aufmerksamkeit der gesamten Partei, der Gewerkschaften und der demokratischen Staatsorgane auf die Rolle der landeseigenen Industrie im antifaschistisch-demokratischen Umgestaltungsprozeß zu lenken. Dabei nahmen der II. FDGB-Kongreß[104] und der II. Parteitag der SED einen besonderen Platz ein.[105]

Im Spätsommer 1947 wurde in den Führungsgremien der SED und des FDGB, in den Deutschen Zentralverwaltungen sowie in den Dienststellen der SMAD eine umfangreiche Arbeit geleistet, um aus der Analyse der ökonomischen Situation der landeseigenen Betriebe Schlußfolgerungen abzuleiten, die geeignet waren, eine grundlegende Veränderung der Wirtschaftlichkeit der landeseigenen Industrie herbeizuführen.[106] Im Ergebnis dieser Arbeit entstand der Befehl Nr. 234 der SMAD vom 9. Oktober 1947.[107]

Die gesamte Anlage dieses Befehls und die in ihm fixierten einzelnen Maßnahmen setzten für die wirtschaftliche Tätigkeit der landeseigenen Industrie drei Schwerpunkte. Der erste Schwerpunkt bestand in der Qualifizierung der Leitung und Organisation der Produktion und der Arbeit. Das entschiedene Fördern des Leistungsverhaltens der Beschäftigten in der landeseigenen Industrie bildete den zweiten Schwerpunkt. Schließlich orientierte der Befehl Nr. 234 auf die Verbesserung der allgemeinen Existenzbedingungen der Arbeiter und Angestellten in dieser Industrie.

Die im Rahmen dieser Schwerpunkte festgelegten Maßnahmen entsprachen dem dringenden Erfordernis der landeseigenen Industrie. Darum fand der Befehl Nr. 234 mit seiner Bekanntgabe eine außerordentliche Resonanz. Er wurde zum Aufbauplan 234.[108] Seine Ausführung verlangte ein komplexes Vorgehen. Keine der vorgesehenen Maßnahmen konnte isoliert voneinander realisiert werden. Für die SAG erfolgten im Sinne des Befehls Nr. 234 gesonderte Anweisungen.[109]

e) Probleme der ökonomischen Entwicklung der volkseigenen Industrie

Das Reproduktionsgeschehen in der volkseigenen Industrie wurde in den Jahren der antifaschistisch-demokratischen Umgestaltung von dem Widerspruch zwischen den gegebenen Produktionskapazitäten auf der einen Seite und den erzielten Produktions-

[103] LV-239, S. 107ff. (Stasiak)
[104] LV-203, (Protokoll II. FDGB-Kongreß)
[105] LV-195 (Protokoll II. Parteitag SED)
[106] LV-89 (Füchsel)
[107] LV-264, S. 504ff. (Dokumente)
[108] LV-97, S. 165 (SED)
[109] LV-89, S. 64ff., T. II (Füchsel)

ergebnissen auf der anderen Seite geprägt. Dierer Widerspruch kam 1947 mit besonderer Deutlichkeit zum Tragen. Das zeigen die folgenden Angaben aus Sachsen-Anhalt, Sachsen und Thüringen.

Die Produktionskapazitäten der landeseigenen Industrie-Werke in Sachsen-Anhalt wurden 1947 lediglich zu 45 Prozent genutzt, woran die einzelnen Zweige einen unterschiedlichen Anteil hatten. Am günstigsten war die Situation in den metallurgischen Betrieben. Sie konnten 80 Prozent der Kapazität nutzen. Die Bergbau-, Maschinenbau- und chemischen Betriebe lasteten ihre Produktionsmöglichkeiten zwischen 60, 58 bzw. 52 Prozent aus.[110] In der landeseigenen Industrie Sachsens ergab sich folgendes Bild. Von den 242,6 Millionen RM, die die einschlägigen Betriebe 1947 an Produktionswert erzielten, entfielen auf das erste Quartal des Jahres lediglich 16,5 Prozent. Erst im vierten Quartal gelang es, 34,3 Prozent der Jahresproduktion zu erreichen.[111] Bezüglich Thüringens verfügen wir nur über die gesamte Industrie betreffende Angaben, die auch über die landeseigene Industrie Aufschluß geben (vgl. Tabelle 25).

Tabelle 25
Ausnutzung der Produktionskapazitäten in der Industrie Thüringens 1947 (in Prozent)

Industriezweig	Ausnutzung der Produktionskapazität
Bergbau (ohne Kohle)	44,7
Brennstoffindustrie	77,9
Metallurgie	84,0
Chemische Industrie	71,0
Pharmazeutische Industrie	27,9
Gummi- und Asbestindustrie	64,8
Steine und Erden	34,6
Glas- und Keramische Industrie	54,7
Elektroenergieindustrie	92,8
Maschinenbau	59,0
Elektrotechnik	55,0
Feinmechanisch-optische Industrie	48,4
Medizinische Instrumente	66,5
Kulturwaren	82,5
Holzindustrie	79,0
Zellstoff- und Papierindustrie	59,0
Textilindustrie	59,5
Bekleidungs- und Trikotagenindustrie	27,4
Leder- und Lederwarenindustrie	40,5

Quelle: AV-129 (StAW, LR, M. f. W u. A., Nr. 584)

110 AV-136 (ZGA, Nr. 23/19/1160)
111 LV-239, S. 102 (Stasiak)

Die Tabelle läßt ebenso wie die Angaben über Sachsen-Anhalt ein sehr differenziertes Bild hinsichtlich der Kapazitätsauslastung in den einzelnen Zweigen erkennen. In den Zweigen der Grundstoffindustrie ist eine weitgehende Kapazitätsauslastung zu beobachten. Unter den Zweigen der Leichtindustrie gelang der Holzindustrie eine sehr hohe Kapazitätsausnutzung. Bei der Mehrheit der Zweige lag diese Kennziffer zwischen 50 und 60 Prozent. Lediglich in einigen Zweigen der Leichtindustrie wurden weniger als 40 Prozent der Kapazitäten zur Herstellung industrieller Erzeugnisse genutzt. Dazu gehören die Zweige Steine und Erden, die Pharmazie sowie die Bekleidungs- und Trikotagenindustrie.

Der Widerspruch zwischen den gegebenen Produktionsbedingungen und den Produktionsergebnissen hatte verschiedene Ursachen. Sie lagen sowohl in den politischen und ökonomischen Gesamtbedingungen, unter denen der geschlossene Reproduktionsprozeß in der volkseigenen Industrie entstand, als auch im Grad der Beherrschung der damit zusammenhängenden Probleme. Die gravierendste Ursache bestand zweifellos im Mangel an Roh- und Hilfsstoffen, an Brennstoffen sowie Elektroenergie. Er herrschte in all den hier behandelten Jahren, war aber 1947/48 von besonderem Gewicht. Von diesem Mangel waren alle Industriezweige, insbesondere aber die metallverarbeitende und die Textil- und Bekleidungsindustrie betroffen. Verschärft wurde die unzulängliche Situation noch dadurch, daß das eingesetzte Material und die verfügbaren Brennstoffe vielfach nicht den technisch-technologischen Erfordernissen entsprachen.[112]

Die geringe Ausnutzung der Produktionskapazität beeinflußte die Ökonomie der volkseigenen Industrie auf vielfältige Weise negativ. Der Mangel an Material, Brennstoffen und Elektroenergie beeinträchtigte die Grundmittelwirtschaft. Er ließ die Kosten pro Erzeugniseinheit stark ansteigen. In gleicher Richtung wirkten auch die technisch begründeten Stillstandszeiten, die verhältnismäßig lang ausfielen, weil der Produktionsapparat zum Teil überaltert war und weil es aufgrund der imperialistischen Embargopolitik nicht gelang, die traditionell aus den westlichen Besatzungszonen bezogenen verschleißintensiven Teile und Aggregate zu beschaffen. Die eigene Industrie vermochte noch nicht für einen qualitätsgerechten Ersatz zu sorgen. Vielfach wurden Störungen im Arbeitsprozeß auch durch Arbeitskräfte verursacht, die mit den von ihnen bedienten Produktionsmitteln noch nicht im erforderlichen Maße vertraut waren. Beeinträchtigt wurde die Grundmittelwirtschaft aber auch durch den Umstand, daß das produzierte Sortiment einerseits oftmals den Gebrauchswert der Produktionsmittel nicht voll ausnutzte, andererseits industrielle Erzeugnisse mit Produktionsinstrumenten hergestellt wurden, die dafür eigentlich nicht ausgelegt waren. Diese Tendenz in der Grundmittelwirtschaft korrespondierte unmittelbar mit jener, die den Wirkungsgrad der produktiven lebendigen Arbeit kennzeichnete. Dieser Wirkungsgrad sank bis Ende 1947 erheblich, weil das zur Erzeugung der gegebenen Menge an Gebrauchswerten aufgewandte Quantum an lebendiger Arbeit erheblich anstieg. Damit erhöhte sich auch der Anteil der lebendigen Arbeit an der in der volkseigenen Industrie verausgabten Gesamtarbeit. Diese Entwicklung ist unterschiedlich zu bewerten. Einer ihrer Faktoren bestand in dem technisch-technologischen Zustand des Produktionsapparates, in dem damit verbundenen Reparaturaufwand sowie in der qualitativen Beschaffenheit der Arbeitsgegenstände. Er führte

[112] LV-120 (Holfter)

objektiv zu einem höheren Aufwand an lebendiger Arbeit pro Erzeugnis. Anders verhielt es sich mit dem zweiten Faktor, der in der Verletzung des Arbeitsregimes bestand. Im Laufe des Jahres 1947 hatte sich die Arbeitsdisziplin zunehmend gelockert. Das äußerte sich sowohl im Fernbleiben eines erheblichen Teils von Arbeitskräften vom Arbeitsplatz als auch in einer allgemeinen Arbeitszurückhaltung, die sich darin zeigte, daß Produktionsarbeiter ihre Arbeitserfahrungen und -fertigkeiten im Arbeitsprozeß nicht voll zur Geltung brachten. Die Gründe dafür waren vielgestaltig und keineswegs, wie noch darzustellen ist, allein von den Industriearbeitern zu verantworten. Einen dritten Faktor bildete das mangelhafte Qualifikationsniveau eines nennenswerten Teils der Industriearbeiter in der volkseigenen Industrie. Es führte zu einem Ansteigen des pro Erzeugniseinheit eingesetzten Quantums an lebendiger Arbeit, weil sich die Produktionszeit für ein Erzeugnis über die technologisch bedingte hinaus erstreckte bzw. weil die oftmals mangelhafte Qualität der ausgeführten Arbeiten zur Nachbesserung zwang.

Unter den gegebenen Bedingungen konnten die negativen Tendenzen in der Ökonomie der landes- bzw. volkseigenen Industrie vornehmlich durch eine auf den kontinuierlichen Arbeitsprozeß gerichtete Organisation und Leitung der Produktion und der Arbeit abgeschwächt werden. Das schloß insbesondere jene Maßnahmen ein, die geeignet waren, das Leistungsverhalten der in dieser Industrie Beschäftigten zu stimulieren. Diese Maßnahmen mußten darauf abzielen, das Maß der Arbeitsleistung den technisch-technologischen Bedingungen des jeweiligen Arbeitsprozesses und der Qualifikation der Arbeitskraft gemäß zu bestimmen und darauf das Leistungsprinzip in der Entlohnung zu gründen. Die Bestimmung dieser Maßnahmen stellte ebenso wie ihre schrittweise Realisierung eine komplizierte Aufgabe dar, die im Herbst 1947 in Angriff genommen wurde und deren Lösung sich über einen längeren Zeitraum erstreckte.

Der Befehl Nr. 234 der SMAD enthielt die Festlegung, daß die „Anwendung von Stück- und Akkordlohn als Mittel zur Steigerung der Arbeitsproduktivität und zur Erhöhung des Lohnes für Arbeiter“ zu erweitern ist.[113] Das geschah mit dem besonderen Hinweis auf den Bergbau, die Metallurgie, die Brennstoffindustrie und die metallverarbeitende Industrie. Der allgemeine Übergang zum Leistungsprinzip in der Entlohnung bedingte eine Bewertung von Arbeitsleistungen auf der Basis technisch begründeter Arbeitsnormen. Die Umstände brachten es aber mit sich, daß das Leistungslohnregime zunehmend praktiziert wurde, ohne daß eine entsprechende Normung der Arbeitsleistung erfolgte. Versuche, die im Frühjahr 1948 von der Industriegewerkschaft Metall und im August 1948 von der Hauptverwaltung Maschinenbau und Elektrotechnik bei der DWK unternommen wurden, um Prinzipien für das Erarbeiten von Normen zu bestimmen, schlugen fehl, weil sie noch vom REFA-System geprägt waren.[114] Dieses System des Arbeits- und Zeitstudiums in kapitalistischen Betrieben war seit 1924 vom Reichsausschuß für Arbeitsstudien (im folgenden REFA) erarbeitet und verbreitet worden. Vertreter dieses Ausschusses hatten im Interesse der kapitalistischen Unternehmer an Hand der Arbeitsleistung von ausgewählten, fachlich versierten Arbeitern die Vorgabezeiten für alle Arbeiter ermittelt, die so angelegt waren, daß es den Arbeitern nur unter großen Anstrengungen möglich

[113] LV-264, S. 507 (Dokumente)
[114] LV-206, S. 292 (Rankow)

wurde, den mit dieser Vorgabezeit gekoppelten Tariflohn zu erreichen. Die Prinzipien, die bei der Anwendung dieses Systems galten, lagen anfangs vielfach der Arbeitsnormung in den volkseigenen Betrieben zugrunde und stießen auf den energischen Widerstand der Gewerkschaftsfunktionäre und der Arbeiter.

Erst im Verlaufe des zweiten Halbjahres 1948 entstanden fundierte Vorstellungen darüber, wie technisch begründete Arbeitsnormen (im folgenden TAN) beschaffen sein müssen. Am 20. September 1948 erließ das Sekretariat der DWK Richtlinien für die Lohngestaltung in den SAG- und volkseigenen Betrieben.[115] Der Bundesvorstand des FDGB faßte im November 1948 einen Beschluß, in dem das Wesen der technisch begründeten Arbeitsnormen erläutert wurde.[116] Diesem Beschluß Rechnung tragend, erließ die Hauptverwaltung Maschinenbau und Elektrotechnik bei der DWK am 10. Dezember 1948 die „Anweisung zur Festsetzung und Überprüfung von Arbeitsnormen zur Einführung des Leistungslohnes und zur Neugestaltung von Leistungsprämien in den volkseigenen Betrieben des Maschinenbaus und der Elektrotechnik".[17]

Das Sekretariat der DWK verfügte am Beginn des Jahres 1949, daß in jedem volkseigenen Betrieb, in jeder Vereinigung Volkseigener Betriebe und in den industriellen Hauptverwaltungen der DWK Arbeitsvorbereitungs- und Normungsbüros zu schaffen sind. Es legte die Verantwortung der Betriebsdirektoren für die Einführung neuer Normen fest. Mit der Bildung von Arbeitsausschüssen für technische Arbeitsnormung beim DWK-Sekretariat Industrie und bei den zuständigen Hauptverwaltungen wurden im März 1949 die Leitungsinstitutionen für die Arbeitsnormung vervollständigt.[118] Mit den Richtlinien zur Leistungslohngestaltung und zur Leistungsbewertung verfügten die Leitungen in der volkseigenen Industrie und die Gewerkschaftsorganisationen über eine theoretische Grundlage für die politisch-ideologische Arbeit, um das Leistungsprinzip anzuwenden. Gleichzeitig stellten sie die wirtschaftsrechtlichen und organisatorischen Anweisungen dafür dar.

Seit Anfang 1949 wurden gemäß der Verfügung des Sekretariats der DWK in den volkseigenen Betrieben, in den Vereinigungen Volkseigener Betriebe und bei den Hauptverwaltungen der DWK Arbeitsvorbereitungs- und Normungsbüros eingerichtet. Im März 1949 bildete das DWK-Sekretariat neben den Arbeitsausschüssen für technische Arbeitsnormen beim Industriesekretariat der DWK und bei den Hauptverwaltungen einen zentralen Ausschuß für Technische Arbeitsnormung.[119] Das Sekretariat der DWK beschloß, in der Zeit von Anfang Januar bis März 1949 die Arbeitsnormen in der volkseigenen Industrie zu überprüfen und neu festzusetzen. Allerdings unterschätzten die Mitglieder des Sekretariats die organisatorischen, technischen und vor allem politisch-ideologischen Probleme, die mit dieser Aufgabe verbunden waren.

Die Institutionen, die mit der Vorbereitung technisch begründeter Arbeitsnormen beauftragt waren, nahmen nicht im vorgesehenen Tempo und Umfang ihre Arbeit auf. So begann der zentrale TAN-Ausschuß erst nach Monaten mit seiner Arbeit. In den volkseigenen Betrieben war bei den Leitungen und bei den Arbeitern noch

115 LV-143, S. 307ff. (Kühne)
116 LV-44, S. 15 (Clausen)
117 LV-44, S. 52ff. (Clausen)
118 LV-44, S. 24f. (Clausen)
119 LV-112, S. 101 (Hartmann, H)

immer das Verständnis für die zu lösende Aufgabe ungenügend ausgebildet. Im Bereich der Hauptverwaltung Maschinenbau und Elektrotechnik hatten bis zur Mitte des Jahres 1949 erst 30 Prozent der Betriebe Arbeitsvorbereitungsbüros eingerichtet. So kam es, daß bis in den Frühsommer 1949 hinein die Überprüfung und Neufestsetzung der Arbeitsnormen in den volkseigenen Betrieben nur sehr schleppend erfolgte. Bis Anfang Juni 1949 waren lediglich in einem Drittel der Betriebe die Arbeitsnormen um 15 bis 25 Prozent erhöht worden.[120]

In den volkseigenen Betrieben wurde nach Arbeitsnormen gearbeitet, die aus dem Kapitalismus überkommen und in den ersten Nachkriegsjahren nach subjektiven Gesichtspunkten verändert worden waren. Die dabei zutage tretende Tendenz gibt ein Artikel in der Gewerkschaftszeitschrift „Arbeit" wieder. „Vielfach wurde die Ansicht vertreten, daß durch zeitbedingte Umstände nur ein Prozentsatz von 40 bis 60 Prozent der Arbeitsleistung der Vorkriegs- und Kriegszeit angewandt werden konnte."[121]

Die Industriegewerkschaft Bergbau sah sich noch am 11. Januar 1949 veranlaßt, in einer Entschließung festzustellen, daß die Lohnausschüsse, die für die Überprüfung bzw. Festlegung der Arbeitsnormen zuständig waren, ihre Aufgabe darin gesehen hatten, „die materielle Besserstellung der Werktätigen durch das Aushandeln möglichst niedriger Normen zu erzielen."[122]

Es gelang nur in einigen Fällen, durch das Zusammenwirken von Wirtschafts- und Gewerkschaftsfunktionären und unter Einbeziehung von Arbeitern und Ingenieuren Arbeitsnormen zu erstellen, die als technisch begründet angesehen werden konnten. Dafür steht das folgende Beispiel des VEB Stickstoffwerk Piesteritz.[123] Im Sommer 1949, nach einer längeren Diskussion über die Bedingungen, unter denen das Leistungsprinzip in der Entlohnung im Werk eingeführt werden könnte, unternahm der Aktivist, Betriebsassistent und langjährige Betriebsangehörige Karl Adler gemeinsam mit dem Betriebsleiter Max Amelang den Versuch, technisch begründete Arbeitsnormen aufzustellen. Sie begannen ihre Arbeiten im Karbidbetrieb. Im Betrieb war bekannt, daß die damaligen Leistungen der Öfen weit unter dem Vorkriegsniveau lagen. Darum rekonstruierte Karl Adler die Leistungsbedingungen der Vorkriegszeit und ermittelte die Veränderungen, die im Ofenbetrieb in den Kriegsjahren vorgenommen worden waren. Das Analyseergebnis erbrachte die Ursachen für die Minderleistung des Betriebes im Jahre 1949. Das theoretische Ergebnis wurde in der Praxis überprüft. Karl Adler nahm die Ergebnisse über die technisch begründete Arbeitsnorm, die auf diese Weise ermittelt worden war, zur Ausgangsbasis für eine Diskussion in der Betriebsbelegschaft. Er und Max Amelang begannen nun verstärkt mit Arbeitsstudien im Betrieb. Sie suchten dabei die Unterstützung der Betriebskollektive. Das gelang ihnen durch Vermittlung politischer und ökonomischer Einsichten in die Notwendigkeit der Erhöhung der Arbeitsproduktivität und durch ihre praktischen Ratschläge zur Arbeitsnormung, die sie in Produktionsberatungen und in Gesprächen am Arbeitsplatz gaben. Um eine Antwort auf die Frage nach der Höchstleistung der Öfen zu erhalten, schlug eine Schichtbesatzung vor, eine Hennecke-

[120] LV-112, S. 101 (Hartmann, H)
[121] LV-238, S. 67 (Starck)
[122] LV-238, S. 67 (Starck)
[123] LV-225, S. 399 (Schumann)

Schicht zur Ermittlung der Leistungsgrenze der Karbidöfen unter den bestmöglichen technischen Voraussetzungen zu fahren. Die Schicht ergab, daß in 24 Stunden die alte Norm im Durchschnitt um 60,3 Prozent übererfüllt wurde. Natürlich wußten die Arbeiter und die Werkleitung um die Besonderheit der technischen Bedingungen, die für die Sonderschicht eingeräumt worden waren, aber unter den Zeitumständen noch keine Normalbedingungen sein konnten. Der Schicht folgte eine breite Diskussion unter der Belegschaft, die zu einer neuen, 8 Prozent höheren Arbeitsnorm führte. Von der Richtigkeit der Normerhöhung war jedes Belegschaftsmitglied überzeugt. „Im Ergebnis dieser vorbildlichen Arbeit stieg die Produktion des Karbidbetriebes bisher im Jahr 1949 um 70 % gegenüber dem gleichen Zeitraum von 1947. Die Löhne erhöhten sich im Mai 1949 um 8 % im Vergleich zum Mai 1948. Die Selbstkosten senkten sich bereits im I. Quartal 1949, also vor Einführung des Leistungslohnes auf 95,3 % gegenüber 1947.“[124]

Seit dem Erlaß des Befehls Nr. 234 der SMAD hatte sich der Kreis der im Leistungslohn stehenden Arbeiter in den volkseigenen und SAG-Betrieben erweitert (vgl. Tabelle 26).

Tabelle 26
Im Leistungslohn beschäftigte Arbeiter in 1093 volkseigenen Betrieben Sachsens (in Prozent)

Monat/Jahr	Anteil an der Gesamtzahl der Arbeiter
Juli 1946	18
Juli 1947	19
Oktober 1947	23
März 1948	31
Juli 1948	37
Oktober 1948	42

Quelle: LV-239, S. 215 (Stasiak)

Der bis September 1948 auf diesem Gebiet in der sowjetischen Besatzungszone erreichte Stand geht aus der Tabelle 27 hervor.

Das Einbeziehen von Arbeitern in diese Lohnform vollzog sich nicht in dem erwarteten und erforderlichen Umfang, und der Übergang zum Leistungslohn gab der Steigerung der Arbeitsproduktivität nicht die erhofften Impulse. Das hatte verschiedene Gründe, die in den allgemeinen Existenzbedingungen der volkseigenen Industrie ebenso lagen, wie in den die Arbeitshaltung unmittelbar beeinflussenden Faktoren. Unter den letztgenannten spielten die in der Industriearbeiterschaft noch gering ausgebildete Einsicht in die Notwendigkeit, durch persönlichen Einsatz zu einer höheren Arbeitsproduktivität beizutragen, die beschränkten Möglichkeiten, das Arbeitseinkommen zu realisieren und das bestehende Steuersystem eine besondere Rolle. Erst eine Veränderung dieser Faktoren ermöglichte es, den Leistungslohn zu einem Hebel der Produktionssteigerung werden zu lassen.

[124] LV-225, S. 399 (Schumann)

Tabelle 27
Anteil der Vergütung nach Leistungslöhnen in ausgewählten Industriezweigen der sowjetischen Besatzungszone. Stand: September 1948 (in Prozent)

Industriezweig	nach Leistungslohn Arbeitende männlich	weiblich
Metallverarbeitende Industrie	31,1	34,3
Gießereien	37,4	19,5
Bau- und Baunebengewerbe	9,1	18,5
Bergbau (ohne Braunkohle)	47,8	–
Braunkohleindustrie	15,8	5,2
Kautschukindustrie	30,7	47,8
Textilindustrie	40,5	54,6
Eisen- und Stahlindustrie	29,0	5,0

Quelle: LV-143, S. 90f. (Kühne)

Die SED und die Gewerkschaften erhöhten seit Herbst 1947 ihre politisch-ideologische und organisatorische Tätigkeit, um bei den in den volkseigenen und SAG-Betrieben tätigen Arbeitern eine Einstellung zu den vergesellschafteten Produktionsmitteln und zur Arbeit zu fördern, die dem Charakter der Arbeit in diesen Betrieben gemäß war.[125] Die Früchte dieser Tätigkeit zeigten sich auf verschiedene Weise. An erster Stelle ist festzuhalten, daß seit Ende 1947 Arbeiter zunehmend dazu übergingen, mehr zu produzieren als die Arbeitsnorm von ihnen verlangte. Die Tabelle 28 gibt einen Überblick über den Grad der Normerfüllung.

Tabelle 28
Erfüllung der Arbeitsnorm in den volkseigenen Betrieben der chemischen und metallverarbeitenden Industrie 1949 (in Prozent)

chemische Industrie Anteil der Beschäftigten	Erfüllung der Arbeitsnorm	metallverarbeitende Industrie Anteil der Beschäftigten	Erfüllung der Arbeitsnorm
2,7	90 – 100	4	100
26,6	bis 110	12	105
44,1	bis 120	20	115
22,2	bis 130	21	125
4,4	bis 140	10	135
		8	148

Quellen: Errechnet nach LV-44, S. 15; LV-118, S. 101 (Heyne)

Die Übererfüllung der Arbeitsnormen hatte mehrere Quellen. Die hauptsächlichste bestand zweifellos darin, daß ein wachsender Teil von Industriearbeitern die bislang an den Tag gelegte Arbeitszurückhaltung aufgab. Dazu trugen die Anfänge einer

125 LV-306, S. 164ff. (Wirtschaftspolitik)

materiellen Stimulierung der Arbeitsleistung in Form von industriellen Erzeugnissen – Kleider- und Anzugstoffe, Bekleidungsstücke, Schuhe, Fahrräder usw. – und der Leistungslohn ebenso bei, wie das sich im Laufe des Jahres 1948 allmählich verbessernde Warenangebot. Die gestiegenen Preise für eine Reihe von Konsumgütern spielten ebenfalls eine Rolle. Die Atmosphäre in den Arbeitskollektiven und in den Betrieben hatte sich gegenüber dem Vorjahr gewandelt. Die Arbeiter, die um den Zusammenhang zwischen einer höheren Arbeitsleistung und der schrittweisen Verbesserung der Lebensverhältnisse wußten, begannen ihren Einfluß auf die Belegschaften zu verstärken. Es nahm die Zahl jener Arbeiter zu, die ihre reichen Arbeitserfahrungen und -fertigkeiten nutzten, um den Arbeitsprozeß wirkungsvoller zu organisieren oder die sachlichen Produktionsbedingungen zu verändern. Natürlich spiegelte sich in der hohen Normerfüllung auch die mangelhafte Qualität vieler Arbeitsnormen wider. Aber unter den gegebenen politischen und ökonomischen Verhältnissen war jede Produktionssteigerung für das Festigen der antifaschistisch-demokratischen Verhältnisse und für die bessere Versorgung der Bevölkerung von großer Bedeutung.

Die vielerorts von Wirtschaftsfunktionären und Gewerkschaftern vertretene Auffassung, daß es keiner besonderen Würdigung bedürfe, wenn Arbeiter, zumeist aus persönlichen materiellen Erwägungen über die oftmals zu niedrig angesetzte Arbeitsnorm hinaus produzierten, mußte sich unter den gegebenen Bedingungen als sektiererisch erweisen. Es war jeder Beitrag zur Anhebung der Produktion, gleichgültig aus welchen Motiven heraus er erbracht wurde, als eine besondere Aktivität zu würdigen. Dazu gab auch die Haltung der Mehrheit der Industriearbeiter Anlaß, die noch von Unverständnis, Ablehnung und Feindseligkeit gegenüber jenen Arbeitern geprägt war, die sich zu besonderen Leistungen in der Produktion entschlossen hatten.[126]

Aus dem kleinen Kreis von Arbeitern, die sich im Herbst 1947 durch herausragende Leistungen auf dem Produktionsfeld auszeichneten, entwickelte sich im Laufe des Jahres 1948 eine Aktivistenbewegung, die vor allem im Gefolge der von Adolf Hennecke vollbrachten Tat und unter den sich verändernden gesellschaftlichen Gesamtbedingungen 1949 einen Massencharakter anzunehmen begann.[127]

Zur Ausbildung der Aktivistenbewegung trugen die unter dem politisch-ideologischen Einfluß der SED und des FDGB wachsende Einsicht in den in der volkseigenen Industrie entstehenden neuen Charakter der Arbeit ebenso bei, wie erste Veränderungen in den materiellen Existenzbedingungen. Das Lohnsteuersystem wurde seit Januar 1949 so gestaltet, daß die durch höhere Produktionsleistungen erzielten Arbeitseinkommen nicht mehr wie bisher durch Steuern verloren gingen.[128] Das Arbeitseinkommen erhielt im Ergebnis der im Sommer 1948 durchgeführten demokratischen Währungsreform, die dem Geld als allgemeinem Äquivalent wieder Geltung verschafft hatte, das gebührende Gewicht.[129] Seit Ende 1948 erhöhte sich auch das Angebot an Erzeugnissen für den individuellen Konsum. Das stimulierte die Arbeitshaltung.

Das sprunghafte Ansteigen von Löhnen, deren Berechnung zumeist auf technisch nicht begründeten Arbeitsnormen beruhte, verschärfte den in der Ökonomie der

126 LV-22, S. 24ff. (Barthel)
127 LV-70 (Dittrich); LV-134 (Kleine Geschichte)
128 LV-126, S. 101ff. (Kahle)
129 LV-218, S. 46ff. (Schmidt)

volkseigenen Industrie bestehenden Widerspruch zwischen dem raschen Anwachsen der Lohnkosten und dem schleppenden Ansteigen der Arbeitsproduktivität. Ein gewisses Bild von der Wirkung dieses Widerspruchs vermittelt ein Vergleich über den Anteil der Lohnkosten an der Pro-Kopf-Leistung eines Arbeiters in ausgewählten Industriezweigen in den Jahren 1936 und 1949 (vgl. Tabelle 29).

Tabelle 29
Anteil des Lohnes an der Pro-Kopf-Leistung des Arbeiters in ausgewählten Zweigen der volkseigenen Industrie 1949 (1936 = 100)

Braunkohlebergbau	200
Steinkohlebergbau	250
Metallurgie	200
Maschinenbau	130
Metallbearbeitung	140
Elektrotechnik	135
Feinmechanik	135
Chemie	100

Quelle: LV-228, S. 44 (Selbmann)

In eine derartige Richtung führte schon im Jahre 1948 die undifferenzierte Anwendung des progressiven Leistungslohnes. Als Beispiel soll der Steinkohlenbergbau dienen (Vgl. Tabelle 30). Der progressive Leistungslohn war am 1. September 1948 an fünf Betriebspunkten der größten Werke des sächsischen Steinkohlenbergbaus eingeführt worden.[130] Diese Lohnform brachte den Arbeitern, die unter ihren Bedingungen arbeiteten, ein rasches Anwachsen des Lohnes, wenn die Norm übererfüllt wurde.

Nach dieser Lohnform arbeiteten im Oktober 1948 492 und im Dezember 1948 1608 Hauer des sächsischen Steinkohlenbergbaus. Durch den progressiven Leistungs-

Tabelle 30
Prozentuale Steigerung progressiver Lohnzuschläge im volkseigenen Steinkohlebergbau bei der Sollerfüllung über 100 Prozent pro Schicht

Sollerfüllung	Progressiver Zuschlag	Lohn in DM
100	0	11,96
120	40	16,74
140	80	21,52
160	155	30,50

Quelle: LV-247, S. 133 (Stützner)

130 LV-247, S. 133 (Stützner)

lohn verschob sich das Verhältnis von Steigerung der Arbeitsproduktivität und Anwachsen des Lohnes erheblich zugunsten des letzteren. Auch dafür ist der Steinkohlenbergbau als Beispiel zu nennen. Nach Einführung dieser Lohnform stieg der Durchschnittslohn der Hauer um 28,7 Prozent. Ihre durchschnittliche Arbeitsleistung nahm hingegen nur um 13 Prozent zu.[131]

Der Grund für die erhebliche Disproportion zwischen Anstieg des Lohnes und der Arbeitsleistung bestand in der mangelhaften Qualität der Arbeitsnormen. Im September 1948 hatte die Industriegewerkschaft Bergbau eine Broschüre unter dem Titel „Progressiver Leistungslohn im Bergbau" herausgegeben, in der diese Lohnform in ihrer Funktion nicht richtig gewertet wurde.

Gustav Sobottka, Leiter der Hauptverwaltung Kohle bei der DWK, wandte sich gegen die falsche und schädliche Anwendung des progressiven Leistungslohnes in diesem Industriezweig und in der volkseigenen Industrie insgesamt. Vor dem Unterausschuß Industrie des Deutschen Volksrates sprach er sich am 2. November 1948 gegen die unbedachte Anwendung dieser Lohnform aus. Selbstkritisch urteilte er dort: „Wir haben in der Kohlenindustrie im Anfang auch nicht darauf geachtet, ob 1000 oder 500 Mark mehr verbuttert wurden ... aber wir müssen jetzt daran denken, wirtschaftlich zu arbeiten." Sodann stellte er den Zusammenhang mit der Hennecke-Bewegung her. „Die ganze Aktivistenbewegung, die Hennecke-Bewegung wird nur zu einem Erfolg führen, wenn sie aufs engste verbunden ist mit der Senkung der Produktionskosten."[132]

Auch von anderer Seite kamen Einwände gegen den progressiven Leistungslohn, weil er, allgemein angewandt, zu einer außerordentlichen Belastung der Produktionskosten in der volkseigenen Industrie führte. Auf der bereits erwähnten Sitzung des Unterausschusses Industrie polemisierte der Leiter der Hauptverwaltung Maschinenbau und Elektrotechnik bei der DWK, Alfred Wunderlich, in seinem Bericht gegen eine massenhafte Einführung des progressiven Leistungslohnes. Der Unterausschuß faßte auf dieser Sitzung den Beschluß, daß der progressive Leistungslohn „von einer Spezialkommission tiefgründig erforscht werden" muß.[133] Die Diskussion über die zweckmäßige Anwendung dieser Lohnform, an der sich auch führende Mitarbeiter der SMAD beteiligten, führte zu dem Ergebnis, daß diese künftig nur in besonderen Fällen praktiziert werden sollte.

Die sich weiter öffnende Schere zwischen den rasch anwachsenden Lohnkosten und dem verhaltenen Ansteigen der Produktivität der gesellschaftlichen Arbeit in der volkseigenen Industrie veranlaßte die Parteiführung der SED, den Bundesvorstand des FDGB und die DWK, im Sommer 1949 nach einem Weg zu suchen, der es ermöglichen würde, die Arbeitsproduktivität entschieden anzuheben. Der Schlüssel dazu wurde in der Qualifizierung der Arbeitsnormen gesehen. In Vorbereitung auf die Juli-Tagung des ZK der SED befaßte sich die Abteilung für Wirtschaft und Finanzen beim Parteivorstand der SED mit den Möglichkeiten, die Arbeiter der volkseigenen Industrie aktiv an der Erhöhung der Arbeitsnormen zu beteiligen. Dazu fanden im Zentralsekretariat der SED Beratungen mit Gewerkschaftsfunktionären aus verschiedenen Industriezweigen statt.

131 LV-247, S. 133 (Stützner)
132 AV-3 (A–1Nr.195)
133 AV-3 (A–1Nr.195)

Ende Juni 1949 erklärte auf einer Konferenz von Aktivisten aus den Steinkohlenwerken des Zwickau-Oelsnitzer Reviers, organisiert vom Landesvorstand der SED Sachsen, der Hauer Alfred Baumann, daß er die Norm, nach der er bisher arbeitete, aus eigenem Antrieb erhöht hat. Er forderte die anwesenden Aktivisten auf, ebenfalls ihre Norm zu verändern.[134] Seit den Sommermonaten des Jahres 1949 folgte in verschiedenen Industriezweigen eine wachsende Anzahl von Arbeitern dem Beispiel von Alfred Baumann. Viele der Arbeiter schlossen mit den Betriebsleitungen Verträge, in denen die Bedingungen, unter denen die freiwillige Normerhöhung erfolgte, festgehalten waren. Neben einzelnen Arbeitern erklärten sich auch Arbeitergruppen zu einer Erhöhung ihrer Arbeitsnorm bereit.

Einen Aufschwung nahm die Bewegung in Vorbereitung auf den Tag der Aktivisten, der am ersten Jahrestag der Hennecke-Leistung in der volkseigenen Industrie feierlich begangen wurde. Es kam in einer Vielzahl von Betrieben zu freiwilligen Normerhöhungen.[135] Mit diesen freiwilligen Normerhöhungen trugen die Arbeiter dazu bei, die Arbeitsnormen an das Niveau von technisch begründeten Normen heranzuführen. Den Bewegungen zur Übererfüllung der Normen und zur Erhöhung der Arbeitsnormen war gemeinsam, daß sie von der schrittweisen Aufgabe der Arbeitszurückhaltung gekennzeichnet waren. Der Unterschied zwischen beiden Bewegungen lag im betriebswirtschaftlichen Effekt. Die freiwillige Normerhöhung führte dazu, daß die Arbeitsleistung im Vergleich zum Arbeitslohn rascher anstieg.

Die Veränderung in der Arbeitshaltung, die bei einem zunehmenden Teil der Industriearbeiterschaft der volkseigenen Industrie eintrat, fand auch in dem Bemühen ihren Ausdruck, Erzeugnisse herzustellen, die den Qualitätsnormen entsprachen. In der volkseigenen Industrie trat im Laufe des Jahres 1948 das Qualitätsproblem in den Vordergrund.

Die in den volkseigenen Betrieben produzierten Erzeugnisse waren von einer sehr unterschiedlichen Qualität. Neben Produkten, deren Gebrauchswerteigenschaften den geforderten Qualitätsparametern entsprachen, verließen viele Erzeugnisse diese Betriebe, die keineswegs dem Standard gerecht wurden. Für diese Unterschiede gab es verschiedene Ursachen. Zum Teil waren sie auf eine bewußte Verletzung der herkömmlichen Qualitätsparameter zurückzuführen. Die Nachkriegsverhältnisse hatten, um überhaupt ein größeres Produktionsergebnis zu erreichen, zu einer gezielten Verminderung der Qualität geführt. Es soll hier nur auf den hohen Wassergehalt im Braunkohlenbrikett[136] und an die Vorschriften bei der Herstellung von Nahrungsmitteln verwiesen werden.[137] Andere Qualitätsmängel waren unumgänglich geworden, weil die Materialien, die die notwendige Qualität der Erzeugnisse garantierten, nicht mehr zur Verfügung standen. Substitutionen führten zu keinem gleichartigen Ergebnis. Qualitätsabstriche dieser Art wurden in den ersten Nachkriegsjahren in Kauf genommen. Mit dem Zwang, die Erzeugnisstruktur in der sowjetischen Besatzungszone wesentlich zu erweitern, war die Notwendigkeit verbunden, neue Produkte zu entwickeln. Dafür fehlten aber vielfach die sachlichen und personellen Voraussetzungen, so daß die unter diesen Umständen entstandenen Erzeugnisse noch nicht von der Güte waren, die von renommierten Unternehmen geboten wurde.

[134] LV-112, S. 47 (Hartmann, H)
[135] LV-112, S. 51 (Hartmann, H)
[136] LV-307, S. 122 (Braunkohlenbergbau)
[137] LV-171, S. 46ff. (Müller, M)

Nachdem aber die Normalisierung des Wirtschaftslebens im Jahre 1948 nennenswerte Fortschritte gemacht und die Währungsreform den Wert des Geldes entschieden gefestigt hatte, wurde in der Wirtschaft und in der Bevölkerung die Forderung nach Erzeugnissen mit einer den Zeitverhältnissen angepaßten Qualität immer stärker. Dieser Druck konnte vor allem dort Erfolge bewirken, wo die mindere Qualität der Erzeugnisse auf das Nichteinhalten der technisch-technologischen Bedingungen durch die Arbeiter oder auf Nachlässigkeiten in der Leitung des Produktionsprozesses zurückzuführen war.

Darin bestand die Ursache für einen großen Teil der Erzeugnismängel. Diese konnte durch eine schärfere Qualitätskontrolle und durch das Anheben des kulturell-technischen Niveaus behoben werden. Die Einhaltung der Qualitätsparameter wurde aber auch dadurch erschwert, daß die Leistungen der Arbeiter und der Belegschaften nach der Menge der von ihnen hergestellten Erzeugnisse bewertet wurde. Welche Haltungen dadurch gefördert wurden, läßt das Beispiel von Arbeitern im VEB Maxhütte Unterwellenborn erkennen, die es im Rahmen einer Diskussion über den Gegenplan ablehnten, die Qualität von Schlackenwolle zu verbessern, weil die Herstellungstechnologie entweder eine größere Produktionsmenge oder eine bessere Qualität gestattete.[138] Die Möglichkeit, mit Methoden der Preisbildung die Qualität der Produktion positiv zu beeinflussen, spielte in dem hier behandelten Zeitraum noch keine Rolle.

Die ökonomischen Wirkungen des 1948/49 immer deutlicher hervortretenden Widerspruchs zwischen dem Anwachsen des Produktionsumfangs und der Zunahme jenes Teils der erzeugten Produkte, der den Qualitätskennziffern nicht entsprach, waren vielfältig. Der hohe Anteil an Ausschuß belastete die Selbstkosten und minderte den Gewinn der Betriebe. So wies 1949 die Deutsche Reichsbahn 2100 t in der Maxhütte gewalzte Schienen zurück, weil sie nicht den an sie zu stellenden Forderungen entsprachen.[139] Erzeugnisse minderer Qualität ließen sich auf dem Markt immer weniger realisieren. Die Leichtindustrie verzeichnete 1949 hohe Lagerbestände an Halb- und Fertigerzeugnissen. Als eine Ursache dafür wurde angegeben, daß der Handel diese Produkte nicht abnahm. Ende 1949 sagte Fritz Selbmann dazu: „Diese Anstauung von Waren minderer Qualität im Umfang von sehr vielen Millionen Mark in unseren Betrieben ist eine Ursache der finanziellen Schwierigkeiten, in denen sich manche Betriebe befinden."[140] Produkte, die nicht die international üblichen Qualitätsparameter aufwiesen, fanden auf den Außenmärkten keine Abnehmer.

Die ökonomischen Folgen schlechter Erzeugnisqualität zeigten sich nicht nur in den Erzeugerbetrieben. Auch die Betriebe, die gezwungen waren, solche Produkte abzunehmen, um ihrerseits produzieren zu können, mußten lebendige und vergegenständlichte Arbeit aufwenden, um die Qualitätsmängel bei deren Verarbeitung zu kompensieren.

1949 gingen die Leitungen der volkseigenen Industrie mit größerer Entschiedenheit an eine Verbesserung der Erzeugnisqualität. Es kam darauf an, neue Erzeugnisse von guter Qualität in die Produktion aufzunehmen und in ausreichendem Umfang zu

[138] LV-87, S. 22 (Friedemann/Gerlach)
[139] LV-228, S. 48 (Selbmann)
[140] LV-228, S. 48 (Selbmann)

produzieren. Des weiteren war die Verbesserung qualitativ wertvoller Produkte anzustreben. Die Hauptrichtung bestand aber in der Wiederherstellung einer Erzeugnisqualität, die dem allgemeinen Standard entsprach. Von den Fortschritten, die diesbezüglich erzielt wurden, hing das ökonomische Entwicklungstempo der volkseigenen Industrie in starkem Maße ab.

Die Möglichkeiten über die die volkseigenen Betriebe verfügten, um diese Zielstellung zu erreichen, hatten sich 1949 verbessert. Das Angebot an Roh- und Hilfsstoffen nahm allmählich zu. Die Qualifizierung der Arbeiterschaft verbesserte sich. Die Leitungen der volkseigenen Betriebe begannen, auch organisatorische Voraussetzungen für die Qualitätsarbeit zu schaffen. In den volkseigenen Betrieben wurde ein System der Gütekontrolle eingeführt.[141] Im Januar 1950 konnte bei einer Überprüfung von 150 Thüringer Betrieben festgestellt werden, daß in 134 Betrieben solche Kontrollorgane existierten. Aber nur 71 Betriebe verfügten über Gütegrade für ihre Erzeugnisse.[142]

Zu den im Jahre 1949 in der volkseigenen Industrie bestehenden Bedingungen, die die Herstellung von Qualitätsprodukten begünstigten, gehörte nicht zuletzt die in der Arbeiterschaft wachsende Verantwortung für die Produktion. Sie fand zum einen ihren Ausdruck darin, daß viele Erzeugnisse die volkseigenen Betriebe verließen, die den Qualitätsansprüchen voll und ganz genügten. Zum anderen zeigte sich diese Verantwortung der Industriearbeiterschaft in einem Frontmachen gegen den Rückgang der Erzeugnisqualität. Hauptmethode dabei wurde das bewußte Einhalten der technisch-technologischen Vorschriften. Die fachlich versierten Arbeiter halfen dabei den Arbeitern, die noch nicht über die ihrer Arbeitsaufgabe entsprechenden Fähigkeiten und Fertigkeiten verfügten. Die Arbeiter in den Halleschen Kleiderwerken können dafür als Beispiel genommen werden.[143] Bis gegen Ende des Jahres 1948 stand die Belegschaft dieses volkseigenen Betriebes unter der Leitung eines Mannes, der sich nur wenig für die ökonomische Entwicklung des Betriebes interessierte. Nur 42 Prozent der Erzeugnisse waren von erster Wahl. 16 Prozent des Gefertigten kamen in den Ausschuß. Der neu eingesetzte Betriebsleiter ging gegen diesen Zustand vor. Er regte gemeinsam mit der Betriebsgewerkschaftsleitung einen innerbetrieblichen Wettbewerb an, der die Verbesserung der Qualität zum Gegenstand hatte. Die Arbeiter wurden in die Arbeitsnormung einbezogen. Wöchentlich fanden Produktionsberatungen statt. Das Ergebnis dieser intensiven Zusammenarbeit zwischen Betriebsleitung, Gewerkschaftsorganisation und Belegschaft war, daß im Juni 1949 30 Prozent mehr Erzeugnisse als zu Beginn des Jahres auf den Markt kamen. Die ausgelieferten Waren entsprachen qualitativ zu 90 Prozent der ersten Wahl. Ausschuß hatte es im Juni nicht gegeben. Der Betrieb konnte im ersten Halbjahr 1949 eine Senkung der Selbstkosten um 10 Prozent verzeichnen. Die Funktionäre des Betriebes suchten aber weitere Möglichkeiten, um die Qualität der Erzeugnisse zu verbessern. Darüber berieten sie am 1. Juli 1949 in einer Vollversammlung mit der Belegschaft. Angeregt durch einen Artikel in der Zeitschrift „Die Wirtschaft", in dem über die Arbeit einer von dem Meistergehilfen Alexander Tschutkich in der UdSSR gegründeten Qualitätsbrigade berichtet wurde, beschlossen die Teilnehmer der Belegschaftsversammlung, im Betrieb eine solche Qualitätsbrigade zu bilden. Sie legten fest, welche Aufgaben die

[141] LV-301, S. 42 (Zinke)
[142] LV-237, S. 84 (Staatl. Kontrolle)
[143] LV-226, S. 295ff. (Schumann)

16 Kollegen, die in diese Brigade delegiert wurden, zu lösen hatten. Am 6. Juli 1949 nahm die Qualitätsbrigade in den Halleschen Kleiderwerken ihre Arbeit auf. Die Einrichterin Luise Ermisch hatte die Leitung dieser Brigade übernommen, in der außer dem Betriebsleiter und dem Vorsitzenden der Betriebsgewerkschaftsleitung die besten Näherinnen aus jeder Abteilung, Gruppenmeister, Zuschneider und Bandleiter wirkten. Die Brigademitglieder kontrollierten die laufende Produktion und sorgten für das Abstellen von Fehlern. Sie unterstützten Kollegen, die beim Ausführen ihrer Arbeitsaufgabe Schwierigkeiten hatten. Sie erarbeiteten genaue Arbeitsvorschriften, die den technisch begründeten Arbeitsnormen zugrunde gelegt wurden und legten die genauen Grenzen fest, die die Qualitätssorten voneinander trennten. Im Ergebnis dieser Arbeit verbesserte sich die Qualität der Erzeugnisse weiter. In den einzelnen Abteilungen des Betriebes entstanden ebenfalls Qualitätsbrigaden.

Im September 1949 wurde die Arbeitsweise der Halleschen Qualitätsbrigade durch „Neues Deutschland“ bekannt gemacht. In kurzer Zeit entstanden Qualitätsbrigaden in weiteren Betrieben der Bekleidungsindustrie und in anderen volkseigenen Betrieben. In Vorbereitung auf den „Tag der Aktivisten“ gelang es, eine Bewegung der Qualitätsbrigaden zu entfalten.[144] Am 13. Oktober 1949 wurden in Sachsen-Anhalt 330 und in Thüringen 50 Qualitätsbrigaden registriert. Bis zum Beginn des Jahres 1950 gab es ca. 1000 Qualitätsbrigaden. Viele von ihnen unterschieden sich schon von ihrem Vorbild in Halle. Sie waren ständige Arbeitskollektive, die eine bestimmte Arbeitsaufgabe ausführten und sich verpflichteten, für die Qualität ihrer Erzeugnisse einzustehen.

Mit diesen Ansätzen zu einer Qualitätsbewegung in der Arbeiterschaft der volkseigenen Industrie gelang aber 1949 noch keine grundlegende Wende in der Qualität der Produktion. Noch Ende 1949 mußte der Minister für Industrie feststellen: „Niemand kann und will also diesen ohne Zweifel vorhandenen Qualitätsanstieg übersehen oder ableugnen. Niemand kann aber auch übersehen, daß noch auf vielen Gebieten unserer Fertigung der Stand der Qualität unserer Produktion unzureichend ist und daß vor allen Dingen auf einigen wichtigen Gebieten der Fertigung die Klagen über schlechte Qualität noch außerordentlich groß sind.“[145]

Die verschiedenen Ausdrucksformen eines Wandels in der Arbeitshaltung wurden zu einem Bestandteil der 1948 einsetzenden Wettbewerbsbewegung in den volkseigenen und SAG-Betrieben. Unter der politischen Führung der SED organisierten die Gewerkschaften den Wettstreit um bessere Produktionsergebnisse zwischen den Belegschaften dieser Betriebe und zwischen den Belegschaftsmitgliedern. Die ersten Wettbewerbe von ökonomischem Gewicht wurden im Oktober und November 1947 ausgetragen.[146] Im ersten Halbjahr 1948 begannen Wettbewerbe im Leben der Betriebsbelegschaften der volkseigenen Industrie und der SAG einen festen Platz einzunehmen. Die Anzahl der sich daran beteiligenden Beschäftigten nahm stetig zu. Die Wettbewerbe erfaßten die hauptsächlichsten Seiten des betrieblichen Reproduktionsprozesses. Als Beispiel für diese Feststellung soll hier ein Wettbewerb von 23 landeseigenen Betrieben im Kreis Brandenburg dienen, der im Frühjahr 1948 stattfand. In diesem Wettstreit, an dem sich 5187 Arbeiter, Angestellte und Ingenieure

[144] LV-117, S. 46f., 51 (Henneberg)
[145] LV-228, S. 48 (Selbmann)
[146] LV-239, S. 241ff. (Stasiak); LV-89, S. 279f. (Füchsel); LV-95, S. 267 (DFGB)

beteiligten, ging es darum, die ökonomische Leistungsfähigkeit der Betriebe zu erhöhen und zugleich die Arbeitsbedingungen der Belegschaften zu verbessern.[147]

Die 1948 deutlich hervortretende Grundrichtung der Produktionswettbewerbe erhielt im folgenden Jahr durch die Tatsache, daß das Wetteifern auf dem Produktionsfeld zu einer Massenerscheinung wurde, für die Ökonomie der volkseigenen Industrie und der SAG ein zunehmendes Gewicht. An der im Juni 1949 von den Gewerkschaften in der sowjetischen Besatzungszone organisierten Wettbewerbsaktion beteiligten sich in 1700 volkseigenen und SAG-Betrieben ca. 550000 Werktätige.[148] Die Wirkung der Produktionswettbewerbe konnte vor allem erhöht werden, weil die Gewerkschaften den innerbetrieblichen Wettbewerb verstärkten.

Allerdings gelang es bis zum Sommer 1949 noch nicht, die durch die Produktionswettbewerbe erzielten ökonomischen Ergebnisse gesondert auszuweisen. Erst im Juni 1949 bemühten sich die Gewerkschaften im Zusammenhang mit einer die gesamte sowjetische Besatzungszone erfassenden Wettbewerbsaktion darum, die durch den Wettbewerb auf ökonomischem Gebiet bewirkten Veränderungen festzustellen. Im Ergebnis dieser Aktion versuchten die Einzelgewerkschaften in den Ländern, eine derartige Wertung zu treffen.[149]

Die Aktivisten- und Wettbewerbsbewegung, die sich in der volkseigenen Industrie und in den SAG herausbildete, war ein Ausdruck dafür, daß die neuen Produktionsverhältnisse in der Industrie sozialistische Züge annahmen. Die diese Bewegung tragenden Arbeiter, Ingenieure und Wissenschaftler wurden dem neuen Charakter der Arbeit in dieser Industrie gerecht, dessen hauptsächlichstes Merkmal darin bestand, daß die Trennung des Produzenten von den Produktionsmitteln, die im Kapitalismus den Charakter der Arbeit bestimmte, aufgehoben war. Die unmittelbare Vereinigung dieser beiden Elemente des Produktionsprozesses war nun möglich geworden. Die Arbeitskraft verlor die Eigenschaft, Ware zu sein. Diese gesamten Veränderungen in den sozialökonomischen Grundlagen der Arbeit waren eine Voraussetzung dafür, daß die zu verrichtende Arbeit die Ungleichheit, die ihr im Kapitalismus in bezug auf Geschlecht, Alter, Rasse, Nationalität und auf die Entlohnung anhaftete, verlor. Die Zielgerichtetheit und Planmäßigkeit, die die Entwicklung der volkseigenen Industrie und der SAG mehr und mehr zu prägen begann, ließ die dort geleistete Arbeit zur unmittelbar gesellschaftlichen Arbeit werden.

Das Entstehen sozialistischer Züge in den Produktionsverhältnissen hing vornehmlich davon ab, in welchem Grad von den Beschäftigten in der landeseigenen Industrie und in den SAG dieser sich formierende neue Charakter der Arbeit erfaßt wurde. Die diesem Charakter gemäße Arbeitseinstellung formte sich in verschiedenen Sphären des Produktionsprozesses und über mehrere Stufen.

Die entscheidendste Sphäre war der unmittelbare Arbeitsprozeß. Die Tatsache, daß in den Jahren 1946 und 1947 größere Teile der Arbeiterschaft der landeseigenen Industrie dem durch viele Faktoren bedingten und begünstigten Verfall der Arbeitsmoral Widerstand entgegensetzten und für eine Qualitätsproduktion eintraten, war ein Ausdruck für diese neue Einstellung. In einer qualifizierteren Form zeigte sie sich in dem wachsenden Kreis von Arbeitern, der seine Arbeitsnorm übererfüllte und durch

147 LV-286, S. 250 (Wettbewerb)
148 LV-114, S. 63 (Hartmann, U)
149 LV-114, S. 70 (Hartmann, U)

freiwillige Normerhöhungen die Produktion steigerte. Von besonderer Bedeutung aber war, daß Arbeiter und Ingenieure bewußt dazu übergingen, einzelne sachliche Elemente des Arbeitsprozesses zu qualifizieren und die Organisation der Arbeit zu vervollkommnen. Symptome einer solchen Stufe waren schon seit 1945/46 zu beobachten. Aber erst mit dem Übergang der Aktivisten-Bewegung zur Massenbewegung bildete sich diese Stufe vollständig aus und bestimmte zunehmend das Profil der Aktivisten-Bewegung.

Eine andere Sphäre, in der die neue Einstellung zu den gesellschaftlichen Produktionsmitteln und zur Arbeit ihren Niederschlag fand, bestand im Mitwirken an der Gestaltung der Betriebswirtschaft der volkseigenen Betriebe. Das kam in Vorschlägen, wie mit dem vorhandenen Material die bestmögliche Produktion erzielt werden kann, wie verfügbare Elektroenergie zu nutzen ist, was getan werden kann, damit die Produktionskapazität der Betriebe ausgeschöpft wird, welche Erzeugnisse am zweckmäßigsten zu produzieren sind, wie die Qualität der Produkte gesichert und vervollkommnet werden kann, zum Ausdruck. Dazu gehörten aber nicht zuletzt auch die Überlegungen von Arbeitern und Ingenieuren über Möglichkeiten, die Rentabilität der volkseigenen Betriebe zu verbessern. Wenn bis zur Mitte des Jahres 1948 nur im bescheidenen Maße Arbeiter in der hier skizzierten Sphäre zur Geltung kamen, weil die Umstände dafür nicht günstig waren, so veränderte sich mit der Umwandlung der landeseigenen in die volkseigene Industrie die Situation wesentlich. Mit der Orientierung auf das Durchdringen der betriebswirtschaftlichen Verhältnisse waren Bedingungen dafür entstanden, daß sich ein wachsender Kreis von Arbeitern, Ingenieuren und Wissenschaftlern bewußt mit den betriebswirtschaftlichen Problemen beschäftigten.

Diese Sphäre war engstens mit jener verbunden, in der sich die neue Einstellung zum gesellschaftlichen Eigentum in der unmittelbaren und ständigen Mitwirkung von Arbeitern, Ingenieuren und Wissenschaftlern an der Leitung und Planung der volkseigenen Betriebe und Vereinigungen zeigte. Anfangs beschränkte sich das Mitwirken auf Arbeiterfunktionäre und demokratisch gesinnte Intellektuelle, die die Direktionen der landeseigenen Betriebe übernahmen oder ihre Tätigkeit in den verschiedenen Verwaltungen, die sich mit der Leitung der landeseigenen oder volkseigenen Industrie befaßten, aufnahmen. Schritt für Schritt sorgten die Mitarbeiter der verschiedenen Leitungsebenen der volkseigenen Industrie aber dafür, daß ein wachsender Kreis von Arbeitern, Ingenieuren und Wissenschaftlern in die Leitung und Planung einbezogen wurde. Das gelang insbesondere, nachdem die Neuorganisation der volkseigenen Industrie erfolgt war und das betriebliche Planungssystem ausgebildet wurde.

Es läßt sich beobachten, daß der fortgeschrittenste Teil der Belegschaften der volkseigenen Betriebe in allen Sphären und auf allen Stufen in Erscheinung trat. Der größte Teil der Belegschaften zeigte seine Aktivität natürlich in der ersten Sphäre und durchaus am Ende des betrachteten Zeitraums auf deren ersten beiden Entwicklungsstufen.

Bemerkenswert ist, daß in den verschiedenen Sphären, in denen die neue Einstellung zu den gesellschaftlichen Produktionsmitteln und zur Arbeit sichtbar wurde, in zunehmendem Maße die Kollektivität beim Aufgreifen und Lösen der Aufgaben eine Rolle spielte. Die kameradschaftliche Unterstützung und gegenseitige Hilfe unter den Arbeitern sowie zwischen ihnen und der wissenschaftlich-technischen Intelligenz war zu einem Wesenszug der neuen Haltung zum Volkseigentum und zur Arbeit in den volkseigenen und SAG-Betrieben geworden.

Das Zusammenwirken der ökonomischen Ergebnisse, die durch die Gestaltung des geschlossenen Reproduktionsprozesses und durch die einsetzende Masseninitiative auf dem Produktionsfeld erzielt wurden, führte zu einer Wende in der Entwicklung der volkseigenen Industrie. Die Produktivität der gesellschaftlichen Arbeit erhöhte sich seit Herbst 1947 allmählich. Angaben aus der sächsischen Industrie vermittelt Tabelle 31.

Tabelle 31
Durchschnittlicher Produktionswert je Arbeiter in ausgewählten Industriezweigen Sachsens (in RM)

Industriezweig	Produktionswert 1. 10. 47	1. 1. 48	1. 3. 48	1. 5. 48
Kohlebergbau	323	365	348	379
Erzbergbau	28	54	56	67
Metallurgie	494	665	621	697
Maschinenbau	499	610	491	545
Elektroindustrie	553	751	634	679
Feinmechanik/Optik	596	1030	457	561
Chemie	1111	1541	1439	1316
Zellstoff u. Papier	715	858	788	692
Treibstoff	2928	4572	3381	4535
Energie u. Gas	1298	1569	1600	1530

Quelle: LV-239, S. 267f. (Stasiak)

In den folgenden Monaten stieg die Arbeitsproduktivität in der Industrie rasch an. Das wird aus den Daten über die Pro-Kopf-Leistung je Produktionsarbeiter in der volkseigenen Industrie für die Jahre 1948 und 1949 deutlich (vgl. Tabelle 32).

Tabelle 32
Steigerung der Pro-Kopf-Leistung je Produktionsarbeiter in der volkseigenen Industrie 1949 im Vergleich zu 1948 (in DM)

Plangruppe	Pro-Kopf-Leistung 1948	1949	Steigerung in Prozent
Bergbau	7065	7770	109,8
Metallurgie	5745	7655	133,8
Maschinenbau	5055	6645	131,2
Elektrotechnik	5445	8020	147,2
Feinmechanik	4760	5590	117,1
Chemie	13860	18050	130,2
Baumaterial	4880	5880	120,2
Holz	4850	6485	133,7
Textil	6480	9200	142,0
Leichtindustrie	8620	10980	127,0
Zellstoff/Papier	5000	7135	142,7
Energie	7910	8610	108,8
volkseigene Industrie gesamt	6376	8167	128,0

Quelle: LV-112, S. 30 (Hartmann)

Die in der Entwicklung der Arbeitsproduktivität der einzelnen Zweige erkennbare Differenziertheit zeigt Tabelle 33.

Tabelle 33
Die Entwicklung der Arbeitsproduktivität in ausgewählten Zweigen der volkseigenen Industrie 1945 bis 1949

Ausgewählter Industriezweig	1936	1945	1946	1947	1948	1949
Braunkohlebergbau[1]	100[5]	85,6	83,6	63,0	76,2	–
Kalibergbau	100[7]	22,0	48,8	46,5	56,1	64,5
Polygrafischer Maschinenbau	100	7,4	33,7	47,5	71,3	79,6
Lokomotiv- u. Waggonbau[3]	100	42,6	29,9	34,0	39,0	45,5
Kabelindustrie[4]	100[6]	–	80,2	96,9	97,8	126,6

1 10 volkseigene Gruben des Braunkohlereviers Meuselwitz
2 17 volkseigene Betriebe des polygrafischen Maschinenbaus
3 13 volkseigene Betriebe des Lokomotiv- und Waggonbaus
4 Kabelwerk Oberspree
5 1939 6 1940 7 1938

Quelle: LV-213, S. 41, 53, 60, 77, 81 (Roesler, Siedt, Elle)

1949 war es in der Industrie der sowjetischen Besatzungszone gelungen, 85 Prozent des für 1936 ermittelten Standes der Arbeitsproduktivität zu erreichen.[150] Die positive Tendenz in der Produktivität der gesellschaftlichen Arbeit korrespondierte mit einer positiven Entwicklung der Selbstkosten und des Gewinns. Fritz Selbmann traf im November 1949 dazu die folgende Einschätzung: „Eine interessante Zusammenfassung über die Entwicklung des Verhältnisses der Selbstkosten zu den erzielten Bruttogewinnen zeigt eine Statistik, die hierüber für die gesamte zonal verwaltete Industrie erstellt wurde:

In der Kohlenindustrie, die ja bekanntlich bis jetzt Subventionen erhielt, um den entstehenden Verlust auszugleichen und den geplanten Gewinn zu erzielen, betrug der tatsächliche Verlust im Jahr 1948 14,8 Prozent der Selbstkosten. Für das Jahr 1949 war geplant, diesen Verlust auf 12,9 Prozent zu senken, aber bereits im 1. Halbjahr 1949 war es möglich, den Verlust auf 10,2 Prozent der Selbstkosten herabzudrücken. In der Energiewirtschaft wurde 1948 ein Bruttogewinn erzielt, der 8,4 Prozent der Selbstkosten ausmachte. Im 1. Halbjahr 1949 war es möglich, den Bruttogewinn auf 15,1 Prozent der Selbstkosten zu erhöhen. Noch günstiger war die Entwicklung in der Chemie. Während im Jahr 1948 ein Bruttogewinn von 3,2 Prozent der Selbstkosten erzielt wurde und für das Jahr 1949 eine Erhöhung des Gewinns auf 8 Prozent geplant war, wurde bereits im 1. Halbjahr 1949 ein Bruttogewinn erzielt, der 10,2 Prozent der Selbstkosten ausmachte.

Im Maschinenbau betrug der Bruttogewinn im Jahre 1948 0,9 Prozent der Selbstkosten, geplant war für das Jahr 1949 eine Erhöhung des Bruttogewinns auf 1,7 Prozent der Selbstkosten und erzielt wurden im 1. Halbjahr 1949 2,4 Prozent.

150 LV-254, S. 719 (Ulbricht)

In der Elektroindustrie konnte der tatsächlich erzielte Bruttogewinn in Höhe von 6 Prozent der Selbstkosten im Jahre 1948 auf 7,4 Prozent der Selbstkosten im 1. Halbjahr 1949 erhöht werden."[151]

Der Verlauf des sich seit Sommer 1948 ausbildenden geschlossenen Reproduktionsprozesses der volkseigenen Industrie beeinflußte, wie die Untersuchungen zeigen[152], zunehmend die Entwicklungsrichtung der gesellschaftlichen Produktivkräfte.

2. Die Anfänge struktureller Veränderungen der industriellen Produktivkräfte

a) Wissenschaftlich-technische Arbeit

Die Herausbildung von Produktionsverhältnissen neuen Typs in der Industrie der sowjetischen Besatzungszone war engstens mit dem Reaktivieren gegebener gesellschaftlicher Produktivkräfte und mit dem beginnenden Wandel ihrer Struktur verflochten. Die sozialökonomischen Veränderungen in der Industrie gründeten sich auf die allmähliche Einbeziehung der aus dem Kapitalismus überkommenen materiell-technischen Produktionsbedingungen und des industriellen Arbeitsvermögens in den Produktionsprozeß der staatlichen Industrie. Die entstehenden neuen Produktionsverhältnisse bestimmen ihrerseits zunehmend das Tempo, die Richtung und den Umfang der Entwicklung der industriellen Produktivkräfte, die sich zwischen 1946 und 1949/50 in zwei Abschnitten vollzog.

Das Hauptmerkmal des ersten Abschnitts, der den Zeitraum von 1946 bis 1948 umfaßte, bestand im Wiederinbetriebnehmen der in den landeseigenen und SAG-Betrieben vorhandenen Produktionsanlagen und -instrumente sowie in der zunehmenden Nutzung der Arbeitserfahrungen und -fertigkeiten der Industriearbeiterschaft und der wissenschaftlich-technischen Intelligenz. Dieser Vorgang wurde von einer partiellen Rekonstruktion zerstörter oder demontierter Produktionsabschnitte, durch die oftmals erst die gegebenen Produktionsbedingungen reaktiviert werden konnten, begleitet. Das Aktivieren von Produktionsmitteln, die während des faschistischen Aggressionskrieges ausgelagert worden waren, bildete gleichfalls ein Merkmal in der Produktivkräfteentwicklung dieser Jahre.[1]

Wenngleich diese Merkmale für die staatliche Industrie insgesamt zutrafen, so kam es in den SAG bereits in dem hier behandelten Abschnitt zu qualitativen Entwicklungen der gesellschaftlichen Produktivkräfte. Sie zeigten sich einmal darin, daß schon 1946 und 1947 größere Produktionsstätten, die weitestgehend zerstört oder demontiert worden waren, umfassend rekonstruiert wurden. Beispiele dafür sind das Hydrierwerk Tröglitz[2], das Chemiewerk Leuna[3], das Meßgeräte- und Armaturenwerk Schäffer und Budenberg Magdeburg[4] und Polysius Dessau.

151 LV-228, S. 40 (Selbmann)
152 LV-213, S. 235ff., 256ff. (Roesler/Siedt/Elle)
1 LV-213, S. 23ff. (Roesler/Siedt/Elle)
2 LV-265, S. 83 (Zeitz)
3 LV-99, S. 32, 46f. (Leuna)
4 LV-33, S. 109ff. (Binger)

Zum zweiten setzte in den SAG unmittelbar mit ihrer Bildung eine intensive wissenschaftlich-technische Arbeit ein. Unter Leitung sowjetischer Wissenschaftler und Ingenieure entstanden für die und innerhalb der SAG verschiedene Zentren der wissenschaftlich-technischen Arbeit, in denen deutsche und sowjetische Mitarbeiter an der Entwicklung und Konstruktion von Erzeugnissen, an der Gestaltung technologischer Verfahren usw. zusammenwirkten.[5] Das Ministerium für Kohlenindustrie der UdSSR richtete in Berlin-Weißensee ein Projektierungsbüro ein.[6] Die SAG konzentrierten Forschungs- und Entwicklungskapazitäten ihrer Betriebe. So wurden die Forschungs- und Entwicklungsstellen, die bei den drei Verzahnungsmaschinen herstellenden Maschinenbaubetrieben vorhanden waren, in Abteilungen eines Spezial-Konstruktions- und technischen Büros umgewandelt.[7] In der chemischen Großindustrie widmeten die Generaldirektoren den vorhandenen Forschungs- und Entwicklungsstellen ihre besondere Aufmerksamkeit. Sie richteten auch neue derartige Stellen ein. Als Beispiel dafür kann das Hydrierwerk Zeitz gelten, in dem aufgrund der in der ehemaligen Braunkohlenbenzin AG herrschenden Arbeitsteilung eine solche Stelle nicht bestand.[8]

Die Arbeitsergebnisse, die in den unter sowjetischer Leitung stehenden wissenschaftlich-technischen Einrichtungen erzielt wurden, waren für die industrielle Entwicklung in der sowjetischen Besatzungszone insgesamt bedeutsam. Ein Teil dieser Ergebnisse wurde zur Quelle für den wissenschaftlich-technischen Fortschritt auf ausgewählten Gebieten der industriellen Produktion. Ein anderer Teil der in den Forschungs- und Entwicklungsstellen erreichten Ergebnisse stellte ein Reproduzieren des wissenschaftlich-technischen Standes dar, der sich durchaus mit dem internationalen Niveau messen konnte. Das traf insbesondere auf den Maschinenbau und auf die chemische Industrie zu. Das Reproduzieren des technischen Niveaus der Erzeugnisse wurde zu einer Voraussetzung für das künftige Mitgestalten des wissenschaftlich-technischen Fortschritts auf ausgewählten Gebieten.

Von Gewicht waren aber in dem Untersuchungszeitraum Entwicklungen, durch die bestimmte Produktionsbedingungen substituiert werden konnten. Das betraf in erster Linie die Roh- und Hilfsstoffe, die wegen der Spaltung Deutschlands nicht mehr verfügbar waren und durch einheimische Erzeugnisse ersetzt werden mußten.[9] Die Entwicklung solcher Erzeugnisse und der entsprechenden Technologie für ihren Einsatz stellten manchmal einen Beitrag zum wissenschaftlich-technischen Fortschritt dar. In verschiedenen SAG-Betrieben wurden wissenschaftlich-technische Entwicklungen weitergeführt und zur Produktionsreife gebracht, die bereits vor 1945 in Angriff genommen worden waren. Dafür steht der Betrieb Hescho im thüringischen Hermsdorf, in dem am 1. Mai 1946, noch vor Übergabe des Betriebes in staatliches sowjetisches Eigentum, die Forschungen auf dem Gebiet der Ferrite aufgenommen wurden. In der Hescho war in den dreißiger Jahren über die Entwicklung von Hochfrequenzeisen auf keramischer Grundlage diskutiert worden, und daraus resultierend wurde an Ferriten Untersuchungen angestellt. Unter Leitung sowjetischer Wissenschaftler

5 LV-227, S. 118 (Schwensfeger)
6 LV-205, S. 33f. (Rammler); LV-187, S. 314ff. (Osernoj)
7 LV-124, S. 162 (Industrie)
8 LV-265, S. 92 (Zeitz)
9 LV-265, S. 92 (Zeitz)

konnte in Hermsdorf nach kurzer Zeit ein brauchbarer Hochfrequenzeisenkern hergestellt werden. Auf dieses Arbeitsergebnis gründeten sich die weichmagnetischen Ferritwerkstoffe Manifer 1 bis 5. Noch im Herbst 1946 begann der Aufbau einer Hochfrequenzeisenkernfabrik, die im Verlaufe des dritten Quartals 1947 die ersten Kerne lieferte. Die Hermsdorfer Wissenschaftler und Ingenieure setzten die Ferritforschung fort. Das war die Voraussetzung für Erzeugnisse der Meßtechnik, des Fernsehens usw. in der DDR.[10]

Die in den unter sowjetischer Leitung stehenden Forschungs- und Entwicklungsstellen erzielten Ergebnisse kamen auf die eine oder andere Weise auch in der volkseigenen Industrie zur Anwendung.

In der volkseigenen Industrie wurden im Verlaufe des zweiten Halbjahres 1948 die ersten strukturellen Veränderungen in den gesellschaftlichen Produktivkräften der Arbeit vorbereitet. Damit war zugleich der Übergang zum zweiten Entwicklungsabschnitt in der Entwicklung der Produktivkräfte verbunden. Bedingt durch den relativ hohen Grad der Vergesellschaftung der Produktion und der Arbeit, der in dieser Industrie gegeben war, verlangten die in Aussicht genommenen Veränderungen eine entsprechende wissenschaftlich-technische Vorleistung. Darum galt die Aufmerksamkeit der DWK seit Herbst 1948 zunehmend der Organisation, Leitung und Planung der wissenschaftlich-technischen Arbeit für die und in der volkseigenen Industrie. Sie entsprach damit auch einer Orientierung des Parteivorstandes der SED vom Sommer 1948. Walter Ulbricht hatte in seinem Referat auf der Tagung des SED-Parteivorstandes am 30. Juni 1948 ausgeführt: „Bei der Durchführung des Planes (des Zweijahrplanes d. V.) haben die Ingenieure, Techniker, Werkmeister und Wissenschaftler die allergrößten und interessantesten Möglichkeiten, ihre Kenntnisse in den Dienst des Volkes zu stellen.

Die Forschungsarbeit zur Auffindung neuer Kohlenvorkommen, die Schaffung billiger Austauschstoffe, die Forschungs- und Konstruktionsarbeit zur Modernisierung der Industrieausrüstung, die Forschungsarbeit für die Erschließung billiger Baumaterialien aus örtlichen Rohstoffen usw. sowie die Forschungsarbeit auf dem Gebiet der Fettsäuren zur Beschaffung von Seife und Waschmitteln für die Bevölkerung sind von größter Bedeutung."[11]

Die DWK verschaffte sich zunächst bis Ende 1949/Anfang 1950 einen Überblick über die in der sowjetischen Besatzungszone bereits bestehenden Forschungs- und Entwicklungsstellen und übernahm die unmittelbare Anleitung der wichtigsten von ihnen. Die aus dem ersten Halbjahr 1950 überlieferten Angaben lassen in einem bestimmten Maße das verfügbare wissenschaftlich-technische Potential und dessen fachliche und personelle Grundstruktur erkennen.

In diesen, von der DWK unmittelbar betreuten Forschungs- und Entwicklungsstellen, waren 6089 Personen beschäftigt, deren Tätigkeits- und Qualifikationsstruktur aus der Tabelle 35 ersichtlich ist.

Von den 453 Forschungs- und Entwicklungsstellen waren 71 Prozent in der volkseigenen Industrie angesiedelt oder arbeiteten unmittelbar für volkseigene Betriebe. 8,3 Prozent dieser Forschungs- und Entwicklungsstellen befaßten sich mit der Grundlagenforschung, die schrittweise auf die Erfordernisse der volkseigenen Industrie

[10] LV-179, S. 74ff. (Neumann); LV-180, S. 2ff. (Nitsche)
[11] LV-254, S. 242 (Ulbricht)

Tabelle 34
Forschungs- und Entwicklungsstellen mit von der Hauptabteilung Wissenschaft und Technik übertragenen Aufgaben im ersten Halbjahr 1950

Fachgebiet	Anzahl der F.- u. E.-Stellen
Feinmechanik/Optik	31
Fernmelde-Röhren-Lichttechnik	24
Physikalische Grundlagenforschung	26
Elektromaschinenbau u. Elektroenergie	23
Maschinenbau	89
Bauwesen und Verkehr	15
Angewandte Chemie	43
Silikat-Chemie	25
Leichtindustrie	42
Metallurgie	17
Bergbau und Kohle	22
Grundlagenforschung Chemie	12
Nahrungsmittelchemie	5
Land und Forst	60
Grundlagenforschung Biologie	16
Ökonomie	3
Gesamt	453

Quelle: AV-92 (AMWT, Leitung Nr. 3)

Tabelle 35
Struktur der Beschäftigten in den von der Hauptabteilung Wissenschaft und Technik betriebenen Forschungs- und Entwicklungsstellen. Stand: erstes Halbjahr 1950

Tätigkeit/Qualifikation	Anteil in Prozent
Wissenschaftler, qualifizierte Entwicklungsingenieure	18,8
Konstrukteure, Ingenieure, Techniker	31,6
Mechaniker, Laboranten	19,9
Hilfskräfte	29,7
Beschäftigte, insgesamt	100

Quelle: AV-92 (AMWT, Leitung Nr. 3)

ausgerichtet wurde. Die Arbeitsaufgaben für die Forschungs- und Entwicklungsstellen wurden von der DWK gestellt oder nach einer Prüfung bestätigt. Die DWK finanzierte diese Aufgaben vollständig oder teilweise.[12]

12 AV-91(AMWT, Best. L Nr. 3)

Um die Organisation und Leitung der wissenschaftlich-technischen Arbeit in der sowjetischen Besatzungszone nach einheitlichen Gesichtspunkten vollziehen zu können, war vom Sekretariat der DWK ein entsprechender Apparat geschaffen worden. Im Juli 1948 entstand das „Büro für Forschung"[13], das die wissenschaftliche Forschung in der sowjetischen Besatzungszone zu koordinieren, zu lenken und zu fördern hatte. Im Oktober 1948 nahm das Büro seine Tätigkeit auf. Nach verschiedenen strukturellen Wandlungen, die aus der Suche nach der richtigen Arbeitsorganisation und -methode für die zu lösende Aufgabe resultierten, begann im Januar 1949 die Hauptabteilung Wissenschaft und Technik bei der DWK mit der praktischen Arbeit.

Die Mitarbeiter der Hauptabteilung hatten im Winter 1948 den Beschluß einer Kulturverordnung der DWK, dessen erste Fassung am 4. Januar 1949 vorlag, mit vorbereitet. Dieser Beschlußentwurf bildete die Grundlage für die am 30. März 1949 erlassene „Verordnung über die Erhaltung und Entwicklung der deutschen Wissenschaft und Kultur, die weitere Verbesserung der Lage der Intelligenz und die Steigerung ihrer Rolle in der Produktion und im öffentlichen Leben."[14] Darin wurden Struktur und Aufgaben der Hauptabteilung Wissenschaft und Technik genau umrissen. Zur gleichen Zeit stellten Mitarbeiter dieser Abteilung eine Übersicht über die wichtigsten Forschungs- und Entwicklungsarbeiten, die in der sowjetischen Besatzungszone ausgeführt wurden, zusammen. Sie bildete eine wichtige Grundlage für das Koordinieren, Lenken und Planen der wissenschaftlich-technischen Arbeiten in den kommenden Jahren. Aus den Erkenntnissen, die bei diesen Ermittlungen gewonnen wurden, und aus den Einsichten in die im Zuge des Volkswirtschaftsplanes 1949 notwendigen Themen, gestalteten die Mitarbeiter der Hauptabteilung einen Plan der Forschung für das Jahr 1949, der die Themen, die zuständigen Forschungsstellen, die Termine für den Abschluß der Arbeiten und die dafür eingesetzten finanziellen Mittel umfaßte.[15]

Die Planungsarbeiten, die Ende 1948 und Anfang 1949 von der Hauptabteilung Wissenschaft und Technik geleistet wurden, waren mit verschiedenen Unzulänglichkeiten behaftet. Noch war die Planungsmethodik nicht der der Industrieplanung angepaßt. Die volkswirtschaftlichen Schwerpunkte fanden nicht die gebührende Berücksichtigung. Der Plan umfaßte noch nicht die vorhandenen Forschungs- und Entwicklungskapazitäten in ihrer Gesamtheit. Ungenügende Aufmerksamkeit wurde dem zweckmäßigen Einsatz des Forschungs- und Entwicklungspersonals und dem wissenschaftlichen Nachwuchs gewidmet. Die Aufstellung des Forschungsplanes erfolgte „ohne, daß immer eine geeignete Vorbereitung der Einzelthemen durchgeführt wurde. Die volkswirtschaftliche Bedeutung einzelner Themen wurde nicht eindeutig festgestellt."[16] Dazu fehlte wegen der Belastung der Mitarbeiter mit operativer Arbeit auch die Zeit. Die Mitarbeiter der Hauptabteilung zogen aus diesen von ihnen erkannten Unzulänglichkeiten Schlußfolgerungen für die zukünftige Arbeit.

Vom Beginn ihres Wirkens an suchten die Mitarbeiter der Hauptabteilung den unmittelbaren Kontakt zu den Fachleuten, um die Planungsarbeiten mit Sachkunde zu betreiben. In einem Bericht vom 5. Mai 1950 heißt es dazu: „Die Heranziehung

13 AV-91 (AMWT, Best. L Nr. 47)
14 LV-51, S. 72 (Kulturplan)
15 AV-92 (AMWT, Best. L Nr. 3)
16 AV-107 (AMWT, Best. TWK Nr. 2)

hervorragender Gelehrter geschah durch die Tätigkeit der sogenannten Beauftragten bzw. durch die Heranziehung von Wissenschaftlern im Bedarfsfall."[17]

Ende 1949 bereitete die Hauptabteilung für die einzelnen Fachgebiete die Gründung wissenschaftlich-technischer Beiräte vor, in denen die Experten ähnlich wie in den schon bestehenden Arbeitsgemeinschaften der Kohleindustrie zusammenarbeiten sollten.

Im Sommer 1949 wandten sich Mitarbeiter der Hauptabteilung, bereichert durch die Erfahrungen der vergangenen Monate, der Forschungsplanung für das Jahr 1950 zu, bei der es nicht nur galt, einen größeren Kreis von Forschungs- und Entwicklungsstellen zu erfassen, sondern vor allem, von der bisher geübten Praxis des Zusammenstellens der Themen zu einer tatsächlichen Ausrichtung der wissenschaftlich-technischen Arbeit auf die Schwerpunkte des Volkswirtschaftsplanes 1950 überzugehen. Die Investitionsmittel für Wissenschaft und Technik waren inzwischen auf 90 Millionen Mark angestiegen. Sie lagen um 474 Prozent über der verfügbaren Summe des Vorjahres.[18] Es ist freilich anzumerken, daß es 1949 noch nicht gelang, eine Abstimmung mit den Forschungs- und Entwicklungsarbeiten, die in den SAG geleistet wurden, zu erreichen. Es lagen nur über einige der Aktiengesellschaften ausreichende Informationen vor.[19]

Die mit der Leitung und Planung von Forschung und Entwicklung in der DWK Beauftragten mußten sich im Verlaufe des Jahres 1949 einer Reihe von Problemen stellen, von deren Lösung die wirkungsvolle Nutzung des wissenschaftlich-technischen Potentials für die volkseigene Industrie abhing. Vorrang hatte zweifellos die Auseinandersetzung mit dem in den verschiedenen Dienststellen der DWK und in den Vereinigungen Volkseigener Betriebe herrschenden Unverständnis gegenüber der wissenschaftlich-technischen Arbeit. In einem Bericht stellten Mitarbeiter der Hauptabteilung im Februar 1950 rückblickend fest: „Das Verständnis und die Unterstützung, die die neue Verwaltung bei der DWK fand, wurde in keiner Weise ihren Aufgaben und ihrer volkswirtschaftlichen Bedeutung gerecht."[20] Besonders hemmend wirkte sich diese Einstellung in den VVB und ihren Betrieben selbst aus. Eine Analyse der Hauptabteilung vom Mai 1950 führte dazu aus: „Die Vereinigung Volkseigener Betriebe hatte die Bedeutung der Forschung und Entwicklung noch nicht voll erkannt und daher noch nicht genügend Stellen für deren Planung und Lenkung geschaffen."[21] Als Folge davon waren die Vereinigungen „auf dem Gebiet der Forschung und Entwicklung unzureichend organisiert und personell zu schwach besetzt."[22]

Die Vorplanung, Lenkung und Koordinierung der wissenschaftlich-technischen Arbeit stand in den Vereinigungen noch in den Anfängen. In der volkseigenen Industrie mußte dem Rang, der nun der Wissenschaft und Technik zukam, die gebührende Aufmerksamkeit geschenkt werden. In verschiedenen Vereinigungen blieb die Forschung und Entwicklung den tagtäglichen Produktionsaufgaben untergeordnet. In einem im Juni 1950 angefertigten Situationsbericht ist zu lesen: „Dieser Zustand (die

17 AV-98 (AMWT, Best. L Nr. 47)
18 AV-98 (AMWT, Best. L Nr. 47); AV-103 (AMWT, Best. L Nr. 146)
19 AV-93 (AMWT, Best. L Nr. 4)
20 AV-93 (AMWT, Best. L Nr. 3)
21 AV-98 (AMWT, Best. L Nr. 47)
22 AV-94 (AMWT, Best. L Nr. 29)

Unterordnung von Forschung und Entwicklung unter die Produktion, d. V.) führt zu einer unzureichenden Beschäftigung mit den Problemen der Forschung und Entwicklung und hat einen Mangel an neuen Ideen zur Folge. Unzureichende Leitung der Forschung und Entwicklung ist besonders vorhanden bei den Vereinigungen Volkseigener Betriebe VEM, Pharma, Plaste, Kohlenwerkstoffe, Vesta. Die Planung und Leitung der Forschung und Entwicklung ist wegen mangelhafter Besetzung der Abteilung unzureichend, u. a. bei den Vereinigungen WMW, RFT, Pharma."[23]

Die ungenügende Einstellung der Wirtschaftseinheiten der volkseigenen Industrie auf die Erfordernisse, die sich mit dem Übergang zur langfristigen Planung für die wissenschaftlich-technische Arbeit ergaben, hatte verschiedene Ursachen. Das Anspannen aller Kräfte in den Vereinigungen und ihren Betrieben, um die Produktion in Gang zu halten und dem Volkswirtschaftsplan entsprechend zu erweitern, beanspruchten die Leitungskräfte außerordentlich. Das verstellte ihnen häufig den Blick für die Weiter- und Neuentwicklung von Erzeugnissen und Verfahren. Damit einher ging oftmals die Übertragung von Arbeitsaufgaben an Ingenieure und Wissenschaftler, die sich mit deren beruflicher Qualifikation keineswegs deckten. Ferner fehlten in den Betrieben die für die Forschung und Entwicklung notwendigen technischen Bedingungen. In jener Zeit machte sich aber auch in den volkseigenen Betrieben noch immer eine distanzierte Haltung gegenüber der wissenschaftlich-technischen Intelligenz bemerkbar, von der auch Leitungskräfte in den Direktionen und gesellschaftlichen Organisationen nicht frei waren. Verschiedentlich fehlte es in den Vereinigungen an Wissenschaftlern und Ingenieuren, die geeignet waren, die wissenschaftlich-technische Arbeit zu organisieren. Unter Angehörigen der wissenschaftlich-technischen Intelligenz war die Einsicht in die Planbarkeit einer derartigen Arbeit nur schwach ausgebildet. Zumeist herrschte die Auffassung vor, daß die Entwicklung von Wissenschaft und Technik ein spontaner Prozeß sei.[24] Im Juni 1950 reflektierte ein Bericht der Hauptabteilung Wissenschaft und Technik diesen Sachverhalt: „Hinzu kommt (zu den Schwierigkeiten der Planung auf wissenschaftlich-technischem Gebiet, d. V.), daß bei den meisten Wissenschaftlern und Entwicklungsingenieuren die Bereitwilligkeit zur Einfügung in die Planung der Forschung und Entwicklung in geringerem Umfang vorhanden ist als bei den Leitern der Produktion."[25] Hemmend machte sich aber auch bemerkbar, daß es den Wissenschaftlern und Ingenieuren an Gelegenheiten mangelte, sich über den internationalen Stand und Trend in Wissenschaft und Technik zu informieren.[26]

Bei der Beurteilung der Anfänge einer einheitlichen Leitung und Planung der wissenschaftlich-technischen Arbeit in der und für die volkseigene Industrie ist zu beachten, daß der Konstituierungsprozeß der VVB in jener Zeit noch in vollem Gange war. In den Vereinigungen der metallverarbeitenden Industrie, in die eine Vielzahl von Betrieben Aufnahme gefunden hatte, herrschte eine große Zersplitterung der Forschungs- und Entwicklungskapazitäten. Eine solche Zersplitterung konnte erst nach Ausbildung eines klaren Produktionsprofils der Vereinigungen und ihrer Betriebe mit Erfolg überwunden werden. Als ein Beispiel für den erwähnten Zustand kann die

23 AV-93 (AMWT, Best. L Nr. 4)
24 AV-92 (AMWT, Best. L Nr. 3); AV-93 (AMWT, Best. L Nr. 4)
25 AV-92 (AMWT, Best. L Nr. 3)
26 AV-93 (AMWT, Best. L Nr. 4)

VVB RFT genannt werden. In ihrem Bereich gab es 17 Forschungs- und Entwicklungsstellen. In der Konstituierungsphase der Vereinigung gelang es nicht, die Arbeit der Forschungs- und Entwicklungsstellen zu koordinieren und auf Schwerpunkte zu konzentrieren. Die Arbeitsthemen konnten schon innerhalb der Vereinigung nicht aufeinander abgestimmt werden.[27] Diese Situation, in der sich die Forschung und Entwicklung in der VVB RFT befand, war wohl für die volkseigene Industrie insgesamt charakteristisch, aber nicht für jeden Zweig und jeden Betrieb zutreffend.[28]

Es gab durchaus eine Reihe von Ausnahmen, die für die Richtung, in der sich die Leitung, Planung und Organisation der wissenschaftlich-technischen Arbeit zu entwickeln begannen, standen. Sie betrafen zumeist Industriezweige, in denen traditionell eine intensive Forschungs- und Entwicklungsarbeit betrieben wurde. Es soll nur auf den VEB Carl Zeiss Jena verwiesen werden.[29] Aber auch in anderen Zweigen schenkten Wirtschaftsfunktionäre frühzeitig der wissenschaftlichen Arbeit ihre Aufmerksamkeit. Bereits 1947 war im VEB Pressenwerk ein eigenes Konstruktionsbüro entstanden.[30] Die VVB EKM organisierte 1949 ein Gruppenkonstruktionsbüro für Pumpen.[31]

In der volkseigenen Kohlenindustrie und in der Energiewirtschaft gab es bereits seit einiger Zeit eine systematische und koordinierte Forschungs- und Entwicklungstätigkeit, was auf verschiedene Gründe zurückzuführen ist. Einer bestand in dem vom Charakter des Reproduktionsprozesses in diesen Zweigen ausgehenden Zwang zu einer langfristigen Disposition der Entwicklung und von dem Anspruch, der von ihm an Wissenschaft und Technik ausging. Des weiteren hatten sowjetische Dienststellen schon im Jahre 1945 das wissenschaftlich-technische Potential in Zentren zusammengefaßt. An der Wende von 1948 zu 1949 wurden die Mitarbeiter dieser Zentren von der Beteiligung an Reparationsarbeiten entpflichtet. Die Hauptverwaltung Kohle übernahm diese Zentren und beauftragte sie mit Arbeiten für die volkseigene Industrie.

Von Bedeutung war aber auch das ausgeprägte Verständnis, das in den Leitungen der Brennstoffindustrie und der Energiewirtschaft für die Erfordernisse der wissenschaftlich-technischen Arbeit bestand. Gustav Sobottka, Leiter der Hauptverwaltung Kohle, hatte Mitarbeiter herangezogen, die die Anforderungen, die die Braunkohlenindustrie an die wissenschaftlich-technische Arbeit stellte, ausgezeichnet kannten und die um den Stand dieser Arbeit in der sowjetischen Besatzungszone wußten. Sie organisierten unter unmittelbarer Anleitung von Gustav Sobottka im Interesse der volkseigenen Braunkohlenindustrie die Forschungen.

Um einen großen Kreis von Braunkohlenfachleuten in die Bestimmung der Forschungs- und Entwicklungsrichtungen einzubeziehen, veranstaltete die Hauptverwaltung am 11. und 12. Mai 1949 eine Tagung des Kohlenbergbaus und der Brennstoffindustrie.[32] In Vorbereitung auf diese Veranstaltung hatte die Hauptverwaltung Arbeitsgemeinschaften gebildet, in denen sich die Fachleute auf den Gebieten der Tage- und Tiefbautechnik, der Brikettierung, der Verschwelung, der Vergasung und

[27] AV-93 (AMWT, Best. L Nr. 4)
[28] AV-93 (AMWT, Best. L Nr. 4)
[29] LV-265, S. 680ff. (Zeitz)
[30] LV-124, S. 184 (Industrie)
[31] LV-124, S. 207 (Industrie)
[32] LV-28, S. 179 (Bergbau)

der Teerverarbeitung zusammengefunden hatten, um den Stand und die Aufgaben ihrer Arbeitsgebiete zu diskutieren. Daneben gab es noch Arbeitsgemeinschaften für wissenschaftliche Betriebsuntersuchungen, für Selbstkostenfragen sowie für Normung. Die Tagung selbst, auf der Gustav Sobottka in einem Referat Grundsätzliches vermittelte, erörterte die zu verfolgenden Forschungsrichtungen. Dazu trugen die Vertreter der Hauptverwaltung ebenso wie 6 Wissenschaftler bei, die sich über den gegebenen Stand der wissenschaftlichen Erkenntnisse und der technischen Entwicklung auf ihren Fachgebieten äußerten. Die im Zusammenhang mit dieser Tagung gewonnenen Einsichten in die zu verfolgenden Richtungen der wissenschaftlich-technischen Arbeit fanden in Themen des Forschungsplanes 1949 ihren Niederschlag. Die vor der Konferenz gebildeten Arbeitsgemeinschaften setzten ihre Arbeit fort. So tagte schon am 23. Mai 1949 die Arbeitsgemeinschaft Brikettierung, um Wege zur Erfüllung des Zweijahrplanes durch die Brikettfabriken zu beraten.

Die Tagung, an der 500 Wissenschaftler, Ingenieure, Betriebsleiter und Praktiker teilnahmen, läßt erkennen, daß die Leitung der Hauptverwaltung Kohle die wissenschaftlich-technische Arbeit auf die qualitative und quantitative Ausnutzung der vorhandenen Produktionsanlagen und auf nach neuesten Gesichtspunkten gestaltete Produktionsmittel und Technologien orientierte. Die Hauptverwaltung Kohle gab dem Projektierungs- und Konstruktionsbüro für Kohle den Rang eines Zentrums zur Planung und Leitung der wissenschaftlich-technischen Arbeit für alle VVB der Kohlenindustrie. Das gestattete der Hauptverwaltung, „nach einem einheitlichen Programm“ zu arbeiten.[33]

Auch in verschiedenen anderen volkseigenen Betrieben sorgten sich die Betriebsleitungen um die Fortführung oder die Wiederaufnahme von Forschungs- und Entwicklungsarbeiten, durch die im Untersuchungszeitraum bemerkenswerte Resultate erzielt wurden.

Der Forschungsplan 1949 enthielt folgende Schwerpunkte:

1. Sicherung der Industrie und anderer Wirtschaftsbereiche mit Brennstoffen, Rohstoffen und Hilfsstoffen und Elektroenergie;
2. Schließen von Lücken beim Beschaffen von industriellen Ausrüstungen und Maschinen in der volkseigenen Industrie;
3. Versorgung der Landwirtschaft mit Produktionsmitteln;
4. Ausstattung des Transportwesens mit Fahrzeugen;
5. Sicherung des Bedarfs der Bevölkerung mit Pharmazeutika;
6. Wiederherstellung der Qualität von Exportgütern und Entwicklung von industriellen Erzeugnissen, die dem internationalen Stand entsprechen und ihn mitbestimmen;
7. Verbesserung der Materialökonomie;
8. Normierung und Typisierung der Produktion in der volkseigenen Industrie.[34]

Die Ergebnisse der 1949 in der und für die volkseigene Industrie fortgeführten, abgeschlossenen oder aufgenommenen Forschungs- und Entwicklungsarbeiten waren vielgestaltig und in vielerlei Hinsicht bemerkenswert. Für die Grundstoffindustrie spielte die eingehende Erforschung der in der sowjetischen Besatzungszone vorhandenen Rohstoffe und der Möglichkeiten ihrer Erschließung eine ausschlaggebende

[33] AV-93 (AMWT, Best. L Nr. 4)
[34] LV-54, S. 194f. (Zweijahrplan); LV-254, S. 399f. (Ulbricht)

Rolle. Neben der Wiederaufnahme von Kartierungsarbeiten für Lagerstätten und dem Anlegen von Pässen für einzelne Lagerstätten standen physikalische Untersuchungen sowie Bohr- und Schürfarbeiten zur Aufhellung der Lagerstättenverhältnisse für Stein- und Braunkohle, Eisenerz, Kupfer- und andere Nichteisenerze und für Schwefelkies im Vordergrund. Erfolge waren beim Auffinden von Rohstoffen für die keramische und feuerfeste Industrie zu verzeichnen.[35]

Als ein besonderes Beispiel für die Ende der 40er Jahre ausgeführten Erkundungsarbeiten über die vorhandenen Rohstoffe kann die Braunkohlenindustrie angesehen werden. Zu diesem Zeitpunkt war im Detail nicht bekannt, welche Qualität die in der sowjetischen Besatzungszone lagernden Vorkommen an Braunkohle tatsächlich hatten. Die Braunkohlenkonzerne hatten die einschlägigen Erkenntnisse nicht publik gemacht. Zum Teil fehlten Übersichten über die Eignung der Braunkohle für die verschiedenen Verwendungszwecke vollständig. Um sie zu erhalten, wurde ab 1949 ein umfangreiches Forschungsprogramm aufgelegt. Die Braunkohlenfachleute nahmen 1949 breit angelegte Arbeiten zur Bewertung der Braunkohle auf.

Zukunftsträchtig waren vor allem die Untersuchungen, die Erich Rammler zur Verkokung von Braunkohle vornahm. Sie wurden mit dem Ziel geführt, einen metallurgischen Braunkohlenkoks zu entwickeln.[36] Die durch die Verfügbarkeit von eisenarmen Erzen angeregte Suche nach einem geeigneten Verhüttungsverfahren führte zu Versuchen, solche Erze im Niederschachtofen aufzuarbeiten. Im Jahre 1949 wurden die in der Literatur und an anderer Stelle vorhandenen Unterlagen zusammengestellt und der Bau eines Versuchsofens geplant.[37] Damit war der Grundstein für eine besondere technische Entwicklung auf schwarzmetallurgischem Gebiet in der DDR gelegt.

Die Baustoffindustrie jener Jahre benötigte geeignete Binder für Zement. Solch ein Binder wurde aus Hochofenschlacke, Aschen und Anhydrit unter Beachtung der Energieeinsparung entwickelt.[38] Die Feuerfestkeramik machte sich durch die Entwicklung eines synthetischen Sintermaterials auf der Basis von Dolomit und Magnesiumcloridablauge von Importen des Sintermagnesits zunächst teilweise unabhängig.[39] Im VEB Mansfeldkombinat wurde das dort bis dahin noch nicht erzeugte Rhenium hergestellt.[40] Die Arbeiten zur Fettsynthese, die zu einem Rohstoff für Seife und Waschmittel führen sollten, waren im Gange.[41]

Die Forschungs- und Entwicklungsarbeiten zur Verbesserung der Rohstofflage, die 1949 eingeleitet bzw. forciert wurden, brachten Erleichterungen für die Elektroindustrie, für die Textilindustrie und andere Zweige der Leichtindustrie sowie für die Landwirtschaft, oder sie stellten solche Erleichterungen in absehbarer Zeit zumindest in Aussicht. Es ist hier zu verweisen auf Verfahren zur Herstellung von Holzfaserplatten, auf Ergebnisse der Silikonforschung, auf Untersuchungen, die auf die Zellstoffgewinnung nach dem Direkt-Viskose-Verfahren unter Einsparung von Schwefelsäure und Ätznatron gerichtet waren, auf das Vorantreiben der Entwicklung synthetischer

35 AV-98 (AMWT, Best. L Nr. 47)
36 LV-282, S. 60 (Wächter, Mühlfriedel, Michel)
37 AV-92 (AMWT, Best. L Nr. 3)
38 AV-92 (AMWT, Best. L Nr. 3); AV-98 (AMWT, Best. L Nr. 47)
39 LV-124, S. 130 (Industrie)
40 LV-124, S. 107 (Industrie)
41 AV-92 (AMWT, Best. L Nr. 3)

Fasern – Perlon, Orlon und Terylon – teils bis zum halbtechnischen Stadium, teils bis zur Produktionsreife, auf die Weiterentwicklung des Kontinusverfahrens, das kostengünstig eine bessere Qualität der Kunstseide ermöglichte, auf Arbeiten zum Sulfat-Verfahren, um fast alle Holzsorten zur Zellstofferzeugung einsetzen zu können, auf verbesserte Verfahren zur Herstellung von Glühphosphat, auf ein besseres Verfahren zur Herstellung von Lactam.[42]

In der Elektrotechnik stand die Rekonstruktion im Vordergrund. Sie gestattete eine umfassenderes Sortiment. Die Konstrukteure des Industriezweiges warteten mit einer Hochspannungsanlage großer Leistung und einer 400 KV-Hochspannungs-Übertragungsanlage auf. Damit wurde ein wichtiger Schritt in die Richtung des internationalen Niveaus getan. Darüber hinaus galt die Aufmerksamkeit der Wissenschaftler und Ingenieure der elektrotechnischen Industrie den Edelgas-Hochdrucklampen, den Gebrauchslampen, den Gleichrichtern und dem Elektronenmikroskop.[43] Bedeutsam war in jener Zeit ferner, daß im Projektierungs- und Konstruktionsbüro Berlin-Wilhelmsruh und im Konstruktions- und Entwicklungsbüro Dresden mit der Neukonstruktion von Turbinen über 5 MW- bzw. bis 5 MW-Leistungen begonnen wurde.[44] Bis Ende 1949 war u. a. auf der Grundlage einer im Projektierungs- und Konstruktionsbüro in Angriff genommenen 12,5 MW-Turbine das Projekt eines Einheitskraftwerkes mit 50 MW installierter Leistung weitestgehend fertiggestellt. Das Konstruktionsbüro der Energiewirtschaft erhielt am 14. August 1949 den Auftrag zur „Projektierung von Kraftwerksanlagen unter besonderer Berücksichtigung der Typisierung und Normung."[45] Die Arbeiten an einer Einheitsmotorenreihe waren unter Leitung der zuständigen Hauptverwaltung der DWK in vollem Gange.[46]

Der Werkzeugmaschinenbau gehörte zu den traditionellen Industriezweigen in der sowjetischen Besatzungszone. Die in den volkseigenen Werkzeugmaschinenbaubetrieben gefertigten Maschinen standen aufgrund der bis in den zweiten Weltkrieg hinein betriebenen Konstruktionsarbeiten auf einem im allgemeinen hohen Niveau. Darum stand in dem hier betrachteten Zeitraum die Rekonstruktion dieser Maschinen im Vordergrund. Im Laufe des Zweijahrplanes wandten sich die Konstrukteure auch Neuentwicklungen zu. Einmal regte die allgemeine Anwendung der in den 30er Jahren entwickelten Hartmetalle bei den Schneidwerkzeugen die Konstruktion eines neuen Maschinentyps an. Das waren Maschinen, die durch lastschaltbare Hauptantriebe eine um das 5–10fach höhere Schnittgeschwindigkeit ermöglichten und durch die Neugestaltung der Maschinengestelleinheiten ein besseres Schwingungsverhalten aufwiesen. Zum anderen zwang der Widerspruch zwischen dem im volkseigenen Maschinenbau hergestellten Typensortiment und den Erfordernissen des Maschinenbaus insgesamt zur Neuentwicklung der noch fehlenden Typen.

Die 1949 begonnenen Neukonstruktionen im Drehmaschinenbau verfügten über Eigenschaften, die auf die Verwendung von Hartmetallwerkzeugen ausgerichtet waren. Als Neukonstruktionen dieser Art wurden die automatisierte Vielstahldrehmaschine DVA 125, die Leit- und Zugspindeldrehmaschine DLZ 500 mit hydraulischer Vorwahlschaltung und die Sternrevolverdrehmaschine DR 563 in den Jahren 1949

[42] AV-92 (AMWT, Best. L Nr. 3); AV-98 (AMWT, Best. L Nr. 47)
[43] AV-92 (AMWT, Best. L Nr. 3); AV-98 (AMWT, Best. L Nr. 47)
[44] LV-124, S. 197 (Industrie)
[45] AV-103 (AMWT, Best. L Nr. 146); LV-129, S. 161, 259 (Kirchhoff)
[46] AV-103 (AMWT, Best. L Nr. 146)

und 1950 auf der Leipziger Messe gezeigt.[47] Bei den Hobelmaschinen kam es zu Konstruktionsverbesserungen an den vorhandenen Baumustern.

Die Anforderungen, die vom Aufbau des Schwermaschinenbaues ausgingen, führten zu neuen Konstruktionen von Hobel- und Fräsmaschinen größerer Bauarten. 1949 wurde der Auftrag zur Entwicklung schwerer Hobelmaschinen ab 2000 mm Hobelbreite erteilt. Der Energiemaschinenbau der sowjetischen Besatzungszone regte den Bau einer Rotornutenfräsmaschine an. Neukonstruiert wurden eine Langgewinde-Schlagzahnfräsmaschine und eine Bettfräsmaschine für den Großmaschinenbau. Eine zur gleichen Zeit konstruierte Konsolfräsmaschine entsprach nicht den Erwartungen.[48]

Bei anderen Zweigen des volkseigenen Maschinenbaus lag gleichfalls das Schwergewicht auf den Rekonstruktionen.

Hervorzuheben sind noch Neukonstruktionen auf dem Gebiet der Papiermaschinen[49] und der polygraphischen Maschinen. 1948 überarbeitete man den Druckautomaten Ml und 1949 wurde die kleinformatige Offset-Leichtmetallmaschine entworfen.[50]

Auf dem Gebiet der Fernmeldetechnik bestand die Aufgabe ebenfalls in der Rekonstruktion der wichtigsten Bauelemente. Sie wurde insoweit gelöst, daß der Anschluß an das Weltniveau in Aussicht stand.[51] Das war umso beachtlicher, als die in der sowjetischen Besatzungszone angesiedelten Betriebe nicht zu den wissenschaftlich-technischen Zentren dieses Zweiges in Deutschland gehört hatten.

Die volkseigene feinmechanisch-optische Industrie machte im Vergleich zu anderen Zweigen keine Ausnahme. Auch hier lag der Schwerpunkt auf den Rekonstruktionen, die ein erweitertes Fertigungsprogramm ermöglichten.[52] In der zweiten Hälfte des Jahres 1949 begannen die Arbeiten an einer neuen Baureihe von Astra-Buchungsmaschinen.[53] Im VEB Carl Zeiss Jena hatten u. a. Untersuchungen auf dem Gebiet der Elektronenmikroskopie, der Kristallzucht und der Lichtquellenforschung begonnen. Es wurden zwei Spiegelteleskope von 1,20 und 2 m Durchmesser gebaut.[54]

Die pharmazeutische Industrie in der sowjetischen Besatzungszone führte ein von der DWK im Sommer 1948 erarbeitetes Sofortprogramm für dringende Arzneimittelproduktion aus, das die wenigen pharmazeutischen Unternehmen zu entsprechenden Forschungen anregte. Dieses Programm veranlaßte u. a. Mitarbeiter des Instituts für Mikrobiologie in Jena, neben der zügigen Erweiterung der 1946 aufgenommenen Penicillin-Produktion auch die Entwicklung einer Reihe anderer Arzneimittel in Angriff zu nehmen. Damit schufen sie die Voraussetzung für die Gründung des VEB Jenapharm im Jahre 1949.[55]

Der Fahrzeugbau wandte sich 1949 verschiedenen Weiter- und Neuentwicklungen zu. Dazu gehörten u. a. die Vorbereitung der Produktion des Lastkraftwagens H3A, des Lastwagens „Granit“ und des Traktors „Pionier“.[56]

[47] AV-98 (AMWT, Best. L Nr. 47); LV-124, S. 137ff. (Industrie)
[48] LV-124, S. 148, 156f. (Industrie)
[49] LV-124, S. 344 (Industrie)
[50] LV-124, S. 354ff. (Industrie)
[51] AV-98 (AMWT, Best. L Nr. 47)
[52] AV-98 (AMWT, Best. L Nr. 47)
[53] LV-123, S. 18 (Robotron)
[54] AV-92 (AMWT, Best. L Nr. 3); LV-40, S. 675 (Zeiss)
[55] LV-74, S. 26ff. (Jenapharm)
[56] LV-124, S. 262 (Industrie); LV-14, S. 88f. (Automobilbauer)

Im Schiffsbau waren es die 1948 entworfenen Seiner und Logger, die einen konstruktiven Neuanfang im Hochseeschiffsbau darstellten.[57]

Die vielfältigen Forschungs- und Entwicklungsarbeiten, die vor allem im Zusammanhang mit dem Zweijahrplan begonnen und zum Teil schon 1949 erfolgreich ausgeführt wurden, belegen, daß von der volkseigenen Industrie Impulse für die wissenschaftlich-technische Arbeit ausgingen. Die Ergebnisse, die dabei erzielt wurden, waren am wissenschaftlich-technischen Stand der Zeit gemessen natürlich sehr unterschiedlich. Die Leitung der Hauptabteilung Wissenschaft und Technik bei der DWK urteilte in einer Analyse zur Erfüllung des Forschungs- und Entwicklungsplanes 1949 unter dem 10. Juli 1950: „Die Hauptaufgabe der Forschung und Entwicklung lag im vergangenen Jahr vorwiegend darin, den früheren Stand der Technik und den Anschluß an den Weltstandard wieder zu erreichen. Das ist, wie besonders deutlich die Leipziger Messe zeigte, auf dem Gebiet der Optik, des Maschinenbaus, der Fernmeldetechnik in zahlreichen Fällen gelungen.“[58]

Die Ergebnisse des Planes für die Forschung im Jahre 1949 zeigten sich aber nicht nur in den bearbeiteten und bereits abgeschlossenen Themen, sondern auch in der Übersicht, die über die vorhandenen Lücken auf wissenschaftlich-technischen Gebieten gewonnen werden konnte. Im November 1949 wurde in einem in der Hauptabteilung Wissenschaft und Technik angefertigten Dokument festgehalten: „Bei der Bearbeitung der eingereichten Forschungs- und Entwicklungsaufträge haben sich auf dem Gebiet der Forschung und Entwicklung große Lücken gezeigt, die nicht nur für unseren Fortschritt im Inneren, sondern auch in bezug auf den Anschluß an die Entwicklung des Auslands große Gefahren in sich bergen.“[59] Im Verlaufe des Jahres 1949 wurde in den Forschungs- und Entwicklungsstellen, die in der und für die volkseigene Industrie tätig waren, mit Nachdruck an den Themen, die diese Schwerpunkte repräsentierten, gearbeitet. Dazu erhielten sie aus den finanziellen Fonds des Staatshaushaltes Zuwendungen in Höhe von 17 Millionen Mark, von denen aber lediglich 12,9 Millionen Mark in Anspruch genommen wurden.[60]

Für die wissenschaftlich-technische Intelligenz war es aber nicht nur bedeutsam, daß mit der Vorbereitung und Ausführung des Zweijahrplanes für sie eine in die Zukunft weisende Aufgabe gegeben war. Zugleich traten in den volkseigenen Betrieben die Betriebsleiter und Arbeitskollektive an die Ingenieure und Wissenschaftler zunehmend mit dem Ersuchen heran, in der einen oder anderen Frage Hilfe zu leisten. Auf diese Weise veränderte sich bei Angehörigen der wissenschaftlich-technischen Intelligenz die Beziehung zum Volksbetrieb und zum volkswirtschaftlichen Programm der SED.

Die Beziehungen der wissenschaftlich-technischen Intelligenz zu den volkseigenen Betrieben wurden vornehmlich durch drei Faktoren positiv beeinflußt. Zum ersten wurden Angehörige der wissenschaftlich-technischen Intelligenz in die Planungsausschüsse der Betriebe, die zu jener Zeit die Perspektiven der Betriebe im Zusammenhang mit dem Zweijahrplan berieten, einbezogen.

Zweitens setzte in den volkseigenen Betrieben und SAG-Betrieben unter der

57 LV-124, S. 289 (Industrie)
58 AV-92 (AMWT, Best. L Nr. 3)
59 AV-95 (AMWT, Best. L Nr. 30)
60 AV-98 (AMWT, Best. L Nr. 47)

wissenschaftlich-technischen Intelligenz eine Bewegung ein, die es sich vor allem zum Ziel setzte, die wissenschaftlich-technische Arbeit unmittelbar mit der Produktion zu verbinden und die Arbeiter, insbesondere die Aktivisten, fachlich zu schulen.

Das geschah vornehmlich in den Technischen Aktiven, die in den volkseigenen Betrieben entstanden. Die Anregung zu einer solchen Bewegung ging vom Zentralsekretariat der SED aus. In einer mit Funktionären der Kammer der Technik (im folgenden KdT) am 22. März 1949 geführten Beratung wurde die Bildung derartiger Aktive ins Auge gefaßt.[61] Schon am 25. März 1949 diskutierten die Teilnehmer einer Tagung der KdT über die Notwendigkeit, Technische Aktive in den volkseigenen und SAG-Betrieben zu bilden.[62] Auf der am 2. und 3. August 1949 stattfindenden erweiterten Sitzung des Geschäftsführenden Bundesvorstandes des FDGB wurde beschlossen, daß alle Betriebsgewerkschaftsleitungen in den volkseigenen und SAG-Betrieben solche Aktive organisieren sollten.[63] Im Verlaufe des zweiten Halbjahres 1949 entstanden Technische Aktive in einem größeren Umfang. So wirkten in Sachsen im Mai 1950 bereits 500 solcher Aktive.[64] In ihnen fanden sich die KdT-Mitglieder, Ingenieure und Techniker, die sich noch nicht dieser Ingenieurorganisation angeschlossen hatten, und technisch interessierte Arbeiter und Aktivisten des jeweiligen Betriebes zusammen. Die Aktive beteiligten sich an der Lösung von aktuellen technischen Aufgaben, sorgten für die fachliche Qualifizierung von Arbeitern, insbesondere von Aktivisten, förderten das betriebliche Erfinder- und Vorschlagswesen und beteiligten sich an der Fixierung von technisch begründeten Arbeitsnormen. Durch ihr Wirken verbesserte sich sowohl die Zusammenarbeit innerhalb der Betriebsintelligenz als auch zwischen ihr und der Arbeiterschaft. Zugleich wurde eine neue Einstellung zu den gesellschaftlichen Produktionsmitteln und zur Arbeit unter den Ingenieuren, Technikern und Wissenschaftlern geweckt und gefördert.[65] Zweifellos war es den Technischen Aktiven mit zu danken, daß die KdT ihre Mitgliederzahl im Laufe des Jahres 1949 nennenswert erhöhen konnte. Wenn im ersten Quartal 1949 11715 Personen dieser Organisation angehörten, so waren es Ende 1949 22838. Bis zum dritten Quartal 1950 umfaßte die KdT 39100 Mitglieder. Das war nahezu die Hälfte der in der DDR wirkenden Angehörigen der technischen Intelligenz.[66]

Drittens traten Produktionsarbeiter, die Vorschläge zur besseren Arbeitsorganisation, zur Energie- und Materialeinsparung, zu technischen Veränderungen am Produktionsapparat unterbreiten wollten, aber nicht über die erforderlichen fachlichen Kenntnisse verfügten, um diese ausführen zu können, zunehmend an Ingenieure oder Wissenschaftler heran und baten um Unterstützung.

Die im Zusammenhang mit dem Zweijahrplan zunehmende Vielfalt der Anforderungen an die wissenschaftlich-technische Intelligenz spielte eine außerordentliche Rolle für die politische Orientierung vieler Wissenschaftler und Ingenieure in der volkseigenen Industrie.

Mit den neuen Anforderungen veränderte sich auch allmählich das Arbeitsklima

[61] LV-244, S. 154 (Stelzner)
[62] LV-244, S. 154 (Stelzner)
[63] LV-244, S. 157 (Stelzner)
[64] LV-244, S. 159 (Stelzner)
[65] LV-244, S. 158 (Stelzner)
[66] LV-244, S. 159 (Stelzner)

für die Angehörigen der wissenschaftlich-technischen Intelligenz. Das, was nun von ihnen verlangt wurde, entsprach weit mehr als in den Jahren zuvor dem Anspruch, den sie an ihr Berufsleben stellten. In den zurückliegenden Jahren war die oft ungenügende Beschäftigung der Wissenschaftler und Ingenieure mit Problemen, die ihrem Wissen und Können entsprachen, eine Ursache dafür, daß manche von ihnen ihre Arbeitstätigkeit in der volkseigenen Industrie aufgaben. In der Begründung der Beschlußvorlage der DWK über die Kulturverordnung, am 4. Januar 1949 abgefaßt, heißt es: „Aus der bisherigen Arbeit der Gruppe Forschung und Technik (Vorläufer der Hauptabteilung Wissenschaft und Technik bei der DWK, d. V.) ergab sich, daß laufend Wissenschaftler nach dem Westen verzogen sind, weil es nicht möglich war, sie in der sowjetischen Besatzungszone zweckentsprechend einzusetzen. Beispiele sind bekannt geworden, daß westdeutsche Firmen, wahrscheinlich im Auftrag, Spezialisten mit Phantasiegehältern anwarben, obwohl keine Arbeitsmöglichkeiten für diese Kräfte bestehen, so daß die Absicht der Störung unseres Aufbaus voll erkenntlich ist.“[67]

Die imperialistischen Kreise praktizierten am Ende der 40er Jahre im Kampf gegen die antifaschistisch-demokratische Umwälzung die gezielte Abwerbung von Fachkräften. Sie konnten dabei die Tatsache ausnutzen, daß die planmäßige Gestaltung der Volkswirtschaft erst organisiert wurde. In gewissem Sinne wurden die Bemühungen der Gegner des gesellschaftlichen Fortschritts in der sowjetischen Besatzungszone durch das noch vorhandene Unverständnis gegenüber der Bündnispolitik der SED in Teilen der Industriearbeiterschaft unterstützt. Angehörige der wissenschaftlich-technischen Intelligenz hatten sich in der Vergangenheit als aktive Helfer der Monopolbourgeoisie und als Vertreter des faschistischen Regimes gezeigt. Viele Wissenschaftler und Ingenieure, im bürgerlichen Geist erzogen, blieben zu den Arbeitern in einer betonten Distanz. Andere, die immer in Beziehung zur organisierten Arbeiterbewegung standen oder im Arbeitsprozeß die Arbeiter als ihre Kollegen betrachteten, waren in der Minderheit geblieben. Dieser Sachverhalt brachte es mit sich, daß in den Belegschaften der volkseigenen Betriebe den Wissenschaftlern und Ingenieuren häufig mit Mißtrauen begegnet wurde.

Die Parteiführung der SED bekämpfte solche Erscheinungen auf das energischste. Die Mängel im politischen Umgang mit Angehörigen der wissenschaftlich-technischen Intelligenz schlugen sich in einer im Sommer 1950 angestellten Analyse nieder, deren Aussage ohne Zweifel auch auf die Verhältnisse des Vorjahres zutraf: „Es werden des öfteren von diesen Organisationen (politische Organisationen, Gewerkschaften usw.) Forderungen ideologischer Art an die Wissenschaftler und Techniker gestellt, welche die tatsächliche politische Entwicklung der Intelligenz überschätzen.“[68]

Das Bestreben der SED, die wissenschaftlich-technische Intelligenz in die antifaschistisch-demokratische Umgestaltung einzubeziehen, wurde durch die Aufgaben, die der Zweijahrplan den volkseigenen Betrieben stellte, unterstützt. Die Belegschaften der volkseigenen Betriebe mußten sich, wollten sie die ihnen zufallenden Aufgaben meistern, der schöpferischen Mitarbeit der Wissenschaftler und Ingenieure versichern. Das schuf ein neues Klima für die Zusammenarbeit von Arbeitern und Angehörigen der wissenschaftlich-technischen Intelligenz in der volkseigenen Industrie.

67 AV-91 (AMWT, Best. L Nr. 2)
68 AV-92 (AMWT, Best. L Nr. 3)

Ein solches Klima wurde auch durch die sozial- und kulturpolitischen Festlegungen, die die 1949 erlassene Kulturverordnung der DWK in bezug auf die Intelligenz enthielt, gefördert. Es muß freilich festgehalten werden, daß die in der volkseigenen Industrie tätigen Intellektuellen im Jahre 1949 noch nicht im vollen Umfang in den Genuß dieser Bestimmungen der Kulturverordnung kamen. Ein am 20. Juni 1950 abgefaßter Bericht einer Kommission für Forschungstätigkeit konstatiert, daß die Ausschüsse zur Förderung der Intelligenz, die auf verschiedenen Ebenen der sowjetischen Besatzungszone gebildet worden waren, noch keinen Kontakt zur „Betriebsintelligenz" in den VVB gesucht hatten.[69] Auch die Neugestaltung des Gehaltssystems der wissenschaftlich-technischen Intelligenz im Sinne einer Förderung der wissenschaftlich-technischen Arbeit stand noch bevor.[70]

Ein Gradmesser der günstiger werdenden Bedingungen für die schöpferische Tätigkeit auf dem Gebiet von Wissenschaft und Technik war zweifellos das Anwachsen der vom Büro für Erfinderwesen der DWK registrierten Verbesserungsvorschläge, Patente und Gebrauchsmusteranmeldungen. Das Büro hatte im Mai 1949 mit der Registrierung begonnen. Es gab unter dem 15. Dezember 1949 an, daß seit Mai 1949 insgesamt 1203 Verbesserungsvorschläge und 1694 Patentanmeldungen eingegangen waren. Im Juli 1949 hatte man 1294 Gebrauchsmusteranmeldungen vermerkt. In den Monaten Oktober und November 1949 waren im Büro 161 bzw. 133 derartige Meldungen eingegangen.[71]

Der Zweijahrplan war also zu einem wichtigen bündnispolitischen Instrument geworden. Er schuf neue Grundlagen für die berufliche Entwicklung der wissenschaftlich-technischen Intelligenz in der sowjetischen Besatzungszone und in der DDR. Er förderte die Einbeziehung von Wissenschaftlern und Ingenieuren in die Leitung und Planung des wissenschaftlichen und wirtschaftlichen Lebens. Durch ihn wurden die fachlichen und politischen Beziehungen zwischen der Arbeiterklasse und der wissenschaftlich-technischen Intelligenz in der volkseigenen Industrie in einem größeren Umfang hergestellt.

Natürlich waren es nicht nur die neuen Möglichkeiten, die sich der wissenschaftlich-technischen Intelligenz in beruflicher Hinsicht boten, die es ihren Angehörigen in der volkseigenen Industrie, in den Hochschulen und Akademie-Instituten erleichterten, sich der von der SED geführten Arbeiterklasse anzuschließen. Dazu trug auch bei, daß die SED mit großer Beharrlichkeit gegen die Spaltung und für ein einheitliches und demokratisches Deutschland eintrat. Die SED brachte die in breiten Kreisen der Intelligenz bestehende Haltung gegen die immer augenfälliger werdenden Bestrebungen des Monopolkapitals, die drei Westzonen aus dem Nationalverband herauszulösen, zum Ausdruck. Sie war die politische Partei in Deutschland, die über ein Konzept zur Erhaltung der nationalen Einheit verfügte.

Der sichtbar werdende Wandel in der Stellung der wissenschaftlich-technischen Intelligenz in der volkseigenen Industrie und die sich anbahnenden neuartigen Beziehungen zwischen den Arbeitern, den Wissenschaftlern und Ingenieuren in den Betrieben machten deutlich, daß ein Prozeß der Vergesellschaftung von Wissenschaft und Technik auf einer neuen sozialökonomischen Grundlage in der sowjetischen

69 AV-91 (AMWT, Best. L Nr. 2)
70 AV-92 (AMWT, Best. L Nr. 4)
71 AV-90 (AMWT, Best. L Nr. 1)

Besatzungszone in Gang gekommen war. Im allmählichen Ausrichten der wissenschaftlichen Forschung und der technischen Entwicklung auf die gesellschaftlichen, insbesondere die wirtschaftlichen Erfordernisse, zeigte sich ein Akzent dieses Prozesses. Ein anderer bestand in der Konzentration des wissenschaftlich-technischen Potentials unter Beachtung einer planmäßigen Arbeitsteilung zwischen den Forschungs- und Entwicklungsstellen. Wichtig war ferner, daß damit begonnen wurde, wissenschaftlich-technische Arbeit und Produktion in der volkseigenen Industrie unmittelbar zu verbinden.

Im Jahre 1949 offenbarten sich in den Ergebnissen einzelner Forschungs- und Entwicklungsstellen schon erste, aber durchaus noch bescheidene Früchte dieses Vergesellschaftungsprozesses. Sie waren das Fundament für die Erweiterung des Produktionssortiments der volkseigenen Industrie und für den Auf- und Ausbau von neuen Zweigen der Industrie in der sowjetischen Besatzungszone und der DDR. Eine Reihe von Forschungs- und Entwicklungsthemen, die 1949 bearbeitet wurden, begründeten den internationalen Ruf von Wissenschaft und Technik der DDR mit.

b) *Materiell-technische Produktionsbedingungen*

Die verschiedenen Ergebnisse der wissenschaftlich-technischen Arbeit, die in den Forschungs- und Entwicklungsstellen der volkseigenen Industrie und in den akademischen Einrichtungen erzielt wurden, bildeten eine der Voraussetzungen für Veränderungen in den materiell-technischen Produktionsbedingungen der volkseigenen Industrie.

Solche Veränderungen waren dringend notwendig geworden, weil die Herauslösung der drei von den USA, Großbritannien und Frankreich besetzten Zonen Deutschlands aus dem Nationalverband die historisch gewachsene territoriale Struktur der Industrie endgültig aufgelöst hatte. Die in der sowjetischen Besatzungszone angesiedelten Teile der deutschen Industrie waren nicht derart, daß sie unverändert die Grundlage für einen geschlossenen volkswirtschaftlichen Reproduktionsprozeß in dieser Zone sein konnten. Es gab nicht nur große Disproportionen in der Industriestruktur, sondern es fehlten wesentliche Industriezweige. Hinzu kam, daß sich nur ein Teil der wichtigen Industriezweige in Volkseigentum befand. Die hauptsächlichsten Produktionsstätten der chemischen Grundstoffindustrie sowie der Maschinen- und Anlagenbau waren staatliches sowjetisches Eigentum. Ihre Erzeugnisse standen der Volkswirtschaft in der sowjetischen Besatzungszone vorerst nicht oder nur in einem geringen Umfang zur Verfügung. Um einen geschlossenen Reproduktionsprozeß der Volkswirtschaft in der sowjetischen Besatzungszone zu ermöglichen, war es erforderlich, die nötigen Veränderungen im Rahmen des Volkseigentums vorzunehmen. Diese Erfordernisse entsprangen dem Charakter der antifaschistisch-demokratischen Umgestaltung und der Spezifik des gesellschaftlichen Eigentums.

In den Jahren 1948/49 setzte die systematische Ergänzung der materiell-technischen Produktionsbedingungen in der sowjetischen Besatzungszone ein. Dabei stand die Wiederherstellung des bereits in ehemaligen kapitalistischen Unternehmen gegebenen technischen Zustandes im Vordergrund. Verschiedentlich kam es aber bereits zu qualitativen Veränderungen in den technischen Bedingungen einzelner volkseigener Betriebe. Betrachten wir die Zweige der volkseigenen Industrie näher, die sowohl für die Ergänzung der materiell-technischen Bedingungen der Produktion in der sowjetischen Besatzungszone und der DDR wichtig waren als auch im Prozeß dieser Ergänzung wieder oder neu entstanden.

Die Kohlenindustrie gehörte zu jenen Zweigen, in denen im untersuchten Zeitraum die Entwicklung der materiell-technischen Produktionsbedingungen schon Züge eines Erneuerungsprozesses aufwies. In diesem Industriezweig wurde über die einfache Wiederherstellung des durch militärische Einwirkung oder Demontage beeinträchtigten Zustandes der Produktionsanlagen hinausgegangen. Dieser Prozeß setzte in der Braunkohlenindustrie bereits im Jahre 1947 ein. Die Voraussetzungen dafür waren mit dem Befehl Nr. 323/46 der SMAD und dem Generalplan der Kohlenindustrie geschaffen worden.[72] 1948 und 1949 traten die Züge der Erneuerung der Produktionsbedingungen immer deutlicher hervor.

In der Braunkohlenindustrie wurden der Ausbau von Produktionskapazitäten verstärkt fortgesetzt und Neuaufschlüsse von Tagebauen vorbereitet. Beides war notwendig geworden, weil die Monopolunternehmen in den Jahren der faschistischen Kriegswirtschaft das Programm von Neuaufschlüssen vernachlässigt hatten. Bis zum Beginn der 50er Jahre erschöpfte sich eine Reihe der Tagebaue. Um das erreichte Niveau der Kohlenförderung zuhalten, mußten 10 neue Tagebauen aufgeschlossen werden. 1948 wurden die im Vorjahr begonnenen Erweiterungen von 8 Tagebauen fortgesetzt. Damit stand auch die Anlage von 9 neuen Kohlenbahnen in Verbindung.

Die Tendenz zur Erneuerung im Kohlenbergbau zeigte sich auch im Umrüsten von Förderbrücken. Die in den Tagebau Tatkraft (Ilse-Ost) umgesetzte Brücke war umgebaut worden, um eine größere Leistung (60000 cbm/Tag) zu ermöglichen. Die auf dem Tagebau Luise stehende Brücke erhielt durch Umrüstungsmaßnahmen eine höhere Kapazität (20000 cbm/Tag). Die Brücke auf Marga-Niemtsch verfügte ebenfalls nach einem Umbau über eine höhere Leistungsfähigkeit (40000 cbm/Tag).

Der rasch wachsende Bedarf an Braunkohlenbriketts, verursacht durch Struktur-Veränderungen in der Brennstoffbilanz der sowjetischen Besatzungszone, zwang zu einem zügigen Wiederaufbau der demontierten bzw. zerstörten Brikettfabriken. In

Tabelle 36
Zustand der Hauptausrüstungen in der volkseigenen Braunkohlenindustrie

Tagebaue	Stand: 1. 1. 1945 Anzahl	davon betriebsfähig	nicht betriebsfähig	Stand: 1. 1. 1948 Anzahl	davon betriebsfähig	nicht betriebsfähig
Abraumbrücken	13	11	2	8	6	2
Eimerkettenbagger	297	222	75	222	133	39
Schaufelradbagger	57	54	3	33	30	3
Löffelbagger	180	152	28	156	134	22
Kabelbagger	4	4	–	4	3	1
Kohlewagen	1620	1492	128	1202	1068	134
Abraumwagen	5174	4465	704	4487	3616	871
E-Loks	704	684	56	505	428	77
Dieselloks	422	344	78	426	320	106

[72] Vgl. Abschnitt 1. c. dieses Kapitels

Fortsetzung Tab. 36

Brikettfabriken	Stand: 1. 1. 1945 Anzahl	davon betriebsfähig	nicht betriebsfähig	Stand: 1. 1. 1948 Anzahl	davon betriebsfähig	nicht betriebsfähig
Pressen	970	942	28	721	669	52
Trockner	943	914	29	719	683	36
Mühlen u. Brecher	421	401	20	353	353	18

Quelle: LV-247, S. 148 (Stützner)

welchem Umfang die Produktionsanlagen in der volkseigenen Braunkohlenindustrie durch die Kriegsschäden und durch die Wiedergutmachungsleistungen beeinträchtigt worden waren, läßt sich aus der Tabelle 36 entnehmen.

1948 galt die Aufmerksamkeit den Brikettfabriken Kayna, Impuls (Friedrich-Ernst), Meurostellen, Werminghoff, Erika, Cäcilie und Marienglück. Die erforderlichen Ausrüstungen wurden Fabriken entnommen, die einen ungünstigen Standort hatten bzw. deren Kapazitäten noch nicht ausgelastet werden konnten. So wurden die Ausrüstungen für die Brikettfabrik Erika aus den Fabriken Alwina und Thräna II entnommen. Die Altenburger Kohlenwerke gaben die Einrichtungen einer ihrer Fabriken nach Werminghoff ab. Darüber hinaus war es notwendig, Flußläufe und Staatsstraßen zu verlegen und Dörfer umzusiedeln.[73]

Die Braunkohlenindustrie nahm 1949 umfangreiche Investititionen vor, um die Kohleförderung zu sichern und zu erweitern und um die Briketterzeugung zu steigern. 1949 wurden die Tagebaue: Witznitz II (6000 Tagestonnen), Blumroda (3000 Tagestonnen), Pahna-Südwestfeld (1400 Tagestonnen), Streckbau-Süd (Emma-Kurt) (750 Tagestonnen), Zipsendorf-Süd (2000 Tagestonnen), Kayna-Süd (5000 Tagestonnen), Freiheit IV (August-Süd) (5000 Tagestonnen), Groitzsch-Feld (1500 Tagestonnen), Golpa IV (Golpa-Feld) (3000 Tagestonnen), Königsaue-Ost (3000 Tagestonnen), Helene Mitte (3000 Tagestonnen). neuaufgeschlossen oder erweitert. Des weiteren wurde die Kapazität von 8 Brikettfabriken ausgebaut. Der Neuaufschluß weiterer Tagebaubetriebe und der Neu- und Erweiterungsbau von 5 Brikettfabriken wurde 1949 vorbereitet.[74]

Um die Ausfälle zu kompensieren, war neben der schon geschilderten Veränderung der materiell-technischen Produktionsbedingungen die Instandhaltung der gegebenen Produktionstechnik und ihre zweckmäßigste Nutzung erforderlich.

Im Steinkohlenbergbau wurde 1948 in Zwickau die Schachtanlage IV, ausgelegt für eine Leistung von 30000 Tagestonnen, errichtet.[75]

Eingehende Untersuchungen erfolgten auf dem Steinkohlenfeld Doberlug-Kirchhain. Unter dem Zwang, die vorhandenen Steinkohlenvorkommen zu erschließen, hatte die Deutsche Zentralverwaltung für Brennstoffindustrie diesem Kohlenfeld ihre besondere Aufmerksamkeit gewidmet. Ende 1948 waren 10 Bohrungen niedergebracht worden. Sie ergaben jedoch noch kein einheitliches Bild von der Lagerstätte. Die

73 AV-12, Bl. 36f., 56 (ZStAP, C-15, Nr. 724)
74 AV-12, Bl. 36 (ZStAP, C-15, Nr. 724); LV-228, S. 29f. (Selbmann)
75 AV-12, Bl. 37 (ZStAP, C-15, Nr. 724)

Meinungen der Geologen gingen weit auseinander. Darum wurde entschieden, um weitere kostspielige und langwierige Bohrungen zu umgehen, um Frühjahr 1949 einen Versuchsschacht zu errichten. Das geschah, aber die Hoffnungen in die Fündigkeit des Steinkohlenvorkommens, – Fritz Selbmann hatte auf der Leipziger Tagung der volkseigenen Industrie im Sommer 1949 davon gesprochen, daß bei termingerechter Arbeit „die Forderung des Wiederaufbauplans der Steinkohlenförderung im Jahre 1950 von uns realisiert werden kann" –, erfüllten sich nicht.[76]

Der Zweijahrplan sah bis 1950 eine Steigerung der Steinkohlenförderung um 12 Prozent gegenüber 1947 vor.[77] Tatsächlich stieg aber die Förderung an Steinkohlen lediglich von 2753000 auf 2805000 t.[78] Obgleich den Arbeiten auf dem Steinkohlenfeld Doberlug-Kirchhain kein Erfolg beschieden war, müssen sie doch als Kennzeichen für den in den Anfängen begriffenen Prozeß einer Erneuerung gewertet werden. In den frühen 50er Jahren wurde abermals versucht, das Vorkommen zu erschließen.

Die Wiederherstellung und die dabei einsetzende Erneuerung der materiell-technischen Produktionsbedingungen in der Kohlenindustrie findet in den Produktionszahlen ihren Niederschlag. Allerdings muß angemerkt werden, daß die in der Literatur verschiedentlich genannten Angaben sehr weit auseinandergehen. Nach einem Vergleich mit dem archivalischen Quellenmaterial erwiesen sich die im Statistischen Jahrbuch der DDR 1955 angegebenen Werte als weitgehend zutreffend. Darum wird im Falle der Kohlenindustrie wie auch bei anderen Zweigen das Statistische Jahrbuch der DDR 1955 herangezogen. Die für 1948 und 1950 dort enthaltenen Zahlen geben über die gesamte Industrie Auskunft. Sie schließen auch die SAG-Betriebe ein. Soweit es möglich war, sind die Zahlen über die volkseigene Industrie gesondert ausgewiesen (vgl. Tabelle 37).

Tabelle 37
Erzeugung fester Brennstoffe 1946 bis 1950 (in 1000 t)

Erzeugnis	1946	1947	1948	1949	1950
Rohbraunkohle	109702*1	106059*1	116326*1		137050 2
Braunkohlenbriketts	28949*1	26831*1	30492*1		37697
Braunkohlenschwelkoks	3618	3416	4040		5224
Steinkohle	2510 1	2753 1	2848 1		2805 2

1 (ZStA P. C-15, Nr. 724)
2 (St. Jb. DDR, 1955, S. 162)
* einschließlich der SAG-Betriebe. Die volkseigenen Betriebe förderten (in 1000 t) 1946 77823; 1947 72331; 1948 76389; die volkseigenen Betriebe stellten Briketts her (in 1000 t) 1946 19341; 1947 16477; 1948 18148; die volkseigenen Betriebe erzeugten Schwelkoks 1946 228; 1947 244; 1948 287 (ebenfalls in 1000 t).

Quellen: AV-15, Bl. 7 (ZStAP, C-15, Nr. 754); LV-240, S. 162 (StJb 55)

In der Energiewirtschaft stand mit geringen Ausnahmen die Instandhaltung der vorhandenen Produktionsanlagen im Vordergrund. In einigen Kraftwerken wurde die Leistungsfähigkeit im Jahre 1948 durch den Wiedereinbau von Turbinen erhöht. Das

76 AV-12, Bl. 62 (ZStAP, C-15, Nr. 724); LV-229, S. 27 (Selbmann)
77 LV-54, S. 182 (Zweijahrplan)
78 AV-12, Bl. 8 (ZStAP, C-15, Nr. 724); LV-240, S. 162 (StJb 55)

betraf die Kraftwerke Laute, Espenhain und Groß-Kayna. Verschiedene Werke erreichten durch Umbauten der Feuerungen und der Kessel eine größere Dampfleistung. In den Kraftwerken Gera, Chemnitz und Lützkendorf wurden neugefertigte Kesselanlagen in Betrieb genommen.

An den Stromleitungen wurde ebenfalls gearbeitet. Es entstanden 1948 u. a. die 40 km lange 100 KV-Leitung zwischen Nieder-Wartha und Etzdorf und die 30 KV-Leitung zwischen Auerhammer und Schwarzenberg. Die Leitung von Schwarzenberg nach Zwönitz wurde von 30 auf 100 KV umgestellt. Erwähnung muß auch das Umspannwerk Golzow zur Elektroenergieversorgung von Potsdam finden.[79]

Die für 1949 vorgesehenen umfangreichen Wiederaufbauarbeiten in Kraftwerken sowie der Beginn eines Neubaus wurden nicht ausgeführt, weil die dafür nötigen Voraussetzungen noch nicht gegeben waren.[80] Die materiell-technischen Produktionsbedingungen der Elektroenergieerzeugung in der sowjetischen Besatzungszone und der DDR gestatteten folgende Leistungen (vgl. Tabelle 38).

Tabelle 38
Elektroenergieversorgung
1946 bis 1950 (in Mill. KWh)

1946	11536
1948	14599
1950	19466

Quelle: LV-240, S. 162 (StJb 55)

In der Schwarzmetallurgie der sowjetischen Besatzungszone trug der Wiederaufbau der Produktionsstätten im Untersuchungszeitraum sehr starke Züge einer Erneuerung. Sie resultierten aus den Gesamtbedingungen, unter denen dieser Wiederaufbau 1948 und 1949 vor sich ging. Besonders die politische Haltung der imperialistischen Kreise gegenüber den demokratischen Veränderungen wirkte sich auf den Bezug von metallurgischen Halbzeugen für die metallverarbeitende Industrie außerordentlich negativ aus. Aus den Westzonen war bis in das Jahr 1948 hinein ein ausgewähltes Sortiment dieser Halbzeuge geliefert worden. Das wurde im Verlaufe des Jahres 1948 unterbunden. Im Tätigkeitsbericht der Hauptverwaltung Maschinenbau und Elektrotechnik der DWK über das zweite Halbjahr 1948 wurde festgehalten: „Die gesamte Planung steht hier vor ganz neuen Aufgaben (nach der hermetischen Abriegelung der Westzonen, d. V.). Während wir uns bisher nicht allzusehr mit der Frage der Sortimente der benötigten Materialien beschäftigen mußten, ist dies jetzt die Kardinalfrage geworden und führt zu ziemlichen Komplikationen im gesamten Bewirtschaftungs- und Beschaffungssystem."[81] Der Mangel an Blechen, Rohren, insbesondere Siederohren, Kugellagern, Spezialstählen und vor allem an Profilstählen kleiner Abmessungen war empfindlich zu spüren. Für 1948 wurde ermittelt, daß, um bescheidene Ansprüche erfüllen zu können, je Quartal ca. 250000 t Walzstahl benötigt wurden. Die gegebenen Kapazitäten in der sowjetischen Besatzungszone ermöglichten aber nur eine Produktion von 125000 t.[82]

79 AV-14, Bl. 5f. (ZStAP, C-15, Nr. 746)
80 AV-13, Bl. 5 (ZStAP, C-15, Nr. 745); LV-129, S. 147 (Kirchhoff)
81 AV-15, Bl. 15 (ZStAP, C-15, Nr. 751)
82 AV-3, Bl. 75 (ZStAP, DVR, BA, UA Ind. Nr. 195)

Beim Aufbau der metallurgischen Betriebe in der sowjetischen Besatzungszone kam es also darauf an, möglichst viele Halbzeuge für die metallverarbeitende Industrie selbst herzustellen. Dieser Grundsatz bestimmte die technisch-technologische Ausstattung der einzelnen metallurgischen Betriebe.

Die schwermetallurgischen Produktionsstätten der volkseigenen Industrie, zumeist zwischen 1947 und 1949 wieder aufgebaut, erhielten ein aufeinander abgestimmtes Erzeugnissortiment, das sich zu einem erheblichen Teil nicht mit dem der Vorkriegszeit deckte. Darin zeigte sich der wesentlichste Zug der Erneuerung von Produktionsbedingungen. Die Ausstattung der wiedereingerichteten Werke mit Produktionsanlagen muß ebenfalls zu einem Teil als Erneuerung bezeichnet werden. So war die Stabeisenwalzstraße in Riesa eine Neuausrüstung, deren Hauptaggregate von einer Düsseldorfer Firma geliefert wurden.[83] In einem Bericht der Hauptverwaltung Metallurgie der DWK wurde über die Riesaer Anlage konstatiert: „Es wird also eine der modernsten Walzstraßen, die man in der Jetztzeit kennt."[84] In Kirchmöser wurden aus dem Reparationsfonds stammende Walzanlagen aufgestellt. Während das Feineisenwerk für feinen Stahl und Draht bereits vor dem zweiten Weltkrieg zu den modernsten Anlagen — das traf vor allem auf die Adjustage zu — gehört hatte, war die Grobblechstraße für Abmessungen von 5—30 mm lediglich eine umgerüstete Kupferblechstraße.[85] Die Feineisenstraße in Hennigsdorf bestand aus alten, in den Westzonen gekauften Walzwerksanlagen.[86] Der Versuch, für Riesa ein modernes Rohrwalzwerk bei der schon erwähnten Düsseldorfer Firma zu kaufen, schlug fehl, weil die Regierung der Bundesrepublik die Ausführung des Geschäftes verbot. Die Ausrüstung des Riesaer Rohrwerks kam dann ebenfalls aus dem Reparationsfond.[87] 1949 wurde in der Maxhütte die Duostraße modernisiert und eine Breitbandstraße neu eingerichtet. Zu den Investitionen dieser Jahre gehörte auch der Bau einer Wasserleitung von der Saale zum Werk, um in der Maxhütte den Vier-Ofen-Betrieb zu sichern.[88]

Das zwischen 1947 und 1949 stark erweiterte Sortiment an Walzerzeugnissen basierte auf den im wesentlichen bis 1949 ausgebauten Stahl- und Walzwerken. Uns fehlen zuverlässige Zahlen für die schwarzmetallurgischen Erzeugnisse im Jahre 1949. Um aber ein Bild von der Entwicklung zu zeichnen, wählen wir die Angaben aus dem Jahre 1950. Dabei ist zu bedenken, daß im Verlaufe des Jahres 1950 noch Kapazitäten hinzu kamen (vgl. Tabelle 39).

Zu den Rohstoffe erzeugenden volkseigenen Unternehmen, die im Betrachtungszeitraum eine Erweiterung und Modernisierung der Produktionsanlagen erfuhren, gehört die VVB Mansfelder Vereinigung Kupferbergbau und Hüttenwerk, seit 1. Januar 1949 volkseigener Betrieb zur Produktion und Verarbeitung von Kupfer und Zink. Die 1947 bestehenden Schächte waren so ausgelegt, daß die erforderliche Förderung in absehbarer Zeit zu einer Erschöpfung der erschlossenen Vorkommen geführt hätte. Darum stand die Aufgabe, einen der Schächte, den Paulsschacht, zu einer modernen Großschachtanlage umzugestalten und die Vorkommen des Sangerhauser

83 LV-292, S. 63 (Riesa)
84 AV-3 (ZStAP, DVR, BA, UA Ind. Nr. 195)
85 LV-124, S. 90f. (Industrie)
86 AV-3, Bl. 75 (ZStAP, DVR, BA, UA Ind. Nr. 195)
87 LV-292, S. 63, 68f. (Riesa)
88 LV-87, S. 13 (Friedemann)

Tabelle 39
Die Produktion von schwarzmetallurgischen Erzeugnissen in der volkseigenen Industrie 1946 bis 1950 (in 1000 t)

Erzeugnis	1946	1948	1950
Walzstahl, warmgewalzt	104	167,7	780,7
Walzensorteneisen	–	–	423,3
Walzbleche	–	–	286,8
Bandagen	–	–	17,3
Rohstahl in Blöcken	152,7	304,7	998,7
Roheisen	123,6	182,0	337,2

Quelle: LV-240, S. 162 (StJb 55)

Feldes für den Abbau zu erschließen.[89] Die Arbeiten begannen 1947 und wurden 1948/49 mit Nachdruck weitergeführt. Damit war gleichzeitig eine Konzentration der Förderung auf zwei Schächten verbunden.[90] Um die Arbeiten unter Tage zu mechanisieren, wurden Ladegeräte wie Eimcolader, Atlaslader und Salzgitterlader eingesetzt.[91] Die Bohrtechnologie wurde ebenfalls verändert. Versuche, die in jener Zeit angestellt wurden, um ein modernes Verfahren zur Erzaufbereitung zu finden, schlugen fehl.[92] Durch den Umbau von Schmelzöfen in der Saigerhütte und Kochhütte zu Wassermantelöfen, einem Modernisierungsprozeß, konnte mehr Kupfererz verarbeitet werden.[93] Die Arbeitsergebnisse der Mansfelder Betriebe gehen aus der Tabelle 40 hervor.

Tabelle 40
Förderung von Kupfererz und Erzeugung von Kupfer in der Mansfelder Vereinigung Kupferbergbau und Hüttenwerk 1946 bis 1950 (in t) [1]

Erzeugnis	1946	1948	1949	1950
Kupfererz	283200	510000	689115	803957
Kupfer aus eigenem Erz	–	–	8040	9090

[1] Errechnet nach Angaben über durchschnittliche Monatsleistung.

Quelle: LV-298, S. 410f., 475, 486 (Zeising)
Das Statistische Jahrbuch gibt folgende Förderzahlen für Kupfererz: 1946: 284000 t eff; 1948: 526000 t eff; 1950: 804000 t eff (LV-240, S. 162).

Zu den größten Investitionsvorhaben dieser Zeit gehörten auch solche in der chemischen Industrie. Die höhere Fahrzeugproduktion und die bereits im Verkehr befindlichen Fahrzeuge verlangten nach einer entsprechenden Produktionskapazität

89 LV-298, S. 399f. (Zeising)
90 LV-298, S. 400 (Zeising)
91 LV-298, S. 402 (Zeising)
92 LV-298, S. 401 (Zeising)
93 LV-298, S. 458 (Zeising)

für die Erzeugung von Kraftfahrzeugdecken und Schläuchen. Deshalb wurde u. a. im Deka-Reifenwerk Ketschendorf investiert.[94] Die Produktion dieser Erzeugnisse veränderte sich zwischen 1948 und 1950 wie folgt.

Tabelle 41
Erzeugung von Kraftwagen- und Fahrradbereifung 1948 und 1950 (in 1000 Stück)

Erzeugnis	1948	1950
Kraftfahrzeugdecken	104,5	467,5
Kraftfahrzeugschläuche	224,2	514,0
Fahrraddecken	7,9	240,0
Fahrradschläuche	40,6	330,0

Quelle: LV-240, S. 162 (StJb 55)

Einen Schwerpunkt bildete im Betrachtungszeitraum auch der Ausbau der Synthesefaserstoffherstellung aus Polyamiden. Dazu wurde in Schwarza die Produktionskapazität erweitert. Es entstand die erste Dederon-Strumpfseidenfabrik.[95] Die Entwicklung der Kunstfaserproduktion vollzog sich zwischen 1946 und 1950 folgendermaßen:

Tabelle 42
Die Produktion von Kunstfasern 1946 bis 1950 (in t)

Erzeugnis	1946	1948	1950
Kunstseide	3928	5522	9015
Zellwolle, Baumwolle und baumwollhaltig	33405	38515	78044
Perlon	44	192	311

Quelle: LV-240, S. 166 (StJb 55)

In den Jahren 1948/49 gab es ein spezielles Entwicklungsprogramm für die pharmazeutische Industrie. Die DWK hatte dazu im September 1948 ein Sofortprogramm für die Produktion dringend benötigter Arzneimittel beschlossen.[96] Mit dem 1. Januar 1950 wurden die bisherige Produktionsabteilung Jenapharm und das Institut für Mikrobiologie zum VEB Jenapharm umgebildet.[97] Bis 1947 stand die Penicillinproduktion im Mittelpunkt der Produktionsstätte Jenapharm. Dann kamen chemisch-pharmazeutische Wirkstoffe hinzu. In welchem Tempo sich die Herstellung des Haupterzeugnisses entwickelte, zeigt der folgende Vergleich. Im Juni 1948 wurden 186 Mio./E Penicillin produziert. Im Dezember des gleichen Jahres waren es bereits 1316 Mio./E

94 LV-228, S. 28 (Selbmann); LV-213, S. 47ff. (Roesler/Siedt/Elle)
95 LV-132, S. 16 (Klare)
96 LV-74, S. 26 (Jenapharm)
97 LV-74, S. 34 (Jenapharm)

Tabelle 43
Erzeugung von Insulin und Penicillin 1946 bis 1950 (in Mill. Einheiten)

Erzeugnis	1946	1948	1950
Insulin	–	–	80
Penicillin	37	8338	489264

Quelle: LV-240, S. 162 (StJb 55)

(Untersterilitäten).[98] Das Statistische Jahrbuch weist für die Pharmazie oben genannte Produktionsziffern aus.

Die materiell-technischen Produktionsbedingungen in der volkseigenen metallverarbeitenden Industrie veränderten sich 1948/49 in der Hauptsache unter dem Einfluß einer sich abzeichnenden Arbeitsteilung und von speziellen Fertigungsprogrammen, die eingeleitet wurden, um Erzeugnislücken zu schließen. Solche besonderen Programme dienten dazu, in kurzer Zeit konzentriert Industrieerzeugnisse herzustellen. Das betraf Ausrüstungen für die eigene Industrie wie Groß-Zahnrad-Fräsmaschinen, Elektromotoren, Wälzlager; leistungsfähige Maschinen für den Export, darunter Cottonmaschinen, Web- und Spinnmaschinen, Ringspinnmaschinen sowie Flaschengießmaschinen; industrielle Konsumgüter wie Haushaltsnähmaschinen und Personenkraftwagen; Produktionsmittel für die Landwirtschaft, vor allem Schlepper und Landmaschinen sowie Straßen- und Schienenfahrzeuge und Fischereifahrzeuge. Mit besonderem Nachdruck wurde im Jahre 1949 das Schlepper- und Landmaschinenbauprogramm, das Fischereischiffbauprogramm sowie das Fahrzeugprogramm verfolgt.

Um das Schlepperbauprogramm zu realisieren, war es notwendig, entsprechende Produktionskapazitäten zu schaffen. Dazu wurden ein im Fahrzeugbau traditionsreiches Unternehmen, der VEB Horch Zwickau, das vormalige Brennabor-Werk in Brandenburg und das IFA-Werk in Nordhausen ausgewählt. Ab Sommer 1949 waren die Umstellungs- bzw. Einrichtungsarbeiten soweit gediehen, daß mit der Serienproduktion der drei Schleppertypen „Pionier", „Aktivist" und „Brockenhexe" begonnen werden konnte.[99] Die Eigenproduktion von Schleppern ist aus Tabelle 44 ersichtlich.

Tabelle 44
Die Produktion von Radschleppern 1948 bis 1950 (in Stück)

1948	1949	1950
45	700	5170

Quellen: LV-240, S. 164 (StJb 55); LV-188, S. 48 (Pellmann)

Der Landmaschinenbau wurde 1948/49 wesentlich erweitert. Das Fertigungsprogramm umfaßte die Fabrikation von landwirtschaftlichen Großmaschinen, die Serienfertigung von Geräten, die das Schlepperbauprogramm ergänzten, und die Herstellung der nötigen Einzelteile. Dazu wurde das Sortiment der volkseigenen Landmaschinen-

98 LV-74, S. 25 (Jenapharm)
99 LV-188, S. 45f. (Pellmann)

betriebe, von denen 15 der VVB (Z) angehörten, aufeinander abgestimmt.[100] Unter den Landmaschinenbetrieben hatten nur der VEB Bodenbearbeitungsgeräte Leipzig und der VEB Fortschritt Neustadt/Sachsen bislang eine größere Bedeutung. Der Stand der Produktion landwirtschaftlicher Maschinen ist der Tabelle 45 zu entnehmen.

Tabelle 45
Die Produktion von landwirtschaftlichen Maschinen 1946 bis 1950

Erzeugnis	Mengeneinheit	1946	1948	1950
Landwirtsch. Maschinen	Mill. DM	12,2	27,4	64,4
Traktoren, Drill- u. Sähmaschinen	Stück	–	–	4208
Grasmäher	Stück	–	–	995
Strohpressen	Stück	–	–	1125
Ersatzteile für landwirtsch. Maschinen	1000 DM	–	–	11719

Quelle: LV-240, S. 164 (StJb 55)

Im Zuge des Zweijahresplanes war ein KfZ-Sonderprogramm auszuführen, das die Erweiterung und den Neubau von Produktionsstätten für Kraftfahrzeuge umfaßte. Volkseigene Automobilbetriebe bestanden in Zwickau, Chemnitz, Hainichen und Zittau. Motorradfabriken gab es in Zschopau und Suhl. Bis zum Jahre 1948 war eine Wiederherstellung der zu 60 Prozent zerstörten Produktionsanlagen erfolgt. 1949 wurden erhebliche Investitionsmittel auf die Werke in Zwickau und Chemnitz konzentriert. Damit entstanden die Voraussetzungen für den Bau von Lastkraftwagen im Jahre 1950. Im VEB Barkas-Werk Hainichen ging 1950 der 3/4 t LKW Typ V 901 in Produktion. Der VEB Robur-Werke Zittau nahm im gleichen Jahr die Fertigung des 1,5 bis 2 t LKW „Granit“ auf. Der 3 t LKW Typ H3A wurde ebenfalls seit 1950 produziert. Auch die Personenkraftwagenproduktion in den volkseigenen Betrieben be-

Tabelle 46
Erzeugung von Kraftfahrzeugen, Motorrädern und Fahrrädern 1946 bis 1950 (in Stück)[1]

Erzeugnis	1946	1948	1950
Lastkraftwagen	–	311	1003
Personenkraftwagen	1439	2557	7165
Motorräder	969	2909	9607
Fahrräder	33700	165800	338300

[1] In den Zahlen sind auch Angaben über die SAG-Betriebe enthalten. Das trifft u. a. auf die Fahrradproduktion, Motorradproduktion und die Personenkraftwagenproduktion zu.

Quelle: LV-240, S. 164 (StJb 55)

[100] LV-188, S. 44f. (Pellmann)

gann in jener Zeit. Sie stützte sich auf die bereits bekannten Typen F8 und F9.[101] Die Tabelle 46 gibt an, wie sich in der sowjetischen Besatzungszone und in der DDR die Kraftfahrzeug- und Motorradproduktion entwickelte. Tabelle 47 vermittelt einen Überblick bezüglich der Produktion von PKW und Motorrädern im SAG-Betrieb BMW Eisenach.

Tabelle 47
Die Produktion von PKW und Motorrädern bei BMW Eisenach (SAG-Betrieb) 1946 und 1948 (in Stück)

Fahrzeugart	1946	1948
Personenkraftwagen	1373	2500
Motorräder	659	2902

Quelle: LV-162, S. 37 (Michel)

Das Sonderprogramm Fischereiflotte, im Sommer 1948 disponiert, hatte zwei Aspekte. Es verlangte den Aufbau von Werftkapazitäten und die Ausrichtung von metallverarbeitenden und holzverarbeitenden Betrieben auf die Belieferung der Schiffsbaubetriebe mit den erforderlichen Teilen, Aggregaten usw. An der Ostseeküste wurde 1948 mit dem Ausbau der Volkswerft Stralsund und der Peene-Werft Wolgast begonnen. 1949 setzte die Erweiterung der Werften in Wismar und Warnemünde ein[102]. Der Ausbau dieser Werften kann als Anfang für die Erneuerung der volkseigenen Werftindustrie gelten. Die Warnemünder Werft war bis dahin ein Zulieferbetrieb der Wismarer Schiffs- und Reparaturwerft.[103] Auf den Werften wurden Seiner und Logger gebaut. Die Zulieferbetriebe wurden in der Nähe der Ostseeküste ausgewählt. Eine besondere Stellung nahm dabei der aus dem landeseigenen Betrieb „Windkraftwerke und Maschinenbau" hervorgegangene VEB Dieselmotorenwerk Rostock ein.[104] Zu den Zulieferern gehörten ferner das Klement-Gottwald-Werk Schwerin, der Apparate- und Maschinenbau Teterow sowie die Eisenwerke Waren.[105] Auf den volkseigenen Werften wurden 1950 141 Logger gebaut.[106]

In der volkseigenen elektrotechnischen Industrie waren außerordentliche Anstrengungen zu unternehmen, um das große Manko in der Versorgung der Industrie und anderen Bereichen der Wirtschaft mit Erzeugnissen der Elektrotechnik zu beheben. In der hier betrachteten Zeit konzentrierte man sich besonders auf die materiell-technische Sicherung des Elektromotoren-Programms und der Fertigung von Niederspannungsschalt- und -steuergeräten.[107] Im Jahre 1949 wurde der VEB Transformatorenwerk Oberschöneweide zu einem der Investitionsschwerpunkte. Für den Motorenbau

[101] LV-124, S. 254 (Industrie); LV-14, S. 88 (Automobilbauer); LV-128, S. 171ff. (Kirchberg)
[102] LV-124, S. 289 (Industrie)
[103] LV-144, S. 22 (Labahn)
[104] LV-144, S. 21 (Labahn)
[105] LV-280, S. 61 (Voß)
[106] LV-240, S. 164 (StJb 55)
[107] AV-15, Bl. 16 (ZStAP, C-15, Nr. 751)

erfolgte der Ausbau der Wernigeroder Motorenwerke und der Produktionsstätten der Baumag Dessau.[108] Wie sich die Produktion elektrotechnischer Artikel gestaltete, zeigt Tabelle 48.

Tabelle 48
Erzeugung ausgewählter Artikel der elektrotechnischen Industrie 1948 und 1950

Erzeugnis	Einheit	1948	1950
Wechselstrommotoren	Stück	302	116312
Leistungstransformatoren	Stück	71	3938
Hochspannungsschaltgeräte	1000 DM	12058	37794
Niederspannungsschaltgeräte	1000 DM	24804	100431

Quelle: LV-240, S. 164 (StJb 55)

Die dargestellten Veränderungen der materiell-technischen Produktionsbedingungen der volkseigenen Industrie spiegelten zunächst nur die Wiederherstellung bzw. Erneuerung von Produktionskapazitäten wider. Damit ist das Wesentliche dieses Prozesses erfaßt. Aber es gab noch andere Vorgänge in der volkseigenen Industrie, die als Veränderungen der materiell-technischen Produktionsbedingungen zu fassen sind.

Einen besonderen Rang nahm dabei die Reorganisation der Fertigungsprogramme in den einzelnen Industriezweigen ein. Nach Aufbau einer zentralen Leitung der einzelnen Industriezweige war es möglich, die Fertigung einzelner Betriebe zu bereinigen und ihnen eine spezialisierte Produktion zuzuweisen. Das ging mit einer beginnenden Typisierung der Erzeugnisse einher. Damit war für die Ausrichtung der einzelnen volkseigenen Betriebe auf eine mit einer entsprechenden technischen Umrüstung verbundene Serienfertigung der Grundstein gelegt. Die Hauptverwaltung Maschinenbau und Elektrotechnik bei der DWK befaßte sich unmittelbar nach ihrer Bildung mit der Bereinigung der Fertigungsprogramme ihrer Betriebe und mit der Normierung und Typisierung der Erzeugnisse.[109]

Die in den Jahren 1948 und 1949 vollzogenen Veränderungen in den materiell-technischen Produktionsbedingungen der volkseigenen Industrie stellten den Übergang zur planmäßigen Herausbildung der materiell-technischen Basis der sozialistischen Industrie dar.

c) *Kulturell-technisches Niveau der Industriearbeiterschaft*

Die allmähliche Ausdehnung der industriellen Produktion und die Anfänge einer strukturellen Wandlung der sachlichen Produktivkräfte erforderten eine entsprechend qualifizierte Industriearbeiterschaft. Bedingt durch den hohen Grad der Vergesellschaftung der industriellen Produktion und Arbeit war in der sowjetischen Besatzungszone ein hoher Anteil an Facharbeitern und Arbeitern mit langjähriger Arbeitserfahrung an technisch fortgeschrittenen Arbeitsplätzen vorhanden.

Im Jahre 1938 verfügten in Deutschland 40 Prozent der Industriearbeiter über eine

108 AV-3, Bl. 13 (ZStAP, DVR, WA, UA Ind. Nr. 195)
109 AV-15, Bl. 11 (ZStAP, C-15, Nr. 751)

Berufsausbildung.[110] Die jeweilige Ausgangsposition war durch die Verluste an ausgebildeten Industriearbeitern im faschistischen Aggressionskrieg beeinträchtigt worden. Hinzu kam, daß ein beachtlicher Teil von Facharbeitern aufgrund von Kriegsverletzungen den Ausbildungsberuf nicht mehr ausüben konnte. Weiterhin befand sich ein erheblicher Teil von qualifizierten Industriearbeitern bis 1948/50 in Kriegsgefangenschaft.

Das alles führte zu einer starken Überalterung der Facharbeiter und zu einem empfindlichen Mangel an gut ausgebildeten Arbeitskräften für eine Vielzahl von Arbeitstätigkeiten.[111] Die Tabelle 49 gibt einen Einblick in die Altersstruktur der Arbeitskräfte in ausgewählten Industriezweigen.

Tabelle 49
Anteil der über 40jährigen an der Gesamtzahl der Beschäftigten in ausgewählten VVB. Stand: 1949 (in Prozent)

Vereinigung	Anteil der Beschäftigten über 40 Jahre
Farben und Lacke	62
Plaste	57
Guß	51
Kohlenindustrie	61

Quelle: LV-228, S. 58 (Selbmann)

Diese Altersstruktur resultierte nicht zuletzt aus dem Zustrom von Umsiedlern.[112] Ein großer Teil der Umsiedler war auf eine industrielle Tätigkeit nicht vorbereitet. Ebenso verhielt es sich mit den Personengruppen, die aus politischen oder sozialen Gründen nach 1945 in der Industrie Arbeit aufnehmen mußten. Dabei handelte es sich um ehemalige Beamte, die wegen ihrer Mitgliedschaft in der NSDAP aus den staatlichen Stellen entfernt worden waren, um Angehörige des faschistischen Repressionsapparates, Offiziere der Wehrmacht und Frauen, die nun gezwungen waren, für sich und ihre Familien den Lebensunterhalt zu verdienen. Die Integration dieser Personengruppen in die industrielle Produktion wirkte sich ebenfalls zeitweilig negativ auf das kulturell-technische Niveau der Industriearbeiterschaft in der sowjetischen Besatzungszone aus.

Seit 1946 trafen die demokratischen Staatsorgane, die landeseigenen und SAG-Betriebe sowie die SMAD verschiedene Maßnahmen, durch die dieses Niveau wieder angehoben werden sollte.[113] 1946/47 bildete die Erwachsenenqualifizierung den Schwerpunkt. Dabei ging es sowohl um die Umschulung von Kriegsopfern, die ihre bisherige Tätigkeit nicht mehr ausüben konnten und darum mit einem neuen Beruf vertraut

110 LV-254, S. 753 (Ulbricht)

111 LV-88 (Fritsche)

112 Anfang 1946 waren lediglich 33 Prozent der arbeitsfähigen Umsiedler in ihrem erlernten Beruf tätig. LV-88, S. 36 (Fritsche)

113 LV-88, S. 23ff. (Fritsche); LV-67, S. 97ff, 187ff., (Diesener)

gemacht werden mußten, als auch vor allem um die Ausbildung von Arbeitskräften, insbesondere Frauen, für Mangelberufe. So hatte die SMAD am 10. Mai 1946 in ihrem Befehl Nr. 140 eine entsprechende Aktion verfügt.[114] In Ausführung dieses Befehls war es in der sowjetischen Besatzungszone gelungen, 165220 Arbeiter, darunter zumeist Industriearbeiter, auf neue Arbeitstätigkeiten vorzubereiten. An diesem Ergebnis hatten Sachsen mit 40 Prozent und Thüringen mit 23 Prozent den größten Anteil unter den Ländern und Provinzen.[115] 1947 wurde dieser Umschulungsprozeß fortgeführt. Im Laufe dieses Jahres absolvierten 20406 Arbeiter eine derartige Ausbildung für industrielle Berufe. Davon waren 79,4 Prozent Männer und 20,6 Prozent Frauen.[116] Die Tabelle 50 gibt eine Übersicht über die Verteilung der Ausgebildeten auf die einzelnen Berufe.

Tabelle 50
Umschüler und ihre Verteilung auf die Berufsgruppen[1] 1947. Stand: 31. 12. 1947

Berufsgruppe	Anzahl der Umschüler	Anteil in Prozent
Bergbau	1135	5,6
Steine/Erden	747	3,7
Metall	7477	36,6
Chemie/Gummi	689	3,4
Textil	1478	7,2
Leder	770	3,8
Holz	3521	17,2
Nahrung/Genuß	686	3,4
Bekleidung	3903	19,1
Gesamtzahl	20406	100

[1] Die Angaben betreffen Industrie und Handwerk
Quelle: errechnet nach LV-88, S. 78 (Fritsche)

Zwischen 1948 und 1950 wurde das kulturell-technische Niveau der Industriearbeiterschaft in der sowjetischen Besatzungszone durch das Eingliedern ehemaliger Kriegsgefangener in den industriellen Arbeitsprozeß angehoben, da diese in der Regel über eine abgeschlossene Berufsausbildung verfügten. So waren unter den 15000 ehemaligen Kriegsgefangenen, die im März/April 1949 das Durchgangslager Gronenfeld passierten und die in der sowjetischen Besatzungszone beheimatet waren, 80 Prozent Facharbeiter. 70 Prozent von ihnen waren jünger als 40 Jahre.[117]

Die grundsätzliche und langfristige Lösung des Qualifizierungsproblems konnte aber nur in einer gut ausgestalteten Heranbildung des Facharbeiternachwuchses für die staatliche Industrie liegen. Diese Erkenntnis gewann jedoch erst 1948 Bedeutung. 1947 war die Berufsausbildung vernachlässigt worden. Gegenüber 1946 war 1947/48

[114] LV-88, S. 73 (Fritsche)
[115] LV-88, S. 74 (Fritsche)
[116] LV-88, S. 75 (Fritsche)
[117] LV-88, S. 86 (Fritsche)

die Anzahl der Lehrstellen um 18 Prozent auf 144800 zurückgegangen.[118] Für Metallberufe standen 16 Prozent weniger Lehrstellen zur Verfügung.[119] Diese Entwicklung ergab sich offensichtlich aus den 1946 getroffenen alliierten Bestimmungen über das künftige industrielle Niveau in Deutschland.

Die Entschließung über die Richtlinien der künftigen Arbeit in der volkseigenen Industrie, angenommen auf der ersten Tagung dieser Industrie im Sommer 1948 in Leipzig, enthielt darum die Festlegung: „Einführung von Werksberufsschulen in allen größeren volkseigenen Betrieben zur Zusammenfassung der fachlichen und schulischen Ausbildung in der volkseigenen Industrie und Aufnahme der größtmöglichen Zahl jugendlicher Lehrkräfte (Lehrlinge – d. V.) in die volkseigenen Betriebe."[120] Wie notwendig es war, daß sich die volkseigene Industrie ein eigenes Potential zur Ausbildung des Facharbeiternachwuchses schuf, wird deutlich, wenn man den Anteil, den die volkseigenen Betriebe an der Gesamtzahl der Lehrstellen in der sowjetischen Besatzungszone vorerst hatten, betrachtet (vgl. Tabelle 51).

Tabelle 51
Anteil der Eigentumsformen an der Ausbildung von Lehrlingen 1948 bis 1950 (in Prozent)

Eigentumsform	1948	1949	1950
Vokseigene Industrie	13	26	50
Privatkapitalistische Industrie	37	23	16
Handwerk	50	51	33

Quelle: LV-88, S. 127 (Fritsche)

Der Anteil der Lehrlinge an den Gesamtbeschäftigten der volkseigenen Betriebe entsprach noch keineswegs den Erfordernissen. Fritz Selbman gab im November 1949 an, daß lediglich im Maschinenbau, in dem 13 Prozent der Beschäftigten Lehrlinge waren, ein den Erfordernissen gemäßes Verhältnis zwischen Lehrlingen und Gesamtbeschäftigten gegeben war. „In allen anderen Industriezweigen ist der Prozentsatz der Lehr linge im Verhältnis zur gesamten Beschäftigtenzahl zu gering."[121]

Schließlich fehlte bis in das Jahr 1948 hinein eine gezielte Ausrichtung von Jugendlichen auf wichtige Berufe in der und für die volkseigene Industrie. Erst für das Jahr 1949 entstand in der sowjetischen Besatzungszone ein Nachwuchsplan, in dem angegeben wurde, in welchem Umfang und mit welcher fachlichen Struktur Lehrlinge für die volkseigene Industrie ausgebildet werden sollten. Die Vorgaben dieses Nachwuchsplanes wurden allerdings nicht eingehalten.[122]

Die Berufsausbildung in und für die volkseigene Industrie wurde 1948 und 1949 in zwei Richtungen vervollkommnet. Die erste Richtung betraf den Aufbau des Betriebsberufsschulwesens. Angeregt durch den Befehl Nr. 234/47 der SMAD wurden die

118 LV-88, S. 59 (Fritsche)
119 LV-88, S. 60 (Fritsche)
120 LV-229, S. 19, 64 (Selbmann)
121 LV-228, S. 58 (Selbmann)
122 LV-88, S. 114ff. (Fritsche)

in den volkseigenen Betrieben schon bestehenden beruflichen Ausbildungsstätten gepflegt und neue gegründet. Am 1. September 1948 existierten 99 Berufsschulen in den volkseigenen und SAG-Betrieben. Bis Oktober 1949 war ihre Zahl auf 509 angestiegen.[123] Nach Angaben von Fritz Selbmann belief sich im Herbst 1949 die Zahl der in der volkseigenen Industrie bestehenden Berufsschulen auf 237.[124] In einigen Zweigen gab es jedoch keine oder nur wenige solcher Qualifizierungsstätten. Zu den Zweigen der volkseigenen Industrie ohne eine Betriebsberufsschule gehörte beispielsweise die Lebensmittelindustrie. In der Leichtindustrie bestanden bei einer Zahl von 800 bis 900 größeren Betrieben nur 52 Betriebsberufsschulen. Die chemische Industrie verfügte nur über 15 derartige Einrichtungen.[125]

Die Neugestaltung des Verhältnisses zwischen der theoretischen und der berufsspezifischen Ausbildung stellte die zweite Richtung in der Qualifizierung der Berufsausbildung dar. Dazu diente die zunehmende Einrichtung von Lehrwerkstätten in volkseigenen Betrieben. Noch im Sommer 1949 verfügten ca. nur 380 volkseigene Betriebe mit einer Belegschaft von mehr als 100 Beschäftigten über eine eigene Lehrwerkstatt. Diese Zahl stieg bis Ende September des gleichen Jahres auf 1219 Betriebe an.[126]

Unterstützt wurde die Nachwuchsförderung im Jahre 1949 durch einen Beschluß des Politbüros des ZK der SED vom 5. Juli dieses Jahres, in dem der Zustand des gesamten Berufsschulwesens einer kritischen Wertung unterzogen wurde.[127] In seinem Gefolge veränderten sich auch die materiellen Bedingungen der Lehrlingsausbildung. Das Sekretariat der DWK befaßte sich am 17. August 1949 eingehend mit der Berufsausbildung und legte u. a. Maßnahmen zur ökonomischen Stimulierung der Lehrlingsausbildung in der volkseigenen Industrie fest. So erhielten volkseigene Betriebe für jeden geschaffenen Ausbildungsplatz mit Wirkung vom 1. September 1949 eine Finanzierungshilfe in einer Höhe bis zu 600 DM. Für Lehrlinge des ersten Lehrjahres wurden in den Monaten September bis Dezember 1949 monatlich 150 DM Ausbildungsgeld an die Betriebe gezahlt.[128]

Um die Lehrlinge in den Prozeß einer guten fachlichen und politischen Ausbildung einzubeziehen, regte die FDJ für die Zeit vom 1. Februar bis zum 31. August 1949 einen Berufswettbewerb an. Seit Sommer 1948 hatte die FDJ auf dem Gebiet des Wettbewerbs unter Lehrlingen in den einzelnen Ländern der sowjetischen Besatzungszone Erfahrungen gesammelt. Es war das Ziel des Berufswettbewerbs, die Ausbildung durch eine Intensivierung abzukürzen, die Einheit von fachlicher und politischer Qualifizierung des Arbeiternachwuchses herzustellen und die besten Facharbeiter zu ermitteln, die für ein Studium an den Fach- und Hochschulen geeignet waren.[129] An dem Wettbewerb beteiligten sich in der volkseigenen Industrie 116000 Lehrlinge, unter ihnen besonders solche, die die Lehre in einem volkswirtschaftlich wichtigen Beruf absolvierten. Im Land Sachsen standen 17669 Lehrlinge aus 30 verschiedenen Berufen im Einzelwettbewerb. Sie repräsentierten 75,6 Prozent aller in diesen Berufen in Aus-

[123] LV-88, S. 103 (Fritsche)
[124] LV-228, S. 59 (Selbmann)
[125] LV-228, S. 59 (Selbmann)
[126] LV-88, S. 111 (Fritsche)
[127] LV-88, S. 109 (Fritsche)
[128] LV-88, S. 110f. (Fritsche)
[129] LV-96, S. 162 (FDJ)

bildung stehenden Lehrlinge. 1200 Lehrlinge beteiligten sich am Wettstreit der Lehrwerkstätten. Im Verlauf des Berufswettbewerbes entstanden in volkseigenen Betrieben Sachsens 61 Lehrwerkstätten. Die Lehrlinge fanden sich in 2313 Lernaktiven zusammen, um durch gegenseitige Unterstützung die Wettbewerbsziele zu erreichen. 1856 Lehrlinge beantragten, vorfristig zur Abschlußprüfung zugelassen zu werden.[130] Ein zweiter Berufswettbewerb begann am 1. November 1949.[131]

Neben der Ausbildung von Schulabgängern zu Facharbeitern spielte zu dieser Zeit die fachliche Qualifizierung von Erwachsenen weiterhin eine beachtliche Rolle. Nach einer umfangreichen Umschulaktion in den Jahren 1945 bis 1947 kam es 1948 und 1949 zu der verstärkten Heranbildung von Facharbeitern aus dem Kreis der Arbeiter, die schon längere Zeit eine Arbeitstätigkeit in der volkseigenen Industrie ausgeführt hatten. In Ermangelung amtlicher Angaben wurde eingeschätzt, daß etwa 400000 Werktätige in der sowjetischen Besatzungszone umgeschult worden sind.

Im unmittelbaren Arbeitsprozeß wurden bis zum Beginn des Jahres 1949 115441 junge Arbeiter und Arbeiterinnen in einem längeren Qualifizierungsprozeß zu Facharbeitern ausgebildet.[132] Dabei übernahm 1948 und 1949 der FDGB die Federführung. Die Industriegewerkschaften richteten Fachkurse ein, in denen Arbeiter und Angestellte sich das erforderliche Wissen für den Erwerb der entsprechenden Zeugnisse aneignen konnten.[133] Zwischen Mitte 1948 und Mitte 1950 haben 25 bis 30000 Werktätige auf diesem Wege eine Facharbeiterausbildung absolviert.[134]

Im Ergebnis dieser verschiedenartigen Bemühungen um die Heranbildung von qualifizierten Arbeitskräften in der Industrie gelang es, bis 1949 den Anteil an Facharbeitern auf 42 Prozent zu erhöhen.[135]

Mit den Veränderungen des kulturell-technischen Niveaus der Industriearbeiterschaft war es nicht nur möglich geworden, die gegebenen materiell-technischen Produktionsbedingungen besser zu nutzen, sondern sie waren eine wichtige Voraussetzung für die Höherentwicklung der industriellen Produktivkräfte in der DDR.

Zusammenfassend läßt sich festhalten, die 1948 und 1949 in der Entwicklung industrieller Produktivkräfte erzielten Fortschritte trugen mit dazu bei, daß die volkseigene Industrie und die SAG ihren Anteil an der industriellen Bruttoproduktion von 56,3 Prozent im Jahre 1947 auf 68,5 Prozent im Jahre 1949 erhöhen konnten, wobei die volkseigene Industrie das raschere Wachstum verzeichnete.

Während der Anteil der SAG in diesen drei Jahren um 2,4 Prozent anstieg, erhöhte sich der der volkseigenen Industrie um 9,8 Prozent. Die Untersuchung des Anteils beider Eigentumsformen an der Bruttoproduktion der einzelnen Industriezweige zeigt, daß die beginnenden Wandlungen in den industriellen Produktivkräften eine der Ursachen für das Ansteigen der Bruttoproduktion war, die es möglich machte, die gegebenen Produktionskapazitäten zunehmend zu nutzen.

Überdurchschnittlich stieg der Anteil der volkseigenen Betriebe an der Bruttopro-

130 LV-88, Anlage 8 (Fritsche)
131 LV-88, S. 154 (Fritsche)
132 LV-88, S. 82f. (Fritsche)
133 LV-88, S. 134ff. (Fritsche)
134 LV-88, S. 143 (Fritsche)
135 LV-254, S. 753 (Ulbricht)

duktion in der feinmechanisch-optischen Industrie mit 28,9 Prozent, in der Metallurgie mit 22,9 Prozent, in der Nahrungs- und Genußmittelindustrie mit 18,1 Prozent, in der Baumaterialienindustrie mit 16,1 Prozent, in der Holzindustrie mit 14,9 Prozent, in der Konfektions- und Lederindustrie mit 14,0 Prozent an. Die Betriebe der SAG in der Energieerzeugung und im Bergbau erhöhten ihren Anteil an der Bruttoproduktion dieser Zweige um 7,4 bzw. 3,5 Prozent.[136] Diese, von den sich verändernden industriellen Produktivkräften ausgehenden Wirkungen auf die Bruttoproduktion standen in einem unmittelbaren Zusammenhang mit jenen, die aus dem Entstehen der neuen Produktionsverhältnisse resultierten.

Die aus dem gesellschaftlichen Eigentum an den industriellen Produktionsmitteln hervorgehenden Produktionsverhältnisse hatten 1948 einen Reifegrad erreicht, der das in diesem Eigentum angelegte sozialistische Wesen keimhaft hervortreten ließ. Mit dem Entstehen solcher Produktionsverhältnisse war dem Kapitalverhältnis in der volkseigenen Industrie und in den SAG vollends und endgültig das Wirkungsfeld entzogen. Die Ausbeutung des Menschen durch den Menschen war aufgehoben. Das Eigentum an den Produktionsmitteln hatte seine Kapitaleigenschaft verloren. Die Monopolisierung des Eigentums an den industriellen Produktionsmitteln durch eine soziale Gruppe, die sich durch dieses Eigentum zu bereichern vermochte, war durchbrochen und die mit diesem Monopol verbundene soziale Abhängigkeit und Unterdrückung der Werktätigen war in der volkseigenen Industrie und in den SAG beseitigt.

Die sozialistischen Züge in den neuen Produktionsverhältnissen zeigten sich in der Konstituierung des Volkseigentums und des staatlichen sowjetischen Eigentums, in der gesamtgesellschaftlichen Organisation und Leitung dieses Eigentums, in dem Ausrichten der Produktion auf die Bedürfnisse der Bevölkerung, in der Planmäßigkeit der Produktion und der Arbeit, in den Ansätzen einer neuen Einstellung der Werktätigen zu den vergesellschafteten Produktionsmitteln und zur Arbeit. Diese Züge waren zugleich ein Ausdruck dafür, daß die im gesellschaftlichen Eigentum angelegten ökonomischen Gesetze des Sozialismus die Bewegung der neuen Produktionsverhältnisse und vermittelt durch sie die der Produktivkräfte, vorerst schwach und partiell zu bestimmen begannen. Diese sozialistischen Züge der in der volkseigenen Industrie und in den SAG entstehenden Produktionsverhältnisse konnten erst im Prozeß der sozialistischen Umgestaltung der gesamten Gesellschaft in der DDR und im Verlauf einer grundlegenden Wandlung der industriellen Produktivkräfte zum Wesen der Produktionsverhältnisse werden.

[136] LV-140, S. 108 (Krause)

KAPITEL 4

Die privatkapitalistische Industrie

Mit dem Entstehen der staatlichen Industrie in der sowjetischen Besatzungszone in Gestalt der landeseigenen bzw. volkseigenen und SAG-Betriebe veränderten sich wesentliche Existenzbedingungen der nichtmonopolistischen Industrie. Durch den Konstituierungs- und Konsolidierungsprozeß der staatlichen Industrie erhielt das System der Lenkung der privatkapitalistischen Industrie ein stabiles ökonomisches Fundament. Die Enteignung der Kriegs- und Naziverbrecher, in deren Rahmen die Monopolunternehmen endgültig liquidiert worden waren, befreite die mittleren und kleinen Unternehmen aus ihrer antimonopolistischen Frontstellung, in der sie sich bisher objektiv befunden hatten. Sie waren nicht mehr der erbarmungslosen Konkurrenz der Monopole und dem ökonomischen Druck des Finanzkapitals ausgesetzt. Mit den sozialökonomischen Veränderungen in der Industrie der sowjetischen Besatzungszone entstanden neuartige Beziehungen zwischen der privatkapitalistischen und der staatlichen Industrie. Mit der im Konstituierungs- und Konsolidierungsprozeß der staatlichen Industrie entstehenden neuen gesellschaftlichen Produktionsweise war auch das Hervortreten neuer ökonomischer Gesetze verbunden, die das kommerzielle Verhalten der staatlichen Unternehmen insgesamt und auch ihr Verhältnis gegenüber der privatkapitalistischen Industrie diktierten. Darauf mußten sich die kapitalistischen Unternehmer einstellen. Diese Veränderungen in den Existenzbedingungen der privatkapitalistischen Industrie waren von so grundlegender Natur, daß im Sommer 1946 für sie ein neuer Entwicklungsabschnitt begann.

Von dem Verständnis der Unternehmerschaft für die volkswirtschaftliche Rolle der staatlichen Industrie hing es wesentlich ab, wie sich die Privatkapitalisten auf den neuen Entwicklungsabschnitt einrichteten. Solch ein Verständnis entwickelte sich in der Unternehmerschaft erst in einem längeren und widersprüchlich verlaufenden Prozeß, weil die ökonomischen Interessen der kleinen und mittleren Kapitalisten von einem Widerspruch gekennzeichnet waren.

Auf der einen Seite zwang sie ihr Interesse an einer besseren Versorgung mit Roh- und Brennstoffen, Elektroenergie usw. dazu, für eine stabile Entwicklung der volkseigenen Betriebe in der Grundstoffindustrie einzutreten. Ein objektives Interesse an Fortschritten in der volkseigenen Industrie hatten auch kapitalistische Betriebe im Maschinen- und Anlagenbau, im Gerätebau sowie in der Textil- und Bekleidungsindustrie, die aufgrund der gegebenen Arbeitsteilung mit einem volkseigenen Betrieb verbunden waren.

Obgleich die Unternehmerschaft die historische Folgerichtigkeit der Vergesellschaftung der Großindustrie, insbesondere aber die der Grundstoffindustrie, weitgehend akzeptiert hatte, hinderte sie andererseits ihr auf die Verbesserung und Ausdehnung der Produktionsbedingungen ihrer Betriebe gerichtetes Grundinteresse daran, die aus der Vergesellschaftung resultierenden volkswirtschaftlichen Konsequenzen anzuerkennen. Sie wandten sich dagegen, daß in erster Linie die volkseigenen Betriebe, vornehmlich die der Produktionsmittelindustrie, mit bewirtschafteten Erzeugnissen versorgt wurden und bevorzugt Kredite und Investitionsmittel erhielten. Sie forderten, ohne die volkswirtschaftlichen Notwendigkeiten und Möglichkeiten zu beachten, daß ihre Unternehmen von den demokratischen Wirtschaftsorganen ebenso behandelt werden sollten wie die volkseigenen Betriebe. Diese Forderung war aber auch von der Sorge mitdiktiert, daß mit der Stärkung der volkseigenen Industrie die Enteignung der kleinen und mittleren privaten Industriebetriebe einhergehen könnte.

Derartige Befürchtungen wurden von den Gegnern der antifaschistisch-demokratischen Umgestaltung in und außerhalb der sowjetischen Besatzungszone genährt und schienen sich durch den Verlauf der volksdemokratischen Revolution in verschiedenen Ländern Ost- und Südosteuropas zu bestätigen. Die Vorbehalte, die es in der privatkapitalistischen Unternehmerschaft zur volkseigenen Industrie und zur Beziehung zwischen diesen beiden Eigentumsformen gab, wurden in den beiden bürgerlich-demokratischen Parteien CDU und LDPD lebhaft reflektiert.[1]

Bis 1948 vollzog sich innerhalb der Unternehmerschaft hinsichtlich ihrer Haltung zur volkseigenen Industrie ein Differenzierungsprozeß. Ein wachsender Teil der kleinen und mittleren Fabrikanten gelangte zu der Einsicht, daß es notwendig war, die volkseigenen Betriebe besonders zu fördern. Dazu hatten verschiedene Momente beigetragen. Entscheidend war zweifellos die Tatsache, daß die SED den kleinen und mittleren Unternehmern in ihrem wirtschaftspolitischen Programm einen deutlich umrissenen Platz eingeräumt hatte. Sie sprach sich für die Förderung der unternehmerischen Initiative innerhalb der von den gesamtgesellschaftlichen Interessen gezogenen Grenzen aus und garantierte der nichtmonopolistischen Bourgeoisie im antifaschistisch-demokratischen Umgestaltungsprozeß eine sichere Perspektive.

Ein anderes Moment ergab sich aus dem Klärungsprozeß über den weiteren Verlauf der antifaschistisch-demokratischen Umwälzung innerhalb der bürgerlich-demokratischen Parteien, der sich unter dem Einfluß der Blockpolitik der SED vollzog. Mit dem Verdrängen restaurativer dem Monopolkapitalismus verbundener und verpflichteter Kräfte aus den Führungspositionen dieser Parteien und ihrer Ersetzung durch konsequente Demokraten wurde der Unternehmerschaft auch das Verständnis ihrer Rolle im gesellschaftlichen Umgestaltungsprozeß erleichtert.

Ein drittes Moment ergab sich daraus, daß die mit dem Aufschwung der staatlichen Industrie für die privatkapitalistischen Betriebe verbundenen Vorteile in Gestalt einer besseren materiell-technischen Versorgung, höherer Produktionsauflagen usw. bei den Industriellen Vorbehalte gegenüber den volkseigenen und SAG-Betrieben abbauten.

Für den Prozeß des Umdenkens der privatkapitalistischen Unternehmerschaft war zweifellos auch die Tatsache bedeutsam, daß in den westlichen Besatzungszonen das staatsmonopolistische System restauriert und daß von den bürgerlichen Parteien, von im Antikommunismus behafteten Sozialdemokraten unterstützt, die Spaltung Deutschlands betrieben wurde. Diese Spaltung, mit der die Auflösung der historisch

1 LV-141 (Krubke); LV-69 (Dirksen)

gewachsenen nationalen Volkswirtschaft endgültig vollzogen wurde, orientierte die privatkapitalistischen Unternehmer zunehmend auf die volkseigene Industrie.

Die seit dem Sommer 1946 zwischen der staatlichen und der privatkapitalistischen Industrie entstandenen Beziehungen waren, wie schon betont, in das Lenkungssystem eingebettet, das die demokratischen Staatsorgane und die SMAD zur Entwicklung der Industrie geschaffen hatten. Sie trugen wesentlich dazu bei, daß die Unternehmer die Möglichkeiten, die zur Verwertung des in ihren Firmen angelegten Kapitals gegeben waren, nutzen konnten. Gleichzeitig waren sie ein Instrument, um die Kapitalverwertung in den für die antifaschistisch-demokratische Umwälzung erforderlichen Grenzen zu halten.

Bei der Untersuchung der ökonomischen Entwicklung der privatkapitalistischen Industrie in der sowjetischen Besatzungszone zwischen Sommer 1946 und Sommer 1949 ist von der bereits früher getroffenen Feststellung auszugehen, daß die Bedingungen für das Wirken des Grund- und Bewegungsgesetzes des Kapitals nicht aufgehoben waren und folglich das Streben der Unternehmer nach einer höchstmöglichen Profitrate fortbestand. Das gegenwärtig zur Verfügung stehende Material erlaubt noch keine grundlegende Analyse des kapitalistischen Reproduktionsprozesses in dem hier behandelten Zeitraum. Daher können nur einzelne, die Profitrate beeinflussende Faktoren wie Mehrwertrate, organische Zusammensetzung des Kapitals, Umschlagsgeschwindigkeit des Kapitals, Ökonomie in der Anwendung des konstanten Kapitals und Preisschwankungen etwas eingehender betrachtet werden.

Für die Mehrwertmasse und -rate, die in den privatkapitalistischen Unternehmen erzielt werden konnten, waren Anzahl und Struktur der beschäftigten Arbeiter und Angestellten maßgebend. Über die in der privatkapitalistischen Industrie der sowjetischen Besatzungszone Beschäftigten sind bislang keine zuverlässigen und zusammengefaßten Angaben verfügbar. Sie liegen erst für das Jahr 1950 vor. In jenem Jahr arbeiteten 547800 Arbeiter und Angestellte[2] in den privatkapitalistischen Industriebetrieben. Das waren 24,5 Prozent aller Beschäftigten in der Industrie der DDR. Wie sich die Gesamtzahl der in der privatkapitalistischen Industrie Tätigen auf die einzelnen Industriezweige verteilte, veranschaulicht die Tabelle 52.

Es ist anzufügen, daß im Verlauf der antifaschistisch-demokratischen Umgestaltung die Anzahl der Beschäftigten in der privatkapitalistischen Industrie ständig sank.

Die Produktion des Mehrwertes ist aber nicht nur abhängig von der Anzahl der ausgebeuteten Arbeitskräfte, sondern auch von der Struktur des Gebrauchswertes der Ware Arbeitskraft, die ihren Ausdruck in der Qualifikations-, Alters- und Geschlechtsstruktur der Beschäftigten findet. Auch hier sind keine zusammenfassenden Zahlen über den Untersuchungszeitraum verfügbar. Um ein ungefähres Bild zeichnen zu können, muß ein Blick auf einen statistischen Ausschnitt genügen. In Sachsen war 1945 eine Erhebung vorgenommen worden, die auch die Qualifikation der Arbeitskräfte betraf. Aus einer Bearbeitung dieser Angaben für Westsachsen ist zu entnehmen, daß von den im Jahre 1945 in der gesamten westsächsischen Industrie Beschäftigten 35,5 Prozent Facharbeiter, 32,9 Prozent angelernte Arbeiter und 31,6 Prozent Hilfsarbeiter waren.[3] Zu den Industriezweigen, in denen die privatkapitalistischen Unternehmen stark verbreitet waren, siehe Tabelle 53.

[2] LV-240, S. 125 (StJb 55)

[3] LV-67, S. 99 (Diesener)

Tabelle 52
Beschäftigte in der Privatindustrie je Industriezweig 1950

Industriezweig	Anzahl der Beschäftigten[1]
Energieerzeugung, Bergbau	1600
Metallurgie	400
Chemische Industrie	28600
Baumaterialienindustrie	38000
Maschinenbau	91400
Elektrotechnik	17500
Feinmechanik/Optik	9400
Holzbearbeitung und -verarbeitung	80500
Textilindustrie	117500
Konfektions- und Näherzeugnisind./	
Leder-, Schuh- und Rauchwarenindustrie	72200
Zellstoff- und Papierindustrie	22100
Polygrafische Industrie	14100
Lebensmittelindustrie	54000

[1] Die Endsumme der einzelnen Zweige differiert mit der in der Statistik angegebenen Gesamtsumme der in der privatkapitalistischen Industrie Beschäftigten. Gesamtsumme: 547800, Endsumme aus den Angaben über die Zweige: 547300.

Quelle: LV-240, S. 125 (StJb 55)

Tabelle 53
Qualifikationsstruktur der Beschäftigten in ausgewählten Industriezweigen Westsachsens im Jahre 1945 (in Prozent)

Industriezweig	Facharbeiter	Angelernte Arbeiter	Hilfsarbeiter
Bekleidungsgewerbe	29,9	39,8	30,3
Papierindustrie	23,0	47,4	29,6
Textilindustrie	21,2	57,7	21,1
Nahrungs- und Genußmittelgewerbe	26,0	19,5	54,5
Druck- und Vervielfältigungsgewerbe	55,2	23,9	20,9
Maschinen-, Stahl- und Fahrzeugbau	56,7	21,0	22,3
Chemische Industrie	22,4	29,8	47,8
Industrie gesamt	35,5	32,9	31,6

Quelle: Errechnet nach LV-67, S. 99 (Diesener)

Die Qualifikationsstruktur der in der privatkapitalistischen Industrie Beschäftigten hing engstens mit der Geschlechterstruktur zusammen. Der Anteil der weiblichen Arbeitskräfte an der Gesamtzahl dieser Beschäftigten war sehr hoch. Für 1950 registrierte die Statistik in den privatkapitalistischen Industriebetrieben der DDR 257412 Frauen und Mädchen. Das waren 47 Prozent aller in diesen Unternehmen tätigen

Tabelle 54
Qualifikationsstruktur der weiblichen Beschäftigten in ausgewählten Industriezweigen Westsachsens im Jahre 1945 (in Prozent)

Industriezweig	Facharbeiter	Angelernte Arbeiter	Hilfsarbeiter
Bekleidungsgewerbe	21,3	46,3	32,4
Papierindustrie	12,5	55,0	32,5
Textilindustrie	15,2	64,0	20,8
Nahrungs- und Genußmittelgewerbe	13,4	18,9	67,7
Druck- und Vervielfältigungsgewerbe	7,9	53,1	39,0
Maschinen-, Stahl- u. Fahrzeugbau	7,7	27,1	65,2
Chemische Industrie	1,5	26,8	71,7

Quelle: Errechnet nach LV-67, S. 101 (Diesener)

Arbeiter und Angestellten.[4] Der Qualifizierungsgrad der weiblichen Arbeitskräfte läßt sich wieder den Angaben über Westsachsen entnehmen (vgl. Tabelle 54).

Die Zahlen über die Qualifikationsstruktur der in der privatkapitalistischen Industrie Beschäftigten erlauben keine Wertung über die Beziehung zwischen dem technischen Erfordernis nach Qualifikation und dem tatsächlichen Qualifikationsniveau. Für den Untersuchungszeitraum ist aber zu betonen, daß Mangel an Facharbeitern bestand, von dem auch die privatkapitalistischen Firmen betroffen waren. Ein solcher Mangel an Facharbeitern hatte allerdings für die einzelnen Unternehmen bezüglich der Verwertung des variablen Kapitals sehr unterschiedliche Folgen. Vor allem die Unternehmen, die auf fachlich gut ausgebildete Produktionsgrundarbeiter angewiesen waren – es soll nur auf die metallverarbeitenden Betriebe verwiesen werden –, wurden vom Facharbeitermangel beeinträchtigt. Wird zunächst die Situation der privatkapitalistischen Industrieunternehmen hinsichtlich des Arbeitskräfteangebots überhaupt betrachtet, dann ist festzustellen, daß insgesamt genügend Arbeitskräfte zur Verfügung standen und diese im allgemeinen über gute kulturelle Voraussetzungen für eine Tätigkeit in der industriellen Produktion verfügten.

Die antifaschistisch-demokratische Umgestaltung veränderte eine Reihe von Bedingungen für den Ausbeutungsprozeß in den privatkapitalistischen Unternehmen. An erster Stelle sind die Abschaffung der faschistischen Betriebsordnung, die den Unternehmern außerordentliche Befugnisse eingeräumt hatte, und die Einführung des Mitbestimmungsrechts der Arbeiter zu nennen. Die Betriebsräte und die Gewerkschaften begannen, wenn auch in den einzelnen Unternehmen mit unterschiedlicher Intensität und Wirkung, für bessere Arbeits- und Lebensbedingungen einzutreten. Sie erhielten dabei außerordentliche Unterstützung durch die sozialpolitischen Entscheidungen der SMAD und der demokratischen Staatsorgane.

Mit dem Befehl Nr. 180/45, erlassen am 22. Dezember 1945, hatte die SMAD verfügt, daß „alle vor dem 1. Mai 1945 geltenden Lohnsätze einschließlich der Akkord- und Überstundenlöhne sowie alle zur Anpassung eingeführten Lohnsysteme“ bestehen blieben.[5] Der Befehl hinderte die Unternehmer daran, Lohnsenkungen vorzu-

[4] LV-240, S. 117 (StJb 55)
[5] Zitiert nach: LV-215, S. 402 (Schaum)

nehmen und schützte sie andererseits auch vor unkontrollierten Forderungen nach Lohnerhöhung. Der im Faschismus gebildete Preis der Ware Arbeitskraft wurde damit zunächst festgeschrieben. Das Verhältnis von bezahlter und unbezahlter Arbeit blieb in der privatkapitalistischen Industrie vorerst unverändert. Mitte August 1946 befahl die SMAD, „die Diskriminierung in der Entlohnung nach Alter und Geschlecht" zu beseitigen und „gleiche Entlohnung für Arbeiter und Angestellte für gleiche Arbeit, unabhängig vom Geschlecht und Alter" einzuführen.[6] Dieser Befehl Nr. 253/46 hatte erhebliche Auswirkungen auf die privatkapitalistischen Unternehmen, da sie in großem Umfang weibliche Arbeitskräfte beschäftigten, deren Entlohnung weit unter dem Wert der Ware Arbeitskraft lag.

Die Bestimmungen des Befehls Nr. 253/46 gingen in die zwischen 1947 und 1949 abgeschlossenen Tarifverträge ein. Es kann hier nicht im Detail nachgezeichnet werden, welche sozialen Verbesserungen im Gefolge der Tarifverträge für die Arbeiterklasse insgesamt und für die in den privatkapitalistischen Betrieben beschäftigten Arbeiter und Angestellten eingetreten sind. Sie erstreckten sich von der Lohngestaltung über die Regelung des Urlaubs, des Arbeitsausfalls und der Krankenversicherung bis zur Gestaltung der Arbeitsbedingungen. Sie schmälerten den Profit der Unternehmer. Von ausschlaggebender Bedeutung war dabei das neue Lohnsystem. Die Tabelle 55 läßt die eingetretenen Veränderungen erkennen.

Tabelle 55
Durchschnittlicher Stundenlohn in ausgewählten Industriezweigen 1948 im Vergleich zu 1944

Industriezweig	Index d. durchschnittl. Stundenlohnes (1944 = 100)	Zunahme des durchschnittl. Stundenlohnes 1948 gegenüber 1944 in Pfennigen
Bekleidungsindustrie	172,3	47,3
Textilindustrie	156,9	41,0
Bauindustrie	145,3	39,6
Keramische Industrie	145,0	35,9
Bau- und Möbeltischlereien	129,5	26,2
Steine und Erden	153,1	42,0
Sägewerke	165,7	47,7

Quelle: Errechnet nach LV-10, S. 392 (Arbeit u. Sozialfürsorge)

Für eine Reihe von privatkapitalistischen Unternehmern ergaben sich Konsequenzen aus der „Verordnung über die Heimarbeiter", von der DWK im Juni 1948 erlassen, die im § 4.1. festlegte: „Die Entlohnung der Heimarbeiter erfolgt nach den geltenden Tarifverträgen".[7] Von den 1947 in der sowjetischen Besatzungszone beschäftigten 169806 Heimarbeitern, darunter 95,8 Prozent Frauen und Mädchen, arbeiteten die meisten in Privatbetrieben.[8] Die Heimarbeiterverordnung trug entscheidend dazu bei,

[6] LV-264, S. 116 (Dokumente)
[7] LV-9, S. 251 (Arbeit und Sozialfürsorge 48); AV 109 (StAD, LR, MP, Nr. 436)
[8] LV-8, S. 266 (Arbeit und Sozialfürsorge 47)

daß diese Gruppe von Arbeitern aus dem sozialen Tiefstand herausgeführt wurde, der durch einen „kaum glaublichen Lohndruck, unbegrenzte und unkontrollierbare Arbeitszeit, Ausbeutung der Kinder, selbst im vorschulpflichtigen Alter," charakterisiert war.[9] Die tarifmäßige Gleichstellung der Heimarbeiter mit den Industriearbeitern entzog den privatkapitalistischen Unternehmern eine besondere Quelle des Profits.

Die Gesamtheit der im Untersuchungszeitraum zur Geltung kommenden lohnpolitischen Maßnahmen zwang die Unternehmer, das kapitalistische Lohngesetz zu respektieren, wonach die unter kapitalistischen Bedingungen arbeitende Arbeitskraft, soll sie existieren können, zu ihrem vollen Marktwert zu entlohnen ist.[10] Allerdings ließen es die Umstände noch nicht zu, daß die Arbeiter den höheren Lohn auf dem Markt zu normalen Bedingungen realisieren konnten.

Die Einhaltung des kapitalistischen Lohngesetzes hatte zur Folge, daß sich in den kapitalistischen Unternehmen das Verhältnis von unbezahlter und bezahlter Arbeit zugunsten der letzteren veränderte. Dadurch wurde der Mehrwert der Industriellen geschmälert, so daß diese die lohnpolitischen Festlegungen nicht freiwillig und widerspruchslos befolgten. Die von den kapitalistischen Unternehmern angewandten Methoden, dieser Schmälerung des Mehrwertes zu begegnen, waren vielfältig.

Die elementarste bestand darin, die lohnpolitischen Anordnungen bzw. tariflichen Bestimmungen nicht zu befolgen. Das veranlaßte am 27. Juni 1947 die SMAD, den Befehl Nr. 129/47 zu erteilen, in dem die systematische Kontrolle der Arbeitslöhne angewiesen wurde. Die Finanzverwaltung der SMAD hatte zuvor Prüfungen über die Ausführung ihrer lohnpolitischen Befehle vorgenommen und, wie es in der Präambel dieses Befehls heißt, „Verletzungen der geltenden Gesetze über Arbeitslöhne seitens der Unternehmen" feststellen müssen.[11] Die Verletzungen zeigten sich in „willkürlichen Änderungen der geltenden Lohnsätze und Lohnbedingungen, Unstimmigkeiten beim Abzug der Steuern". Die von der SMAD angewiesenen Kontrollen sollten erreichen, daß „die geltenden Gesetze bei der Lohnzahlung an Arbeiter und Angestellte ‚eingehalten', sowie Ungenauigkeiten bei den Lohnabzügen und ... Verletzungen der geltenden Lohnsätze und Lohnbedingungen" verhindert werden.[12] Der Befehl richtete sich auch gegen eine Lohnzahlung, die über den gesetzlichen Bestimmungen lag. Das geschah, um einer Inflation entgegenzuwirken. Die Kontrollen, die entsprechend dem SMAD-Befehl ausgeführt wurden, bestätigten die Prüfungsergebnisse der SMAD. So ergaben im März 1948 in Mecklenburg Kontrollen in 1594 Betrieben, daß 326 Lohnverstöße vorlagen, wovon etwa 55 Prozent auf das Konto einer Entlohnung gingen, die unter dem Tarif lag.[13]

Eine andere Methode der privatkapitalistischen Unternehmer, den Auswirkungen der sozialpolitischen, insbesondere der lohnpolitischen Maßnahmen zu begegnen, bestand in der Entlassung weiblicher und jugendlicher Arbeiter. Für alle Industriezweige in Sachsen ist „nachweisbar, daß mit dem Abschluß von Tarifverträgen, in denen der gleiche Lohn für gleiche Arbeit und Leistung für Männer und Frauen festgelegt ist,

9 LV-216, S. 249 (Schaum) s
10 LV-80, S. 251ff. (MEW 19); LV-191, S. 113 (Poli tiche Ökonomie Ka pi talismus)
11 LV-8, S. 331 (Arbeit und Sozialfürsorge 47)
12 LV-251, S. 332 (Thalmann)
13 LV-138, S. 131f. (Kontrolle)

vorwiegend die privatkapitalistischen Betriebe durch Entlassungen von Arbeiterinnen die Gesetzgebung der Arbeiterklasse zu umgehen trachteten.“[14] Um einer Schmälerung des Mehrwertes zu begegnen, versuchten zahlreiche Unternehmer, die Entlassungen durch eine höhere Arbeitsintensität bei den weiterbeschäftigten Arbeitskräften zu kompensieren.

Die Betriebsbelegschaften, repräsentiert durch Betriebsräte oder örtliche Gewerkschaftsleitungen, später durch Betriebsgewerkschaftsleitungen, kämpften um die Ausschöpfung der durch die antifaschistisch-demokratische Umwälzung entstandenen Möglichkeiten für die Verbesserung der Arbeits- und Lebensbedingungen in den privatkapitalistischen Unternehmen. Diese Auseinandersetzung spiegelte sich u. a. im Ringen um die Ausgestaltung der Betriebsvereinbarungen, die zwischen Betriebsräten und Unternehmern abgeschlossen wurden, wider.[15]

Die Belegschaften der privatkapitalistischen Unternehmen fanden in diesem Kampf zur Verbesserung der Arbeits- und Lebensbedingungen eine mittelbare Unterstützung durch die Sozialpolitik in den SAG- und volkseigenen Betrieben. Das gilt ganz besonders für die Zeit nach dem Erlaß des Befehls Nr. 234 der SMAD vom Oktober 1947.

Zu den die Höhe der Profitrate maßgeblich beeinflussenden Faktoren gehört die organische Zusammensetzung des fungierenden Kapitals.

Die technische Ausstattung der privatkapitalistischen Industrie befand sich auf einem insgesamt relativ niedrigen Niveau, auch wenn es innerhalb der Industriezweige und zwischen den Industriezweigen große Unterschiede gab. In der zweiten Hälfte der 40er Jahre kam es zu keinen Verbesserungen des technisch-technologischen Zustandes der privatkapitalistischen Industrie. Der Grad der Vergesellschaftung der Produktion und der Arbeit in den privatkapitalistischen Unternehmen war im Vergleich zu den zentralgeleiteten volkseigenen Betrieben niedrig. Im Jahre 1950 beschäftigte ein privatkapitalistischer Industriebetrieb im Durchschnitt 31,2 Arbeiter und Angestellte und erzeugte ein Bruttoprodukt im Werte von 312432 DM. In einem zentralgeleiteten volkseigenen Betrieb waren dagegen durchschnittlich 486 Arbeiter und Angestellte tätig, und ein solcher Betrieb schuf ein durchschnittliches Bruttoprodukt von 5014600 DM.[16] Die Differenziertheit in der organischen Zusammensetzung des Kapitals der privatkapitalistischen Unternehmen zwischen den Industriezweigen geht aus der Tabelle 56 hervor.

Deutlicher wird das Bild vom technischen Zustand der privatkapitalistischen Industrie, wenn man die Altersstruktur der in den privatkapitalistischen Unternehmen vorhandenen Produktionsmittel betrachtet. In den Industriezweigen mit großem Anteil des kapitalistischen Sektors war in der Regel seit den 20er Jahren kaum eine technische Erneuerung erfolgt. Auszunehmen sind Betriebe, die an der Kriegswirtschaft partizipiert und entsprechende partielle Verjüngungen der Produktionstechnik vorgenommen hatten. Über die Altersstruktur der Produktionsmittel in der gesamten privatkapitalistischen Industrie der sowjetischen Besatzungszone stehen keine Zahlen zur Verfügung. Sie sind jedoch für die Thüringer Bekleidungsindustrie vorhanden, die durchaus als repräsentatives Beispiel dienen kann. In den betreffenden Unternehmen fand 1948 eine Erhebung über die Altersstruktur der Arbeitsmittel statt, aus der

[14] LV-78, S. 33 (Eichfeld)
[15] LV-95, S. 116 (FDGB)
[16] LV-240, S. 125 (StJb 55)

Tabelle 56
Durchschnitt der Beschäftigten und der Bruttoproduktion in privatkapitalistischen und zentralgeleiteten volkseigenen Betrieben in ausgewählten Industriezweigen 1950

Industriezweig	Durchschnittliche Anzahl der Beschäftigten		Durchschnittliche Bruttoproduktion in 1000 Mark	
	Privatbetrieb	VEB (Z)	Privatbetrieb	VEB (Z)
Textilindustrie	43,5	478,3	356,7	3899,1
Zellstoff- und Papierindustrie	38,5	297,3	335,7	2444,0
Maschinenbau	35,3	572,1	261,2	4153,1
Polygrafische Industrie	33,0	241,0	293,9	2444,0
Elektrotechnische Industrie	31,8	749,4	291,6	6420,2
Feinmechanik/Optik	30,2	785,9	313,8	4933,3
Konfektions-, Näherzeugnis-, Leder-, Schuh-, Rauchwarenindustrie	30,0	279,8	289,6	2631,1
Chemische Industrie	28,7	734,8	459,7	16295,7
Baumaterialienindustrie	28,6	363,2	179,5	2692,9
Holzbearbeitungs- u. Verarbeitungsindustrie	25,5	165,3	219,3	1240,9
Lebensmittelindustrie	22,7	205,7	486,4	3925,7

Quelle: Errechnet nach LV-240, S. 125 (StJb 55)

hervorgeht, daß 18,2 Prozent der Arbeitsmittel über 25 Jahre, 57 Prozent zwischen 10 und 25 Jahre, 21,2 Prozent zwischen 3 und 10 Jahre alt waren. Nur 3,6 Prozent der Arbeitsmittel waren zwischen 1944 und 1948 in die Betriebe gelangt.[17]

Zu einer Anhebung des technisch-technologischen Niveaus kam es zwischen 1946 und 1949 nur vereinzelt. Das hatte verschiedene Ursachen. Industrielle, deren Produktionsstätten durch alliierte Luftangriffe oder durch Kampfhandlungen der Bodentruppen in Mitleidenschaft gezogen worden waren, ließen die entstandenen Schäden beheben. Dabei bemühten sie sich, das Niveau des technischen Zustandes vor der Zerstörung wieder herzustellen. Ähnlich verhielt es sich bei teilweise demontierten Unternehmen.

Das Beseitigen von Folgen der faschistischen Kriegswirtschaft ist als eine weitere Ursache für Veränderungen in der organischen Zusammensetzung des Kapitals anzusehen. Mit der Wiederbelebung der Industrieproduktion war auch die Eröffnung der im Krieg stillgelegten Betriebe bzw. die Wiederaufnahme der traditionellen Produktion in Betrieben, die während des Krieges ein anderes Produktionsprofil erhalten hatten, einhergegangen. Die Unternehmer ließen in den Produktionsstätten die bis dahin eingelagerten Produktionsmittel wieder aufstellen. Das traf besonders auf privatkapitalistische Unternehmen der Textilindustrie zu.[18]

Gelegentlich kam es auch zu technischen Veränderungen. So bewirkte Brennstoffmangel in Textilfabriken Thüringens den Einsatz von Elektromotoren, weil die Dampfmaschinen nicht betrieben werden konnten.[19]

17 LV-104, S. 74f. (Goedecke)
18 LV-120 (Holfter)
19 LV-120, S. 39 (Holfter)

Im Zusammenhang mit den Veränderungen im technisch-technologischen Zustand muß auch darauf verwiesen werden, daß seit dem Herbst 1945 eine größere Anzahl privatkapitalistischer Unternehmen neueröffnet wurde.[20] Das hatte verschiedene Gründe. Umgesiedelte Unternehmer versuchten, sich in den Orten, in denen sie sich niederließen, eine neue Existenz aufzubauen. Die starke Regionalisierung des Wirtschaftslebens jener Zeit, durch die die traditionellen arbeitsteiligen Beziehungen unterbrochen waren, förderte das Etablieren von Unternehmern in Branchen, die in der jeweiligen Region nicht vertreten waren. Oftmals erhofften sich die demokratischen Verwaltungen durch die Zulassung solcher Privatunternehmen bessere Arbeitsmöglichkeiten für die Bevölkerung.

Für die Kapitalverwertung spielte die Auftragslage der Firmen und ihre Versorgung mit Elektroenergie, Brennstoffen, Rohmaterialien, Ersatzteilen usw. eine entscheidende Rolle. Darüber hinaus konnten Unternehmen, wenn sie dafür die Voraussetzungen hatten, noch andere Erzeugnisse produzieren. Ein Teil der Privatfirmen, zumeist von geringer volkswirtschaftlicher Bedeutung, stand außerhalb des Beauflagungssystems. Sie bemühten sich, Erzeugnisse herzustellen, die nicht der Bewirtschaftung und keinem Herstellungsverbot unterlagen.

Die Privatindustrie konnte ihre Produktionskapazitäten in der Regel weder vollständig noch kontinuierlich ausschöpfen. Eine der Ursachen dafür war der Mangel an Elektroenergie und Brennstoffen. In den Wintermonaten kam – häufig für einen längeren Zeitraum – die Produktion gänzlich zum Erliegen. In Zweigen, deren Produktion auf Roh- und Hilfsstoffen basierte, die nicht in der sowjetischen Besatzungszone vorkamen oder produziert wurden, das traf insbesondere auf die Baumwolle verarbeitende Textilindustrie zu, herrschte eine starke Diskontinuität der Produktion. Wenngleich vor allem die Textilindustrie durch mit Rohstofflieferungen verbundene Aufträge sowjetischer Dienststellen beschäftigt wurde, verteilten sich diese Aufträge nicht gleichmäßig über das Jahr. Es gab Zeiten, in denen selbst Rohstoffe fehlten, um die Produktionsauflagen zu erfüllen. Dafür sollen zwei Beispiele gegeben werden.

In Sachsen war 1946 die Kapazität der Textilindustrie nur zu 50 Prozent ausgelastet.[21] Die Thüringer Bekleidungsindustrie konstatierte im selben Jahr eine Nutzung der Kapazität von 30 Prozent.[22] Die großen Unterschiede in der Auftragslage der einzelnen Quartale belegen die Angaben über die Bekleidungsindustrie Thüringens. 1947 belief sich die Produktion der thüringischen Bekleidungsunternehmen im I. Quartal auf 9684000 RM, im II. Quartal auf 10806000 RM, im III. Quartal auf 1361600 RM und schließlich im IV. Quartal auf 15591000 RM.[23]

Anders verhielt es sich bei den Industriezweigen, die ihre Produktion vornehmlich auf einheimische Rohstoffe gründeten. Die in der Holz-, Glas-, Keramik- und Baustoffindustrie angesiedelten Privatfirmen konnten, wenn die Energie- und Brennstoffversorgung einigermaßen gesichert war, ihre Kapazität weitgehend nutzen.

Es war aber nicht nur die Differenz zwischen Produktionskapazität und tatsäch-

[20] Die eingehende Darstellung der starken Bestrebungen in der sowjetischen Besatzungszone neue industrielle Privatunternehmen zu gründen kann hier aus Platzgründen nicht erfolgen.

[21] AV-114 (StAD, LR, MP, Nr. 1855)

[22] LV-104, S. 96 (Goedecke)

[23] LV-104, S. 69 (Goedecke)

licher Produktion, die die Ökonomie in der Anwendung des konstanten Kapitals beeinträchtigte, sondern es spielte dabei auch die z. T. mindere Qualität der verfügbaren Arbeitsgegenstände und -mittel eine Rolle. Die kapitalistischen Unternehmer sahen sich gezwungen, Arbeitsgegenstände bearbeiten zu lassen, die nicht den technologischen Gegebenheiten entsprachen. Dadurch wurden die Arbeitsmittel stärker beansprucht, die Produktionszeit verlängerte sich usw. Ähnliche Folgen brachte der Zwang mit sich, bestimmte Arbeitsmittel zu verwenden, die nicht dem technologischen Prozeß gemäß waren. Das betraf u. a. alle Unternehmen, die Steinkohle oder gar Steinkohlenkoks durch Braunkohlenerzeugnisse ersetzen mußten.

Die vielfältigen Wirkungen, die sich aus den genannten Umständen auf die Ökonomie der Produktionsmittel ergaben, fanden im kapitalistischen Kostpreis der Waren ihren Niederschlag. Besonders die Arbeitsgegenstände veränderten im Untersuchungszeitraum die Kostenstruktur. Die Industriellen waren, um die erforderlichen Materialien zu beschaffen, oftmals gezwungen, Preise zu zahlen, die weit über die Stopppreise von 1944 hinausgingen. Häufig waren Arbeitsstoffe überhaupt nicht gegen Geld zu erhalten, sondern mußten auf dem Wege des Naturaltausches beschafft werden.

Die Struktur des kapitalistischen Kostpreises der Waren wurde aber auch durch das veränderte Tarifsystem beim Eisenbahntransport beeinflußt. Die SMAD hatte die Vorzugstarife für die Industrie abgeschafft. Dadurch mußten Unternehmen, die große Mengen von Roh- und Hilfsstoffen anzutransportieren bzw. Fertigwaren abzutransportieren hatten, erhebliche Transportgebühren entrichten. Höhere Kosten entstanden auch durch die mangelhafte Qualität der Arbeitsgegenstände.[24]

Beeinflußt wurde die Ökonomie in der Anwendung des konstanten Kapitals nicht unwesentlich vom kulturell-technischen Niveau der Arbeiter in den privatkapitalistischen Unternehmen. Von ihm hingen sowohl der sachkundige Umgang mit dem Produktionsapparat als auch die Einhaltung der technologisch bedingten Produktionszeit, die zweckmäßige Verwendung der Arbeitsgegenstände und anderer Produktionsstoffe ab. Jede Unzulänglichkeit in der Qualifikation schlug sich negativ im kapitalistischen Kostpreis der Waren nieder.

Hinsichtlich der Umschlagsgeschwindigkeit des Kapitals, eines weiteren die Profitrate beeinflussenden Faktors, lassen sich wegen der Begrenztheit des Untersuchungszeitraums keine sicheren Aussagen treffen.

In dem hier behandelten Entwicklungsabschnitt der privatkapitalistischen Industrie gab es in der Unternehmerschaft zahlreiche Kräfte, deren Wirken mehr oder weniger bewußt auf eine wenn auch mit Widersprüchen behafteten Grundtendenz zur Mitgestaltung der antifaschistisch-demokratischen Verhältnisse hinauslief. Es kam jedoch auch immer wieder vor, daß Unternehmer sich nicht mit den ihnen gezogenen Grenzen abfinden wollten, gegen die antifaschistisch-demokratische Ordnung Front machten und in das restaurative Lager abschwenkten.

Bereits bei der Darstellung verschiedener die Profitrate bestimmender Faktoren konnte festgestellt werden, daß die Unternehmer das die Entwicklung der privatkapitalistischen Industrie lenkende staatliche System zu durchbrechen suchten. Das galt vor allem den das Profitstreben beschränkenden Elementen in diesem System,

[24] AV-127 (StAW, LTh, MWA, Nr. 260)

denen die Kapitalisten auszuweichen oder deren Wirkungen sie mehr oder weniger offen zu begegnen bestrebt waren.

Eine wirkungsvolle Methode bei der Realisierung dieser Bestrebungen bestand im Mißbrauch der Produktionsauflagen. Diese waren darauf gerichtet, eine möglichst hohe Auslastung der Produktionskapazität zu erreichen und Erzeugnisse von volkswirtschaftlicher Bedeutung zu produzieren. Die den Unternehmern erteilten Aufträge fixierten in erster Linie die Höhe der Produktion, weniger das zu erzeugende Sortiment. Das traf besonders auf die Konsumgüterindustrie zu. Die Belieferung der Unternehmen mit Roh- und Hilfsstoffen richtete sich nach der Höhe der Auflage. Dieser Sachverhalt wurde von Unternehmern im Profitinteresse ausgenutzt, indem wohl die vorgegebene Menge an Erzeugnissen geliefert, aber die Qualität nicht eingehalten und das volkswirtschaftlich notwendige Sortiment nicht beachtet wurde. Das auf diese Weise erwirtschaftete Material fand dann für Erzeugnisse Verwendung, die von den Unternehmern zumeist auf dem schwarzen Markt realisiert wurden. Erst 1948 versuchten die demokratischen Staatsorgane, durch eine genauere Sortimentsvorgabe und durch Qualitätskontrollen diesen Praktiken einen Riegel vorzuschieben.

Die Verletzung der Preisvorschriften war eine weitere, sehr verbreitete Methode, um die dem Profitstreben entgegenstehenden Grenzen zu verändern.

Ein besonderes Feld, auf dem Privatkapitalisten einen beharrlichen und zeitweilig erfolgreichen Kampf gegen das staatliche Lenkungssystem führten, war das Steuerwesen. Alle dabei angewandten Methoden zielten darauf ab, dem Staatshaushalt die festgesetzten Steuern gänzlich oder zu einem erheblichen Teil vorzuenthalten.

Um aber die Hartnäckigkeit zu verstehen, mit der die Unternehmer diesen Steuerwiderstand leisteten, muß auf die Veränderungen in der Steuergesetzgebung durch den Alliierten Kontrollrat 1945/46 verwiesen werden. Danach stieg die Einkommenssteuer um 35 Prozent. Die Körperschaftssteuer wurde dahingehend geändert, daß der Steuertarif progressiv zwischen 17 und 20 Prozent angehoben wurde. Unterschiede in sozialökonomischer Hinsicht wurden nicht gemacht; kleine und mittlere Unternehmen waren gleichermaßen betroffen.[25]

Begünstigt, wenn nicht gar angeregt, wurde die Mißachtung der Steuergesetze durch die im Finanz- und Steuerwesen der Länder und Provinzen zunächst bestehenden Verhältnisse. In den ersten Jahren der antifaschistisch-demokratischen Umwälzung besaß die Arbeiterklasse noch nicht die Kraft zu grundlegenden Veränderungen. Bourgeoise Kräfte beherrschten das Finanz- und Steuerwesen. Sie nutzten ihre Position aus, um dem gesellschaftlichen Umwälzungsprozeß entgegenzuwirken. Davon profitierten die privaten Industrieunternehmer, die von den zuständigen Organen nicht zur Einhaltung ihrer Pflicht gegenüber dem demokratischen Staat angehalten und zuweilen sogar zur Pflichtverletzung ermuntert wurden.[26]

Im Verlaufe des Jahres 1948 erschöpfte sich die Funktionstüchtigkeit verschiedener Elemente im staatlichen System der Lenkung der privatkapitalistischen Industrie. Es waren vor allem die Beauflagung und das daran geknüpfte Kontingentierungswesen, die dem gesellschaftlichen, insbesondere aber dem ökonomischen Fortschritt in der sowjetischen Besatzungszone nicht mehr gerecht wurden. Nun, als die Wirtschaft in der sowjetischen Besatzungszone in eine Planwirtschaft hinüberzuwachsen

25 LV-126, S. 48 (Kahle)
26 LV-126, S. 59ff. (Kahle)

begann, der Produktionsumfang erheblich zunahm und sich die volkseigene Industrie konstituiert hatte, mußte das gültige Beauflagungs- und Kontingentierungssystem zu einer hemmenden Institution werden. Es entstand die reale Gefahr, daß sich das System der Lenkung der privatkapitalistischen Industrie insgesamt in einen bürokratischen Dirigismus verwandelte. Wenn es in der außergewöhnlichen Lage der ersten Nachkriegszeit aus vielen Gründen gerechtfertigt war, daß die demokratische Verwaltung verschiedene Funktionen des privatkapitalistischen Unternehmers übernommen hatte, wie das Hereinholen von Aufträgen und die Realisierung der erzeugten Waren auf dem Markt, so mußte dieser Zustand nun in verschiedener Hinsicht zu einem ernsten Hemmnis im gesellschaftlichen Wandlungsprozeß werden.

Der stärker werdende Drang der Unternehmerschaft, die sich in der sowjetischen Besatzungszone günstig gestaltende Wirtschaftslage zur Entwicklung ihrer Betriebe zu nutzen, wäre durch ein Beibehalten des gegebenen Lenkungssystems zu einem Zeitpunkt, an dem der Produktionsplan für das zweite Halbjahr 1948 realisiert und der Zweijahrplan unmittelbar vorbereitet wurde, auf unnötige Weise behindert worden.

In den bürgerlich-demokratischen Parteien, die sich auch als politische Anwälte der Privatkapitalisten verstanden, wurde der herangereifte Widerspruch ebenfalls reflektiert. Ein Beharren auf dem herrschenden Zustand mußte zu einer Entfremdung zwischen maßgeblichen Vertretern der bürgerlich-demokratischen Parteien und den demokratischen Staatsorganen führen. Auswirkungen auf die Beziehungen zwischen der SED und diesen Parteien wären dann unvermeidlich gewesen.

Die Folgen des konstatierten Widerspruchs verspürten auch die volkseigenen Betriebe, die aufgrund der Arbeitsteilung auf Zulieferungen aus der Privatindustrie angewiesen waren. Es ging nicht nur darum, daß die Produktionsauflage das gegebene Potential der Privatbetriebe nicht auszuschöpfen vermochte, sondern auch um den umständlichen Mechanismus in den Beziehungen zwischen den volkseigenen und den privatkapitalistischen Produktionsbetrieben.

Hinzu kam, daß der staatliche und der genossenschaftliche Handel eine wachsende Rolle in der sowjetischen Besatzungszone gewannen und quantitative wie qualitative Ansprüche an die private Konsumgüterindustrie stellten, die mit den bisherigen Methoden der Beauflagung nicht erfüllt werden konnten.

Unter den Kapitalisten verstärkte sich, ausgelöst durch die Unzufriedenheit mit dem bestehenden Zustand, eine Tendenz der Reserviertheit gegenüber den antifaschistisch-demokratischen Verhältnissen. Sie zeigte sich u. a. darin, daß, um ihre Interessen zu wahren, Unternehmer ihre Bestrebungen reaktivierten, Unternehmerorganisationen zu gründen.[27] Ein relativ kleiner, aber aktiver Kreis von Privatkapitalisten, der mit der Monopolbourgeoisie und ihren politischen Repräsentanten in Verbindung stand, förderte diese Tendenz nach Kräften. Von ihm gingen auch direkte Angriffe auf die Errungenschaften der antifaschistisch-demokratischen Umgestaltung aus. Die von den Textilfabrikanten im Raum Glauchau–Meerane verübten schweren Wirtschaftsverbrechen, die in einem Prozeß vor der Großen Strafkammer des Landesgerichtes Zwickau Ende 1948 nachgewiesen wurden, können als Ausdruck der feindlichen Haltung eines kleinen Teils der Unternehmerschaft gegen den gesellschaftlichen Fort-

27 LV-245 (Stoph)

schritt angesehen werden. Aus 13 Textilbetrieben wurden für über 8,5 Millionen DM hochwertige Textilien und rd. 1,2 Millionen Meter Stoffe durch einen illegalen Unternehmerring auf dem Schwarzen Markt, in die Westsektoren Berlins und in die westlichen Besatzungszonen verschoben und damit der Versorgung der Bevölkerung entzogen.[28]

Mit den Möglichkeiten, diesen immer deutlicher hervortretenden Widerspruch zwischen den veränderten ökonomischen Bedingungen in der sowjetischen Besatzungszone und dem System der Lenkung der privatkapitalistischen Industrie aufzuheben, befaßte sich die Führung der SED in der zweiten Hälfte des Jahres 1948.[29] Dabei war zu klären, auf welchem Wege einerseits die unternehmerische Initiative gefördert und auf die Ziele des Wirtschaftsplanes gelenkt werden könne und andererseits die von den ökonomischen Gesetzen der kapitalistischen Produktionsweise bewirkten störenden Einflüsse auf die Planwirtschaft zu begrenzen seien.

Die Lösung lag in der Gestaltung kommerzieller Beziehungen zwischen volkseigenen bzw. genossenschaftlichen Industrie- und Handelsbetrieben und privatkapitalistischen Industrieunternehmen. Sie traten an die Stelle der vom Wirtschaftsapparat der Länder den Privatfirmen erteilten Produktionsauflagen. In Verträgen wurde nun vereinbart, was und unter welchen kommerziellen Bedingungen der Privatbetrieb liefert. Auf der Grundlage dieser Verträge bezogen die privatkapitalistischen Unternehmen die erforderlichen Roh- und Hilfsstoffe. Durch dieses Vertragssystem kam es zu einer mittelbaren Einbeziehung der privatkapitalistischen Industrie in die Planwirtschaft.[30] Das wurde durch Maßnahmen, die im Rahmen der Kredit- und Steuerreform getroffen worden waren, gefördert. Diese 1949 eintretenden Veränderungen in den ökonomischen Bedingungen für die privatkapitalistische Industrie begünstigten vor allem kommerziell umsichtig geführte und leistungsstarke Unternehmen.

Zur Rolle der privatkapitalistischen Industrie in der antifaschistisch-demokratischen Umwälzung läßt sich zusammenfassend festhalten, daß sie einen bemerkenswerten Beitrag zum erfolgreichen Verlauf dieses revolutionären Prozesses geleistet hat. Er findet seinen konzentrierten Ausdruck im Anteil der Privatindustrie an der industriellen Bruttoproduktion, der sich 1947 auf 43,7, 1948 auf 39,0 und 1949 auf 31,5 Prozent belief.[31]

Hinter diesem hohen, wenn auch aufgrund des ökonomischen Wachstums der volkseigenen und SAG-Betriebe rückläufigen Anteil an der industriellen Bruttoproduktion, steht die bedeutende Leistung bei der Versorgung der Bevölkerung mit Konsumgütern, bei der Wiedergutmachung und bei der Belieferung der volkseigenen und SAG-Betriebe mit Halbzeugen und anderen Erzeugnissen. Ein erheblicher Teil der Exporterzeugnisse war von privatkapitalistischen Unternehmen hergestellt worden. Bedeutsam war des weiteren, daß die ökonomische Existenz der in diesen Unternehmen tätigen Industriearbeiter gesichert wurde. Das war eine wichtige Voraussetzung dafür, daß sie als Teil der Arbeiterklasse aktiv am demokratischen Neuaufbau mitwirken konnten. Nicht unerheblich war auch, daß die privatkapitalistischen Betriebe zur Heranbildung industrieller Facharbeiter beigetragen haben. Das geschah vornehmlich

[28] LV-219, S. 275 (Schöneburg u. a.)
[29] LV-1, S. 40 (Abraham)
[30] LV-1, S. 40 (Abraham)
[31] LV-254, S. 401 (Ulbricht)

in den Industriezweigen, in denen die volkseigene Industrie schwach vertreten war. Schließlich muß hervorgehoben werden, daß ein Teil der Privatkapitalisten eine ingenieurtechnische Ausbildung absolviert hatte. In den Betrieben dieser Unternehmer wurden Erzeugnisse von einem hohen technischen Niveau hergestellt.

TEIL II

Die sozialistische Umgestaltung der Industrie (1950 bis 1965)

KAPITEL 5

Die Industrie in der Wirtschaftsstrategie der SED

Am 12. Oktober 1949 gab Otto Grotewohl, Vorsitzender der SED und Ministerpräsident der am 9. Oktober gebildeten provisorischen Regierung der DDR, vor der provisorischen Volkskammer und vor dem deutschen Volk die erste Erklärung seiner Regierung ab.[1] Im wirtschaftspolitischen Teil dieser Erklärung machte Otto Grotewohl deutlich, daß sich seine Regierung von dem Ziel leiten ließe, alles zu tun, was zur Erhöhung des Lebensniveaus der Bevölkerung erforderlich ist. Er führte dazu aus: „Die Erreichung des Produktionsniveaus der Vorkriegszeit ist das erste Ziel, das wir uns gesetzt haben. Es ist, wenn ich es so ausdrücken darf, das Ziel der Beseitigung der schlimmsten Kriegsschäden, das Ziel des Wiederaufbaus der Wirtschaft. Der Neuaufbau muß weit über die Vorkriegsproduktion hinausgehen und das Lebensniveau der Bevölkerung beträchtlich verbessern."[2] Die Regierung der DDR betrachtete die auf die volkseigene Wirtschaft gegründete Wirtschaftsplanung, in der die Mitbestimmung des FDGB und anderer Massenorganisationen fest verankert war, als die Garantie für eine erfolgreiche Gesellschaftsentwicklung. Die wirtschaftspolitischen Aussagen in der Regierungserklärung verdeutlichen, daß in dem neuen Staatswesen der von der SED verfolgte Zusammenhang von Wirtschafts- und Sozialpolitik Leitlinie war.

Der sich konstituierende sozialistische Arbeiter- und Bauern-Staat markierte den Übergang von der antifaschistisch-demokratischen Umwälzung in die sozialistische Revolution.[3] Mit ihm war die politische Voraussetzung für die sozialistische Umgestaltung der Industrie gegeben, in deren Verlauf sich die sozialistische Produktionsweise im wesentlichen ausbildete und die sozialökonomischen Veränderungen in der privatkapitalistischen Industrie eingeleitet wurden. Die Herausbildung der sozialistischen Produktionsweise umfaßte sowohl das Entstehen von Produktionsverhältnissen, die vom gesellschaftlichen Eigentum an den industriellen Produktionsmitteln, von einer auf die Bedürfnisse des Volkes ausgerichteten Produktion, von Planmäßigkeit und von den Beziehungen der kameradschaftlichen Zusammenarbeit und der gegenseitigen Hilfe gekennzeichnet waren, als auch die von diesen Produktionsverhältnissen geprägten qualitativen Wandlungen in den industriellen Produktivkräften. Diese Umgestaltung war in den Entstehungsprozeß einer einheitlichen sozialistischen Volkswirtschaft eingebettet. Sie hing vom Fortschreiten der sozialistischen Revolution insgesamt ab.

1 LV-97, S. 218ff. (SED)
2 LV-108, S. 526 (Grotewohl)
3 LV-97, S. 221 (SED)

Der III. Parteitag der SED, der im Juli 1950 abgehalten wurde, leitete diesen sozialistischen Umgestaltungsprozeß der Industrie ein. Dafür war die vorfristige Erfüllung des Zweijahrplanes eine entscheidende Voraussetzung. Die Delegierten des Parteitages konnten konstatieren, daß die schlimmsten Kriegsfolgen überwunden waren und daß es aus eigener Kraft gelungen war, in den Hauptindustrien den Vorkriegsstand der Produktion zu erreichen. Lediglich im Steinkohlenbergbau und in der Schwarzmetallurgie war dieses Ziel noch nicht erreicht worden.[4] Sie stimmten nach einer eingehenden Debatte dem vom ZK der SED unterbreiteten Beschluß „Der Fünfjahrplan zur Entwicklung der Volkswirtschaft der Deutschen Demokratischen Republik (1951 bis 1955)" zu, in dem die in der Anfangsphase der sozialistischen Umgestaltung der Industrie zu lösenden Aufgaben festgehalten waren.[5] Der Beschluß stellte das Ziel, die industrielle Bruttoproduktion bis 1955 auf 190 Prozent des Standes von 1950 zu steigern. Dieses allgemeine Wachstum der industriellen Bruttoproduktion sollte von dem der volkseigenen Industrie mit einer Steigerung auf 203 Prozent noch übertroffen werden. Der Beschluß sah für die Industrie eine Investitionssumme von 14,1 Milliarden Mark vor. Die Arbeitsproduktivität in der Industrie war auf 160 Prozent zu steigern. In der volkseigenen Industrie sollten die Selbstkosten gegenüber dem Jahre 1950 um 23 Prozent gesenkt werden.

Diese Industrieentwicklung basierte auf einem vollständigen Ausschöpfen der gegebenen Produktionsbedingungen und dem Aus- und Aufbau von Produktionskapazitäten, die erforderlich waren, um den industriellen Reproduktionsprozeß zu schließen. Das spiegelte sich auch in den Vorgaben für das Wachstum der industriellen

Tabelle 57
Die im Fünfjahrplan für 1951 bis 1955 vorgesehene Entwicklung der industriellen Bruttoproduktion (1950 = 100)

Industriezweig	1955
Energiewirtschaft	177
Bergbau	194
Metallurgie	237
Maschinenbau	221
Elektrotechnik	196
Feinmechanik und Optik	239
Chemie	182
Steine und Erden	180
Holzbearbeitung	118
Textilindustrie	201
Leichtindustrie	176
Zellstoff und Papier	149
Lebensmittelindustrie	187

Quelle: LV-50, S. 133f. (SED-Dokumente III)

4 LV-50, S. 131 (SED, Dokumente III)
5 Die folgenden Angaben in: LV-50, S. 133ff. (SED, Dokumente III)

Bruttoproduktion in den einzelnen Industriezweigen wider, die in der Tabelle 57 aufgeführt sind.

Diese Produktionsziele für die einzelnen Industriezweige wurden nun weit stärker als im Zweijahrplan von der Notwendigkeit bestimmt, Wirkungen, die von den aus der Spaltung der deutschen Wirtschaft resultierenden Disproportionen in der Industrie der DDR ausgingen, abzumildern. Die Unterschiede im Anteil der in der DDR angesiedelten Betriebe an dem vom jeweiligen Industriezweig in Deutschland realisierten Gesamtumsatz gingen aus der Tabelle 10 schon deutlich hervor. Bei der Bewertung dieser Angaben ist zu beachten, daß in den Jahren der faschistischen Rüstungs- und Kriegswirtschaft die Produktionsmittelindustrie, die ihren Standort vornehmlich in West- und Süddeutschland hatte, stark erweitert wurde.

Die im Beschluß des III. Parteitages der SED fixierten Ziele der wirtschaftlichen Entwicklung lagen dem von der Volkskammer der DDR am 1. November 1951 beschlossenen Gesetz über den Fünfjahrplan zugrunde.[6]

Im Gefolge des III. Parteitages der SED traf die Regierung der DDR eine Reihe von wirtschaftspolitischen Entscheidungen, durch die es zu wesentlichen Veränderungen in dem die Produktionsverhältnisse auszeichnenden Geflecht von ökonomischen Beziehungen kam.[7] Diese Veränderungen betrafen den Ausbau der Organisation, Leitung und Planung der volkseigenen Industrie, die ökonomische und rechtliche Stellung der Werktätigen in den volkseigenen Betrieben, die Förderung der Masseninitiative und der wissenschaftlichen Arbeit sowie die ökonomischen Beziehungen zwischen den Produzentenkollektiven.

Die Fortschritte, die in den frühen 50er Jahren auf den verschiedenen Gebieten des gesellschaftlichen Umgestaltungsprozesses erreicht wurden, gestatteten es den Delegierten der im Juli 1952 abgehaltenen 2. Parteikonferenz der SED die Aufgabe zu stellen, in der DDR die Grundlagen des Sozialismus planmäßig aufzubauen.[8] Diese Entscheidung gab der sozialistischen Umgestaltung der Industrie einen starken Impuls und schuf für sie zugleich günstige gesamtgesellschaftliche Bedingungen.

Der Übergang zum planmäßigen Aufbau der sozialistischen Grundlagen mobilisierte die Gegner dieses revolutionären Prozesses. Vornehmlich die westdeutsche Monopolbourgeoisie dehnte durch die vielfältigsten Methoden und Formen den Wirtschaftskrieg gegen die DDR aus. Sie verschärfte die Embargo- und Boykottpolitik, führte einen allseitigen Handelskrieg, diskriminierte die DDR auf dem kapitalistischen Weltmarkt, ließ Sabotage und Wirtschaftsspionage treiben und warb gezielt Facharbeiter, Ingenieure und Wissenschaftler aus der DDR ab.[9] Bei diesen Aktivitäten wurde sie von einem kleinen Teil der Kapitalisten in der DDR unterstützt.[10]

In Abwehr dieses bedrohlich werdenden imperialistischen Einflusses wurde in Überbewertung des Bewußtseinsstandes der Arbeiterklasse und des Reifegrades der sozialistischen Umgestaltung der Industrie das Tempo des schwerindustriellen Aufbaus zu Lasten der Konsumgüterproduktion forciert. Zugleich kam es zu dem Versuch, die den entstehenden sozialistischen Produktionsverhältnissen innewohnenden Po-

6 LV-101, S. 973ff. (Gbl. DDR I/51)
7 Vgl. Kapitel 6 der vorliegenden Arbeit.
8 LV-197, S. 492 (Protokoll 2. Parteikonferenz SED)
9 LV-165, S. 326 (Nakath/Prokop); LV-164, S. 303 (Nakath)
10 Vgl. Kapitel 6 der vorliegenden Arbeit.

tenzen rascher zu erschließen. Das betraf vor allem die Schaffung verbesserter Wirkungsbedingungen für die Ausnutzung des Gesetzes der Ökonomie der Zeit und des Wertgesetzes auf der Grundlage sozialistischer Eigentumsverhältnisse.

Die eingeleiteten Maßnahmen zielten darauf ab, die gewachsene technische Zusammensetzung des industriellen Produktionsprozesses stärker als bisher auch in den Arbeitsnormen sowie Material- und Energienormen zum Ausdruck zu bringen. Diese, unter der Losung „Neue Technik, neue Normen" getroffenen Entscheidungen waren jedoch mit der Mehrheit der in den volkseigenen Betrieben Beschäftigten nicht genügend vorbereitet worden. Ihre Durchsetzung erfolgte in vielen Fällen noch formal. Spezifische Gegebenheiten, die für eine differenzierte Arbeit mit den Normen ausschlaggebend waren, wurden nicht ausreichend berücksichtigt. Das zeigte sich insbesondere bei der überstürzt und weitgehend ohne Mitwirkung der Arbeiter im Frühjahr 1953 vollzogenen Erhöhung der Arbeitsnormen um durchschnittlich 10 Prozent, in einigen Industriezweigen sogar um 30 Prozent.

Die aus dieser Entwicklung seit Herbst 1952 erwachsenden und sich im Frühjahr 1953 zuspitzenden ökonomischen und sozialen Widersprüche, die das Gesellschaftssystem in der DDR zu destabilisieren begannen, veranlaßten die Parteiführung der SED am 9. Juni 1953 zu einer Korrektur ihrer Wirtschaftspolitik, die sich in den entsprechenden Entscheidungen der Regierung der DDR vom 12. Juni 1953 und weiteren daraus abgeleiteten Maßnahmen niederschlug.[11]

Im Gefolge des veränderten wirtschaftspolitischen Kurses der SED trat eine Konsolidierung der bisherigen Ergebnisse der sozialistischen Umgestaltung ein. Dabei kam dem IV. Parteitag der SED, der Ende März/Anfang April 1954 tagte, eine besondere Rolle zu, weil auf ihm die bei der Realisierung des Fünfjahrplanes gesammelten Erkenntnisse verallgemeinert und die in der Konsolidierungsphase zu lösenden Aufgaben auf eine sehr umfassende Weise bestimmt wurden.[12]

Es war ein Kennzeichen dieser Phase, daß sich die SED sehr eingehend mit der Wirkungsweise der ökonomischen Gesetze des Sozialismus befaßte. Die im November 1954 abgehaltene 21. Tagung des ZK der SED analysierte den Reifegrad der für das Wirken dieser Gesetze bestehenden Bedingungen und die Hemmnisse, die deren bessere Ausnutzung behinderten. Die aus dieser Analyse gezogenen und in den folgenden Kapiteln eingehender behandelten Schlußfolgerungen ermöglichten es, daß die ökonomischen Gesetze des Sozialismus stärker als bisher als Triebkräfte des ökonomischen Fortschritts wirkten.[13]

In dieser Konsolidierungsphase gewannen die sozialistischen Produktionsverhältnisse einen Reifegrad, der dem Niveau der aus dem Kapitalismus überkommenen Entwicklung der industriellen Produktivkräfte entsprach. Die sozialistischen Produktionsverhältnisse waren zur Entwicklungsform der gesellschaftlichen Produktivkräfte herangereift. In dem Maße, in dem sich das System dieser Verhältnisse formierte, wurde deutlich, daß ihr volles Ausreifen nur auf der Grundlage eines höheren Entwicklungsniveaus der industriellen Produktivkräfte möglich war. Von dieser Einsicht geleitet, entwarf die SED im Laufe des Jahres 1955 ein weitreichendes Konzept für eine grundlegende Veränderung in den industriellen Produktivkräften, die aus der un-

[11] LV-136, S. 428ff. (SED, Dokumente IV); LV-52, S. 449ff. (SED, Dokumente IV)
[12] LV-198, S. 68ff. (Protokoll IV. Parteitag SED)
[13] LV-260 (21. Tagung ZK SED)

mittelbaren Verbindung der wissenschaftlich-technischen Arbeit und der industriellen Produktion resultieren sollte.

Auf der 23., 24. und 25. Tagung des ZK der SED wurden die Richtungen in der weiteren Entwicklung der industriellen Produktivkräfte erörtert.[14] Gleichzeitig entstand in der SED auch darüber Klarheit, welche Voraussetzungen in den Produktionsverhältnissen zu schaffen seien, damit diese Richtungen zum Tragen kommen konnten.

Die zwischen 1953 und 1955 erarbeiteten Entwicklungslinien zur weiteren sozialistischen Umgestaltung der Industrie fanden einen ersten zusammenfassenden Ausdruck in der Direktive der SED zum Fünfjahrplan für die Jahre 1956 bis 1960, die von den Delegierten der 3. Parteikonferenz der SED im März 1956 beraten und beschlossen wurde.[15]

Die Zielsetzung des zweiten Fünfjahrplanes fußte auf dem im wesentlichen realisierten ersten Fünfjahrplan. Die industrielle Bruttoproduktion hatte sich gegenüber der des Jahres 1936 verdoppelt. Die Bruttoproduktion der volkseigenen Industrie lag im Jahre 1955 mit 85 Prozent um 8 Prozent höher als 1950. Die Arbeitsproduktivität war nicht auf die beabsichtigte Höhe gesteigert worden. Die Ursachen dafür lagen in der diskontinuierlichen Produktion der volkseigenen Betriebe, in den erheblichen Stillstands- und Wartezeiten und auch darin, daß wichtige Industriezweige wie die Energie- und Brennstoffindustrie, die Metallurgie, die Chemie und die Baustoffindustrie hinter den volkswirtschaftlichen Erfordernissen zurückgeblieben waren.[16]

Die Direktive der 3. Parteikonferenz setzte das Ziel[17], die industrielle Bruttoproduktion bis 1960 auf wenigstens 150 Prozent anzuheben. Sie stellte die Aufgabe, die Bruttoproduktion der zentralgeleiteten volkseigenen Betriebe auf 162 Prozent und der örtlich geleiteten volkseigenen Betriebe auf 154 Prozent zu steigern. Die Arbeitsproduktivität in der Industrie sollte auf mindestens 150 Prozent erhöht werden. Die Selbstkosten in der volkseigenen Industrie waren um mehr als 20 Prozent zu senken. Die für die Industrie vorgesehenen Investitionen hatten einen Umfang von 22,9 Milliarden Mark. Als Hauptaufgaben für die Industrie im zweiten Fünfjahrplan wurden in der Direktive der vorrangige Ausbau der Energieerzeugung, der Brennstoffindustrie, der Baustoffindustrie und einiger Zweige der chemischen Industrie sowie das Anheben des technischen Niveaus im Maschinenbau genannt. Dabei sollte die industrielle Bruttoproduktion der Produktionsmittelindustrie um 60 Prozent und die der Konsumtionsmittelindustrie um 40 Prozent steigen. Ausdrücklich verwies die Direktive auf die Notwendigkeit, die planmäßige Leitung und Lenkung der Volkswirtschaft zu verbessern und die schöpferische Aktivität der werktätigen Massen darauf zu richten, daß die Arbeitsproduktivität auf der Grundlage des technischen Fortschritts ständig und schnell steigt, daß die Normen für den Verbrauch von Material gesenkt werden und daß die wirtschaftliche Rechnungsführung besser als bisher angewandt wird. Erstmals waren die in der Direktive für den zweiten Fünfjahrplan festgehaltenen Kennziffern der industriellen Entwicklung mit den anderen RGW-Staaten abgestimmt.[18]

[14] Vgl. Kapitel 7 der vorliegenden Arbeit
[15] LV-68, S. 789 (SED, Dokumente VII)
[16] LV-68, S. 790ff. (SED, Dokumente VII)
[17] Die folgenden Angaben in: LV-68, S. 793ff. (SED, Dokumente VII)
[18] LV-73, S. 301 (Doernberg)

Die ökonomischen Folgen der sich im Herbst 1956 erneut äußerst zuspitzenden internationalen Klassenauseinandersetzung erschwerten es den Werktätigen der DDR, den Volkswirtschaftsplan für das Jahr 1956 in allen Positionen zu erfüllen. Die Industrieproduktion blieb mit 98 Prozent unter dem Planziel, weil wichtige Lieferungen aus sozialistischen Ländern ausblieben.[19]

In Erwägung, daß die materiell-technische Versorgung der Industrie auch 1957 sehr angespannt bleiben würde, empfahl die SED, die Produktionsziele im Volkswirtschaftsplan 1957 niedriger anzusetzen als in der Direktive zum zweiten Fünfjahrplan vorgesehen.[20] Im Verlaufe des Jahres 1957 und im ersten Halbjahr 1958 gelang es, von der Volkswirtschaft der UdSSR stark unterstützt, den 1956 eingetretenen Rückstand teilweise aufzuheben.[21]

Damit fand die Konsolidierungsphase der sozialistischen Umgestaltung der Industrie ihren Abschluß. Es begann die von der 3. Parteikonferenz der SED vorbereitete Phase, in der diese Umgestaltung im wesentlichen vollendet wurde. Kennzeichen dafür waren die der Vervollkommnung der sozialistischen Produktionsverhältnisse dienenden Maßnahmen, die weitreichenden Entwicklungsprogramme zur qualitativen Wandlung industrieller Produktivkräfte und die sozialökonomischen Veränderungen in der privatkapitalistischen Industrie, die im Jahre 1956 mit der finanziellen Beteiligung des sozialistischen Staates an Privatbetrieben begonnen hatten.[22]

Der im Juli 1958 abgehaltene V. Parteitag der SED stellte das Ziel, in den nächsten Jahren den Übergang vom Kapitalismus zum Sozialismus in der DDR im wesentlichen abzuschließen.[23] Er umriß die Aufgaben, die dazu auf den verschiedenen Gebieten des gesellschaftlichen Lebens zu lösen waren. Die Delegierten des Parteitages nahmen eine gründliche Analyse des bisher erreichten Standes in der Herausbildung der sozialistischen Produktionsweise in der Industrie vor und legten in einem Beschluß das weitere Vorgehen bei der sozialistischen Umgestaltung der Industrie fest. Die daraus erwachsenden Aufgaben für die industrielle Entwicklung bezogen sich vor allem auf die Stabilisierung der stofflich-energetischen Basis, das Leistungswachstum der Grundstoffchemie auf der Grundlage von Erdöl und die Modernisierung des Ausrüstungsbestandes der metallverarbeitenden Industrie.

Die gesellschaftspolitische Zielsetzung des V. Parteitages, der günstige Verlauf der volkswirtschaftlichen Entwicklung, der für 1959 die Erfüllung des Gesetzes über den zweiten Fünfjahrplan in den wesentlichen Positionen erwarten ließ[24], und die enger werdenden ökonomischen Beziehungen zwischen den sozialistischen Ländern veranlaßten das ZK der SED nach Konsultationen mit der Führung der KPdSU zu dem Vorschlag, einen Plan der volkswirtschaftlichen Entwicklung für den Zeitraum von 1959 bis 1965 auszuarbeiten.[25] Im September 1959 lag der 6. Tagung des ZK der SED der Entwurf dieses Siebenjahrplanes zur Beratung vor.[26]

Am 1. Oktober 1959 gab die Volkskammer der DDR dem Gesetz über den Sieben-

19 LV-73, S. 335 (Doernberg)
20 LV-73, S. 335 (Doernberg)
21 LV-73, S. 342 (Doernberg)
22 Die ausführliche Darstellung in: Kapitel 6 und 7 der vorliegenden Arbeit.
23 LV-200, S. 1357ff. (Protokoll V. Parteitag SED)
24 LV-159, S. 306 (Müller/Reißig)
25 LV-53, S. 18 (Siebenjahrplan)
26 LV-137, S. 747 (SED, Dokumente VII)

jahrplan zur Entwicklung der Volkswirtschaft der DDR in den Jahren 1959 bis 1965 ihre Zustimmung.[27] Dieses Gesetz[28] stellte der Industrie die Aufgabe, ihre Bruttoproduktion bis 1965 auf 188 Prozent anzuheben. In dem unter zentraler Leitung stehenden Teil der volkseigenen Industrie sollte die industrielle Bruttoproduktion auf 196 Prozent und im örtlich geleiteten auf 174 Prozent anwachsen. Für die Arbeitsproduktivität war im Laufe des Siebenjahrplanes eine Steigerung auf 185 Prozent vorgesehen. Die volkseigene Industrie hatte ihre Selbstkosten um 25 Prozent zu reduzieren. Die Investitionen für die Industrie waren mit 60 Milliarden Mark veranschlagt. Es wurde als Hauptaufgabe des Siebenjahrplanes angesehen, durch schnelles Erreichen des wissenschaftlich-technischen Höchststandes die Arbeitsproduktivität und die Produktion in allen Volkswirtschaftszweigen bei steter Senkung der Kosten maximal zu erhöhen, um damit die materiell-technischen Voraussetzungen für den Sieg des Sozialismus zu schaffen und die wachsenden Lebensbedürfnisse der Bevölkerung immer besser zu befriedigen.

Aus dieser Hauptaufgabe leiteten sich die Bewegungsrichtungen der industriellen Produktivkräfte ab. Sie bestanden in der vorrangigen Entwicklung der Energiewirtschaft, der chemischen Industrie, der Elektrotechnik und jener Produktionszweige des Maschinenbaus, die für den technischen Fortschritt und für die Steigerung der Arbeitsproduktivität von entscheidender Bedeutung waren. Zugleich galt es in allen Zweigen der Industrie, die Produktion von hochwertigen Konsumgütern zu steigern. Diese Ausrichtung der Industrie spiegelt sich in der Tabelle 58 wider.

Tabelle 58
Die im Siebenjahrplan 1959 bis 1965 vorgesehene Entwicklung der industriellen Bruttoproduktion (1958 = 100)

Industrie/-bereich/-zweig	1965
Grundstoffindustrie	190
darunter	
Metallurgie	185
chemische Industrie	205
Baustoffindustrie	234
Metallverarbeitende Industrie	218
darunter	
Schwermaschinenbau	210
allgemeiner Maschinenbau	248
Elektrotechnik	266
Leichtindustrie	184
Lebensmittelindustrie	139

Quelle: LV-53, S. 171 (Siebenjahrplan)

Die SED betrachtete die Rekonstruktion der volkseigenen Industrie als das Herzstück der industriellen Entwicklung. Sie hatte ein Konzept entworfen, das die dialektischen Beziehungen zwischen den sozialistischen Produktionsverhältnissen und den

27 LV-53, S. 158 (Siebenjahrplan)
28 Die folgenden Angaben in: LV-53, S. 164ff. (Siebenjahrplan)

industriellen Produktivkräften in den Mittelpunkt stellte. Dieses Konzept wurde von der 5. Tagung des ZK der SED im Mai 1959 beraten und in einem Beschluß über die Aufgaben der sozialistischen Rekonstruktion festgehalten.[29]

Die mit dem Siebenjahrplan verfolgte Absicht, bis zur Mitte der 60er Jahre das Lebensniveau der Werktätigen in der DDR so anzuheben, daß es bei allen wichtigen Lebensmitteln und Konsumgütern über dem der Bürger der BRD liegt, wurde von dem erklärten Ziel des sozialistischen Aufbaus diktiert. Die Grundbedingung dafür aber war, auch das wurde erklärt, daß die Arbeitsproduktivität in der DDR höher als die in der Bundesrepublik sein muß.[30]

Dieser Absicht lag eine Fehleinschätzung der ökonomischen und sozialen Potenzen des monopolkapitalistischen Systems in der BRD und in anderen kapitalistischen Ländern ebenso zugrunde wie ein Überbewerten der realen Wirtschaftskräfte in der DDR und bei den Verbündeten. Die Monopolbourgeoisie nahm die Herausforderung der sozialistischen Staaten zum Wettbewerb auf ökonomischem Gebiet an und mobilisierte politische, ökonomische, soziale und militärische Mittel, um das rasche Voranschreiten des sozialistischen Aufbaus zu behindern. Besonders entschieden gingen dabei die Monopolbourgeoisie und ihre politischen Repräsentanten der Bundesrepublik vor. Sie aktivierten seit Mitte 1959 den Wirtschaftskrieg gegen die DDR. Dabei kam der Ende September erfolgten Aufkündigung des Abkommens über den Handel zwischen beiden deutschen Staaten, das seit 1951 in Kraft war, eine besondere Rolle zu.

Die sich zuspitzende politische Situation veranlaßte das ZK der SED auf seiner Tagung im Dezember 1960 zu Entscheidungen, die den sozialistischen Aufbau sicherten. Sie waren mit der UdSSR und den anderen sozialistischen Ländern abgestimmt. Auf ökonomischem Gebiet galt es, die Volkswirtschaft der DDR vom unmittelbaren Einfluß durch die BRD völlig unabhängig zu machen. In relativ kurzer Zeit gelang es, die industrielle Erzeugnisstruktur so zu gestalten, daß Rohstoffe, vornehmlich aber Halbzeuge und spezielle Produkte, die bisher aus der BRD oder aus anderen kapitalistischen Ländern importiert wurden, von der DDR-Industrie selbst hergestellt werden konnten. Dabei mußten erhebliche Schwierigkeiten überwunden und Abstriche in der Qualität und Effektivität der einschlägigen Produktion in Kauf genommen werden. Zugleich wurden die Wirtschaftsbeziehungen zu den sozialistischen Ländern, insbesondere zur UdSSR wesentlich erweitert und intensiviert.[32]

Die zur Wahrung der Souveränität der DDR unabdingbaren Maßnahmen beeinflußten zeitweilig das Wirtschaftsleben stark. Sie verzögerten die in Aussicht genommene Entwicklung der industriellen Produktivkräfte ebenso wie die volle Ausbildung der sozialistischen Produktionsverhältnisse. Es kam zu Disproportionen in der Volkswirtschaft der DDR, die sich auf das industrielle Wachstum negativ auswirkten. Solche Disproportionen bestanden zwischen dem geringer werdenden Anstieg der Arbeitsproduktivität und einer entschiedenen Zunahme der Löhne, zwischen dem Rückgang der Akkumulation und der wachsenden Konsumtion, der steigenden Kaufkraft der Bevölkerung und der zu geringen Warenmenge.[33]

29 LV-75, S. 652ff. (SED, Dokumente VII)
30 LV-53, S. 46f. (Siebenjahrplan). Vgl. auch Kapitel 8.
31 LV-164, S. 304ff. (Nakath)
32 LV-164, S. 325ff. (Nakath); LV-183, S. 134ff. (Prokop)
33 LV-183, S. 146 (Prokop)

Aber die seit Ende 1959 eintretenden Veränderungen in der industriellen Erzeugnisstruktur und die sich erweiternden Wirtschaftsbeziehungen zwischen der DDR und den anderen sozialistischen Ländern wurden zu einer wichtigen Voraussetzung dafür, daß die DDR im Bündnis mit der sozialistischen Staatengemeinschaft der im Frühjahr 1961 aufziehenden Gefahr einer militärischen Aggression gegen den ersten Arbeiter- und Bauernstaat auf deutschem Boden am 13. August 1961 wirkungsvoll begegnen konnte.[34]

Unmittelbar nach dem Schließen der Staatsgrenze der DDR nach Westberlin entfaltete die SED eine ökonomische Offensive, die zunehmend von einer Masseninitiative der Arbeiterklasse und der wissenschaftlich-technischen Intelligenz getragen wurde und unter der Bezeichnung Produktionsaufgebot in die Geschichte einging.[35] Es gelang, die ökonomische Unabhängigkeit der DDR von der BRD und anderen kapitalistischen Ländern weiter auszubauen, die Industrieproduktion zu stabilisieren und dem wissenschaftlich-technischen Fortschritt in der volkseigenen Industrie wieder die gebührende Aufmerksamkeit zuzuwenden. In diesem komplizierten Prozeß vollendete sich im wesentlichen die sozialistische Umgestaltung der Industrie in der DDR. Das gestattete es den Delegierten des VI. Parteitages der SED im Januar 1963 nicht nur festzustellen, daß in der DDR die sozialistischen Produktionsverhältnisse zum Siege geführt worden waren, sondern zugleich die Aufgabe zu stellen, den umfassenden Aufbau des Sozialismus in der DDR in Angriff zu nehmen.[36]

34 LV-97, S. 407ff. (SED)
35 LV-97, S. 420ff. (SED); LV-183, S. 146ff. (Prokop)
36 LV-201, S. 171, 194f. (Protokoll VI. Parteitag SED)

KAPITEL 6

Die Herausbildung der sozialistischen Produktionsverhältnisse in der Industrie

1. Das Wachstum des gesellschaftlichen Eigentums an den industriellen Produktionsmitteln, seine strukturelle Veränderung und der Strukturwandel in der Produzentenschaft

a) Wachstumsquellen des sozialistischen Eigentums

Die Herausbildung der sozialistischen Produktionsverhältnisse in der Industrie vollzog sich in zwei eng miteinander verflochtenen Prozessen. Zum einen wurden die in der antifaschistisch-demokratischen Umwälzung entstandenen sozialistischen Züge zum Wesen der volkseigenen Industrie und der SAG und zum zweiten erweiterte sich das Wirkungsfeld der sozialistischen Produktionsverhältnisse in der Industrie. Beide Prozesse basierten auf den sich herausbildenden sozialistischen Eigentumsverhältnissen, die in der Mehrung und strukturellen Veränderung des gesellschaftlichen Eigentums an den industriellen Produktionsmitteln ihren konzentrierten Ausdruck fanden.

Die qualitative und quantitative Entwicklung des gesellschaftlichen Eigentums an den industriellen Produktionsmitteln verlief im betrachteten Zeitraum auf verschiedenen Wegen. Der erste und hauptsächlichste Weg bestand in der Akkumulation in der volkseigenen Industrie und in den bis 1953 bestehenden SAG.

Die Umwandlung des privatkapitalistischen Eigentums durch die finanzielle Beteiligung des Staates an privaten Industriebetrieben bildete den zweiten Weg.

Ein dritter Weg ergab sich aus der Notwendigkeit, privatkapitalistische Betriebe in Volkseigentum zu übernehmen, die von ihren Eigentümern aus politischen, ökonomischen und persönlichen Gründen aufgegeben wurden oder deren Eigentümer gegen die sozialistischen Gesetze auf eine Weise verstoßen hatten, daß ihnen der Staat das Verfügungsrecht über ihr Vermögen entziehen mußte. Es war nur ein relativ kleiner und ökonomisch unbedeutender Teil von Industriebetrieben, der auf diesem Wege in Volkseigentum überging.

Das gesellschaftliche Eigentum an industriellen Produktionsmitteln bestand am Beginn der 50er Jahre in Form des Volkseigentums, des genossenschaftlichen Eigentums und des staatlichen sowjetischen Eigentums. Die Statistik registriert für Dezember 1950 das Bestehen von 5619 volkseigenen und 420 genossenschaftlichen Industriebetrieben.[1] Hinzu kamen 54 Betriebe der SAG, die bis Januar 1954 schrittweise in das Volkseigentum übergingen. 1952 übertrug die Regierung der UdSSR das Eigentums-

[1] LV-240, S. 126 (StJb 55)

recht über 21 und im Januar 1954 über die restlichen 33 SAG-Betriebe der Regierung der DDR. Durch die Übergabe der zuletzt aufgeführten Betriebe erhöhte sich das Vermögen der volkseigenen Industrie um 13,5 Milliarden Mark. Diese 33 Betriebe repräsentierten 12 Prozent der in der DDR erzeugten Industrieproduktion.[2]

Die Mehrung des Volkseigentums fand in Umfang und Struktur der Grundfonds, im Anteil der volkseigenen Betriebe am Nettoprodukt und in der Anzahl der in den volkseigenen Betrieben tätigen Arbeiter und Angestellten ihren Ausdruck. In den Jahren zwischen 1950 und 1963 diente ein erheblicher Teil des Nationaleinkommens zur Erweiterung der Grundfonds in der produktiven Sphäre der Volkswirtschaft (vgl. Tabelle 59).

Tabelle 59
Anteil des zur Erweiterung der Grundmittel im produktiven Bereich im Inland verwendeten Nationaleinkommens in effektiven Preisen 1950 bis 1963

Jahr	Anteil in Prozent	1950 = 100
1950	3,0	100
1955	5,1	296
1960	9,5	803
1963	9,6	863

Quelle: LV-240, S. 50 (StJb 66)

Um ein Bild davon zu vermitteln, wie sich in der volkseigenen Industrie die Grundfonds entwickelten, müssen verschiedene Angaben herangezogen werden. In der ersten Hälfte der 50er Jahre kam es in der zentralgeleiteten Industrie zu den in der Tabelle 60 angegebenen Veränderungen.

Tabelle 60
Entwicklung des Anlagefonds der zentralgeleiteten volkseigenen Industrie im Verlaufe des ersten Fünfjahrplans (1950 = 100) [1]

	1951	1953	1955
Industrie gesamt	108,6	170,8	259,3
darunter			
Schwerindustrie	109,7	186,7	309,2
Maschinenbau	115,3	170,9	251,5
Leichtindustrie	101,0	132,2	153,3

[1] in Anschaffungspreisen des jeweiligen Jahres

Quelle: LV-12, S. 226 (Arnold/Borchert)

Von 1950 bis 1955 wurde der Grundmittelbestand in der zentralgeleiteten volkseigenen Industrie um das Eineinhalbfache angehoben. Daran waren, wenn auch unterschiedlich, alle Industriebereiche beteiligt. Den größten Zuwachs verzeichnete die

[2] LV-170, S. 219 (Müller/Reißig)

Schwerindustrie. Die Grundfonds in der Leichtindustrie erweiterten sich nur geringfügig. Der Anteil der Industriebereiche am industriellen Grundmittelbestand, in denen das Volkseigentum vorherrschte, belief sich 1955 auf 63,3 Prozent. Wie sich dieser Anteil auf die Industriebereiche verteilte, geht aus der Tabelle 61 hervor.

Tabelle 61
Durchschnittlicher Grundmittelbestand in Industriebereichen 1955

Industriezweig	Grundmittel in Mill. Mark	Anteil bezogen auf die Gesamtindustrie (%)
Energie- u. Brennstoffindustrie	16434	21,0
Chemische Industrie	15333	19,7
Metallurgie	4001	5,1
Masch-. u. Fahrzeugbau	10602	13,6
Elektrotechnik/ Elektronik/Gerätebau	3056	3,9

Quelle: LV-240, S. 49 (StJb 70)

Für die Zeit von 1955 bis 1963 stehen uns keine gesonderten Angaben über die volkseigene Industrie zur Verfügung. Wir können aber durchaus die die gesamte Industrie erfassenden Daten als Belege für das Anwachsen der Grundfonds in der volkseigenen Industrie nehmen, wenn wir uns vornehmlich auf jene Bereiche und Zweige konzentrieren, in denen das Volkseigentum dominierte. Zwischen 1955 und 1963 erhöhte sich der industrielle Grundmittelbestand von 77264 auf 112672 Mio Mark.[3] Welche Veränderungen damit im Grundfondbestand der einzelnen Industriebereiche verbunden waren, läßt die Tabelle 62 erkennen.

Tabelle 62
Durchschnittlicher Grundmittelbestand in Industriezweigen 1960 und 1963 (1955 = 100)

Industriezweig	1960	1963
Energie- u. Brennstoffindustrie	136,3	172,0
Chemische Industrie	112,4	131,1
Metallurgie	132,1	161,8
Maschinenbau u. Fahrzeugindustrie	122,3	151,9
Elektrotechnik/Elektronik/Gerätebau	122,8	153,9
Industrie, gesamt	121,4	144,5

Quelle: Errechnet nach LV-240, S. 49 (StJb 70)

Der Vergleich zwischen dem Anwachsen der Grundfonds in der gesamten Industrie mit dem in den ausgewählten Zweigen zeigt, daß mit Ausnahme der chemischen Industrie alle Zweige eine überdurchschnittliche Zunahme der Grundfonds verzeichnen konnten. Das traf besonders auf die Brennstoff- und Energieindustrie sowie auf die

3 LV-240 (StJb 56–63)

Metallurgie zu und hat seine Ursachen vornehmlich in der wachsenden technischen Zusammensetzung der Fonds in diesen Zweigen. Von besonderem Gewicht ist für den hier betrachteten Zeitraum die starke Zunahme der Grundfonds in den beiden Bereichen der metallverarbeitenden Industrie am Beginn der 60er Jahre.

Darin drückt sich aus, daß das sozialistische Eigentum in den Industriebereichen erweitert wurde, von denen in einem hohen Maße die gesamte Entwicklung der sozialistischen Produktionsweise abhing. Dieser Sachverhalt schlug sich auch in der technischen Zusammensetzung der industriellen Fonds insgesamt nieder. In den 50er und frühen 60er Jahren vergrößerte sich, wie aus der Tabelle 63 hervorgeht, der durchschnittliche Grundmittelbestand je Beschäftigten stetig.

Tabelle 63
Durchschnittlicher Grundmittelbestand je Berufstätigen in Industriebereichen 1955 bis 1963 (ohne Lehrlinge) (in Mark)

Industriebereich	1955	1960	1963	Zuwachs 1963 zu 1955 in Prozent
Industrie, gesamt	30927	34350	40975	132,5
Energie- und Brennstoffindustrie	89584	113505	139285	155,5
Chemische Industrie	54887	56642	65207	118,8
Metallurgie	38217	47460	57805	151,3
Maschinen- u. Fahrzeugbau	17388	18658	22161	127,4

Quelle: LV-240, S. 49 (StJb 74)

Zwischen 1955 und 1963 veränderte sich der Anteil der ausgewählten Industriezweige am industriellen Grundmittelbestand weiter. Dabei erhöhte sich der Anteil der Energie- und Brennstoffindustrie überdurchschnittlich (vgl. Tab. 64).

Tabelle 64
Anteil ausgewählten Industriebereiche am durchschnittlichen Grundmittelbestand 1955 und 1963 (in Prozent)

Industriebereich	1955	1963	Veränderung
Energie- u. Brennstoffindustrie	21,1	25,1	+4,0
Chemische Industrie	19,7	17,8	−1,9
Maschinen- u. Fahrzeugbau	13,6	14,3	+0,7
Metallurgie	5,1	5,8	+0,7
Elektrotechnik/Elektronik/ Gerätebau	3,9	4,2	+0,3

Quelle: LV-240, S. 49 (StJb 70)

Die Angaben über die quantitative Beschaffenheit der Grundfonds in der volkseigenen Industrie belegen, daß sich in den 50er und frühen 60er Jahren das Wirkungsfeld des sozialistischen Eigentums erheblich ausgedehnt hatte.

Ein anderer Beleg dafür besteht im wachsenden Anteil der volkseigenen Industrie am industriellen Nettoprodukt. Die volkseigene Industrie erhöhte zwischen 1950 und

1963 ihren Anteil am Nettoproduktaufkommen von 11028 auf 42585 Millionen Mark, in effektiven Preisen gerechnet. Seit 1956 ist als ein Ausdruck des erweiterten Wirkungsfeldes des sozialistischen Eigentums noch der Anteil der Betriebe mit staatlicher Beteiligung hinzuzunehmen. Er belief sich 1960 auf 3652 und 1963 auf 5123 Millionen Mark.[4] Ferner ist der Anteil der genossenschaftlichen Industriebetriebe hinzuzurechnen. Er wird allerdings in der vorliegenden Statistik mit dem der Produktionsgenossenschaften des Handwerks zusammen ausgewiesen und ist darum nicht zu quantifizieren.

Ein Vergleich mit dem von der Industrie und dem produzierenden Handwerk zusammen erbrachten Nettoprodukt ergibt, daß die volkseigenen Betriebe, die Betriebe mit staatlicher Beteiligung seit 1960 eingeschlossen, 1950 66,2 und 1963 87,8 Prozent des industriellen Nettoprodukts erzeugten. (Vgl. Tabelle 65)

Tabelle 65
Aufkommen der volkseigenen Industrie und der Betriebe mit staatlicher Beteiligung am Nettoprodukt 1950 bis 1963 (in Mill. Mark)

Jahr	Industrie und produzierendes Handwerk	volkseigene Industrie		Betriebe mit staatlicher Beteiligung	
			Anteil (%)		Anteil (%)
1950	16643	11028	66,2	–	–
1955	32380	24481	75,6	–	–
1960	49087	38796	79,0	3652	7,4
1963	54325	42585	78,4	5123	9,4

[1] in effektiven Preisen
Quelle: LV-240, S. 43 (StJb 64)

Der starke Einfluß, den die staatliche Akkumulation auf die Ausweitung des gesellschaftlichen Eigentums in der Industrie und damit auf die Gestaltung der sozialistischen Produktionsweise hatte, soll nachfolgend an den Grundzügen der Investitionstätigkeit nachgewiesen werden. Uns stehen die Angaben über den Anteil der Industrie an den staatlichen Gesamtinvestitionen ab 1957 zur Verfügung. Sie sind in der Tabelle 66 wiedergegeben.

Tabelle 66
Anteil der Industrie und der Bauindustrie an den staatlichen Investitionen 1957 bis 1963

Jahr	Investitionen in Mill. Mark	Index	Anteil der Industrie in Prozent
1957	4469	100	51,7
1958	5277	118,1	53,9
1959	6215	139,1	54,6
1960	6889	154,2	56,5
1961	7380	165,1	57,8
1962	7394	165,5	56,6
1963	8570	191,8	59,8

Quelle: LV-240, S. 51 (StJb 66)

[4] LV-240, S. 40 (StJb 66)

Die Tabelle über die staatlichen Investitionen in der Industrie, die Bauindustrie eingeschlossen, zeigt zunächst an, daß sich die Proportionen in der Verteilung der staatlichen Investitionen bis 1963 erheblich zugunsten der Industrie verschoben. Wenn 1956 48,5 Prozent der staatlichen Investitionen in der Volkswirtschaft für die Industrie zur Verfügung standen, so waren es 1963 bereits 59,8 Prozent. Die in die Industrie investierte Summe erhöhte sich von 4469 im Jahre 1957 auf 8570 Millionen Mark im Jahre 1963.

Die in den 50er und frühen 60er Jahren in der Industrie eingesetzten staatlichen Investitionen dienten hauptsächlich dazu, den industriellen Reproduktionsprozeß im wesentlichen zu schließen und mit einer grundlegenden Modernisierung der Industrie und anderer volkswirtschaftlicher Bereiche zu beginnen. In der ersten Hälfte der 50er Jahre wurden die Investitionen vornehmlich dazu verwandt, die Grundproportionen in der Industrie herzustellen. Die Tabelle 67 vermittelt ein Bild vom tatsächlichen Investitionsaufwand, der in den Jahren 1952 bis 1955 in fünf ausgewählten Industriebereichen realisiert worden war.

Tabelle 67
Anteil der ausgewählten Industriebereiche an den in diesen Bereichen insgesamt eingesetzten Investitionsmitteln in den Jahren 1952 bis 1955 (in Prozent)

	1952	1953	1954	1955	1952–55
Energieindustrie	8,5	11,4	24,3	25,9	17,0
Kohlenindustrie	20,8	21,1	35,2	34,8	27,4
Metallurgie	29,3	29,9	13,5	9,6	21,2
Chemische Industrie	15,6	14,9	16,7	19,8	16,8
Maschinenbau	25,8	22,7	10,3	9,9	17,6

Quelle: Errechnet nach AV-32, Bl. 200 (ZStAP, E-1, Nr. 1701)

Es ist zu erkennen, daß, nimmt man die in den ausgewählten Bereichen investierten Mittel zusammen, in diesen Jahren die Kohlenindustrie und die Metallurgie den größten Teil erhielten. Die anderen Bereiche waren mit 16,8, 17,0 und 17,6 Prozent an diesen Investitionen beteiligt. Betrachtet man die Verteilung der Investitionen auf die einzelnen Jahre, dann zeigt sich, daß 1952/53 das Schwergewicht auf der Metallurgie und dem Maschinenbau lag. 1954/55 traten dann die Kohlenindustrie und die Energiewirtschaft in den Vordergrund. In den folgenden Jahren blieb, wie die Tabelle 68 ausweist, die Produktionsmittelindustrie Schwerpunkt im Investitionsgeschehen.

Das weitere Dominieren der Energie- und Brennstoffindustrie bei den Investitionen ist Ausdruck der Reaktion auf die nun hervortretenden Disproportionen zwischen der volkswirtschaftlichen Gesamtentwicklung einerseits und der zunehmenden Begrenztheit des Aufkommens an Elektroenergie und an Brennstoffen andererseits.

Andere Bereiche der Industrie erhielten mit zwei Ausnahmen einen im allgemeinen gleichbleibenden Anteil an den Investitionsmitteln. Die Ausnahmen betrafen die chemische Industrie, deren Investitionsmittel seit 1959/60 beachtlich anstiegen, und den Bereich Elektrotechnik/Elektronik/Gerätebau, dessen Investitionsmittel, wenn auch mit leichten Schwankungen, stetig zunahm. Die Investitionsmittelentwicklung dieser beiden Bereiche ist ein Zeichen dafür, daß seit der Mitte der 50er Jahre zunehmend

Tabelle 68
Anteil der Industriebereiche an den Investitionen in der Industrie 1955 bis 1963 (in Prozent)

Jahr	Energie u. Brennstoffindustrie	Chemische Industrie	Metallurgie	Baumaterialienindustrie	Wasserwirtschaft	Maschinen- u. Fahrzeugbau	Elektrotechnik/ Elektronik/Gerätebau	Leichtindustrie (ohne Textilindustrie)	Textilindustrie	Lebensmittelindustrie
1955	39,5	14,4	5,9	3,4	7,3	9,9	2,1	6,5	4,6	6,4
1956	39,7	13,7	6,3	4,4	6,6	11,7	3,5	4,8	4,0	5,4
1957	40,9	13,5	9,6	5,7	6,9	11,4	2,9	3,4	2,9	2,7
1958	44,7	13,7	6,3	6,0	6,7	10,8	2,8	3,3	3,1	2,8
1959	40,5	15,3	5,7	7,2	6,2	10,6	3,5	4,3	3,8	3,0
1960	38,5	18,3	5,6	4,8	6,5	10,7	3,7	5,6	3,4	2,9
1961	36,8	16,6	6,6	4,7	5,4	11,4	4,9	5,8	3,6	4,2
1962	36,5	18,5	6,9	4,6	5,6	10,8	4,8	5,3	3,0	4,1
1963	35,0	19,7	7,3	3,5	5,8	12,2	4,6	5,0	3,5	3,5

Quelle: LV-18, S. 19 (Baar)

den Erfordernissen des wissenschaftlich-technischen Fortschritts entsprochen wurde, dessen Einfluß auf die Industriestruktur sich besonders deutlich am Index der in diesen beiden Bereichen eingesetzten Investitionssumme zeigte (vgl. Tabelle 69).

Tabelle 69
Die Investitionen in ausgewählten Bereichen der Industrie 1956 bis 1963 (1955 = 100)

Jahr	Industrie, gesamt	Chemische Industrie	Maschinen- u. Fahrzeugbau	Elektrotechnik/ Elektronik/ Gerätebau
1956	130,5	124,8	153,4	220,0
1957	135,5	127,1	155,9	192,0
1958	149,2	141,9	162,3	206,7
1959	192,7	205,0	205,0	325,3
1960	218,8	278,3	235,5	397,3
1961	215,6	248,6	246,6	517,3
1962	226,1	291,8	246,0	524,0
1963	240,7	330,3	297,0	541,3

Quelle: LV-18, S. 19 (Baar)

Der Investitionsindex lag in den Jahren zwischen 1956 und 1963 beim Maschinen- und Fahrzeugbau und beim Bereich Elektrotechnik/Elektronik/Gerätebau stets und bei der chemischen Industrie teilweise über dem industriellen Durchschnitt.

Zusammenfassend läßt sich festhalten, daß das Investitionsgeschehen in den 50er und frühen 60er Jahren zu einer proportional gestalteten Grundstruktur der industriellen Produktion geführt hatte. Dabei zeichneten sich drei Phasen ab. In der ersten Phase, sie umfaßte den Zeitraum von 1950/52 bis 1954/55, wurden die Disproportionen in der industriellen Produktion, die durch die imperialistische Spaltung Deutschlands entstanden waren bzw. aus den Folgen des faschistischen Aggressionskrieges resultierten, abgebaut.

Die zweite, bis 1958/59 reichende Phase, war dadurch gekennzeichnet, daß neben die weitere Beseitigung der aus der Spaltung und den Kriegsfolgen resultierenden Disproportionen nunmehr die Überwindung von Disproportionen trat, die aus der Dynamik des volkswirtschaftlichen Aufbaus erwuchsen.

In der dritten Phase, sie begann 1959/60 und erstreckte sich über den hier behandelten Zeitraum hinaus, erwuchs das Erfordernis, neben der weiteren planmäßigen Beseitigung der letztgenannten Disproportionen den Aufbau von Kapazitäten in den Industriezweigen zu forcieren, die den wissenschaftlich-technischen Fortschritt trugen.

Insgesamt waren die Investitionen die Hauptquelle für die Mehrung des gesellschaftlichen Eigentums an den industriellen Produktionsmitteln. Sie ermöglichten durch ihre strukturverändernde Rolle zugleich ein wirkungsvolleres Realisieren dieses Eigentums.

Die staatliche Investitionstätigkeit, die ihre Potenzen im wesentlichen aus der erweiterten Reproduktion des gesellschaftlichen Eigentums selbst schöpfte, schuf, wenn auch noch unvollkommen, die grundsätzlichen Bedingungen für die weitere planmäßig proportionale Entwicklung der Volkswirtschaft.

In jenen Jahren gestatteten allerdings weder der Reifegrad der sozialistischen Produktionsverhältnisse, noch der Stand der weltweiten Auseinandersetzung zwischen Kapitalismus und Sozialismus ein ungestörtes Ausführen der vorgesehenen Investitionen. Immer wieder waren kleinere und größere Korrekturen am Tempo und in der Richtung der Investitionen erforderlich. Daraus resultierte auch, daß in bestimmten Zeitabschnitten und auf verschiedenen Feldern des Investitionsgeschehens die tatsächlichen Gegebenheiten nicht immer mit den Erfordernissen der Planmäßigkeit und Proportionalität übereinstimmten und Änderungen notwendig wurden.[5]

Insgesamt läßt sich aber konstatieren, daß in den 50er und frühen 60er Jahren, insbesondere aber seit Mitte der 50er Jahre, durch die Investitionspolitik der SED und der Regierung der DDR dem Gesetz der planmäßig proportionalen Entwicklung der Volkswirtschaft Rechnung getragen wurde und daß die realisierten Investitionen die Wirkungsbedingungen dieses Gesetzes stetig verbesserten.

b) Entwicklung der Struktur der Betriebsgrößen

Die Investitionen in der volkseigenen Industrie förderten in den 50er und frühen 60er Jahren die von einer kräftigen Zentralisation begleitete Konzentration der Produktion und der Arbeit. Das fand in der Betriebsgrößenstruktur der sozialistischen Industrie seinen Ausdruck. Die ersten Angaben darüber liegen für 1953 vor. In diesem Jahre repräsentierte die sozialistische Industrie 29,8 Prozent der Betriebe, 82,7 Prozent der industriellen Produzenten und 85 Prozent der industriellen Bruttoproduktion.[6] Die Betriebsgrößenstruktur der sozialistischen Industrie war dadurch gekennzeichnet, daß Betriebe vorherrschten, in denen bis zu 200 Arbeiter und Angestellte tätig waren. Diese Größengruppe umfaßte 67 Prozent aller Betriebe, davon betrug bei 34,4 Prozent aller Betriebe die Beschäftigtenzahl bis zu 50 Personen (vgl. Tabelle 70).

[5] Vgl. Kapitel 5 und 8 der vorliegenden Arbeit
[6] LV-240, S. 132 (StJb 55)

Tabelle 70
Betriebe, Beschäftigte und industrielle Bruttoproduktion in der sozialistischen Industrie nach Größenklassen 1953 und 1963

Betriebsgröße nach Beschäftigten	Anteil in Prozent: Betriebe 1953	1963	Beschäftigte 1953	1963	Industrielle Bruttoproduktion 1953	1963
bis 50	34,4	18,4	2,5	1,2	2,9	1,4
51–200	32,8	37,6	9,5	8,7	10,6	10,4
201–500	16,0	21,0	14,2	13,4	13,8	14,1
501–1000	7,9	10,8	15,1	15,2	13,7	13,6
über 1000	8,9	12,2	58,7	61,5	59,0	60,5
davon						
1001–2500	–	8,6	–	26,4	–	23,8
2501–5000	–	2,6	–	17,8	–	16,3
über 5000	–	1,0	–	17,3	–	20,4

Quellen: LV-240, S. 132 (StJb 55); LV-240, S. 130 (StJb 65)

Der überaus starke Anteil der Klein- und Mittelbetriebe in der volkseigenen Industrie hatte seine Ursache sowohl in dem aus dem Kapitalismus überkommenen, außerordentlich differenzierten Grad der Vergesellschaftung der Produktion und der Arbeit als auch darin, daß die Entscheidung darüber, welche Produktionsstätten in Volkseigentum übergingen, politischer Natur war. Hinzu kam, daß die Eigentumsveränderungen in der antifaschistisch-demokratischen Umwälzung mit einer antimonopolistischen Orientierung erfolgten. Das hatte zur Folge, daß eine Konzentration der Produktion und die Bildung von großen Produktionseinheiten vermieden wurden. Dieser Sachverhalt wirkte 1953 noch nach. Ferner spielte eine Rolle, daß die Arbeiterklasse erst ihre Erfahrungen in der Leitung der maschinellen Großproduktion sammeln mußte.

Eine nähere Betrachtung der Betriebsgrößenstruktur in den einzelnen Zweigen der sozialistischen Industrie ergibt[7], daß die Maschinenbaubetriebe in allen Größengruppen dominierten (vgl. Tabelle 70). Ihr Anteil belief sich in den Größengruppen: 1 = 13,1 Prozent, 2 = 17,1 Prozent, 3 = 25,5 Prozent, 4 = 25,6 Prozent, 5 = 27,9 Prozent. Im Maschinenbau arbeiteten 31,4 Prozent der Beschäftigten in Betrieben mit bis zu 500 Arbeitern und Angestellten. Die Produktion dieser Betriebe lag mit einem Anteil von 27,1 Prozent der industriellen Bruttoproduktion dieses Zweiges deutlich niedriger als in den Größengruppen 4 und 5, wo 68,6 Prozent der Beschäftigten 72,9 Prozent der industriellen Bruttoproduktion des Maschinenbaus erzeugten. Die Betriebe der Lebensmittelindustrie, der Textilindustrie und der Holzbe- und -verarbeitung hatten in den Größengruppen 1 bis 4 einen großen Anteil.

Mit Ausnahme der Lebensmittelindustrie lag auch in den anderen beiden Industriezweigen der Anteil der vorgenannten Größengruppen an der zweiglichen industriellen Bruttoproduktion zwischen 1,5 und 2 Punkten unter dem Anteil der im Zweig Beschäftigten.

Die Lebensmittelindustrie hatte in den Größengruppen 1 bis 4, wo jeweils 17,0 Pro-

[7] LV-240, S. 133 (StJb 55)

zent, 18,1 Prozent, 15,8 Prozent und 11,1 Prozent der industriellen Beschäftigten tätig waren, Anteile an der industriellen Bruttoproduktion der Größengruppen von 35,1 Prozent, 36,0 Prozent, 33,3 Prozent und 23,9 Prozent.

Die Betriebsgrößenstruktur des Jahres 1953 läßt erkennen, welche Möglichkeiten es für eine weitere Vergesellschaftung der Produktion und der Arbeit in der sozialistischen Industrie gab. Diese Möglichkeiten wurden aber bis zur Mitte der 50er Jahre nur wenig genutzt.

Die Zahl der volkseigenen Betriebe stieg zwischen 1950 und 1956 um weitere 303 an. 1956 gab es 5922 volkseigene Betriebe.[8]

Erst in den folgenden Jahren ging die Zahl der volkseigenen Betriebe zurück. Sie belief sich 1963 auf 4658 Betriebe. In der gesamten Industrie der DDR verringerte sich zwischen 1953 und 1963 die Zahl der Betriebe aller Eigentumsformen von 20124 auf 14861. Die stärkste Abnahme verzeichnete dabei, mit 2155 Betrieben, die Leichtindustrie. In der Nahrungs- und Genußmittelindustrie nahm die Anzahl der Betriebe im vorgenannten Zeitraum um 1487, in der Grundstoffindustrie um 1246 und in der metallverarbeitenden Industrie um 375 ab.[9] Diese Bewegung weist auf den allmählich stärker werdenden Prozeß der Zentralisation und der Konzentration der Produktion in der volkseigenen Industrie hin.

Es waren verschiedene Momente, die diesen Prozeß beeinflußten. Unter ihnen spielten die von der wirtschaftlichen Rechnungsführung ausgehenden Erfordernisse eine wesentliche Rolle. Durch eine stärkere Konzentration der Produktion und der Arbeit ließ sich vornehmlich der Effekt des Wirtschaftens erhöhen. Desweiteren kam es durch die erheblichen Investitionen in der Grundstoffindustrie zum Aus- und Aufbau von Großbetrieben. Damit war sowohl eine Konzentration der Produktion in dieser Industrie selbst verbunden als auch der Zwang der Produktionskonzentration in anderen Zweigen der volkseigenen Industrie, der aus der Arbeitsteilung resultierte.

Im Jahre 1963 umfaßte die sozialistische Industrie 28,6 Prozent der Betriebe, 83,5 Prozent der industriellen Produzenten und 88 Prozent der industriellen Bruttoproduktion.[10] Der Anteil kleiner Industriebetriebe mit bis zu 50 Beschäftigten war seit 1953 um fast die Hälfte zurückgegangen. Der Anteil der Großbetriebe mit einem Beschäftigtenumfang von mehr als 1000 Arbeitern und Angestellten hatte sich auf 12,2 Prozent erhöht. Im Jahre 1963 waren 61,5 Prozent der in der sozialistischen Industrie Tätigen in Betriebskollektiven mit über 1000 Personen beschäftigt. Diese Betriebe stellten 1963 über 60 Prozent der industriellen Bruttoproduktion der DDR her, wobei die Betriebe mit über 5000 Beschäftigten allein ein Fünftel dieses Produktionsumfangs erzeugten. Von den zu diesem Zeitpunkt existierenden 46 Betrieben der letztgenannten Größenordnung befanden sich 27 Betriebe in der Grundstoffindustrie, davon allein 10 Betriebe in der Metallurgie. 18 Betriebe entfielen auf die metallverarbeitende Industrie und 1 Betrieb auf die Leichtindustrie.

Das vorliegende statistische Material läßt es nicht zu, zwischen dem tatsächlichen Konzentrationsprozeß und einer lediglich durch das Angliedern von ursprünglich juristisch selbständigen Betrieben als Produktionsstätten an andere Betriebe erfolgten Zentralisation zu unterscheiden.

8 LV-240, S. 105 (StJb 65)

9 Errechnet nach: LV-240, S. 125ff. (StJb 55); LV-240, S. 132f. (StJb 65)

10 LV-240, S. 105 (StJb 65)

c) Struktureller Wandel in der industriellen Produzentenschaft

Die Mehrung des sozialistischen Eigentums in der Industrie, die Veränderungen in seiner Organisation und zweiglichen Struktur standen in einem unmittelbaren Zusammenhang mit dem quantitativen und qualitativen Wachstum der Industriearbeiterschaft und der in der Industrie tätigen wissenschaftlich-technischen Intelligenz. Mit dem sich erweiternden Wirkungsfeld der sozialistischen Produktionsverhältnisse nahm die Zahl der Arbeiter und Angestellten, die in der sozialistischen Industrie und in halbstaatlichen Betrieben arbeiteten, zu.

Von den 1950 in der industriellen Produktion tätigen 2255900 Arbeitern und Angestellten waren 1687400 in volkseigenen und genossenschaftlichen Industriebetrieben beschäftigt.[11] Ihre Anzahl erhöhte sich unter Einschluß der halbstaatlichen Betriebe bis zum Jahre 1963 auf 2656456 Arbeiter und Angestellte, ohne Lehrlinge.[12] Wie sie sich auf die verschiedenen Eigentumsformen verteilten, geht aus der Tabelle 71 hervor.

Tabelle 71
Beschäftigte in den volkseigenen, genossenschaftlichen und halbstaatlichen Betrieben 1950 bis 1963 (in 1000)

Jahr	volkseigene Betriebe	genossenschaftliche Betriebe	halbstaatliche Betriebe
1950 (31. 12.)	1685,1	23,0	–
1955 (31. 12.)	2196,6	39,0	–
1956 (31. 12.)[1]	2311,7[1]	29,8	14,3
1960 (30. 9.)[1]	2289,3	32,8	293,1
1963 (30. 9.)[1]	2285,4	30,9	343,4

[1] ohne Lehrlinge

Quellen: LV-240, S. 126 (StJb 55); LV-240, S. 176f. (StJb 57) (31. 12.); LV-240, S. 187f. (StJb 60/61) (30. 9.); LV-240, S. 39f. (StJb 64) (30. 9.)

Diese Beschäftigtenbewegung in der sozialistischen Industrie führte zu einem Ansteigen der Anzahl der Arbeiter und Angestellten in der Volkswirtschaft der DDR insgesamt. Sie belief sich im August 1950 auf 5812796 Personen. Das waren 73,4 Prozent aller Erwerbstätigen in unserem Lande.[13] Bis zum September 1963 stieg die Zahl der Arbeiter und Angestellten ohne Lehrlinge auf 6219126 an, das entsprach 81,3 Prozent der Berufstätigen.[14]

Im sozialistischen Umgestaltungsprozeß der Industrie vollzogen sich wesentliche strukturelle Veränderungen in der Produzentenschaft, die von der Entwicklung der Produktivkräfte und den entstehenden sozialistischen Produktionsverhältnissen geprägt waren. Sie äußerten sich in der Zweigstruktur der Arbeiter und Angestellten und in ihrem kulturell-technischen Niveau.

In der ersten Hälfte der 50er Jahre stieg die Beschäftigtenanzahl zunächst in allen

[11] LV-240, S. 126 (StJb 55)
[12] LV-240, S. 113 (StJb 66)
[13] LV-240, S. 26 (StJb 55)
[14] LV-240, S. 61 (StJb 66)

Tabelle 72
Beschäftigte in der volkseigenen Industrie nach Industriebereichen 1950 und 1955 (in 1000)

Industriebereich	1950 Beschäftigte	Anteil (%)	1955 Beschäftigte	Anteil (%)
Grundstoffindustrie	550,4	32,2	691,2	30,9
Metallverarbeitende Industrie	632,5	37,1	841,6	37,7
Leichtindustrie	409,0	23,9	538,3	24,1
Lebensmittelindustrie	116,2	6,8	164,6	7,4
Industrie, insgesamt	1 708,1	100,0	2 235,7	100,0

Quelle: LV-240, S. 125 (StJb 55)

Bereichen der Industrie. Zugleich veränderte sich, wie die Tabelle 72 anzeigt, der Anteil der Industriebereiche an den Gesamtbeschäftigten.

Während der Anteil der in der Grundstoffindustrie Beschäftigten, gemessen an den Gesamtbeschäftigten der volkseigenen Industrie, zwischen 1950 und 1955 um 1,3 Prozent abfiel, stieg er in der metallverarbeitenden und in der Lebensmittelindustrie um jeweils 0,6 Prozent an.

Zu einer sehr differenzierten Beschäftigtenentwicklung kam es in der ersten Hälfte der 50er Jahre innerhalb der einzelnen Industriezweige (vgl. Tabelle 73).

Für die Beschäftigtenbewegung jener Jahre spielte neben der Ausdehnung der

Tabelle 73
Beschäftigte in den Zweigen der volkseigenen Industrie 1955 (1950 = 100)

Industriezweig	1955
Elektroindustrie	123,5
Bergbau	125,8
Metallurgie	120,8
Chemische Industrie	129,2
Baumaterialienindustrie	124,5
Maschinenbau	129,3
Elektrotechnik	147,0
Feinmechanik/Optik	132,3
Holzbe- u. Verarbeitung	135,0
Textilindustrie	131,2
Konfektions- u. Näherzeugnisindustrie/ Leder-, Schuh- u. Rauchwarenindustrie	165,3
Zellstoff- und Papierindustrie	115,3
Polygrafische Industrie	100,5
Lebensmittelindustrie	132,4
volkseigene Industrie, insgesamt	130,9

Quelle: LV-240, S. 125f. (StJb 55)

Produktionskapazitäten in den Zweigen der Grundstoff- und der metallverarbeitenden Industrie die zunehmende Nutzung der gegebenen Produktionskapazitäten in der metallverarbeitenden Industrie und in der Konsumgüterindustrie eine Rolle. Daraus erklärt sich insbesondere das beachtliche Ansteigen der Beschäftigtenzahlen in der Leichtindustrie. Dabei ist jedoch zu berücksichtigen, daß 1953 eine Reihe von privatkapitalistischen Unternehmen, vornehmlich der Leichtindustrie, in Volkseigentum übergegangen waren. Als Beispiel kann die Bekleidungs- und Lederindustrie genommen werden. Die Zahl der in den privaten Bekleidungs- und Lederbetrieben tätigen Arbeiter und Angestellten sank von 72700 im Jahre 1952 auf 64600 im Jahre 1955 ab, während sich die Zahl der Beschäftigten in den volkseigenen Betrieben dieses Zweiges im gleichen Zeitraum von 81800 auf 102600 erhöhte.[15]

Seit der Mitte der 50er Jahre zeigten sich neue Tendenzen in der Beschäftigtenbewegung der volkseigenen Betriebe. Im Vergleich zur ersten Hälfte der 50er Jahre stieg die Anzahl der Arbeiter und Angestellten in der staatlichen Industrie nur langsam an. Es kam aber zu wesentlichen Veränderungen in der Zweigstruktur der Beschäftigten.

Die veränderte Aufbereitung des statistischen Materials veranlaßt, mit den Angaben für die Jahre 1957 weiterzuarbeiten (vgl. Tabelle 74).

Tabelle 74
Beschäftigte in der sozialistischen Industrie nach Industriebereichen 1957 und 1963 (in 1000)

Industriebereich	1957 Beschäftigte	Anteil (%)	1963 Beschäftigte	Anteil (%)
Grundstoffindustrie	641,6	29,3	683,3	29,5
Metallverarbeitende Industrie	848,3	38,7	943,0	40,7
Leichtindustrie	548,7	25,0	523,6	22,6
Nahrungs- und Genußmittelindustrie	154,6	7,0	166,0	7,2
sozialistische Industrie gesamt	2193,2	100,0	2315,9	100,0

Quellen: LV-240, S. 282 (StJb 59); LV-240, S. 172 (StJb 64)

Die Tabelle 74 weist aus, daß die Zunahme der Beschäftigten in der volkseigenen Infustrie aus dem Anwachsen der Zahl der Arbeiter und Angestellten in der Grundstodfindustrie, in der metallverarbeitenden Industrie und in der Nahrungs- und Genußmittelindustrie resultierte. Aus der Leichtindustrie schied ein beachtlicher Teil der Beschäftigten aus, der von den anderen drei Bereichen aufgenommen wurde. Das zeigt sich auch darin, daß der Anteil der Leichtindustrie an der Gesamtbeschäftigtenzahl der volkseigenen Industrie von 25 Prozent im Jahre 1957 auf 22,6 Prozent im Jahre 1963 zurückging.

Ein näheres Betrachten der Beschäftigtenbewegung in der volkseigenen Industrie macht deutlich, daß sich innerhalb der Grundstoffindustrie die Anzahl der Arbeiter

15 LV-240, S. 129 (StJb 55)

und Angestellten zwischen 1957 und 1963 in der Metallurgie erheblich vergrößert hatte. In der metallverarbeitenden Industrie kam es im allgemeinen Maschinenbau, in der elektrotechnisch-elektronischen Industrie sowie in der Metallwarenindustrie zu einer nennenswerten personellen Erweiterung.

Tabelle 75
Beschäftigte in sozialistischen Betrieben in ausgewählten Industriebereichen und -zweigen 1957 bis 1963 (1955 = 100)

Industriebereiche/-zweige	1957	1959	1961	1963
Grundstoffindustrie	105,6	109,9	111,8	112,5
Metallverarbeitende Industrie	106,7	112,9	116,5	118,6
Leichtindustrie	101,0	104,6	102,6	100,1
Nahrungs- und Genußmittelindustrie	103,8	113,0	86,2	112,9
Energiebetriebe	104,7	107,8	115,7	118,9
Bergbau	105,7	109,6	100,7	102,1
Metallurgie	104,6	111,4	138,5	137,2
Chemische Industrie	103,5	106,5	107,3	108,9
Elektrotechnische Industrie	110,4	119,2	121,6	127,3
Feinmechanik/Optik	105,0	111,4	112,5	113,3
Allgemeiner Maschinenbau	105,4	116,2	134,9	135,9
Metallwaren	109,6	117,9	116,4	122,9
Textilindustrie	98,9	100,2	96,9	89,4

Quellen: Errechnet nach LV-240, S. 282 (StJb 58); LV-240, S. 152 (StJb 63)

Die in den 50er und frühen 60er Jahren anwachsende Zahl der in der volkseigenen Industrie Beschäftigten rekrutierte sich hauptsächlich aus der Arbeiterklasse selbst und aus der Landwirtschaft.[16] Es waren zunächst die arbeitsfähigen Frauen und die Arbeiterjugend, die als Arbeiter und Angestellte ihre Tätigkeit in dieser Industrie aufnahmen. Der Anteil der weiblichen Arbeiter und Angestellten an der Gesamtzahl der in der volkseigenen Industrie Beschäftigten belief sich im Jahre 1950 auf 28,3 Prozent.[17] Er stieg bis 1963 auf 37,3 Prozent an.[18] Die Jungfacharbeiterschaft bildete eine weitere wesentliche Quelle für das wachsende Arbeitsvermögen in der volkseigenen Industrie. Zwischen 1952 und 1962 nahmen 1,5 Millionen Jugendliche als Facharbeiter ihre Arbeit in der Industrie auf.[19]

Gleichzeitig waren die von der Industrie im zunehmenden Maße bereitgestellten landwirtschaftlichen Ausrüstungen der Grund dafür, daß wachsende Mechanisierungsprozesse in der agrarischen Produktion ein Absinken der Beschäftigtenzahlen in der Land- und Forstwirtschaft möglich werden ließen. Vom Beginn der 50er bis in

16 Die ausführliche Analyse dieses Prozesses nahm Gottfried Dittrich vor. LV-70 (Dittrich)
17 LV-240 (StJb 55–63)
18 LV-240 (StJb 55–63)
19 LV-240 (StJb 55–63)

die frühen 60er Jahre reduzierte sich die Beschäftigtenzahl in der Land- und Forstwirtschaft um etwa 12 Prozent. Dieser Bereich wurde damit zu einem wichtigen Arbeitskräftereservoir der sozialistischen Industrie.[20]

Das im betrachteten Zeitraum zu beobachtende Anwachsen der Beschäftigtenzahl in der sozialistischen Industrie und die Veränderungen in deren Zweigstruktur waren von einer Erhöhung des kulturell-technischen Niveaus der Arbeiter und Angestellten begleitet. Einer statistischen Erhebung vom Mai des Jahres 1964 zufolge verfügten 40,8 Prozent der an Maschinen und Anlagen tätigen Produktionsarbeiter über eine Facharbeiterausbildung. 52 Prozent der Arbeiter dieser Gruppe galten als angelernte und 7,2 Prozent waren ungelernte Arbeiter. Die Produktionsarbeiter, die nicht an Maschinen und Anlagen beschäftigt waren, gliederten sich in 48,9 Prozent Facharbeiter, 35,4 Prozent angelernte und 14,6 Prozent ungelernte Arbeiter.[21]

Diese Qualifikationsstruktur war allerdings in den einzelnen Bereichen und Zweigen der volkseigenen Industrie sehr unterschiedlich. Die Tabellen 76 und 77 vermitteln ein Bild von dieser Struktur in den einzelnen Industriebereichen bzw. Industriezweigen.

Tabelle 76
Qualifikation der Produktionsarbeiter in der volkseigenen Industrie 1964. Stand 10.5.

Industriebereich	Produktionsarbeiter mit einer Tätigkeit					
	an Maschinen und Anlagen =100			nicht an Maschinen und Anlagen =100		
	davon			davon		
	Facharbeiter	angelernte Arbeiter	ungelernte Arbeiter	Facharbeiter	angelernte Arbeiter	ungelernte Arbeiter
Grundstoffindustrie	40,6	52,9	6,5	54,7	31,5	13,8
Metallverarbeitende Industrie	43,6	48,9	7,5	55,4	30,4	14,2
Leichtindustrie	39,0	54,4	6,6	35,2	47,5	17,3
Nahrungs- und Genußmittelindustrie	34,7	52,5	12,8	27,4	43,4	29,2
Industrie insgesamt	40,8	52,0	7,2	48,9	35,5	15,6

Quelle: LV-240, S. 206 (StJb 65)

Der bemerkenswert starke Anteil der angelernten Produktionsarbeiter in der volkseigenen Industrie hatte verschiedene Gründe. Häufig bedingte die produktionstechnische Beschaffenheit der volkseigenen Betriebe an vielen Arbeitsplätzen keine Arbeitskräfte, die über eine abgeschlossene Facharbeiterausbildung verfügten. Das galt vornehmlich für die Leicht- und Lebensmittelindustrie sowie für die Textil- und Bekleidungsindustrie. In jenen Jahren spielte aber auch der Umstand eine Rolle, daß, traditionell bedingt, eine Reihe von qualifizierten Arbeitstätigkeiten, deren Ausübung das Wissen und Können eines Facharbeiters verlangte, nicht als Lehrberuf geführt

20 LV-289, S. 161 (Wießner)
21 LV-240, S. 206 (StJb 65)

Tabelle 77
Qualifikation der Produktionsarbeiter in der volkseigenen Industrie nach Industriezweigen. 1964. Stand 10. 5.

Industriezweig	Produktionsarbeiter mit einer Tätigkeit an Maschinen und Anlagen = 100 davon Facharbeiter	angelernte Arbeiter	ungelernte Arbeiter	nicht an Maschinen und Anlagen = 100 davon Facharbeiter	angelernte Arbeiter	ungelernte Arbeiter
Energiebetriebe	54,7	38,4	6,9	74,7	12,8	12,5
Bergbau	43,6	50,4	6,0	58,5	30,2	11,3
Metallurgie	46,7	48,1	5,2	54,9	33,1	12,0
Chemische Industrie	37,8	56,6	5,6	55,7	31,6	12,7
Baumaterialindustrie	26,1	63,3	10,6	38,9	40,1	21,0
Schwermaschinenbau	54,3	41,6	4,1	70,2	18,6	11,2
Allgemeiner Maschinenbau	51,0	44,0	5,0	62,1	24,4	13,5
Fahrzeugbau	46,6	48,2	5,2	59,9	26,8	13,3
Schiffbau	60,7	35,7	3,6	68,6	17,1	14,3
Gießereien und Schmieden	34,0	53,9	12,1	48,5	29,6	21,9
Metallwarenindustrie	30,9	53,3	15,8	34,5	46,0	19,5
Elektrotechnische Industrie	32,5	60,2	7,3	40,2	43,8	16,0
Feinmechanische u. optische Industrie	42,9	47,2	9,9	50,6	37,6	11,8
Holz- und Kulturwarenindustrie	38,3	49,4	12,3	38,0	39,0	23,0
Textilindustrie	39,3	56,2	4,5	29,8	52,9	17,3
Bekleidungs- und Näherzeugnisseindustrie	44,1	48,7	7,2	43,6	41,3	15,1
Leder-, Schuh- und Rauchwarenindustrie	42,2	48,2	9,6	34,1	41,5	24,4
Zellstoff- und Papierindustrie	28,1	62,9	9,0	32,9	46,5	20,6
Polygrafische Industrie	52,7	37,3	10,0	56,4	27,4	16,2
Glas- und Keramische Industrie	32,6	60,4	7,0	32,0	49,4	18,6

Quelle: LV-240, S. 206 (StJb 65)

wurden. Das betraf u. a. das Bedienungspersonal von Tagebaugroßgeräten. Arbeiter dieser Kategorien wurden in der Statistik oftmals als angelernte Arbeiter geführt.

In den hier betrachteten Jahren veränderten sich auch Anzahl und fachliche Struktur der in der Industrie, vornehmlich in der volkseigenen Industrie tätigen wissenschaftlich-technischen Intelligenz. Neben die Ingenieure und Wissenschaftler, die noch im kapitalistischen Deutschland ihre Ausbildung erhalten hatten, traten in einem wachsenden Maße Absolventen aus den Hoch- und Fachschulen der DDR. Obgleich uns keine genauen Angaben darüber vorliegen, läßt sich anhand der statistischen Daten über die Absolventen von Hoch- und Fachschulen der DDR durchaus ein Bild darüber gewinnen, welche Grundstruktur der wissenschaftlich-technischen Intelligenz in der Industrie entstand.[22]

Im Hochschulwesen der DDR war es zwischen 1953 und 1962 zu einem grundlegenden Wandel in der fachlichen Struktur der Absolventen gekommen. Das prozentuale Verhältnis zwischen den Absolventen mathematisch-naturwissenschaftlicher und denen technischer Richtungen hatte sich an den Universitäten und Technischen Hochschulen entscheidend verändert. Wenn 1953 63,4 Prozent der Absolventen als Mathematiker und Naturwissenschaftler und lediglich 36,6 Prozent als Diplomingenieure die akademischen Lehranstalten verließen, so hatte sich das Verhältnis bis 1962 umgekehrt. Nun waren 66,5 Prozent Absolventen technischer Fachrichtungen und 33,5 Prozent Mathematiker und Naturwissenschaftler. Wie zwischen 1953 und 1962 die Absolventenbewegung in den Fachrichtungen verlief, die besonders für die Industrie ausbildeten, geht aus der Tabelle 78 hervor.

Tabelle 78
Verteilung der Hochschulabsolventen ausgewählter Fachrichtungen 1953 bis 1962 auf die einzelnen Jahre (1953 bis 1962 = 100)

Jahr	Ausgewählte Fachrichtungen Chemie	technische Wissen-schaften	darunter: Bergbau Hüttenwesen	Maschinen wesen	Elektro-technik	Feinmechanik/ Optik
1953	3,5	1,0	2,9	1,7	1,5	–
1954	4,0	2,6	4,5	2,4	2,9	–
1955	4,8	3,6	4,8	4,4	3,0	–
1956	5,6	4,9	6,3	4,0	2,8	3,5
1957	8,0	8,2	12,2	6,6	6,3	7,7
1958	11,6	9,6	11,7	6,1	8,3	4,8
1959	15,8	18,7	13,7	19,2	17,4	18,9
1960	20,0	18,9	14,1	20,2	23,6	18,6
1961	13,0	15,3	14,8	17,1	16,6	27,5
1962	13,6	16,8	15,0	18,3	17,6	18,9

Quelle: Errechnet nach LV-240 (StJb 55–63)

Traditionell spielte in der deutschen Industrie der Fachschulabsolvent eine große Rolle. Diese Tradition wurde in der DDR gepflegt. In den Jahren zwischen 1955 und 1962 verließen 94133 Absolventen die Fachschulen der DDR.[23] Ihre Struktur und der Zeitpunkt, an dem sie ins Berufsleben eintraten, sind in der Tabelle 79 festgehalten.

22 LV-167, S. 56ff. (Mühlfriedel/Wächtler)
23 LV-167, S. 61 (Mühlfriedel/Wächtler)

Tabelle 79
Verteilung der Fachschulabsolventen ausgewählter Fachgruppen 1955 bis 1962 auf die einzelnen Jahre (1955 bis 1962 = 100)

Jahr	Gesamtzahl	Fachgruppen Schwer-industrie	Maschinen-wesen	Leicht-industrie	Lebensmittel-industrie
1955	9,3	6,9	9,9	10,8	33,1
1956	9,0	9,3	9,5	5,2	23,0
1957	8,5	9,2	8,1	7,3	24,2
1958	10,9	13,6	9,9	9,3	18,8
1959	12,6	14,5	12,4	9,8	5,9
1960	12,9	12,8	12,9	14,1	–
1961	15,6	15,5	15,3	18,5	–
1962	21,2	18,2	22,0	25,0	–

Quelle: Errechnet nach LV-240 (StJb 56–63)

Im Jahre 1963 waren 102310 Hoch- und Fachschulabsolventen, davon 19,3 Prozent Akademiker, in der Industrie tätig. Das waren 3,7 Prozent der in der Industrie beschäftigten Arbeiter und Angestellten.[24]

d) *Sozialökonomische Veränderungen in der kapitalistischen Industrie*

Am Beginn der sozialistischen Revolution verfügten die privatkapitalistischen Betriebe über eine relativ starke Position in der Industrie der DDR, die, wie die Tabelle 80 ausweist, in den verschiedenen Industriezweigen unterschiedlich ausgebildet war.

Tabelle 80
Betriebe, Beschäftigte und Bruttoproduktion in der Privatindustrie sowie deren prozentualer Anteil am jeweiligen Industriezweig 1950

	Betriebe		Beschäftigte in 1000		Bruttoproduktion in Mill. Mark	
	absolut	in Prozent	absolut	in Prozent	absolut	in Prozent
Industrie ohne Bau	17543	74,4	547,8	24,3	5481,0	23,5
Industriezweige:						
Bergbau	134	36,1	1,6	1,0	21,8	1,3
Metallurgie	19	38,0	0,4	0,6	7,7	1,1
Chemische Industrie	995	75,5	28,6	14,6	457,4	11,1
Baumaterialienindustrie	1325	68,4	38,0	27,7	237,9	25,0
Maschinenbau	2587	70,9	91,4	17,1	677,2	17,5
Elektrotechnik	549	71,1	17,5	12,1	160,1	12,9
Feinmechanik/Optik	311	73,3	9,4	13,1	97,6	20,0

[24] LV-240, S. 72, 113 (StJb 66)

Fortsetzung Tabelle 80

	Betriebe		Beschäftigte in 1000		Bruttoproduktion in Mill. Mark	
	absoult	in Prozent	absolut	in Prozent	absolut	in Prozent
Holzbe- u. -verarbeitung	3149	80,5	80,5	55,8	690,7	60,3
Textilindustrie	2695	85,2	117,5	36,1	961,2	34,6
Konfektions-, u. Näherzeugnisindustrie, Leder-, Schuh- u. Rauchwarenindustrie	2400	88,8	72,2	52,4	695,1	52,9
Zellstoff- u. Papierindustrie	577	80,3	22,1	38,6	193,7	34,0
Polygrafische Industrie	427	67,0	14,1	27,5	125,5	25,2
Lebensmittelindustrie	2375	66,5	54,0	31,7	1155,2	33,4

Quelle: LV-240, S. 126f. (StJb 55)

1950 gehörten nahezu drei Viertel aller Industriebetriebe der DDR dieser Eigentumsform an. Fast ein Viertel aller in der Industrie Beschäftigten war in diesen Betrieben tätig und produzierte etwa auch einen ebenso großen Anteil an der industriellen Bruttoproduktion der DDR. Die privatkapitalistischen Betriebe waren sowohl in der Konsumgüter- als auch in der Produktionsmittelindustrie präsent. Das geht aus der Tabelle 81 über die Anteile der Privatindustrie an den beiden volkswirtschaftlichen Abteilungen hervor.

Tabelle 81
Anteil der Privatindustrie[1] an den Abteilungen I und II der Volkswirtschaft der DDR 1950 bis 1955

	Anteil der kapitalistischen an der gesamten Industrieproduktion (=100)		Zusammensetzung der kapitalistischen Industrieproduktion	
	Abt. I	Abt. II	Abt. I	Abt. II
1950	17,5	33,5	54,4	45,6
1952	15,0	28,4	53,5	46,5
1953	11,1	20,9	53,3	46,7
1955	10,2	20,1	52,4	47,6

[1] nach den jeweiligen Produktionsvolumen zu Effektivpreisen errechnet

Quelle: LV-45, Tabelle 3 (Cerny)

In der Produktionsmittelindustrie lag das Schwergewicht der Privatindustrie auf der Fertigung von Spezialausrüstungen des Maschinenbaus sowie Zulieferungen für Finalproduzenten dieses Industriezweiges. Vor allem Zulieferungen für den Werkzeugmaschinenbau wie Werkzeuge, Spannzeuge und Erzeugnisse des Spezialapparatebaus kamen aus privatkapitalistischen Betrieben.

Anfang der 50er Jahre setzte sich die seit 1948 zu beobachtende stete Aufwärtsbewegung der privatkapitalistischen Industrie fort. 1952 lag ihre industrielle Bruttoproduktion um 17 Prozent höher als 1950. Daran war aber eine abnehmende Anzahl von Betrieben beteiligt. Die ausgeschiedenen Betriebe waren in der Hauptsache ökonomisch schwach oder wurden kommerziell schlecht geführt. Das hatte eine Konzentration der Produktion und der Arbeit in der privatkapitalistischen Industrie zur Folge.

Tabelle 82
Industrielle Bruttoproduktion und Beschäftigtenzahl je privatkapitalistischen Betrieb 1950 bis 1955 (1950 = 100)

Jahr	Durchschnittliche Produktion je Betrieb	Durchschnittliche Beschäftigtenzahl je Betrieb
1951	110,3	99,0
1952	122,4	101,9
1953	126,4	102,9
1954	140,4	101,0
1955	151,0	104,2

Quelle: Errechnet nach LV-240, S. 125 (StJb 55)

Bis 1952 erhöhte sich die durchschnittliche industrielle Bruttoproduktion je Betrieb. Das Jahr 1951 war von einer Zunahme der durchschnittlichen Beschäftigtenzahl je Betrieb begleitet.

Das geringe Ansteigen der industriellen Bruttoproduktion je Privatbetrieb im Jahre 1953 war Ausdruck eines allgemeinen Rückgangs der industriellen Bruttoproduktion der privatkapitalistischen Industrie, dem ein Geflecht von Ursachen zugrunde lag.

Die 1952/53 zugespitzte internationale Klassenauseinandersetzung, die sich auch in der DDR in einem sich verschärfenden Klassenkampf ausdrückte, ermunterte Teile der Industriebourgeoisie zu dem Versuch, ihre seit 1948/49 gestärkte ökonomische Stellung zur uneingeschränkten Verfolgung ihrer Profitinteressen zu nutzen und damit den sozialistischen Aufbau zu behindern.[25] Das äußerte sich neben Spekulationen, Steuerhinterziehungen, Gewinnverschleierungen, illegalem Transfer von Waren in die BRD und nach Westberlin auch in ungesetzlichen Zuwendungen an die Arbeiter und Angestellten dieser Betriebe. So zahlten sie, um Fachkräfte zu binden, Löhne, die erheblich über dem Tarif lagen – der jedoch niedriger war als in der volkseigenen Industrie –, und räumten ihnen auch andere Vergünstigungen, wie z. B. längeren Urlaub ein.

Die verschobenen Warenmengen wurden aber einerseits in der eigenen Wirtschaft dringend benötigt oder verminderten andererseits devisenträchtige Exporterlöse der staatlichen Außenhandelsunternehmen.[26]

25 Vgl. Kapitel 5 der vorliegenden Arbeit.
26 LV-45, S. 34f. (Czerny)

Außerdem versuchten Unternehmer, ihre betrieblichen Kapazitäten ausschließlich zu ihrem eigenen ökonomischen Vorteil zu nutzen. Das zeigte sich sowohl in der Produktion von Erzeugnissen, die zwar für die Unternehmer gewinnintensiv waren, aber nicht im volkswirtschaftlichen Interesse lagen, als auch in der fehlenden Bereitschaft von kapitalistischen Produzenten, ihre betrieblichen Kapazitäten entsprechend den volkswirtschaftlichen Produktionserfordernissen maximal auszulasten.

Die Folge war, daß sich die Diskrepanz zwischen den Produktions- und Liefermöglichkeiten der privatkapitalistischen Unternehmen und dem Bedarf der volkseigenen Industrie sowie des Handels für die Versorgung der Bevölkerung außerordentlich zuspitzte.[27]

Diese Bestrebungen förderten in der SED die Auffassung, daß der Aufbau der sozialistischen Grundlagen mit einer entschiedenen Einschränkung des Kapitalismus in der DDR einhergehen müsse. Der sozialistische Staat traf darum eine Reihe von Maßnahmen, die er zur Wahrung seiner Interessen für notwendig hielt. Der Ankauf von Privatbetrieben durch den Staat wurde für zulässig erklärt. Durch eine staatlich verfügte Einkommens-, Steuer- und Preispolitik erfolgte eine weitgehende Beschränkung der kapitalistischen Wirtschaftspraktiken. Nicht zuletzt sollte eine staatliche Kontingentierung für Rohstoffe und Produktionsmittel diesen Maßnahmen Nachdruck verleihen.[28]

Im Gefolge solcher Maßnahmen verringerten sich zwischen 1952 und 1954 die Anzahl der privatkapitalistischen Betriebe um 16 Prozent und der Umfang ihrer Produktion um 4 Prozent.

Da die Leistungskraft der volkseigenen Industrie noch nicht ausreichte, um die Folgen dieser Restriktion zu kompensieren, kam es zu ernsthaften Störungen in der Volkswirtschaft, die sich mit den Auswirkungen verflochten, die aus der Verletzung der planmäßig proportionalen Entwicklung der Industrie und des Leistungsprinzips resultierten. Es kam durch das Ausbleiben von Zulieferungen zu Störungen im Reproduktionsprozeß volkseigener Betriebe. Laufende Exportverträge konnten nicht vollständig und termingerecht realisiert werden. Nicht zuletzt wurde die Versorgung der Bevölkerung mit industriellen Konsumgütern vorübergehend eingeschränkt.

Diese Situation wurde im Zuge des „Neuen Kurses" der SED verändert. Auf der 15. Tagung des ZK der SED, die im Juli 1953 stattfand, befaßte sich Otto Grotewohl in seinem Bericht an das ZK auch mit der künftigen Rolle der privatkapitalistischen Unternehmer. Er stützte sich in seinen Ausführungen auf eine umfassende Gesellschaftsanalyse, die die SED in den zurückliegenden Monaten vorgenommen und zu der Schlußfolgerung geführt hatte, daß der sozialistische Aufbau im Bündnis mit dieser Klasse erfolgen muß und kann. Otto Grotewohl begründete die Notwendigkeit einer breiten Einbeziehung der privatkapitalistischen Betriebe bei der Lösung der volkswirtschaftlichen Aufgaben. Er sicherte diesen Betrieben die Zulieferung von Rohstoffen, Elektroenergie sowie die Möglichkeit der Inanspruchnahme von staatlichen Krediten zur Entwicklung ihrer Betriebe zu. Zugleich verdeutlichte Otto Grotewohl das erklärte Ziel der SED, auch in Zukunft keine Konzentration des Kapitals in großem Maßstab zuzulassen.[29]

27 LV-45, S. 40 (Czerny)

28 LV-45, S. 42 (Czerny); LV-208, S. 50 (10. Tagung ZK SED)

29 LV-52, S. 46 (15. Tagung ZK SED)

Die Entscheidungen, die den Entwicklungsrahmen der privatkapitalistischen Industrie neu absteckten, fanden im Juli 1953 in einer Verordnung zur Änderung der Besteuerung und zur Senkung des Einkommenssteuertarifs ihren Niederschlag.[30] Im Ergebnis dieser Entscheidungen konnte die Akkumulationskraft der privatkapitalistischen Betriebe nicht nur erhalten werden, sondern sie erhielt darüber hinaus auch Möglichkeiten ihrer Entfaltung. Das wurde vor allem dadurch möglich, daß die privatkapitalistischen Unternehmen ab Sommer 1953 bis zu 25 Prozent vom Jahresbruttogewinn und zusätzlich Mittel aus Sonderabschreibungen steuerfrei für Generalreparaturen von Produktionsmitteln und Anlagen sowie für Neuanschaffungen verwenden konnen.[31]

Im Gefolge des „Neuen Kurses“ stieg die industrielle Bruttoproduktion der privatkapitalistischen Industrie wieder an.

Tabelle 83
Betriebe und der Bruttoproduktion in der Privatindustrie 1954 und 1955 (1953 = 100)

	1954 Betriebe	Bruttoproduktion	1955 Betriebe	Bruttoproduktion
Industrie ohne Bau	98,7	109,6	96,8	115,6
Bergbau	178,7	86,8	182,0	104,2
Metallurgie	93,3	116,2	80,0	95,9
Chemische Industrie	96,9	110,5	94,5	113,5
Baumaterialienindustrie	97,1	99,5	94,8	108,5
Maschinenbau	97,3	112,1	95,0	121,5
Elektrotechnik	96,8	125,4	93,6	140,9
Feinmechanik/Optik	93,9	136,5	90,0	155,0
Holzbe- u. -verarbeitung	99,4	110,1	96,6	115,2
Textilindustrie	98,0	114,6	95,9	118,3
Konfektion	99,4	110,9	98,2	115,2
Zellstoff- u. Papierindustrie	99,6	109,2	96,7	100,5
Polygrafische Industrie	93,3	101,5	91,1	104,1
Lebensmittelindustrie	98,7	103,3	98,8	110,0

Quelle: Berechnet nach LV-240, S. 126f. (StJb 55)

Dabei nahm die Tendenz einer Konzentration von Produktion und Kapital zu, da vor allem die größeren Betriebe aus den Maßnahmen des „Neuen Kurses“ im Jahre 1953 erhebliche Gewinnvorteile zogen. Der Gewinn der privatkapitalistischen Betriebe mit mehr als 50 Beschäftigten hatte sich zwischen 1953 und 1955 auf 113 Prozent, die Akkumulation auf 149 Prozent erhöht.[32] Die absolute Gewinnmasse der großen privatkapitalistischen Betriebe war indes erheblich höher gewesen, denn diese Betriebe steigerten im betrachteten Zeitraum ihre Bruttoproduktion um etwa 25

30 LV-271, S. 893 (Gbl. DDR I/53)
31 LV-45, S. 44 (Czerny)
32 LV-45, S. 47 (Czerny)

Tabelle 84
Betriebsgrößenstruktur der Privatindustrie nach Beschäftigtenzahl (aufgerundeter prozentualer Anteil der Größengruppen) 1953 bis 1955 (jeweils zum 31. 12.)

	... bis zu 50 Beschäftigte			... von 51 bis zu 500 Beschäftigte			... über 500 Beschäftigte		
	1953	1954	1955	1953	1954	1955	1953	1954	1955
Betriebe	84,0	83,4	82,9	15,9	16,5	17,0	0,1	0,1	0,1
Beschäftigte	50,7	49,4	47,8	47,7	49,3	49,9	1,6	1,3	2,3
Bruttoproduktion nach Meßwert	54,6	53,6	51,0	43,8	45,1	47,0	1,6	1,3	2,1

Quelle: LV-45, Tabelle 9 (Czerny)

Tabelle 85
Betriebsgrößenstruktur der Privatindustrie nach Größenklassen der Jahresproduktion 1953 bis 1955

Größenklassen in 1000 DM	Prozentualer Anteil an: Betrieben		Beschäftigten		Bruttoproduktion	
	1953	1955	1953	1955	1953	1955
bis unter 150	41,6	33,0	16,2	11,4	7,9	5,3
150 bis unter 300	22,7	22,8	18,0	14,9	13,3	10,2
300 " " 500	15,1	16,6	16,6	15,3	15,7	13,1
500 " " 1000	13,2	15,7	23,7	22,1	25,1	22,2
1000 " " 3000	6,6	10,2	19,9	26,6	27,5	32,7
3000 " " 5000	0,6	1,1	3,8	5,1	6,5	8,2
5000 " " 10000	0,1	0,4	1,5	3,2	2,5	5,8
10000 " " 25000	0,0	0,1	0,4	1,3	1,6	2,6

Quelle: LV-240, S. 134 (StJb 55)

Prozent. Die kleineren Betriebe erzielten lediglich etwa 8 Prozent.[33] Ihr Gewinn stieg in diesen Jahren auf 120 Prozent und die Akkumulation auf 342 Prozent an.

Aus den vorstehenden Tabellen ist ersichtlich, daß sich die Zahl derjenigen Betriebe, die mehr als 1 Million Mark Jahresproduktion realisierten, zwischen 1953 und 1955 von 7,3 auf 11,8 Prozent erhöhte und damit ihr Anteil an der Gesamtproduktion des privatkapitalistischen Industriesektors von 38,1 auf 49,3 Prozent stieg.

Diese Entwicklung führte insgesamt zu einer Erhöhung der Rentabilität der privaten Betriebe und damit zu einem höheren Gewinn für die Unternehmer. Lag im Jahre 1953, bezogen auf den Jahresumsatz, die kostenbezogene Rentabilitätsrate bei 9,2 Prozent, so verbesserte sich dieser Wert 1954 auf 10,6 Prozent und erreichte 1955 eine Größenordnung von 11,4 Prozent.[34] Die gestiegenen Gewinne versetzten die Unternehmer in die Lage, umfangreichere Erweiterungsinvestitionen durchzuführen, wofür sie ein erhebliches staatliches Kreditvolumen in Anspruch nahmen (vgl. Tabelle 86).

33 LV-45, S. 46 (Czerny)
34 LV-45, S. 48 (Czerny)

Tabelle 86
Größenordnung der Kredite an die Privatindustrie 1953 bis 1955

Jahr	prozentualer Anteil am gesamten Kreditvolumen Kredite (in 1000 Mark):			
	bis 5	bis 25	bis 100	über 100
1953	2,5	28,3	47,7	21,5
1954	2,1	18,7	53,7	25,5
1955	0,9	12,0	49,6	37,5

Quelle: LV-45, Tabelle 14 (Czerny)

Die Inanspruchnahme von Krediten bis zu 100000 Mark stieg von 1953 bis 1955 um 1,9 Prozent. Demgegenüber erhöhte sich das Volumen ausgereichter Kredite über 100000 Mark um 16 Prozent. Das führte nicht nur zur Erhöhung der ökonomischen Leistungskraft dieser Betriebe, sondern veränderte auch das Verhältnis von Fremd- zu Eigenkapital am Betriebskapital der privatkapitalistischen Unternehmen zugunsten des Staates.

Bis Mitte der 50er Jahre hatte sich die Privatindustrie wieder so weit konsolidiert, daß sie trotz des schnellen Wachstums sozialistischen Eigentums in der Industrie weiterhin eine bedeutende wirtschaftliche Kraft verkörperte. Daran hatte die im Dezember 1953 gegründete und bis 1958 fungierende Industrie- und Handelskammer der DDR einen nennenswerten Anteil.[35]

Im Verlaufe der ersten Hälfte der 50er Jahre war die Anzahl der privatkapitalistischen Betriebe um 3761 Unternehmen zurückgegangen und die Beschäftigtenzahl dieser Betriebe hatte sich um 100500 Arbeiter und Angestellte verringert. Zugleich war die Bruttoproduktion dieser Betriebe im gleichen Zeitraum um 1018 Millionen Mark gestiegen. Fast 70 Prozent aller Industriebetriebe, in denen allerdings nur 16,7 Prozent aller Beschäftigten der Industrie tätig waren, gehörten noch zu dieser Eigentumskategorie. Diese Betriebe hatten einen Anteil von 14,7 Prozent an der industriellen Bruttoproduktion der DDR.[36]

Betrachtet man die gesamtindustrielle Entwicklung in der ersten Hälfte der 50er Jahre, so war es durch die Ausdehnung des sozialistischen Eigentums und die Erhöhung der Leistungskraft der sozialistischen Industrie gelungen, den Einfluß der Privatindustrie zurückzudrängen. Trotz des Produktionszuwachses der privatkapitalistischen Industriebetriebe hatte sich ihr Anteil an der Gesamtbruttoproduktion der Industrie der DDR um fast 9 Prozent verringert (vgl. Tabelle 87).

Als in Vorbereitung des zweiten Fünfjahrplanes zu entscheiden war, welche Potenzen verfügbar waren, um die für die Jahre 1956 bis 1960 in Aussicht genommenen politischen, ökonomischen und sozialen Ziele zu erreichen, spielte auch die privatkapitalistische Industrie eine Rolle, deren Position sich in den Zweigen der Leicht- und Lebensmittelindustrie gefestigt hatte. Sie erbrachte ein Viertel der gesamten Bruttoproduktion dieser Zweige. Damit war die Befriedigung der materiellen Be-

35 Eine ausführliche Darstellung über die Industrie- und Handelskammer der DDR wurde von Monika Tatzkow verfaßt. LV-284 (Tatzkow)

36 LV-240, S. 126f. (StJb 55)

Tabelle 87
Betriebe, Beschäftigte und Bruttoproduktion in der Privatindustrie 1955 im Vergleich zu 1950

Industriezweig	Betriebe				Beschäftigte (in 1000)				Bruttoproduktion (in Mill. Mark)			
	Anzahl	Vergleich zu 1950	Anteil %	Vergleich zu 1950	Anzahl	Vergleich zu 1950	Anteil %	Vergleich zu 1950	Höhe	Vergleich zu 1950	Anteil %	Vergleich zu 1950
Industrie ohne Bau	13782	−3761	69,5	− 4,9	447,3	−100,5	16,7	− 7,6	6499,9	+1018,9	14,7	− 8,8
Bergbau	162	+ 28	45,6	+ 9,5	2,1	+ 0,5	1,0	0	19,8	− 2,0	0,8	− 0,5
Metallurgie	12	− 7	28,6	− 9,4	0,3	− 0,1	0,4	− 0,2	7,1	− 0,6	0,4	− 0,7
chemische Industrie	798	− 197	66,1	− 9,4	23,3	− 5,3	9,8	− 4,8	477,8	+ 20,4	6,0	− 5,1
Baumaterialienindustrie	1009	− 316	58,6	− 9,8	30,8	− 7,2	19,9	− 7,8	274,5	+ 36,6	18,2	− 6,8
Maschinenbau	1920	− 667	62,1	− 8,8	74,6	− 16,8	11,5	− 5,6	832,3	+ 146,1	10,3	− 7,2
Elektrotechnik	384	− 165	53,0	−18,1	14,7	− 2,8	7,3	− 4,8	210,7	+ 50,6	7,0	− 5,9
Feinmechanik/Optik	208	− 103	66,7	− 6,6	7,2	− 2,2	8,0	− 5,1	131,6	+ 34,0	14,1	− 5,9
Holzbe- und verarbeitung	2341	− 808	75,4	− 5,1	55,1	− 25,4	39,2	−16,6	675,6	− 15,1	37,2	−23,1
Textilindustrie	2066	− 629	86,3	+ 1,1	90,5	− 27,0	24,9	−11,2	1158,8	+ 197,6	23,3	−11,3
Konfektions- u. Näherzeugnisse, Leder-, Schuh- u. Rauchwarenindustrie	1997	− 403	85,2	− 3,6	64,6	− 7,6	37,9	−14,5	893,6	+ 198,5	37,2	−15,7
Zellstoff- u. Papierindustrie	471	− 106	75,4	− 4,9	16,1	− 6,1	28,2	−10,4	166,9	− 26,8	21,9	−12,1
Polygrafische Industrie	287	− 140	58,5	− 8,5	7,9	− 6,2	19,1	− 5,1	70,4	− 55,1	13,0	−12,2
Lebensmittelindustrie	2127	− 248	63,0	− 3,5	59,8	+ 5,8	26,6	− 5,1	1580,6	+ 425,4	21,2	−12,2

Quelle: LV-240, S. 126f. (StJb 55)

dürfnisse der Bevölkerung noch zu einem großen Teil von privatkapitalistischen Betrieben abhängig.

Zu dieser Zeit gewann die ökonomische Zusammenarbeit zwischen den Ländern der sozialistischen Gemeinschaft zunehmende Bedeutung. Da die Produktionsmittel herstellenden privatkapitalistischen Betriebe zum großen Teil Zulieferer für wichtige Zweige des volkseigenen Maschinenbaus waren, bestand damit eine Abhängigkeit eines weit größeren Produktionsvolumens der Industrie der DDR von diesen Betrieben, als es der Umfang der Bruttoproduktion der Privatbetriebe erkennen läßt. Hinzu kam, daß in der internationalen ökonomischen Zusammenarbeit Fachgremien eine Rolle zu spielen begannen, die Fragen der Gestaltung technischer Lieferbedingungen, der Typisierung und Standardisierung sowie der Abstimmung technisch ökonomischer Leistungsparameter für industrielle Erzeugnisse usw. behandelten.

Im Unterschied zur DDR gab es in allen anderen RGW-Ländern Mitte der 50er Jahre keine vergleichbaren sozialökonomischen Verhältnisse mehr, die es gestattet hätten, privatkapitalistische Industriebetriebe in eine künftige kooperative Zusammenarbeit auf internationaler Ebene einzubeziehen.

Der sozialistische Staat hatte, um den industriellen Reproduktionsprozeß zu sichern und die Versorgung der Bevölkerung zu gewährleisten, seit einigen Jahren privatkapitalistische Unternehmen finanziell unterstützt. In der Textilindustrie und im Maschinenbau existierte Mitte der 50er Jahre bereits eine Anzahl von Betrieben, bei denen der Staat finanzielle Mittel eingesetzt hatte, die 50 Prozent und mehr des Betriebskapitals repräsentierten.

In etwa 6 Prozent der Betriebe war die Deutsche Investitionsbank durch staatliche Kredite an der Finanzierung von Investitionen beteiligt. Die Deutsche Investitionsbank verfügte bis Ende März 1956 am Gesamtkapital von 951 privatkapitalistischen Unternehmen über einen Anteil von 31 Prozent. Die Anzahl der privatkapitalistischen Betriebe, die um eine finanzielle Unterstützung durch die Deutsche Investitionsbank nachsuchten, lag weit höher.[37]

Diese Entwicklung und die bevorstehenden Aufgaben sowie die Erfahrungen aus der ersten Hälfte der 50er Jahre ließen in der Parteiführung der SED die Ansicht reifen, daß es im Interesse der sozialistischen Umgestaltung der Gesellschaft zweckmäßig sei, wenn sich der Staat an kapitalistischen Betrieben, von deren Leistungsfähigkeit der ökonomische Fortschritt in der DDR mit abhing, finanziell beteiligt. Diese Ansicht wurde auf der 25. Tagung des ZK der SED im Oktober 1955 diskutiert und gebilligt.[38]

Am 8. Februar 1956 informierte Willy Rumpf, Minister der Finanzen, in der Begründung des Staatshaushaltsplanes die Volkskammer der DDR darüber, daß das Präsidium des Ministerrates im Januar 1956 beschlossen habe, privaten Unternehmern, die bei der Erweiterung und Modernisierung der Produktion Schwierigkeiten hätten, auf Antrag staatliche Hilfe zu gewährleisten. Die Deutsche Investitionsbank erhielt die Vollmacht, sich an solchen Betrieben mit staatlichen Mitteln zu beteiligen.[39]

[37] LV-45, S. 79 (Czerny)
[38] LV-202, S. 487 (25. Tagung ZK SED)
[39] LV-43, S. 492 (Chronik III);
Zur Haltung der Privatkapitalisten zur staatlichen Beteiligung in: LV-284, S. 120ff. (Tatzkow)

Diese Festlegung fand das Interesse privatkapitalistischer Unternehmer, die sich außerstande sahen, die wachsenden quantitativen und qualitativen Forderungen der Volkswirtschaft zu erfüllen. Der steigende Bedarf an Grund- und Umlaufmitteln dieser Betriebe war eine wesentliche Triebkraft für die Entwicklung von Partnerschaften zwischen privatkapitalistischen Unternehmern und dem sozialistischen Staat. Außerdem verfügten diese Betriebe oftmals über keine ausreichenden Kapazitäten für Forschungsleistungen und damit für die Weiterentwicklung ihrer Erzeugnisse entsprechend des wissenschaftlich-technischen Fortschritts. Das wiederum gefährdete das Niveau der Produktion einer großen Anzahl von volkseigenen Betrieben, die auf Zulieferungen privatkapitalistischer Betriebe angewiesen waren. Alle diese Aspekte ließen auch viele Unternehmer die Vorteile erkennen, die eine staatliche Kapitalbeteiligung für die Leistungs- und Gewinnentwicklung ihrer Betriebe hatte. Den Anfang dieses Wandlungsprozesses in der privatkapitalistischen Industrie machten 8 Unternehmer mit dem Abschluß von Musterverträgen, die am 20. Februar 1956 durch Willy Rumpf angekündigt und von der Deutschen Investitionsbank abgeschlossen wurden.[40]

Die Aufnahme einer finanziellen Beteiligung des Staates an einem Privatunternehmen setzte dessen Umbildung in eine Kommanditgesellschaft voraus. Diese aus dem bürgerlichen Handelsrecht stammende juristische Unternehmensform erleichterte den Kapitalisten das Verständnis für den Inhalt ihrer neuen Beziehungen zum sozialistischen Staat. Der sozialistische Staat trat in der Regel mit einer finanziellen Einlage von 50 Prozent und mehr als Teilhaber in die zu diesem Zweck gegründeten Gesellschaften ein. Als Komplementär blieb der Privateigentümer dabei uneingeschränkt haftender Gesellschafter und Leiter des Unternehmens. Er erhielt neben seinem Gewinn, der sich aus seinem Kapitalanteil errechnete, noch eine staatliche Vergütung, entsprechend den tariflichen Bestimmungen, für seine Leitungstätigkeit. Mit dem Abschluß eines Gesellschaftsvertrages zwischen der Deutschen Investitionsbank und dem kapitalistischen Unternehmer, wobei die Bank als Kommanditist und der Unternehmer als Komplementär auftraten, fand die staatliche Beteiligung ihren juristischen Ausdruck.[41]

Der sozialistische Staat verfolgte mit dem Abschluß solcher Verträge das Ziel, die künftigen halbstaatlichen Betriebe über einen längeren Zeitraum zu sozialistischen Produktionsstätten zu entwickeln. Dieser Entwicklungsweg wurde von den Unternehmern akzeptiert, da sie im Rahmen der Verordnung zur Bildung halbstaatlicher Betriebe a priori über das verfolgte Ziel des sozialistischen Staates in Kenntnis gesetzt worden waren. Wörtlich hieß es darin: „Mit der staatlichen Beteiligung gibt ihnen (den Unternehmern – d. V.) der Arbeiter- und Bauernstaat die Möglichkeit, an der Seite der Arbeiterklasse und der übrigen Werktätigen den Weg zum Sozialismus zu gehen und durch die Einbeziehung ihrer Betriebe in den Prozeß der sozialistischen Umgestaltung die kapitalistischen Produktionsverhältnisse zu überwinden. Die Beteiligung des Arbeiter- und Bauernstaates an den Privatbetrieben ist eine Übergangsform zum sozialistischen Betrieb."[42]

Bis Anfang September 1956 waren bei der Deutschen Investitionsbank von 596 privatkapitalistischen Unternehmen Anträge um Aufnahme einer staatlichen Beteili-

40 LV-43, S. 494 (Chronik III)

41 LV-193, S. 170f. (Politische Ökonomie in der DDR)

42 LV-276, S. 253ff. (Gbl. DDR I/59)

gung eingegangen. Die Deutsche Investitionsbank hatte zu diesem Zeitpunkt 37,7 Prozent dieser Anträge bearbeitet. Sie schloß mit 19,0 Prozent der Unternehmen einen Vertrag ab, stellte 67,7 Prozent der Unternehmen einen Vertrag in Aussicht, stellte 7,5 Prozent der bearbeiteten Anträge zurück und lehnte 5,8 Prozent der Anträge ab. Die Unternehmen, mit denen die Deutsche Investitionsbank bis Ende September 1956 einen Vertrag abschloß, waren vornehmlich in der metallverarbeitenden, in der Textil- und in der Bauindustrie angesiedelt.[43]

Am 31. Dezember 1956 wurden in der DDR 144 Betriebe mit staatlicher Beteiligung registriert. Ein Jahr später belief sich ihre Zahl auf 440 Betriebe. Das waren 10,5 Prozent aller privatkapitalistischen Betriebe, die einen Antrag auf eine finanzielle Beteiligung des Staates gestellt hatten. Im Dezember 1959 waren 45 Prozent aller privatkapitalistischen Betriebe in eine Kapitalpartnerschaft eingegangen. Ende 1963 belief sich die Anzahl der halbstaatlichen Betriebe auf 5384.[44]

Im Gefolge der sozialökonomischen Veränderungen in der privatkapitalistischen Industrie kam es zu einer beachtlichen Verschiebung im Anteil der volkseigenen und halbstaatlichen Betriebe an der Gesamtheit der Industriebetriebe (vgl. Tabelle 88).

Tabelle 88
Anteil der Eigentumsformen der Betriebe in der Industrie der DDR 1956 bis 1963 (Prozent)

Jahr	sozial. Betriebe	Betriebe mit staatlicher Beteiligung	private Betriebe
1956	32,3	0,8	66,9
1958	33,4	9,0	57,5
1960	31,8	27,8	40,4
1962	32,0	34,7	33,3
1963	31,3	36,2	32,4

Quelle: LV-240, S. 91 (StJb 64)

Eine neue Etappe der Einbeziehung der halbstaatlichen Betriebe in die sozialistische Volkswirtschaft wurde mit der Übernahme der Rechtsstellung des staatlichen Gesellschafters durch volkseigene Betriebe im Jahre 1958 eingeleitet. Die Deutsche Investitionsbank, die bisher diese Aufgabe wahrgenommen hatte, konnte aufgrund der gewachsenen Rolle, die diese Betriebe in der Wirtschaft einnahmen, den technischen und ökonomischen Anforderungen eines Kommanditisten nicht mehr gerecht werden. Das betraf beispielsweise sachbezogene Entscheidungen über die Durchführung von Investitionen, die Entwicklung der Struktur der Erzeugnissortimente, die Zusammensetzung der betrieblichen Fonds und die wissenschaftlich-technische Betreuung der Erzeugnisse.

Die volkseigenen Betriebe verfügten dagegen über Erfahrungen bei der Herausbildung sozialistischer Wirtschaftsprinzipien und konnten den ihrer Erzeugnisgruppe zugehörenden halbstaatlichen Betrieben durch entsprechende Fachkader Anleitung

[43] LV-45, S. 73 (Czerny); LV-248, S. 131 (Tatzkow)
[44] LV-240, S. 113 (StJb 66)

und Unterstützung geben. Diese Zusammenarbeit zwischen halbstaatlichen und volkseigenen Betrieben führte dazu, daß sich die ökonomischen Beziehungen zwischen den Betrieben unterschiedlicher Eigentumsverhältnisse enger gestalteten.

Da die volkseigenen Betriebe, die als staatliche Gesellschafter in halbstaatlichen Betrieben fungierten, entweder ein ähnliches Erzeugnisprofil hatten oder arbeitsteilig mit diesen Betrieben verflochten waren, kam es zu einer engen Zusammenarbeit bei der Entwicklung neuer Erzeugnisse und ihrer Überführung in die Produktion, bei der Gestaltung technologischer Prozesse, bei der Beseitigung von Engpässen an Produktionsmitteln und Rohstoffen oder bei der Gestaltung der Arbeits- und Lebensbedingungen, so z. B. bei der Pausenversorgung der Arbeiter und Angestellten, der gegenseitigen Beteiligung an der Nutzung betrieblicher Ferienobjekte und der Mitnutzung sozialer Einrichtungen der volkseigenen Betriebe durch die Werktätigen der halbstaatlichen Betriebe.

Diese qualitativ neuen Beziehungen der halbstaatlichen Betriebe zur sozialistischen Industrie und ihren Produzentenkollektiven legten Keime der sozialistischen Produktionsverhältnisse in diesen Betrieben.

In diesem Sinne hatte der V. Parteitag der SED im Jahre 1958 dazu aufgefordert, in den halbstaatlichen Betrieben die Rolle, den Einfluß und die Verantwortung der Arbeiter im Rahmen ihrer Gewerkschaftsorganisationen weiter zu erhöhen. Die Beschlüsse des Parteitages orientierten darauf, in diesen Betrieben den sozialistischen Wettbewerb, die Neuererbewegung, die Produktionsberatungen und ökonomische Konferenzen zu Bestandteilen des Mitbestimmungsrechts der Werktätigen zu machen.[45]

Das setzte sich allerdings in den halbstaatlichen Betrieben nur langsam durch. Dennoch waren die neuen Verhältnisse, die sich unter den Produzenten dieser Betriebe zu gestalten begannen, und ihre wachsenden Beziehungen zum sozialistischen Eigentum und den Produzentenkollektiven der volkseigenen Gesellschafterbetriebe unverkennbare Anzeichen für Verhaltensweisen, die im Entstehen begriffenen sozialistischen Produktionsverhältnisse in der Industrie geprägt waren.

Im Jahre 1959 übernahmen in Vorbereitung des 10. Jahrestages der Gründung der DDR die Arbeiter in halbstaatlichen Betrieben 50000 Einzel- und Kollektivverpflichtungen für höhere Leistungen in der Produktion. Ende des Jahres 1959 ließ sich feststellen, daß in den zurückliegenden Monaten über 64000 Werktätige in Produktionsberatungen ihr Mitbestimmungsrecht in diesen Betrieben wahrgenommen hatten. Dazu war im März 1959 vom Ministerrat der DDR in der Verordnung über die Bildung halbstaatlicher Betriebe das gewerkschaftliche Mitbestimmungsrecht für die Werktätigen erweitert worden.[46] Im Jahre 1958 waren erstmalig 600 Betriebsverträge in halbstaatlichen Betrieben in Kraft getreten, deren Zahl sich im Folgejahr auf über 2000 erhöhte. Sie unterschieden sich nicht nur von den Betriebsvereinbarungen in privatkapitalistischen Betrieben hinsichtlich der Festlegungen der Arbeits- und Lebensbedingungen und der Rechte und Pflichten der Werktätigen, sondern sie spiegelten bereits eine neue Stellung der Arbeiter und Angestellten zur Produktion und zu ihrem Betrieb, der Bestandteil der sozialistischen Volkswirtschaft war, wider.

Das wurde durch Freundschaftsverträge zwischen sozialistischen und halbstaatlichen Betrieben, die dazu beitrugen, die Leitungsmethoden dieser Betriebe den sich

45 LV-200, S. 117 (Protokoll V. Parteitag SED)

46 LV-276, S. 253ff. (Gbl. DDR I/59)

entwickelnden neuen Verhältnissen anzupassen, gefördert. Beispielsweise wurden im Rahmen dieser Verträge gemeinsam Übergangslösungen erarbeitet, welche die Anwendung des sozialistischen Leistungsprinzips auch in den halbstaatlichen Betrieben ermöglichten.[47]

Abschließend bleibt festzustellen, daß die Form der halbstaatlichen Betriebe und der evolutionäre Weg ihrer sozialökonomischen Wandlung und allmählichen Einbeziehung in die volkseigene Industrie ein beachtlicher Erfolg der Wirtschafts- und Bündnispolitik der SED war. Damit fand die Leninsche Theorie vom Staatskapitalismus in der Übergangsperiode unter den konkret-historischen Bedingungen der DDR ihre Entsprechung.

2. Zur Leitung, Planung und wirtschaftlichen Rechnungsführung in der volkseigenen Industrie

a) Der Einfluß der zentralstaatlichen Leitung und Planung auf die sozialistische Ökonomie

Der Reifeprozeß in den sozialistischen Produktionsverhältnissen in der Industrie äußerte sich vor allen in dem sich qualifizierenden Leitungs- und Planungssystem, in der Durchsetzung der wirtschaftlichen Rechnungsführung und in der damit unmittelbar verbundenen Masseninitiative auf dem Produktionsfeld.[1] Die Entstehung des sozialistischen Planungs- und Leitungssystems begann mit der Gründung der DDR. Bei der Konstituierung des Staatsapparates erhielten die im Rahmen der bisherigen DWK vorhandenen Institutionen, die von Anfang an am Aufbau einer einheitlichen Wirtschaftsplanung maßgeblich beteiligt gewesen waren, den Status von Ministerien. Damit konnte für die laufende Industrieproduktion die Leitung und Planung ohne Unterbrechung und Umstellung im Leitungsapparat kontinuierlich weitergeführt werden.

In der provisorischen Regierung der DDR entstanden zunächst mit dem Ministerium für Planung, von Heinrich Rau geleitet, und dem Ministerium für Industrie, dessen Leitung Fritz Selbmann übertragen wurde, die wirtschaftspolitischen Führungszentren für die weitere Entwicklung der Industrie.

Das Ministerium für Planung war aus den Hauptverwaltungen für Planung, für Wissenschaft und Technik und dem Statischen Zentralamt der DWK hervorgegangen und wurde 1950 zur Staatlichen Plankommission der DDR umgebildet.

Das Ministerium für Industrie ging aus dem entsprechenden Sekretariat der DWK und den ihm angeschlossenen industriellen Hauptverwaltungen hervor.

Gleichzeitig war im Oktober des Jahres 1949 eine Zentrale Kommission für Staatliche Kontrolle (im folgenden ZKSR) unter der Leitung von Fritz Lange aus der bisherigen Zentralen Kontrollkommission der DWK entstanden. Dieser Institution kam die wichtige Aufgabe zu, die Interessen der Staatsmacht und den Schutz des sozialistischen Eigentums in der Wirtschaft wahrzunehmen. Besonders in der Industrie hatte sich zu dieser Zeit die Wühl- und Zersetzungsarbeit der entmachteten

[47] LV-204, S. 98ff. (Protokoll 5. FDGB-Kongreß)

[1] Die eingehende Behandlung des Themas nahm Jörg Roesler vor. LV-212 (Roesler)

monopolistischen Bourgeoisie in Verbindung mit imperialistischen Geheimdiensten erheblich verstärkt. So veröffentlichte die ZKSK über das Jahr 1949 einen amtlichen Bericht zur Verhaftung von 8 einflußreichen Personen in Sachsen-Anhalt, die seit 1945 fast 100 Millionen Mark Vermögenswerte nach Westdeutschland verschoben, die Überführung des Dessauer Konzerns Deutsche-Continental-Gas-Gesellschaft in Volkseigentum sabotiert und mit der Überführung des Konzernvermögens in die Bundesrepublik Deutschland begonnen hatten.[2]

Die Beschlüsse des III. Parteitages der SED im Jahre 1950 und der erste Fünfjahrplan 1951 bis 1955 stellten die staatliche Leitung und Planung der Industrie vor qualitativ neue Aufgaben.

Mit der Bildung des Ministeriums für Industrie waren darin die Hauptverwaltungen Metallurgie, Maschinenbau und Elektrotechnik, Leichtindustrie, Chemie, Energie, Kohle, Steine und Erden, Lebensmittelindustrie und Bauwesen (Industriebauten)[3] eingegliedert worden. Aus der Fülle der Industriezweige mit unterschiedlichsten Aufgaben sowie aus der Sicht einer differenzierten Wichtung dieser Zweige für das weitere wirtschaftliche Wachstum der DDR wird schon erkennbar, daß diese Verwaltungsstruktur nur Übergangscharakter haben konnte.

Die weiteren Schritte zur Vervollkommnung der Betriebsplanung, der Beziehungen zwischen den zentralstaatlichen Leitungszentren und den Industriebetrieben aus dem Blickwinkel der Erhöhung der Effektivität der Betriebe und der weiteren Ausgestaltung sozialistischer Produktionsverhältnisse, waren Gegenstand einer wirtschaftspolitischen Konferenz der volkseigenen Betriebe vom 26. bis 28. November 1949 in Leipzig, die zu jener Zeit als die wichtigste Wirtschaftstagung der Nachkriegszeit gewertet wurde. Die Vertreter der Partei- und Staatsführung, Walter Ulbricht, Heinrich Rau und Fritz Selbmann, verdeutlichten in ihren Referaten zugleich den volksdemokratischen Charakter der Bestrebungen zur weiteren Mehrung und Stärkung der Leistungspotenzen des gesellschaftlichen Eigentums in der Industrie.

Die volkseigene Wirtschaft sollte auch künftig nicht durch neue Enteignungen, sondern mit ökonomischen Mitteln, durch den Aufbau neuer und den Ausbau der bestehenden Betriebe sowie durch die Steigerung der Arbeitsproduktivität, erweitert werden. Das war von Anbeginn in zweierlei Hinsicht eine wichtige Grundorientierung für die künftige Ausgestaltung sozialistischer Produktionsverhältnisse und ihrer Entsprechung durch den Prozeß der staatlichen Leitung und Planung der Industrie.

Es sollten sich die gesellschaftlichen Eigentumsverhältnisse, als die Grundbedingung für die Entfaltung sozialistischer Produktionsverhältnisse in ihrer Gesamtheit, aus den inneren Leistungspotenzen der sozialistischen Wirtschaft selbst entwickeln. Nicht die Wandlung der Eigentumsstruktur mit politischen Mitteln, sondern das Mehrprodukt der sozialistischen Wirtschaft wurde als die Hauptquelle der Mehrung sozialistischen Eigentums angesehen. Die Mehrung des sozialistischen Eigentums und die Herausbildung eines neuen Verhältnisses der Produzenten zu den vergesellschafteten Produktionsmitteln waren als ein organisch verflochtener Prozeß zu vollziehen. Das Bewußtsein der Werktätigen wuchs unter dem politisch-ideologischen Einfluß der SED und der Gewerkschaften in dem Maße, wie sich die sozialistischen Produktionsverhältnisse

[2] LV-248a (Tägliche Rundschau 27./28. 10. 49) (ND 21. 11. 49)
[3] LV-24, S. 2 (Min. Blatt 49—50)

in dialektischer Wechselwirkung zu den gesellschaftlichen Produktivkräften ausbildeten.

Die politischen Grundlagen für den Prozeß der Leitung und Planung verdeutlichte Walter Ulbricht: „Die Voraussetzung für die Lösung der großen nationalen, demokratischen und wirtschaftlichen Aufgaben ist das Bewußtsein jedes Schaffenden, daß der neue demokratische Staat sein Staat ist, daß er selbst die volle Mitverantwortung für das ganze staatliche Geschehen trägt, daß die Sicherung der bei uns vollzogenen Umwandlung und die Festigung der demokratischen Staatsmacht die Grundbedingung für alle wirtschaftlichen Erfolge ist."[4]

Für die Leitung und Planung der Industrie ergaben sich aus diesen Erfordernissen zwei grundsätzliche Aufgaben. Die Leitung und Planung der Industrie war auf eine hohe Wachstumsdynamik des schwerindustriellen Sektors zu konzentrieren, um so die Planmäßigkeit und Proportionalität der künftigen volkswirtschaftlichen Entwicklung zu gewährleisten.

Die Prinzipien des demokratischen Zentralismus mußten in der Leitungs- und Planungsarbeit umfassend durchgesetzt werden, um die Schöpferkraft der werktätigen Massen zu nutzen und damit gleichzeitig wichtige Voraussetzungen für die Entfaltung der sozialistischen Demokratie in der Industrie zu schaffen. Die Einführung von Betriebsplänen im März 1950 war ein wichtiger Schritt in diese Richtung.[5]

Die Anleitung und Kontrolle der Betriebe bei der Lösung dieser Aufgabe übernahmen die VVB, die sich mit dem Übergang zur zentralstaatlichen Planung 1948/49 konsolidiert hatten und als Zwischenleitung zwischen Industriebetrieben und den Hauptverwaltungen des Ministeriums für Industrie fungierten. Anfang des Jahre 1950 unterstanden den Hauptverwaltungen des Ministeriums 36 solcher Vereinigungen.[6]

Mit der Betriebsplanung wurde eine Lücke im Leitungsinstrumentarium zur planmäßig proportionalen Entwicklung der Volkswirtschaft geschlossen. Auf der Grundlage des Fünfjahrplanes und der daraus abgeleiteten Aufgaben für den jeweiligen Volkswirtschaftsplan konnten jetzt die Planziele für den einzelnen Betrieb fixiert werden.

Dieser Schritt hatte jedoch eine Reihe von Konsequenzen. Die Betriebe mußten in ihrer inneren Organisationsstruktur so beschaffen sein, daß nach Betriebsplänen gearbeitet werden konnte. Das erforderte eine weitgehende Vereinheitlichung dieser Strukturen zwischen den volkseigenen Betrieben. Des weiteren galt es, die Hemmnisse, die aus der bis ins Einzelne gehenden Reglementierung der Betriebe durch die ihnen übergeordneten Vereinigungen für das Entfalten des demokratischen Zentralismus in der betrieblichen Leitung und Planung zu überwinden.[7] Die Vereinigungen begannen sich aus dem System der Planung herauszulösen und gegenüber den industriellen Hauptverwaltungen zu verselbständigen. Sie veränderten die Plankennziffern nach eigenen Wünschen und Vorstellungen und untergruben durch solche Disziplinverstöße die Autorität des Planes.[8] Das Mitspracherecht der Betriebe an der Gestaltung des Planes war zu dieser Zeit noch wenig entwickelt.

[4] LV-259, S. 21 (Ulbricht)
[5] Vgl. Kapitel 5 der vorliegenden Arbeit
[6] LV-219, S. 524 (Schöneburg u. a.)
[7] LV-230, S. 3 (Selbmann)
[8] LV-212, S. 36 (Roesler)

Die Verwaltungsstruktur zeigte sich den im Fünfjahrplan 1951 bis 1955 gestellten Aufgaben nicht mehr gewachsen. Sowohl das Ressortdenken als auch die komplizierter werdenden Datenflüsse erschwerten die flexible Leitung und Planung der Industrie. Im November 1950 wurde deshalb zunächst das Ministerium für Industrie in drei Ministerien aufgegliedert. Fritz Selbmann übernahm das Ministerium für Schwerindustrie, Gerhard Ziller wurde zum Minister für Maschinenbau und Wilhelm Feldmann zum Minister für Leichtindustrie berufen.

In den folgenden Jahren kam es in relativ kurzen Zeitabständen zu einer Reihe von Veränderungen in der Kompetenzgliederung der Ministerien, die sich weitgehend aus den großen Erweiterungsprogrammen der Schwerindustrie ergaben. Das Metallurgieprogramm und der damit im Zusammenhang stehende Anstieg des Kohle- und Energiebedarfs erforderten die gesonderte Leitung dieser Schwerpunktbereiche der industriellen Entwicklung. Die Notwendigkeit administrativer Umverteilungsprozesse im Rahmen der volkswirtschaftlichen Akkumulation bedurfte staatlicher Zentralen, die einerseits diese Entscheidungen fällen und andererseits die daraus resultierenden Auswirkungen auf andere volkswirtschaftliche Bereiche überschauen konnten.

Deshalb wurde Ende des Jahres 1951 die Kompetenz des damaligen Ministeriums für Schwerindustrie auf die Lösung des erstgenannten Aufgabenkomplexes eingegrenzt. Das Ministerium wurde in Ministerium für Hüttenindustrie und Erzbergbau umbenannt. Gleichzeitig ging ein Teil der Aufgaben des ehemaligen Ministeriums für Schwerindustrie an zwei Staatssekretariate mit eigenem Geschäftsbereich über, an das Staatssekretariat für Kohle und Energie und an das Staatssekretariat für Chemie, Steine und Erden.

Der sich 1953/54 zuspitzende Widerspruch zwischen dem Wachstum des Bedarfs an Kohle für Energieerzeugung, für die Grundstoffchemie und die Metallurgie einerseits und den gegebenen Produktionskapazitäten andererseits veranlaßte die SED und die Regierung der DDR, 1954 ein Kohle- und Energieprogramm zu erarbeiten, dessen Realisierung eine veränderte Leitungsstruktur bedingte.

Im Jahre 1953 wurde zeitweilig das Staatssekretariat für Kohle und Energie in je ein Staatssekretariat für Kohle und eines für Energie getrennt. Damit konnten vor allem Verteilungsfunktionen zwischen den einzelnen Industriezweigen und den anderen Bereichen der Volkswirtschaft im Sinne der Planmäßigkeit und Proportionalität operativ besser gelöst werden.

Diese Schritte förderten aber zugleich das Ressortdenken, das die komplexe Lösung eng zusammenhängender Aufgaben beim Aufbau der Schwerindustrie komplizierte. Um einer weiteren Zergliederung der zentralstaatlichen Wirtschaftsleitung auf diesem Gebiet entgegenzuwirken, erfolgte im November 1953 die Wiedereingliederung aller im Bereich der Schwerindustrie bestehenden Staatssekretariate in das Ministerium für Hüttenindustrie und Erzbergbau. Das Ministerium wurde wieder in das Ministerium für Schwerindustrie umgewandelt. Dabei spielte auch die Notwendigkeit, die Personalkosten im Staatsapparat zu verringern, eine Rolle.

Im Bereich Maschinenbau standen mit der Entwicklung von 25 Schwerpunktbetrieben des Maschinenbaus, dem Ausbau der 3 Hochseewerften und der Ausrüstung von 15 Schwerpunktbetrieben der Grundstoffindustrie Aufgaben, deren Erfüllung ebenfalls ein außergewöhnlich hohes Maß von administrativer Einflußnahme der zentralstaatlichen Wirtschaftsleitung erforderte. Es erschien eine Dezentralisierung in den Leitungsbefugnissen sinnvoll.[9] Im Dezember 1952 wurde deshalb das Ministerium für Maschinenbau in die Ministerien für Schwermaschinenbau, für Transportmaschinen- und Landmaschinenbau sowie für Allgemeinen Maschinenbau aufgegliedert.

Das neugebildete Ministerium für Transportmaschinen- und Landmaschinenbau hatte darüber hinaus eine Reihe wesentlicher Aufgaben, um die beginnende sozialistische Umgestaltung der Landwirtschaft materiell zu unterstützen. Die drei Ministerien wurden im November 1953 erneut zum Ministerium für Maschinenbau zusammengefaßt. Die beiden Ministerien für Schwerindustrie und für Maschinenbau blieben so im wesentlichen bis Mitte der 50er Jahre bestehen.

Es ist aus heutiger Sicht außerordentlich schwierig, alle politischen und ökonomischen Gründe, die zu strukturellen Veränderungen in der Leitung der Industrie führten, zu erfassen. Für den Zusammenhang, der zwischen der Dynamik auf schwerindustriellem Gebiet und den sich ändernden Strukturen der zentralstaatlichen Leitung bestand, spricht aber bereits die Tatsache, daß das ebenfalls im November 1950 gebildete Ministerium für Leichtindustrie im wesentlichen ohne große Veränderungen fast 8 Jahre bis zum Juli 1958 bestehen blieb.[10]

Nach der Neuwahl der Volkskammer im Oktober 1954 gab es in der Regierung der DDR vier Industrieministerien: Das Ministerium für Maschinenbau, das Heinrich Rau neben seiner Funktion als stellvertretender Vorsitzender des Ministerrates übernommen hatte, das Ministerium für Schwerindustrie unter Fritz Selbmann, das Ministerium für Leichtindustrie, das Wilhelm Feldmann führte und das Ministerium für Lebensmittelindustrie, dessen Leitung Kurt Westphal innehatte.

Bis zur Mitte der 50er Jahre gelang es, basierend auf den Prinzipien des demokratischen Zentralismus, einige wesentliche Fortschritte bei der Gestaltung des Leitungs- und Planungsprozesses in der Industrie zu erzielen. Sie betrafen vor allem die Beziehungen zwischen der zentralstaatlichen Leitung der Industrie und den einzelnen volkseigenen Betrieben. Dazu gehörte, daß die Betriebe, die juristisch selbständig wurden, die Möglichkeit erhielten, eigene Fonds zu bilden und zu verwenden sowie, daß durch die Auflösung der VVB eine unmittelbare Verbindung zwischen den industriellen Hauptverwaltungen und den Betrieben entstand. Besonders wichtig war in diesem Zusammenhang der größere Einfluß der Belegschaften auf den Inhalt und die Kontrolle der Wirtschaftspläne durch Produktionsberatungen, Plandiskussionen und ökonomische Konferenzen. Diese Fortschritte waren ein Zeichen für die Ausbildung der sozialistischen Produktionsverhältnisse in der Industrie.

Mitte der 50er Jahre wurde es dringend erforderlich, die in den ersten Jahren des sozialistischen Aufbaus geschaffenen Kapazitäten in der Schwerindustrie organisch mit dem Gesamtkomplex der Industrie zu verbinden. Nur so war es möglich, die Leistungsfähigkeit der Gesamtindustrie spürbar zu erhöhen.

Die wirtschaftspolitische Tätigkeit der SED zielte darauf ab, die Steigerung der Produktion, die Erhöhung der Erzeugnisqualität und die Senkung der Selbstkosten in der Industrie als eine Einheit zu betrachten. Daß dieses Anliegen von den Produzenten der sozialistischen Industrie verstanden wurde, bezeugen Initiativen, die zu

9 AV-51, Bl. 1 (ZStAP, E-1, Nr. 11126); LV-145, S. 25 (Lang)

10 LV-269, S. 1233 (Gbl. DDR I/50); LV-207, S. 509f. (Gbl. DDR I/53); LV-26, S. 238 (Gbl. DDR I/54); LV-25, S. 225 (Gbl. DDR I/54)

Ehren des IV. Parteitages der SED 1954 in den sächsischen Zentren der Textilindustrie ihren Ausgang nahmen und große Teile der Werktätigen in der Industrie erfaßten. Das Mehr von Frieda Hockauf, das Bessere von Paul Simon und das Billiger von Charlotte Steinbach flossen in der Wettbewerbsbewegung unter der Losung: „Mehr, besser, billiger" zusammen. Zur Realisierung der Beschlüsse des IV. Parteitages stand die 21. Tagung des ZK der SED im November 1954 vor der Aufgabe, in ihren Entscheidungen zur Arbeit auf dem Gebiet der zentralstaatlichen Leitung und Planung diesen Anforderungen stärker als bisher Nachdruck zu verleihen.

In diesem Zusammenhang waren vor allem Züge eines bürokratischen Zentralismus in der Tätigkeit der Ministerien und Hauptverwaltungen zu beseitigen. Der weiteren Durchsetzung der wirtschaftlichen Rechnungsführung galt es durch die Einführung einer vereinfachten und damit übersichtlicheren Planmethodik in der sozialistischen Industrie zu entsprechen. Die in der volkseigenen Industrie seit Ende der 40er Jahre praktizierte und seit 1952 in der jährlichen Ordnung zur Planung festgelegte Planmethodik war von der Notwendigkeit bestimmt, die wirtschaftlichen Aufgaben der volkseigenen Betriebe weitgehend und umfassend von der Staatlichen Plankommission und den Industrieministerien vorzugeben. Die in den frühen 50er Jahren gegebenen wirtschaftlichen Gesamtbedingungen und der noch geringe Erfahrungsschatz in der volkseigenen Industrie auf planerischem Gebiet hatten diese starke Zentralisierung der Planungsbefugnisse verursacht.

Mit den ökonomischen Fortschritten der volkseigenen Industrie wurde immer deutlicher, daß die bislang geübte Planungspraxis zu starr war, nicht dem tatsächlichen Wirtschaftsablauf entsprach und die Eigeninitiative der Betriebsleitungen und -belegschaften behinderte. Den Betrieben wurden für das jeweilige Planjahr zu viele detaillierte Kennziffern vorgegeben, die nicht hinreichend den konkreten Produktionsbedingungen der Zweige und Betriebe Rechnung trugen. So wurde von Maschinenbaubetrieben am Jahresbeginn ein Produktionsprogramm verlangt, das für das gesamte Planjahr galt und bis ins Einzelne ausgearbeitet war. Die im Laufe des Jahres notwendigerweise eintretenden Veränderungen in der Auftragslage zwangen dann zu einem großen Arbeitsaufwand in den Betrieben und in den zuständigen Ministerien, um die erforderlichen Veränderungen in den zentralen Plänen vorzunehmen.

Diese Planmethodik, die die Betriebe an eine Vielzahl bis ins kleinste vorgeschriebener Kennziffern band, widersprach den Prinzipien der wirtschaftlichen Rechnungsführung. Darum kam es im Verlaufe des Jahres 1954, angeregt durch den Ministerrat der DDR und von den Betriebsfunktionären ehemaliger SAG-Betriebe des Maschinenbaus vornehmlich getragen, in den Ministerien und Betrieben zu einer eingehenden Diskussion über eine einfachere und wirkungsvollere Planmethodik. Sie mündete in einem entsprechenden Beschluß, den der Ministerrat am 16. Dezember 1954 faßte. Er sah vor, daß auf zentraler Ebene nur noch die volkswirtschaftlich wichtigsten Erzeugnisse festgelegt wurden und es dann den Betrieben oblag, die zum Ausführen der staatlichen Aufgaben notwendigen detaillierten Pläne eigenverantwortlich zu erarbeiten und die erforderlichen kooperativen Beziehungen zu den anderen volkseigenen Betrieben über einen Wirtschaftsvertrag zu sichern. Die nach einem einheitlichen Schema gegliederten Betriebspläne bedurften keiner gesonderten Bestätigung durch die jeweilige Hauptverwaltung mehr.[11] Ein Beschluß des Ministerrates vom Februar

[11] LV-219, S. 90 (Schöneburg u. a.); LV-98, S. 178ff. (Geschichte des Staates)

1955 verfolgte in diesem Zusammenhang die Absicht, die Struktur der Ministerien, staatlichen Institutionen und Verwaltungen so zu gestalten, daß Überschneidungen und Doppelarbeit vermieden wurden und somit die Verantwortlichkeit exakt festgelegt werden konnte.[12]

In Vorbereitung des zweiten Fünfjahrplanes orientierte die 25. Tagung des ZK der SED im Oktober 1955 auf die verstärkte Nutzung von Wissenschaft und Technik für ein schnelles Leistungswachstum der Industrie. Dazu bot der erreichte Entwicklungsstand des Maschinenbaus die Voraussetzung, der sich zu dieser Zeit auf die Entwicklung einer neuen Generation von Produktionsmitteln orientierte. Die 25. Tagung des ZK der SED beschloß deshalb eine Reihe von Maßnahmen und forderte die Industrie unter der Losung: „Modernisieren, Mechanisieren, Automatisieren" dazu auf, den wissenschaftlich-technischen Fortschritt in den Mittelpunkt der Wirtschaftstätigkeit zu stellen.[13] Im Interesse einer gezielten und sachorientierten zentralstaatlichen Leitung und Planung dieses Prozesses war bereits im April 1955 das Ministerium für Maschinenbau in die Ministerien für Schwermaschinenbau und Allgemeinen Maschinenbau aufgegliedert worden. Im Ergebnis der 25. Tagung des ZK der SED kam es zur Aufgliederung des Ministeriums für Schwerindustrie in die Ministerien für Bergbau und Hüttenwesen, für Kohle und Energie und Chemische Industrie.[14]

Zusammen mit dem Ministerium für Leichtindustrie und dem Ministerium für Lebensmittelindustrie existierten Mitte der 50er Jahre 7 Industrieministerien, denen bis 1958 auch die Leitung und Planung ihres Zuständigkeitsbereiches oblag. Gravierende Veränderungen in der Ministerialstruktur der Industrie erfolgten bis zu diesem Zeitpunkt nicht mehr.

Das Erfordernis zu Veränderungen in der Leitung der Industrie reifte in Vorbereitung des V. Parteitages der SED im Jahre 1958 aus den Leitlinien für das künftige Wachstum der Industrie. Die Realisierung des Kohle- und Energieprogramms von 1957 war in vollem Gange. Dabei zeigte sich, daß die damit im Zusammenhang stehende Steigerung des Bedarfs an Braunkohle das ebenfalls volkswirtschaftlich notwendige Leistungswachstum der Grundstoffchemie blockierte. Die Grundstoffchemie, die größtenteils auf der Kohlechemie basiert, war aufgrund ihrer Technologien der größte industrielle Verbraucher an Elektroenergie und nach der elektroenergieerzeugenden Industrie auch der größte Bedarfsträger dieses Rohstoffs. Die Wachstumsdialektik zwischen dem Aufbau der industriellen Produktionskapazitäten und der dazu erforderlichen stofflich-energetischen Basis wurde zu einer wesentlichen Triebkraft für das weitere Erschließen volkswirtschaftlicher Reserven und für den Übergang zur sozialistischen Rationalisierung. Zugleich galt es, dem Ende der 50er Jahre an Intensität zunehmenden imperialistischen Wirtschaftskrieg gegen die DDR wirkungsvoll zu begegnen.

Diese vielfältigen Aufgaben, die den V. Parteitag der SED im Juli 1958 zu dem Beschluß über die Entwicklung der chemischen Industrie und über eine breite Modernisierung der industriellen Kapazitäten veranlaßten, beeinflußten die zentralstaatliche Leitung und Planung der Industrie.

Aus der gleichzeitigen Realisierung des Kohle- und Energieprogramms von 1957

[12] LV-6, S. 125 (Gbl. DDR I/55); LV-27, S. 313 (Gbl. DDR I/55)
[13] LV-97, S. 334 (SED)
[14] LV-27, S. 313 (Gbl. DDR I/55); LV-27b, S. 1 (Gbl. DDR I/56)

und des Chemieprogramms von 1959 erwuchs das Erfordernis, die mittelfristige Planungskonzeption nicht wie ursprünglich vorgesehen Ende der 50er Jahre abzuschließen, sondern bis zur Mitte der 60er Jahre im Rahmen eines Siebenjahrplanes weiterzuführen. Dieser Planungszeitraum erwies sich unter dem Gesichtspunkt der Koordinierung mit dem größten Außenhandelspartner unseres Landes, der UdSSR, der die wirtschaftliche Entwicklung für die Jahre 1959 bis 1965 in einem Wirtschaftsplan festgelegt hatte, als günstig.

Das Gesetz über den Siebenjahrplan verpflichtete alle Betriebe, Rekonstruktionspläne aufzustellen, die der umfassenden Einführung der neuen Technik in der Industrie zum Durchbruch verhelfen sollten.[15]

Der erreichte Reifegrad sozialistischer Produktionsverhältnisse in der Industrie gebot es, das Einführen der neuen Technik und die damit im Zusammenhang stehenden technisch-organisatorischen Maßnahmen in den Betrieben mit den verbesserten Arbeits- und Lebensbedingungen für die Werktätigen zu verbinden.

Schließlich führte die wachsende Verflechtung von ökonomischen, technischen und sozialen Entwicklungsprozessen zu einer rapiden Zunahme von Daten und Datenflüssen, für deren Erfassung und Verarbeitung zu dieser Zeit noch keine entsprechende technische Basis zur Verfügung stand.

Es hatte sich bereits im letzten Drittel der 50er Jahre gezeigt, daß für eine flexible Leitung und Planung dieser qualitativ neuen Erscheinungen in den Produktionsverhältnissen der Industrie die Leitungsebene der Ministerien zu weit vom Reproduktionsprozeß der Betriebe entfernt war. Zugleich verschärfte die zunehmende arbeitsteilige Verflechtung in den einzelnen Industriezweigen diesen Widerspruch. Die Industrieministerien waren gegenüber der dynamischen Entwicklung der Betriebe in ihrer Reaktionsfähigkeit zu starr. Sie konnten eine effektive Wirtschaftsführung nicht mehr gewährleisten.

Im Zeitraum zwischen der 32. Tagung des ZK der SED im Juli 1957, auf der diese Probleme reflektiert wurden, und der 33. Tagung des ZK der SED im Oktober des gleichen Jahres wurde eine Leitungsstruktur erarbeitet, die den Veränderungen in den dialektischen Beziehungen zwischen den gesellschaftlichen Produktivkräften und den Produktionsverhältnissen Rechnung tragen sollte.[16] Danach wurden 1958 die Industrieministerien aufgelöst. Ihre Aufgaben gingen an die entsprechenden Fachabteilungen der Staatlichen Plankommission über, deren Rechte und Pflichten neu geregelt wurden.

Um die Verbindung der Betriebe im Rahmen eines Industriezweigverbandes enger zu gestalten, wurden neue VVB geschaffen. So traten beispielsweise im Bereich des Maschinenbaus anstelle von 22 Hauptverwaltungen des bisherigen Ministeriums 33 VVB mit 597 Betrieben und 734000 Beschäftigten.[17]

Die Formierung von Industriezweigen mit einem eigenen Leitungsorgan erwies sich als entscheidender Ausgangspunkt für die Formen der sozialistischen Vergesellschaftung von Produktion und Arbeit in den Jahren, in denen sich die entwickelte sozialistische Gesellschaft in der DDR herauszubilden begann.

Die zunehmende Fähigkeit der einzelnen Industriezweige, die erweiterte Reproduk-

[15] LV-53, S. 167 (Siebenjahrplan)
[16] LV-151 (30. Tagung ZK SED); LV-30 (32. Tagung ZK SED)
[17] LV-212, S. 147 (Roesler)

tion ihrer Fonds bei fortschreitender Vergesellschaftung der Produktion und der Arbeit selbständig zu beeinflussen, schuf in der ersten Hälfte der 60er Jahre die Möglichkeit, die Leitungen der Industriezweige von Verwaltungs- zu ökonomischen Führungsorganen weiterzuentwickeln. Damit entstanden die entscheidenden Voraussetzungen für die Bildung sozialistischer Industriekombinate am Anfang der 70er Jahre.

Nachzutragen bleibt, daß zur Entlastung der Staatlichen Plankommission von operativen Aufgaben der Wirtschaftsleitung, die nicht zuletzt der Klassenkampfsituation jener Zeit geschuldet waren, im April des Jahres 1961 der Volkswirtschaftsrat der DDR gegründet wurde, zu dessen Leitung Alfred Neumann berufen wurde.[18]

Zusammenfassend läßt sich feststellen, daß die als Teil des sozialistischen Leitungs- und Planungssystems der Volkswirtschaft der DDR entstandene zentralstaatliche Leitung und Planung der volkseigenen Industrie ihre Funktion bei der sozialistischen Umgestaltung der Industrie immer wirkungsvoller wahrgenommen hat.

Das gilt insbesondere für die seit Mitte der 50er Jahre eingetretene Stabilisierung der Leitungsstruktur und für die zunehmende Effektivität der Planung. Diese Feststellung wird auch dadurch erhärtet, daß die Folgen der mit der Schließung der Staatsgrenze zu Westberlin im August 1961 verbundenen Embargomaßnahmen des Imperialismus gegen die DDR in den Folgejahren relativ schnell überwunden wurden und steigende Wachstumsraten der Industrie und des Nationaleinkommens in der ersten Hälfte der 60er Jahre erzielt werden konnten.

Ungeachtet der genannten Einschränkungen wurde die zentralstaatliche Leitung zu einer wirksamen Bedingung für die Ausnutzung der ökonomischen Gesetze des Sozialismus.

Es steht aber auch außer Zweifel, daß der stetig wachsende Fondsbedarf für den Ausbau der schwerindustriellen Kapazitäten und für den Maschinenbau, vor allem aber der ständige Einfluß, der von der internationalen Klassenauseinandersetzung auf die industrielle Entwicklung der DDR ausging, die planmäßig proportionale Gestaltung der industriellen Produktion erschwerten. Viele der Entscheidungen, die auf eine größere Wirksamkeit der zentralstaatlichen Leitung und Planung der Industrie zielten, ließen sich nicht im erforderlichen Tempo und Umfang realisieren. Ein Vorgang, der sich auch bei der Durchsetzung der wirtschaftlichen Rechnungsführung in der volkseigenen Industrie zeigte.

b) Die wirtschaftliche Rechnungsführung und die Masseninitiativen

Die wirtschaftliche Rechnungsführung, ein der sozialistischen Produktionsweise eigenes System der ökonomischen Beziehungen zwischen der Gesellschaft und der volkseigenen Industrie sowie zwischen ihren Betrieben selbst, das auf der bewußten, planmäßigen Ausnutzung der ökonomischen Gesetze des Sozialismus mittels der Wertkategorien und der Ware-Geld-Beziehungen beruht, war zugleich eine grundlegende Bedingung für eine effektive Leitung und Planung dieser Industrie.[19]

Die Notwendigkeit, wichtige Wertkategorien als gesellschaftliche Meßgrößen und Mittel der ökonomischen Stimulierung umfassend und systematisch zu nutzen, trat

[18] LV-170, S. 342 (Müller/Reißig)
[19] LV-235, S. 52 (Betriebswirtschaft)

Anfang der 50er Jahre immer nachdrücklicher zutage. Die Voraussetzung dafür war, möglichst viele materielle Vorgänge und die Ergebnisse der Wirtschaftstätigkeit durch Wertkategorien zu erfassen, in der Geldform zu bewerten, einander gegenüberzustellen und zur Stimulierung ökonomischer Interessen einzusetzen. Dabei kam der Übereinstimmung der Interessen des Einzelnen mit denen des Kollektivs sowie den gesamtgesellschaftlichen Entwicklungszielen von Anfang an große Bedeutung zu. Einen Ansatz bot die Verordnung über die Einführung von Betriebsplänen in der volkseigenen Industrie Anfang März 1950.[20]

Diese Pläne, durch die die sozialistische Demokratie in der industriellen Produktion erweitert wurde, weil den Produzenten größere Rechte beim Mitgestalten der Aufgaben des Industriebetriebes und an der Rechenschaftslegung über deren Erfüllung eingeräumt wurden, enthielten Elemente der wirtschaftlichen Rechnungsführung. Die Verordnung orientierte darauf, daß in den Plänen neben Maßnahmen zur Erfüllung der betrieblichen Planauflagen auch solche zur Nutzung betrieblicher Reserven, der Verbesserung der Fertigungsverfahren und der Arbeitsorganisation verankert wurden. Damit wurden erste Schritte zur ökonomischen Gestaltung von Aufwand und Ergebnis unter aktiver Mitarbeit der Produzentenkollektive gegangen, die auch gesetzliche Grundlagen erhielten. In einem Artikel der Zeitschrift „Einheit" vom Frühjahr 1951, der sich mit den Erfahrungen, die 1950 mit den Betriebsplänen gesammelt werden konnten, befaßte, bekräftigte Bruno Leuschner, Stellvertretender Minister für Planung, die Funktion dieser Pläne. Er schrieb: „Dieser Plan soll die ganze Arbeit des Betriebes beinhalten und muß deshalb die Ziffern und Daten der Produktion, des Materialverbrauchs, der Investitionen, der Ausnutzung der Kapazitäten, der Arbeitskräfte, der Arbeitsproduktivität, der Löhne, der Senkung der Selbstkosten und der Rentabilität des Betriebes zusammenhängend festlegen. Es ist wichtig, den Plan für den einzelnen Betrieb so zu entwickeln, daß er zu einem wirksamen Instrument zur Leitung des Betriebes wird."[21]

Diese Feststellung Bruno Leuschners verdeutlichte aber auch, daß es den Betriebsleitungen nicht ohne weiteres gelang, funktionstüchtige Betriebspläne aufzustellen. Vielfach unterließen sie es, solche Pläne gemeinsam mit den Belegschaften vorzubereiten. Erst im Laufe des Jahres 1952 wurden größere Fortschritte in der Arbeit mit Betriebsplänen erzielt. Diese Verzögerung hatte verschiedene Gründe.

Die Betriebsleitungen mußten Erfahrungen in der inhaltlichen Ausgestaltung von solchen Plänen sammeln. Das wurde vielfach durch die Tatsache erschwert, daß die Betriebe noch als Zweigbetriebe der VVB fungierten und keine juristische Selbständigkeit genossen. Die Leitungen solcher Betriebe verfügten nur sehr unzureichend über die von ihnen verwendeten Fonds. Dadurch waren wichtige Voraussetzungen für die Funktionen der wirtschaftlichen Rechnungsführung, wie die Kontrolle von Aufwand und Ergebnis, die Deckung der Ausgaben durch die Einnahmen sowie die materielle Verantwortlichkeit und Haftung der Betriebe für ihre Wirtschaftstätigkeit, nicht gegeben. Hinzu kam eine Planungspraxis, die den Betriebsleitungen nicht immer die für das Erarbeiten eines guten Betriebsplanes erforderliche Zeit ließ.

Ein weiterer Fortschritt auf dem Weg zur wirtschaftlichen Rechnungsführung ergab

20 LV-267, S. 200 (Gbl. DDR I/50); LV-106, S. 5 (Gregor); LV-231, S. 4 (Selbmann); LV-212, S. 100 (Roesler)

21 LV-150, S. 146 (Leuschner)

sich aus der Anhebung der Tariflöhne der Arbeiter und Angestellten in den volkseigenen und den ihnen gleichgestellten Betrieben, mit Ausnahme der Zigarettenindustrie, durch die Verordnung vom 17. August 1950.[22] Durch sie wurden wichtige Wirkungsfelder für die bewußte Ausnutzung der ökonomischen Gesetze der sozialistischen Produktionsweise erfaßt.

Der Lohn als Stimulus für die Leistungsbereitschaft der industriellen Produzenten erhielt ein stärkeres Gewicht. Das führte zu vollkommeneren Wirkungsbedingungen für das Gesetz der stetigen Steigerung der Arbeitsproduktivität. Durch eine stärkere leistungsorientierte Entlohnung wurde der Anreiz für eine größere Arbeitsleistung erhöht. Von der bisher vorherrschenden geringen Differenzierung der Löhne und Gehälter war keine stimulierende Wirkung ausgegangen. Die neuen Tariflöhne wurden nach der volkswirtschaftlichen Bedeutung der einzelnen Industriezweige gestuft. Da die Schwerpunktzweige der Industrie gleichzeitig auch jene Zweige waren, die eine hohe Konzentration physisch und psychisch schwerer Arbeiten aufwiesen, wurde damit zugleich dem Erfordernis der Verteilung nach der Arbeitsleistung besser als bisher entsprochen.

Die lohnpolitischen Maßnahmen führten zur differenzierten Anhebung der tariflichen Löhne im Bergbau zwischen 8 und 50 Prozent, in der Metallurgie zwischen 8 und 25 Prozent, in der Grundstoffchemie zwischen 8 und 40 Prozent und im Bauwesen zwischen 8 und 25 Prozent.

Die Kollektive in der volkseigenen Industrie begannen, in ihren Produktionsinitiativen zunehmend den Zusammenhang zwischen dem Prouktionswachstum und den Prinzipien der strengsten Sparsamkeit herzustellen. Sie bezogen in ihre Zielstellungen nicht nur eine hohe Produktionssteigerung ein, sondern auch die Senkung des Produktionsverbrauchs und die reale Bewertung der Arbeitsleistung. Ein herausragendes Beispiel für diese Tendenzen war die Initiative der Werktätigen in den Halleschen Pumpenwerken, die im Sommer 1950 zur Aufstellung von Aktivistenplänen gegen Produktionsverluste anregten.[23]

Diese Initiative förderte das konstruktive Zusammenwirken der Arbeiter mit der Intelligenz bei der Erschließung von Reserven für die Steigerung der Arbeitsproduktivität, die pflegliche Behandlung von Produktionsausrüstungen sowie den sparsamen Umgang mit Material und die leistungsorientierte Bewertung der Arbeit.

Von besonderer Bedeutung für die Durchsetzung der wirtschaftlichen Rechnungsführung war die ökonomische und juristische Stellung des volkseigenen Industriebetriebes.

Ende des Jahres 1950 wurden mit der Herauslösung aller größeren volkseigenen Industriebetriebe aus den VVB und ihrer direkten Unterstellung unter die Hauptverwaltungen der Industrieministerien sowohl die Leitungsstruktur der Industrie vereinfacht als auch entscheidende Rahmenbedingungen für den Übergang zur wirtschaftlichen Rechnungsführung geschaffen. Diese Maßnahme war mit der juristischen Selbständigkeit und der Rechtsträgerschaft der Betriebe für das ihnen unterstellte sozialistische Eigentum verbunden.[24]

Der Entwicklungsstand der Produktionsverhältnisse und die für die Folgejahre

[22] LV-268, S. 839f. (Gbl. DDR I/50)
[23] LV-145, S. 161ff. (Lang)
[24] LV-230, S. 3 (Selbmann); LV-64, S. 3 (VEB-Struktur)

durch umfangreiche staatliche Investitionen in der Industrie geplante Mehrung sozialistischen Eigentums in der Industrie rückten das Erfordernis, die wirtschaftliche Rechnungsführung in allen sozialistischen Wirtschaftsbereichen einzuführen, stärker in den Vordergrund.

Die Beschlüsse der 6. Tagung des ZK der SED im Juni 1951 leiteten die qualitativen Veränderungen im Wirtschaftsmechanismus der Industrie ein. Walter Ulbricht, der zu den Fragen der Wirtschaftspolitik der SED im ersten Fünfjahrplan referierte, begründete die Notwendigkeit, in der volkseigenen Wirtschaft zur wirtschaftlichen Rechnungsführung überzugehen. Die SED betrachtete in jener Zeit die wirtschaftliche Rechnungsführung als Hauptform der Wirtschaftsleitung. Dazu wies sie den Industrieministerien, den Finanzorganen und den Banken wichtige Aufgaben zu.[25] Des weiteren wurde die Einführung eines Vertragssystems zwischen den volkseigenen Betrieben als unabdingbare Voraussetzung für den Übergang zur wirtschaftlichen Rechnungsführung beschlossen.

Um die dazu erforderlichen konkreten Schritte zu beraten, fand vom 17. bis 19. September 1951 eine finanzpolitische Konferenz statt, auf der Ministerpräsident Otto Grotewohl das Hauptreferat hielt. Ihr Hauptanliegen umriß Otto Grotewohl mit folgenden Worten: „Der Finanzplan und seine Erfüllung sind die Grundbedingungen für die richtige Durchführung des Planes. Die Finanzminister der Deutschen Demokratischen Republik und der Länder müssen in allererster Linie ihr Augenmerk auf die im Sinne der Planerfüllung wirksamste und sparsamste Verwendung der Mittel in Wirtschaft und Verwaltung lenken und die Ergebnisse laufend kontrollieren. Finanzplan und Produktionsplan bilden eine untrennbare Einheit. Das Ziel eines jeden Finanz- und Wirtschaftspolitikers ist es, mit dem geringsten Kostenaufwand den denkbar größten Erfolg zu erzielen.“[26]

Auf dieser Konferenz wurden Grundsätze für eine Neuordnung der Preis- und Steuerpolitik entwickelt, die den sozialökonomischen Veränderungen jener Zeit Rechnung tragen sollten. Ein grundlegendes Problem der Konferenz war die Diskussion um die Kategorie des Gewinns und seine Rolle im künftigen System der wirtschaftlichen Rechnungsführung.

In der Industriepolitik der SED war Ende der 40er und Anfang der 50er Jahre immer wieder die Aufmerksamkeit auf die Erhöhung der Rentabilität der industriellen Produktion gelenkt worden. Die Praxis hatte aber gezeigt, daß unterschiedliche Methoden der Preisbildung, das Fehlen einheitlicher Kalkulationsrichtlinien und ungeklärte Verantwortungsbereiche in den Betrieben und in den übergeordneten Dienststellen keine exakte Aufwandsermittlung zuließen. Gänzlich unzureichend war die Bemessung der verausgabten vergegenständlichten Arbeit, da keine einheitliche Bewertung der Grundfonds vorlag und darum Amortisationen nur völlig unzureichend kostenwirksam wurden. Zudem gab es kontroverse Diskussionen darüber, ob nicht die Kategorie des Gewinns ein Rudiment kapitalistischen Wirtschaftens sei. Es war in der Zeit des Aufbaus einer sozialistischen Volkswirtschaft durchaus verständlich, wenn die Frage aufgeworfen wurde, ob in einer Planwirtschaft, bei administrativer Zuweisung des Produktionsprogramms und der zu seiner Realisierung notwendigen Fonds durch die entsprechenden zentralstaatlichen Dienststellen, die Kategorie des Gewinns für den

[25] LV-256, S. 208ff. (Ulbricht)
[26] LV-65, S. 9 (Wirtschaft 38/51)

Betrieb überhaupt noch eine gravierende Bedeutung hat. Entscheidend schien, daß insgesamt die von den Betrieben abgeführten Mittel an den Staatshaushalt das Wertvolumen der tatsächlich verteilungsfähigen materiellen Güter und Leistungen, die für die geplante erweiterte Reproduktion der Volkswirtschaft zur Verfügung standen, widerspiegelten. Das wurde auch in den Bemerkungen Otto Grotewohls auf der finanzpolitischen Konferenz deutlich, der feststellte, daß die Banken keine Kreditpolitik ausschließlich unter dem Gesichtspunkt eines hohen Gewinns zu betreiben hätten, sondern die Betriebe in die Lage versetzen müssen, die für die Durchführung der Produktionsprogramme erforderlichen Rohstoffe und Halbfabrikate einzukaufen sowie die notwendigen Lohnsummen bereitszustellen. Dazu hatten die Richtsatzpläne der Banken das Ausmaß der zu finanzierenden Bestände und Neueinkäufe zu vermitteln.

Die zu lösenden Aufgaben erforderten den Aufbau eines das industrielle Leistungswachstum stimulierenden Kennzifferngefüges, das die durch den Plan vermittelten Beziehungen zwischen volkseigenem Betrieb und Staat ökonomisch regelte. Wichtig war ferner, eine engere Verbindung der ökonomischen Interessen des Einzelnen mit denen der gesamten Gesellschaft herzustellen. Aus diesem Grunde war, sowjetische Erfahrungen nutzend, bereits mit dem Übergang zur zentralstaatlichen Wirtschaftsplanung 1948 den Betrieben ein sogenannter Direktorfond zugeordnet worden. Dieser Fond[27], der bis 1953 im wesentlichen auf der Grundlage der tatsächlich verbrauchten Lohn- und Gehaltsfonds der Betriebe berechnet wurde, beinhaltete in einem ersten Teil die Mittel für Prämien sowie für kulturelle und soziale Einrichtungen der Betriebe und in einem zweiten Teil Mittel zur Vergütung der Leistungen der Neuerer und Rationalisatoren. Diese Berechnungsbasis der betrieblichen Prämienfonds führte dazu, daß bei Überschreitung des Arbeitskräfteplanes, also einem Verstoß gegen die Plandisziplin, den Betrieben zusätzliche, aber nicht gerechtfertigte Prämienmittel zuflossen.

Mit den Maßnahmen zur Durchsetzung der wirtschaftlichen Rechnungsführung im Jahre 1951 wurde zunächst die Zuführung zum Direktorfond an die Erfüllung des Produktionsplanes gebunden. Bei einem Nichterfüllen des betrieblichen Planes wurden die entsprechenden Fonds gekürzt. Ab 1953 wurde dann die Zuführung zum Prämienfond neben der Erfüllung des Produktionsplanes auch von der Erfüllung der Selbstkostensenkung, des Gewinnplanes und der Einhaltung des Arbeitskräfteplanes abhängig gemacht. Während 1954 die Bestimmungen über die Bildung des Direktorfonds vorübergehend aus politischen Gründen gelockert wurden, galten ab 1955 wieder die vorgenannten Kriterien.

Um die Autorität des Planes zu stärken, wurden die Bestimmungen so gefaßt, daß bei Untererfüllung der Planzielstellungen aus diesen Fonds keine Prämien gezahlt werden durften. Diese Festlegung erwies sich allerdings in der Folgezeit in zweierlei Hinsicht als problematisch. Es wurde damit kein Unterschied zwischen Betrieben mit großen Planschulden und Betrieben mit geringen Planunterschreitungen gemacht und die Qualität der als Bewertungskriterien verwandten ökonomischen Kennziffern erwies sich vielerorts als unbefriedigend.

Dennoch waren mit den vorgenannten Maßnahmen entscheidende Voraussetzungen für die weitere Durchsetzung des Rentabilitäts- und Liquiditätsprinzips geschaffen

27 LV-212, S. 68ff., 227ff. (Roesler)

worden. Das heißt, neben der Rechtsträgerschaft über materielle und finanzielle Fonds standen jetzt die volkseigenen Industriebetriebe zunehmend vor der Aufgabe, den laufenden Aufwand für ihren Reproduktionsprozeß, der sich in den Kosten widerspiegelte, durch den Erlös aus dem Absatz ihrer Erzeugnisse und Leistungen zu decken und darüber hinaus einen Gewinn zu erzielen. Gleichzeitig hatten die Betriebe die Pflicht, ihre Geldausgaben während des laufenden Planjahres ständig durch eigene Geldeinnahmen zu decken.

Der qualitativen Entwicklung dieser wichtigen Prinzipien waren jedoch relativ enge Grenzen gesetzt, wenn die Wirkungsbedingungen der ökonomischen Gesetze des Sozialismus nicht in zweierlei Hinsicht vervollkommnet wurden.

Die Durchsetzung des Rentabilitäts- und Liquiditätsprinzips blieb torsohaft, wenn es nicht gelang, allen Prinzipien der wirtschaftlichen Rechnungsführung Geltung zu verschaffen und sie als in sich geschlossenes System durchzusetzen. Da sich diese Prinzipien wechselseitig bedingen, konnten die bereits eingeführten die ihnen eigene Wirkung noch nicht voll entfalten. Das begrenzte die Funktion der wirtschaftlichen Rechnungsführung in ihrer Gesamtheit. Darum kam es darauf an, jenen Prinzipien der wirtschaftlichen Rechnungsführung, die bisher noch nicht praktiziert wurden, das erforderliche Funktionsfeld zu schaffen. Diese Prinzipien waren die Eigenerwirtschaftung der Fonds für die einfache und erweiterte Reproduktion der Industriebetriebe und -zweige, die materielle Verantwortlichkeit, die eigenverantwortlichen Kontrollen, die Vervollkommnung der materiellen Interessiertheit und die Kontrolle durch die Mark.[28]

Das Ausbilden der Wirkungsbedingungen für die ökonomischen Gesetze der sozialistischen Produktionsweise war aber nur möglich, wenn die Wertkategorien, auf deren Ausnutzung die wirtschaftliche Rechnungsführung beruht, wie Preis, Kosten, Gewinn, Kredit und Zins sowie Lohn und Prämie, zu einem einheitlichen System ökonomischer Kennziffern verschmolzen.

Ein besonderer Schwerpunkt lag zu dieser Zeit vor allem darin, diese Kennziffern zwischen den einzelnen Industriebetrieben, zwischen den Zweigen und letztlich zwischen der Industrie und den anderen Wirtschaftsbereichen vergleichbar zu machen. Dieses Erfordernis erwuchs nicht zuletzt aus den noch relativ schwach entwickelten Außenwirtschaftsbeziehungen der Industriebetriebe, die eine an den Außenmärkten orientierte Bewertung der Leistung einzelner Wirtschaftseinheiten außerordentlich kompliziert gestalteten. Beispielsweise war es nicht möglich, die tatsächlich erbrachte Leistung eines bestimmten Industriebetriebes im Vergleich zum möglichen Optimum oder die Größe des wirklichen Leistungsanteils eines bestimmten Industriezweiges am Gesamtergebnis der Industrie unter dem Aspekt einer wachsenden sozialistischen Vergesellschaftung der industriellen Produktion und Arbeit zu ermitteln.

Die ersten Schritte zur Lösung des Problems bestanden zunächst darin, Bedingungen für komparative Betrachtungsmethoden zwischen den einzelnen Wirtschaftseinheiten zu schaffen. Das konnte nur durch eine größere Transparenz der ökonomischen Vorgänge in den einzelnen Phasen der betrieblichen und zweiglichen Reproduktion und durch ihr Bewerten nach einheitlichen Gesichtspunkten erreicht werden. In dem Maße, wie diese Aufgaben gelöst wurden, konnten die Meß-, Verteilungs-, Stimulierungs- und Kontrollfunktionen der wirtschaftlichen Rechnungsführung als entscheidendes

[28] LV-212, S. 61f., 67f., 220f. (Roesler)

Regime sozialistischen Wirtschaftens auf der Grundlage des Sparsamkeitsprinzips ausreifen.

Ein wichtiger Schritt, um das Prinzip der materiellen Verantwortlichkeit durchzusetzen, war die Einführung des allgemeinen Vertragssystems in der volkseigenen Wirtschaft im Dezember 1951. Es verpflichtete die Wirtschaftseinheiten, über Beziehungen, die sich für sie aus den Volkswirtschaftsplänen ergaben und die die Lieferungen von Waren zum Inhalt hatten, Wirtschaftsverträge abzuschließen. Diese Verträge mußten den sich aus den Volkswirtschaftsplänen ergebenden Aufgaben entsprechen und fixierten zugleich den Gegenstand, die Fristen, die Mengen und Qualität der Lieferungen.[29]

Diese neuen Bedingungen für die wirtschaftliche Rechnungsführung erwiesen sich in den Folgejahren als entscheidende Triebkraft für ein vertieftes kooperatives Zusammenwirken der Betriebe.

Die weitere Ausgestaltung der wirtschaftlichen Rechnungsführung stand in engem Zusammenhang mit den vereinfachten Leitungslinien zwischen Industrieministerien und Industriebetrieben. Die 1950 erfolgte direkte Unterstellung der größeren volkseigenen Betriebe unter die ministeriellen Hauptverwaltungen hatte das Tätigkeitsfeld der VVB erheblich eingeschränkt. Im Mai 1952 wurden diese Vereinigungen aufgelöst. Alle volkseigenen Betriebe, auch die mittleren und kleinen, unterstanden fortan direkt den Hauptverwaltungen der Industrieministerien. Für eine Übergangszeit entstanden bei den Industrieministerien und -staatssekretariaten Verwaltungen Volkseigener Betriebe, die keine juristische Selbständigkeit genossen und darum auch über keine eigenen Fonds verfügten. Die Verwaltungen hatten die Aufgabe, die ihnen zugeordneten Betriebe auf produktionstechnischem Gebiet, beim Aufstellen der Pläne und vor allem bei der Durchsetzung der wirtschaftlichen Rechnungsführung tatkräftig zu unterstützen, anzuleiten und zu kontrollieren. Sie sollten die in Aussicht genommene Reorganisation der Wirtschaft, deren Tempo durch die internationale Klassenauseinandersetzung maßgeblich mitbestimmt wurde, mit absichern. Durch das Reduzieren der Leitungsebenen, so waren beispielsweise bis Ende März 1953 alle volkseigenen Betriebe des Maschinenbaus den entsprechenden Hauptverwaltungen der Ministerien unterstellt, entstanden Bedingungen für weitere Schritte der wirtschaftlichen Rechnungsführung.

Die Betriebe, die juristische Personen und Rechtsträger des Volkseigentums geworden waren, erhielten das Recht, im Rahmen des Betriebsplanes selbständig zu wirtschaften und in eigener Verantwortung abzurechnen. Dafür wurden die Betriebe mit Fonds für Anlagen und für Umlaufmittel ausgestattet. Die Betriebe fertigten die Bilanzen und Kontrollberichte selbständig und in eigener Verantwortung an und legten ihrem Finanzplan die vom Ministerium zugewiesenen Kennziffern zugrunde. Außerdem waren die Betriebe mit Beginn des Jahres 1951 selbständig steuerpflichtig geworden. Damit wurde den Prinzipien der Eigenerwirtschaftung der Mittel und der eigenverantwortlichen Kontrolle entsprochen.

Mit der Einführung des Bankinkassos erhielt das Liquiditätsprinzip ein neues Wirkungsfeld, indem die Betriebe verpflichtet wurden, ihre Schulden gegenüber anderen Betrieben sofort zu begleichen.[30]

29 LV-214, S. 51ff. (Schaul)
30 LV-183 (Oelßner)

Straffe Finanzkontrollen der 1952 gebildeten Finanzrevision sorgten für die stärkere Beachtung des Prinzips der Kontrolle durch die Mark.

Entscheidende Rahmenbedingungen dafür, daß diese Maßnahmen wirksam wurden, war die Einführung eines neuen betrieblichen Rechnungswesens auf der Grundlage eines einheitlichen Kontenrahmens mit Beginn des Jahres 1953. Die damit verbundene wertmäßige Darstellung aller ökonomischen Vorgänge im betrieblichen Reproduktionsprozeß nach einheitlichen Grundsätzen gestaltete diese Prozesse nicht nur zwischen den Betrieben vergleichbar, sondern eröffnete neue Möglichkeiten zur Durchsetzung des Sparsamkeitsprinzips auch auf der Ebene der Betriebe, weil der Betriebsplan auf einzelne Bereiche und Abteilungen aufgeschlüsselt werden konnte und der tatsächliche Verbrauch an vergegenständlichter und lebendiger Arbeit die Einführung von Materialverbrauchs- und Arbeitsnormen ermöglichte.[31]

Die wirtschaftliche Rechnungsführung übte seit der Mitte der 50er Jahre einen zunehmenden Zwang aus, technisch-ökonomisch begründete Materialverbrauchsnormen zu erarbeiten und im Produktionsprozeß anzuwenden. Dieser Zwang wurde durch die Forcierung des wissenschaftlich-technischen Fortschritts noch verstärkt. In den Jahren 1955/56 trugen die seit Anfang der 50er Jahre von der SED und von der Staatlichen Plankommission immer wieder erhobenen Forderungen[32] nach derartigen Normen erste Früchte. Mit einem großen Aufwand gelang es, die Situation zu überwinden, daß die Materialverbrauchsnormen, mit denen gearbeitet wurde, in ihrer Mehrheit, wie im Bereich des Ministeriums für Schwerindustrie, erfahrungsstatistischer Natur waren. In diesem Bereich gab es 1954 Materialverbrauchsnormen für 97 Prozent der Grundstoffe, die nur zu 8,2 Prozent technisch-ökonomisch begründet waren. Die anderen Normen basierten auf der Erfahrung oder waren bei der Neuaufnahme der Produktion von anderen Betrieben übernommen worden. Innerhalb des Industriebereichs herrschten große Unterschiede. In der Schwarzmetallurgie lag der Anteil technisch-ökonomisch begründeter Materialverbrauchsnormen bei 3,8 Prozent und in der Schwerindustrie bei 6,3 Prozent. Dem Verbrauch von Elektroenergie und Gas lagen in diesen energieintensiven Zweigen überhaupt nur erfahrungsstatistische Normen zugrunde. Gleiches traf auf die Verwendung von Kunststoffen zu.[33] Das 1955/56 erreichte gute Niveau der Materialverbrauchsnormung wurde aber in den Folgejahren nicht im notwendigen Maße gepflegt.[34]

Auf dem Gebiet der Arbeitsnormung setzte die SED Anfang der 50er Jahre die schon seit 1948/49 begonnenen Bemühungen, in der volkseigenen Industrie technisch begründete Arbeitsnormen umfassend einzuführen, energisch fort. Dabei war es eines ihrer Anliegen, die Arbeiter und die wissenschaftlich-technische Intelligenz in den Prozeß der Erarbeitung und Einführung dieser Normen einzubeziehen. Die 6. Tagung des ZK der SED im Juni 1951[35] steht ebenso für dieses Bestreben wie die 2. Parteikonferenz der SED im Juli 1952.[36] Bis zum Frühjahr 1953 wurden in der Arbeits-

31 LV-186, S. 5, 8 (Opitz); LV-207, S. 5 (Rechnungsführung)

32 LV-178a, S. 504ff. (SED, Dokumente III); LV-150, S. 148ff. (Leuschner)

33 LV-184, S. 54 (Oelßner)

34 LV-212, S. 47f., 165 (Roesler). Über den Stand der Arbeiten an den technisch-wissenschaftlichen Kennziffern gibt J. Roesler eine ausführliche Analyse in: LV-212, S. 164ff. (Roesler)

35 LV-178a, S. 504ff. (SED, Dokumente III)

36 LV-197 (Protokoll 2. Parteikonferenz SED)

normung Fortschritte erzielt. Sie basierten auf dem zunehmenden Kreis von Arbeitern in der volkseigenen Industrie, die sich entschlossen, im Leistungslohn zu arbeiten. Sein Anteil an den Produktionsarbeitern stieg in der Schwerindustrie und im Maschinenbau von 59,6 Prozent im Jahre 1951 auf 66,6 Prozent im Jahre 1953. In den zentralgeleiteten Betrieben lag dieser Anteil bei 61,0 bzw. 67,4 Prozent.[37] Gefördert wurde das Erarbeiten von technisch begründeten Normen durch eine sich in der Industriearbeiterschaft herausbildende Bewegung der Selbstnormung, zu deren Initiatoren der Brigadier Ehrung aus dem Otto-Brosowski-Schacht des Mansfeld-Kombinats und Arbeiter in den Chemnitzer Niles-Werken gehörten. Gefördert wurde diese Bewegung auch durch den Schweißerbrigadier Erich Seifert, der im Reichsbahnausbesserungswerk Chemnitz darauf drängte, daß die Quellen für Verlustzeiten im Arbeitsprozeß ermittelt und zum Versiegen gebracht wurden.[38]

Die in den ersten Monaten des Jahres 1953 in der DDR entstandene politische, ökonomische und soziale Situation, die in einem außergewöhnlichen Maße von den imperialistischen Einflüssen bestimmt war[39], und das Überschätzen des tatsächlichen Bewußtseinsstandes der Industriearbeiterschaft veranlaßten den Ministerrat der DDR am 28. Mai 1953 zu dem Beschluß, in den volkseigenen Betrieben die wichtigsten Arbeitsnormen um mindestens 10 Prozent zu erhöhen. Dieser Beschluß wurde umgehend durchgesetzt, ohne das Wissen und die Erfahrungen der Arbeiter einzubeziehen.[40] In den verschiedenen Industriezweigen wurden die Arbeitsnormen um 30 Prozent angehoben.

Diese Aktion, die sich in einem für große Teile der Arbeiterklasse ungünstiger werdenden sozialen Umfeld vollzog, stieß auf Unverständnis und rief Unzufriedenheit hervor.[41] Auf Empfehlung des Politbüros der SED hob der Ministerrat der DDR die im Mai getroffenen Entscheidungen über die administrativ angeordneten Normerhöhungen auf.[42]

Dieser Vorgang verschüttete für längere Zeit die auf dem Gebiet technisch begründeter Arbeitsnormen erreichten guten Ansätze. Der Anteil dieser Normen in der volkseigenen Industrie blieb in den folgenden Jahren gering. Er belief sich in der zentralgeleiteten Industrie im Jahre 1954 auf 34,7 Prozent und erhöhte sich bis 1956 lediglich um 0,8 Prozent. Im Bereich des Ministeriums für Schwerindustrie lag der Anteil dieser Normen 1954 bei 37,2 und 1956 bei 39,8 Prozent. Weit niedriger war der Stand technisch begründeter Arbeitsnormen im Ministeriumsbereich Maschinenbau. Dort betrug er 1954 lediglich 24,9 bzw. 1956 25,9 Prozent.[43]

Obgleich mit den Erfordernissen der wirtschaftlichen Rechnungsführung, mit der Hinwendung zum wissenschaftlich-technischen Fortschritt und mit der Inbetriebnahme moderner Produktionskapazitäten die Notwendigkeit wuchs, technisch begründete Arbeitsnormen in einem größeren Umfang zu schaffen, gelang es der SED trotz intensiver politisch-ideologischer Arbeit nicht, in der Arbeitsnormung eine grund-

37 AV-50, Bl. 1ff (ZStAP, E-1, Nr. 8811)
38 LV-114, S. 20 (Hartmann, U.)
39 Vgl. Kapitel 5 der vorliegenden Arbeit.
40 LV-97, S. 292f. (SED)
41 LV-97, S. 292f. (SED)
42 LV-136, S. 428ff. (SED, Dokumente IV)
43 AV-50, Bl. 1ff. (ZStAP, E-1, Nr. 8811)

Tabelle 89
Die Erfüllung der Arbeitsnormen in ausgewählten Zweigen der volkseigenen Industrie 1955 bis 1960 (in Prozent)[1]

Industriezweig	Durchschnittliche Normerfüllung	Durchschnittliche Zunahme der Normerfüllung				
	1955	1956	1957	1958	1959	1960
Schwermaschinenbau	144,6	5,5	13,3	6,6	10,0	7,2
Allgemeiner Maschinenbau	147,0	5,9	11,2	5,4	6,7	9,6
Chemische Industrie	128,7	2,8	11,1	−0,7	−1,1	3,6
Leichtindustrie	129,7	4,6	9,8	4,3	−10,0	3,8
Lebensmittelindustrie	116,7	1,4	4,2	2,2	−0,6	0,4
Volkseigene Industrie, insgesamt	133,9	4,9	9,3	3,0	2,6	5,0

[1] Bezogen auf den Stand des IV. Quartals

Quelle: AV-26, Bl. 49 (ZStAP, E-1, Nr. 1209)

legende Wende zu erreichen. Das spiegelt sich in den Angaben der Tabelle 89 deutlich wider.

Es ist erkennbar, daß in der volkseigenen Industrie ein sehr differenzierter Stand in der durchschnittlichen Normerfüllung herrschte. Die Spitzenpositionen nahmen die Maschinenbauzweige ein. Gering fiel demgegenüber die durchschnittliche Normerfüllung in der Lebensmittelindustrie aus. An diesem Zustand änderte sich bis 1960 grundsätzlich nichts. Es war ein Geflecht von Gründen, in dem Unentschlossenheit der Leitungen der volkseigenen Industrie, ungenügende organisatorische Voraussetzungen, der politische Reifegrad der Industriearbeiterschaft, Unzulänglichkeiten in der Produktionsorganisation und im Produktionsablauf, vor allem aber der von der internationalen Klassenauseinandersetzung auf die volkseigene Industrie ausgehende Druck eine besondere Rolle spielten, das eine befriedigende Lösung auf dem Gebiet der Arbeitsnormung verzögerte.

Wie stark der gegnerische Einfluß auf die Normenproblematik an der Wende zu den 60er Jahren war, wird deutlich, wenn die Ergebnisse, die beim Abwerben von Arbeitskräften aus der DDR erreicht wurden, betrachtet werden. Diesen Werbungen erlagen 1960 40 Prozent mehr Beschäftigte, als die Planungsorgane der DDR befürchtet hatten.[44]

Aktivisten, die in der zweiten Hälfte der 50er Jahre durch ihre Initiativen die Lage zu verändern suchten, fanden bei aller Unterstützung durch die SED nicht die erforderliche Resonanz in der Industriearbeiterschaft.

Der Umstand, daß es im hier betrachteten Zeitraum nicht gelang, die Produktion in der volkseigenen Industrie durchgängig auf wirksame Arbeitsnormen zu gründen, trug wesentlich mit dazu bei, daß die Arbeitsproduktivität weit langsamer als der Lohn stieg.

[44] Errechnet nach: AV-27, Bl. 3ff. (ZStAP, E-1, Nr. 1210)

Das System der wirtschaftlichen Rechnungsführung bedingte ein Neugestalten des Preissystems. 1945 waren im Interesse der Preisstabilität sogenannte Stopp-Preise verfügt worden, die dann als hinreichend feste Preisbasis für den Übergang zur Planwirtschaft die Grundlage bildeten. Ihrem Wesen nach waren aber diese Preise noch immer kapitalistische Kalkulationspreise, die das echte Kostenbild verzerrten und eine unreale Gewinnkalkulation auf der Grundlage der betriebsindividuellen Kosten ermöglichten. Damit war verbunden, daß das über den Preis realisierte Reineinkommen nicht die echten Leistungen der Betriebe widerspiegelte. Wenn aber die Kategorie des Gewinns auch in der sozialistischen Volkswirtschaft eine objektive Bewertungsgröße sein sollte, mußte diese Kategorie für die bewußte Ausnutzung der ökonomischen Gesetze der neuen Gesellschaftsformation einen veränderten Inhalt erhalten.

Diesem Erfordernis wurde im Jahre 1953 mit dem Übergang zur sogenannten Festpreisbildung entsprochen.[45] Die Festpreisbildung ging nicht mehr von den betriebsindividuellen Kosten, sondern von den durchschnittlichen Selbstkosten der Zweige aus. Ein Prozeß, der außerordentlich kompliziert verlief. Damit wurden aber die Betriebe in ihren Zweigen in bezug auf die Selbstkostenentwicklung zueinander vergleichbar. Das hatte in der Folgezeit erheblichen Einfluß auf die Ausprägung sozialistischer Verhaltensweisen, indem kameradschaftliche Hilfe sowie Erfahrungsaustausch und Unterstützung zwischen ökonomisch schwachen und vorbildlichen Betrieben zur Praxis der Leistungssteigerung wurden.

Das Reineinkommen fand in den neuen Industriepreisen in zweifacher Weise seine Entsprechung.

Es wurde ein weitgehend einheitlicher Gewinnsatz festgelegt, der sich auf die gesellschaftlich notwendigen Kosten der Industriezweige bezog. Damit wurde es möglich, die Gewinnerwirtschaftung mit der echten Leistungsentwicklung der Betriebe gleichzusetzen. Die Gewinnentwicklung war somit Abbild der Kostensenkung und Produktionssteigerung in den Betrieben.

Die darauf bezogene Gewinnabführung an den Staat konnte somit ebenfalls für die Gesamtindustrie als Ansatzpunkt im Kampf um höhere Rentabilität dienen, sie spiegelte zugleich den geschaffenen Umfang verteilungsfähiger materieller Fonds wertmäßig wider.

Weiterhin wurden jene Industriezweige bzw. Erzeugnisgruppen, in deren Preise sich aus historisch entstandenen wirtschafts- und sozialpolitischen Gründen Reineinkommensanteile aus vorgelagerten Produktionsstufen realisierten, mit einer Produktionsabgabe belegt, die an den Staat abzuführen war. Damit konnte den Wirkungsbedingungen des Gesetzes der Verteilung nach der Arbeitsleistung auch auf der Ebene der Industriebetriebe besser als bisher entsprochen werden.

Die vorgenannten Regelungen wurden jedoch erst im Januar des Jahres 1955 vom Ministerrat beschlossen und vervollständigten die Beschlüsse zur Festpreisbildung aus dem Jahre 1953.[46]

Diese im Januar 1955 eingeleiteten Maßnahmen wurden durch zwei weitere Verordnungen ergänzt, die die umfassende Durchsetzung der wirtschaftlichen Rechnungsführung förderten. Zum einen handelte es sich um eine Neuregelung der Gewinnverteilung, die den Betrieben das Recht einräumte, einen Teil des erzielten Rein-

[45] LV-209, S. 3ff. (Riedl)
[46] LV-115 (Hauschild)

gewinns für die Bildung des betrieblichen Prämienfonds, für kulturelle und soziale Zwecke sowie für die betriebliche erweiterte Reproduktion einzubehalten. Das eröffnete den Prinzipien der Eigenerwirtschaftung der Mittel und der materiellen Stimulierung qualitativ neue Wirkungsfelder.

Zum anderen wurde der Amortisation als einer der Hauptquellen der erweiterten Reproduktion durch eine Verordnung ein größeres Gewicht verliehen, weil nun durch das unmittelbare Verwenden der Abschreibungen die Eigenfinanzierung von Investitionen und zusammen mit Teilen des Gewinns die Erhöhung der Umlaufmittel in den Betrieben ermöglicht wurden.[47]

Um die beschlossenen Maßnahmen durchzuführen und die Leistungen der Betriebe zu erhöhen, wurden die seit Juni 1951 üblichen Quartalsprämien für leitende Kader in den Betrieben im Februar 1955 stärker an das Leistungsprinzip gebunden. Während in der ersten Hälfte der 50er Jahre die Gewährung der Prämien nur von der Erfüllung des Produktionsplanes abhing, spielten jetzt darüber hinaus die Erfüllung der Warenproduktion nach Menge und Qualität, die Erfüllung des Planes der Selbstkostensenkung und der Gewinnplan eine wesentliche Rolle.[48]

Ausgehend von den Beschlüssen der 21. Tagung des ZK der SED Ende 1954 wurden die mit der Durchsetzung der wirtschaftlichen Rechnungsführung verbundenen betriebsspezifischen Aufgaben zum Gegenstand einer breiten Aussprache unter den Werktätigen, die bald über die Betriebe hinausgehend zu Programmen der Steigerung der Produktionseffektivität ganzer Industriezweige führte. Als wirksame Organisationsformen der Masseninitiative erwiesen sich Produktionsberatungen und ökonomische Konferenzen in der Industrie. Sie waren zugleich Ausdruck wachsender Verantwortung der Werktätigen für das sozialistische Eigentum und die Entfaltung seiner Leistungspotenzen.

Die erste ökonomische Konferenz veranstalteten die Betriebsparteiorganisation der SED, die Gewerkschaftsorganisation und die Belegschaft des VEB „Modul" in Karl-Marx-Stadt am 27. Februar 1955, auf der sie nach wochenlanger gründlicher Vorbereitung den Beschluß faßten, die bisher durch Ausschuß-, Nach- und Mehrarbeit entstandenen Verluste in Höhe von 911000 Mark aufzuholen und diese Summe im Jahre 1955 dem Betrieb als Gewinn zuzuführen. Bis zum Ende des Jahres 1955 wurden mehr als 600000 Produktionsberatungen und mehr als 4000 ökonomische Konferenzen in den Betrieben der DDR durchgeführt. Der aus der Verwirklichung der eingebrachten Vorschläge erzielte ökonomische Nutzen von etwa 300 Millionen Mark floß in den Akkumulationsfond. Unter der Losung „Plane mit — arbeite mit — regiere mit" waren diese Formen der Masseninitiative zugleich Ausdruck wachsender sozialistischer Demokratie.[49]

Zieht man zunächst ein Resümee über die erste Hälfte der 50er Jahre, so läßt sich feststellen, daß es in diesem Zeitraum gelang, alle Elemente der wirtschaftlichen Rechnungsführung durch entsprechende Maßnahmen zu entwickeln und gesetzlich zu fixieren. Dieser Zeitabschnitt ist daher durchaus als eine Etappe zu bezeichnen, in der alle Grundsätze sozialistischen Wirtschaftens als theoretisches Konzept in die wirtschaftspolitische Strategie der SED eingingen.

47 LV-304, S. 393 (Ökonomische Politik); LV-149 (Leuschner)
48 LV-273/274, S. 133f. (Gbl. DDR I/55)
49 LV-93, S. 312ff. (Arbeiterbewegung)

Tabelle 90
Teilnehmer an Produktionsberatungen
1955 bis 1958

Jahr	Teilnehmer in 1000 (Jahresdurchschnitt)	Index 1955 = 100
1955	2706	100
1956	2787	102,7
1957	2646	97,8
1958	3366	124,4

Quelle: LV-212, S. 274 (Roesler)

Tabelle 91
Ökonomische Konferenzen in der zentralgeleiteten Industrie
1956 bis 1958

	1956	1957	1958
Anzahl der Betriebe, die ökonomische Konferenzen durchführten (Index)	100	118,4	72,5
Anzahl dieser Betriebe in Prozent aller Betriebe	74,4	89,8	73,6
Summe der Verpflichtungen zur Steigerung der Akkumulation (Index)	100	88,5	123,4

Quelle: LV-212, S. 266 (Roesler)

Bereits auf der 2. Parteikonferenz der SED 1952 hatte jedoch Walter Ulbricht den Zustand beklagt, daß die politische und ökonomische Lage eine fast vollständige zentrale Erfassung und Verteilung aller erwirtschafteten Mittel erfordere und deshalb die Realisierung wichtiger Prinzipien der wirtschaftlichen Rechnungsführung unmöglich mache. Walter Ulbricht stellte damals fest: „Das stürmische Wachstum unserer Volkswirtschaft kann aber mit diesen Methoden auf die Dauer nicht mit Erfolg finanziert werden. Die Finanzierung des Wachstums der einzelnen Betriebe, das heißt ihrer Investitionen und die Erhöhung ihrer Umlaufmittel, muß aus den bei ihnen selbst erwirtschafteten Gewinnen erfolgen, zu denen bei großen Investitionen staatliche Zuschüsse kommen."[50]

Gerade aber die enormen Zuschüsse zu den Investitionen im schwerindustriellen Sektor erforderten immer wieder das Außerkraftsetzen gesetzlicher Bestimmungen, die auf die Durchsetzung der wirtschaftlichen Rechnungsführung gerichtet waren. Hohe Akkumulationsraten, die zu Dreiviertel für den Ausbau der Schwerindustrie verwendet wurden, Industriekapazitäten, die z. T. bis zum Jahre 1954 für Wiedergut-

[50] LV-197, S. 92 (Protokoll 2. Parteikonferenz SED)

machungsleistungen arbeiteten, und massierte Anschläge des Imperialismus gegen den Aufbau des Sozialismus in der DDR, die 1953 einen Höhepunkt erreichten und erfolgreich abgewehrt werden konnten, waren objektive Ursachen für den langwierigen Verlauf dieses Prozesses, der in der gesamten Übergangsperiode nicht unerheblich durch die offene Grenze der DDR zur BRD beeinflußt wurde.

Dazu kamen weitere, den Prozeß verzögernde Ursachen. Die Realisierung der großen Industrieprogramme und ihre vorwiegend administrative Leitung erforderten, wie schon dargestellt, eine häufige Umstellung der Leitungsebenen der Industrieministerien. Das erschwerte, die wirtschaftliche Rechnungsführung einheitlich zur Geltung zu bringen. Dazu kamen die aus den großen Industrieprogrammen resultierenden Produktionsaufträge an eine Vielzahl von Industriebetrieben, die qualitätsgerecht und im vollen geplanten Umfang zur festgesetzten Zeit ausgeführt sein mußten. Das war vielfach nur unter Vernachlässigung ökonomischer Gesichtspunkte zu erreichen.

Von der 21. Tagung des ZK der SED wurde der Stellenwert der wirtschaftlichen Rechnungsführung für die wirtschaftliche Entwicklung der DDR erneut als Grundlage der Planung nachhaltig definiert.[51]

Mitte der 50er Jahre war in der Durchsetzung der wirtschaftlichen Rechnungsführung in der DDR ein Stand erreicht, der es dem sozialistischen Staat seit 1956 ermöglichte, die Leninschen Theorien vom Staatskapitalismus in der Übergangsperiode schöpferisch auf die spezifischen Bedingungen der DDR anzuwenden und die Teilhaberschaft mit privatkapitalistischen Betrieben einzugehen. Modifizierte Regelungen, die aus ersten Erfahrungen mit dem neuen Rechnungswesen auf der Grundlage eines einheitlichen Kontenrahmens der Industrie hervorgingen, ermöglichten eine hinreichend exakte Gewinnverteilung innerhalb der halbstaatlichen Betriebe. Der sozialistische Staat konnte so seine Gewinnanteile für die Modernisierung und damit Leistungserhöhung dieser Betriebe einsetzen sowie gleichzeitig über diesen Weg das sozialistische Eigentum in der Industrie mehren.

Zu diesem Zeitpunkt waren alle Gesichtspunkte der wirtschaftlichen Rechnungsführung in ihren Grundzügen im Wirtschaftsmechanismus der DDR zur Geltung gebracht. In der Genesis der wirtschaftlichen Rechnungsführung lag auch mit begründet, daß sich in der Übergangsperiode die diesem ökonomischen Instrument innewohnenden Möglichkeiten nicht vollkommen realisierten. Dazu bedurfte es des vollen Ausreifens der sozialistischen Produktionsweise. Darum blieben die Wirkungen, die in den 50er und 60er Jahren von den jeweiligen Maßnahmen ausgingen, hinter den Erwartungen zurück. Bis zum Beginn der 60er Jahre kam es auf diesem Gebiet zu keinen gravierenden Veränderungen mehr. Es wurden das Wirkungsfeld der getroffenen Maßnahmen erweitert und die Methoden der wirtschaftlichen Rechnungsführung verfeinert. Das betraf u. a. die konsequente Arbeit mit Wirtschaftsverträgen, die Einhaltung des Prinzips der materiellen Verantwortlichkeit durch Sanktionen bei Vertragsverstößen und den Übergang zur Normativkostenrechnung im einheitlichen Rechnungswesen der Betriebe Ende der 50er Jahre.[52] Entscheidende Erfahrungen vermittelten dabei die ehemaligen SAG-Betriebe, die ein stark am sowjetischen Vorbild orientiertes Rechnungswesen praktizierten und damit auch für die übergreifenden

[51] LV-260 (Ulbricht)
[52] LV-102, S. 627ff. (Gbl. DDR I/57)

Prinzipien und Funktionen der wirtschaftlichen Rechnungsführung in der volkseigenen Industrie Bedeutung hatten.[53]

Das besondere Augenmerk bei der Ausgestaltung der wirtschaftlichen Rechnungsführung galt Ende der 50er und Anfang der 60er Jahre der Auswahl geeigneter Kennziffern, die die Grundlage für die Leitung und Planung der Industriebetriebe bilden konnten. Das erforderliche Kennzifferngefüge mußte sowohl der Vielschichtigkeit der sich formierenden sozialistischen Produktionsverhältnisse und den Veränderungen in den gesellschaftlichen Produktivkräften Rechnung tragen als auch eine gewisse Flexibilität des Wirtschaftslebens gewährleisten. So wurde beispielsweise durch die in der Selbstkostenverordnung vom Juli 1962 festgelegten Maßnahmen, die auch zu dem bereits genannten Übergang zur Normativkostenrechnung führten, die Kennziffer Gewinn als Meßgröße für den Reifegrad des sozialistischen Sparsamkeitsprinzips weiter qualifiziert. Eine Reihe von betrieblichen Ausgaben, die bisher aus dem Gewinn finanziert worden waren, aber den Charakter von Kosten hatten, wurden aus dem Gewinn herausgelöst und als Selbstkosten verrechnet.[54]

Da die angesprochenen Kostenbestandteile vor allem Ausgaben für die bessere Gestaltung von Arbeits- und Lebensbedingungen waren, erhielt damit die wechselseitige Bedingtheit von wirtschaftlichen und sozialen Leistungen als Wesensmerkmal sozialistischer Produktionsverhältnisse ein größeres Gewicht. Des weiteren wuchs die Bedeutung von Kennziffern, die die Qualität der Erzeugnisse, den Einsatz der neuen Technik und den wissenschaftlich-technischen Fortschritt förderten. Durch das Ausreichen von Rationalisierungskrediten wurde die Rationalisierung ganzer Fertigungsbereiche unterstützt.[55]

Neue Formen der ökonomischen Stimulierung der Betriebe und Produzenten gewannen an Bedeutung. Dazu gab im Mai 1957 die Umgestaltung des mehrfach erwähnten Direktorfond in einen für die gesamte Industrie verbindlichen Betriebsprämienfond und einen Kultur- und Sozialfond den Auftakt.[56]

Im Einführungsprozeß der wirtschaftlichen Rechnungsführung hatte sich immer deutlicher gezeigt, daß ihre Prinzipien nur in dem Maße zur Wirkung gelangten, wie sie von der industriellen Produzentenschaft erfaßt und ihrem ökonomischen Handeln zugrunde gelegt wurden. In der zweiten Hälfte der 50er Jahre begann in den Produktionsinitiativen neben dem Streben nach einer stetigen Steigerung der Produktion das Bemühen, den gesamten Produktionsprozeß in den volkseigenen Betrieben effektiver zu gestalten, eine wachsende Rolle zu spielen. Dabei wurde den wissenschaftlich-technischen Entwicklungen, die sich weltweit in einem zunehmenden Tempo vollzogen, in Anfängen Rechnung getragen.

Dieser inhaltliche Wandel in den Zielen der Masseninitiativen äußerte sich in verschiedenen Erscheinungen. Ende der 50er und Anfang der 60er Jahre wurden zwei auf die effektivere Gestaltung des Produktionsprozesses ausgerichtete Neuerermethoden, die Christoph-Wehner-Methode und die Seifert-Methode, von einem zunehmenden Teil der Produktionsarbeiter in der volkseigenen Industrie praktiziert.

Die Christoph-Wehner-Methode, von dem Baggerführer Willy Wehner im Jahre

[53] LV-279, S. 25 (Rechnungsführung)
[54] LV-86, S. 1847 (Fraas)
[55] LV-236, S. 458 (Finanzwirtschaft)
[56] LV-275, S. 289ff. (Gbl. DDR I/57)

1958 initiiert und vom Metallarbeiter Günter Christoph weiterentwickelt, hatte die Erhöhung der Rentabilität durch die ökonomische Auslastung der vorhandenen Technik vermittels einer täglichen Aufschlüsselung des Produktionsplanes auf die einzelnen Arbeitskollektive zum Inhalt.[57]

Gleichzeitig fand 1958 in einer Reihe von Industriezweigen, die bereits einige Jahre zuvor vom Schweißerbrigadier Erich Seifert in seinem Betrieb, dem Reichsbahnausbesserungswerk „Wilhelm Pieck“ in Karl-Marx-Stadt praktizierte Methode, die auf die Ausmerzung von Zeitverlusten und eine damit erreichbare Steigerung der Arbeitsproduktivität abzielte, eine breitere Anwendung.[58]

Das war von besonderer Wichtigkeit, da zu dieser Zeit, vor allem im Maschinenbau, eine exakte Planung und Nachkalkulation des Erzeugnisaufwandes, durch die Ursachen für die außerplanmäßigen Aufwände und Verluste aufgespürt wurden, noch weitgehend fehlte.[59]

Die Tabelle 92 gibt einen Überblick über die Anzahl der Produktionsarbeiter, die sich den Neuerermethoden von Günter Christoph, Willy Wehner und Erich Seifert anschlossen.

Tabelle 92
Nach der Christoph-Wehner-Methode und der Seifert-Methode arbeitende Produktionsarbeiter 1959 bis 1962

	Christoph-Wehner-Methode		Seifert-Methode	
	Anzahl	Anteil an Prod.-Arbeitern der befragten Betriebe	Anzahl	Anteil an Prod.-Arbeitern der befragten Betriebe
1959 (15. 12.)	787 459	46,8	284 900	16,9
1960 (15. 12.)	907 736	54,6	411 127	24,7
1961 (15. 11.)	901 973	55,3	414 055	25,4
1962 (15. 11.)	506 366	37,1[1]		

[1] 1962 = komplexe Anwendung beider Methoden

Quellen: LV-240, S. 219 (StJb 59); LV-240, S. 212f. (StJb 60–61); LV-240, S. 194 (StJb 62); LV-240, S. 47 (StJb 63)

Eine weitere Initiative entwickelte im Jahre 1959 die Jugendbrigade Litzenburg im VEB Schwermaschinenbau „Ernst Thälmann“ Magdeburg, die erstmals einen „Fond des Siebenjahrplanes“ bildete, der schon im Juli des gleichen Jahres in der gesamten volkseigenen Industrie verbindlich eingeführt wurde. Damit war es möglich, die abteilungsbezogenen Einsparungen an Lohn und Material in den Betrieben bis

57 LV-93, S. 86 (Arbeiterbewegung 8)
58 LV-212, S. 252 (Roesler)
59 LV-212, S. 240 (Roesler)

zu 20 Prozent zur Verbesserung der Technik und der Technologie zu verwenden. Der Anteil der Jugendlichen an den erzielten Einsparungen wurde als „Konto Junger Sozialisten" gesondert ausgewiesen.[60]

In jenen Jahren gewannen auch die Produktionswettbewerbe eine neue Qualität. Sie äußerte sich in einer umfassenderen Zielsetzung und vor allem darin, daß in ihrem Schoße eine neue Art des gemeinsamen Arbeitens, Lernens und Lebens in den Produktionskollektiven entstand. Es folgte eine wachsende Anzahl von Produktionsbrigaden, angeregt von ihren SED-Parteiorganisationen und Gewerkschaftsleitungen, dem von der Jugendbrigade „Nikolai Mamai" im Elektrochemischen Kombinat Bitterfeld gegebenen Beispiel und trat in einen Wettbewerb um den Titel „Brigade der sozialistischen Arbeit". Zur gleichen Zeit entstand in der volkseigenen Industrie eine andere schöpferische Form des kollektiven Zusammenwirkens im Produktionsprozeß, die auf eine höhere Produktionseffektivität gerichtet war. Wissenschaftler, Ingenieure und Arbeiter fanden sich in Forschungs- und Arbeitsgemeinschaften zusammen, um Probleme der wissenschaftlich-technischen Entwicklung zu lösen.[61] Eine der ersten Arbeitsgemeinschaften bildete sich Anfang 1959 im VEB Filmfabrik Wolfen, die es übernahm, die ökonomisch und technisch beste Variante für eine erweiterte PC-Produktion zu erarbeiten.[62]

Die quantitative Entwicklung der Brigadebewegung und der sozialistischen Arbeitsgemeinschaften zwischen 1959 und 1963 geht aus der Tabelle 93 hervor.

Tabelle 93
Brigaden[1] und Gemeinschaften der sozialistischen Arbeit in der sozialistischen Industrie 1959 und 1963

Brigaden	1959 (15. 6.)	1963 (15. 2.)
Anzahl	8595	59615
Mitglieder	117090	1044642
Gemeinschaften		
Anzahl	11239	27415
Mitglieder	95628	190781

[1] Im Wettbewerb unter dem Titel „Brigade der sozialistischen Arbeit" stehende Kollektive.

Quellen: LV-240, S. 209 (StJb 59); LV-240, S. 57 (StJb 64)

Ein weiteres Kennzeichen für die neue Qualität der Wettbewerbsbewegung bestand darin, daß die Produktionswettbewerbe anläßlich besonderer gesellschaftlicher Ereignisse in allen volkseigenen Betrieben nach einheitlichen Gesichtspunkten geführt

60 Eine umfassende Wertung der sozialistischen Gemeinschaftsarbeit nimmt Siegfried Prokop vor. LV-194, S. 122ff. (Prokop)

61 LV-43, S. 626, 630 (Chronik III); LV-85, S. 448ff. (FDGB); Die umfassende Darstellung der Entwicklung der Masseninitiative in der DDR nimmt Waltraud Falk vor. LV-134 (Kleine Geschichte)

62 LV-217, S. 212f. (Wolfen)

wurden. Das wurde besonders bei den in Vorbereitung auf den V. Parteitag der SED und zu Ehren des 10. Jahrestages der Gründung der DDR durchgeführten Wettbewerben deutlich.

Die inhaltliche Ausrichtung der Produktionswettbewerbe fand in dem Aufruf, der im Dezember 1959 von den Werktätigen des VEB Meßgeräte- und Armaturenwerk „Karl Marx" in Magdeburg erging, einen reifen Ausdruck. Sie forderten ihre Kollegen in der DDR auf: „Produziert mit der fortgeschrittensten Technik, mit geringstem Aufwand an Arbeitskräften und Material, mit den niedrigsten Selbstkosten Erzeugnisse von hoher Qualität."[63]

Neben der inhaltlich breiteren Anlage der Wettbewerbe drückte sich deren neue Qualität auch, wie die Tabellen 94 und 95 ausweisen, in einer wachsenden Anzahl von Arbeitern, Ingenieuren und Wissenschaftlern, die sich an den Wettbewerben beteiligten, aus.

Tabelle 94
Teilnehmer am innerbetrieblichen Wettbewerb in der sozialistischen Volkswirtschaft 1953 und 1957

Jahr	Anzahl der Teilnehmer
1953 (IV. Quartal)	1309483
1957 (IV. Quartal)	1833724

Quelle: LV-240, S. 197 (StJb 57)

Tabelle 95
Teilnehmer am innerbetrieblichen Wettbewerb in der sozialistischen Industrie 1958 und 1963

	1958	1963
Teilnehmer	1417446	1814972
Anteil der Teilnehmer an der Gesamtzahl der Arbeiter und Angestellten (in Prozent)	57,7	78,3
Anteil am Wettbewerb teilnehmender Prod.-Arbeiter an der Gesamtzahl der Prod.-Arbeiter in Prozent	78,4	92,8

Quellen: LV-240, S. 213 (StJb 59); LV-240, S. 60 (StJb 64)

Allerdings kam es im Gefolge der internationalen Klassenauseinandersetzungen in den Jahren 1960 und 1961 zu einer komplizierter werdenden politischen und ökonomischen Situation der DDR und zu vorübergehenden Stagnationserscheinungen im sozialistischen Wettbewerb. Damit im Zusammenhang stand auch, daß in jener Zeit die Arbeitslöhne schneller anstiegen als die Produktivität der gesellschaftlichen Arbeit. Es bedurfte darum nach dem Schließen der Staatsgrenze der DDR zu Westberlin einer

[63] LV-194, S. 127f. (Prokop)

Phase, in der die Aufmerksamkeit der Werktätigen auf die Wiederherstellung eines dem ökonomischen Fortschritt gemäßen Verhältnisses von Arbeitslohn und Arbeitsproduktivität gerichtet wurde.

Dabei mußte die Breite der Wettbewerbsziele, die Ende der 50er Jahre schon die Programme der Kollektive auszeichnete, vielfach außer Betracht bleiben. Bis Herbst 1962 waren durch die Ergebnisse des Produktionsaufgebots die Bedingungen in der volkseigenen Industrie aber wieder derart, daß die Gesamtheit des Produktionsprozesses zum Gegenstand der Produktionswettbewerbe werden konnte.[64] Dafür steht der von der Belegschaft des VEB Büromaschinenwerk Sömmerda im Oktober 1962 erlassene Aufruf, in dem sie in Vorbereitung des VI. Parteitages der SED zu einem Wettbewerb unter der Losung „Gründlich denken, ehrlich arbeiten, wirtschaftlich rechnen, wissenschaftlich forschen, froh und kulturvoll leben" aufforderte.[65]

Die qualitative und quantitative Entwicklung der Masseninitiativen auf dem Produktionsfeld spiegelte auf spezifische Art und Weise das Fortschreiten der sozialistischen Umgestaltung in der DDR wider. In ihr kam das Reifen der Wesensmerkmale der sozialistischen Produktionsverhältnisse in der Industrie besonders deutlich zum Ausdruck.

Der innerbetriebliche Wettbewerb, das Anwenden der verschiedenen Neuerermethoden und das Erfinderwesen zeigten sehr anschaulich, wie sich seit Ende der 40er Jahre bei einem großen Teil der Industriearbeiter und der wissenschaftlich-technischen Intelligenz die Einstellung zu dem gesellschaftlichen Eigentum an den Produktionsmitteln und zur Arbeit verändert hatte. Seine Haltung entsprach zunehmend dem sozialistischen Charakter der Arbeit, der sich in der volkseigenen Industrie ausbildete. Die neue Arbeitshaltung veranschaulichte, daß die dem sozialistischen Eigentum gemäße Verbindung von unmittelbarem Produzenten und Eigentümer der Produktionsmittel in einer bestimmten Form bewußt geworden war. Die dieser Arbeitseinstellung zugrunde liegende inhaltliche Zielsetzung war von der entstehenden Übereinstimmung von persönlichen, kollektiven und gesamtgesellschaftlichen Interessen bestimmt. Darin fand das die sozialistischen Produktionsverhältnisse auszeichnende Wesensmerkmal, die Zielgerichtetheit der Produktion auf die immer bessere Befriedigung der materiellen und kulturellen Bedürfnisse der Werktätigen, seinen Ausdruck. Das Ausrichten der Masseninitiativen an den Wirtschaftsplänen und der durch sie erbrachte besondere Beitrag zur Planerfüllung spiegelten die den sozialistischen Produktionsverhältnissen innewohnende Planmäßigkeit wider.[66] In den Masseninitiativen auf dem Produktionsfeld traten die sich im Prozeß der sozialistischen Umgestaltung der Industrie entwickelnden Beziehungen der kameradschaftlichen Zusammenarbeit und der gegenseitigen Hilfe in Erscheinung.

64 LV-194, S. 146ff. (Prokop)
65 LV-194, S. 152 (Prokop)
66 Der Zusammenhang von sozialistischer Masseninitiative und Planmäßigkeit der industriellen Entwicklung wird eingehend von Jörg Roesler dargestellt. LV-212, S. 84ff., 265ff. (Roesler)

KAPITEL 7

Die grundlegenden Wandlungen in den industriellen Produktivkräften

1. Produktionswachstum und materiell-technische Versorgung

Der Entwicklungsstand der Produktivkräfte in der DDR bedingte, daß im Verlauf der sozialistischen Umgestaltung der Industrie dem entschiedenen Ausbau der stofflich-energetischen Basis ein besonderes Gewicht zufiel.

Er umfaßte grundlegende qualitative und quantitative Veränderungen im Erzbergbau und in der Metallurgie, im Kohlebergbau, in der Energieerzeugung und in der Grundstoffchemie. Diese Zweige der Produktionsmittelindustrie waren darum ein Hauptfeld der staatlichen Investitionstätigkeit.

Ein zweiter wichtiger Bereich der materiell-technischen Versorgung der Volkswirtschaft umfaßte die Bereitstellung der erforderlichen Ausrüstungen für die industrielle und agrarische Produktion sowie die damit im Zusammenhang stehende erweiterte Leistungsfähigkeit des Maschinen- und Anlagenbaus der DDR.

Das war nicht nur für die Steigerung der Arbeitsproduktivität, die Erhöhung der Qualität der Industrieerzeugnisse und das kontinuierliche Wachstum der gesellschaftlichen Produktion entscheidend, sondern stand unmittelbar mit der weiteren Festigung der stofflich-energetischen Basis der Industrie im Zusammenhang. Die Industrie war die Hauptstütze des Exports, dem zwei entscheidende Funktionen für die Vertiefung der ökonomischen Zusammenarbeit mit den Ländern, die den Sozialismus aufbauten, zukamen.

Der Maschinen- und Anlagenbau der DDR hatte einen wesentlichen Anteil an der sozialistischen Industrialisierung der jungen Volksdemokratien sowie an der ökonomischen Stärkung der Sowjetunion. Von ihm gingen mit den Ländern der sozialistischen Gemeinschaft erste konkrete bilaterale Abstimmungen aus. Durch den Export von Erzeugnissen des Maschinen- und Anlagenbaus wurde in einem erheblichen Maße der notwendige Import an Rohstoffen und -materialien ermöglicht, der die Industrie in die Lage versetzte, die tragende Funktion beim Aufbau der materiell-technischen Basis des Sozialismus einzunehmen.

a) Die Entwicklung der Grundstoffindustrie

Erzbergbau und Metallurgie

Die metallurgische Rohstoffbasis

Die Direktive der SED zum Fünfjahrplan 1951 bis 1955 und das Gesetz der Volkskammer zu diesem Plan setzten für die industrielle Entwicklung in der DDR vor allem zwei Schwerpunkte. Es war ein relativ geschlossener Industriekomplex zu schaffen und der Schwermaschinenbau mußte in die Lage versetzt werden, den Bedarf der gesamten Grundstoffindustrie an Produktionsanlagen weitgehend zu decken.

Anfang der 50er Jahre war in der Metallurgie der DDR die Situation noch derart, daß die ohnehin starken Disproportionen zwischen dem Aufkommen an Metallen und Metallerzeugnissen und den volkswirtschaftlichen Forderungen nach diesen Erzeugnissen zunahmen. Der Ausweg bestand zu jener Zeit nur in dem Auf- und Ausbau eigener metallurgischer Produktionskapazitäten.

Die ausreichende Bereitstellung von metallurgischen Erzeugnissen für die Industrie war deshalb eine Schlüsselfrage wirtschaftlichen Wachstums, denn die metallverarbeitende Industrie war nicht nur die Quelle für die technische Erweiterung und Erneuerung des industriellen Produktionsorganismus und damit für die stetige Steigerung der Arbeitsproduktivität in der Industrie, sondern auch die Hauptstütze für die Gestaltung effektiver außenwirtschaftlicher Beziehungen. Die Grundlage für die Schaffung eines leistungsfähigen metallurgischen Industriekomplexes bildete eine gesicherte Rohstoffbasis. Das galt insbesondere für die Eisenerze.

Die imperialistische Embargopolitik und begrenzte Liefermöglichkeiten der RGW-Länder erforderten das weitgehende Ausschöpfen der geringen einheimischen Ressourcen.

In einer Untersuchung zur Entwicklung der Industrie und Technik in der DDR von 1945 bis 1955 wurde dazu festgestellt: „Schon von jeher war die eisenschaffende Industrie Deutschlands auf die Zufuhr hochwertiger Eisenerze angewiesen. Im Jahre 1938 wurden in Deutschland bei einer Produktion von etwa 15,4 Millionen Tonnen Roheisen lediglich 3,2 Millionen Tonnen durch einheimische Eisenerze abgedeckt. Das bedeutete, daß nur etwa 21 Prozent der für die Roheisengewinnung notwendigen Erzmengen (gemessen an Eiseneinheiten) aus deutschen Gruben kamen. Und von dieser relativ geringen einheimischen Eisenerzförderung entfielen 1938 etwa 95 Prozent auf das Gebiet der jetzigen BRD und nur 5 Prozent auf das Gebiet der heutigen DDR.“[1]

Auf dem Gebiet der DDR waren lediglich die Vorkommen bei Schmiedeberg und der eisenschüssige Kalk bei Kamsdorf von einigem Gewicht. Die auf dem Gebiet der DDR befindlichen Lagerstätten bargen, wie die Tabelle 96 ausweist, nur Eisenerze mit einem geringen Ferrumanteil.

Die importierten Eisenerze aus Kriwoi-Rog und Kertsch (Sowjetunion) und aus der Volksrepublik China hatten im Vergleich dazu einen Eisengehalt von 48,8 bis 57,8 Prozent.

Neben den geförderten Erzen des thüringisch-sächsischen Gebietes verarbeitete die Eisenmetallurgie auf dem Gebiet der DDR vor allem Schrott. Die Ursachen dafür lagen neben dem Fehlen größerer Erzvorkommen in einer relativ hohen Konzentration der verarbeitenden Industrie. Noch Mitte der 50er Jahre betrug das Verhältnis des Roheiseneinsatzes zum Schrotteinsatz in den Stahlwerken der DDR etwa 3:4. Die DDR hatte mit 540 Kilogramm Schrott je Tonne Blockstahl mit die höchste spezifische Schrottverarbeitung bei der Erzeugung von Stahl unter den stahlerzeugenden Ländern Europas.[2]

Durch das in der ersten Hälfte der 50er Jahre in der Schwarzmetallurgie der DDR eingeführte Niederschachtofenverfahren war es möglich, den Abbau der Lagerstätten an

[1] LV-124, S. 86 (Industrie)

[2] LV-124, S. 97, 105 (Industrie)

Tabelle 96
Eisengehalt der in den wichtigsten Gruben geförderten Erze. Stand: 1960

Grube	Anteil des Eisengehaltes in Prozent
Badeleben	19,8
Büchenberg	18,0 bis 24,0
Braussumpf	20,0 bis 22,3
Eisenberg	32,7
Schmiedeberg	40,6
Wittmannsgereuth	40,3
Schmalkalden	23,9 bis 25,2

Quelle: LV-12 4, S. 87 (Industrie)

eisenarmen, kieselsäurereichen Erzen, deren Förderung zwischen 1855 und 1927 größtenteils eingestellt worden war, wieder aufzunehmen.

Tabelle 97
Förderung von Eisenerz 1950 bis 1960 (in 1000 effektiven t)

	1950	1955	1958	1959	1960
Fördervolumen	401	1664	1506	1599	1642
Entwicklung in Prozent	100	415	376	399	410

Quelle: LV-240, S. 318f. (StJb 60–61)

Die Zahlen der Tabelle 97 veranschaulichen aber zugleich, daß die äußerst begrenzten und zunehmend schwieriger abzubauenden Lagerstätten in der zweiten Hälfte der 50er Jahre keine weitere Steigerung der Produktion zuließen.

Im Jahre 1955 wurde dazu in der Staatlichen Plankommission im Rahmen der Ausarbeitung des zweiten Fünfjahrplanes festgestellt, daß praktisch für die zweite Hälfte der 50er Jahre nur noch die eigenen Eisenerzvorkommen bei Badeleben und Osterwieck bedeutsam seien, aber aufgrund des hohen Phosphorgehaltes der Erze keine Basis für die Stahlerzeugung unseres Landes bilden könnten. Man kam deshalb im Jahre 1955 zu der Erkenntnis, daß in den Jahren 1956 und 1957 keine wesentliche Steigerung der Eisenerzförderung in der DDR zu erwarten war. Für die Aufbereitung größerer Mengen saurer Erze fehlten in den Hütten unseres Landes geeignete Anlagen.[3] Eine begrenzte Möglichkeit für das Gewinnen von einheimischen Erzen wurde im forcierten Aufschluß des Südfeldes der Sangerhausener Mulde gesehen. Die Investitionen für dieses Objekt standen erst Ende der 50er Jahre zu Verfügung.[4]

Der Eisenerzbedarf für das in der ersten Hälfte der 50er Jahre geschaffene Hochofenwerk im Raum Fürstenberg wurde durch Importe aus der Sowjetunion gedeckt.

Relativ bedeutungslos war auch die eigene stoffliche Basis für die Erzeugung der

[3] AV-38, Bl. 22, 79 (ZStAP, E-1, Nr. 1728)
[4] AV-38, Bl. 86f. (ZStAP, E-1, Nr. 1728)

Stahlveredler. Erwähnenswert sind lediglich einige Nickel-, Mangan- und Wolframlagerstätten.

Nickelerze kamen im sächsischen Granulitgebirge im Vorland des Erzgebirges im Raum Glauchau, Waldenburg, Limbach-Oberfrohna vor. Die bis zu 10 Meter mächtigen oberflächennahen Lagerstätten, die im Tagebau ausgebeutet werden konnten, führten Ende des ersten Fünfjahrplanes zum Bau der Nickelhütte bei Sankt Egidien. In der ersten Hälfte der 50er Jahre wurde dafür ein Investitionsvolumen von 24 Millionen Mark und in der zweiten Hälfte von nochmals 100 Millionen Mark aufgewandt.[5] Der Abbauverlauf in den Folgejahren machte allerdings deutlich, daß die Verarbeitungskapazitäten dieses Betriebes zunehmend durch die Verhüttung von importierten Roherzen ausgelastet werden mußten.

Ferner wurden noch Wolframerze bei Pechtelgrün im Erzgebirge und Verbindungen von Nickel, Molybdän und Vanadium im Mansfelder Kupferschiefer gewonnen.

Zum Aufbau der Produktion von Stahlveredlern wurden in den 50er Jahren neben der Nickelhütte in Sankt Egidien, die zunächst als Nickelerz des Erzgebirgsvorlandes sowie nickelhaltige Nebenprodukte der Mansfelder und Freiberger Buntmetallhütten verarbeitete, auch Verarbeitungskapazitäten für Ferrowolfram im Elektrochemischen Kombinat Bitterfeld und weitere Kapazitäten für Ferrolegierungen in den Ferrolegierungswerken Lippendorf, Lauchhammer-West und Spremberg geschaffen.

Allerdings mußte bereits in den 50er Jahren der überwiegende Teil des Bedarfs durch den Import von Erzen gedeckt werden.

Auf dem Sektor der Gewinnung weiterer Nichteisenmetalle ragt die Stellung des Mansfelder Kupferschieferbergbaus heraus, dessen Kupferschiefer einen Kupfergehalt bis zu 45 Prozent hat.[6]

Tabelle 98
Die Förderung von Kupfererz 1950 bis 1960 (in 1000 effektiven t)

	1950	1955	1958	1959	1960
Fördervolumen	804	1333	1457	1572	1613
Entwicklung in Prozent	100	166	181	196	201

Quelle: LV-240, S. 318f. (StJb 60–61)

Der Mansfelder Kupferbergbau, der bereits im Jahre 1851 zu einer bedeutenden industriellen Vereinigung von Schächten und Hütten zusammengeschlossen wurde, konnte Anfang der 50er Jahre durch den Aufschluß einer vierten Schachtreihe, die den Kupferbergbau schrittweise in Richtung der Sangerhauser Mulde verschob, erweitert werden. Mit Teufen zwischen 700 und 1000 Metern erhöhte sich aber auch der Aufwand für die Förderung des Erzes. Das führte dazu, daß einige im Rahmen des ersten Fünfjahrplanes geplante Vorhaben, wie die geologische Erkundung von Kupfersanderzen und eine umfassende Rekonstruktion der Mansfelder Hütten, nicht im vorgesehenen Umfang ausgeführt werden konnten.

Das wirkte sich auf die Rohstoffversorgung der gesamten Industrie, insbesondere auf den Bereich der Elektrotechnik aus, da die im Fünfjahrplan für 1955 in Aussicht

5 AV-32, Bl. 197 (ZStAP, E-1, Nr. 1701)
6 LV-185, S. 221 (Geographie)

genommene Menge an Kupfer nur zu 61,8 Prozent bereitgestellt werden konnte.[7] Die Staatliche Plankommission sah deshalb vor, für das Jahr 1956 etwa 16 Tausen Tonnen und für das Jahr 1957 etwa 21 Tausend Tonnen Kupfer im Industriezweig Elektrotechnik durch den Einsatz von Aluminium zu substituieren.[8]

Ende der 50er Jahre hatte sich das Mansfelder Kombinat „Wilhelm Pieck" mit annähernd 20000 Beschäftigten zum zweitgrößten Industrieunternehmen unseres Landes entwickelt.

In Freiberg konnte durch den Bau einer Feinzinkhütte die Zinkproduktion bis Ende der 50er Jahre auf nahezu 815 Prozent angehoben werden. Die Bleierzgruben „Albert Funk" im Freiberger Raum steigerten in der gleichen Zeit die Bleierzeugung auf 440 Prozent.[9] Im Verlauf der zweiten Hälfte der 50er Jahre entstand eine weitere Zinkhütte, in der es Anfang der 60er Jahre möglich wurde, aus dem in der Vergangenheit auf Halde gelegten Gestein des Freiberger Erzbergbaus Zink zu gewinnen.

Bei der Förderung und Verarbeitung von Blei und Zink zeigten sich jedoch auch Probleme, die mehr oder weniger stark für alle Entwicklungsbereiche der stofflichen Basis der Industrie in den 50er Jahren charakteristisch waren.

Zum einen war die geologische Erkundung einheimischer Rohstoffe im Aufbau bzw. in der Rekonstruktion begriffen. Das betraf besonders die erforderliche Gerätetechnik, die erst im Verlaufe der 60er Jahre mit Hilfe sowjetischer Lieferungen verstärkt ausgebaut wurde.

Andererseits fehlten besonders in der Staatlichen Geologischen Kommission erfahrene Fachkader. Die Mehrzahl der qualifizierten Mitarbeiter in den Dienststellen der geologischen Erkundung war auf diesem Gebiet schon im Kapitalismus tätig gewesen. Von ihnen erlag eine größere Anzahl den Einflüssen des Imperialismus und ging in die BRD. Die Voraussagen über die Ergiebigkeit der einheimischen Vorkommen lagen zumeist weit über deren tatsächlicher Beschaffenheit. So war beispielsweise im Jahre 1960 für das Brander Revier eine Fördermenge von 3400 Tonnen Blei geplant, von der aber tatsächlich nur 200 Tonnen erreicht wurden.[10] Zudem wurden in diesem Revier in der ersten Hälfte der 50er Jahre 80 Millionen Mark investiert, ohne daß dadurch die Kapazität tatsächlich erweitert werden konnte.[11] Auch in den Bleierzgruben in Freiberg war mit größeren Bleigehalten bei den geförderten Erzen gerechnet worden.[12]

Des weiteren waren die vorhandenen Verarbeitungskapazitäten in ihrer Leistungsfähigkeit und in ihrer auf die Spezifik einheimischer Erze bezogenen technologischen Struktur noch nicht ausreichend entwickelt. Zur Erzeugung von Zink fehlten z. B. in der ersten Hälfte der 50er Jahre Produktionsanlagen für das Verarbeiten von zinkhaltigen Rückständen und von Zinkklinkern. Das führte dazu, daß bis zum Jahre 1960 etwa 23 Tausend Tonnen zinkhaltiger Rückstände im Raum Freiberg, 12 Tausend Tonnen Rückstände im Raum Magdeburg und 23 Tausend Tonnen Mansfelder Zinkklinker auf Halde lagen, die erst nach der Erweiterung der Verarbeitungskapazitäten bei Freiberg verarbeitet werden konnten.[13]

7 AV-32, Bl. 196 (ZStAP, E-1, Nr. 1701)
8 AV-38, Bl. 82 (ZStAP, E-1, Nr. 1728)
9 LV-124, S. 109 (Industrie)
10 AV-18, Bl. 86f. (ZStAP, E-1, Nr. 126)
11 AV-32, Bl. 196 (ZStAP, E-1, Nr. 1701)
12 AV-37, Bl. 86f. (ZStAP, E-1, Nr. 1726)
13 AV-37, Bl. 87f. (ZStAP, E-1, Nr. 1726)

Für die Nichteisenmetallurgie waren und sind bis heute noch die Lagerstätten am Bergzinn im Raum Altenberg im Osten des Erzgebirges bedeutsam. Zur Steigerung der Zinnproduktion wurde im Jahre 1963 ein neuer Förderschacht mit Teufen bis zu 250 Metern in Betrieb genommen. Gleichzeitig wurden die Verarbeitungskapazitäten zur Anreicherung der Erze über Tage erweitert und der Mechanisierungsgrad erheblich erhöht.

Im Verlaufe der 50er Jahre entstanden eine Reihe von Forschungseinrichtungen auf dem hier in Rede stehenden Gebiet, auf die abschließend noch verwiesen werden soll.

Im Jahre 1950 wurde das Forschungsinstitut für Nichteisenmetalle in Freiberg unter der Leitung von Otto Emicke gegründet. Dem Institut oblag die Entwicklung neuer Hüttenverfahren, besonders zur Gewinnung seltener Spurenmetalle, die seit Mitte der 50er Jahre für die sich stark entwickelnden Industriezweige Elektrotechnik und Elektronik große Bedeutung erlangten. Es sei nur auf die Halbleitertechnik verwiesen. Wenig später erfolgte durch Neubau und durch Erweiterungsvorhaben der Ausbau des Metallhütten-Instituts der Bergakademie Freiberg und die Erweiterung der entsprechenden Fachrichtungen an der Bergbauingenieurschule „Fritz Himpel" in Eisleben.

Zusammenfassend kann festgestellt werden, daß die Bemühungen um größtmögliche Nutzung einheimischer Ressourcen, insbesondere sind hierbei die erreichten Fördermengen an Eisenerz und Kupfer zu nennen, die Entwicklung der stofflichen Basis der sozialistischen Industrie wesentlich beeinflußten. Zumeist handelte es sich um einen erweiterten Abbau von Vorkommen oder um den Wiederaufschluß bereits seit Jahrhunderten bekannter Lagerstätten, die zwischen der Mitte des 19. und dem ersten Drittel des 20. Jahrhunderts aus ökonomischen Gründen stillgelegt worden waren.

Wenngleich in der ersten Hälfte der 50er Jahre die prognostizierten Fördermengen in vielen Fällen nicht zu erzielen waren, konnte doch durch die Metalle, die zumeist aus wiederaufgeschlossenen Gruben gewonnen werden mußten, auf nennenswerte Weise der Import entlastet werden. Wie wichtig die größtmögliche Nutzung eigener metallurgischer Rohstoffressourcen war, wird durch die Aussage der Tabelle 99 nochmals unterstrichen.

Tabelle 99
Erzeugung und Import metallurgischer Rohstoffe und Materialien 1950, 1954 und 1955 (in 1000 t)

	1950 Produktion	Import	1954 Produktion	Import	1955 Produktion	Import
Eisenerz	401,0	2,3	1471,7	427,7	1664,0	642,5
Roheisen	337,2	289,2	1317,8	241,3	1517,0	295,0
Walzstahl	705,1	308,2	1569,9	557,6	1808,1	587,2
Kupfer	27,5	10,0	29,9	12,1	32,7	13,1
Blei	15,0	9,3	20,1	16,7	24,1	18,6
Aluminium	–	2,1	25,7	10,4	27,0	10,0

Quellen: AV-32, Bl. 57 (ZStAP, E–1, Nr. 1701); LV-240, S. 318f. (StJb 60–61)

Trotz intensiver Bemühungen, die stoffliche Basis der Metallurgie aus eigenen Bodenschätzen zu sichern, mußten erhebliche Mengen der für die Industrie benötigten metallurgischen Rohstoffe und -materialien importiert werden.

Bereits in der ersten Hälfte der 50er Jahre wurden nahezu ein Drittel des Roheisens, über ein Drittel des Walzstahles, annähernd 40 Prozent des Kupfers, fast 80 Prozent des Bleis und über 40 Prozent des Aluminiums importiert.

Die strukturelle Entwicklung der schwarzmetallurgischen Industrie

Die Notwendigkeit, eine strukturierte schwarzmetallurgische Industrie auszubauen, ergab sich sowohl aus der volkswirtschaftlichen Gesamtsituation, in der sich die DDR Anfang der 50er Jahre befand, als auch aus den Disproportionen innerhalb dieses Industriezweiges. Das betraf insbesondere den Widerspruch zwischen dem sich seit 1947 rasch entwickelnden Stahlsektor und dem ungenügenden Aufkommen an Roheisen. Darüber hinaus waren die Walzwerke weder in der Lage, die Menge noch das Sortiment an Walzstählen den einzelnen Volkswirtschaftsbereichen bereitzustellen. Um das Eigenaufkommen an Roheisen rasch zu erhöhen, wurden zwei Wege eingeschlagen. Der Hauptweg bestand darin, Roheisen mit importierten Rohstoffen in einem neugebauten leistungsfähigen Hochofenwerk zu produzieren. Als Standort für dieses Werk wurde aus mehreren Gründen Fürstenberg an der Oder ausgewählt.

Das Gebiet um Fürstenberg war bis zu diesem Zeitpunkt nur wenig industrialisiert und wirtschaftlich vor allem durch die Landwirtschaft geprägt. Die Landwirtschaft wurde als ein Arbeitskräftereservoir für das Hüttenwerk und die anderen dazu zu schaffenden industriellen Produktionsstätten betrachtet.

Außerdem bot sich ein solcher Standort an, weil Steinkohle aus den polnischen Lagerstätten und sowjetische Erzlieferungen auf günstigen Transportwegen dem metallurgischen Komplex zugeführt werden konnten. Hinzu kamen, in einer Zeit äußerster Aggressivität des Imperialismus gegen die entstehende sozialistische Gesellschaft in der DDR, auch militärstrategische Erwägungen bei der Wahl des Standortes dieses volkswirtschaftlich wichtigen Schlüsselobjektes.

Ein zweiter Weg bestand im Anwenden eines neuen Verfahrens zur Erzeugung von Gießereiroheisen aus einheimischen Erzen. Dafür schuf eine Forschungsgruppe um Kurt Säuberlich die Voraussetzung. Sie entwickelte einen Schmelzofen, der zwei Prämissen erfüllte. Seine Konstruktion bot erstens die Möglichkeit, den hohen Anteil von Schlacke, der beim Einsatz saurer einheimischer Erze entstand, zu beseitigen, und sie gestattete zweitens die Verwendung des neuentwickelten Braunkohlen-Hochtemperatur-Kokses (im folgenden BHT-Koks), der freilich nicht die Druckfestigkeit von Steinkohlenkoks erreichte.

Mit dem Niederschachtofen war es somit möglich, die noch vorhandenen eigenen Ressourcen an Eisenerzen weitgehend auszunutzen. Darüber hinaus konnte durch den Einsatz des von den Wissenschaftlern Georg Bilkenroth und Erich Rammler entwickelten BHT-Kokses ein Teil der benötigten und zu großen Teilen importierten Steinkohlenkokse kompensiert werden.

Das zügige Verfolgen dieses Weges war aus volkswirtschaftlichen Gründen unerläßlich. Die Perspektive des Niederschachtofenverfahrens in der Schwarzmetallurgie der DDR blieb an das begrenzte Vorkommen, auf das es sich gründete, gebunden. Zum Standort für die Errichtung eines solchen Roheisenwerkes wurde Calbe gewählt, da sich die Eisenerzlagerstätten auf die Gebiete Thüringens, der Sangerhauser Mulde und des Harzes konzentrierten.

Ausgehend von den Beschlüssen des III. Parteitages der SED 1950 zur Investitionspolitik im ersten Fünfjahrplan erfolgte am 17. August des gleichen Jahres ein Ministerratsbeschluß über erforderliche Maßnahmen zur Entwicklung der Schwerindustrie. Der Minister für Schwerindustrie, Fritz Selbmann, schlug im Februar 1951 dem stellvertretenden Ministerpräsidenten und Vorsitzenden der Staatlichen Plankommission 15 Schwerpunktbetriebe der Grundstoffindustrie vor, die Heinrich Rau im März 1951 bestätigte.

Zu den Schwerpunkten der schwarzmetallurgischen Industrie gehörten folgende Investitionsgroßvorhaben: das Eisenhüttenkombinat Ost in Fürstenberg, das Niederschachtofenwerk Calbe und der VEB Kohleausrüstungen Lauchhammer sowie die Stahl- und Walzwerke in Brandenburg und Döhlen als Erweiterungsvorhaben. Hinzu kam in der Nichteisenindustrie der Ausbau des Mansfeld-Kombinates. Mit dem Regierungsbeschluß vom 29. März 1951 zur Durchführung des Investitionsplanes wurden diese Betriebe zu volkswirtschaftlichen Schwerpunktobjekten erklärt.[14]

Im Januar 1951 begann der Aufbau des Eisenhüttenkombinats Ost, des größten Investitionsobjekts des ersten Fünfjahrplanes. Neben den Produktionsanlagen wurden zugleich umfangreiche Wohn- und Sozialbauten für die künftige Belegschaft des Kombinates errichtet. Nach neunmonatiger Bauzeit ging der erste Hochofen in Betrieb.

Gleichzeitig entstanden in Calbe das Eisenwerk West und die Großkokerei Lauchhammer für die Erzeugung von BHT-Koks. Der Abstich des ersten Ofens in Calbe erfolgte im Oktober 1951.

Es war geplant, im Eisenhüttenkombinat Ost eine jährliche Produktion von 500000 Tonnen Roheisen und durch die Erweiterung der Kapazitäten der Maxhütte Unterwellenborn und die Inbetriebnahme des Niederschachtofenwerkes Calbe weitere 400000 Tonnen Jahreskapazität Roheisen zu erreichen.[15]

1955 beteiligten sich die Roheisen produzierenden Werke am Eisenaufkommen der DDR wie folgt: Eisenhüttenkombinat Ost = 62,5 Prozent, Niederschachtofenwerk Calbe = 12,5 Prozent, Maxhütte Unterwellenborn = 25,0 Prozent.[16]

Der Maxhütte Unterwellenborn kam bei der Verwirklichung der Beschlüsse des III. Parteitages der SED, die vorsahen, die Produktion der schwarzmetallurgischen Industrie im Jahre 1955 auf 237 Prozent im Vergleich zu 1950 zu steigern,[17] eine bedeutende Rolle zu. Für den weiteren Ausbau der Maxhütte hatte deshalb der Staat 20 Mill. Mark Investitionsmittel zur Verfügung gestellt.[18] So konnte im Jahre 1949 durch eine bessere Wasserversorgung und andere Rekonstruktionsmaßnahmen erstmalig der Betrieb in den 4 vorhandenen Hochöfen aufgenommen und damit die Roheisenproduktion im Jahre 1950 um 35 Prozent gesteigert werden.[19]

Die Rekonstruktion der vorhandenen und der Bau neuer metallurgischer Betriebe wäre ohne die Hilfe und Unterstützung der Fachleute der Maxhütte undenkbar gewesen.[20]

Neben dem Bau von Roheisen erzeugenden Werken war ein beachtlicher Aus- und Aufbau der Rohstahlkapazitäten vorgesehen. Die Produktion von Blockstahl sollte im

14 AV-51, Bl. 1f., 8 (ZStAP, E-1, Nr. 11126)
15 LV-124, S. 95 (Industrie)
16 AV-52, Bl. 4 (ZStAP, E-1, Nr. 11128)
17 LV-196, S. 281 (Protokoll III. Parteitag SED)
18 LV-113, S. 6 (Hartmann, U)
19 LV-113, S. 6 (Hartmann, U)
20 LV-113, S. 5 (Hartmann, U)

Verlauf des ersten Fünfjahrplanes um 1,8 Mill. Tonnen pro Jahr gesteigert werden, und zwar im Stahlwerk Brandenburg um etwa 500000 Tonnen, in den Stahlwerken Hennigsdorf, Riesa und Gröditz um etwa 1 Mill. Tonnen, im Stahlwerk Freital um etwa 300000 Tonnen.[21]

Bewertet man aus der heutigen Sicht die Erfüllung der im ersten Fünfjahrplan gestellten Aufgaben zur Entwicklung des schwarzmetallurgischen Komplexes innerhalb der Industrie der DDR, so lassen sich außerordentliche Leistungen der Werktätigen auf diesem Gebiet konstatieren.

Im Eisenhüttenkombinat Ost wurden bis zum Jahre 1954 6 Hochöfen in Betrieb genommen. Mit diesen Öfen wurde eine Jahresproduktion von 900000 Tonnen Roheisen gesichert. Das war etwa das Dreifache der im Plan vorgesehenen Ofenleistung von 50000 Tonnen je Ofen, so daß auf den Bau der geplanten weiteren 4 Hochöfen verzichtet werden konnte.

Ähnlich gestalteten sich die Verhältnisse im Niederschachtofenwerk Calbe. Bis Mitte des Jahres 1953 waren die ersten 10 von 20 vorgesehenen Niederschachtöfen errichtet. Jeder der Öfen erzielte Mitte der 50er Jahre eine jährliche Leistung von etwa 30000 Tonnen, so daß der Bau der zweiten Ofenkette mit ebenfalls 10 Öfen entfallen konnte.[22] Die Kapazität für die Blockstahlerzeugung wurde bis 1955 im Werk Hennigsdorf um fast 35 Prozent erhöht und im Werk Brandenburg verdoppelt.[23]

Trotzdem darf nicht übersehen werden, daß die, gemessen an der damaligen Reproduktionskraft der Volkswirtschaft unseres Landes außerordentlich hohen Zielstellungen des ersten Fünfjahrplanes bei einigen wichtigen metallurgischen Erzeugnispositionen nicht erreicht wurden (vgl. Tabelle 100).

Tabelle 100
Planziele und Planerfüllung bei Roheisen, Rohstahl und Walzstahl 1955 (in 1000 t)

	Plan	Erfüllung
Roheisen	2000	1500
Rohstahl	3115	2500
Walzstahl	2235	1750

Quelle: AV-32, Bl. 193 (ZStAP, E-1, Nr. 1701)

Die Gründe lagen vor allem darin, daß für die materielle Sicherung der geplanten Investitionen von einem schnelleren Wachstum der Zulieferbereiche und des Bauwesens ausgegangen worden war. Diese Bereiche vermochten bis Mitte der 50er Jahre den Anforderungen nicht zu entsprechen.

Dabei wurde von 1952 bis 1955 dem Bereich der Metallurgie mit über 1,5 Mrd. Mark bereits das zweithöchste Investitionsvolumen aller Industriebereiche unseres Landes nach den Aufwendungen für die Kohleindustrie zugeführt.[24] So wären beispielsweise

21 LV-124, S. 95 (Industrie)
22 LV-124, S. 96 (Industrie); AV-32, Bl. 194 (ZStAP, E-1, Nr. 1701)
23 LV-124, S. 97 (Industrie)
24 AV-32, Bl. 200 (ZStAP, E-1, Nr. 1701)

für die im Verlauf des ersten Fünfjahrplanes nicht realisierten, aber ursprünglich geplanten Kapazitäten in Döhlen, Brandenburg, Finow sowie im Eisenhüttenkombinat Ost weitere 1,8 Milliarden Mark Investitionen erforderlich gewesen.[25] Diese Summe hätte nochmals dem annähernd 1,2fachen der tatsächlich getätigten Investitionen in der Metallurgie entsprochen.

Insgesamt führten die aufgewandten Investitionen in den ersten 3 Jahren des Fünfjahrplanes 1951 bis 1955 zu einem spürbaren Anstieg der industriellen Bruttoproduktion im Bereich der Metallurgie. Mit einer Steigerung von 1950 zu 1953 auf 200 Prozent lag die Steigerungsrate in diesem Zeitraum 40 Prozent über dem durchschnittlichen Zuwachs der gesamten Industrie.[26]

Dafür waren allerdings in den Jahren 1951 bis 1953 die für den Bereich der Metallurgie geplanten jährlichen Investitionen erheblich überschritten worden, was sich auf das proportionale Wachstum der gesamten Industrie, insbesondere auf das Verhältnis zwischen den Abteilungen I und II der gesellschaftlichen Produktion auswirkte. Während beispielsweise im Jahre 1953 eine Steigerung der jährlichen Investitionssumme gegenüber 1950 auf 171 Prozent geplant war, betrugen zum Jahresende die tatsächlich aufgewandten Investitionen 265 Prozent. Dementsprechend kam es in den beiden letzten Jahren des ersten Fünfjahrplanes zu einer Reduzierung der ursprünglich geplanten jährlichen Investitionssummen, die im Vergleich zu den Aufwendungen des Jahres 1950 nur noch einen Anteil von 90 bzw. 74 Prozent ausmachten. In diesen Zahlen spiegelte sich die 1953 einsetzende Politik des ‚Neuen Kurses' wider.[27]

Dieses Auseinanderklaffen von disponierten und tatsächlich eingesetzten Investitionsmitteln hatte eine Vielzahl von Ursachen. Es handelte sich beim Errichten eines strukturierten metallurgischen Komplexes erstmals in der DDR um den schwierigen Prozeß der Projektierung und Realisierung von Investitionsvorhaben, für die weder in bezug auf eine exakte Kostenplanung und materielle Absicherung der finanzgeplanten Investitionen noch für das koordinierte Zusammenwirken umfangreicher Subprojektanten und Zuliefergewerke ausreichende Erfahrungen vorhanden waren. Dazu kam, daß die Wiedergutmachungsleistungen an die UdSSR, die nicht selten Ausrüstungen für diesen Industriebereich umfaßten oder deren Produktionskapazitäten nicht in der Verfügung der DDR standen, unbedingt zu erfüllen waren. Da es bei den kontinuierlich verlaufenden technologischen Prozessen in der Metallurgie nur sehr bedingt möglich war, einzelne Produktionsabschnitte zeitlich unabhängig voneinander in Betrieb zu nehmen, war es notwendig, für das Ausführen des jeweiligen metallurgischen Investitionskomplexes die erforderlichen volkswirtschaftlichen Kräfte zu konzentrieren. Die einzelnen Produktionsabschnitte konnten erst dann in Betrieb genommen werden, wenn das gesamte Objekt fertiggestellt war. Ein zeitliches Auseinanderfallen zwischen der Produktionsbereitschaft der einzelnen Abschnitte und der des gesamten Werkes führte zu empfindlichen volkswirtschaftlichen Verlusten.

Anders verhielt es sich bei Investitionen in der verarbeitenden Industrie, wo es der technologische Prozeß gestattete, einzelne Produktionsabschnitte in Betrieb gehen zu

25 AV-32, Bl. 195 (ZStAP, E-1, Nr. 1701)
26 LV-240, S. 600 (StJb 60–61)
27 LV-289, S. 170 (Wießner)

lassen, ohne daß das gesamte Investitionsvorhaben abgeschlossen sein mußte, weil die erzeugten Produkte relativ selbständige Produktionsstufen durchlaufen konnten.

Der Zwang, die metallurgische Basis in der DDR rasch aufzubauen, ergab sich in den frühen 50er Jahren auch aus den Versuchen der bundesdeutschen Regierung, durch das Unterbinden des Interzonenhandels die ökonomische Entwicklung der DDR zu behindern. Das am 8. Oktober 1949 unterzeichnete Frankfurter Interzonenhandelsabkommen wurde von dieser Regierung ständig verletzt. Die Situation spitzte sich mit dem am 7. Februar 1950 gegen die DDR verhängten Stahlembargo und der vom BRD-Wirtschaftsministerium am 25. August 1950 erlassenen Verordnung über die Einschränkung der gegenseitigen Warenlieferungen außerordentlich zu. Dem konnte nur durch einen forcierten Aufbau der eigenen Metallurgie begegnet werden. Die dafür erforderlichen Aufwendungen beanspruchten die volkswirtschaftlichen Reproduktionskräfte in jenen Jahren außerordentlich. Im Rahmen des ersten Fünfjahrplanes wurden die folgenden großen Investitionsvorhaben in der Metallurgie realisiert:[28]

	Investitionsvolumen (in Mill. Mark)
Errichtung des Eisenhüttenkombinates Ost	346,8
Bau des Eisenwerkes Calbe	138,9
Erweiterung der Stahl- und Walzwerke	
Brandenburg	179,9
„Wilhelm Florin" Hennigsdorf	83,4
Riesa	143,0
Edelstahlwerk Döhlen	92,3

Ferner wurden im Zeitraum 1951 bis 1955 beträchtliche Investitionen für folgende 3 Schwerpunktobjekte des Erzbergbaus aufgewandt:

	Investitionsvolumen (in Mill. Mark)
Ausbau der Eisenerzgruben West in Badeleben für den Erzbedarf des Eisenwerkes Calbe	20,4
Erweiterung der Kapazitäten des Mansfeldkombinates „Wilhelm Pieck" Eisleben	110,7
Ausbau der Bleierzgruben „Albert Funk" Freiberg	76,6

[28] AV-63, Bl. 8 (ZStAP, E-1, Nr. 12676)

Die vorgenannten Investitionsobjekte repräsentierten 13,2 Prozent aller in diesem Zeitraum in der zentralgeleiteten Industrie der DDR getätigten Investitionen. Von 1956 bis 1963 flossen nochmals über 3,7 Mrd. Mark (Preisbasis 1967) in den Bereich der Metallurgie. Das waren jedoch nur noch 6,7 Prozent der industriellen Investitionen des genannten Zeitraumes.[29]

Die tabellarische Übersicht 101 zeigt den beachtlichen Leistungszuwachs an metallurgischen Verarbeitungskapazitäten in der ersten Hälfte der 50er Jahre, der im nachfolgenden Jahrzehnt weiter ausgebaut werden konnte.

Tabelle 101
Produktionswachstum ausgewählter metallurgischer Produkte 1950 bis 1965 (in 1000 t)

Jahr	Eisenerz	Prozent	Roheisen	Prozent	Rohstahl	Prozent	Walzstahlerzeugnisse	Prozent	Kupfererz	Prozent
1950	401	100	337	100	999	100	781	100	804	100
1955	1664	415	1517	450	2508	251	1884	241	1333	166
1960	1642	410	1995	592	2337	334	2613	335	1613	201
1965	1630	407	2338	694	3890	389	2986	382	1433	178

Quellen: LV-185, S. 203 und 209 (Geographie); LV-240, Anhg. i, S. 10 (StJb 75)

Die Tabelle 101 zeigt aber auch, daß in der ersten Hälfte der 60er Jahre der Höhepunkt eigener geförderter Eisen- und Kupfererze überschritten wurde. Die Eisenerzvorkommen der DDR waren im ersten Drittel der 70er Jahre nahezu erschöpft und spielten für die metallurgische Basis unserer Volkswirtschaft keine Rolle mehr.

Kohlenbergbau und Energieerzeugung
Ressourcenaufschlüsse im Kohlenbergbau

Die Energieerzeugung war in den 50er Jahren international noch weitgehend von der Kohleverstromung geprägt. Dabei war nicht zu übersehen, daß weitere fossile Kohlenstoffträger an Bedeutung gewannen, während es bezüglich der Nutzung nuklearer Brennstoffe für die Energieerzeugung in den nationalen volkswirtschaftlichen Programmen im wesentlichen bei Absichtserklärungen blieb. Energiewirtschaftliche Untersuchungen kamen in der ersten Hälfte der 50er Jahre zu dem Ergebnis, daß noch 45 Prozent der auf der Erde verbrauchten Elektroenergie aus Kohle erzeugt wurden, aber bereits 30 Prozent aus Erdöl und 15 Prozent aus Erdgas.[30]

Entsprechend den geologischen Bedingungen auf dem Territorium der DDR wurden zu dieser Zeit 98,5 Prozent der benötigten Elektroenergie aus Braun- und Steinkohle erzeugt. Die Braunkohle hatte daran einen Anteil von 90 Prozent.[31]

Die dominierende Rolle der Braunkohle in der Energieerzeugung der DDR hatte ihre Ursache in den bedeutenden Vorkommen dieses Rohstoffes, indem trotz aller kriegsbedingten Einschränkungen in dem im allgemeinen guten Grundbestand der

29 LV-18, S. 18 (Baar)
30 LV-152, S. 238 (Lissner/Thau)
31 LV-220, S. 40 (Schönherr)

Tagebautechnik sowie in dem technisch hohen Niveau, der die Großgeräte herstellenden Maschinenbaubetriebe. Nach ihren Erzeugnissen bestand auch in sozialistischen Ländern eine große Nachfrage.

Tabelle 102
Die Braunkohlenförderung ausgewählter Länder 1950, 1955 und 1960 (in 1000 t)

Förderländer	1950 absolut	Anteil an der Weltförderung (%)	1955 absolut	Anteil an der Weltförderung (%)	1960 absolut	Anteil an der Weltförderung (%)
Welt gesamt	381400	–	535200	–	639900	–
DDR	137050	35,9	200612	37,5	225465	35,2
BRD	75841	19,9	90358	16,9	96138	15,0
UdSSR	75846	19,9	114644	21,4	138261	21,6
CSSR	27509	7,2	40751	7,6	58403	9,1
Ungarn	11868	3,1	19624	3,7	23676	3,7
Jugoslawien	11665	3,1	14070	2,6	21430	3,4

Quellen: LV-240, Anhang III, S. 17 (StJb 60–61); LV-240, Anhang II, S. 27 (StJb 65)

Die Volkswirtschaft der DDR nahm bereits am Beginn der 50er Jahre die führende Stelle in der Weltförderung von Braunkohle ein und konnte diesen Platz über den gesamten Untersuchungszeitraum hinweg behaupten. Im Verlauf der 50er Jahre entfiel etwa ein Drittel der Braunkohleförderung der Welt auf die DDR (vgl. Tabelle 102). Die Lagerstätten konzentrieren sich auf die mittleren Gebiete des Territoriums der DDR und verlaufen in südöstlicher Richtung. Geologische Gutachten aus der Mitte der 50er Jahre schätzten die abbauwürdigen Vorräte auf 24000 Millionen Tonnen.[32]

Die volkswirtschaftliche Versorgung mit Braunkohle war damit auf längere Zeit gesichert. Das war außerordentlich wichtig für die Konzipierung des wirtschaftlichen Wachstums der DDR, da damit grundsätzlich Lösungen zur Deckung des Energiebedarfs der nächsten Jahrzehnte vorhanden waren. Neue Formen der Energieerzeugung wurden verfolgt, ohne jedoch grundsätzlich auf die Nutzung anderer Energieträger angewiesen zu sein.

Grundlegend anders war die Situation bei den vorhandenen Ressourcen von Steinkohle. Lagerstätten konzentrierten sich auf den mittelsächsischen Raum bei Zwickau, Lugau-Oelsnitz und Freital. Bei Doberlug-Kirchhain befand sich ein erkundetes Vorkommen.

Die rückläufigen Fördermengen an Steinkohle am Beginn der 50er Jahre ließen den Schluß zu, daß die Volkswirtschaft der DDR spätestens Mitte der 60er Jahre ohne eigene Steinkohlevorkommen auskommen müsse, wenn es nicht gelänge, den ökonomisch vertretbaren Abbau neuer Lagerstätten zu forcieren.

Ungeachtet der verfügbaren Energieträger stellte die Erzeugung von Elektroenergie in den 50er Jahren den Engpaß des industriellen Wachstums dar. Dafür gab es verschiedene Ursachen.

32 LV-32, S. 13 (Bilkenroth)

Die geologischen Bedingungen für den Abbau der Kohle verschlechterten sich kontinuierlich. Die Jahrzehnte währende Ausbeutung der Lagerstätten, deren Abbau vor allem in den 20er und 30er Jahren erheblich intensiviert worden war, hatte die Bedingungen einer ökonomisch günstigen Kohlegewinnung drastisch verschlechtert. Geringere Mächtigkeit der Steinkohlenflöze und immer größerer Aufwand für den Abtrag der Deckgebirge von Braunkohlevorkommen erschwerten den Zugang zu den Vorkommen. Trotzdem hatten sich die Werktätigen der Braunkohleindustrie das Ziel gesteckt, die im Zweijahrplan vorgesehene Fördermenge für das Jahr 1950 bereits bis zum III. Parteitag der SED Mitte des Jahres zu erfüllen, was sogar mit 106 Prozent erreicht wurde. Dabei war die erforderliche Abraumleistung gegenüber dem Vorjahr um 5,8 Prozent gestiegen. Das entsprach dem Umfang einer zu bewegenden Erdmasse von 12,4 Millionen Tonnen.[33]

Weit problematischer gestaltete sich die Förderung von Steinkohle. Aufgrund der immer ungünstiger werdenden geologischen Situation erreichte das Fördervolumen des Jahres 1950 nur 85 Prozent des Plansolls und betrug im Vergleich zur Fördermenge des Vorjahres nur knapp 93 Prozent.[34] Im Jahre 1951 ging man davon aus, daß die größte Lagerstätte, das Zwickauer Revier, nur noch Vorräte von 18 Mill. Tonnen Steinkohle beinhaltete.[35]

Ein anderes, davon abgeleitetes Problem, war die Erkundung neuer Lagerstätten von Braun- und besonders Steinkohle.

Die Hoffnung, neue Steinkohlevorkommen zu erschließen, gründete sich besonders auf das Ergebnis von Probebohrungen im Gebiet Doberlug–Kirchhain, die das Vorhandensein von Anthrazit angezeigt hatten. Einige leitende Mitarbeiter des Ministeriums für Schwerindustrie knüpften an dieses Vorkommen volkswirtschaftliche Erwartungen, die sich als unrealisierbar erwiesen, aber der Disposition des Fünfjahrplanes zugrunde lagen. Die im Juli 1950 begonnenen Schachtungsarbeiten erbrachten zunächst Erfolge. Man stieß auf zwei dünne Steinkohleschichten von jeweils 12 bzw. 28 Zentimeter Mächtigkeit.[36] Ein umfangreiches Gutachten der Staatlichen Geologischen Kommission lag dann im Mai 1951 vor. Darin wurde festgestellt, daß es sich in diesem Revier nur um nicht abbauwürdige dünne Lagen von Steinkohle mit äußerst geringer Festigkeit handelt. Das Gutachten führte zur Einstellung der Schachtungsarbeiten.[37] Die außerordentlich komplizierte Situation bei der Sicherung des volkswirtschaftlich notwendigen Bedarfs an Steinkohle in den 50er Jahren ließ jedoch das Gebiet von Doberlug–Kirchhain immer wieder als potentielles Steinkohlevorkommen ins Blickfeld einer auf die Zukunft gerichteten Energiepolitik treten. So wurde z. B. 1957 im Rahmen des Kohle- und Energieprogramms wiederum von drei abbauwürdigen Anthrazitflözen in diesem Revier gesprochen, die ungefähr 100 Mill. Tonnen umfassen sollten.[38] Der damalige Stand der Produktivkräfte erlaubte jedoch keinen ökonomischen Abbau der zwar in großem Umfang, aber ausschließlich als dünnschichtige Kohle vorkommenden Lagerstätte.

33 AV-74, Bl. 17f. (ZStAP, E-1, Nr. 13962)
34 AV-74, Bl. 14ff. (ZStAP, E-1, Nr. 13962)
35 AV-74, Bl. 14ff. (ZStAP, E-1, Nr. 12962)
36 AV-53, Bl. 4 (ZStAP, E-1, Nr. 11153)
37 AV-53, Bl. 27 (ZStAP, E-1, Nr. 11153)
38 LV-66, S. 9 (Wirtschaft 16/57)

Die Arbeiten zur Erkundung von weiteren Steinkohlevorkommen spielte in der ersten Hälfte der 50er Jahre eine dominierende Rolle. Insgesamt wurde in dieser Zeit in 6 Untersuchungsgebieten eine Bohrstrecke von 64700 Metern niedergebracht, davon allein 14500 Meter im Jahre 1955.[39]

Mitte der 50er Jahre ließen die Erkundungsarbeiten erkennen, daß über die bekannten Steinkohlelagerstätten hinaus mit keinem weiteren Ressourcenaufschluß zu rechnen war. Dieses Ergebnis orientierte energiepolitisch in zwei Richtungen.

Erstens mußte die Steinkohle überall dort als Energieträger durch Braunkohle substituiert werden, wo dies technisch-technologisch möglich war. Ökonomische Gesichtspunkte hatten dabei weitgehend unberücksichtigt zu bleiben. Der Einsatz der Steinkohle beschränkte sich zunehmend nur noch auf den Bereich der Metallurgie.

Zweitens waren Investitionen vorzubereiten, die auf eine möglichst umfassende Nutzung der noch vorhandenen Reserven an Steinkohle abzielten.

Insgesamt flossen im Verlauf der 50er Jahre fast eine halbe Mrd. Mark in den Steinkohlebergbau. Davon in der zweiten Hälfte der 50er Jahre annähernd ebensoviel wie in den ersten 5 Jahren. Dessen ungeachtet gingen die jährlichen Förderleistungen kontinuierlich zurück.[40]

Im Jahre 1960 betrug das Fördervolumen nur noch 2,7 Mill. Tonnen. Das bedeutete, daß fast 75 Prozent des volkswirtschaftlichen Bedarfs an Steinkohle importiert werden mußten.[41] Die zunehmenden Importe werden aus der Tabelle 103 ersichtlich.

Tabelle 103
Steinkohlenimporte 1958 bis 1960 (in 1000 t)

Lieferland	1958	1959	1960
UdSSR	2277,8	2232,9	1835,9
Polen	4252,5	4770,9	5250,1
CSSR	718,0	645,9	809,4
Ungarn	43,4	2,3	–
Jugoslawien	100,1	–	–
BRD	400,4	783,4	243,2

Quelle: AV-64, Bl. 5 (ZStAP, E-1, Nr. 12688)

Die wirtschaftspolitischen Beschlüsse des IV. Parteitages der SED im Jahre 1954 waren von der Erkenntnis getragen, daß in den kommenden Jahren das wirtschaftliche Wachstum nur durch den überproportionalen Ausbau der Energiewirtschaft und durch das Forcieren des Braunkohlebergbaus zu sichern sei.

Wenn in den Jahren von 1951 bis 1955 der Investitionsschwerpunkt der Braunkohlenindustrie in der Kohleveredlung lag, in diesen Bereich waren eine Mrd. Mark und in den eigentlichen Braunkohlenbergbau 850 Mill. Mark geflossen, so trat in der zweiten Hälfte der 50er Jahre die Finanzierung der Braunkohlenerkundung und -förderung in den Vordergrund. Damit entstand die Voraussetzung für die Erweiterung der Elektro-

39 AV-46, Bl. 12 (ZStAP, E-1, Nr. 4014)
40 AV-46, Bl. 12, 15 (ZStAP, E-1, Nr. 4014)
41 LV-35, S. 149 (Bollerey/Sabisch/Tannhäuser)

energieindustrie. Die Gesamtheit der Maßnahmen, die beide Zweige betrafen, erlangte den Rang eines Kohle- und Energieprogramms.

Die Dringlichkeit für solch ein Programm ergab sich auch daraus, daß der Kohlenbergbau die Ziele des Fünfjahrplanes nicht zu erreichen vermochte. 1955 lag die Fördermenge an Steinkohle lediglich bei 75,7 Prozent und an Braunkohle bei 89,3 Prozent der im Volkswirtschaftsplan vorgesehenen Kennziffern. Darum galt nun, wie die Direktive der SED zum zweiten Fünfjahrplan verdeutlicht, die Aufmerksamkeit dem Aufschluß und dem Abbau von Braunkohlenlagerstätten. In diese Richtungen liefen auch die Vorbereitungen für das Kohle- und Energieprogramm des Jahres 1957. Ein entsprechender Plan sah Erkundungsbohrungen von 251500 Bohrmetern auf 12 neuen Braunkohlefeldern vor.

Insgesamt wurden im zweiten Fünfjahrplan Investitionen im Braunkohlenbergbau von fast 8 Mrd. Mark vorgesehen, davon über die Hälfte für den Aufschluß neuer Lagerstätten.[42] Das betraf vor allem die Gebiete der Niederlausitz um Spremberg, Senftenberg und Hoyerswerda als Rohstoffgrundlage für das als größtes Investitionsobjekt des zweiten Fünfjahrplanes zu errichtende Braunkohlenveredlungskombinat „Schwarze Pumpe".

In diesem Zusammenhang entstand erstmals die Frage, ob es zweckmäßig sei, ganze städtische Ansiedlungen zugunsten der Lagerstättennutzung abzutragen und an anderer Stelle neu zu errichten. Ein Beispiel dafür waren Erwägungen, die Stadt Spremberg sowie den Flußlauf der Spree in diesem Gebiet zu verlegen. Dort lagern rund 268 Mill. Tonnen Braunkohle.[43] Dieses Projekt wurde jedoch später aufgrund ökonomischer Überlegungen sowie aus Gründen des Natur- und Denkmalschutzes nicht weiter verfolgt.

Der Widerspruch zwischen dem industriellen Wachstum und der Energieerzeugung wurde in den 50er Jahren durch zwei Ursachen verschärft. Einmal war der Pro-Kopf-Verbrauch an Elektroenergie gemessen am internationalen Stand zu hoch. Zum anderen hatten die veralteten Energieerzeugungsanlagen einen zu geringen Wirkungsgrad. Eine durchgehende Erneuerung der Ausrüstungen in der elektroenergieerzeugenden Industrie war unumgänglich geworden. Darauf wird noch näher eingegangen.

Der außerordentlich rasch steigende Bedarf an Rohbraunkohle führte in den 50er Jahren und Anfang der 60er Jahre zu einem immer ungünstigeren Verhältnis von Abraum und Kohle, da nun auch tiefer liegende Kohlenvorkommen abgebaut werden mußten.

Die energiepolitischen Entscheidungen in der Mitte der 50er Jahre hatten zu einem Anstieg der Förderung von Rohbraunkohle geführt, mit dem allerdings der Aufschluß der Lagerstätten aus den vorgenannten Gründen nicht im vollen Umfang Schritt halten konnte.

So waren zwischen 1948 und 1956 allein 36 Tagebaue ausgekohlt, aus denen man im Jahresdurchschnitt fast 91 Mill. Tonnen Rohbraunkohle gefördert hatte. Die im gleichen Zeitraum neuerschlossenen Tagebaue ermöglichten lediglich ein jährliches Fördervolumen von 65 Mill. Tonnen.

Im Jahre 1956 wurde zwar um die Hälfte mehr Kohle gefördert, aber nur 36,4 Prozent mehr Abraum bewegt als 1950. In den Berichten von der Zentralen Kohle- und

[42] AV-46, Bl. 16f. (ZStAP, E-1, Nr. 4014)
[43] AV-47, Bl. 70, 121 (ZStAP, E-1, Nr. 4015)

Energiekonferenz, die am 23. und 24. April 1957 in Leipzig stattfand und auf der Otto Grotewohl und Fritz Selbmann die Hauptreferate hielten, hieß es wörtlich: „Aber unsere Industrieentwicklung stieg noch schneller. Sie fraß die Kohlevorräte weg, die jeweils verfügbaren freigelegten Kohlefelder wurden immer kleiner ... Die Freilegung der Kohle kam hinter der Förderung nicht nach.“[44]

Tabelle 104
Das Verhältnis von Abraum und Kohle bei der Förderung von Braunkohle 1950 bis 1962

Jahr	Abraum in Mill. t	Braunkohle in Mill. t	Verhältnis von Abraum zu Kohle
1950	580	137	4,2 : 1
1956	790	206	3,7 : 1
1957	880	215	4,1 : 1
1962	1520	268	5,7 : 1

Quelle: LV-220, S. 97 (Schönherr)

Es war deshalb schon zu diesem Zeitpunkt erforderlich, die Gebrauchswerteigenschaften dieses hochwertigen Rohstoffs durch geeignete Veredlungsprozesse wie Brikettieren, Verschwelen und Verkoken wesentlich zu erhöhen.

Schwierigkeiten ergaben sich allerdings aus der Notwendigkeit, den Abbau der Kohle auf die westelbischen Lagerstätten bei Halle, Wallendorf, Egeln und Oschersleben auszudehnen, da die dort gewonnene Kohle durch ihren starken Salzgehalt sowohl chemotechnische als auch ökologische Probleme verursachte. Die Vorräte an Braunkohle derartiger Qualität umfaßten Mitte der 50er Jahre zwischen 1,5 und 2 Mrd. Tonnen.[45]

Über ihre Bedeutung für die Erzeugung von Elektroenergie hinaus waren diese Vorkommen auch für die im Raum Halle–Merseburg angesiedelte chemische Industrie eine wichtige Rohstoffbasis. Noch Ende der 50er Jahre wurden fast 20 Prozent der in der DDR geförderten Braunkohle in der chemischen Industrie verarbeitet.[46] Zum damaligen Zeitpunkt waren 42,4 Prozent der gesamten Chemieproduktion der DDR im Bezirk Halle konzentriert.[47]

Dem Bestreben, die jährliche Zunahme der Fördermengen durch eine höhere Veredlung dieses Rohstoffes zu dämpfen, waren allerdings Grenzen gesetzt. Obgleich die erheblichen Braunkohlevorkommen das wichtigste Rohstoffpotential unseres Landes darstellen, wird ihr volkswirtschaftlicher Wert durch die sehr unterschiedliche Qualität der Lagerstätten eingeschränkt. Das veranschaulicht die Tabelle 105 über die Verwendungsmöglichkeiten der Vorkommen.

Der damalige Stand der Produktivkräfte, der auf dem Gebiet der Braunkohleveredlung das wissenschaftlich-technische Weltniveau mitbestimmte, war dennoch

[44] LV-177, S. 4 (ND, 27. 4. 57)
[45] LV-282, S. 55 (Wächtler/Mühlfriedel/Michel)
[46] LV-35, S. 149 (Bollerey/Sabisch/Tannhäuser)
[47] LV-241, S. 32 (Statistische Praxis 2/62)

Tabelle 105
Die Verwendungsmöglichkeiten der Braunkohle Mitte der 50er Jahre

Kohlearten	Anteil in Prozent
Brikettierkohle	36
Schwelkohle	15
Kokskohle	16
Kesselkohle	27
Salzkohle	6

Quelle: AV-65, Bl. 3 (ZStAP, E–1, Nr. 12689)

nicht in der Lage, das weitere Ansteigen des Fördervolumens an Rohbraunkohle wesentlich zu reduzieren und den Rohstoff Steinkohle umfassend zu substituieren.

Der zunehmende Energiebedarf, der unter den gegebenen Umständen nur auf der Basis von Braunkohle gedeckt werden konnte, erforderte den weiteren Ausbau dieses Industriezweiges.

Das industrielle Wachstum und die Entwicklung der Energieerzeugung

In den 50er Jahren blieb die jährliche Wachstumsrate der Energieerzeugung erheblich unter der der gesamten Industrie (vgl. Tabelle 106).

Tabelle 106
Wachstum von Industrieproduktion und Energieerzeugung 1950 bis 1960 (Index, 1950 = 100)

Jahr	Industrie gesamt	Zuwachs	Energieerzeugung	Zuwachs
1951	123	23	112	12
1953	160	37	109	–3
1955	190	30	132	23
1956	208	18	146	14
1957	217	9	154	8
1958	241	24	171	17
1959	271	30	191	20
1960	292	21	212	21

Quelle: Zusammengestellt aus LV-240, S. 600 (StJb 60–61)

Dafür gab es eine Reihe von Ursachen. An erster Stelle ist der Zusammenhang zwischen dem hohen Industrialisierungsgrad und dem Bedarf an Elektroenergie hervorzuheben. Unter den führenden Industrieländern nahm die DDR eine Spitzenposition im Pro-Kopf-Verbrauch an Elektroenergie ein, der in der zweiten Hälfte der 50er Jahre noch beträchtlich anstieg. Dazu trugen aber auch eine Reihe ungünstiger Faktoren bei.

Der hohe Verbrauch an Energieträgern war Ausdruck einer fortgeschrittenen Technisierung der Wirtschaft, der aber auch durch eine ungenügende Effizienz des technischen Niveaus der Elektroenergieerzeugung verursacht wurde. Das resultierte einerseits aus dem internationalen Stand der Produktivkräfte in der Energiewirtschaft.

Tabelle 107
Erzeugung und Pro-Kopf-Verbrauch an Elektroenergie in Industrieländern 1955 und 1959

Land	Gesamtproduktion in Mrd. KWh 1955	1959	Pro-Kopf-Produktion in KWh 1955	1959	Index der Pro-Kopf-Produktion 1959 : 1955
UdSSR	170,1	265,1	840	1259	149,9
ČSSR	15,0	21,9	1150	1608	139,8
DDR	28,7	37,3	1595	2153	138,9
Ungarn	5,4	7,1	545	710	130,3
Polen	17,8	26,4	650	895	137,7
USA	625,0	794,5	3782	4471	118,2
Kanada	70,0	103,9	4500	5954	132,3
BRD	75,8	101,9	1530	1.968	128,6
England	80,1	105,2	1735	2016	116,2
Frankreich	46,5	64,0	1132	1419	125,4
Schweden	25,0	32,3	3470	4327	124,7
Italien	37,2	47,6	770	970	126,0
Österreich	9,8	12,2	1400	1724	123,1

Quellen: LV-234, S. 41 (Selbmann); LV-240, Anhg. III, S. 19 (StJb 60–61)

Eine zeitgenössische Einschätzung wies aus, daß in Industrieanlagen etwa 80 Prozent, bei Hausbrand mindestens 85 Prozent und in nichtstationären Kesselanlagen, das betraf vor allem den überwiegenden Anteil des damaligen zwischenstädtischen Personen- und Güterverkehrs, etwa 95 Prozent der eingesetzten Energie verloren gingen.[48]

In der DDR kam andererseits noch hinzu, daß die Kapazitäten der Elektroenergieerzeugung zu großen Teilen physisch und moralisch verschlissen waren. Sie standen hinsichtlich ihres Leistungsvermögens in unangemessener Weise hinter den Potenzen zurück, über die die Volkswirtschaft im allgemeinen und die Industrie im besonderen verfügte.

Von 1949 bis 1953 war bei einer Zunahme der neuinstallierten Kapazitäten von nur 1,2 Prozent die höchstmögliche Leistung um 25 Prozent gestiegen. In der DDR wurden bis dahin in der Welt einmalige Werte von 8000 jährlichen Benutzerstunden in Grundlastkraftwerken gefahren.[49] Der hohe Auslastungsgrad der Anlagen behinderte eine planmäßig vorbeugende Instandhaltung. Das erhöhte ihre Störanfälligkeit.

Der außerordentlich angespannten Situation auf dem Sektor des Energiemaschinenbaus Rechnung tragend, war bereits zu Beginn des ersten Fünfjahrplanes durch den Aufbau des VEB Bergmann-Borsig Berlin ein bedeutendes Zentrum des Energiemaschinenbaus für Turbinen und Generatoren geschaffen worden. 1952 wurde aus diesem Betrieb das erste 10 Megawatt-Aggregat an die Energiewirtschaft geliefert.

Die in der ersten Hälfte der 50er Jahre neu aufgebauten Werke VEB Dampfkesselbau Meerane und Hohenturm sowie der VEB Elbewerk Roßlau und die beträchtlich erweiterten Produktionskapazitäten des VEB Görlitzer Maschinenbau, der Turbinenfabrik Dresden und des VEB Rohrleitungsbau Bitterfeld trugen ebenfalls dazu bei,

[48] LV-220, S. 41f. (Schönherr)
[49] LV-293, S. 200 (Wirtschaftsgeschichte)

daß die neu zu errichtenden Kraftwerke Vockerode, Eisenhüttenstadt und Trattendorf in großem Umfang aus eigener Produktion ausgerüstet werden konnten.

Einen außerordentlichen Einfluß auf den hohen Energieverbrauch hatte nicht zuletzt der allgemein niedrige energetische Wirkungsgrad industrieller Produktionsmittel. Die starke Überalterung eines großen Anteils dieser Produktionsmittel bewirkte, daß viele Ausrüstungen ein volkswirtschaftlich ungünstiges Energieaufnahme-Leistungsverhältnis hatten (siehe dazu Tabelle 108).

Tabelle 108
Verschleißquote der Grundmittel[1] in ausgewählten Bereichen der Industrie 1955

Grundstoffindustrie	40,5
darunter	
Berg- und Hüttenwesen	30,9
Metallverarbeitende Industrie	36,1
Leichtindustrie	50,5
Nahrungsgüterindustrie	43,0

1 Verschleißquote der Grundmittel ist das Verhältnis des wertmäßigen Verschleißes der Grundmittel zum Bestand an Grundmitteln zu ihren Bruttowerten. Die Kennziffer dient zur Charakterisierung des Zustandes der Grundmittel.

Quelle: LV-61, S. 72 (Investitionen)

Des weiteren spielte die ungenügende Wirtschaftlichkeit bei der Energieanwendung in diesem Zusammenhang eine große Rolle. So war beispielsweise die Arbeit mit Energieverbrauchsnormativen kaum entwickelt. Neukonstruierte Produktionsmittel wurden fast ausschließlich nach der ihnen zugedachten Funktionserfüllung und nicht auch nach ihrem energetischen Wirkungsgrad beurteilt. Funktionserfüllung wurde dabei nicht selten mit einer großen Breite von Bearbeitungsmöglichkeiten unterschiedlichster kinetischer Anforderungen gleichgesetzt. Dieser Herangehensweise lag die Konzeption zugrunde, durch weitgehende Unifizierung die Typenvielfalt von Maschinenbaureihen einzuschränken, um damit zu volkswirtschaftlich günstigeren Fertigungsstückzahlen von Bauteilen und Baugruppen zu kommen.

Das führte aber dazu, daß in der Industrie ein großer Umfang „leichter" Bearbeitungsaufgaben mit überdimensionierter Maschinentechnik durchgeführt wurde. Technisch-ökonomische Untersuchungen wiesen darauf hin, daß noch Ende der 60er Jahre etwa 30 Prozent der in der metallverarbeitenden Industrie der DDR eingesetzten Drehmaschinen ein wesentlich höheres Leistungsvermögen und damit eine entsprechende energetische Anschlußleistung besaßen, als die mit ihnen durchgeführten Arbeitsaufgaben erfordert hätten.[50]

Durch die weitgehende Bindung des verfügbaren Investitionsfonds für den Aufbau des metallurgischen Industriekomplexes sowie der Investitionsgüterindustrie in der ersten Hälfte der 50er Jahre ließen sich die SED und die Regierung der DDR davon leiten, zunächst die vorhandenen Reserven in der Leitung, Planung und Organisation der Energiewirtschaft zu erschließen, um damit den wachsenden Energiebedarf vor allem für die neugeschaffenen Industriekomplexe zu sichern.

50 LV-287, S. 79ff. (Wießner)

Zwischen 1951 und 1955 blieb die Erzeugung von Elektroenergie drastisch hinter dem Wachstum der industriellen Produktion zurück. Während in jenen Jahren die Industrieproduktion einen Zuwachs von 37 Prozent erreichte, verringerten sich die jährlichen Zuwachsraten an Elektroenergie erheblich. Betrug die Zuwachsrate von 1950 zu 1951 noch 13,0 Prozent, so belief sie sich 1952 zu 1951 nur noch auf 8,6 Prozent, 1953 konnten nur noch 4,6 Prozent erreicht werden.[51]

Einer der Hauptgründe für diese Entwicklung lag in der diskontinuierlichen Versorgung mit Brennstoffen. Im Jahre 1952 waren in den wichtigsten Braunkohlentagebauen und in den 5 Brikettfabriken der DDR nur 70 Prozent der finanzgeplanten Investitionen ausgeführt worden.[52] Die Kapazitätsentwicklung des Braunkohlenbergbaus blieb deshalb von 1951 bis 1955 unter dem im Plan vorgesehenen Umfang.

Das Nichtschritthalten der Elektroenergieindustrie mit dem industriellen Fortschritt insgesamt führte dazu, daß 1952 und 1953 in größerem Umfang operativ Flächenabschaltungen nötig wurden, durch die eine effektive Auslastung der industriellen Produktionskapazitäten behindert wurde. Das hatte Rückstände in der Erfüllung des Wirtschaftsplanes zur Folge.

Die SED und die Wirtschaftsleitung der DDR versuchten in dieser Situation rasch und entschieden die Leitung und Organisation der Energiewirtschaft zu verbessern. Immer wieder waren auf diesem Gebiet Unzulänglichkeiten zutage getreten. Die Zentrale Energiekonferenz, die am 13. November 1953 in Berlin stattfand, befaßte sich mit solchen Unzulänglichkeiten und zeigte Wege auf, wie durch deren Überwindung die Elektroenergieerzeugung gesteigert werden könnte, ohne daß dazu große finanzielle und materielle Mittel eingesetzt werden müßten. Der Minister für Schwerindustrie, Fritz Selbmann, der das Hauptreferat hielt, orientierte auf die Erhöhung der Disziplin bei der Realisierung der Planziele, die Mobilisierung von Energiereserven, die Beseitigung von Mängeln in der Stromverteilung, die Aufstellung von Energienormativen und die unbedingte Einhaltung der Energieverbrauchskontingente.[53]

Eine grundlegende und dauerhafte Lösung des Widerspruchs zwischen industrieller Entwicklung und verfügbarem Energieaufkommen konnte aber nur durch eine Rekonstruktion und Erweiterung der Elektroenergieindustrie erreicht werden. Eine solche Aufgabe wurde vom IV. Parteitag der SED gestellt. Er legte Maßnahmen fest, die eine überproportionale Entwicklung der Kohle- und Energieindustrie sichern sollten. Ziel dieser extensiven Entwicklungslinie war es, schrittweise eine der qualitativen Bedingungen für eine intensive gesellschaftliche Reproduktion der Volkswirtschaft zu schaffen.

Im zweiten Fünfjahrplan bildete die Energiewirtschaft einen der Schwerpunkte, der dann im Kohle- und Energieprogramm von 1957 seine Konkretisierung fand. Er schloß an die seit 1954 auf diesem Gebiet erreichten Ergebnisse auf eine qualitativ neue Weise an. Mit Kraftwerksneubauten bei Trattendorf, Berzdorf, Hirschfelde, in der Egelner Mulde, bei Harbke und Böhlen wurde beabsichtigt, im Jahre 1960 etwa 42,5 Mrd. Kilowattstunden Elektroenergie zu erzeugen. Das bedeutete gegenüber 1955 eine Steigerung auf 142 Prozent.[54]

51 AV-34, Bl. 137 (ZStAP, E-1, Nr. 1708)
52 AV-21, Bl. 139 (ZStAP, E-1, Nr. 272)
53 AV-22, Bl. 34 (ZStAP, E-1, Nr. 281)
54 AV-33, Bl. 90 (ZStAP, E-1, Nr. 1706)

Die vorgenannten Vorhaben verkörperten ein Investitionsvolumen von 1860 Mill. Mark. Allein diese Summe entsprach etwa dem 1,4fachen der Investitionsmittel, die im Verlauf des ersten Fünfjahrplanes für den gesamten Bereich der Energieerzeugung aufgewandt worden waren.[55]

In Verbindung mit den größeren Energieerzeugungskapazitäten waren auch Erweiterungen und Rekonstruktionen der Stromübertragungsanlagen notwendig. Dafür wurden weitere Investitionen in Höhe von 980 Mill. Mark vorgesehen.[56]

1960 standen Produktionsvolumen von 40,3 Mrd. Kilowattstunden zur Verfügung.[57] Das entsprach nicht dem ursprünglich gesteckten Ziel. Dennoch ist die Verdopplung der Elektroenergieerzeugung im Verlauf der 50er Jahre unter den außerordentlich schwierigen Reproduktionsbedingungen, denen die DDR unterlag, eine gewaltige Leistung.

Die Realisierung des Kohle- und Energieprogramms der DDR vom April 1957 erforderte nicht nur die Erweiterung der vorhandenen Kapazitäten für die Erzeugung von Kohle und Energie, sondern es waren darüber hinaus den neuen Projekten moderne technische Lösungen zugrunde zu legen.[58]

Davon ließen sich die Projektanten leiten. Das bewiesen der Bau von Kraftwerken nach dem Blockprinzip[59], die Anwendung von Dampfparametern über 200 atü und 500 °C, Dampferzeuger von 430 Tonnen Dampf pro Stunde und die komplette Automatisierung der Dampfturbinensteuerung und sämtlicher Kraftwerksmaschinen.[60]

Die neuen Kraftwerke wurden für eine Leistung ausgelegt, die in der Energiewirtschaft der DDR ein Novum war. Beispiele hierfür waren der Einsatz von 100 Megawatt-Turbinen oder die projektierte Verarbeitungsleistung des neu zu errichtenden Braunkohleverarbeitungswerkes „Schwarze Pumpe" von 100000 Tonnen Rohbraunkohle pro Tag.[61]

Eine solche Anlage der Kraftwerke erforderte zugleich qualitativ neue Lösungen für eine kontinuierliche Rohstoffbereitstellung, die Zu- und Abführung, Verteilung und Speicherung benötigter und erzeugter Medien sowie nicht zuletzt für die wissenschaftliche Arbeitsorganisation in den unmittelbaren Produktionsprozessen. Diese Aufgabe war eine gewaltige Herausforderung an das Leistungsvermögen der damit befaßten Arbeiter, Techniker und Wissenschaftler.

Solche qualitativ neuen Anforderungen zur Meisterung von Wissenschaft und Technik erwuchsen nicht nur auf dem Gebiet der Elektroenergieerzeugung, sondern auch bei der Gaserzeugung, -verteilung und -speicherung. Gerade auf dem letztgenannten Gebiet waren technisch völlig neue Lösungen zu erarbeiten.

Die projektierte Leistung des Braunkohleveredlungswerkes „Schwarze Pumpe" sah eine jährliche Produktion von 1,8 Mrd. Kubikmeter Stadtgas vor. Das erforderte nicht nur eine Erweiterung des Ferngasleitungsnetzes von über 600 Kilometern[62], son-

55 AV-32, Bl. 200 (ZStAP, E-1, Nr. 1701

56 AV-34, Bl. 101 (ZStAP, E-1, Nr. 1708)

57 LV-240, S. 42, Anhang (StJb 75)

58 Vgl. hierzu LV-66 (Wirtschaft 6/57); LV-31, S. 470 (Gesetzblatt I/57)

59 Das bedeutet, die prozeßtechnische Kopplung von Kesselanlagen und Turbinen und damit die effektive Blockbildung von Dampf- und Energieerzeugung.

60 AV-69, Bl. 6 (ZStAP, E-1, Nr. 13882)

61 AV-36, Bl. 1ff. (ZStAP, E-1, Nr. 1719)

62 AV-36, Bl. 1ff. (ZStAP, E-1, Nr. 1719); AV-35, Bl. 74ff. (ZStAP, E-1, Nr. 1709)

dern auch bis dahin in der DDR nicht praktizierte Formen der Gasspeicherung. Man begann deshalb 1959 mit Versuchen der Untergrundgasspeicherung bei Forstberg und Mühlhausen.[63] Dem folgte ein Beschluß der Staatlichen Plankommiossion zur Errichtung von Untergrundgasspeichern mit einem nutzbaren Speichervolumen von 300 Mill. Kubikmetern.[64]

Das Erfordernis zunehmender Vergesellschaftung von Energieerzeugung und -nutzung innerhalb des RGW resultierte nicht zuletzt aus dem erreichten Niveau der Produktivkräfte in diesen Ländern.

Von großer Bedeutung für die kontinuierliche Versorgung der Industrie mit Elektroenergie sowie für die Festigung der wirtschaftlichen Zusammenarbeit mit den sozialistischen Nachbarländern war die Aufnahme des Verbundbetriebes mit der ČSSR und der Volksrepublik Polen in der zweiten Hälfte der 50er Jahre.[65]

Das in den vorangegangenen Jahren erheblich erweiterte Produktionsfeld, vor allem der Metallurgie und des Maschinenbaus sowie die Erhöhung der Kapazitäten für die Elektroenergieerzeugung waren gleichbedeutend Gründe, die Ausgleichfähigkeit von Energiebedarf und -angebot regional zu erweitern.

Für die Erweiterung der energetischen Basis waren in der zweiten Hälfte der 50er Jahre und Anfang der 60er Jahre durchschnittlich etwa 40 Prozent der in der Industrie getätigten Investitionen eingesetzt worden (vgl. Tabelle 109).

Tabelle 109
Anteil der Investitionen in der Energie- und Brennstoffindustrie 1955 bis 1962 (gesamte Industrie = 100)

1955	1956	1957	1958	1959	1960	1961	1962
39,7	36,5	40,5	44,1	41,5	38,9	36,8	36,5

Quellen: LV-289, S. 113 (Wießner); LV-212, S. 292 (f. d. Jahre 1955, 1961, 1962 – Roesler)

Die kapazitive Ausweitung in der Elektroenergieindustrie wird aus einer zeitgenössischen Übersicht deutlich, die über die in beiden Kohle- und Energieprogrammen im wesentlichen bis 1963 realisierten Kraftwerksvorhaben Auskunft gibt.

Im Verlaufe der Jahre 1951 bis 1965, insbesondere im Zeitraum des Siebenjahrplanes 1959 bis 1965, wurde beispielsweise allein für den Bau der Großkraftwerke Elbe, Trattendorf, Hagenwerder, Lübbenau und Vetschau ein Investitionsvolumen von 3,2 Mrd. Mark aufgewandt. Das entsprach vergleichsweise etwa 84 Prozent des Zuwachses am produzierten Nationaleinkommen des Jahres 1965.

Damit wurden im Jahre 1965 in 16 Großkraftwerken mit mehr als 200 Megawatt installierter Leistung 52,9 Prozent der Kraftwerksleistung konzentriert. Demgegenüber betrug der Leistungsanteil von 706 Anlagen mit einer Leistung unter einem Megawatt nur noch 1,6 Prozent an der Gesamtleistung der Kraftwerke in der DDR.[66]

63 AV-76, Bl. 23 (ZStAP, E-1, Nr. 13993)
64 AV-76, Bl. 23 (ZStAP, E-1, Nr. 13993)
65 AV-34, Bl. 91 (ZStAP, E-1, Nr. 1708)
66 LV-241, S. 27 (Statistische Praxis 1/67)

Tabelle 110
Im Rahmen der Kohle- und Energieprogramme von 1954 und 1957 neugeschaffene Kraftwerke

Investitionsvorhaben	Realisierungszeitraum	Installierte Leistung in MW	Investitionsvolumen in Mill. Mark
1. Kohleverbundkraftwerke			
Trattendorf I u. II	1952–1960	300	195,4
Elbe III	1957–1960	96	95,9
Hirschfelde	1954–1959	125	131,4
Berzdorf I	1955–1960	300	266,5
Berzdorf II	1959–1963	200	190,0
Lübbenau I	1957–1961	300	358,7
Lübbenau II	1958–1961	300	268,6
2. Wasserkraftwerke			
Pumpspeicherwerk Hohenwarte	1956–1960	39	20,0
Pumpspeicherwerk Niederwartha	1954–1961	83	65,5
Pumpspeicherwerk Amalienhöhe	1956–1965	300	280,0
3. Heizkraftwerke	1957–1963		
Gera		16	76,3
Pirna		38	102,2
Karl-Marx-Stadt		63	136,0

Quelle: AV-82, Bl. 7f. (ZStAP, E-1, Nr. 14097)

Der Bereich Energie und Brennstoffindustrie hatte demzufolge in der zweiten Hälfte der 50er Jahre auch den größten Zuwachs an Grundfonds.

Tabelle 111
Durchschnittlicher Grundmittelbestand je Arbeiter und Angestellten in ausgewählten Industriebereichen 1955 und 1960 (in 1000 Mark)

Industriebereiche	1955	1960	Zuwachs in Prozent
Industrie, gesamt	30,9	34,4	11,3
darunter			
Energie- und Brennstoffindustrie	89,6	113,5	26,7
Chemische Industrie	54,9	56,6	3,1
Metallurgie	38,2	47,5	24,3
Maschinen- u. Fahrzeugbau	17,4	18,7	7,5
Elektrotechnik/Elektronik	12,6	13,0	3,2
Textilindustrie	15,8	18,7	18,4
Nahrungsgüterindustrie	36,7	36,9	0,5

Quelle: LV-240, S. 49 (StJb 74)

Die wirtschaftspolitischen Schritte zur Stärkung des energetischen Potentials für eine sozialistische Volkswirtschaft waren nicht nur der gravierende Schwerpunkt bei der Herausbildung der materiell-technischen Basis des Sozialismus im Verlauf der Übergangsperiode, sondern ihre Konzipierung und Realisierung bildeten zugleich die typische Form der Planung, Leitung und Realisierung wichtiger Wirtschaftsvorhaben in diesem Zeitraum.

Das noch nicht ausgereifte Wirken der inneren Triebkräfte des Sozialismus machte ein hohes Maß administrativer Führungstätigkeit durch die SED und den sozialistischen Staat ebenso erforderlich wie die Konzentration aller volkswirtschaftlichen Potenzen und die Mobilisierung der schöpferischen Initiative der Werktätigen auf einen ganz bestimmten Schwerpunktkomplex wirtschaftlicher Entwicklung.

Der mit dem Kohle- und Energieprogramm erreichte volkswirtschaftliche Effekt ist mit den heute üblichen Methoden einer Effektivitätsberechnung nicht zu ermitteln. Die außergewöhnlichen politischen und ökonomischen Umstände, unter denen es zu realisieren war, ließen Fragen der Ökonomie und nach negativen Folgen für die gesamte Volkswirtschaft in den Hintergrund treten. So wurden in der zweiten Hälfte der 50er Jahre im Durchschnitt des Planjahres durch den Bereich Maschinenbau eine dreiviertel Mrd. Mark Investitionsgüter allein für die Realisierung des Kohle- und Energieprogramms zur Verfügung gestellt (vgl. Tabelle 112).

Tabelle 112
Aufträge aus den Investitionen des Kohle- und Energieprogramms an die Ministerien für Schwermaschinenbau und Allgemeinen Maschinenbau 1957 bis 1960 (in Mill. Mark)

Ministerien	1957	1958	1959	1960
Ministerium für Schwermaschinenbau	569	648	714	701
Ministerium für allgemeinen Maschinenbau	125	135	125	115
Anteil an der Bruttoproduktion des Bereiches Maschinenbau in Prozent	5,6	6,1	6,0	5,3

Quelle: AV-44, Bl. 67 (StAP, E-1, Nr. 3880)

Die in diesem Zusammenhang gefertigten Erzeugnisse waren zum großen Teil Spezialausrüstungen, wie Maschinen für die Herstellung von Brikettformen oder an die jeweiligen betrieblichen Bedingungen angepaßte Energieerzeugungsanlagen. Das beeinflußte die Gesamtentwicklung des Maschinen- und Anlagenbaus stark.

Die für das Energieprogramm benötigten Produktionssortimente erfüllten in der Regel nicht die betriebswirtschaftlichen Anforderungen hinsichtlich des Fertigungsaufwandes, weil die technisch-technologische Struktur der betroffenen Betriebe darauf nicht eingerichtet war. Diese Erzeugnisse waren nur in wenigen Fällen nachnutzungsfähige technische Lösungen für andere Industriezweige oder gar für den Export. Daraus ergab sich, daß in der zweiten Hälfte der 50er Jahre der Maschinenbau die höchste geplante Rate an Verlustbetrieben innerhalb der zentralgeleiteten sozialistischen

Tabelle 113
Verlustbetriebe der zentralgeleiteten sozialistischen Industrie 1956 bis 1958[1]

	1956 Plan	1956 Ist	1957 Plan	1957 Ist	1958 Plan	1958 Ist
Industrie, gesamt						
Anzahl	311	375	290	405	188	219
Mill. Mark	655	746	713	798	625	724
Kohlenindustrie						
Anzahl	60	60	55	55	37	37
Mill. Mark	285	296	314	313	278	296
Metallurgie						
Anzahl	43	48	38	41	35	38
Mill. Mark	258	291	280	279	261	271
Chemieindustrie						
Anzahl	15	14	11	12	13	13
Mill. Mark	18	12	10	16	15	15
Maschinenbau						
Anzahl	89	117	70	145	57	71
Mill. Mark	54	100	65	132	33	84
Leichtindustrie						
Anzahl	85	116	95	126	23	39
Mill. Mark	28	36	30	44	25	23

[1] ohne Lebensmittelindustrie

Quelle: AV-23, Bl. 93 (ZStAP, E-1, Nr. 676)

Industrie hatte und daß die geplanten Verluste teilweise erheblich überschritten wurden.

Schließlich reduzierte die starke Bindung des Maschinenbaus an das Kohle- und Energieprogramm die Möglichkeiten, die technische Zusammensetzung des gesamten industriellen Produktionsprozesses allgemein anzuheben.

Es muß auch berücksichtigt werden, daß die Entwicklung der Kohle- und Energiewirtschaft im besonderen und der Grundstoffindustrie im allgemeinen, volkswirtschaftliche Vorleistungen notwendig machten, die sich in dieser Form in der gesamten nachfolgenden volkswirtschaftlichen Entwicklung der DDR nicht wiederholten.

Ende der 50er Jahre war eine Situation entstanden, in der sich die Investitionsobjekte des Kohle- und Energieprogramms von 1957 vielfach noch im Bau befanden und daher aufgrund der technologischen Gegebenheiten auch nicht partiell produktionswirksam wurden. Zu diesem Zeitpunkt wurden die Bauten des Chemieprogramms von 1958 begonnen. Aus den beiden Industrieprogrammen erwuchsen dem Maschinen- und Anlagenbau und der Bauwirtschaft Forderungen, denen beide Bereiche nicht in vollem Umfang gewachsen waren. Ende des Jahres 1957 beliefen sich die unvollendeten Investitionen in der volkseigenen Wirtschaft auf etwa 4,2 Mrd. Mark. Sie wuchsen im Laufe des Jahres 1958 auf etwa 5,5 Mrd. Mark an. Daran hatte die energieerzeugende Industrie einen Anteil von einer Mrd. Mark und die Kohleindustrie einen Anteil von 1,1 Mrd. Mark. Ende 1958 waren beispielsweise Investitionsmittel in Höhe von

450 Mill. Mark im Braunkohleverarbeitungskombinat „Schwarze Pumpe“ gebunden, die jedoch aufgrund des Baustandes noch nicht kapazitätswirksam wurden.[67]

Die gewaltigen Vorleistungen auf energetischem Gebiet in der zweiten Hälfte der 50er und Anfang der 60er Jahre schufen entscheidende Voraussetzungen, daß trotz der aggressiven Politik des Imperialismus der Weg wirtschaftlichen Wachstums weiter beschritten wurde und die ökonomischen Grundlagen für den Aufbau der entwickelten sozialistischen Gesellschaft entstehen konnten.

Chemieindustrie
Die Veränderungen der Rohstoffbasis

Seite Mitte der 50er Jahre trat die Notwendigkeit, den Umfang und die Struktur der chemischen Produktion stärker auf die volkswirtschaftlichen Belange der DDR auszurichten, immer deutlicher hervor. Die chemische Industrie mußte einen größeren Beitrag zum wissenschaftlich-technischen Fortschritt in unserem Lande leisten.

Die chemische Erzeugung benötigte neben der energieerzeugenden Industrie einen beachtlichen Teil der geförderten Braunkohle,[68] vornehmlich am gleichen Standort.[69]

Die verfahrenstechnischen Prozesse der Kohlechemie waren sehr energieintensiv. Fast ein Drittel des industriellen Gesamtverbrauchs an Elektroenergie entfiel 1955, wie die Tabelle 114 ausweist, allein auf 5 chemische Großbetriebe.

Ein auf die Braunkohle gegründetes Produktionswachstum der Energieerzeugung

Tabelle 114
Energieverbrauch der 5 chemischen Großbetriebe der DDR im Jahre 1955

Großbetriebe	Verbrauch in Mill. KWh	KWh pro 1000 Mark Bruttoproduktion	Anteil am Gesamtverbrauch der Industrie in Prozent
VEB Chemische Werke Buna	2687	2434	12,5
VEB Elektrochemisches Kombinat Bitterfeld	1387	2887	6,5
VEB Leunawerke „Walter Ulbricht“	985	1296	4,6
VEB Kombinat „Otto Grotewohl“ Böhlen	929	1972	4,3
VEB Stickstoffwerk Piesteritz	901	4325	4,2
Zusammen	6889	2278	32,1
Industrie, gesamt	21505	452	100

Quelle: LV-79, S. 107 (Energieerzeugung u. -versorgung)

67 AV-80, Bl. 130 (ZStAP, E-1, Nr. 14082)
68 LV-35, S. 149 (Bollerey/Sabisch/Tannhäuser)
69 LV-241, S. 32 (Statistische Praxis 2/62)

und der chemischen Industrie wäre also nicht möglich gewesen und hätte darüber hinaus wesentliche Basisbereiche der Volkswirtschaft ausschließlich von der Braunkohle abhängig gemacht.

Die Erkundung von Erdölvorkommen in der DDR war deshalb bereits in der ersten Hälfte der 50er Jahre ein Schwerpunkt der geologischen Arbeit und gewann unter den geschilderten Umständen besondere Aktualität. Ausgangspunkt solcher Überlegungen war die Tatsache, daß von 1930 bis 1934 etwa 80 Tausend Tonnen Erdöl im Raum Volkenroda gefördert worden waren.[70] Außerdem war aus der im Norden der BRD erzielten Förderung von Erdöl bereits zu Anfang der 50er Jahre geschlußfolgert worden, daß auch im Norden unseres Landes Speichergestein für Erdöl vorhanden sein müßte. Als erdölhöffige Gebiete der DDR wurden insbesondere die Altmark bei Waddekath, Westmecklenburg bei Bernheide, Karstädt und Gorleben sowie Territorien am Nordharz und bei Brandenburg angesehen.

1950 wandte sich die DDR an die Sowjetunion mit der Bitte, ihr bei der Erkundung von Erdöl auf dem Gebiete der DDR zu helfen und vor allem das dazu erforderliche Bohrgerät für Bohrtiefen bis zu 3000 Metern zur Verfügung zu stellen.[71]

Zudem wiesen Explosionen unter Tage in den Kalischächten Volkenroda und Sondershausen in den Jahren 1953 und 1954 auf das Vorhandensein von Erdgas hin. Die Bemühungen blieben bis auf die Erkundung eines kleineren Erdgaslagers im Raum Langensalza jedoch bis Ende des Jahres 1956 erfolglos.

Weitere Erkundungsarbeiten auf Erdölvorkommen wurden von den zuständigen Fachgremien zunächst nicht vorangetrieben, da man bereits damals vermutete, daß eine Bodenschwelle im Verlauf der Elbführung die betreffenden erdölführenden Bodenschichten der BRD vom Territorium der DDR abriegelt.

Die außerordentliche Bedeutung dieses Rohstoffes für den Ausbau der chemischen Industrie führte in der zweiten Hälfte der 50er Jahre nochmals zu einer erheblichen Ausweitung der Erkundungsarbeiten. Fritz Selbmann, Minister für Schwerindustrie, wies in diesem Zusammenhang darauf hin: „Wir müssen in den nächsten Jahren die in der Republik wahrscheinlich vorhandenen unterirdischen Lagerstätten auf Erdöl soweit untersuchen, daß wir mit der Gewinnung von Erdöl in der Republik im nennenswerten und für die Produktion wichtigen Umfang beginnen können.“[72]

Im Jahre 1957 wurden durch gezielte Erkundungsarbeiten im Norden unseres Landes Hoffnungen geweckt, die zu Planzielstellungen für das Jahr 1960 von etwa 150 bis 200 Tausend Tonnen Erdöl aus eigener Erzeugung führten. Die Förderung sollte dann auf etwa 1,2 Mill. Tonnen im Jahre 1965 gesteigert werden.[73] Die Ergebnisse der Erkundung brachten nicht den gewünschten Erfolg. Die geförderte Erdölmenge blieb für die Volkswirtschaft der DDR nahezu bedeutungslos (vgl. Tabelle 115).

Zum damaligen Zeitpunkt waren die Selbstkosten für die Förderung des Erdöls zum Beispiel in der Sowjetunion um das 3,5fache niedriger als für die Kohleförderung.[74] Auf der Chemiekonferenz des ZK der SED, die am 3. und 4. November 1958 in Leuna stattfand, wurde deshalb im Rahmen der künftigen Entwicklung der chemischen

70 LV-220, S. 45 (Schönherr)
71 AV-54, B. 1 (ZStAP, E-1, Nr. 11158)
72 LV-233 (Selbmann)
73 AV-45, Bl. 16 (ZStAP, E-1, Nr. 3986)
74 LV-42 (Chruschtschow)

Tabelle 115
Erdöl- und Erdgasförderung 1951 bis 1959

Jahr	Bohrmeter	Finanzieller Aufwand in Mill. Mark	Fördervolumen Erdöl in t	Erdgas in Mill. m³
1951	3672	2,296	–	–
1952	11464	7,420	–	–
1953	11397	7,785	–	–
1954	16968	8,248	–	9,3
1955	19093	9,662	–	9,5
1956	25568	15,148	146	19,9
1957	46040	21,543	700	24,5
1958	75182	32,803	1500	24,7
1959	100150	45,940	1739	22,7
Gesamt	309534	150,844	4085	110,6

Quelle: LV-85, Tabellanhg., S. 12 (Fiedler)

Industrie auch der Ausbau der erdölverarbeitenden Industrie bis 1965 auf der Basis sowjetischer Erdöllieferungen beschlossen.

Die außerordentlich hohe Effektivität bei der Verarbeitung des Rohstoffes Erdöl legte die Überlegung nahe, durch ein im Rahmen des RGW zu bauendes Pipelinesystem etwa 4,8 Mill. Tonnen Erdöl vornehmlich aus den Mittelwolgagebieten der Sowjetunion direkt in das neu zu errichtende Erdölverarbeitungskombinat Schwedt zu leiten und damit die chemische Verarbeitung von 72 Mill. Tonnen Rohbraunkohle zu ersetzen.[75]

Die Planungsvorstellungen gingen von einer jährlichen Verarbeitung von 6 Mill. Tonnen Erdöl aus, durch die 45 Mill. Tonnen Braunkohlebriketts, deren Herstellung etwa 90 Mill. Tonnen Rohbraunkohle erfordert hätte, eingespart werden konnten.[76] Bei der Erzeugung chemischer Produkte auf Erdölbasis wurde eine Kostenreduzierung auf etwa 75 Prozent gegenüber der Kohlechemie erwartet.[77]

Erhebliche Vorteile ergaben sich gegenüber der Kohle auch im Transport und in der Verteilung der stofflichen Massen innerhalb der volkswirtschaftlichen Bereiche. Die hohen Gebrauchswerteigenschaften des Rohstoffes Erdöl führten zu einer absoluten Reduzierung der zu bewegenden Massen und der Aggregatzustand des Erdöls ermöglichte eine optimale Ausnutzung der Transporträume und rationelle Transporttechnologien, zum Beispiel den Transport über Pipelinesysteme.

Dieses volkswirtschaftlich wichtige Vorhaben verlangte beträchtliche Investitionen, um die materiell-technischen Produktionsbedingungen für diesen neuen Industriezweig zu schaffen.

Vorteilhaft war, daß durch die chemische Weiterverarbeitung des Eröls eine weitaus geringere Emissionsbelastung der Umwelt durch die entsprechenden Industrieanla-

75 LV-35, S. 103 (Bollerey/Sabisch/Tannhäuser)
76 LV-35, S. 298 (Bollerey/Sabisch/Tannhäuser)
77 LV-243 (Steinert)

gen auftrat, als das bei ähnlichen Prozessen der chemischen Braunkohleverarbeitung der Fall war.

Es muß in diesem Zusammenhang festgestellt werden, daß sich die volkswirtschaftlichen Überlegungen zum künftigen Einsatz des Rohstoffes Erdöl gegenüber der Braunkohle vorrangig auf den Sektor der chemischen Herstellung industrieller Stufenprodukte konzentrierten. Fragen der Energieerzeugung durch Erdöl spielten zu diesem Zeitpunkt noch keine Rolle.

Die quantitativen, und qualitativen Entwicklungsaspekte der Grundstoffchemie

Der Ausbau der Chemieindustrie und die damit im Zusammenhang stehende verfahrenstechnische Umstellung der Grundstoffchemie erfolgten erst in der zweiten Hälfte der 50er Jahre.

So waren im Rahmen des ersten Fünfjahrplanes weder unter den vorrangig zu entwickelnden 28 Schwerpunktbetrieben des Maschinenbaus Produktionsbetriebe des Chemieanlagenbaus, noch unter den 15 Schwerpunktbetrieben der Grundstoffindustrie chemische Industriebetriebe enthalten. Die Produktionssteigerung der Grundstoffchemie wurde im wesentlichen durch Erweiterungs- und Ersatzinvestitionen leistungsfähigerer Ausrüstungen in den 5 bestehenden Großbetrieben in Buna, Bitterfeld, Leuna, Böhlen und Piesteritz erzielt.

In den ersten 3 Jahren des ersten Planjahrfünfts lag der Zuwachs der Bruttoproduktion der chemischen Industrie 1953 gegenüber 1950 mit 162 Prozent nur leicht über dem durchschnittlichen Produktionszuwachs der Gesamtindustrie.[78]

Gegenüber dem Jahr 1950 nahm jedoch bis Mitte der 50er Jahre das jährliche Investitionsvolumen kontinuierlich zu, wobei die geplanten Investitionen in jedem Planjahr des ersten Fünfjahrplanes vergleichsweise um das Investitionsvolumen des Jahres 1950 überschritten wurden.[79]

Im Zeitraum von 1950 bis 1958 erhöhte sich die Bruttoproduktion der chemischen Industrie der DDR nahezu auf das 2,5fache.

Tabelle 116
Bruttoproduktion der chemischen Industrie
1950 bis 1958
(in Mrd. Mark unveränderliche Planpreise)

1950	1955	1956	1957	1958
3.568	6.864	7.428	7.993	8.777[1]

[1] einschließlich Produktion von Chemiefasern

Quelle: LV-15, S. 18 (Apel)

Dabei blieb zwischen 1950 und 1958 der Anteil der Chemieindustrie an der Bruttoproduktion der Gesamtindustrie der DDR nahezu gleich.

Ende der 50er Jahre verfügte die DDR auch im internationalen Maßstab gesehen über bedeutende Kapazitäten der Grundstoffchemie. Die DDR nahm, gemessen am

[78] LV-240, S. 600 (StJb 60/61)

[79] LV-199, S. 1091 (Protokoll 3. Parteikonferenz SED)

Tabelle 117
Anteil der Chemieindustrie an der Bruttoproduktion der Gesamtindustrie 1950 bis 1958 (in Prozent)

1950	1955	1956	1957	1958
15,3	15,3	15,6	15,6	15,4

Quelle: LV-15, S. 18 (Apel)

absoluten Produktionsvolumen chemischer Erzeugnisse, den siebenten und hinsichtlich der Chemieproduktion pro Kopf der Bevölkerung den zweiten Platz unter den Ländern der Welt ein.[80]

In den auf dem V. Parteitag der SED im Jahre 1958 gefaßten wirtschaftspolitischen Beschlüssen nahm die Entwicklung der chemischen Industrie eine besondere Stellung ein. Die Chemiekonferenz des ZK der SED und der Staatlichen Plankommission konzipierte das Chemieprogramm der DDR. Den Kern des Chemieprogramms bildeten die folgenden 3 Investitionsgroßvorhaben:

– die Errichtung des Erdölverarbeitungswerkes Schwedt in Verbindung mit der Erdölfernleitung „Freundschaft" zwischen den Mittelwolgagebieten der Sowjetunion und dem Territorium der DDR,
– die Erweiterung der chemischen Verarbeitungskapazitäten in Leuna durch die Errichtung des neuen Werkskomplexes Leuna II sowie der
– Bau des Chemiefaserkombinates in Guben.

Darüber hinaus wurden noch der Bau einer neuen Karbidfabrik im VEB Chemische Werke Buna-Schkopau sowie der Ausbau des Überseehafens Rostock für das Löschen von Tankschiffen festgelegt.

Die Projektierung des Erdölverarbeitungskombinates Schwedt war ein Beispiel für die freundschaftliche Zusammenarbeit zwischen der UdSSR und der DDR. Da es der DDR in der Petrolchemie an Erfahrungen mangelte, stellte die Sowjetunion für die Projektierung des Werkes Unterlagen zur Verfügung, so daß dieser Industriekomplex im wesentlichen nach dem Muster des Erdölverarbeitungswerkes Kuibyschew gestaltet werden konnte.

Neben dem Bau neuer Produktionsanlagen führten großzügige Rekonstruktions- bzw. Erweiterungsvorhaben in den bestehenden Chemiebetrieben zu Kapazitätserhöhungen. So wurde für die Leuna-Werke außer der Anlage zur Erzeugung von Polyäthylen die Ausweitung der Ammoniak-, Stickstoffdünger-, Phenol-, Laktam- und Formamidproduktion geplant. In den Bunawerken trat neben die Karbidproduktion auch die erweiterte Erzeugung von PVC, Kautschuk, Weichmachern und besonders von Polystyrol, Polyvinylalkohol und Polyethylen. Erhebliche Kapazitätserweiterungen waren im Elektrochemischen Kombinat Bitterfeld für die Kaliumpermanganat-, Methylenchlorid- und die Chlor- und Ätznatronerzeugung vorgesehen. Schließlich gehörte der Ausbau der Schmierölfabrik in Lützkendorf zu diesem Programm.[81]

Die ursprünglich im Siebenjahrplan vorgesehenen Investitionen für die industrielle Entwicklung der DDR beliefen sich auf 142 Mrd. Mark.[82] Die außerordentliche Zu-

[80] LV-41 (Chemiekonferenz)
[81] LV-178, S. 264 (Neumann)

spitzung der Klassenauseinandersetzungen mit dem Imperialismus Anfang der 60er Jahre, die fast totale Embargopolitik gegen die Wirtschaft der DDR und die sich daraus ergebende Notwendigkeit, von Importen aus dem kapitalistischen Wirtschaftsgebiet unabhängig zu werden, zwangen zu Abstrichen an dieser Investitionssumme, so daß am Ende des Siebenjahrplanes die tatsächlichen Investitionen in der Industrie nur 61,3 Mrd. Mark ausmachten. Davon stand knapp ein Fünftel für den Ausbau der Chemieindustrie zur Verfügung.[83]

Der Grundmittelbestand je Beschäftigten war in der chemischen Industrie zwischen 1955 und 1960 um 3,1 Prozent gestiegen, während sein durchschnittlicher Zuwachs in der Gesamtindustrie in diesem Zeitraum 11,3 Prozent betragen hatte.[84] Dafür gab es verschiedene Ursachen.

Eine Ursache bestand darin, daß die im Rahmen des Chemieprogramms begonnenen Investitionen zu Beginn der 60er Jahre zum überwiegenden Teil noch nicht voll produktionswirksam waren. Das lag vor allem daran, daß die kontinuierlichen Verfahrensprozesse der Petrolchemie die Inbetriebnahme von einzelnen Teilobjekten und Produktionsstufen nur in einem sehr begrenzten Maße zuließen. Volkswirtschaftlich war damit das Problem verbunden, daß in der chemischen Industrie, noch mehr als in vergleichbaren Industriebereichen, ein hoher Investitionsfond über Jahre akkumuliert werden mußte, ohne daraus kontinuierlich von Anfang an volkswirtschaftliche Effektivität schöpfen zu können, d. h. Aufwand und Ergebnis waren in den einzelnen Jahresplänen nicht zu erfassen.

Die Aufnahme petrolchemischer Produktionsprogramme war im wesentlichen von der kontinuierlichen Versorgung mit Rohöl über die Erdölfernleitung „Freundschaft“ abhängig, die als erstes auf multilateraler Ebene zu realisierendes Investitionsobjekt des RGW auch den Aufbau der Petrolchemie in der VR Polen, der ČSSR und der Ungarischen Volksrepublik sichern sollte. Beim Bau der Pipeline stellte die DDR allein für 1027 Kilometer die erforderlichen Großrohre zur Verfügung, die größtenteils vom VEB Rohrleitungsbau Bitterfeld produziert wurden und einem Volumen von 105,5 Tausen Tonnen Großrohren entsprachen. Aus der erforderlichen Güte der Rohre und der zu produzierenden Menge ergaben sich neuartige technologische Anforderungen für diesen Betrieb.

Allein für den Bau der Trasse mußte ein Investitionsvolumen von annähernd einer dreiviertel Mrd. Mark aufgewandt werden. Die DDR übernahm auch über 70 Prozent der Kosten für das Füllen des Rohrleitungssystems. Das entsprach nahezu einer Mill. Kubikmeter Erdöl, die ständig in der Leitung verbleiben.[85]

Der mit der Realisierung des Chemieprogramms verbundene Prozeß von beachtlicher Kapazitätserweiterung und komplexer sozialistischer Rationalisierung eines ganzen Volkswirtschaftsbereiches war ein Novum in der wirtschaftlichen Entwicklung der DDR. Dieser Prozeß vollzog sich unter außerordentlich komplizierten außen- und innenpolitischen Bedingungen, die in starkem Maße die ökonomische Entwicklung der DDR beeinflußten. Hatte der Zuwachs am Nationaleinkommen im Jahre 1959 gegenüber dem Vorjahr noch 8,7 Prozent betragen, so sank er jeweils zum Vorjahr 1960 auf

82 AV-83, Bl. 236 (ZStAP, E-1, Nr. 14102)
83 LV-18, S. 18ff. (Baar)
84 LV-240, S. 49 (StJb 74)
85 AV-24, Bl. 79ff. (ZStAP, E-1, Nr. 776)

4,1 Prozent, 1961 auf 1,6 Prozent und stieg auch nach der Sicherung der Staatsgrenze 1962 nur langsam auf 2,7 Prozent und 1963 auf 3,5 Prozent.[86]

Mit dem größten Investitionsobjekt des Chemieprogramms, dem Bau des Erdölverarbeitungswerkes Schwedt, wurde im Mai 1959 begonnen. Die Baustelle übernahm die FDJ als Jugendobjekt. Die Produktionsaufnahme war für 1963 geplant.[87] Dieses Ziel konnte nicht erreicht werden.

Die außerordentliche volkswirtschaftliche Effektivität der neuen Produktionskapazitäten stand dabei allerdings außer Frage. Walter Ulbricht betonte: „Das hohe Niveau der Arbeitsproduktivität im Erdölverarbeitungswerk Schwedt kommt in der Pro-Kopf-Produktion von 550 Tausend Mark in der ersten Ausbaustufe 1965 und von 800 Tausend Mark in der zweiten Ausbaustufe 1968 zum Ausdruck.“[88]

Die hohe Effektivität von Investitionen in der chemischen Industrie zeigte sich auch darin, daß in der zweiten Hälfte der 50er Jahre mit einer Mark Investition ein Zuwachs von 0,75 Mark Bruttoproduktion erreicht wurde. Damit lag die Chemieindustrie an der Spitze aller Bereiche der Grundstoffindustrie.[89]

Eine zweite Ursache für den geringen Zuwachs der Grundmittelausstattung pro Beschäftigten in der chemischen Industrie der zweiten Hälfte der 50er Jahre bestand darin, daß die mit der Petrolchemie verbundenen Prozeßtechnologien, wie beispielsweise für die Herstellung von Thermo- und Duroplasten, Chemiefasern und -seiden sowie anderer Zwischenprodukte notwendigerweise das wissenschaftlich-technische Personal anwachsen ließen. In der zweiten Hälfte der 50er Jahre stieg die Zahl der Beschäftigten in der chemischen Industrie um annähernd 31000 Personen an.[90]

Obwohl die Entwicklung des Bestandes an Grundmitteln pro Produktionsarbeiter 1960 nahezu um ein Viertel höher war als 1956, lag dieser Wert erheblich unter dem Durchschnitt der gesamten Grundstoffindustrie (Steigerung um 43,7 Prozent) und sogar noch unter dem Zuwachs der Grundmittelausstattung pro Produktionsarbeiter in der Leichtindustrie (Steigerung um 26 Prozent).[91]

Zusammenfassend kann die Entwicklung der chemischen Industrie im betrachteten Zeitraum wie folgt charakterisiert werden. Vom Beginn der 50er Jahre bis 1958 wurden die Produktionssteigerungen in der chemischen Industrie auf der Grundlage der Kohlechemie vor allem durch die Erneuerung und Erweiterung bestehender Fertigungskapazitäten erreicht. Dabei mußten teilweise 30 bis 40 Jahre alte Ausrüstungen ersetzt werden.[92] Damit gelang es zugleich, das technologische Niveau anzuheben, das allerdings Ende der 50er Jahre hinsichtlich des Produktionsverbrauchs und des Produktionsumfangs die Grenzen einer an den Erfordernissen der Volkswirtschaft zu messenden Produktionseffektivität erreichte.

Im Gefolge des Chemieprogramms wurde zunächst die Produktion jener chemischen Erzeugnisse entscheidend erhöht, für die bereits bedeutende Produktionsanlagen vorhanden waren und die umfassend rekonstruiert und erweitert wurden. Aus der Tabelle

86 LV-240, S. 17 (StJb 65); LV-240, S. 13 (StJb 75)
87 LV-47, S. 333 (Werden und Wachsen)
88 LV-263, S. 53 (Ulbricht)
89 AV-81, Be. 32 (ZStAP, E-1, Br. 14094)
90 LV-240, S. 346ff. (StJb 60/61)
91 LV-241, S. 300 (Statistische Praxis 12/62)
92 LV-262, S. 599 (Ulbricht)

118 zur Produktionsentwicklung eines ausgewählten chemischen Produktionssortiments wird ersichtlich, daß dabei bis zum Beginn der 60er Jahre bedeutende Ergebnisse erreicht werden konnten.

Tabelle 118
Produktion wichtiger Erzeugnisse der chemischen Industrie 1955 bis 1965 (in 1000 t)

Erzeugnisse	1955	1960	Zuwachs 1960 zu 55 in Prozent	1965	Zuwachs 1965 zu 60 in Prozent
Schwefelsäure	592	730	23,3	985	34,9
Kalzinierte Soda	458	594	29,7	745	25,4
Natriumhydroxid	257	327	27,2	364	11,3
Stickstoffdüngemittel	293	334	14,0	348	4,2
Phosphatdüngemittel	85	166	95,3	232	39,8
Plaste und synthetische Harze	72	115	59,7	219	90,4
Chemische Faserstoffe	132	156	18,2	173	10,8
darunter:					
Synthetische Faserstoffe	3,4	7,8	129,4	19,0	143,6
Benzin	895	1080	20,7	1604	48,5
Schmieröle	149	218	46,3	285	30,7
Methanol	59570	73392	23,2	114404	55,9
Synthetischer Kautschuk	72226	86765	20,1	94780	9,2

Quelle: LV-240, Anhg. I, S. 10f. u. Anhg. II, S. 47ff. (StJb 75)

Bei chemischen Produkten, deren Grundlage die Petrolchemie bildete, konnte zwar überproportionales Produktionswachstum mit einer hohen Produktionseffektivität gekoppelt werden. Die dafür geschaffenen Produktionskapazitäten wurden allerdings im wesentlichen erst Mitte der 60er Jahre und später volkswirtschaftlich voll wirksam.

b) *Der Maschinen- und Anlagenbau: Quelle wachsender technischer Zusammensetzung der industriellen Produktionsprozesse*

Kapazitäts- und Effektivitätswachstum des Maschinen- und Anlagenbaus

Mit dem Beginn der planmäßig proportionalen Gestaltung der Industrie als Kernprozeß der Herausbildung der materiell-technischen Basis des Sozialismus kam der Entwicklung des Maschinen- und Anlagenbaus eine Schlüsselstellung in der Volkswirtschaft der DDR zu.

Karl Marx wies immer wieder auf die fundamentale Bedeutung des Niveaus der

Produktionstechnik für den gesellschaftlichen Fortschritt hin, indem er betonte: „Die Arbeitsmittel sind nicht nur Gradmesser der Entwicklung der menschlichen Arbeitskraft, sondern auch Anzeiger der gesellschaftlichen Verhältnisse, worin gearbeitet wird“[93] und er hob an anderer Stelle hervor: „Die gesellschaftlichen Verhältnisse, worin die Individuen produzieren, die gesellschaftlichen Produktionsverhältnisse ändern sich also, verwandeln sich mit der Veränderung und Entwicklung der materiellen Produktionsmittel . . .“.[94]

Eine grundlegende Erfahrung des sozialistischen Aufbaus besteht darin, daß das Verschmelzen der Gesamtheit materiell-technischer Produktionsbedingungen mit dem durch sie beeinflußten sozialökonomischen Inhalt der Produktionsverhältnisse die entscheidende Bewegungsform der gesellschaftlichen Produktivkräfte bildet. Wir verbinden heute mit diesen Erkenntnissen die grundsätzlichen Wesenszüge des Begriffs der materiell-technischen Basis als gesellschaftliche Kategorie.[95]

Mit dem Übergang zur mittelfristigen Wirtschaftsplanung am Beginn der 50er Jahre wurde die überproportionale Entwicklung und strukturelle Vervollkommnung des Maschinen- und Anlagenbaus zu einem Schwerpunkt in der Wirtschaftsstrategie der SED. Bei der Herausbildung einer leistungsfähigen sozialistischen Volkswirtschaft hatte der Maschinen- und Anlagenbau drei Grundfunktionen zu erfüllen:

1. Er mußte seine Produktionssortimente auf die volkswirtschaftlichen Entwicklungserfordernisse und die damit im Zusammenhang stehende Schließung von Lücken in den Kapazitäten der Produktionsmittel herstellenden Industriezweige, insbesondere für den schwerindustriellen Sektor ausrichten.

2. Von ihm wurde die Schaffung einer neuen Generation von Produktionsmitteln zur schnellen Steigerung der Produktivität und Effektivität der gesellschaftlichen Arbeit bei gleichzeitiger Gestaltung von Bedingungen, die eine wachsende Anwendung von Methoden der sozialistischen Arbeitsgestaltung, -normung und -klassifizierung ermöglichten, erwartet.

3. Nicht zuletzt hatte der Maschinen- und Anlagenbau weltstandsgerechte Produktionsmittel, die über die quantitativen und qualitativen Anforderungen des eigenen volkswirtschaftlichen Bedarfs hinaus die Hauptstütze des Exportes bilden konnten, zu entwickeln und in ausreichendem Umfang zu produzieren. Dabei waren zwei Aspekte besonders zu beachten, die vor allem für die Entwicklung und Vertiefung der ökonomischen Zusammenarbeit mit den Ländern der sozialistischen Gemeinschaft von vorrangiger ökonomischer und politischer Bedeutung waren. Zum einen galt es, mit Maschinen- und Anlagenexporten in den industriell schwach entwickelten Volksdemokratien zu einer schnellstmöglichen Entwicklung der materiell-technischen Basis des Sozialismus beizutragen, zum anderen waren diese Exporte das maßgebliche Äquivalent für die erforderliche stoffliche Versorgung der stark auf verarbeitende Bereiche orientierten Industrie der rohstoffarmen DDR.

Eine der tragenden Säulen der Investitionstätigkeit des ersten Fünfjahrplanes war deshalb die vorrangige Entwicklung des Schwermaschinenbaus, insbesondere der Produktionskapazitäten für den Bau schwerer Werkzeugmaschinen. Derartige Maschinen waren für die Metallurgie, für die Kohleindustrie und die energieerzeugende

[93] LV-156, S. 194f. (MEW 23)
[94] LV-155, S. 407f. (MEW 6)
[95] LV-289, S. XII (Wießner)

Industrie außerordentlich wichtig. Sie bildeten die entscheidenden Produktionsmittel, um die erforderlichen Ausrüstungen für diese Bereiche herzustellen. Den Feststellungen des III. Parteitages der SED im Jahre 1950 zur vorrangigen Entwicklung des Schwermaschinenbaus folgend, wurden in einem Beschluß zur Sicherstellung der Durchführung des Fünfjahrplanes auf dem Gebiet des Bergbaus, der Metallurgie und der Energieversorgung zunächst 24 Schwerpunktbetriebe festgelegt, die in relativ kurzer Zeit zu leistungsfähigen Zentren im Bereich des Maschinen- und Anlagenbaus zu entwickeln waren. Im März 1951 wurde die Anzahl dieser Schwerpunktbetriebe auf insgesamt 28 erhöht. Unter den Betrieben befanden sich 18 Finalproduzenten des Werkzeug- und Schwermaschinenbaus, davon 7 Werkzeugmaschinenbaubetriebe, und außerdem 4 Zulieferbetriebe für maschinenbautypische Normteile.[96]

Bruno Leuschner zeichnete in seiner Rede zur Begründung des ersten Fünfjahrplanes im Jahre 1951 vor der Länderkammer der DDR die Schritte zur stufenweisen Ausweitung der Produktionskapazitäten des Maschinen- und Anlagenbaus wie folgt vor: „Dem Maschinenbau ist im Fünfjahrplan die Aufgabe gestellt, den Schwermaschinenbau so zu entwickeln, daß er die entscheidende Grundlage für die Erweiterung der Grundstoffindustrie und darüber hinaus der gesamten Volkswirtschaft bildet. Für die Jahre 1951 und 1952 tritt für den Maschinenbau besonders die Produktion von schweren und schwersten Werkzeugmaschinen für die eigenen Investitionen in den Vordergrund, im Jahre 1952 und 1953 die Produktion von Bergbauausrüstungen, metallurgischen Ausrüstungen und Ausrüstungen für die Energie. In den Jahren 1953 bis 1955 steht im Mittelpunkt die Produktion von Ausrüstungen für die chemische Industrie."[97]

Schon 1951 uns 1952 wurden 80116 Mill. Mark im Werkzeugmaschinenbau investiert[98], darunter auch erhebliche Bauinvestitionen im VEB Werkzeugmaschinenfabrik Aschersleben, VEB Großdrehmaschinenbau „8. Mai", VEB Werkzeugmaschinenfabrik „Fritz Heckert", VEB Zahnschneidemaschinenfabrik „Modul" in Karl-Marx-Stadt, VEB Großdrehmaschinenbau „7. Oktober" Berlin, VEB Feinstmaschinenbau Dresden, VEB Maschinenfabrik „John Schehr" Meuselwitz sowie im VEB Werkzeugmaschinenfabrik „Union" Gera, besonders zur erweiterten Produktion von Langhobelmaschinen, Portalfräs- und -schleifmaschinen, Horizontalbohrwerken, Koordi-

96 LV-145, S. 25 (Lang)
Die 28 Schwerpunktbetriebe des Maschinenbaus im Rahmen des ersten Fünfjahrplanes 1951 bis 1955 waren: VEB Schwermaschinenbau „Heinrich Rauh" Wildau, VEB Maschinenfabrik „John Scheer" Meuselwitz, VEB Werkzeugmaschinenfabrik Union Gera, VEB Großdrehmaschinenfabrik 7. Oktober" Berlin, VEB Großdrehmaschinenbau „8. Mai" Karl-Marx-Stadt, VEB Werkzeugmaschinenfabrik Aschersleben, VEB Fräsmaschinenwerk „Fritz Heckert" Karl-Marx-Stadt, VEB Zahnschneidemaschinenfabrik Modul Karl-Marx-Stadt, VEB Wälzlagerfabrik Berlin, VEB Wälzlagerfabrik Fraureuth, VEB Wälzlagerfabrik Ronneburg, VEB Bergmann-Borsig Berlin, VEB Görlitzer Maschinenbau, VEB Dampfkesselbau Meerane, VEB Dampfkesselbau Hohenthurm, VEB ABUS Nordhausen, VEB ABUS Kranbau Eberswalde, VEB Maschinenfabrik und Eisengießerei Dessau, VEB ABUS Förderanlagenbau Köthen, VEB Förderanlagenbau Leipzig, VEB Transformatoren- und Röntgenwerk Dresden, VEB LEW Hennigsdorf, VEB Elektromotorenwerk Dessau, VEBTransformatorenwerk „Karl Liebknecht" Berlin, VEB Schraubenfabrik Finsterwalde und die drei Hochseewerften der DDR.

97 Zitiert in: LV-294, S. 47 (Woick)

98 LV-294, S. 91 (Woick)

natenbohrwerken, Zahnradwälzfräsmaschinen sowie Plan-Karussell- und Walzendrehmaschinen für den Bau von Ausrüstungen für die Energieerzeugung, den Bergbau und die metallurgische Industrie.[99]

In Rechnung gestellt, daß sich im Verlauf des ersten Fünfjahrplanes das Erzeugnisprofil des Werkzeugmaschinenbaus zugunsten schwerer und daimt aufwendiger Maschinen veränderte, so weisen die folgenden Kennziffern darauf hin, daß im Werkzeugmaschinenbau ebenfalls investitionsseitig erhebliche Vorleistungen notwendig waren, die in den ersten Planjahren der 50er Jahre nicht sogleich einen proportionalen Anstieg des Produktionsvolumens ermöglichten. Diese Wirkungen waren noch im Jahre 1955 erkennbar (vgl. Tabelle 119).

Tabelle 119
Wachstumsraten in der metallverarbeitenden Industrie 1950 bis 1955 (1950 = 100)

Industrielle Bruttoproduktion der metallverarbeitenden Industrie	215,0
Entwicklung des Anlagenfonds des zentralgeleiteten volkseigenen Maschinenbaus	251,5
Umfang produzierter spanender Werkzeugmaschinen (Stück)	125,9

Quellen: Zusammengestellt aus LV-240, S. 600 (StJb 60–61); LV-11, S. 262 (Arnold, Borchert, Schmidt); LV-240, Anhg. I, S. 6 (StJb 65)

Die dargestellte Situation spiegelte sich nicht zuletzt auch in der starken Überalterung des Werkzeugmaschinenbestandes in wichtigen Zweigen der sozialistischen Industrie unseres Landes 1955 wider.

Praktisch war Mitte der 50er Jahre in den meisten Industriezweigen etwa ein Drittel der produktiven Grundfonds bereits abgeschrieben und damit aussonderungswürdig.

Der Zuwachs in der Herstellung von Produktionsmitteln war im Verlauf des ersten Fünfjahrplanes relativ hoch. Trotzdem waren bei der Fertigung von Produktionsmitteln von 1951 bis 1955 die jährlichen Zuwachsraten rückläufig. Betrug die Zuwachsrate 1951 noch 3,35 Mrd. Mark, so lag sie im Jahre 1954 mit 2,39 Mrd. Mark bereits etwa eine Mrd. Mark darunter.[100]

Die Investitionen im Maschinenbau konzentrierten sich in der ersten Hälfte der 50er Jahre fast ausschließlich auf den Ausbau der 28 Schwerpunktbetriebe. Die übrigen Industriebetriebe des Maschinenbaus mußten ihre Leistungssteigerung hauptsächlich auf die gegebenen Potenzen gründen. Das brachte vor allem in der Zulieferindustrie Probleme. So konnte in der ersten Hälfte der 50er Jahre der Bedarf an Normteilen für die Industrie nur zu etwa 50 Prozent gedeckt werden.[101]

Erschwert wurde die Situation auch dadurch, daß die jährlichen Investitionssummen für den Auf- und Ausbau der Schwerpunktbetriebe beträchtlich über den im Gesetz

[99] LV-124, S. 136 (Industrie)
[100] LV-294, S. 82 (Woick)
[101] AV-60, Bl. 6 (ZStAP, E-1, Nr. 11983)

Tabelle 120
Werkzeugmaschinenbestand mit einer Nutzungsdauer von über 10 Jahren in den Industriezweigen des Ministeriums für Schwermaschinenbau per 31. 12. 1955

Industriezweig	Gesamtbestand in Stück	dav. über 10 Jahre	Anteil am Gesamtbestand in Prozent
Ausrüstungen für die Metallurgie und den Schwermaschinenbau	4152	1273	30,7
Förderanlagen und Stahlbau	2965	912	30,8
Ausrüstungen für Chemie und Bau	2325	834	35,9
Textilmaschinenbau	5207	387	7,4
Polygrafischer Maschinenbau	2070	779	37,6
Nahrungs- u. Genußmittel- und Verpackungsmaschinenbau	2325	914	39,3
Schiffbau	1966	660	33,6
Kraft- und Arbeitsmaschinenbau	3600	1254	34,8
Energiemaschinenbau	2655	533	20,1
Elektrotechnik	5411	1766	32,6
Kabel und technische Keramik	2500	1163	46,5
Werkzeugmaschinenbau	8343	2796	33,5

Quelle: AV-84, Bl. 21 (ZStAP, E-1, Nr. 14103)

des Fünfjahrplanes vorgesehenen lagen und damit insgesamt die geplanten Investitionen für den Maschinenbau überschritten (vgl. Tabellen 121 und 122).

Tabelle 121
Investitionen für die Schwerpunktbetriebe des Maschinenbaus (Hauptanlagen) 1951 bis 1955 (in Mill. Mark)

Jahr	Plan	Ist
1951	140,9	168,4
1952	163,1	208,9
1953	106,3	127,3
1954	42,4	21,0
1955	16,1	17,8

Quelle: AV-60, Bl. 6 (ZStAP, E-1, Nr. 11983)

Tabelle 122
Investitionen im Maschinenbau (Hauptanlagen) 1951 bis 1955 (in Mill. Mark)

Jahr	Plan	Ist
1951	293,0	300,1
1952	291,1	386,0
1953	279,5	362,3
1954	223,3	133,4
1955	189,0	159,4

Quelle: AV-60, Bl. 7 (ZStAP, E-1, Nr. 11983)

Die außerordentlich hohen Investitionsaufwendungen in den Jahren 1951 bis 1953 führten 1954 zu einer Reduzierung der Investitionen für den Maschinenbau um annähernd 90 Mill. Mark. Aus Tabelle 121 ist ersichtlich, daß im Jahre 1954 auch die geplanten Investitionen für die 25 Schwerpunktbetriebe des Maschinenbaus (die drei Hochseewerften bleiben hier außer Betracht) um etwa die Hälfte reduziert wurden.

Dafür gab es im wesentlichen zwei Ursachen. Erstens waren die materielle Sicherung der Investitionen und die termingerechte Inbetriebnahme der neugeschaffenen Fertigungskapazitäten gefährdet, weil der einschlägige Maschinenbau nicht in der Lage war, die notwendigen Produktionsanlagen, die in einem arbeitsteiligen Prozeß, an dem eine Vielzahl von Betrieben teilnahmen, rechtzeitig zu liefern. Das war zunehmend darin begründet, daß deren Hauptanlagen selbst bis zur Mitte der 50er Jahre moralisch und physisch verschlissen waren. Das belegen die folgenden Angaben über den Verschleißfaktor. Er betrug im Jahre 1955 ohne die ehemaligen SAG-Betriebe 45,6 Prozent.[102] Über dem Durchschnitt lagen folgende Zweige:

	Verschleißfaktor in Prozent
Kabel- und Apparatebau	61,2
Textil- und polygrafischer Maschinenbau	55,5
Chemischer Apparatebau und Nahrungs- und Genußmittelmaschinen	54,5
Metallwaren- und Normteilindustrie	54,5
Landmaschinenbau	53,5

Die Konzentration der Produktion des Maschinenbaus auf die Ausrüstung der Schwerpunktbetriebe führte darüber hinaus auch zu einer Verschlechterung der Produktionsbedingungen in anderen Zweigen der metallverarbeitenden Industrie. So hatten beispielsweise die ca. 2000 Werkzeugmaschinen im Automobilwerk Eisenach 1955 ein Durchschnittsalter von 17 Jahren.[103]

102 AV-60, Bl. 7 (ZStAP, E-1, Nr. 11983)
103 AV-60, Bl. 7f. (ZStAP, E-1, Nr. 11983)

Im Maschinenbau ergab im Oktober 1955 eine Erhebung zur Altersstruktur der eingesetzten Werkzeugmaschinen folgenden Stand:

	Werkzeugmaschinenbestand (Anteil in Prozent)	
	spanlos	spanend
bis 5 Jahre	14,2	14,9
von 5 bis 10 Jahre	16,3	12,0
von 10 bis 20 Jahre	29,2	36,8
über 20 Jahre	40,3	36,3

Ende des ersten Fünfjahrplanes wurde im Bereich des Ministeriums für Maschinenbau eingeschätzt, daß im Verlauf des zweiten Fünfjahrplanes etwa 19800 Maschinen verschrottet und durch neue Ausrüstungen ersetzt werden müßten.[104]

Auch in den übrige Zweigen der Metallverarbeitung erfolgte eine Konzentration der verfügbaren Investitionsmittel auf ausgewählte Objekte. Das führte dazu, daß vor allem die Belieferung des Maschinenbaus mit Halbfabrikaten und Zwischenprodukten nicht im vollem Umfang gesichert war. Im Industriezweig Elektrotechnik, einem der Hauptlieferzweige des Maschinenbaus, wurde lediglich in 4 Großbetriebe in Berlin, Dessau, Dresden und Hennigsdorf investiert.[105] Die vom Maschinenbau geforderte Sortimentsbreite vermochte dieser Zweig nicht in vollem Umfang anzubieten.

All das beeinträchtigte das Wachstumstempo des Maschinenbaus und begrenzte nicht zuletzt die Möglichkeiten der Investitionstätigkeit insgesamt.

Eine zweite Ursache, die die geplanten Investitionen bei den Schwerpunktbetrieben reduzierte, war, daß der Investitionsbedarf für die im Verlauf des ersten Fünfjahrplanes an die DDR übergebenen SAG-Betriebe nicht im Investitionsplan für die Jahre 1951 bis 1955 enthalten war, sondern noch hinzu kam.

Allein die Ersatzinvestitionen für die Aufrechterhaltung der im allgemeinen sehr guten Produktionsbedingungen dieser Betriebe verlangten erhebliche Mittel. Die übergebenen Betriebe, wie das Thälmann-Werk und das Karl-Marx-Werk in Magdeburg, oder Bleichert in Leipzig, später VEB Verlade- und Transportanlagenbau Leipzig, gehörten zu den größten Produktionsstätten im Maschinenbau.[106] Unter sowjetischer Leitung war die Belegschaftsstärke der Firma Bleichert in Leipzig um mehr als das 4,5fache angewachsen, die Produktionsfläche hatte um mehr als das 3fache zugenommen und das Produktionsvolumen war auf etwa das 10fache angestiegen.[107]

Zur allgemeinen Charakterisierung des Investitionsgeschehens im Verlauf des ersten Fünfjahrplanes ist nachzutragen, daß der Mechanisierung und Automatisierung des Produktionsprozesses noch wenig Aufmerksamkeit geschenkt wurde.

Nur etwa 3 Prozent der Investitionen des Ministeriumsbereiches Maschinenbau wurden in der ersten Hälfte der 50er Jahre für die Modernisierung der vorhandenen Ausrüstungen aufgewandt.[108]

[104] AV-69, Bl. 31 (ZStAP, E-1, Nr. 13882)
[105] AV-60, Bl. 6 (ZStAP, E-1, Nr. 11983)
[106] AV-60, Bl. 7 (ZStAP, E-1, Nr. 11983)
[107] LV-22, S. 103 (Barthel)
[108] AV-69, Bl. 31 (ZStAP, E-1, Nr. 13882)

Die Folge davon war, daß die Arbeitsproduktivität im Maschinenbau von 1951 bis 1955 nicht wie geplant auf 183 Prozent, sondern nur auf 142,4 Prozent gesteigert werden konnte.[109]

Desweiteren verschlechterte sich das relative Verhältnis von Produktionsvolumen und Produktionsfläche. Der Anteil der Bauinvestitionen an den Gesamtinvestitionen stieg weiter an.

Während die Entwicklung der Anlagenfonds im Maschinenbau im Jahre 1953 noch der durchschnittlichen Wachstumsrate der gesamten Industrie entsprach, lag sie 1955 annähernd 8 Prozent unter diesem Wert. Das wirkte sich auf den Prozeß der sozialistischen Rekonstruktion und Rationalisierung in diesem Bereich in der zweiten Hälfte der 50er Jahre und auf die gesamte Industrie, deren Fondsausstattung vornehmlich von den Erzeugnissen des Maschinenbaus abhängig war, aus.

Das betraf besonders die Instandhaltung und schrittweise Rekonstruktion des von 1950 bis 1955 über das Dreifache gestiegenen Anlagenfonds der Schwerindustrie sowie die proportionale Entwicklung der Leicht- und Nahrungsgüterindustrie, die in der ersten Hälfte der 50er Jahre erheblich unter dem Durchschnitt der Industrie lag.

Aus der Sicht der Verwendung der finanziellen Mittel in der zentralgeleiteten volkseigenen Industrie in den Jahren von 1951 bis 1955 ergibt sich, daß die fast ausschließliche Konzentration der Ersatz- und Neuinvestitionen auf die Schwerindustrie die Aufwendungen für die Generalreparaturen überproportional ansteigen ließ. Die einzelnen Kostenkomplexe wuchsen in dem betrachteten Zeitraum wie folgt an:

– Amortisationen auf	294,3 Prozent,
– Generalreparaturen auf	372,6 Prozent,
– Ersatzinvestitionen auf	257,6 Prozent,
– Neuinvestitionen auf	121,8 Prozent.[110]

Es wird deutlich, daß die Reproduktionskraft der Volkswirtschaft im erheblichen Maße zum Auf- und Ausbau der Schwerindustrie eingesetzt wurde. In den übrigen Bereichen der Industrie mußten zunehmend verschlissene Produktionsausrüstungen aufgearbeitet werden, weil der Ersatzfond nicht ausreichte.

Das führte in der Periode einer umfassenden Rekonstruktion des industriellen Produktionsapparates, wie sie mit dem Beschluß des Ministerrates vom 21. Juli 1955 zur Förderung des wissenschaftlich-technischen Fortschritts und den Beschlüssen der 25. Tagung des ZK der SED vom 24. bis 27. Oktober 1955 eingeleitet wurde, dazu, daß die notwendige Steigerung der Arbeitsproduktivität die Zunahme von Ersatzinvestitionen mit erweiterten Gebrauchseigenschaften erforderte. Die daraus resultierenden erheblichen Amortisationen ließen die Produktionsselbstkosten ansteigen. Das war besonders dann problematisch, wenn im Rahmen von Rekonstruktions- oder Rationalisierungsmaßnahmen eine zu großen Teilen abgeschriebene Produktionstechnik durch neue, leistungsfähigere Maschinen und Anlagen ersetzt werden mußte. Auf der einen Seite erforderte das Leistungswachstum den Einsatz der neuen Technik. Auf der anderen Seite waren die aus solchen Maßnahmen resultierenden erhöhten Amortisationen oftmals schwerlich durch den damit erzielten Effektivitätsgewinn ökonomisch zu begründen, da die eingesetzte Technik in den meisten Fällen keine grundsätzlich neue technologische Konzeption ermöglichte.

109 AV-60, Bl. 8 (ZStAP, E-1, Nr. 11983)
110 LV-146, S. 114 (Lange)

Die im April 1955 abgehaltene 23. Tagung des ZK der SED orientierte darauf, alle Investitionsvorhaben auf die neue Technik zu gründen. Das bedeutete, den Produktionsprozeß auf erweiterter Stufenleiter unter wirksameren Produktionsbedingungen durchzuführen.[111] Walter Ulbricht sagte hierzu: „Die planmäßige Vergrößerung des Produktionsapparates, die Vervollkommnung der Technik, der Ersatz der alten und überholten Technik durch eine neue und der neuen durch die neueste, das ist die prinzipielle Einstellung, die wir zur Frage der Wissenschaft und der Technik unter den Bedingungen unserer Ordnung einnehmen müssen."[112]

Der Maschinenbau hatte nun zwei Aufgaben gleichermaßen zu lösen. Er mußte Erzeugnisse produzieren, die den Bedarf der Volkswirtschaft an weltstandsgerechter Produktionstechnik befriedigten und die den Erfordernissen des eigenen Effektivitätswachstums gerecht wurden. Zugleich hatte dieser Zweig an einem großen Teil die spezifischen Ausrüstungen für die beiden großen Industrieprogramme zu liefern. Damit waren vielfach Kleinserienproduktion, Einzelanfertigungen und das Eingehen auf spezielle technologische Anforderungen verbunden.

Die Lösung dieser beiden Aufgaben war für die intensiv erweiterte Reproduktion der gesamten Volkswirtschaft notwendig. Sie entsprach aber im Falle des jeweiligen Maschinenbaubetriebes nur selten den Erfordernissen einer effektivitätsfördernden Erzeugnisprofilierung. Darum nahm 1956 und 1957 die Anzahl der als Verlustbetriebe geplanten Produktionsstätten des Maschinenbaus um über 30 Prozent zu. Erst ab 1958 ging die Anzahl dieser Betriebe wieder erheblich zurück.[113] (Vgl. Tabelle 113.)

Trotz der vielfältigen Probleme, die im Maschinen- und Anlagenbau der DDR zu

Tabelle 123
Bestand an Grundmitteln pro Produktionsarbeiter in der Industrie 1956 bis 1961 (1956 = 100)

Industriezweig	1957	1958	1959	1960	1961
Industrie gesamt	105,9	115,1	124,0	139,6	156,5
Grundstoffindustrie	106,6	116,7	128,3	143,7	159,7
darunter:					
Energieindustrie		124,9	137,2	142,1	153,1
Bergbau	110,3	127,0	144,8	181,9	205,1
Chemieindustrie	103,9	108,8	114,4	124,0	136,7
Metallverarbeitende Industrie	107,7	116,9	123,7	136,9	164,3
darunter:					
Elektrotechnik	103,5	110,1	118,0	133,6	155,8
Leichtindustrie	106,8	115,7	122,9	126,0	153,2
Nahrungsgüter-industrie	104,3	105,3	107,7	114,8	122,5

Quelle: LV-284, S. 299 (Produktionsverhältnisse)

111 LV-157, S. 172 (MEW 24)
112 LV-177 (ND 19. 4. 55)
113 AV-23, Bl. 93 (ZStAP, E-1, Nr. 676)

bewältigen waren, vermochte es dieser Industriezweig, in der zweiten Hälfte der 50er Jahre und am Beginn der 60er Jahre für die zunehmende Ausstattung der volkseigenen Industrie mit Grundfonds, die eine neue Generation von Maschinen und Anlagen repräsentierten, zu sorgen.

Die Erzeugnispalette des Maschinen- und Anlagenbaus war einerseits unmittelbares Ergebnis der wissenschaftlich-technischen Arbeit im Zweig und ermöglichte andererseits, den wissenschaftlich-technischen Fortschritt in den Betrieben, die diese Ausrüstungen nutzten, zu fördern. Mit seinem Wirken auf wissenschaftlich-technischem Gebiet wurde der Maschinen- und Anlagenbau qualitativen Faktoren des Wirtschaftswachstums gerecht.

Betrachtet man die volkswirtschaftliche Rolle des Maschinen- und Anlagenbaus, den Bau von Straßen-, Schienen- und Wasserfahrzeugen eingeschlossen, im untersuchten Zeitraum, dann lassen sich drei Aufgabenfelder nennen, auf die der Maschinen- und Anlagenbau maßgeblichen Einfluß ausübte und die aber auch seine eigene Entwicklung beeinflußten.

Erstens bildete er die entscheidende Quelle des erforderlichen materiell-technischen Potentials für den Aufbau und die weitere Vervollkommnung einer an den volkswirtschaftlichen Bedürfnissen der DDR ausgerichteten geschlossenen Industriestruktur.

Zur Vervollkommnung der gegebenen Industriekapazitäten richtete sich das Augenmerk der Forschung und Entwicklung vor allem auf jene technischen Komplexe, die qualitative Veränderungen versprachen und so für das künftige Wirtschaftswachstum und die Effizienz der gesellschaftlichen Produktion Schlüsselpositionen einnehmen konnten.

Das heißt, volkswirtschaftlich waren neben dem Ersatz von Produktionsausrüstungen und der Schließung noch bestehender technologischer Lücken in spezifischen Fertigungsprozessen der Industrie, für welche ab Mitte der 50er Jahre zunehmend eine neue Generation von Produktionsinstrumenten auf der Grundlage bekannter und bewährter Konstruktionsprinzipien zum Einsatz kam, gleichfalls die fertigungstechnischen Bedingungen für neue Entwicklungslinien des wissenschaftlich-technischen Fortschritts zu schaffen. Das betraf in dieser Zeit, in der sich die neuen Richtungen der wissenschaftlich-technischen Entwicklung auch in der Industrie der DDR abzuzeichnen begannen, vor allem jene Komplexe innerhalb der Produktivkräfte, von denen einerseits gravierende Einflüsse auf das künftige Niveau der Produktionstechnik ausgingen und deren Nutzung im gesellschaftlichen Produktionsprozeß andererseits nicht mehr nur vom Produzenten der betreffenden Produktionsausrüstung abhing, sondern veränderte technische und technologische Verhältnisse bereits in einer Reihe vorgelagerter Produktionsstufen bedingten.

Zweitens war der Maschinen- und Anlagenbau jener Zweig der Industrie, in dessen Erzeugnissen das zunehmende Verschmelzen von Wissenschaft und Produktion zuerst materielle Gestalt annahm. Nur über die Erzeugnisse der Produktionsmittel herstellenden Industriezweige wurde der besonders ab Mitte der 50er Jahre konsequent von der SED und der Regierung der DDR postulierten produktionswirksamen Nutzung wissenschaftlicher Ergebnisse der Erzeugnis- und Verfahrensforschung umfassend entsprochen. Dem Maschinen- und Ausrüstungsbau kam daher die Rolle zu, die Wissenschaft immer stärker als unmittelbare Quelle für die Weiterentwicklung und Erneuerung seiner Erzeugnisse zu nutzen.

Drittens schließlich vermochte der Maschinen- und Anlagenbau mittels seines Erzeugungsprofils und der Leistungsfähigkeit seiner Erzeugnisse als Integrationskraft in der Industrie zu wirken. Das erfolgte vornehmlich in zwei Richtungen.

Zum einen schufen seine Erzeugnisse materielle Bedingungen für die Vertiefung der sozialistischen Arbeitsteilung zwischen den Zweigen und Bereichen der Industrie in Form wachsender Kooperation, Konzentration und Spezialisierung von Produktion und Arbeit. Andererseits beeinflußte das Ausrüstungsprofil der einzelnen Ebenen und Bereiche im Stufenprozeß der gesellschaftlichen Produktion entscheidend die Möglichkeit, für ein proportional durchgängiges Wirtschaftswachstum die erforderlichen technisch-technologischen Voraussetzungen zu geben.

Dabei nahm der Werkzeugmaschinenbau eine zentrale Stellung ein, weil die technologische Grundausrüstung aller anderen Zweige des Maschinen- und Anlagenbaus im großen Maße aus Werkzeugmaschienen bestand. Die Leistungsfähigkeit und der Umfang der verfügbaren Erzeugnisse des Werkzeugmaschinenbaus bildeten die entscheidende Quelle für das Produktionswachstum der anderen Produzenten von Maschinen, Ausrüstungen, Apparaten und Fahrzeugen. Obgleich diese Produzenten für das Entwickeln einiger zweigtypischer Erzeugnisse und damit für das Leistungsniveau ihrer Produkte verantwortlich waren, hingen deren Produktionsumfang, Erzeugnisqualität und Wirtschaftlichkeit in einem starken Maße von den eingesetzten Werkzeugmaschinen ab.

Mit einem mengenmäßigen Wachstum an produzierten spanabhebenden Werkzeugmaschinen von über 173 Prozent zwischen 1950 und 1960 nahm der Werkzeugmaschinenbau eine Spitzenposition im Wachstum des gesamten Maschinen- und Anlagenbaus der DDR ein.[114] In der zweiten Hälfte der 50er Jahre stieg dieser Produktionsumfang verglichen mit dem der vorangegangenen 5 Jahre nochmals um fast 12 Prozent. Im gleichen Zeitraum stieg der wertmäßige Zuwachs an spanabhebenden Werkzeugmaschinen zu konstanten Preisen auf fast das 2,5fache.

Der Vergleich von mengenmäßigem und wertmäßigem Wachstum verdeutlicht, daß vor allem seit der Mitte der 50er Jahre der Ausstattungsgrad und damit der Gebrauchswert dieser Maschinen durch die stärkere Beachtung von Ergebnissen des wissenschaftlich-technischen Fortschritts wesentlich gesteigert werden konnte. Das wird auch dadurch unterstrichen, daß sich z. B. die Anzahl der produzierten Drehautomaten fast verdoppelte, während sich die Gesamtmenge der produzierten Drehmaschinen zwischen 1955 und 1960 auf 93 Prozent verringerte. Die gleiche Tendenz zeigte sich auch bei der Produktion von Schleifmaschinen. Die Ursache lag vor allem darin, daß der Anteil einfacher und unproduktiver Maschinen zugunsten zunehmend automatisierter oder teilautomatisierter Werkzeugmaschinen zurückging. Im gleichen Zeitraum nahm der Produktionsanteil von Bohrwerken und Fräsmaschinen, die eine komplexe Bearbeitung komplizierter Werkstücke nach ökonomischen Gesichtspunkten ermöglichten, sowie von Maschinen für flächige Hochgenauigkeitsbearbeitung je nach Maschinenart um 40 bis 80 Prozent zu.

Von dieser Entwicklung im Werkzeugmaschinenbau gingen verschiedene Impulse für strukturelle Veränderungen in der Industrie der DDR aus.

Mit den Anfängen einer zunehmenden Produktionsautomatisierung stieg der Be-

114 Die nachfolgenden Angaben zum Maschinenbau: LV-240, S. 119f., Anhang I, S. 12, 16 (StJb 75)

darf an Bauelementen der Elektronik sowie an Geräten und Einrichtungen für die Überwachung, Regelung und Steuerung von Fertigungsprozessen. Von der Mitte der 50er bis zum Anfang der 60er Jahre erhöhte sich das wertmäßige Produktionsvolumen für diese Erzeugnisse überproportional zur Gesamtindustrieproduktion und erreichte das 3- bis 3,5fache der Produktion des Jahres 1955.

Ähnliche Tendenzen zeigten sich in der zweiten Hälfte der 50er Jahre in der elektrotechnischen Industrie und im Elektromaschinenbau. So stieg der Umfang produzierter Leistungstransformatoren auf das über 2fache, das wertmäßige Produktionsvolumen an Hoch- und Niederspannungsschaltgeräten, einschließlich Zubehör, auf das 2,9fache, an Kabeln und Leitungen auf das 1,5fache sowie an Lack- und Wicklungsdrähten, als wichtige Zulieferung für den Elektromaschinenbau, auf das annähernd 1,6fache.

Das Reagieren auf Entwicklungen im Bereich der Elektronik und das Schaffen entsprechender Produktionsstätten waren nicht zuletzt die entscheidende Voraussetzung dafür, die aus der zunehmenden sozialistischen Vergesellschaftung der Volkswirtschaft resultierende sprunghafte Zunahme zu verarbeitender Daten und Informationen durch maschinelle und später elektronische Datenverarbeitungs- und Bürotechnik mit angemessenem ökonomischen Aufwand zu bewältigen. Die in der zweiten Hälfte der 50er Jahre in der Volkswirtschaft der DDR in Angriff genommenen Projekte auf diesem Gebiet ließen den wertmäßigen Umfang produzierter Maschinen und Ausrüstungen für die Datenverarbeitung und Bürotechnik in der ersten Hälfte der 60er Jahre auf über 185 Prozent ansteigen.

Der mit einer effektiveren Produktionstechnik erreichte höhere Produktionsmaßstab in der Industrie ermöglichte den stärkeren Einsatz materialsparender Technologien der Umformtechnik. Der wertmäßige Zuwachs an produzierten kaltumformenden Werkzeugmaschinen betrug zwischen 1955 und 1960 über 70 Prozent, wobei sich die Anzahl der produzierten Exzenter-, Kniehebel- und Kurbelpressen zur effektiven Massenfertigung von Blech-, Gesenke- und Prägeteilen im gleichen Zeitraum auf fast 215 Prozent erhöhte.

Schließlich gelang es den Zweigen des Maschinen- und Anlagenbaus auch für die Konsum- und Nahrungsgüterindustrie sowie die Landwirtschaft moderne Produktionsmittel in größerem Umfang herzustellen.

Der Maschinenbau für die Textil-, Bekleidungs- und Lederindustrie, die polygrafische Industrie und die Nahrungsgüterindustrie erreichte in der zweiten Hälfte der 50er Jahre wertmäßige Zuwachsraten der Produktion zwischen 65 und 80 Prozent.

Von außerordentlicher Bedeutung für das volkswirtschaftliche Wachstum der DDR war der Einfluß des Maschinen- und Anlagenbaus auf die Entwicklung der landwirtschaftlichen Produktion. Von dem Umfang und der Qualität der landwirtschaftlichen Fahrzeuge, Maschinen und Geräte, die der Maschinen- und Anlagenbau der Landwirtschaft zur Verfügung stellte, hing in einem stärkem Maße die sozialistische Umgestaltung auf dem Lande und das Produktionsbündnis zwischen der Arbeiterklasse und der werktätigen Bauernschaft ab.

Darüber hinaus hatten die vom Maschinen- und Anlagenbau bereitgestellte Technik, bzw. die durch ihn ermöglichten Importe landwirtschaftlichen Gerätes zur Mechanisierung agrarischer Produktionsprozesse zwei wesentliche Wirkungen auf die Entwicklung der Volkswirtschaft der DDR.

Zum einen setzte die zunehmende Mechanisierung der Landwirtschaft die für die

Schwerpunktbereiche der Industrie erforderlichen Arbeitskräfte frei. Zu nennen sind hierbei besonders die neugeschaffenen Industriekapazitäten in schwach industrialisierten Gebieten der DDR.

Zweitens führte der Einsatz der modernen Technik zur Steigerung der Agrarproduktion bei gleichzeitiger Senkung der Ernteverluste und damit zur besseren Versorgung der Bevölkerung.

Von 1950 bis 1960 verdoppelte sich in der Landwirtschaft der Bestand an Traktoren nahezu und die Anzahl von Mähdreschern stieg auf das 16fache. Fast 70 Prozent dieser Mähdrescher wurden in der zweiten Hälfte der 50er Jahre der Landwirtschaft zur Verfügung gestellt.

Anzufügen ist noch, daß mit dem Wirtschaftswachstum in den 50er Jahren und der damit einhergehenden Vergesellschaftung der Umfang der Warenzirkulation zwischen den einzelnen volkswirtschaftlichen Bereichen und innerhalb der Industrie erheblich zunahm. Das daraus resultierende Anwachsen der Gütertransportmenge der Eisenbahn auf 218 Prozent, des Kraftverkehrs auf fast 300 Prozent und der Seeschiffahrt zwischen 1955 und 1960 auf das 14fache konnte nur bewältigt werden, weil der Fahrzeug- und Transportmittelbau den entsprechenden Fahrzeugpark schuf.

Abschließend soll noch darauf verwiesen werden, daß es dem Maschinen- und Anlagenbau gelang, vornehmlich durch das Nutzen von Ergebnissen der wissenschaftlich-

Tabelle 124
Verteilung des Bestandes an Grundmitteln in der sozialistischen Industrie 1960 (in Prozent)

Grundstoffindustrie	55,4
Metallverarbeitende Industrie	19,2
Leichtindustrie	16,2
Nahrungsgüterindustrie	9,2
Energieindustrie	14,3
Bergbau	14,0
Metallurgie	6,1
Chemische Industrie	17,4
Baumaterialienindustrie	3,7
Schwermaschinenbau	4,1
Allgemeiner Maschinenbau	4,0
Fahrzeugbau	2,9
Schiffbau	1,0
Gießereien und Schmieden	1,2
Metallwarenindustrie	1,5
Elektrotechnische Industrie	3,1
Feinmechanik/Optik	1,4
Holz- und Kulturwarenindustrie	2,3
Textilindustrie	7,2
Bekleidungsindustrie	0,4
Leder-, Schuh- und Rauchwarenindustrie	1,2
Zellstoff- und Papierindustrie	2,6
Polygrafische Industrie	0,8
Glas- und Keramikindustrie	1,7

Quelle: LV-110, S. 2139 (Hartig)

technischen Arbeit, die eigene Produktion zu intensivieren. Das zeigt sich auch darin, daß dieser Zweig seine Aufgaben mit einem relativ geringen Anteil am Gesamtpotential der industriellen Grundmittel löste. Dieser Anteil ist der Übersicht über die Verteilung der Grundmittel in der Industrie Anfang der 60er Jahre zu entnehmen (vgl. Tabelle 124).

Mit weit über der Hälfte aller industriellen Gebäude, Maschinen und Ausrüstungen bildete die Grundstoffindustrie den Kern der materiell-technischen Produktionsbedingungen der Industrie. Etwa 37 Prozent des Grundmittelbestandes der Grundstoffindustrie entfielen dabei auf die chemische Industrie, die damit die höchste Konzentration an Grundfonds in der Grundstoffindustrie aufwies.

Annähernd ein Fünftel der industriellen Grundfonds entfiel auf die metallverarbeitende Industrie. Interessant ist in diesem Zusammenhang, daß die Grundmittel im Maschinenbau, die Hauptstütze der Volkswirtschaft im Export und bei der Bereitstellung technischer Investitionsgüter nur etwa 8 Prozent der Grundmittel der gesamten Industrie des Landes ausmachten. Der Umfang der in diesem Zweig eingesetzten Grundmittel war damit nicht viel größer, als der Grundmittelbestand der Textilindustrie oder der zusammengefaßte Bestand der Holz- und Kulturwaren-, Leder-, Schuh-, Rauchwaren-, Zellstoff- und Papier- sowie Glas- und Keramikindustrie.

2. Die Veränderung in Struktur und Inhalt der Industriearbeit

Die Erweiterung und strukturellen Veränderungen der Grundfonds in der volkseigenen Industrie spiegelte die sich entwickelnden dialektischen Beziehungen zwischen den entstehenden sozialistischen Produktionsverhältnissen und den im ersten Wandel begriffenen gesellschaftlichen Produktivkräften wider. In diesem Formierungsprozeß der sozialistischen Produktionsweise zeigten sich, wie auch die Masseninitiativen auf dem Produktionsfeld belegten, die Konturen des neuen Charakters der Arbeit in der volkseigenen Industrie. Der im gesellschaftlichen Eigentum an den Produktionsmitteln angelegte sozialistische Charakter der von Ausbeutung freien, planvollen, schöpferischen und unmittelbar als Teil der gesellschaftlichen Gesamtarbeit ausgeführten Arbeit, die die Werktätigen für sich selbst leisten,[1] konnten sich nur in dem Maße ausbilden, wie sich der Inhalt der Arbeit veränderte.

Solche Veränderungen, auf die sich der herausbildende neue Charakter der Arbeit gründete, vollzogen sich im wesentlichen auf zwei Feldern. Das eine Feld bildete jene Arbeitsbedingungen, die nicht unmittelbar technisch-technologisch bedingt waren. Sie wurden durch betriebliche Maßnahmen zur Arbeitsorganisation, zum Arbeits- und Gesundheitsschutz, zur Arbeitshygiene, zur Schaffung von kulturellen und sozialen Einrichtungen, zur Gestaltung der materiellen und moralischen Stimulierung der Betriebskollektive und der einzelnen Werktätigen usw. im Interesse der Werktätigen umgestaltet.

Im Zeitraum von 1951 bis 1955 wurden von den etwa 9158,1 Mill. Mark Investitionen in der zentralgeleiteten volkseigenen Industrie 531,7 Mill. Mark für den Auf- und

[1] LV-192, S. 215ff. (Politische Ökonomie d. Sozialismus)

Ausbau kultureller, sozialer, gesundheitsfürsorgender und nachwuchsfördernder Einrichtungen eingesetzt.[2]

Diese Investitionen in der Industrie hatten allerdings nur sehr begrenzte Wirkung. Das spiegelt sich auch in einer Analyse wider, die 1956 angestellt wurde, um die Ursachen für die hohe Fluktuation der Beschäftigten in der Industrie zu ermitteln (vgl. Tabelle 125).

Tabelle 125
Fluktuation der Arbeiter und Angestellten in der zentralgeleiteten volkseigenen Industrie im ersten Halbjahr 1956 (in Prozent)

Ursachen	Insgesamt	Grundstoffindustrie	Metallverarbeitende Industrie	Leichtindustrie	Nahrungsgüterindustrie	Örtlich geleitete Industrie
Arbeitsbedingungen	22,9	24,6	22,3	20,9	23,1	26,5
Lohnverhältnisse	18,2	16,1	22,5	17,1	16,4	25,0
Verkehrs- und Wohnverhältnisse	6,2	7,6	6,4	4,9	3,2	6,5
Gesundheitliche Gründe	10,4	9,5	10,4	12,8	8,5	10,6
Familiäre Gründe	14,6	12,0	10,0	22,1	19,7	11,8
Schlechte Arbeitsdisziplin	8,3	9,5	7,7	6,8	8,4	6,2
Sonstige Gründe	19,4	20,7	20,7	15,4	20,7	13,4

Quelle: LV-13, S. 177 (Arbeitskräftebewegung)

Die Tabelle läßt erkennen, daß trotz der umfangreichen Maßnahmen zur Verbesserung der Arbeits- und Lebensbedingungen in der ersten Hälfte der 50er Jahre noch annähernd jeder vierte Werktätige in der Industrie unzureichende Arbeitsbedingungen als Grund für den Wechsel seines Arbeitsplatzes angab. Diese hohe Fluktuationsrate erschwerte die Herausbildung berufserfahrener sozialistischer Arbeitskollektive in der Industrie.

Die vorstehenden Angaben verdeutlichen, daß in diesem Zeitraum im Durchschnitt die Beschäftigten der industriellen Bereiche und Zweige im Zyklus von etwa drei Jahren umschlugen. Besonders hoch war dabei die Fluktuation in der örtlich geleiteten Industrie, in der es bis zur Mitte der 50er Jahre zu keinen technischen Veränderungen kam und die auch nicht über nennenswerte Mittel zur Umgestaltung der Arbeits- und Lebensbedingungen verfügen konnte.

Das den dialektischen Zusammenhang von Charakter und Inhalt der Arbeit bestimmende Feld war das technisch-technologische, auf dem verschiedene, einander entgegengesetzte Tendenzen auftraten.

Die vorherrschende Tendenz war, daß die materiell-technischen Produktions-

Tabelle 126

Die jährlichen Abgänge an Arbeitskräften je 100 Gesamtbeschäftigter in der sozialistischen Industrie 1952 bis 1955 (in Personen)

1952:	Sozialistische Industrie,	gesamt	30
	darunter zentralgeleitet		28
	örtlichgeleitet		45
1953:	Sozialistische Industrie,	gesamt	29
	darunter zentralgeleitet		28
	örtlichgeleitet		38
1954:	Sozialistische Industrie,	gesamt	27
	darunter zentralgeleitet		26
	örtlichgeleitet		38
1955:	Sozialistische Industrie,	gesamt	29
	darunter zentralgeleitet		28
	örtlichgeleitet		39

Quelle: LV-58, S. 58 (Arbeitsproduktivität)

bedingungen weitgehend unverändert blieben. Das betraf insbesondere Teile der Grundstoffindustrie, des allgemeinen Maschinenbaus und der Konsumgüterindustrie.

Bei einer Reihe von volkseigenen Betrieben, in denen für einen längeren Zeitraum die einfache Reproduktion der materiell-technischen Produktionsbedingungen nicht gesichert werden konnten, traten für verschiedene Produzentengruppen Arbeitserschwernisse ein.

Die zweite Tendenz, die im betrachteten Zeitraum an Bedeutung zunahm, äußerte sich in einem allmählichen Wandel der Arbeitsinhalte durch die fortschreitende Technisierung der Produktion und der Arbeit.[3] Sie trat in der ersten Hälfte der 50er Jahre in einigen Teilen der Grundstoffindustrie und im Schwermaschinenbau auf. Seit der Mitte dieses Jahrzehnts setzten im Gefolge eines steigenden technisch-technologischen Niveaus in einer wachsenden Zahl von volkseigenen Betrieben positive inhaltliche Veränderungen in den Arbeitstätigkeiten ein.

Diese verschiedenen Tendenzen hatten im wesentlichen zwei engstens verflochtene Ursachen. Die eine Ursache lag in der beschränkten Akkumulationskraft der DDR-Volkswirtschaft, die unter den gegebenen politischen und ökonomischen Umständen zur Konzentration der Investitionsmittel auf ausgewählte Zweige und Produktionsstätten zwang und dazu führte, daß sich die anderen Zweige mit sehr geringen finan-

2 LV-61, S. 72 (Investitionen)

3 Der Technisierungsgrad spiegelt den Umfang der eingesetzten energiebetriebenen Maschinenwerkzeuge, Maschinen und Anlagen bei der Herstellung von Erzeugnissen wider und charakterisiert damit das technische Niveau des Produktionsprozesses ohne dabei Aufschluß über die Leistungsfähigkeit der eingesetzten Technik zu geben.
Technisierungsgrad der Produktion:
Quotient aus der mit Maschinen oder Anlagen bzw. mit energiebetriebenen Maschinenwerkzeugen produzierten Erzeugnismenge zur Gesamterzeugnismenge.
Technisierungsgrad der Arbeit:
Quotient aus der Anzahl der Arbeitskräfte, die an Maschinen oder Anlagen bzw. mit energiebetriebenen Maschinenwerkzeugen arbeiten, zur Gesamtzahl der Arbeitskräfte.

ziellen Zuwendungen für Generalreparaturen und Ersatzinvestitionen begnügen mußten. Ein eindrucksvolles Beispiel für diese Situation bietet das Jahr 1953, in dem 71 Prozent aller Investitionsvorhaben der zentralgeleiteten volkseigenen Industrie lediglich 5 Prozent des gesamten Investitionsvolumens in Anspruch nehmen konnte.[4] Obgleich sich in der zweiten Hälfte der 50er Jahre die Lage auf dem Investitionsgebiet etwas entspannte und mehr Mittel zur Verfügung standen, blieb die Notwendigkeit einer strengen Auswahl der Vorhaben.

Die zweite Ursache resultierte aus dem Entwicklungsstand der industriellen Produktivkräfte insgesamt. Die sozialistischen Länder waren noch nicht in der Lage, die materiell-technischen Produktionsbedingungen so zu gestalten, daß sie dem neuen Charakter der Arbeit gemäß waren. Noch immer entstanden Lösungen für das Gestalten der materiell-technischen Produktionsbedingungen, die dem humanistischen Prinzip, das dem neuen Charakter der Arbeit innewohnt, nicht entsprachen. Der neu installierte Produktionsapparat war, wenn er aus dem kapitalistischen Ausland importiert wurde, direkt für die kapitalistische Produktionsweise entworfen worden, oder wenn er in den volkseigenen Entwicklungs- und Konstruktionsbüros entstand, noch von Konstruktionsprinzipien geprägt, die auch in der kapitalistischen Industrie galten. Die mit einem solchen Produktionsapparat entstehenden Arbeitstätigkeiten mochten leichter und dem Schöpfertum der Werktätigen förderlicher sein, aber sie entsprachen in ihrer gesamten Anlage noch keineswegs den Erfordernissen eines sozialistischen Charakters der Arbeit.

Durch diese beiden Ursachen wurde der Rahmen abgesteckt, in dem sich die ersten Ansätze einer Veränderung in den Arbeitsinhalten in der volkseigenen Industrie vollziehen konnten. Neben den Möglichkeiten, die mit den großen Investitionsvorhaben dazu entstanden, spielten die vielen kleinen Schritte auf dem Weg der Technisierung der Produktion und der Arbeit eine Rolle.

Voraussetzungen für diese Technisierung entstanden mit der in den 50er Jahren beginnenden Konzentration und Spezialisierung der Produktion und der Arbeit. Das galt insbesondere für die metallverarbeitende Industrie, deren arbeitsteilige Verflechtung zu einem Katalysator für diesen Prozeß wurde. (Vgl. Tabelle 127)

Tabelle 127
Anteil der Kooperationsbeziehungen der metallverarbeitenden Industrie nach Zweigen 1955 (in Prozent)

Metallverarbeitende Industrie, gesamt	24,6
darunter	
Schwermaschinenbau	25,9
Allgemeiner Maschinenbau	22,4
Fahrzeugbau	33,2
Schiffbau	41,4
Gießereien und Schmieden	1,6
Metallwarenindustrie	9,5
Elektrotechnik	27,1
Feinmechanik/Optik	16,0

Quelle: LV-49, S. 193 (Kooperationsbeziehungen)

[4] LV -61, S. 72 (Investitionen)

Allerdings muß einschränkend festgehalten werden, daß die aus dem Kapitalismus überkommene gesellschaftliche Betriebsweise der Konzentration und Spezialisierung Grenzen setzte.

1964 gehörten noch immer 52,5 Prozent der volkseigenen Betriebe zu Betriebsgrößengruppen, in denen unter 200 Arbeiter und Angestellte tätig waren. Diese Betriebe produzierten mit 8,8 Prozent der in der volkseigenen Industrie insgesamt Tätigen 10,5 Prozent der Bruttoproduktion dieser Industrie.[5] Diese Angaben lassen schon erkennen, daß die materiell-technischen Produktionsbedingungen in diesen Betrieben im allgemeinen von einem niedrigen Niveau waren und daß dementsprechend auch der Inhalt der Arbeit unbefriedigend sein mußte.

In den 50er Jahren trugen verschiedene Formen der weiteren Technisierung in der volkseigenen Industrie zu einem Anreichern des Arbeitsinhaltes an vielen Arbeitsplätzen bei. Bis Ende der 50er Jahre waren auf dem Gebiet der Technisierung der Produktion und der Arbeit nennenswerte Fortschritte, die in den einzelnen Zweigen aber, wie die Tabelle 128 ausweist, unterschiedlich ausfielen, erzielt worden.

Tabelle 128
Der Technisierungsgrad der Produktion und Arbeit in Bereichen und Zweigen der Industrie 1959

	Technisierungsgrad der Produktion	der Arbeit
Volkseigene zentralgeleitete Industrie, gesamt	81,5	54,0
davon		
Grundstoffindustrie	84,0	52,0
darunter		
Energieindustrie	96,5	75,0
Bergbau	86,0	54,5
Metallurgie	86,0	61,5
Chemische Industrie	83,0	50,0
Baumaterialienindustrie	79,0	52,0
Metallverarbeitende Industrie	74,0	49,5
darunter		
Schwermaschinenbau	78,0	51,0
Allgemeiner Maschinenbau	77,5	51,0
Fahrzeugbau	75,0	51,0
Schiffbau	55,0	39,5
Gießereien u. Schmieden	77,5	50,0
Metallwarenindustrie	81,0	61,0
Elektrotechnische Industrie	71,0	44,5
Feinmechanik/Optik	70,0	45,0
Leichtindustrie	81,5	60,5
darunter		
Holz- und Kulturwarenindustrie	72,0	51,0
Textilindustrie	88,0	70,5

[5] LV-240, S. 198 (StJb 66)

Fortsetzung Tab. 128

	Technisierungsgrad der Produktion	der Arbeit
Bekleidungsindustrie	77,0	64,5
Zellstoff- und Papierindustrie	86,5	63,5
Polygrafische Industrie	63,0	44,5
Glas- und Keramikindustrie	70,0	44,5
Nahrungs- und Genußmittelindustrie	70,0	35,0

Quelle: Ermittelt aus: LV-178, S. 162 (Neumann)

Die Technisierung war vor allem in den industriellen Bereichen fortgeschritten, deren Produktionsprozeß in erheblichem Umfang auf physikalischen, chemischen oder chemophysikalischen Vorgängen beruht, die eine spezielle Produktionstechnik, wie in der Metallurgie, der Energieerzeugung und der chemischen Industrie, bedingen.

Aus Tabelle 128 wird auch der kausale Zusammenhang zwischen der Technisierung und dem Produktionsmaßstab deutlich. Aus dem hohen Anteil der Massenfertigung ergaben sich besonders in Industriezweigen, wie der Metallwaren- oder Textilindustrie, kostengünstige Technisierungsmöglichkeiten, die zu einer rationellen Fertigung der Erzeugnisse führten.

Die Tabelle 128 zeigt, daß in diesen Bereichen schon an der Wende zu den 60er Jahren ein günstiges Verhältnis zwischen lebendiger und vergegenständlichter Arbeit gegeben war, das auch den sozialistischen Charakter der Arbeit im Produktionsprozeß prägte. So wurden durch einen überdurchschnittlichen Grad der Mehrmaschinenbedienung nicht nur der spezifische Bedienaufwand pro Maschine erheblich reduziert,

Tabelle 129
Vergleich des Grades der Mehrmaschinenbedienung in ausgewählten Zweigen der Textil-, Metallwaren-, Chemie- und Elektrotechnikindustrie zur volkseigenen Industrie (insgesamt) 1963

	Anteil der Produktionsarbeiter, die in Mehrmaschinenbedienung arbeiteten zu den Produktionsarbeitern insgesamt (in Prozent)
Zentralgeleitete volkseigene Industrie, gesamt	13,5
darunter:	
Textilindustrie	41,6
– Webereien	47,6
– Spinnereien und Garnbearbeitung	40,8
– Wirkereien und Strickereien	38,3
Metallwarenindustrie	15,7
– Herstellung von Draht und Drahtwaren	30,1
– Herstellung von technischen Eisenwaren	20,9
Herstellung von synthetischen Fasern	28,5
Herstellung von Plasten und Plasterzeugnissen	26,2
Herstellung von Kabeln und Elektromaterial	19,7

Quelle: LV-2, S. 93 (Albrecht)

sondern auch die starre Bindung des Menschen an nur eine Maschine und damit an eine relativ begrenzte Arbeitsaufgabe aufgehoben. (Vgl. Tabelle 129)

Durch die Gestaltung sogenannter Fertigungsnester erhöhte sich der Überblick des Werktätigen über den Gesamtproduktionsprozeß und damit der Umfang vielfältiger Arbeitsaufgaben in seinem Tätigkeitsbereich. Das wirkte sich auf ein erhöhtes Qualifikationserfordernis der Werktätigen und auf die Erhöhung ihres Arbeitslohnes aus. Hier liegt eine Ursache dafür, daß gerade aus diesen industriellen Bereichen schon Anfang der 50er Jahre starke Impulse für eine zunehmend sozialistische Einstellung der Werktätigen kamen.

Die Tabelle über den Technisierungsgrad in den Industriezweigen zeigt ferner, daß der auf die Produktionsmittel bezogene Technisierungsgrad in allen Bereichen der Industrie schneller wuchs, als der Technisierungsgrad der damit befaßten Arbeit.

In den 50er und frühen 60er Jahren wurden die Investitionen in der Industrie in erster Linie auf die Produktionshauptprozesse konzentriert. Die Technisierung der Produktionshilfsprozesse blieb zurück. Da aber der Produktionszuwachs auch einen größeren Umfang an Produktionshilfsleistungen erforderte, stiegen diese Leistungen aufgrund unterschiedlichen technischen Niveaus in den beiden Phasen des Produktionsprozesses überproportional an. Das wird besonders in Untersuchungen zum innerbetrieblichen Transport in der Industrie im Jahr 1961 deutlich (vgl. Tabelle 130).

Tabelle 130
Anteil der Produktionsarbeiter im innerbetrieblichen Transport in der Industrie 1961

	Produktionsarbeiter (einschließlich Lehrlinge) in 1000 Personen	von 100 Personen sind beschäftigt im innerbetr. Transport, insgesamt	an einfachen Handfahrgeräten
Industrie, gesamt	2066,2	21,5	11,6
davon			
Grundstoffindustrie	540,9	27,3	10,3
Metallverarbeitende Industrie	747,7	16,3	10,5
Leicht- u. Nahrungsgüterindustrie	777,9	23,0	15,5

Quelle: LV-19, S. 9 (Bach, Otto)

Der Technisierungsgrad der Arbeit des innerbetrieblichen Transports lag im Jahre 1961 bei 46,8 Prozent und damit annähernd 9 Prozent unter dem Durchschnitt der Industrie, der 56,0 Prozent aufwies.[6]

Des weiteren vervielfachten sich die Arbeitsaufgaben zur Leitung, Lenkung und Steuerung des Produktionsprozesses. Das veranschaulicht eine Analyse über die strukturelle Entwicklung des Personals der sozialistischen Industrie in der ersten Hälfte der 50er Jahre (vgl. Tabelle 131).

[6] LV-19, S. 9 (Bach/Otto)

Tabelle 131
Die Entwicklung des industriellen Personals in der sozialistischen Industrie 1951 bis 1955 (1950 = 100)

	Industr. Personal, gesamt	Produktions-arbeiter	Techn. Personal	Wirtschafts- u. Verwaltungs-personal	Hilfs-personal
1951	115,3	110,8	122,2	119,8	109,2
1952	127,8	120,7	144,0	143,6	121,9
1953	137,7	129,8	162,1	168,5	144,2
1954	145,1	135,4	170,4	185,7	205,7
1955	142,2	135,2	166,4	179,4	143,8

Quelle: LV-58, S. 58 (Arbeitsproduktivität)

Der überdurchschnittliche Anstieg der Verwaltungskräfte resultierte besonders aus dem Aufbau des sozialistischen Planungswesens und der Einführung der wirtschaftlichen Rechnungsführung in den sozialistischen Industriebetrieben. Das Technisieren dieser Prozesse war zunächst inhaltlich schwieriger als das der unmittelbaren Produktion. Zumal sich die materiellen Voraussetzungen dafür erst in der Entwicklung befanden.

Die Technisierung der industriellen Produktion und Arbeit veränderten die Arbeitsanforderungen an die industrielle Produzentenschaft. (Vgl. Tabelle 132)

Tabelle 132
Mechanisierungs- und Automatisierungsgrad der Arbeit in der sozialistischen Industrie 1963 (in Prozent)

	Mechanisierungsgrad	Automatisierungsgrad
Volkseigene Industrie, gesamt	45,4	4,2
davon		
Grundstoffindustrie	52,4	6,4
darunter		
Bergbau	50,3	5,0
Chemieindustrie	55,4	7,6
Energieindustrie	53,1	12,7
Metallurgie	51,4	4,9
Metallverarbeitende Industrie	38,2	2,6
davon		
Schwermaschinenbau	36,6	1,9
Allgem. Maschinenbau	42,7	2,7
Elektrotechnik	35,7	3,0
Leichtindustrie	47,4	3,6
davon		
Nahrungsgüter- u. Genußmittelindustrie	48,4	4,7
Glas- u. Keramikind.	36,5	4,4

Quelle: LV-2, S. 70 (Albrecht)

Die Tabelle 132 weist aus, daß die Entwicklung der materiell-technischen Produktionsbedingungen in der Industrie, die sich in den 50er Jahren und Anfang der 60er Jahre vollzog, vorrangig durch die Mechanisierung geprägt war. Automatisierte Produktionsprozesse, die zunehmend den Mensch aus dem unmittelbaren Fertigungsprozeß herauslösen, hatten nur im geringen Umfang in die Industrie Einzug gehalten.

Die Tatsache, daß in der volkseigenen Industrie bis zur Mitte der 50er Jahre insgesamt keine spürbaren Veränderungen in den Arbeitsinhalten eintraten, schloß natürlich keineswegs ein Ansteigen im Niveau der Arbeitsanforderungen aus. Immerhin erhöhte sich zwischen 1952 und 1955 der Umfang von qualitativen Arbeitsanforderungen in den volkseigenen Betrieben.[7] Dadurch vergrößerte sich der ohnehin bestehende Bedarf an Facharbeitern.

Tabelle 133
Qualifikation der Produktionsarbeiter in der sozialistischen Industrie 1952 bis 1959 (Prozent der Produktionsarbeiter insgesamt)

	Ungelernte Arbeiter	Angelernte Arbeiter	Facharbeiter
1952	17,2	39,8	43,0
1953	15,2	40,8	44,0
1954	15,3	39,7	45,0
1955	15,2	39,3	45,5
1956	15,0	39,2	45,8
1957	14,8	39,2	46,0
1958	14,7	39,0	46,3

Quelle: Ermittelt aus LV-250, S. 54 (Technischer Fortschritt)

Die Angaben aus der voranstehenden Tabelle belegen, daß im hier behandelten Zeitraum weit über die Hälfte der Produktionsarbeiter keine ihrer industriellen Tätigkeiten gemäße Fachausbildung besaß.

Ausdruck zunehmender Qualifizierung, verbunden mit dem Ausbilden eines sozialistischen Produzentenbewußtseins war auch die immer stärkere aktive Mitarbeit von Werktätigen der sozialistischen Industrie im Neuererwesen. Bereits Mitte der 50er Jahre lagen beachtliche Aktivitäten der Werktätigen auf diesem Gebiet vor (vgl. Tabelle 134).

Die Summe des volkswirtschaftlichen Nutzens aus realisierten Verbesserungsvorschlägen der Werktätigen in den angeführten Bereichen entsprach vergleichsweise über 8 Prozent der in ihnen im Jahre 1956 vorgenommenen Investitionen. Die aufgezeigten Tendenzen waren wesentliche Triebkräfte für den in der industriellen Produzentenschaft verstärkt einsetzenden Qualifizierungsprozeß, aber auch Ausgangspunkt für qualitative Veränderungen im Inhalt der Arbeit und für das Herausbilden ihres sozialistischen Charakters.

Die Mängel im kulturell-technischen Niveau der Industriearbeiterschaft und der

[7] AV-61, Bl. 154 (ZStAP, E-1, Nr. 12536)

Tabelle 134
Umfang und volkswirtschaftlicher Nutzen von Verbesserungsvorschlägen in der Industrie 1956

Industriebereich	eingegangene Verbesserungs-vorschläge	realisierte Verbesserungs-vorschläge	Volkswirt-schaftl. Nutzen in Mill. Mark
Chemieindustrie	21190	12081	37,8
Kohlen- u. Energie-industrie	30953	16859	30,4
Berg- u. Hütten-industrie	27460	13210	39,7
Schwermaschinenbau	79945	36742	70,9
Allgemeiner Maschinenbau	82877	35634	73,7
Leichtindustrie	33958	20.041	17,9
Nahrungsgüter-industrie	8873	4148	5,1

Quelle: AV-62, Bl. 55 (ZStAP, E-1, Nr. 12607)

hohe Verschleißgrad des industriellen Produktionsapparates erschwerten bis zur Mitte der 50er Jahre durchgängig Erzeugnisse herzustellen, die fertigungstechnisch den Qualitätsparametern entsprachen. In jener Zeit wurde nur ein Drittel der Maschinenbauerzeugnisse der seinerzeit geltenden Klassifizierung für das Gütezeichen I gerecht, mit dem die Mindestanforderungen für die Exportfähigkeit eines Erzeugnisses gleichzusetzen war.[8]

Die die Erzeugnisqualität beeinträchtigenden Ursachen behinderten auch die Veränderungen des technischen Niveaus und des Arbeitsinhaltes in der Industrie.

Seite Mitte der 50er Jahre zeichneten sich auf dem Gebiet der Qualitätsarbeit Wandlungen ab. 1954 erhöhte sich erstmals der Anteil exportfähiger Erzeugnisse des Maschinenbaus auf über 57 Prozent an der Gesamtproduktion.[9]

Bei der Beurteilung des Inhalts der Arbeit in der Industrie der DDR in den 50er Jahren spielt das Verhältnis von geistiger und körperlicher Arbeit eine große Rolle. Eine Analyse des Arbeitsinhaltes von Maschinenarbeitern, die Anfang der 60er Jahre angefertigt wurde, zeigt deutlich eine abnehmende Tendenz schwerer körperlicher Arbeit und ein Zunehmen geistig-schöpferischer Tätigkeit.

Die technisch-technologischen Neuerungen hatten, wie eingangs hervorgehoben, die Stellung der Produzenten im Arbeitsprozeß noch nicht grundlegend gewandelt. Die Technisierungsprozesse basierten weitgehend auf dem herkömmlichen Niveau der materiellen Produktivkräfte und erfaßten vornehmlich die bisher manuell ausgeführten Arbeitsprozesse. Darum blieb ihr Einfluß auf den Charakter der Arbeit begrenzt.

Anfang der 60er Jahre war noch annähernd jeder fünfte Werktätige in der volkseigenen Industrie an einem Maschinenarbeitsplatz mit körperlich schwerer Arbeit

8 AV-61, Bl. 70 (ZStAP, E-1, Nr. 12536)
9 AV-61, Bl. 70 (ZStAP, E-1, Nr. 12536)

Tabelle 135
Tätigkeitsmerkmale der Maschinenarbeiter in der Industrie 1963 (in Prozent)

	körperlich schwere Tätigkeit	überwiegend körperliche Bedientätigkeit	überwiegend geistige Bedientätigkeit	Kontroll- u. Überwachungsfunktionen
Volkseigene Industrie, gesamt	17,7	52,6	22,3	7,3
Grundstoffindustrie	24,0	41,3	24,3	10,5
Metallverarbeitende Industrie	14,5	50,2	29,9	5,4
Leichtindustrie	12,1	69,8	12,7	5,4
Nahrungsgüterindustrie	22,4	58,8	11,3	7,5
Chemieindustrie	17,7	47,5	22,7	12,2
Metallurgie	33,8	33,8	23,8	8,6
Elektrotechnik	9,1	59,1	25,1	6,6
Schwermaschinenbau	15,0	36,4	44,9	3,7
Allgemeiner Maschinenbau	11,6	49,5	34,2	4,8
Energieerzeugung	20,9	37,9	21,6	19,6
Bergbau	24,3	38,8	28,2	8,7
Glas- und Keramikindustrie	31,4	48,8	11,5	8,5

Quelle: LV-2, S. 71 (Albrecht)

tätig. Über die Hälfte aller Maschinenarbeiter verrichtete überwiegend körperliche Arbeit. Ihre Zahl nahm in der zweiten Hälfte der 50er Jahre teilweise noch zu. Die Investitionen, die zur Erweiterung der metallurgischen und bergbaulichen Produktion geführt hatten, verringerten in diesen beiden Zweigen die schwere körperliche Arbeit nicht. Sie war 1963, wie die Tabelle 136 ausweist, noch außerordentlich hoch.

Tabelle 136
Anteil der Maschinenarbeiter mit körperlich schwerer Arbeit an den Maschinenarbeitern insgesamt in ausgewählten Arbeitstechniken und Bereichen der Grundstoffindustrie 1963 (in Prozent)

Warmwalzwerke	42,3
Steinkohlewerke u. Kokereien	31,6
Herstellung von Schmiede-, Preß- und Stanzstücken	42,5
Bergbau	24,3

Quelle: LV-2, S. 71 (Albrecht)

Erheblichen Arbeitsbelastungen war auch die Gruppe von Werktätigen der Industrie unterworfen, die überwiegend manuelle Tätigkeiten ausführten, da in den 50er Jahren handgeführte Mechanisierungsmittel und Manipulatoren noch nahezu vollständig fehlten. (Vgl. Tabelle 137)

Tabelle 137
Die Tätigkeitsmerkmale der überwiegend manuell Arbeitenden in der Industrie 1963 (Anteil in Prozent)

	körperlich schwere Tätigkeit	überwiegend körperliche Tätigkeit	überwiegend geistige Tätigkeit	Kontroll- und Überwachungsfunktionen
Volkseigene Industrie, gesamt	54,6	62,9	28,1	9,0
Grundstoffindustrie	47,6	65,8	25,7	8,4
Metallverarbeitende Industrie	61,8	60,4	28,0	11,6
Leichtindustrie	52,6	59,8	33,9	6,2
Nahrungsgüterindustrie	51,6	81,5	15,5	3,0
Chemieindustrie	44,6	64,4	22,2	13,4
Metallurgie	48,6	56,8	32,5	10,7
Elektrotechnik	64,3	61,9	23,9	14,1
Schwermaschinenbau	63,4	62,8	27,2	10,0
Allgemeiner Maschinenbau	57,3	60,1	27,5	12,4
Energieerzeugung	46,9	69,2	24,6	6,2
Bergbau	49,7	69,6	25,4	5,0
Glas- und Keramikindustrie	63,5	68,6	23,5	7,9

Quelle: LV-2, S. 93 (Albrecht)

Die Industriebereiche Elektrotechnik, Schwermaschinenbau und die Glas- und keramische Industrie hatten einen besonders großen Anteil an Arbeitsplätzen, er belief sich weit über die Hälfte, an denen noch schwere manuelle Arbeiten auszuführen waren.

Die zunehmende Technisierung der industriellen Produktionsprozesse auf der Grundlage der sich formierenden sozialistischen Produktionsweise schuf zugleich ein soziales Umfeld hinsichtlich der Einkommensverhältnisse, aber auch der Gestaltung der Arbeits- und Lebensbedingungen, mit dem die Landwirtschaft zur damaligen Zeit noch nicht Schritt halten konnte. Die mit der Herausbildung der materiell-technischen Basis der sozialistischen Industrie verbundenen sozialen Wirkungen begünstigten die Arbeitskräftewanderung von der agrarischen zur industriellen Produktion.

Die Ausformung des sozialökonomischen Charakters der neuen Produktionsweise, für die nicht zuletzt das geschaffene technisch-technologische Potential der Industrie und die wachsende sozialistische Vergesellschaftung ihrer Produktion und Arbeit die Grundlage bildeten, ermöglichten in der zweiten Hälfte der 50er Jahre die entstandenen Einkommensunterschiede zwischen den einzelnen Industriezweigen abzubauen.

Den volkswirtschaftlichen Erfordernissen folgend, waren bis zur Mitte der 50er Jahre die Werktätigen der Schwerindustrie und des Maschinenbaus durch einen überproportionalen Zuwachs ihres Arbeitslohnes zu höheren Leistungen stimuliert worden. Zugleich wurde dadurch der Arbeitskräftebedarf dieser Zweige gesichert. Aus einer vergleichenden Analyse des durchschnittlichen Monatseinkommens in der volkseigenen Industrie von 1955 bis 1959 wird deutlich, daß mit der Gestaltung sozialistischer Verteilungsverhältnisse eine spürbare Nivellierung der Einkommensverhältnisse über die gesamte Breite der Industrie in Angriff genommen werden konnte. (Vgl. Tabelle 138)

Tabelle 138
Das durchschnittliche monatliche Arbeitseinkommen in der Industrie im Jahre 1959 gegenüber dem Jahr 1955 nach ausgewählten Zweigen

Industriezweig	Absolute Erhöhung in Mark	Relative Erhöhung (1955 = 100 Prozent)	Absolute Erhöhung des Arbeitseinkommens in Mark 1956	1957	1958	1959
1. Industriezweige, die im Jahre 1955 unter dem Einkommensdurchschnitt der gesamten sozialistischen Industrie lagen						
Textilindustrie	104	129,9	8	9	38	49
Holzbe- und verarbeitung	113	128,5	7	17	45	44
Konfektionsindustrie	120	137,4	9	15	46	50
Leder- und Rauchwarenindustrie	103	127,2	10	12	45	36
Zellstoff-, Papier- und Polygrafieindustrie	108	125,5	14	21	47	26
Glas- und Keramikindustrie	105	125,2	10	10	43	42
Nahrungsgüterindustrie	99	125,1	7	16	38	38
2. Industriezweige, die im Jahre 1955 über dem Einkommensdurchschnitt der gesamten sozialistischen Industrie lagen						
Schiffbau	82	114,5	24	1	7	50
Metallurgie	59	110,3	13	5	31	10
Schwermaschinenbau	82	115,1	17	13	27	25
Allgemeiner Maschinenbau	83	116,6	14	2	37	30
Fahrzeugbau	88	117,7	15	1	43	29

Quelle: LV-241, S. 155 (Statistische Praxis 60)

Die zunehmende Technisierung der industriellen Produktion zwang dazu, die geschaffenen materiell-technischen Produktionsbedingungen immer umfassender zu nutzen. Das war im wesentlichen nur mit der weiteren Durchsetzung der Mehrschichtarbeit möglich. Die Maschine, die bisher vor allem in der verarbeitenden Industrie den

Arbeitsplatz für eine Arbeitskraft bildete, war jetzt der Arbeitsplatz für 2 oder 3 Arbeitskräfte.

Dazu kam, daß sich Ende der 50er und Anfang der 60er Jahre erste Anzeichen einer rascheren Entwicklung des wissenschaftlich-technischen Fortschritts in den industriellen Bereichen abzeichneten. Das hatte zur Folge, daß immer stärker der moralische gegenüber dem physischen Verschleiß das Kriterium der zeitlichen Nutzungsdauer der Arbeitsmittel wurde. Der effektiven Nutzung der Arbeitsmittel waren also immer enger werdende zeitliche Grenzen gesetzt, die zunehmend die Zeitdauer des physischen Verschleißes der Arbeitsmittel erheblich unterschritten.

Ein Wesenszug der beginnenden Herausbildung der materiell-technischen Basis der sozialistischen Industrie zeigte sich nicht zuletzt in der zunehmenden Gleichstellung der Frauen im sozialistischen Produktionsprozeß, von dem Friedrich Engels unter Bezugnahme auf Saint-Simon sagte: „daß in einer gegebenen Gesellschaft der Grad der weiblichen Emanzipation das natürliche Maß der allgemeinen Emanzipation ist.“ [10]

Der Arbeitskräftezustrom von nicht berufstätigen Frauen in die Industrie war eine weitere wesentliche Quelle der industriellen Entwicklung unseres Landes. Die zunehmende Technisierung bisher manueller Arbeitsprozesse, aber ebenso der sich erhöhende Lenkungs-, Leitungs- und Verwaltungsaufwand in der Industrie schaffte eine Vielzahl von Tätigkeiten, die der physischen Beschaffenheit der Frau entsprachen. Betrachtet man den Arbeitskräftezuwachs in der Industrie in den 50er Jahren, so kam annähernd jede fünfte Arbeitskraft aus der nicht arbeitenden Bevölkerung.

Tabelle 139
Arbeitskräftezugänge aus der nichtberufstätigen Bevölkerung am Gesamtzugang der Industrie 1958 bis 1960 (in Prozent)

1958	1959	1960
17,6	20,4	19,6

Quelle: LV-91, S. 105 (Gehlhoff)

Stellt man den vorstehenden Angaben die wachsende Zahl weiblicher Arbeitskräfte in der Industrie gegenüber, so wird der kausale Zusammenhang zwischen beiden Entwicklungen deutlich. (Vgl. Tabelle 140)

Tabelle 140
Anteil der weiblichen Beschäftigten an den Gesamtbeschäftigten der Industrie 1952, 1959 und 1962 (in Prozent)

1952	1959	1962
36,8	39,8	40,3

Quellen: LV-59, S. 29 (Frau . . .); LV-60, S. 152 (Frau . . .)

10 LV-81, S. 242 (MEW 20)

Mit der Einbeziehung in den Produktionsprozeß und gesellschaftlichen Gleichstellung der Frau wurde ebenfalls das negative Erbe der kapitalistischen Gesellschaftsformation überwunden.

Das äußerte sich in dem durchschnittlich geringeren Qualifikationsniveau der Frauen, die durch die Belastungen der Familie und fehlende soziale Fürsorge in der kapitalistischen Gesellschaftsformation oftmals weder gute Bildungsmöglichkeiten, noch die Chance einer Berufsausübung hatten. Aus einer Lohngruppenanalyse der weiblichen und männlichen Produktionsarbeiter in der Industrie vom Ende der 50er Jahre geht hervor, daß die Frauen im Durchschnitt noch zwei Lohngruppen unter der Entlohnung der Männer lagen. (Vgl Tabelle 141)

Tabelle 141
Struktur der Lohngruppen der Produktionsarbeiter in der sozialistischen Industrie nach Geschlechtern 1958, 1959 und 1960 (Anteile in Prozent)

Lohngruppe	Weibliche Produktionsarbeiter			Männliche Produktionsarbeiter		
	1958	1959	1960	1958	1959	1960
1	0,9	1,3	2,1	0,2	0,4	0,7
2	4,1	4,7	7,2	0,4	0,9	1,7
3	25,9	27,1	28,6	2,6.	6,3	9,1
4	34,8	39,4	39,5	6,6	14,2	21,4
5	25,1	19,5	15,9	30,3	25,0	21,9
6	4,8	4,8	4,1	25,2	22,3	19,2
7	3,0	2,3	1,9	14,4	15,9	16,9
8	1,5	1,0	0,8	20,3	15,0	8,5
Durchschnittl. Lohngruppe	4,1	4,0	3,8	6,0	5,7	5,3

Quelle: LV-91, S. 46 (Gehlhoff)

Der Bildungsrückstand der Frauen konnte im betrachteten Zeitraum noch nicht vollständig abgebaut werden, so daß die Rolle der Frau vor allem bezüglich der aktiven Leitung und Mitgestaltung des sozialistischen Produktionsprozesses in den nachfolgenden Jahren die besondere Fürsorge der SED und des Staates erhielt. (Vgl. Tabelle 142)

Tabelle 142
Anteil der Frauen an wichtigen Beschäftigtengruppen in der volkseigenen Industrie 1962

	Anteil in Prozent an den Gesamtbeschäftigten
Produktionsarbeiter	33,0
Ingenieurtechnisches Personal	7,1
Wirtschaftler	23,9
Versorgungs-, Hilfs- u. Abrechnungspers.	62,4

Quelle: LV-190, S. 75 (Pisalla)

Auf dem VI. Parteitag der SED im Januar des Jahres 1963 wurden mit der Annahme des Programms der SED die Stellung und Rolle der Frau in der sozialistischen Gesellschaftsformation klar fixiert sowie Maßnahmen zur Unterstützung und Förderung der berufstätigen Frauen vorgeschlagen.

Mit dem Fortschreiten des Technisierungsprozesses in der industriellen Produktion veränderten sich aber nicht nur der Inhalt der Arbeitstätigkeit im Fertigungsprozeß. Die Möglichkeiten, die sich seit der Mitte der 50er Jahre für ein qualitatives Umgestalten der materiell-technischen Produktionsbedingungen in einer wachsenden Zahl von Industriezweigen boten, leiteten auch einen inhaltlichen Wandel in den Arbeitsaufgaben und -tätigkeiten des wissenschaftlich-technischen Personals ein. Sie wurden umfangreicher, vielseitiger, differenzierter und anspruchsvoller.

Um ihnen gerecht zu werden, bedurfte es neben dem nun weit stärker als bisher geforderten Wissen und dem Erfahrungsschatz der Ingenieure, Techniker und Wissenschaftler, die ihre fachliche Ausbildung im kapitalistischen Deutschland und in den ersten Nachkriegsjahren absolviert hatten, einer neuen Generation von Ingenieuren und Wissenschaftlern, die an den Hoch- und Fachschulen der DDR und des sozialistischen Auslandes auf eine Tätigkeit in der und für die volkseigene Industrie vorbereitet worden war. Durch den zügigen Ausbau von naturwissenschaftlich-technischen Fachrichtungen gelang es vornehmlich in der zweiten Hälfte der 50er Jahre, eine stetig wachsende Zahl von Naturwissenschaftlern, Ingenieuren und Ökonomen für die volkseigene Wirtschaft heranzubilden. Die Angaben der Tabelle 143 geben eine Übersicht über die Anzahl der Hoch- und Fachschulkader in den Jahren 1955 bis 1962, die in der sozialistischen Volkswirtschaft tätig waren.

Tabelle 143
Der Einsatz von Hoch- und Fachschulkadern in der sozialistischen Volkswirtschaft 1955 bis 1962

	Gesamt in 1000 Personen	Entwicklung in Prozent	Hochschulkader in 1000 Personen	Entwicklung in Prozent	Fachschulkader in 1000 Personen	Entwicklung in Prozent
1955	197,5	100	62,5	100	135,0	100
1959	270,5	137	95,1	152	175,4	130
1960	294,5	149	108,1	173	186,4	138
1961	364,0	184	130,4	209	233,6	173
1962	404,5	205	143,5	230	261,0	193

Quelle: LV-36, S. 66 (Braun, Filzner)

Die Mehrzahl der Absolventen nahm eine Arbeit in der volkseigenen Industrie sowie in den einschlägigen Ministerien und Dienststellen auf. Dadurch trat eine wesentliche Verjüngung des wissenschaftlich-technischen Personals in der Industrie ein.

Die der veränderten Altersstruktur innewohnenden Leistungspotenzen kamen in dem hier betrachteten Zeitraum noch nicht voll zum Tragen, weil es den jungen Ingenieuren und Wissenschaftlern noch an den für ihre Arbeitstätigkeit erforderlichen prak-

Tabelle 144
Verteilung der Hoch- und Fachschulkader nach Altersgruppen in der sozialistischen Industrie 1962 (Anteile in Prozent)

bis 25 Jahre	25 bis 35 Jahre	35 bis 45 Jahre	45 bis 55 Jahre	55 bis 60 Jahre	60 bis 65 Jahre	über 65 Jahre
13,7	44,0	21,0	11,0	5,5	3,8	0,9

Quelle: LV-36, S. 69 (Braun, Filzner)

tischen Erfahrungen mangelte, das galt insbesondere für die Leitung und Planung der industriellen Produktion. (Vgl. Tabelle 144)

Eine Ausnahme bildeten jene Absolventen der Hoch- und Fachschulen, die ihre fachlichen Kenntnisse im Fernstudium erworben hatten. Sie verfügten in der Regel über eine abgeschlossene Facharbeiter- oder Ingenieurausbildung und über längerwährende Berufserfahrungen. Zur Weiterbildung wurden sie durch wachsende Ansprüche, die die Ausübung ihres Berufes oder Leitungsfunktion an das fachliche Wissen stellten, angeregt. In der Regel bewarben sich diese Arbeiter, Angestellten und junge Ingenieure an den Lehranstalten aus eigenem Antrieb, wurden in ihrem Vorhaben von ihren Betrieben durch zeitweilige Freistellungen und vom Staat durch finanzielle Vergünstigungen ermuntert und unterstützt. In der Institution des Fernstudiums spiegelte sich in jener Zeit das Verhältnis zwischen dem entstehenden sozialistischen Charakter der Arbeit und ihrem Inhalt sehr deutlich wider. Die Werktätigen, die sich einer solchen Form der Weiterbildung unterzogen, konnten den Anforderungen, die der Inhalt der Arbeit an sie stellte, so unter für sie günstigen Bedingungen gerecht werden.

Beeinflußt von der beginnenden staatlichen Bildungsplanung stand in der ersten Hälfte der 50er Jahre die Ausbildung von Fachleuten für die Grundstoffindustrie und den Schwermaschinenbau im Vordergrund. Seit der Mitte der 50er Jahre erweiterte sich die Palette der Ausbildungsrichtung. Das Schwergewicht verlagerte sich nun auf jene Gebiete, von denen die wissenschaftlich-technischen Fortschritte ausgingen und die ihn trugen.

Mit der wachsenden Zahl von Hoch- und Fachschulabsolventen, die in der volkseigenen Industrie ihre Arbeit aufnahmen, veränderte sich deren Beschäftigungsstruktur. Es erhöhte sich der Anteil des wissenschaftlich-technischen Personals an den Gesamtbeschäftigten der volkseigenen Industrie. Von 1000 Arbeitsplätzen waren in dieser Industrie 1962 37,6 mit Hoch- und Fachschulkadern besetzt. In den einzelnen Industriebereichen war, wie die Tabelle 145 ausweist, dieses Verhältnis sehr unterschiedlich.

Erhebliche Unterschiede gab es auch in der Qualifizierungsstruktur des wissenschaftlich-technischen Personals. Wie differenziert diese berufliche Qualifizierung im Maschinenbau war, geht aus den folgenden Angaben über die Besetzung der ingenieurtechnischen Planstellen im Jahre 1958 hervor. Sie waren zu 5 Prozent mit Hochschulabsolventen, zu 31 Prozent mit Ingenieuren, die eine Fachschule abgeschlossen hatten, und zu 64 Prozent mit erfahrenen Praktikern, die ihr technisches Studium aus unterschiedlichen Gründen nicht beenden konnten, besetzt.[11] (Vgl. Tabelle 146)

11 AV-31, Bl. 5 (ZStAP, E-1, Nr. 1454)

Tabelle 145
Anzahl der Hoch- und Fachschulkader auf 1000 Beschäftigte in ausgewählten Industriezweigen 1962

	Hoch- und Fachschulkader, ges.	davon Hochschulkader	Fachschulkader
Sozialistische Industrie gesamt	37,6	7,1	30,5
davon:			
Energieerzeugung	47,2	6,2	41,0
Eisenmetallurgie	43,7	9,5	34,2
Nichteisenmetallurgie	54,3	9,3	45,0
Chemische Industrie	52,7	16,2	36,5
Schwermaschinenbau	72,4	11,6	60,8
Allgemeiner Maschinenbau	52,5	7,0	45,5
Elektrotechnik	59,2	13,1	46,1
Feinmechanik/Optik	48,8	10,5	38,4

Quelle: LV-36, S. 68 (Braun, Filzner)

Die Verteilung des wissenschaftlich-technischen Personals auf die einzelnen Phasen des industriellen Reproduktionsprozesses blieb bis in die 60er Jahre hinein disproportional. Die Daten der Tabelle 146 belegen, daß 1958 im Maschinenbau, die in der Produktionsvorbereitung beschäftigten Hoch- und Fachschulkader dominierten. Völlig unzureichend war die Zahl der qualifizierten Kräfte in der Technologie, im Kundendienst und im Absatz.

Tabelle 146
Einsatz der Hoch- und Fachschulkader nach Tätigkeitsbereichen im Maschinenbau 1958 (Anteile in Prozent)

	Hochschulkader	Fachschulkader
Forschung und Entwicklung	53	50
davon Konstruktion	19	32
Projektierung	5	5
Technologie	6	20
Produktion, einschl. Gütekontrolle	11	19
Planung und Ökonomie	20	3
Absatz und Kundendienst	3	2

Quelle: AV-31, Bl. 4 (ZStAP, E-1, Nr. 1454)

Die Veränderungen in der Grundstruktur der Arbeitstätigkeiten, die bis zum Beginn der 60er Jahre in der volkseigenen Industrie eingetreten waren, lassen sich der Tabelle 147 entnehmen.

Auf eine gewisse Weise spiegelt diese Grundstruktur wider, daß mit dem sozialistischen Umgestaltungsprozeß der Industrie in der DDR zugleich deren materiell-technische Basis in den Grundzügen entstand. Das Ausbilden der reproduktiven Geschlos-

Tabelle 147
Die Beschäftigtenstruktur nach Tätigkeitskomplexen in der volkseigenen Industrie 1962 (in Prozent)

Beschäftigte im Bereich der unmittelbaren Produktion	74,3
davon Produktionsarbeiter	69,2
Beschäftigte in Forschung und Entwicklung	3,2
Beschäftigte für Lenkung und Leitung der Produktion	6,5
Beschäftigte der ökonomischen Verwaltung, Leitung sowie Buchhaltung	9,7
Beschäftigte für Betriebssicherheit	1,6
Beschäftigte für Dienstleistung und Arbeiterversorgung	3,6
Beschäftigte für Berufsausbildung	1,1

Quelle: LV-190, S. 75 (Pisalla)

senheit der sozialistischen Industrie bildete die entscheidenden Voraussetzungen dafür, daß in den folgenden Jahrzehnten der Inhalt der Industriearbeit in einem größeren Umfang umgestaltet werden konnte. Das Entstehen der materiell-technischen Basis der sozialistischen Industrie gründete sich in einem wachsenden Maße auf den wissenschaftlich-technischen Fortschritt in der DDR.

3. Der Übergang zur planmäßigen Gestaltung des wissenschaftlich-technischen Fortschritts

a) *Die wirtschaftspolitische Orientierung auf den wissenschaftlich-technischen Fortschritt*

Die Entwicklung der industriellen Produktivkräfte in der DDR wurde im Laufe der 50er Jahre von einem Wandel in den Beziehungen zwischen Wissenschaft, Technik und Produktion gekennzeichnet. Die Gründe dafür lagen in der Industrie und ihren volkswirtschaftlichen Existenzbedingungen ebenso wie in den grundlegenden Veränderungen, die sich in den Produktivkräften der industriell hoch entwickelten Industrieländer der Welt zu vollziehen begannen.

Die Struktur der Industrie unseres Landes umfaßte eine Reihe von Zweigen, deren Erzeugnisse und technologische Grundlagen seit den 30er Jahren auf einem relativ fortgeschrittenen Verhältnis zwischen wissenschaftlich-technischer Arbeit und Produktion basierten. Es sollen in diesem Zusammenhang nur die chemische Industrie, verschiedene Branchen des Maschinen- und Anlagenbaus sowie die elektronische und feinmechanisch-optische Industrie hervorgehoben werden. Wenngleich unter den Nachkriegsbedingungen im wesentlichen Erzeugnisse fabriziert wurden, die in den 30er und 40er Jahren entwickelt worden waren, so herrschte in diesen Zweigen doch nach wie vor die Tendenz, die Ergebnisse des wissenschaftlich-technischen Fortschritts für die Qualifizierung des Erzeugnisprogramms und der materiell-technischen Produktionsbedingungen zu nutzen. Das zeigte sich in der ersten Hälfte der 50er Jahre schon sehr deutlich.

Die wissenschaftlich-technische Arbeit konzentrierte sich in diesen Jahren vor allem auf drei Problemkreise. Ein erster Problemkreis bestand, wie schon im Zusammenhang mit der Formierung der stofflich-energetischen Basis der Industrie dargestellt, im Erschließen einheimischer Rohstoffe. So gelang es u. a., Schwefelsäure aus Magnesiumsulfat bzw. aus Kieserit zu gewinnen. Dadurch konnten Importe von Schwefelkies eingeschränkt werden. Des weiteren wurde es unter Nutzung von Untersuchungen, die in ehemaligen SAG-Betrieben vorgenommen worden waren, möglich, in der Farbenfabrik Wolfen die Gips-Schwefelsäureproduktion wieder aufzubauen. Im Elektrochemischen Kombinat Bitterfeld erarbeiteten Wissenschaftler ein Verfahren, das es erlaubte, auf der Basis einheimischer Rohstoffe und von wasserfreiem Magnesiumchlorid Tonerde zu gewinnen, die u. a. Ausgangsmaterial für die Aluminiumherstellung bildete. Für die Kunststofferzeugung wurde durch die Gewinnung von Phenolen und phenolartigen Rohsäuren aus Braunkohlenteer die Rohstoffbasis neu gestaltet. Damit war eine der Voraussetzungen für den Aufbau einer eigenen Kunststoffindustrie in der DDR entstanden.

Das Vordringen auf neue wissenschaftlich-technische Gebiete bildete einen zweiten Problemkreis der Forschung und Entwicklung. Besonders beachtliche Fortschritte konnten dabei in der Kunststoff- und Kunstfaserentwicklung, in der Feinmechanik-Optik und im Werkzeugmaschinenbau erzielt werden.

Bei den Kunststoffen gelang es, eine Reihe neuer Kunststoffe, wie Polyamide, Silikone und Polymethacrylate zur Produktionsreife zu bringen bzw. technisch zu erproben. Das betraf Epoxydharze, Fluorkarbonate, Polyester und Polyäthylen. Für verschiedene bereits produzierte Kunstharze, darunter PVC, Phenolplaste, Harnstoffmelamin, Didiharzen und andere Polyvinilkunststoffe wurden neue höherwertige Typen für spezielle Verwendungszwecke geschaffen. Bei einigen Arten von Kunststoffen, zu nennen sind PVC, Silikone, Piacryl, Polyamide und Harzleime, war der international herrschende Qualitätsstandard erreicht worden.

Allerdings kamen die Ergebnisse der Kunststofforschung noch nicht im erforderlichen Maße in der industriellen Produktion zum Tragen, weil es an Investitionsmitteln für den Aufbau der Produktionskapazitäten fehlte und die Rohstoffe für die Kunststoffherstellung in großen Mengen exportiert wurden.

Erschwerend wirkte sich aber auch der erhebliche Rückstand in der Kunststoffverarbeitungstechnik, der in der DDR herrschte, aus. Die Leitung des volkseigenen Maschinenbaus widmete diesem Zweig wenig Aufmerksamkeit. In der ersten Hälfte der 50er Jahre waren leistungsstarke Betriebe des Plastmaschinenbaus umprofiliert worden. Eine gleiche Erscheinung zeigte sich im Maschinenbau für synthetische Faseranlagen. Auch er blieb hinter dem der kapitalistischen Länder zurück. Um aber die Kluft zwischen den erfolgreich verlaufenden Faserforschungen und den technischen Grundlagen der Faserfabrikation nicht zu groß werden zu lassen, wurde der VEB Spinnzwirnerei in Karl-Marx-Stadt beauftragt, die technische Entwicklung auf diesem Gebiet zu verfolgen und auf der Grundlage ausländischer Anlagen die Voraussetzungen für eigene Produktionstechnik zu schaffen.

Die Grundlagenforschung hatte bis zur Mitte der 50er Jahre entscheidende Probleme auf dem Gebiet der synthetischen Faser gelöst. Dazu gehörten vornehmlich die Fragen der Molekulargewichtsverteilung sowie der Fadenbildung und der Erzeugung bestimmter Fasereigenschaften.

Damit entstanden Voraussetzungen für die Aufnahme neuer Fasern in die Produktion und für höhere Gebrauchseigenschaften der daraus hergestellten Textilien. Verbesserte und neue Verfahrenstechniken erlaubten die Qualität der polyfilen und monofilen Perlonseide wesentlich zu verbessern.

Es wurde ein kontinuierliches Verfahren zur Herstellung von Perlonseide zur Produktionsreife gebracht und die dazu erforderliche Anlage entwickelt. Nach eingehenden Forschungen wurde die Produktion von Perlonstapelfaser der Baumwoll- und der Woll-Type aufgenommen. Das Verfahren zur Herstellung von Wolkrylon wurde bis Ende 1955 in die Großproduktion überführt. Mit den Forschungen auf dem Gebiet der vollsynthetischen Fasern trat die DDR innerhalb des RGW an die Spitze und schloß zu den entwickelten kapitalistischen Ländern auf.

In der Feinmechanik-Optik hatte die wissenschaftlich-technische Arbeit die Qualität der physikalisch-optischen, geodätischen, medizinischen, ophthalmologischen und astrophysikalischen Geräte sowie der Mikroskope und der Elektronen-Mikroskope weiter erhöht. Führend war das Angebot an Buchungsmaschinen. Auf anderen Gebieten dieses Industriezweiges entstand ein Rückstand. Das betraf die meß- und regeltechnischen Ausrüstungen und die industrielle Vacuum-Technik. Hier lag die DDR weit unter dem internationalen Stand.[1]

Der Werkzeugmaschinenbau entwickelte bis Mitte der 50er Jahre eine Reihe automatisierter und teilautomatisierter Maschinen. Das betraf besonders die Schaffung einer leistungsfähigen Baureihe von Drehmaschinen mit hydraulischen Vorwahl- und Programmeinrichtungen sowie weiterentwickelten elektro-hydraulischen Steuerungen in den Jahren 1952 bis 1956. Herausragendes Beispiel war dafür die Entwicklung der automatisierten Kopierdrehmaschine vom Typ „Makomat" des VEB Werkzeugmaschinenfabrik Magdeburg, die Welthöchststand darstellte und in den Folgejahren in fast allen Bereichen der Metallverarbeitung zum Einsatz kam. Weiterhin wurden ab 1955 eine Reihe automatisierter Taktstraßen aus dem VEB Werkzeugmaschinenfabrik Plauen in der Industrie für die Rationalisierung der Fertigung von Zylinderköpfen, Motorradgetriebegehäusen, Lenkgetriebegehäusen für Traktoren und für die Fertigung von Kettengliedern eingesetzt. Ein Beispiel für diesen Prozeß war auch der Bau von Langhobelmaschinen mit einer Bearbeitungsbreite bis zu 4 Metern und einer Bearbeitungslänge von 27 Metern, die eine Tischgeschwindigkeit von 125 Metern pro Minute hatten, was ebenfalls bei solchen schweren Maschinen bisher nicht erreicht worden war.[2]

Der dritte Problemkreis der wissenschaftlich-technischen Arbeit bestand in der Qualifizierung von traditionellen Erzeugnissen.

Die wissenschaftlich-technische Entwicklung in der Industrie der DDR war also bis zur Mitte der 50er Jahre höchst widerspruchsvoll verlaufen. Sie vermochte nur zu einem Teil den Richtungen, die sich aus dem qualitativ neuen Zusammenwirken von Wissenschaft, Technik und Produktion für den wissenschaftlich-technischen Fortschritt ergaben, zu entsprechen.

Im internationalen Maßstab zeichneten sich in jener Zeit fünf derartige Richtungen ab.

Erstens gewann die Entwicklung von nicht in der Natur vorkommenden Werkstoffen und chemischen Stufenprodukten an Bedeutung, da es zunehmend gelang, die verfahrenstechnischen Grundlagen für die industrielle Herstellung von Stoffen mit qualitativ neuen spezifischen chemischen und physikalischen Gebrauchseigenschaften zu schaffen.

1 AV-101 (AMWT, Best. L Nr. 134)
2 LV-124, S. 151 (Industrie)

Zweitens erhielten die materialsparenden um- und urformtechnischen Verfahren der Massenfertigung im Bereich der Metallverarbeitung und die Herstellung von Kunststoffartikeln eine wachsende Bedeutung.

Drittens nahm die Entwicklung von elektrotechnischen und elektronischen Bauelementen für die Steuerung und Regelung von Bewegungs- und Arbeitsabläufen in den Arbeitsmitteln zu. Ihr industrieller Einsatz erweiterte sich rasch. Die Datenverarbeitung, -übertragung und -speicherung gewann im Produktionsprozeß zunehmend an Gewicht.

Viertens verstärkte sich der Einsatz elektrochemischer und elektrophysikalischer Verfahren, die die spanlose Bearbeitung von nicht- oder schwer zerspanbarer metallischer und anderer mineralischer Werkstoffe gestatteten.

Fünftens gelang es, die verfahrenstechnischen Grundlagen für die Energieerzeugung durch thermo-nukleare Prozesse zu schaffen

Für die außerordentlich starke Differenziertheit, die im Laufe der ersten Hälfte der 50er Jahre in der wissenschaftlich-technischen Entwicklung der Industrie der DDR zutage trat, gab es verschiedene Gründe. Sie lagen sowohl in der begrenzten Investitionskraft der Volkswirtschaft als auch im Unverständnis einer Reihe von Wirtschaftsfunktionären gegenüber der Rolle, die der wissenschaftlich-technischen Arbeit bei der Gestaltung einer modernen Industrie zukommt. Darüber hinaus gab es Unzulänglichkeiten in der Organisation, Leitung und Planung der Forschung und Entwicklung. Umfang und Struktur der Forschungs- und Entwicklungskapazitäten entsprachen noch nicht im vollen Maße den nun heranreifenden Erfordernissen.

Es war vor allem der Verlust von Weltmarktpositionen, mit seinen Auswirkungen auf die Volkswirtschaft der DDR insgesamt, der in der Industrie eine grundlegende Wende in der Einstellung zum wissenschaftlich-technischen Fortschritt auf die Tagesordnung treten ließ. Das betraf den wissenschaftlichen Gerätebau, verschiedene andere Bereiche der feinmechanisch-optischen Industrie, den Werkzeugmaschinenbau und einige Zweige des allgemeinen Maschinenbaus. Eine gründliche Analyse des Zustandes, in der sich die Industrie befand, wurde dringend erforderlich.

Eine solche Analyse wurde vom IV. Parteitag der SED im Frühjahr 1954 eingeleitet.[3] Während der Untersuchung, an der Wissenschaftler und Ingenieure maßgeblich beteiligt waren, zeichnet sich immer deutlicher ab, daß die Probleme in der Industrie nur zu lösen waren, wenn die Beziehungen zwischen Wissenschaft, Technik und Produktion grundlegend umgestaltet werden. Erste Schlußfolgerungen dazu wurden auf einer auf Anregung des ZK der SED einberufenen Konferenz von Wissenschaftlern, Ingenieuren und Wirtschaftsfunktionären im Juni 1954 gezogen. An den volkswirtschaftlichen Aufgaben, die in der zweiten Hälfte der 50er Jahre zu bewältigen waren, orientiert, unterbreiteten die Konferenzteilnehmer eine Fülle von Vorschlägen zur Qualifizierung der Leitung, Planung und Organisation der Forschung und Entwicklung.[4]

Im Gefolge der Konferenz unterbreitete eine Kommission von kompetenten Vertretern der Wissenschaft und Technik dem Ministerrat der DDR entsprechende Empfehlungen.[5] Dabei legten sie auf die Ausarbeitung von perspektivischen Plänen für

3 LV-198 (Protokoll IV. Parteitag SED)
4 AV-99 (AMWT, Best. L Nr. 116)
5 AV-100 (AMWT, Best. L Nr. 117)

die verschiedenen Gebiete von Wissenschaft und Technik sowie auf die unmittelbare Verbindung dieser Pläne mit denen der Industrie besonderen Wert. Diese Empfehlungen gingen in den Entwurf eines Beschlusses über Maßnahmen zur Förderung des wissenschaftlich-technischen Fortschritts, der im Herbst 1954 entstand, ein.[6] Dieser Entwurf wurde nach einer eingehenden Beratung in der Staatlichen Plankommission, die Anfang Dezember stattfand, Ende Januar 1955 den Regierungsstellen und den Kollektiven der Forschungs- und Entwicklungsstellen zur Diskussion unterbreitet.[7]

Die Vorschläge für eine wirkungsvolle gesamtgesellschaftliche Leitung, Planung und Organisation der wissenschaftlich-technischen Arbeit wurde in jenen Wochen unterbreitet, in denen sich das ZK der SED eingehend mit den Erfordernissen, die sich aus dem Wirken der ökonomischen Gesetze des Sozialismus für die Führung der Wirtschaft in der DDR ergaben, befaßte.[8] Im Laufe des Jahres 1954 wurde der innere Zusammenhang zwischen dem ökonomischen und sozialen Fortschritt einerseits und einer zielklaren Ausrichtung der wissenschaftlich-technischen Entwicklung andererseits so nachdrücklich offenbar, daß sich die Parteiführung der SED veranlaßt sah, den Beziehungen zwischen Wissenschaft, Technik und Produktion ihre ganze Aufmerksamkeit zuzuwenden. Das geschah vor allem auf den ZK-Tagungen im April, Juni und Oktober 1955.

Im Verlauf des dazu geführten Gedankenaustausches schälte sich immer deutlicher die Ansicht heraus, daß der Wissenschaft in diesen Beziehungen die dominierende Rolle zufällt. Wenn das Referatsthema der 23. Tagung „Die Anwendung der fortgeschrittensten Wissenschaft und die Herstellung der Rentabilität in der Industrie" der Wissenschaft im gewissen Sinne eine Unterstützungsfunktion für die wirtschaftliche Aufwärtsbewegung zuwies[9], so ist die Diktion der folgenden Tagung schon anders. Auf ihr wurde formuliert, daß der Stand der wissenschaftlich-technischen Arbeit von heute der Produktionsstand von morgen sein wird. Dem entsprach auch ein Material „Über die nächsten Aufgaben auf dem Gebiet der Wissenschaft und Technik", das den Mitgliedern des ZK der SED im Juni 1955 unterbreitet wurde.[10]

Wenig später verabschiedete das Politbüro des ZK der SED, die bisher geführten Diskussionen auswertend, den „Beschluß über Maßnahmen zur Förderung des wissenschaftlich-technischen Fortschritts in der Deutschen Demokratischen Republik" und stellte ihn im Sommer 1955 zur Diskussion.[11] Auf einer wissenschaftlich-technischen Konferenz wurden sein Inhalt und die Konsequenzen, die sich daraus ergaben, eingehend erörtert. Der Ministerrat der DDR verabschiedete diesen Beschluß am 21. Juli 1955.[12]

Das eingehende Beschäftigen der Parteiführung der SED mit dem inneren Zusammenhang von Wissenschaft, Technik und Produktion führte schließlich auf der 25. Tagung des ZK zu einer verallgemeinernden Aussage über die Perspektive dieses Zusammenhangs. Kurt Hager führte dazu aus: „Wir müssen davon ausgehen, daß wir in Wissenschaft, Technik und Industrie an der Schwelle einer Revolution stehen, die

6 AV-39, Bl. 392f. (ZStAP, E-1, Nr. 2004)
7 AV-39, Bl. 260ff. (ZStAP, E-1, Nr. 2004)
8 LV-170, S. 227ff. (Müller/Reißig)
9 LV-299 (Ziller)
10 LV-261, S. 457 (Ulbricht)
11 AV-97 (AMWT, Best. L Nr. 46)
12 LV-427a, S. 521 (GBl. I, 1955)

wahrscheinlich bedeutsamer sein wird als die industrielle Revolution am Ende des 18. und Anfang des 19. Jahrhunderts."[13] Kurt Hager nannte als Hauptrichtungen, in die sich der wissenschaftlich-technische Fortschritt bewegen wird: die Anwendung der Atomenergie zur Deckung des Energiebedarfs, die komplexe Mechanisierung und Automatisierung der Produktionsprozesse, die Erzeugung und Nutzung von Kunststoffen, der Einsatz biologischer Mittel und Kontrollen.

Die im Laufe des Jahres 1955 gewonnenen Einsichten in die Perspektive der wissenschaftlich-technischen Entwicklung ermöglichte es der SED, die Planung der Volkswirtschaft für die zweite Hälfte der 50er Jahre schon so anzulegen, daß die DDR dieser Entwicklung Rechnung tragen konnte. Das zeigte sich auf der 3. Parteikonferenz der SED im März 1956 ganz deutlich. Walter Ulbricht hob in seinem Konferenzreferat hervor: „Wir müssen in der Zeit des zweiten Fünfjahrplanes mit einer neuen industriellen Umwälzung beginnen. Das heißt: die Kernenergie auf den verschiedenen Gebieten für friedliche Zwecke ausnutzen; die weitestgehende Mechanisierung und Automatisierung der Produktion herbeiführen; bestimmte Arten geistiger Arbeit maschinell zu lösen, zum Beispiel durch die Produktion von Elektronenrechenmaschinen sowie die Entwicklung der Halbleitergeräte für verschiedene Zwecke."[14]

Die Mitte der 50er Jahre begonnene Debatte um die Auswirkungen, die die Revolution in der Wissenschaft und Technik auf die industrielle Produktion haben wird, wandte sich zunehmend der Frage nach dem Wesen und dem sozialen Inhalt dieses Prozesses zu. Anfänglich folgte man dabei der These von einer zweiten industriellen Revolution.

So schrieb beispielsweise Gerhard Ziller im Jahre 1956, daß die „zweite industrielle Revolution" durch die Erschließung neuer qualitativ hochwertiger Energiequellen und durch die automatisierte Produktion materieller Güter bestimmt wird.[15] Gerhard Ziller verwies darauf, daß durch die Automatisierung der maschinellen Großproduktion eine hohe Steigerung der Arbeitsproduktivität erzielt und eine wesentliche quantitativ und qualitativ bessere Produktion materieller Güter erreicht werden kann. Die Automatisierung sei der wichtigste Bestandteil der „zweiten industriellen Revolution".[16]

Ebenso wie Gerhard Ziller verwandte Fritz Selbmann den Begriff der „zweiten industriellen Revolution" mit der Begründung, daß die industrielle Revolution durch die Entdeckung einer neuen oder ungenutzten Naturkraft und durch die Entwicklung eines neuen technischen Prinzips bedingt ist, wobei Naturkraft und technisches Prinzip zusammenwirken und in Abhängigkeit voneinander stehen.[17]

Beide zitierten Meinungen enthielten durchaus auch aus der Sicht der heutigen marxistisch-leninistischen Erkenntnisse vom Wesen und dem Inhalt der wissenschaftlich-technischen Revolution richtige Ansätze für das Erfassen dieses Prozesses, da einige Aspekte der These von der „zweiten industriellen Revolution" nicht unlogisch erschienen. Für den theoretischen Erkenntnisprozeß der sich vollziehenden Wandlungen in den gesellschaftlichen Produktivkräften des 20. Jahrhunderts war es zunächst durchaus verständlich, daß man vergleichende Betrachtungen zu den Entwicklungen

13 LV-202, S. 170 (25. Tagung ZK SED)
14 LV-199, S. 76 (Protokoll 3. Parteikonferenz SED)
15 LV-300, S. 403 (Ziller)
16 LV-300, S. 403 (Ziller)
17 LV-234, S. 41 (Selbmann)

des 18. und 19. Jahrhunderts anstellte und sich solcher Begriffe, wie „zweite industrielle Revolution“ und „technische Revolution“ bediente.

In Untersuchungen zum Verlauf dieser Prozesse in der kapitalistischen und der sozialistischen Produktionsweise wurde Mitte der 50er Jahre aber auch bereits die gesellschaftliche Bezogenheit dieser Prozesse erkannt, indem festgestellt wurde: „Ganz anders verhält sich das im Sozialismus, in dem die absolut neue Qualität der Produktion den Werktätigen ihre kulturelle und materielle Entwicklung entscheidend bereichert.“[18]

Die besonders im unmittelbaren Produktionsprozeß zu erkennende Wirkungen der wissenschaftlich-technischen Revolution führten teilweise zu stark technizistischen Auffassungen. So vertrat beispielsweise Fritz Selbmann die Auffassung, daß der Mensch gegenüber der fortschreitenden Entwicklung der Produktionstechnik zunehmend in eine sekundäre Stellung gedrängt wird.

Diese Ansicht, die Fritz Selbmann in seiner 1956 erschienenen Schrift „Ein Zeitalter stellt sich vor“, begründete, war Gegenstand einer Diskussion auf der 35. Tagung des ZK der SED im Februar 1958, die Albert Norden zum Anlaß nahm, kritisch zu bemerken: „Bei Fritz Selbmann ist das neue Zeitalter nicht der Sozialismus und Kommunismus, sondern die neue Technik, die Atomkraft . . . Bei ihm ist das Revolutionäre der Prozeß des Ersetzens geistiger Arbeit durch Maschinen.“[19]

Faßt man die Meinungen und Diskussionen, die damals zu den sich abzeichnenden Veränderungen in den gesellschaftlichen Produktivkräften geführt und von denen hier stellvertretend nur einige zitiert wurden, zusammen, so läßt sich feststellen, daß zwar noch kein einheitliches und umfassendes theoretisches Konzept über diesen Prozeß vorlag, aber in der zweiten Hälfte der 50er Jahre die wesentlichsten Aspekte des sozialen Wesens und Inhaltes der wissenschaftlich-technischen Revolution erkannt wurden.

Zwischen dem V. und VI. Parteitag der SED konnte eine weitgehend einheitliche marxistisch-leninistische Auffassung über die qualitativen Wandlungen in Wissenschaft und Technik gewonnen werden, ohne sie als wissenschaftlich-technische Revolution zu kennzeichnen.

Mitte der 50er Jahre war die Industrie auf die mit großer Deutlichkeit hervortretenden wissenschaftlich-technischen Aufgaben auf sehr unterschiedliche Weise vorbereitet. Die einzelnen Industriebereiche verfügten über ein mehr oder weniger gut ausgebildetes Forschungs- und Entwicklungspotential.

Anfang 1954 arbeiteten unter unmittelbarer Leitung der Industrieministerien 380 staatliche und volkseigene Forschungs- und Entwicklungsstellen, in denen 10542 Wissenschaftler, Ingenieure und Facharbeiter tätig waren. Die Qualifikationsstruktur des wissenschaftlich-technischen Personals war außerordentlich differenziert. Von den 10542 Mitarbeitern hatten 75 Prozent eine Hoch- und Fachschule besucht, von denen aber nur 81 Prozent ihr Studium tatsächlich abgeschlossen hatten. Die Zahl der Hochschulabsolventen in diesen Forschungs- und Entwicklungsstellen belief sich auf 13,7 Prozent. Hinzu kamen noch 1,9 Prozent, die einige Semester eine Hochschule besucht hatten. Die Fachschulabsolventen machten 47 Prozent der Gesamtbeschäftigten aus. Dazu kamen 12,5 Prozent Mitarbeiter, die ohne Fachschulabschluß geblieben waren.[20]

18 LV-300, S. 405 (Ziller)
19 LV-182 (Norden)
20 AV-106 (AMWT, Best. OP HA I, IV, BT Nr. 51)

Diese Qualifikationsstruktur spiegelte sowohl die Traditionen im technischen Bildungswesen Deutschlands als auch die Folgen des faschistischen Aggressionskrieges für den Ausbildungsgang mehrerer Generationen wider.

Die geringe Zahl von Hochschulkadern verteilte sich sehr ungleichmäßig auf die Forschungs- und Entwicklungsstellen in den einzelnen Industriezweigen. Das geht aus der Tabelle 148 hervor.

Tabelle 148
Übersicht über die den Industrieministerien unmittelbar unterstellten staatlichen und volkseigenen Forschungs- und Entwicklungsstellen sowie deren Beschäftigtenstruktur.
Stand: Februar 1954

Ministeriumsbereich	Anzahl der F.- u. E.-Stellen	Anzahl der Gesamtbeschäftigten	darunter Hochschul-Fachkräfte mit Abschluß	Hochschul-Fachkräfte ohne Abschluß	Fachschul-Fachkräfte mit Abschluß	Fachschul-Fachkräfte ohne Abschluß	Sonst.
Schwerindustrie	131	1812	594	57	574	165	422
Maschinenbau	229	7798	611	117	4049	1049	1972
Aufbau	24	274	94	15	104	16	45
Leichtindustrie	91	435	79	13	137	87	119
Lebensmittelindustrie	36	223	62	1	88	2	70
Industrieministerien gesamt	380	10542	1440	203	4952	1319	2628

Quelle: AV-106 (AMWT, Bestand OP, HA II, BT, Nr. 51)

Obgleich bis Mitte der 50er Jahre das Forschungs- und Entwicklungspotential in der Industrie, vornehmlich aber in der Schwerindustrie angestiegen war, vermochte es weder in seinem Umfange noch in seiner Struktur den bevorstehenden Anforderungen zu genügen.

Wie die Situation zu dieser Zeit war, läßt eine Analyse erkennen, die den Anteil des technischen Personals an den Beschäftigten in der Industrie im Sommer 1955 ausweist. Im Durchschnitt der Industrie belief sich der Anteil des technischen Personals an der industriellen Produzentenschaft auf 7,1 Prozent. Den größten Anteil hatte das technische Personal an der Beschäftigtenzahl im Schwermaschinenbau mit 9,7 und in der Pharmaindustrie mit 8,8 Prozent. Über dem Durchschnitt lagen noch die chemische Industrie und der allgemeine Maschinenbau mit jeweils 7,6 Prozent. Unterdurchschnittlich war der Anteil des technischen Personals an der Gesamtbeschäftigtenzahl in der Leicht- und Lebensmittelindustrie mit 5,5 bzw. 5,2 sowie in der Baustoffindustrie mit 5 Prozent. Die Kohle- und Energieindustrie lag im Durchschnitt.

Interessant ist für unseren Zusammenhang noch das analytische Material, das über den Anteil der Beschäftigten in den Forschungs- und Entwicklungsstellen an der Gesamtzahl des nichtindustriellen Personals in den verschiedenen Industriebereichen Auskunft gibt. Danach arbeiteten im Durchschnitt 34 Prozent des nichtindustriellen Personals in Forschungs- und Entwicklungsstellen. Über diesem Durchschnitt lag der allgemeine Maschinenbau mit 53,2 und die pharmazeutische Industrie mit 46,3 Prozent. Der Schwermaschinenbau und die chemische Industrie registrierten einen Anteil von 28,7 bzw. 26,5 Prozent. Besonders niedrig war dieser Anteil in der Kohle- und Energieindustrie mit 6,5 Prozent, in der Leichtindustrie mit 3 Prozent sowie in der Baustoffindustrie mit 2,9 Prozent. Die Lebensmittelindustrie war nicht ausgewiesen.[21]

Tabelle 149
Anteil des technischen Personals an den Gesamtbeschäftigten der volkseigenen Industrie (1.), Anteil der Beschäftigten in den Forschungs- und Entwicklungsstellen am nichtindustriellen Personal (2.) sowie Gesamtzahl des wissenschaftlich-technischen Personals in den Ministeriumsbereichen (3.). Stand: 30. 9. 1955

Industriebereich	1. in Prozent	2. in Prozent	3.
Berg- u. Hüttenwesen	6,2	17,8	10908
Chemische Industrie	7,6	26,5	14884
Kohlen- u. Energieindustrie	7,2	6,5	16723
Schwermaschinenbau	9,7	28,7	36555
Allgemeiner Maschinenbau	7,6	53,2	46144
Baustoffindustrie	4,9	2,9	933
Leichtindustrie	5,5	3,0	25317
Lebensmittelindustrie	5,0		3711
Pharmazeutische Industrie	8,8	46,3	949
Industrie, gesamt	7,1	3,4	156124

Quelle: Errechnet nach AV-106 (AMWT, Bestand OP, HA I, IV, BT, Nr. 51)

Von besonderer Bedeutung für den wissenschaftlich-technischen Fortschritt war das Potential der Akademie der Wissenschaften. Diese Institution hatte sich in der ersten Hälfte der 50er Jahre zum Zentrum der mathematisch-naturwissenschaftlichen Forschung in der DDR entwickelt. Das veranschaulichen die Angaben über die Forschungsthemen und über die eingesetzten Forschungsmittel. 1951 bearbeiteten die Mitarbeiter der AdW 127 mathematisch-naturwissenschaftliche Themen. Dafür standen ihnen 1,6 Mill. DM zur Verfügung. 1955 belief sich die Anzahl der Forschungsthemen auf 500 und die dafür eingesetzten Finanzmittel betrugen 25 Mill. Mark.[22]

Nach einer Erhebung des Forschungsrates der DDR vom November 1958 über die Verwendung der zwischen dem 1. Januar 1950 und dem 30. Juni 1958 eingesetzten Mittel für Forschung und Technik ergab sich, daß von den insgesamt verfügbaren Mitteln in Höhe von 3,1 Mrd. DM der Maschinenbau mit 1,3 Mill. Mark den größten Anteil hatte. Die im Bereich des Maschinenbaus eingesetzten finanziellen Mittel für Forschung und Technik waren dabei etwa doppelt so hoch, wie die Aufwendungen im Bereich der Grundstoffindustrie, die im betrachteten Zeitraum 630 Mill. Mark betrugen. Für einen Umfang von 117 Mill. Mark konnten Forschungsergebnisse nicht in die Praxis eingeführt werden. Dieser Umfang entsprach etwa 4 Prozent des Gesamtaufwandes für Forschung und Technik und war damit relativ gering.[23]

21 AV-106 (AMWT, Best. OP HA I, IV, BT Nr. 51)
22 AV-102 (AMWT, Best. L Nr. 136)
23 AV-77, Bl. 74ff. (ZStAP, E-1, Nr. 14039)

Tabelle 150
Finanzielle Mittel für Forschung und Technik 1950 bis 1959 (in Mill. Mark)

1950	1951	1952	1953	1954	1955	1956	1957	1958	1959
61,0	107,4	137,7	323,3	462,1	493,3	592,0	663,0	772,3	888,3

Quelle: AV-78, Bl. 97 (ZStAP, E-1, Nr. 14060)

Die bis Mitte der 50er Jahre entstandene industrielle Forschungs- und Entwicklungskapazität wurde nicht ausgeschöpft. Dafür gab es subjektive und objektive Ursachen. Die Industrieleitungen verfügten noch nicht ausreichend über fachlich kompetente Mitarbeiter, die die wissenschaftlich-technische Arbeit zu organisieren vermochten.[24] Ungenügende Koordinierung und Doppelentwicklungen waren die Folge.

Hinzu kam, daß nicht mit dem nötigen Nachdruck für das Überleiten der Forschungs- und Entwicklungsergebnisse in die Produktion gesorgt wurde.[25] Walter Ulbricht sah sich auf der 28. Tagung des ZK der SED im Juli 1956 veranlaßt, den Bürokratismus auf diesem Gebiet zu kritisieren. „Im Ablauf der Forschung und Entwicklung gibt es eine solche unsinnige Bürokratie, daß nach einer festgelegten Ordnung bis zur Freigabe eines abgeschlossenen Entwicklungsauftrages 61 Verwaltungsakte, Bedingungen, Besprechungen und Genehmigungen vorzunehmen sind.“[26]

Schließlich hemmte eine starke Zersplitterung die Leistungsfähigkeit der Industrieforschung. Der Mitte der 50er Jahre herrschende Grad der Zersplitterung spiegelt sich in den Angaben über die durchschnittliche Beschäftigtenzahl pro Forschungs- und Entwicklungsstelle wider. 1954 arbeiteten durchschnittlich 23 Wissenschaftler, Ingenieure und Facharbeiter in einer solchen Stelle. Betrachtet man die einzelnen Industriebereiche, so ergibt sich, daß lediglich in den Forschungs- und Entwicklungsstellen des allgemeinen Maschinenbaus mit 34,1 Beschäftigten eine gewisse Kräftekonzentration vorlag. In den anderen Zweigen betrug die durchschnittliche Beschäftigtenzahl zwischen 13,8 und 6,7 Personen.[27]

Im Ergebnis des Ministerratsbeschlusses vom Juli 1955 zur Förderung des wissenschaftlich-technischen Fortschritts war es gelungen, in den Wirtschaftsleitungen und in den Industriebetrieben ein größeres Verständnis für die Rolle, die der wissenschaftlich-technischen Arbeit bei der künftigen Produktionsentwicklung zukommt, zu wecken. Eine Reihe von Hemmnissen, die sich bei der Leitung der wissenschaftlich-technischen Arbeit gezeigt hatten, konnten beseitigt werden.[28]

Aber mit diesem Beschluß konnte noch keine Wende in den Beziehungen zwischen einer langfristig angelegten Volkswirtschaftsplanung und der entsprechenden Disposition der wissenschaftlich-technischen Arbeit hergestellt werden. Die Forschung und Entwicklung war nicht hinreichend auf die ökonomischen Erfordernisse der DDR ausgerichtet und die volkswirtschaftliche Planung für die Jahre 1956 bis 1960 trug dem wissenschaftlich-technischen Fortschritt nicht in vollem Umfang Rechnung.[29] Der

24 AV-96 (AMWT, Best. L Nr. 34); AV-17, Bl. 216f. (ZStAP, D-1, Nr. 3547)
25 LV-85, S. 94 (Fiedler)
26 LV-262, S. 581 (Ulbricht)
27 AV-106 (AMWT, Best. OP HA I, IV, BT Nr. 51)
28 AV-17, Bl. 211ff. (ZStAP, D-1, Nr. 3547)
29 AV-17, Bl. 225 (ZStAP, D-1, Nr. 3547)

Investitionsplan für diese Zeit entsprach beispielsweise den Erwartungen, die die gesamte Industrie an die Betriebs-, Meß-, Steuer- und Regelungstechnik stellte, in keiner Weise.

Tabelle 151
Produktionswert der im Zeitraum von 1950 bis 1959 eingesetzten BMSR-Geräte (in Mill. Mark)

1950	1951	1952	1953	1954	1955	1956	1957	1958	1959
10,0	13,0	16,0	34,0	47,0	51,0	59,0	66,0	87,0	109,0

Quelle: AV-78, Bl. 101 (ZStAP, E-1, Nr. 14060)

In einem Bericht über die Durchführung des Ministerratsbeschlusses vom Juli 1955, der 1956 entstand, wird festgestellt: „Die Maßnahmen zur Förderung des technischen Fortschritts gehen zur Zeit nicht von einer in sich abgestimmten Basis, d. h. einem wohldurchdachten Perspektivplan aus, sondern sind im wesentlichen dem freien Spiel der verschiedenen Kräfte unterworfen. Das Fehlen eines Perspektivplanes wirkt sich allerdings nicht nur auf den technischen Fortschritt, sondern auf die ganze Volkswirtschaft sehr schädlich aus."[30]

Diese Erkenntnis veranlaßte den Ministerrat der DDR in seiner Sitzung vom 16. August 1956 eine Kommission mit der Ausarbeitung eines Beschlusses zu beauftragen, der für eine perspektivisch angelegte und auf die volkswirtschaftliche Entwicklung ausgerichtete Forschungsarbeit die Voraussetzungen schafft.[31] Ein entsprechender Beschlußentwurf lag Ende August 1956 vor. In der Begründung dazu heißt es: „Die mit der Nutzung der Kernenergie und dem Prozeß der Automatisierung der Produktion verbundenen Umwälzung der industriellen Entwicklung im Weltmaßstab zwingt dazu, die Festlegung der Perspektive und die grundsätzliche Lenkung der technischen Forschung und Entwicklung auf ein unmittelbar bei dem Ministerrat zu bildendes und mit entsprechenden Vollmachten ausgestatteten Organ zu übertragen und zugleich ein System der Koordinierung der Planung und Durchführung der wissenschaftlich-technischen Forschungsarbeiten zwischen dem Ministerrat, den Fachministerien, den Universitäten und Hochschulen und der Deutschen Akademie der Wissenschaften festzulegen."[32] Dementsprechend empfahl der Beschlußentwurf die Bildung eines „Beirates zur Forschung und Technik" beim Ministerrat der DDR und dessen Kompetenzen.[33]

Nach eingehenden Beratungen des gesamten Vorhabens faßte der Ministerrat der DDR am 6. Juni 1957 den „Beschluß über die Maßnahmen zur Verbesserung der Arbeit auf dem Gebiet der naturwissenschaftlich-technischen Forschung und Entwicklung und die Überführung der neuen Technik".[34] Der Beschluß verfügte die Bildung eines Beirates beim Ministerrat für naturwissenschaftlich-technische Forschung, des Forschungsrates der DDR, zu dessen Vorsitzenden Peter Adolf Thießen berufen wurde.

30 AV-17, Bl. 213 (ZStAP, D-1, Nr. 3547)
31 AV-104 (AMWT, Best. L Nr. 184)
32 AV-104 (AMWT, Best. L Nr. 184)
33 AV-104 (AMWT, Best. L Nr. 184)
34 LV-31, S. 469ff. (GBl. I/57)

Dem Forschungsrat der DDR wurden folgende Aufgaben übertragen:

- die Konzipierung der perspektivischen naturwissenschaftlichen und technischen Forschung,
- das Gewährleisten der Übereinstimmung von Aufgaben der in der DDR vorhandenen Forschungskapazitäten mit den ökonomischen Erfordernissen und Planaufgaben der Volkswirtschaft,
- die Lenkung und Koordinierung von Maßnahmen zur Einführung der neuen Technik in der Industrie,
- die Kontrolle der Schwerpunktaufgaben der wissenschaftlich-technischen Forschungsaufgaben.

Der Forschungsrat, der sich am 24. August 1957 konstituierte, leistete eine umfangreiche Arbeit.[35] Viele seiner Empfehlungen fanden in wirtschaftspolitischen Entscheidungen der Regierung der DDR ihren Niederschlag. Besonders eng gestaltete sich die Zusammenarbeit zwischen dem Forschungsrat und der Staatlichen Plankommission.

Außerdem wurden mit dem Gesetz vom 11. Februar 1958 den neugebildeten VVB wissenschaftlich-technische Zentren zugeordnet. Damit wurden industriezweigspezifische Forschungskapazitäten geschaffen, denen die planmäßige Gestaltung des Zyklusses Wissenschaft-Technik-Produktion oblag.

b) Die Hinwendung zu den Hauptrichtungen des wissenschaftlich-technischen Fortschritts in der Produktion

Die Nutzung der Kernenergie

Die Widersprüche, die zu Beginn der 50er Jahre zwischen dem rasch wachsenden Energieverbrauch der Industrie und der Energieerzeugung bestanden und im gesamten Betrachtungszeitraum das volkswirtschaftliche Wachstum beeinflußten, lenkten schon Mitte der 50er Jahre das Interesse auf die Nutzung der Kernenergie.

In jener Zeit ließen die wissenschaftlichen Erfolge, die in den entwickelten Industrieländern auf dem Weg zur Erzeugung von Elektroenergie aus der Kernspaltung erreicht wurden, Hoffnungen auf eine baldige friedliche Nutzung der Kernenergie aufkommen. Die gewaltigen Aufwendungen für den Umweltschutz, die Endlagerung abgebrannten Kernmaterials, die technische Sicherheit der Reaktoranlagen und nicht zuletzt der noch zu leistende Umfang wissenschaftlicher Arbeit zur umfassenden technologischen Beherrschung der thermonuklearen Prozesse für die Energieerzeugung waren allerdings noch nicht abzusehen.

Es zeigte sich, daß auch in den 60er Jahren nicht mit einer umfassenden Nutzung der Kernenergie zu rechnen war. Diese Feststellung traf nicht nur für unser Land, sondern für den weltweiten Stand der Forschung auf diesem Gebiet zu. Noch Ende des Jahres 1965 gab es auf der gesamten Welt nur 62 Kernkraftwerke, mit der im Vergleich zum Weltbedarf an Elektroenergie bedeutungslosen Gesamtenergieerzeugung von etwa 6,5 Mill. Kilowatt.[36]

In der DDR wurde 1966 das erste Atomkraftwerk bei Rheinsberg in Betrieb genommen. Dieses Werk, ausgerüstet mit einem 70 Megawatt-Druckwasserreaktor so-

[35] AV-105 (AMWT, Best. L Nr. 231)

[36] LV-159, S. 349 (Meyer-Lexikon)

wjetischer Bauart, hatte praktisch den Charakter einer Pilotanlage und diente der wissenschaftlich-technischen Vorbereitung künftiger Aufgaben auf diesem Gebiet.

In der zweiten Hälfte der 50er Jahre rückte eine zweite Seite der Nutzung der Nukleartechnik in den Vordergrund des wissenschaftlich-technischen Interesses. Besonders zur Rationalisierung der vielfältigen Meß- und Prüfprozesse in der metall- und plastverarbeitenden Industrie wurde der Einsatz von radioaktiven Isotopen forciert. Das betraf beispielsweise die zerstörungsfreie Werkstoffprüfung mittels Gammadefektoskopie, aber auch Schicht- und Banddicken-, Dichte-, Flächendichte- und Füllstandsmessungen zur Steuerung und Regelung von Industrieanlagen. Vom 7. bis 8. September 1959 fand eine zentrale Isotopen-Konferenz des Maschinenbaus der DDR statt, auf der ein breiter Erfahrungsaustausch über diese Art der Kernenergienutzung geführt wurde.[37] Die Fortschritte, die auf diesem Gebiet bis Anfang der 60er Jahre erreicht wurden, zeigt Tabelle 152.

Tabelle 152
Anwendung radioaktiver Isotope 1955 bis 1964

Jahr	Anwendungsstellen insgesamt	davon Medizin	Forschung	Industrie
1955	2	1	1	–
1956	34	3	28	3
1957	62	5	44	13
1958	94	12	54	28
1964	691	98	152	441

Quelle: LV-12, S. 50 (Arnold/Borchert/Lange/Schmidt)

Die Produktionsautomatisierung

Von entscheidender Bedeutung für die qualitative Weiterentwicklung der ab 1956 verstärkt einsetzenden Produktionsautomatisierung war das organische Verbinden der folgenden wissenschaftlich-technischen Teilkomplexe:

- die Entwicklung eines breiten Sortiments an Halbleiterbauelementen und Schaffung der erforderlichen industriellen Fertigungsvoraussetzungen,
- der Ausbau der Betriebsmeß-, Steuerungs- und Regelungstechnik auf der Grundlage der sich aus der Anwendung der Halbleitertechnik und radioaktiver Isotopen ergebenden qualitativ neuen Möglichkeiten und der umfassenden Anwendung der sich aus den beiden vorgenannten Teilkomplexen ergebenden qualitativ neuen Automatisierungslösungen.

Mit der schrittweisen Realisierung dieser Aufgaben wurde die Schwelle von der bisherigen Rekonstruktion zum konsequent auf die Intensivierung der gesellschaftlichen Reproduktion gerichteten sozialistischen Rationalisierung überschritten.

Geht man von den Dokumenten, Beschlüssen und Maßnahmen aus, die für die Gestaltung der materiell-technischen Produktionsbedingungen der Industrie in der zweiten Hälfte der 50er und Anfang der 60er Jahre bestimmend waren, so erscheint diese Feststellung zunächst unverständlich. Die 3. Parteikonferenz der SED im Jahre 1956, auf der die Direktive für den zweiten Fünfjahrplan 1956 bis 1960 bestätigt wurde,

[37] AV-48, Bl. 14 (ZStAP, E-1, Nr. 4982)

hatte die bedeutende Rolle der sozialistischen Rekonstruktion für das Herausbilden der materiell-technischen Basis der sozialistischen Industrie hervorgehoben.

Auf dem V. Parteitag der SED im Jahre 1958, der die Direktive des Siebenjahrplanes 1959 bis 1965 bestätigte und die Ausarbeitung von Rekonstruktionsplänen in allen Bereichen der Volkswirtschaft festlegte, sowie auf den 5., 6. und 9. Tagungen des ZK der SED in den Jahren 1959 und 1961 wurden weitere Maßnahmen der sozialistischen Rekonstruktion beschlossen.

Untersucht man jedoch den Inhalt und das Wesen dieses Prozesses näher, so wird deutlich, daß zu diesem Zeitpunkt die Rekonstruktion in der sozialistischen Industrie eine qualitativ neue Entwicklungsstufe erreichte, in der sich immer mehr die charakteristischen Merkmale zeigten, die dem heutigen Verständnis vom Wesen und dem Inhalt der sozialistischen Rationalisierung entsprachen.

Der Prozeß der Rekonstruktion nahm mit dem Ministerratsbeschluß vom 5. September 1952 zur Ausarbeitung von Rekonstruktionsplänen seinen Ausgang. Erstmals wurden in den Betrieben der volkseigenen Industrie Planteile für technisch-organisatorische Maßnahmen zur Rekonstruktion der materiell-technischen Produktionsbedingungen ausgearbeitet.[38] Inhalt dieser Pläne war vornehmlich der Abbau von innerbetrieblichen Disproportionen im Produktionsapparat und eine vorwiegend quantitative Veränderung der technisch-technologischen Bedingungen. In diesem Prozeß verstärkten sich in der zweiten Hälfte der 50er Jahre die Züge, die auf eine Veränderung des Arbeitsinhaltes zielten und zur Ausbildung des sozialistischen Charakters der Arbeit beitrugen.

Das zeigte sich sehr deutlich an der Richtlinie zur sozialistischen Rekonstruktion der wichtigsten Betriebe und Zweige der Industrie, die dem Gesetz über den Siebenjahrplan 1959 bis 1965 als Anlage beigefügt war, in der es heißt: „Maßstab für den Erfolg der sozialistischen Rekonstruktion ist ihr Nutzeffekt, die Höhe der Arbeitsproduktivität, das technische Niveau der Produktion, die Senkung der Selbstkosten pro Erzeugnis und der Grad der Wirtschaftlichkeit der Betriebe.“[39]

Als Aufgaben wurden dazu festgehalten:

- die umfassende Typisierung und Standardisierung sowie die Konzentration der industriellen Produktion und die Spezialisierung der Betriebe zur Gestaltung effektiver Produktionsmaßstäbe,
- der Vollzug der sozialistischen Rekonstruktion auf höchstmöglicher Stufe der Technik durch
  - Entwicklung und Stärkung der wissenschaftlich-technischen Zentren der Staatlichen Plankommission, der Vereinigung Volkseigener Betriebe und der Wirtschaftsräte der Räte der Bezirke,
  - Überwindung noch bestehender Disproportionen in der Produktion,
  - vorrangige Entwicklung der Betriebs-, Meß-, Steuer- und Regelungstechnik,
  - Übergang von diskontinuierlichen zu kontinuierlichen Fertigungsarten,
  - Entwicklung halb- und vollautomatischer Werkzeug- und Arbeitsmaschinen auf der Grundlage standardisierter Baueinheiten,
  - verstärkten Einsatz der Umformtechnik und radioaktiver sowie stabiler Isotopen für Meß- und Regelungszwecke,

[38] AV-20, Bl. 1 (ZStAP, E-1, Nr. 246)
[39] AV-29, Bl. 3 (ZStAP, E-1, Nr. 1329)

- Einführung höherer produktiverer Technologien durch Mechanisierung und Automatisierung,
- Veränderung der Struktur der Rohstoffbasis mit dem Ziel, den spezifischen Materialverbrauch pro Erzeugnis zu senken,
- Erhöhung des technischen Niveaus der Erzeugnisse, der Technologien und der Produktion durch Ergebnisse der wissenschaftlichen Forschung.[40]

Im Referat des Präsidenten des Deutschen Amtes für Material- und Warenprüfung auf einer Arbeitsberatung am 3. Juli 1959 in Leipzig wurden erste Beziehungen zwischen der sozialistischen Rekonstruktion und dem Prozeß der sozialistischen Rationalisierung hergestellt.[41]

In den Vorbereitungsmaterialien zur 9. Tagung des ZK der SED im Jahre 1961, die sich besonders mit einer umfassenden Mechanisierung und Automatisierung industrieller Fertigungsprozesse im Rahmen der sozialistischen Rekonstruktion befaßte, wurde im Zusammenhang mit diesem Prozeß auch erstmals der Begriff der wissenschaftlich-technischen Revolution verwandt, indem festgestellt wurde, daß „die Automatisierung ein wichtiger Bestandteil der wissenschaftlich-technischen Revolution unserer Tage ist."[42]

In den wirtschaftspolitischen Dokumenten der SED jener Zeit fand dieser Begriff für die zu erwartenden Veränderungen in den Produktivkräften im allgemeinen noch keine Verwendung.

Zusammenfassend läßt sich festhalten:
Mitte der 50er Jahre traten besonders auf dem Sektor der Produktionsautomatisierung neue Formen auf, die sich auf qualitative Entwicklungen der Halbleiter-, Nuklear- und Betriebs-, Meß-, Steuer- und Regeltechnik stützen. Sie setzten zunächst in Schwerpunktbereichen des industriellen Produktionsprozesses ein und strahlten von dort zunehmend auf das industrielle Produktionsfeld aus.

Ab 1959, nicht zuletzt durch umfangreichere industrielle Investitionen im Rahmen des Siebenjahrplanes, breitete sich der Prozeß der Produktionsautomatisierung gegenüber den Vorjahren überproportional aus. Der Anteil automatischer Fertigungsausrüstungen im industriellen Produktionsapparat blieb jedoch noch gering. Die Produktionsautomatisierung bewirkte deshalb auch noch keine qualitativen Veränderungen im Inhalt der industriellen Arbeit. So arbeiteten im Jahre 1960 von 100 Produktionsarbeitern in der Industrie nur 35 Arbeiter überhaupt an Maschinen. Allein 37000 Werktätige in der Industrie führten Transportarbeiten aus. Von etwa 80000 Drehmaschinen in der Industrie waren nur 5870 Drehautomaten und 850 automatische Maschinen. Im gesamten Maschinenbau gab es im Jahre 1960 erst 55 Maschinenfließreihen.[43] Zwei Jahre früher, im Jahre 1958, betrug der Anteil von Automaten und Halbautomaten an den insgesamt 116300 spanabhenbeden Werkzeugmaschinen des zentralgeleiteten Maschinenbaus nur 2,45 Prozent.[44]

Anfang des Jahres 1959 waren im Bereich des zentralgeleiteten Maschinenbaus von den insgesamt 142800 Werkzeugmaschinen nur 29 Prozent nicht älter als 10 Jahre.

[40] AV-29, Bl. 3ff. (ZStAP, E-1, Nr. 1329)
[41] AV-84, Bl. 60 (ZStAP, E-1, Nr. 14103
[42] AV-86, Bl. 221 (ZStAP, E-1, Nr. 14108)
[43] AV-86, Bl. 221 (ZStAP, E-1, Nr. 14108)
[44] AV-40, Bl. 4 (ZStAP, E-1, Nr. 2211)

Über Dreiviertel dieses Maschinenbestandes war hinsichtlich seiner normativen Nutzungsdauer bereits abgeschrieben. Nur 23 Prozent dieser Maschinen hatte noch einen Gütegrad von I oder II.[45]

Obgleich die bisher vollzogenen Veränderungen in den industriellen Produktivkräften noch nicht von einer solchen Qualität waren, daß sie den Inhalt der Arbeit grundlegend zu wandeln vermochten, führten sie doch zu einer Konzentration und Spezialisierung der Produktion und der Arbeit, die dem gerecht wurde, was W. I. Lenin als „tatsächliche Vergesellschaftung" charakterisierte.[46] Dieser Vorgang weist darauf hin, daß der sozialistische Charakter der Arbeit zunächst in der Organisation und Leitung sowie im sozialen Umfeld des industriellen Arbeitsprozesses schneller und nachhaltiger in Erscheinung trat, als in der Breite des unmittelbaren Produktionsprozesses.

Der beschriebene Prozeß, in dem der Einfluß von Wissenschaft und Technik auf das quantitative und qualitative Ergebnis der industriellen Produktion immer deutlicher sichtbar wurde, reifte seit Mitte der 50er Jahre über einen längeren Zeitraum, so daß die Zäsur des umfassenden Übergangs von der Rekonstruktion zum Prozeß der sozialistischen Rationalisierung, als den Hauptweg zur intensiv erweiterten Reproduktion der entwickelten sozialistischen Gesellschaft, etwa mit dem Abschluß der Übergangsperiode zusammenfällt.

Dieser Prozeß verlief nicht ohne Widersprüche und gelegentliche Rückschläge.

Er hing aber in der Hauptsache von dem Anwenden der Ergebnisse des wissenschaftlich-technischen Fortschritts in der Industrie der DDR ab.

Im folgenden soll in Grundlinien nachgezeichnet werden, wie in der sozialistischen Industrie die Hauptrichtungen des wissenschaftlich-technischen Fortschritts seit Mitte der 50er Jahre zum Tragen kamen.

Die qualitativen Veränderungen in der elektronischen Industrie

Mit der Entwicklung eines breiten Sortimentes elektronischer Bauelemente auf der Grundlage der Halbleitertechnik und mit dem Aufbau entsprechender Fertigungskapazitäten wurde in der Automatisierungstechnik, aber auch in den anderen Bereichen der Elektronik, die Ablösung der Elektronenröhrentechnik eingeleitet. Damit wurde in Verbindung mit der Anwendung gedruckter Schaltungen die erste Schwelle des bis heute anhaltenden Miniaturisierungsprozesses elektronischer Systeme überschritten.

Die sich weltweit vollziehenden Entwicklungstendenzen auf dem Gebiet der Elektronik, insbesondere der Halbleitertechnik, waren in unserem Lande schon sehr früh erkannt worden. Bereits 1952 nahm ein neugebildetes Entwicklungskollektiv unter Leitung von Martin Falter in Teltow seine Forschungsarbeit auf diesem Gebiet auf.[47]

Auf der 3. Parteikonferenz der SED im Jahre 1956 wurden erste Hinweise gegeben, nunmehr die vorliegenden wissenschaftlichen Erkenntnisse für eine qualitativ neue Stufe der Produktionsautomatisierung konsequent zu nutzen.[48]

Im Jahre 1957 begann der Aufbau des Halbleiterwerkes in Frankfurt/Oder.

Auf der 5. Tagung des ZK der SED im März 1959 wurde nochmals die Bedeutung der schnellen Entwicklung der Halbleitertechnik für die Volkswirtschaft unterstrichen

45 AV-40, Bl. 4 (ZStAP, E-1, Nr. 2211)
46 LV-148, S. 231 (LW 27)
47 AV-75, Bl. 40 (ZStAP, E-1, Nr. 13967)
48 AV-75, Bl. 40 (ZStAP, E-1, Nr. 13967)

und zugleich das unzureichende Entwicklungstempo auf diesem Gebiet kritisiert.[49] Das betraf weniger das bereits erreichte Produktionsvolumen von Halbleiterbauelementen, als vielmehr die noch nicht ausreichende Geschlossenheit des zur Verfügung stehenden Sortiments und die kontinuierliche Qualitätssicherung.

Im Jahre 1959 konnten bereits Halbleiterbauelemente im Wert von 22,5 Mill. Mark aus eigener Produktion der Volkswirtschaft zur Verfügung gestellt werden. Aufgrund der Produktionsschwierigkeiten in den bereits genutzten Teilkapazitäten des Halbleiterwerkes Frankfurt/Oder wurden dem Institut für Halbleitertechnik in Teltow Fertigungskapazitäten mit 625 Beschäftigten angeschlossen.[50]

Bei der Schaffung der materiell-technischen Produktionsbedingungen für die Halbleitertechnik handelte es sich um einen außerordentlich komplizierten technologischen Prozeß, der den Industriezweig Elektrotechnik und die speziellen Bereiche der Metallurgie vor qualitativ völlig neue Aufgaben stellte. Das betraf beispielsweise die Bereitstellung superreiner Halbleitermetalle, aber auch technologische Probleme in den direkten Fertigungsprozessen selbst, wie die Anforderungen an Reinheit und stabile Klimabedingungen der Arbeitsräume und die Lösung von Problemen im mechanischen und manuellen Arbeitsprozeß, die sich besonders aus der Miniaturisierung der Arbeitsgegenstände ergaben.

Wie kompliziert das Beherrschen dieser Prozesse war, wird aus der Situation deutlich, die nach der Inbetriebnahme der ersten Kapazitäten im Halbleiterwerk Frankfurt/Oder eintrat. Ende des Jahres 1959 befaßte sich der Sektor Wissenschaft und Technik der Staatlichen Plankommission mit der Situation im Halbleiterwerk, da bei bestimmten Fertigungssortimenten die Ausschußquote bis zu 98 Prozent betrug und dadurch die Produktionsverluste bis Mitte November des Jahres 1959 auf 1,7 Mill. Mark angestiegen waren.

Auf persönliche Bitte von Walter Ulbricht nahm eine sowjetische Expertengruppe Ende 1959 ihre Arbeit in der DDR auf und analysierte den Stand der Halbleitertechnik. Die dabei ermittelten Erkenntnisse und die reichen Erfahrungen der sowjetischen Fachleute waren für die Entwicklung dieses neuen Industriezweiges von großer Bedeutung. Das betraf nicht nur die Lösung der technologischen Probleme, sondern auch die beschleunigte Anpassung der technischen Erzeugnisparameter an den damaligen Weltstand.[51] Sie wußten um den internationalen Stand der Forschung und der Produktion auf diesem Gebiet. Die DDR-Spezialisten waren in jenen Jahren aufgrund der Nichtanerkennung unseres Staates durch die kapitalistischen Hauptländer von der Kommunikation mit Wissenschaftlern und Technikern, die an der Entwicklung der Elektronik führend beteiligt waren, ausgeschlossen.

Es wurden alle Anstrengungen unternommen, die Fertigungskapazitäten für die Halbleitertechnik auch in anderen Teilen des Landes auszubauen, da Ende der 50er Jahre in der Volkswirtschaft der DDR eine Kapazität für die Produktion von etwa 40 Mill. Transistoren und Gleichrichtern fehlte.[52]

Der sprunghaft anwachsende Bedarf elektronischer Erzeugnisse der Industrie führte aber auch zu Disproportionen zwischen dem Leistungsvermögen der Industrie-

[49] LV-16, S. 52ff. (Apel)
[50] AV-30, Bl. 11 (ZStAP, E-1, Nr. 1396); AV-42, Bl. 193 (ZStAP, E-1, Nr. 3146)
[51] AV-59, Bl. 223 (ZStAP, E-1, Nr. 11963)
[52] AV-57, Bl. 26 (ZStAP, E-1, Nr. 11913)

zweige Elektronik und Regelungstechnik und den Bedarfsforderungen der Volkswirtschaft. Das betraf auf dem Gebiet der Regelungstechnik vor allem die Transmittertechnik, die PH-, Feucht- und Temperaturmessung, die Gaschromatographie und ähnliche Einsatzgebiete. Die Ursachen lagen vor allem in der ungenügenden Bereitstellung von Halbleiterbauelementen und Kleinstbauteilen durch den Industriezweig Elektronik.[53]

Im Jahre 1958 schätzte die Staatliche Plankommission ein, daß trotz des erreichten Produktionsvolumens an Betriebs-, Meß-, Steuer- und Regeltechnik von annähernd 90 Mill. Mark der Bedarf der Volkswirtschaft, nur zu 40 Prozent gedeckt wird.[54]

Das Sekretariat des ZK der SED faßte darum am 13. Januar 1960 einen Beschluß, der die Maßnahmen zur weiteren Entwicklung der Betriebs-, Meß-, Steuer- und Regeltechnik festlegte.[55] Die jährlichen Steigerungsraten der Produktion von Betriebs-, Meß-, Steuer- und Regeltechnik und elektronischer Gerätetechnik lagen danach erheblich über den Steigerungsraten der Produktion des Maschinenbaus.

Erzeugnisse der Automatisierungstechnik bestimmten zunehmend den Ausstattungsgrad und die Produktivität von Werkzeug- und Arbeitsmaschinen. Während beispielsweise die mengenmäßige Produktion von Dreh- und Fräsmaschinen im betrachteten Zeitraum um annähernd 15 Prozent stieg, entwickelte sich die wertmäßige Produktion von automatischen Reglern und Regelanlagen auf das über 12fache.[56]

Wenn man in diesem Zusammenhang berücksichtigt, daß das wertmäßige Volumen des Industriezweiges Werkzeugmaschinenbau von 1951 bis 1963 ebenfalls von 176 auf über 822 Mill. Mark, d. h. auf annähernd das 4,7fache anstieg,[57] wird deutlich, daß sich der Ausstattungsgrad der Ausrüstungen hinsichtlich einer zunehmenden Mechanisierung und Automatisierung von Arbeitsabläufen überdurchschnittlich zur mengenmäßigen Produktionssteigerung dieser Erzeugnisse entwickelte.

Die Wandlungen der Erzeugnisstruktur des Maschinenbaus

Der Werkzeugmaschinenbau konnte ab 1957 die Sortimentslücken, die durch die fast ausschließliche Orientierung dieses Industriezweiges auf schwere und schwerste Werkzeugmaschinen in der ersten Hälfte der 50er Jahre entstanden waren, vor allem durch die Entwicklung und Fertigung automatisierter Maschinen für die Mittelserienfertigung schließen.

Maßgeblichen Anteil an der wissenschaftlich-technischen Lösung dieser Aufgabe hatte das 1956 gegründete Institut für Werkzeugmaschinen in Karl-Marx-Stadt unter der Leitung von Kurt Gläser. Eine enge Zusammenarbeit, besonders auf dem Gebiet der verfahrenstechnischen Forschung, bestand mit dem Institut für Technologie und Organisation in Karl-Marx-Stadt, das auf Anregung der 3. Parteikonferenz der SED ebenfalls im Jahre 1956 gegründet worden war.[58]

Etwa 40 Prozent des Gesamtsortiments der produzierten Werkzeugmaschinen entsprach dem Weltstand, davon stellten 10 Prozent Spitzenleistungen dar. Automati-

[53] AV-71, Bl. 165 (ZStAP, E-1, Nr. 13918)
[54] AV-70, Bl. 98 (ZStAP, E-1, Nr. 13915)
[55] AV-70, Bl. 189 (ZStAP, E-1, Nr. 13915)
[56] LV-240, S. 20 (StJb 65)
[57] Errechnet nach: LV-294, S. 86 (Woick); LV-288 Anlage 1.1 (Wießner)
[58] AV-68, Bl. 44 (ZStAP, E-1, Nr. 13879)

sierte und vollautomatisch arbeitende Werkzeugmaschinen umfaßten einen Anteil von 36 Prozent am gefertigten Gesamtsortiment.[59] Im Jahre 1955 hatte der Anteil weltstandsbestimmender Erzeugnisse dieses Industriezweiges erst 24 Prozent betragen.[60]

Der Werkzeugmaschinenbau hatte in den ersten Jahren des zweiten Fünfjahrplanes auf dem Gebiet der Forschung und Entwicklung gute Fortschritte erzielt. Diese Fortschritte schlugen sich jedoch, wie bereits dargestellt, nicht unmittelbar in einer proportionalen qualitativen Entwicklung des gesamten industriellen Produktionsapparates nieder. Dazu kam es erst im Laufe der 60er Jahre. Dafür gab es eine Reihe von Ursachen, auf die nachfolgend kurz eingegangen werden soll.

Das neu entwickelte Werkzeugmaschinensortiment fand zu diesem Zeitpunkt eine außerordentlich gute Aufnahme auf den Außenmärkten. So betrug im Jahre 1959 der Anteil des Exports hochproduktiver Werkzeugmaschinen 58,4 Prozent des in der DDR erzeugten Gesamtvolumens.

Der Gefahr, die Ausstattung der eigenen Industrie zu vernachlässigen, versuchten das Politbüro der SED und die Staatliche Plankommission mit Maßnahmen zu begegnen, die darauf abzielten, daß der hohe Exportanteil nicht zur Verlangsamung des geplanten Entwicklungstempos der materiell-technischen Ausrüstung der sozialistischen Industrie führte.[61] Diese Maßnahmen waren allerdings nicht so weitreichend, daß große Teile der volkseigenen Betriebe die veraltete Technik schon aussondern konnten. Für sie standen aus verschiedenen Gründen noch keine grundlegenden Veränderungen ihrer materiell-technischen Produktionsbedingungen in Aussicht.

Erstens waren neben den Schwerpunkts-Investitionsprogrammen zur Entwicklung der Energie-, Kohle- und Chemieindustrie die Investitionen für eine umfassende Erneuerung des industriellen Produktionsapparates nur begrenzt vorhanden.

Zweitens wurden zur Realisierung der erforderlichen hohen Produktionssteigerungen die verfügbaren Investitionen oftmals zu stark zur Erweiterung des Produktionsfeldes verwendet und die Erhaltung der Produktionsausrüstungen bei gleichzeitiger Modernisierung der produktiven Grundmittel vernachlässigt.

Drittens war in vielen Industriezweigen die Produktion der Betriebe noch unzureichend spezialisiert, so daß ein zu breites Maschinensortiment pro Betrieb benötigt wurde. Die Ausrüstungen waren dadurch außerdem schlecht ausgelastet.

Besonders kraß zeigte sich diese Situation beispielsweise in der Leicht- und Nahrungsgüterindustrie. So gab es im Jahre 1959 in der Textilindustrie der DDR 500 Webereien, davon 450 privatkapitalistische Betriebe. Die Schuhindustrie zergliederte sich auf 226 Produktionsstätten mit insgesamt 31200 Beschäftigten. Die Möbelindustrie umfaßte 612 Industriebetriebe und über 17000 Handwerksbetriebe. Zellstoff wurde in 11 Betrieben, Papier in 50 Betrieben sowie Karton und Pappe in 97 Groß-, Mittel- und Kleinbetrieben gefertigt. Erzeugnisse der Zuckerindustrie wurden von 67 Betrieben hergestellt, die sich auf 11 Bezirke verteilten. Im Bereich der Leichtchemie erfolgte die Produktion von 250 verschiedenen Waschmitteln in 125 Betrieben.[62]

Viertens wurde oftmals aufgrund einer noch nicht ausreichenden Kontinuität im Produktionsablauf die alte Technik für den Einsatz in „Druckperioden“ neben der

[59] AV-71, Bl. 155 (ZStAP, E-1, Nr. 13918)
[60] AV-79, Bl. 129 (ZStAP, E-1, Nr. 14061)
[61] AV-71, Bl. 261 (ZStAP, E-1, Nr. 13918)
[62] AV-85, Bl. 7ff. (ZStAP, E-1, Nr. 14104)

modernen Technik im Produktionsprozeß belassen, was sich auch negativ auf die effektive Ausnutzung der Produktionsflächen auswirkte.

Fünftens wurde in einer Reihe von Industriebetrieben die Produktion weitergeführt, die eigentlich aus Effektivitätsgründen stillgelegt werden sollte. Das betraf besonders den allgemeinen Maschinenbau. Die nicht geklärte Perspektive dieser Betriebe rechtfertigte deshalb keine Investitionsaufwendungen für moderne Technik.[63]

Die Standardisierung und Typisierung

Die Nutzung des wissenschaftlich-technischen Fortschritts in der sozialistischen Industrie bedingte eine effektive Produktion. Sie war nur durch eine umfassende Standardisierung und Typisierung der industriellen Erzeugnisse zu erreichen. Die Forschung und Entwicklung erforderte es, mit der Schaffung weltstandsbestimmender Industrieerzeugnisse auch eine umfassende Standardisierung und Typisierung durchzusetzen, um zu effektiven Produktionsmaßstäben zu gelangen. Im Zusammenhang mit dem Bemühen, die wirtschaftliche Rechnungsführung auf der Grundlage des sozialistischen Sparsamkeitsprinzips durchzusetzen, trat dieses Problem in den Vordergrund.

Der Ministerrat erließ darum im September 1954 eine Verordnung, die die Einführung staatlicher Standards zur Normung der Produktion und der technischen Dienste der Industrie zum Inhalt hatte. Es war das Ziel, mit staatlichen Standards die Qualität der Erzeugnisse, die Vereinheitlichung und Austauschbarkeit von Einzelteilen, Baugruppen und Geräten, die sparsame Verwendung von Rohstoffen und Material, die Senkung der Selbstkosten, die Verkürzung der Projektierungs- und Konstruktionsarbeiten sowie die planmäßige Aufnahme neuer Fertigungen in der Industrie zu beeinflussen.

Diese staatlichen Standards waren im Unterschied zu den bisher angewandten Deutschen Industrienormen, die empfehlenden Charakter trugen, rechtsverbindliche Vorschriften. Der hohe technische Reifegrad der größtenteils im kapitalistischen Deutschland entwickelten Deutschen Industrienormen war für die neuen staatlichen Standards das Vorbild.

Zum Zwecke der einheitlichen Durchführung von Standardisierungsmaßnahmen wurde im November 1954 das Amt für Standardisierung mit Sitz in Berlin gegründet und der Staatlichen Plankommission unterstellt. Gleichzeitig kam es in den volkseigenen Betrieben, in den zentralen Konstruktionsbüros und Forschungs- und Entwicklungsstellen der DDR zur Bildung von Werknormenbüros bzw. zum Einsatz von Beauftragten für Normung.[64]

Als Beispiel für die Ergebnisse auf diesem Gebiet kann die Entwicklung der Drehmaschinenbaureihe vom Typ DZ/DLZ 500 und 600 genommen werden, bei der es durch Standardisierung und Typisierung gelang, 85 Prozent der Bauteile bei beiden Baugrößen und allen Konstruktionsvarianten beider Maschinen unifiziert zu verwenden.[65]

Die sozialistische Rekonstruktion und die umfassende sozialistische Rationalisierung in der Industrie der DDR gab der Standardisierung und Typisierung ein größeres Wirkungsfeld. Allerdings hemmte die in jener Zeit entwickelte Ansicht von einer „radikalen“ Standardisierung den wissenschaftlich-technischen Fortschritt. In den

63 AV-67, Bl. 17f. (ZStAP, E-1, Nr. 13090)
64 LV-272, S. 821f. (GBl. I/54)
65 AV-71, Bl. 155 (ZStAP, E-1, Nr. 13918)

Standards wurden zu viele Erzeugnisparameter festgeschrieben. Da sie Gesetzescharakter trugen und ihre Veränderung ein kompliziertes, mit hohem Verwaltungsaufwand erforderndes Verfahren voraussetzte, behinderten sie die Erzeugnisinnovation und die flexible Produktion.

Trotz dieser einschränkenden Feststellung muß festgehalten werden, daß sich auf diesem Gebiet eine grundlegende Wandlung anbahnte, die für Intensivierungsprozesse in der Industrie in den Folgejahren von großer Bedeutung waren.

Starke Impulse für eine umfangreiche Anwendung technischer Standards und für die Erzeugnistypisierung gingen von der Zentralen Standardisierungskonferenz aus. Diese Veranstaltung, die von der Staatlichen Plankommission am 11. und 12. Februar 1959 in Leipzig durchgeführt wurde, hatte das Ziel, den Werktätigen in einer großen Breite die Vorzüge der Standardisierung vorzuführen und zur Mitarbeit zu gewinnen.

Um diesem Anliegen Nachdruck zu verleihen, führte die Staatliche Plankommission auf Vorschlag des Politbüros des ZK der SED noch im gleichen Jahr, vom 14. November bis 20. Dezember 1959, in Leipzig eine große Lehrschau von Anwendungsbeispielen der Standardisierung und Typisierung durch, die von mehr als 600000 Werktätigen besucht wurde.[66]

Für die Arbeit auf diesem Gebiet erwies sich die Zusammenarbeit mit dem Deutschen Normenausschuß, der seinen Sitz in Westberlin und der BRD hatte, in der bisher praktizierten Weise nicht mehr als fruchtbar. Schwerfällige Bearbeitungsabläufe und Störmaßnahmen hatten die Arbeit behindert. Obendrein mußten alle normungstechnischen Dokumentationen des DIN-Systems über einen Verlag bezogen werden, der vom Deutschen Normenausschuß für den Alleinvertrieb autorisiert worden war.

Tabelle 153
Die DDR- und Fachbereichsstandards 1958 bis 1963

Standards	1958	1961	1963
DDR-Standards			
Im laufenden Jahr bestätigte Standards	553	2155	2239
Am 31. Dezember des angegebenen Jahres gültige Standards	1140	5689	9366[1]
Fachbereichsstandards			
Im laufenden Jahr bestätigte Fachbereichsstandards (ohne Auswahlstandards)	–	–	3323
Am 31. Dezember des angegebenen Jahres gültige Fachbereichsstandards (ohne Auswahlstandards)	–	6966	13670

[1] Darunter befanden sich 343 Standards, die aufgrund von Empfehlungen der Ständigen Kommissionen des RGW und der Konferenzen der Organe der sozialistischen Länder entstanden waren.

Quelle: LV-240, S. 206 (StJb 66)

[66] LV-93, S. 162f. (Arbeiterbewegung 8); LV-194, S. 129ff. (Prokop)

Durch die sich ausweitenden Lieferungen von Rohmaterialien und Halbfabrikaten aus der Sowjetunion entstanden Anpassungsprobleme zwischen den sowjetischen Staatlichen Unionsstandards und den bisher verwendeten auf den Deutschen Industrie-Normen basierenden Standards der DDR. Deshalb faßte das Politbüro des ZK der SED im Juni 1961 den Beschluß, in der DDR ein eigenes System technischer Normen sowie Gütevorschriften und Lieferbedingungen auszuarbeiten und damit auch eine Angleichung an die sowjetischen Staatlichen Unionstandards zu erreichen.[67]

Gleichfalls wurde Anfang der 60er Jahre das neugeschaffene, bzw. erweiterte Normensystem in der Industrie der DDR durch zusätzliche Fachbereichsstandards, die sich auf Produktions- und Erzeugnisparameter bestimmter Industriezweige bezogen, ergänzt. Die Entwicklung der DDR- und Fachbereichsstandards zwischen 1958 und 1963 geht aus der Tabelle 153 hervor.

Die DDR setzte im Deutschen Normenausschuß ihre Mitarbeit formell fort, da durch den damaligen Alleinvertretungsanspruch der BRD eine weitere Mitarbeit der entsprechenden Fachorgane der DDR im Weltnormenausschuß International Organization for Standardization in Frage gestellt worden wäre.

Struktureller Wandel der chemischen Industrie — erste Komplexe Sozialistischer Rationalisierung eines Industriezweiges

Eine neue Etappe im Bemühen um eine intensive Nutzung von Ergebnissen des wissenschaftlich-technischen Fortschritts für die Vorbereitung, Durchführung und das Ergebnis des industriellen Produktionsprozesses begann im Jahre 1959 mit der Realisierung des Chemieprogramms der DDR.

Im Unterschied zu den vorhergehenden Programmen zur Entwicklung industrieller Produktionsbereiche, zum Beispiel des Schwermaschinenprogramms oder den Kohle- und Energieprogrammen, war das Chemieprogramm von vornherein nach den Kriterien der sozialistischen Rationalisierung konzipiert und auf eine zunehmend intensiv erweiterte Reproduktion gerichtet. Auf einer Beratung der Kommission für den Siebenjahrplan, die am 3. Juli 1959 unter Vorsitz von Walter Ulbricht stattfand, wies Bruno Leuschner in seinem Referat darauf hin, daß die Ziele zur Entwicklung der chemischen Industrie nur zu 30 Prozent durch neue Werke und zu 70 Prozent durch Maßnahmen der Rekonstruktion zu erreichen sind.[68]

Qualitativ neue Aspekte wurden sowohl in den neugeschaffenen und rekonstruierten Produktionsprozessen als auch in den Erzeugnissen der chemischen Industrie sichtbar.

Die bedeutende Erweiterung der Forschung und Entwicklung sowie Produktion für das Chemieprogramm wurde zum damaligen Zeitpunkt als der Kern der ökonomischen Hauptaufgabe bezeichnet.[69]

Umfang und Realisierungszeitraum der einzelnen Aufgabenkomplexe erforderten bereits bei der Vorbereitung und Projektierung qualitativ neue Formen, da die zu lösenden Aufgaben mit den bisherigen Arbeitsmethoden nicht zu bewältigen waren. Für die Jahre 1959 und 1960 wurde durch die Staatliche Plankommission eingeschätzt, daß in beiden Jahren bei Beibehaltung der Arbeitsweise der Vorjahre etwa

67 AV-28, Bl. 1 (ZStAP, E-1, Nr. 1297)
68 AV-84, Bl. 88 (ZStAP, E-1, Nr. 14103)
69 AV-60, Bl. 12 (ZStAP, E-1, Nr. 11983)

8000 bis 9000 Arbeitskräfte notwendig sind, während aber nur 1800 bis 2000 Projektierungskräfte zur Verfügung standen.

In den Thesen der Chemiekommission beim Politbüro des ZK der SED vom 16. Oktober 1958 wurden deshalb Vorschläge für neue Formen der Organisation und Leitung dieser Prozesse unterbreitet, die besonders die Ausarbeitung von mehrfachverwendbaren Typenprojekten und von Typisierungs- und Standardisierungsprogrammen für Ausrüstungskomplexe betrafen. Erstmals wurde die gleitende Projektierung von Industrieobjekten in einem größeren Umfang angewandt. Die Projektierung, Realisierung und Inbetriebnahme erfolgte nach Teilobjekten, wenn das Gesamtprojekt grundsätzlich geklärt war.[70]

Die volkswirtschaftlichen Vorteile der neuen Fertigungsverfahren und Technologien auf der Basis der Petrolchemie wurden bereits in den Untersuchungen über die stofflich-energetische Basis unseres Landes behandelt, so daß nur nachzutragen bleibt, daß sich im Gefolge des Chemieprogramms nicht nur der Produktionsprozeß in der chemischen Industrie qualitativ veränderte, sondern auch ein struktureller Wandel in der stofflichen Basis der Industrie insgesamt eingeleitet wurde.

Hervorzuheben sind in diesem Zusammenhang die folgenden Einsatzgebiete:

- die Erzeugung von Diesel- und Vergaserkraftstoffen sowie Schmierölen auf der Basis von Erdöl,
- die Aufnahme der Produktion von Hoch- und Niederdruckpolyäthylen zur Substitution der bisher üblichen Einsatzmaterialien Papier, Karton, Pappe und Glas in der Verpackungsindustrie sowie von Isolierwerkstoffen in der Elektrotechnik,
- die Produktion von PVC- und Polystyrolwerkstoffen für die Substitution metallischer Werkstoffe bei verschiedenartigen Formartikeln,
- die Produktion von ungesättigten Polyesterharzen für die Ausstattung des Typensortiments von glasfaserverstärkten Verbundwerkstoffen zur Substitution von metallischen Werkstoffen für die Fertigung von Verdecken, Abdeckungen, Bootskörpern, Bedachungs- und Verkleidungsmaterialien u. a.,
- die Aufnahme der Produktion von Polyurethanen für die Erzeugung elastoplastischer Schaumstoffe, Kleber, Lacke und Spritzgußartikeln,
- die Herstellung von Viskosecordseide zur Substitution von Baumwollfasern- und -geweben für Kraftfahrzeugreifen und Transportbänder und
- die Aufnahme der Großproduktion von Acrylfasern sowie Polyester- und Polyamid-Stapelfasern zur Substitution von Naturfasern bei textilen Flächengebilden.[71]

Neben den bisher ausführlicher behandelten wissenschaftlich-technischen Entwicklungslinien wurde auch auf verschiedenen anderen Gebieten, wie die folgenden Beispiele belegen, seit Mitte der 50er Jahre beachtenswerte Ergebnisse erzielt.

Auf dem Sektor der Kraft- und Arbeitsmaschinen wurde in diesem Zeitraum die Leistung von Dieselmotoren von 800 auf 5400 PS gesteigert.

Im Jahre 1957 begann in den Hochseewerften unseres Landes der Bau der 10000 Tonnen-Hochseefrachter.

Weltstandsbestimmende Erzeugnisse wurden auf dem Sektor der Schienenfahrzeuge bei Elektrolokomotiven und Doppelstock-Gliederzügen, aber auch in der polygrafi-

[70] AV-72, Bl. 4ff. (ZStAP, E-1, Nr. 13934)
[71] AV-73, Bl. 151ff. (ZStAP, E-1, Nr. 13935)

schen Industrie bei Hoch-, Flach- und Tiefdruckmaschinen entwickelt und in die Produktion aufgenommen.

Im Industriezweig Landmaschinenbau konnten mit der Entwicklung des Universalgeräteträgers ES 09/15 sowie von Kartoffel- und Rübenerntekombines der Landwirtschaft wichtige Rationalisierungsmittel zur Verfügung gestellt werden.

Auf dem Gebiet der Tagebaufördergeräte wurde erstmals eine Förderbrücke für den Braunkohlentagebau in Stahlleichtbau-Schweißkonstruktion konstruiert, mit der ein bis dahin nicht erreichtes Masse-Leistungs-Verhältnis realisiert wurde.[72]

Anfänge der Informationstechnik

Mit der Entwicklung der sozialistischen Industrie, mit der Herausbildung ihrer Strukturen und arbeitsteiligen Verflechtungen wuchs ausgangs der 50er Jahre der Umfang zu verarbeitender Daten und Informationen sprunghaft an, so daß der daraus resultierende überproportionale Anstieg der Verwaltungsarbeit einen Zwang zu tiefgreifenden Veränderungen auslöste und zu einer außerordentlichen Belebung der wissenschaftlich-technischen Arbeit auf diesem Gebiet führte.

Bereits 1951 hatte die damalige Technische Hochschule Dresden unter Leitung von Prof. Lehmann den Auftrag zum Bau der ersten elektronischen Rechenmaschine erhalten. Im Jahre 1956 war ein einsatzfähiger Rechner konstruiert, der 100 Rechenoperationen pro Sekunde durchführte. Ihm folgte ein Jahr später bereits ein wesentlich stärkerer Rechner mit 1000 Rechenoperationen pro Sekunde.

Als erster Großrechner entstand der Rechner „Oprema“ im VEB Carl Zeiss Jena, der die sehr aufwändige Berechnung von Objektiven erleichterte. Im Jahre 1957 begann im gleichen Betrieb die Konstruktion des ersten Röhrenrechners der DDR, von dem 30 Stück vorrangig für wissenschaftliche Berechnungen ausgeliefert wurden.[73]

Im Jahre 1957 erfolgte die Gründung des VEB Elektronische Rechenmaschinen Karl-Marx-Stadt, dem die Koordinierung der Forschungs- und Entwicklungsaufgaben für elektronische Rechenmaschinen, Geräte und Anlagen, die Durchführung eigener Forschungs- und Entwicklungsvorhaben, die technologische Lösung von Fertigungsproblemen, die Erforschung der Organisation des Einsatzes elektronischer Maschinen und die Ausbildung von Kadern für die Entwicklung, Technologie und Organisation übertragen wurde.

Eine entscheidende Zäsur für die Einführung der Datenverarbeitung in die Volkswirtschaft bildete der Beschluß der Staatlichen Plankommission vom 29. März 1961 zur Bildung von Rechenzentren, durch die 7500 bis 10000 Verwaltungskräfte eingespart werden sollten.[74]

Da es sich anfangs um eine maschinelle Datenverarbeitung handelte, konnten langjährige Traditionen und Erfahrungen auf diesem Gebiet genutzt werden. Bereits 1910 war in Deutschland die Deutsche Hollerithgesellschaft gegründet worden und im Jahre 1934 begann man mit der Produktion von Lochkartentabelliermaschinen.

Negative Wirkungen auf die effektive Nutzung der in der sowjetischen Besatzungszone und späteren DDR vorhandenen Maschinen entstanden im Jahre 1948 durch das Eingliedern der Deutschen Hollerithgesellschaft in den amerikanischen Büromaschinen-

[72] AV-60, Bl. 10f. (ZStAP, E-1, Nr. 11983)
[73] LV-190, S. 35 (Pichel/Paul/Hückel)
[74] AV-87, Bl. 120ff. (ZStAP, E-1, Nr. 14236)

konzern IBM, der ab 1951 alle Ersatzteillieferungen und Service-Leistungen an die DDR einstellte. Im Jahre 1953 übernahm deshalb die Staatliche Zentralverwaltung für Statistik die in der DDR vorhandenen IBM-Lochkartentabelliermaschinen sowie Service-Stützpunkte.[75]

Bereits am 11. November 1959 hatte die Staatliche Plankommission einen ersten Beschluß über die Bildung von Rechenzentren in Verantwortung des VEB Maschinelles Rechnen gefaßt. Dieser Beschluß war 1957 durch die Bildung von 9 Rechenzentren unter einer einheitlichen Leitung vorbereitet worden.[76] Die materielle Sicherung dieses Beschlusses war jedoch kompliziert, da Ende des Jahres 1958 von den 240 in der DDR vorhandenen Lochkartentabelliermaschinen noch 180 IBM-Maschinen waren.[77]

Bis zum zweiten Beschluß im Jahre 1961 wurden deshalb 215 Datenverarbeitungsmaschinen in eigener Produktion für etwa 45 Mill. Mark hergestellt. Der VEB Rheinmetall Sömmerda übernahm es, bis zum Jahre 1965 615 Datenverarbeitungsmaschinen für die Volkswirtschaft zu fabrizieren.[78]

Aber auch Probleme, die scheinbar am Rande lagen, mußten gelöst werden. So erforderte die Einführung der maschinellen Datenverarbeitung in der DDR 1,4 Mrd. Lochkarten, die vom VEB Papierfabrik Greiz zu fertigen waren.[79]

Die mit der Datenverarbeitung verbundene fortschreitende Arbeitsteilung in Forschung und Entwicklung, Leitung sowie Organisation der industriellen Produktion führte zu tiefgreifenden Veränderungen in der Effektivität dieser Prozesse und zu einem Wandel im Inhalt der Arbeit für eine Vielzahl von Werktätigen.

Im Prozeß der zunehmenden maschinellen Verarbeitung von Daten und Informationen reifte der Übergang zur elektronischen Datenverarbeitung, der in der DDR mit dem Robotron 100 im Jahre 1964 eingeleitet wurde, heran.

Die Entwicklung der elektrotechnischen und elektronischen Gerätetechnik für die Informationsverarbeitung wurde zum Schlüssel für die Systemautomatisierung in Schwerpunktbereichen des industriellen Produktionsprozesses.

Der Aufbau einer zivilen Luftfahrtindustrie

Der Aufbau einer zivilen Luftfahrtindustrie nahm in der Geschichte der industriellen Produktivkräfte in der DDR eine Sonderstellung ein.[80]

Im Jahre 1954 faßte das Politbüro des ZK der SED gemeinsam mit dem Ministerrat der DDR den Beschluß, in den Folgejahren einen Industriezweig für die Produktion und Wartung von Passagierflugzeugen aufzubauen. Der Beschluß ging in das Programm, das der IV. Parteitag der SED im gleichen Jahr für die Entwicklung der Industrie bis in die zweite Hälfte der 50er Jahre umrissen hatte, ein.

Damit sollte eine von faschistischem Mißbrauch befreite Traditionslinie in der deutschen Industrie aufgenommen werden. Die Rückkehr von Fachleuten, die im Rahmen der Wiedergutmachung in der UdSSR gemeinsam mit sowjetischen Luftfahrtexperten an flugtechnischen Lösungen gearbeitet hatten, schien dafür günstige personelle Vor-

75 AV-41, Bl. 49ff. (ZStAP, E-1, Nr. 3144)
76 AV-41, Bl. 66 (ZStAP, E-1, Nr. 3144)
77 AV-41, Bl. 56 (ZStAP, E-1, Nr. 3144)
78 AV-41, Bl. 64 (ZStAP, E-1, Nr. 3144)
79 AV-41, Bl. 61 (ZStAP, E-1, Nr. 3144)
80 Die folgenden Angaben aus: AV-58, Bl. 59ff. (ZStAP, E-1, Nr. 11959)

aussetzungen zu schaffen. Im Kreis dieser Konstrukteure wurden volkswirtschaftliche Prognosen für eine Luftfahrtindustrie in der DDR entworfen. Auf ihrer Grundlage berieten sich die einschlägigen Regierungsstellen mit sowjetischen Fachleuten, da der Aufbau einer DDR-Luftfahrtindustrie ohne die Unterstützung der Sowjetunion und ihrer berühmten Konstruktionsschulen, wie Tupolew, Iljuschin und Jakowlew undenkbar war.

Der Entwicklung der Luftfahrtindustrie lag ein Stufenprogramm zugrunde. Es begann mit der Einrichtung von geeigneten Produktionskapazitäten für den Bau von Flugzeugkörpern und Triebwerken sowie mit der Schaffung von Konstruktionsbüros und Versuchsfeldanlagen für eine neu zu entwickelnde Typenreihe von Mittelstreckenflugzeugen. Gleichzeitig waren Werkstätten für die Instandsetzung und planmäßige Instandhaltung von flugtechnischem Gerät zu schaffen.

Sodann sollte mit der Fertigung eines bewährten motorgetriebenen Flugzeugtyps des Kurzstreckenbereichs, der auch den verkehrstechnischen Erfordernissen zwischen Nord- und Südbezirken der DDR sowie des Flugverkehrs mit den sozialistischen Nachbarländern entsprach, die notwendigen fertigungstechnischen und technologischen Erfahrungen gesammelt und die Produzenten in dem neuen Industriezweig auf künftige Arbeitsanforderungen eingestellt werden. Die Sowjetunion stellte zu diesem Zweck komplette Dokumentationen des Passagierflugzeuges vom Typ Iljuschin 14 zur Verfügung und entsandte Experten, die die Aufnahme der Produktion tatkräftig unterstützten.

Eine dritte Stufe umfaßte die Eigenentwicklung und Erprobung eines düsengetriebenen Mittelstreckenflugzeuges, das in Serie produziert, den Eigenbedarf decken sollte und vor allem für den Export vorgesehen war. Die Exportchancen wurden dabei günstig eingeschätzt, da sich der Flugzeugbau der Sowjetunion vor allem auf den Bau von Passagierflugzeugen für den Langstreckenbereich konzentrierte.

Ende der 50er Jahre umfaßte der Industriezweig etwa 25000 Beschäftigte, davon 9400 Produktionsarbeiter und 7000 Ingenieure und Wissenschaftler. Das Anlagevermögen des Industriezweiges beinhaltete zu diesem Zeitpunkt etwa 6100 moderne Werkzeugmaschinen und repräsentierte insgesamt einen Wert von über einer halben Mrd. Mark.

Am Beginn der zweiten Hälfte der 50er Jahre hatte sich jedoch gezeigt, daß einige führende Kader dieses Industriezweiges, dazu zählten Chefkonstrukteur, der Institutsdirektor für die Triebwerkentwicklung und der technische Direktor des VEB Industriewerk Karl-Marx-Stadt, die Gesamtproblematik nur aus technischer Sicht betrachteten und die wirtschaftliche Produktion und den Absatz der Produkte unterschätzten.

Dazu kamen massierte Angriffe der kapitalistischen Konkurrenz gegen den Ausbau dieses Industriezweiges. Ein Beispiel dafür war die Entlarvung eines Agenten durch die Sicherheitsorgane der DDR, dem es im Auftrag imperialistischer Geheimdienste gelungen war, die Funktion des technischen Direktors für die Produktion von Triebwerken einzunehmen.

Von 1954 bis 1959 waren finanzielle Aufwendungen in Höhe von 1390 Mill. Mark aus dem Staatshaushalt in den Industriezweig geflossen. Bis 1965 wären weitere Zuschüsse von 1290 Mill. Mark notwendig gewesen.

Besonders der enorme Aufwand für die Forschungs- und Entwicklungsarbeiten, die neben dem eigentlichen Fluggerät auch einen gewaltigen Umfang peripherer Gerätetechnik umfaßten, war mit den vorhandenen Kapazitäten zunehmend nicht mehr zu realisieren. Allein der Aufwand für Forschung und Entwicklung hätte von der Mitte der 50er bis Mitte der 60er Jahre etwa 1,7 Mrd. Mark betragen.

Für die laufende Produktion mußten deshalb Anfang der 60er Jahre jährlich für über 30 Mill. Mark Gerätetechnik, teilweise aus dem nichtsozialistischen Wirtschaftsgebiet, importiert werden. Der imperialistische Gegner nutzte diese Zulieferungen für gezielte Sabotageakte.

Gleichzeitig beherrschten die Forschungs- und Entwicklungsstellen eine Reihe konstruktiver Probleme unzureichend. Einige Konstrukteure berücksichtigten die Hinweise sowjetischer Spezialisten bei der Konstruktion des Mittelstreckendüsenflugzeuges vom Typ 152 nicht im erforderlichen Maße. Diese Versäumnisse führten zum Verlust des Prototyps dieses Flugzeuges.

All das hatte zur Folge, daß die ursprünglich im Siebenjahrplan 1959 bis 1965 vorgesehenen Produktionsstückzahlen nicht erreicht werden konnten.

Als Ablösevariante des Typs 152, der sich in den Testflügen als sehr störanfällig erwiesen hatte, war der Flugzeugtyp 155 in der Entwicklung. Seine Serienproduktion hätte jedoch frühestens im Jahre 1966 beginnen können. Zur Schließung der Bedarfslücke erprobte die sowjetische Flugzeugindustrie im Juli 1960 ein für die damalige Zeit hochmodernes Mittelstreckenflugzeug vom Typ TU 124, das in entscheidenden Parametern der Entwicklungskonzeption des Typs 155 überlegen war.

Die Verzögerung in der Forschungs- und Entwicklungsarbeit der DDR-Flugzeugindustrie führten dazu, daß die geschaffenen Produktionskapazitäten am Beginn der 60er Jahre zu 50 Prozent mit Fremdproduktion ausgelastet werden mußten. Dazu kam, daß die DDR für den Eigenbedarf bis zur Mitte der 60er Jahre lediglich etwa 12 Maschinen des Typs 152 und 6 Maschinen des Typs 155 benötigte.

Die wirtschaftliche Fertigung dieser Flugzeuge hätte deshalb einen relativ hohen Export erfordert. Für einen solchen Export kamen vor allem die sozialistischen Länder des fernen Ostens, wie Korea, China und Vietnam in Betracht. Nach Verhandlungen auf der Ebene der Ministerräte wurde jedoch nach Prüfung durch Experten deutlich, daß der Flugzeugtyp 152 für die dort vorherrschenden Start- und Landepisten nicht geeignet war. Ein weiteres Problem war die internationale Konkurrenzfähigkeit hinsichtlich der Produktionsselbstkosten. So betrugen beispielsweise die Produktionsselbstkosten für den Flugzeugtyp 152 etwa 25 Mill. Mark pro Stück. Zur damaligen Zeit ließ sich auf dem Weltmarkt lediglich ein Drittel dieser Kosten realisieren.

Die im internationalen Vergleich für die DDR ungünstig ausfallende Produktionsökonomie ergab sich vornehmlich daraus, daß alle führenden Industrieländer mit einer eigenen Luftfahrtindustrie auch über einen militärtechnischen Komplex verfügten. Die vom militärtechnischen Bereich gewonnenen Forschungsergebnisse wurden auch für die Konstruktion und den Bau von Verkehrsmaschinen genutzt, ohne deren Selbstkosten zu belasten.

Eine eingehende volkswirtschaftliche Analyse aller Faktoren, die für die künftige Entwicklung der DDR-Luftfahrtindustrie eine Rolle spielen würden, veranlaßte das ZK der SED auf seiner 12. Tagung im März 1961 zu dem Entschluß, auf eine Flugzeugproduktion in der DDR zu verzichten und die modern ausgestatteten Produktionskapazitäten auf andere wichtige industrielle Erzeugnissortimente umzustellen. Dieser Entschluß stand mit der politischen und ökonomischen Notwendigkeit, in kurzer Zeit die Volkswirtschaft der DDR von störenden Einflüssen aus der BRD und aus anderen kapitalistischen Ländern unabhängig zu machen, im Zusammenhang.[81]

Abschließend läßt sich feststellen, daß der seit Mitte der 50er Jahre in der Industrie der DDR immer entschiedener verfolgte wissenschaftlich-technische Fortschritt zunehmend den von der weltweit einsetzenden wissenschaftlich-technischen Entwicklung verfolgten Grundrichtungen entsprach.

In ihrem Kern ist diese Entwicklung dadurch gekennzeichnet, daß in einem bisher nicht dagewesenen Umfang manuelle und besonders geistig-schöpferische Arbeit im Produktionsprozeß durch wissenschaftlich-maschinelle Systeme mit einem hohen funktionellen Integrationsgrad auf der Grundlage neuer Fertigungsverfahren vergegenständlicht werden. Mit der Substitution des Umfangs geistig-schöpferischer Arbeiten wachsen die qualitativen Anforderungen an das Schöpfertum des Menschen, da die Vergegenständlichung eines bestimmten Niveaus geistig-schöpferischer Arbeit immer erst eine höhere Stufe der Entfaltung seines Schöpfertums erfordert.

Bis Anfang der 60er Jahre war das ökonomische und wissenschaftlich-technische Leistungsvermögen der Industrie in der DDR noch nicht derart, daß es die in anderen Industrieländern hervorgebrachten Errungenschaften in Wissenschaft und Technik schon in einem nennenswerten Umfang zu nutzen vermochte oder diesen Prozeß auf ausgewählten Gebieten mit gestalten konnte. Das zeigte sich in dem geringfügigen Grad der Produktionsautomatisierung ebenso wie in dem Anstieg der Arbeitsproduktivität, der gemessen an den von einer revolutionären Veränderung in den Produktivkräften ausgehenden Wirkung niedrig ausfiel.[82]

Aber im Prozeß der sozialistischen Umgestaltung waren wesentliche Voraussetzungen dafür entstanden, daß die Industrie der DDR in den kommenden Jahren die wissenschaftlich-technische Entwicklung mitgestalten konnte. Sie bestanden in der industriellen Grundstruktur, in dem damit verbundenen kulturell-technischen Niveau der Industriearbeiterschaft und der wissenschaftlich-technischen Intelligenz, im wissenschaftlich-technischen Potential und im Reifegrad der sozialistischen Produktionsverhältnisse.[83]

81 LV-194, S. 138 (Prokop)

82 Zu den strukturellen Veränderungen in der Industrie der DDR vgl. Kapitel 6 der vorliegenden Arbeit.

83 Die Genesis der wissenschaftlich-technischen Revolution in der DDR wird ausführlicher behandelt in: LV-168 (Mühlfriedel/Wießner)

Kapitel 8

Die Industrie in den Jahren des Übergangs zum Aufbau der entwickelten sozialistischen Gesellschaft

Ende der 50er und Anfang der 60er Jahre flachte das Wirtschaftswachstum in der DDR ab. Das Nationaleinkommen, das 1959 noch um nahezu 9 Prozent gegenüber dem Vorjahr angestiegen war, nahm in den beiden folgenden Jahren lediglich um 3,2 bzw. 2,2 Prozent zu. Das hatte unmittelbare Auswirkungen auf das Verhältnis von Akkumulation und Konsumtion. Der Anteil der Akkumulation, der 1958 über 20 Prozent betrug, sank auf 16,6 Prozent im Jahre 1961 ab. Die geringere Akkumulationskraft verminderte die Investitionstätigkeit. Der jährliche Zuwachs der Investitionssumme hatte mit 2,3 Prozent von 1960 zu 1961 einen Tiefstand erreicht.[1]

Diese Entwicklung hatte innere und äußere Ursachen. Unter den äußeren Ursachen spielte die Auseinandersetzung zwischen Sozialismus und Imperialismus auf deutschem Boden die entscheidende Rolle. Sie erfuhr bis zum Sommer 1961 ihre äußerste Zuspitzung und beeinträchtigte, wie schon geschildert, auf mannigfaltige Weise das Wirtschaftsleben der DDR erheblich. Das Schließen der Staatsgrenze zu Westberlin verhinderte die weitere Eskalation dieser Form der Klassenauseinandersetzung. Die ökonomischen Wirkungen dieser Konfrontation wirkten aber weiter und konnten erst in einem längeren Prozeß überwunden werden. Die Sicherung der Staatsgrenze der DDR war zugleich eine entscheidende politische Bedingung dafür, daß die mit dem Sieg der sozialistischen Produktionsverhältnisse am Beginn der 60er Jahre gegebenen Möglichkeiten, die Vorzüge der sozialistischen Gesellschaftsverhältnisse umfassender als bisher zur Geltung zu bringen, genutzt werden konnten.

Ende der 50er Jahre begann das seit dem Ende der 40er Jahre entstandene System der Leitung, Planung und wirtschaftlichen Rechnungsführung in der Volkswirtschaft, dessen hauptsächlichstes Wirkungsfeld die volkseigene Industrie war, den volkswirtschaftlichen Reproduktionsbedingungen nicht mehr zu entsprechen. Es war dem Reifegrad der sozialistischen Produktionsverhältnisse in der Industrie und der Volkswirtschaft nicht mehr adäquat und vermochte die in diesen Verhältnissen angelegten Potenzen nicht zur Entfaltung zu bringen.

Das zeigte die Analyse der Parteiführung der SED über die inneren Ursachen für die abgeschwächte Bewegung der Industrie und der Volkswirtschaft. Als eine der entscheidenden Ursachen wurde das geringe Wachstum der Produktivität der gesellschaftlichen Arbeit herausgearbeitet. Nach Jahren einer stetigen Zunahme der Arbeitsproduktivität folgten Jahre, in denen sie sich wieder nennenswert verringerte. Gravierend war das niedrige Wachstum der Arbeitsproduktivität von 1960 zu

1 LV-240, S. 21 (StJb 66)

1961.[2] Die Analyse ergab, daß der entscheidenden Quelle für die Steigerung der Arbeitsproduktivität, dem wissenschaftlich-technischen Fortschritt, in vielen Industriezweigen noch immer nicht die ihm gebührende Aufmerksamkeit geschenkt wurde.

Im Ergebnis dieser Analyse arbeitete die Parteiführung der SED im Laufe des Jahres 1961 die Notwendigkeit heraus, die Volkswirtschaft langfristiger an den Hauptrichtungen der wissenschaftlich-technischen Entwicklung zu orientieren. Die 12. Tagung des ZK der SED im März 1961 erörterte im Zusammenhang mit den inhaltlichen Vorgaben für die Volkswirtschaftsplanung bis 1965 die Wechselwirkung zwischen den Hauptrichtungen des wissenschaftlich-technischen Fortschritts und den Grundlinien der ökonomischen Entwicklung. Die dazu erforderliche effektivere und umfassendere Organisation, Leitung und Planung der wissenschaftlich-technischen Arbeit wurde auf der 13. Tagung des ZK der SED im Juli 1961 zur Diskussion gestellt. Zugleich wurde herausgearbeitet, daß die Planung von Wissenschaft und Technik ein integrierter Bestandteil der perspektivischen Planung der Volkswirtschaft insgesamt sein muß. Die 14. Tagung des ZK der SED, die im November 1961 stattfand, befaßte sich mit den dazu notwendigen praktischen Voraussetzungen und empfahl, dem Forschungsrat der DDR eine größere Kompetenz beim Bestimmen der wissenschaftlich-technischen Entwicklungsrichtungen in der DDR und der volkswirtschaftlichen Ziele einzuräumen.[3]

Im Gefolge dieser Tagung faßte der Ministerrat der DDR am 28. Februar 1962 den Beschluß, die Rechte und Pflichten dieses Gremiums wesentlich zu erweitern.

Die veränderten politischen Existenzbedingungen der DDR hatte die Parteiführung der SED zugleich veranlaßt, die volkswirtschaftliche Perspektive der DDR bis zum Ende des Jahrzehnts zu konzipieren. Um sie sachkundig anzulegen, ersuchte sie führende Wissenschaftler und Ingenieure die in diesem Zeitraum zu erwartenden Fortschritte auf ihren Fachgebieten zu prognostizieren und deren volkswirtschaftliche Relevanz zu ermitteln. Die dazu von Wissenschaftlern und Ingenieuren unterbreiteten Vorschläge lagen der perspektivischen Planung mit zugrunde.

Der vorgezeichnete Wandel in der volkswirtschaftlichen Struktur ließ sich aber nur realisieren, wenn der dazu erforderliche Vorlauf auf wissenschaftlich-technischem Gebiet geschaffen wurde und die notwendige Akkumulationskraft entstand, um die Ergebnisse der Forschung und Entwicklung rasch und allseitig produktiv zu nutzen.

Darum wandte sich die Parteiführung der SED seit der zweiten Hälfte des Jahres 1961 der Frage zu, welche Wege einzuschlagen sind, um die Akkumulationsfähigkeit zu fördern und die sie hemmenden Momente zu beseitigen.

Der erste Weg, im Sommer 1961 beschritten und von Masseninitiative getragen, bestand darin, das große Mißverhältnis zwischen dem stark angestiegenem Lohnniveau und dem sich verringernden Tempo der Arbeitsproduktivitätssteigerung zu beseitigen. Das geschah zunächst vornehmlich durch das Wiederherstellen der technisch-technologisch begründeten Arbeitsintensität, dem freiwilligen Anheben der Arbeitsnormen durch Arbeiter und durch den Stillstand der Lohnbewegung. Dieser Weg fand in der Losung „Für das gleiche Geld mehr arbeiten" seinen Ausdruck. Diese Aktion, die als erste Phase des Produktionsaufgebots in die Geschichte der DDR einging, wandelte 1962 ihren Charakter. Im Produktionswettbewerb trat die Nutzung von Ergebnissen der wissenschaftlich-technischen Arbeit stärker in den Vordergrund.

2 LV-212, S. 311 (Roesler)
3 LV-43, S. 736, 748, 769 (Chronik III)

Von grundlegender Bedeutung wurde der zweite Weg, auf dem es zu einer entschiedenen Veränderung in der Leitung, Planung und wirtschaftlichen Rechnungsführung der Volkswirtschaft kam. Sie erfolgte mit dem Ziel, die ökonomischen Gesetze des Sozialismus, die nach dem Sieg der sozialistischen Produktionsverhältnisse in allen Bereichen der Volkswirtschaft wirkten, umfassender und uneingeschränkt zur Geltung zu bringen. Zwischen 1962 und 1965 wurde ein neues ökonomisches System der Leitung und Planung der Volkswirtschaft in den Einzelheiten ausgearbeitet, in Experimenten erprobt und in wirtschaftsrechtliche Regelungen gefaßt. Dieses System bestimmte seit 1966 die Wirtschaftstätigkeit der volkseigenen Industrie und schrittweise auch die anderen Volkswirtschaftsbereiche.[4]

Ein dritter Weg ergab sich aus der Bereitschaft der UdSSR und anderer sozialistischer Länder, die arbeitsteiligen Beziehungen zur Volkswirtschaft der DDR erheblich auszubauen. Allerdings vollzog sich die Gestaltung der vertraglichen Beziehungen nicht immer problemlos.[5]

Aus diesen drei Wegen und aus der Notwendigkeit, den Anfang der 60er Jahre praktizierten vielfältigen Embargomaßnahmen zu begegnen und die ökonomischen Folgen des langjährigen Wirtschaftskrieges gegen die DDR – sie wurden auf etwa 120 Millionen Mark beziffert – rasch zu überwinden, ergaben sich Konsequenzen für die Richtung und das Tempo der wirtschaftlichen Entwicklung. Sie führten zu einer starken Modifizierung der im Siebenjahrplan vorgezeichneten Ziele. Der ursprünglich vorgesehene Wandel in der industriellen Struktur zugunsten jener Zweige, die den wissenschaftlich-technischen Fortschritt trugen und für die in unserem Lande günstige materiell-technische und personelle Voraussetzungen gegeben waren, wurde beschleunigt. Das bis 1965 in Aussicht genommene Tempo des wirtschaftlichen Wachstums mußte erheblich zurückgenommen werden. Das wirkte sich auf die Versorgung der Bevölkerung mit Konsumgütern und Lebensmitteln aus. Die Wachstumsrate der Konsumgüterindustrie wurde wesentlich niedriger veranschlagt als im Siebenjahrplan.

Auf Anregung der 11. Tagung des ZK der SED, die im Dezember 1966 stattfand, wurden mit dem Volkswirtschaftsplan für das Jahr 1961 die Veränderungen am Siebenjahrplan eingeleitet. Der Umfang und die Richtung der Modifizierung des Siebenjahrplans geht aus dem Vergleich zwischen den im Siebenjahrplan konzipierten und in den einzelnen Volkswirtschaftsplänen für die Jahre 1961 bis 1965 festgelegten Wachstumsraten für die Industrie und die ausgewählten Industriebereiche, der in den Tabellen 154 und 155 festgehalten ist, hervor. Zugleich geben die Tabellen das reale Wachstum, das in der ersten Hälfte der 60iger Jahre erreicht wurde, an. So erheblich die Abweichungen der Volkswirtschaftspläne vom Siebenjahrplan im einzelnen auch waren, sie lassen die in der wirtschaftshistorischen Literatur verschiedentlich geäußerte Ansicht, daß der Siebenjahrplan Ende 1960 abgebrochen worden sei, nicht zu. Die objektiven Bedingungen, die Ausgang der 50iger Jahre die Grundrichtungen der wirtschaftlichen Entwicklung unseres Landes bestimmten, waren auch in der ersten Hälfte der 60iger Jahre noch gegeben. Sie verlangten eine entsprechende Beachtung in den Volkswirtschaftsplänen. Der Meinung, der Siebenjahrplan wurde nicht weitergeführt, steht auch eine „Übersicht über die Erfüllung wichtiger Kennziffern des Siebenjahrplanes der DDR 1959 bis 1965" entgegen, die Anfang April 1966 für den Ministerpräsidenten

4 LV-246, S. 170 ff. (60er Jahre)
5 AV-88a, Bl. 9 (ZStAP, E-1, Nr. 40990)

erarbeitet wurde.[5a] Die in den Tabellen 154 und 155 aufgeführten Daten sind ebenso wie die folgenden Angaben dieser von der Staatlichen Plankommission zusammengestellten Übersicht entnommen.

Tabelle 154

Vergleich zwischen dem im Siebenjahrplan und in den Volkswirtschaftsplänen 1959 bis 1965 vorgegebenen jährlichem Wachstum der industriellen Bruttoproduktion sowie der realen Zunahme der Produktion (in Prozent)

	1959	1960	1961	1962	1963	1964	1965	1965/1958
Siebenjahrplan	10,5	9,9	9,4	8,8	9,2	9,1	9,4	189
Volkswirtschaftsplan	11,5	10,2	7,2	6,2	6,2	5,7	–	–
Erfüllung des Volkswirtschaftsplanes	13,1	8,1	6,0	6,1	4,3	6,5	6,1	161

Quelle: AV-88, Bl. 103 (ZStAP, E-1, Nr. 48534)

Tabelle 155

Vergleich zwischen dem im Siebenjahrplan und in den Volkswirtschaftsplänen 1959 bis 1965 vorgesehenen jährlichem Wachstum der industriellen Bruttoproduktion in ausgewählten Zweigen sowie der realen Zunahme der Produktion (in Prozent)

		1959	1960	1961	1962	1963	1964	1965	1965/1958
Chemische Industrie	a	9,5	10,4	10,3	9,8	12,2	10,7	13,1	206
	b	9,6	10,4	6,3	7,2	8,5	7,5	–	–
	c	11,0	7,5	7,9	7,7	6,6	8,4	9,5	175
Metallurgie	a	8,4	7,2	5,5	6,2	9,0	12,5	15,7	185
	b	8,2	7,2	5,3	3,3	4,2	4,2	–	–
	c	10,9	10,7	5,4	3,6	1,4	6,7	4,7	159
Metallverarbeitende Industrie	a	15,6	13,1	11,7	11,2	10,0	10,6	10,1	218
	b	14,7	14,2	10,1	9,5	9,0	8,0	–	–
	c	20,7	11,0	7,0	9,3	7,4	7,7	6,8	191
Leichtindustrie	a	10,7	8,8	9,3	8,7	9,1	8,7	8,7	184
	b	10,7	8,9	5,6	5,6	2,5	2,5	–	–
	c	11,9	5,3	4,9	5,1	0,9	3,9	5,0	141
Nahrungs- u. Genußmittelindustrie	a	3,0	7,6	6,3	4,3	4,9	4,1	3,8	139
	b	7,6	7,6	5,2	0,8	3,9	4,0	–	–
	c	4,9	8,5	3,9	0	4,1	5,1	4,2	135

a – Siebenjahrplan; b – Volkswirtschaftsplan; c – Erfüllung des VW-Planes
Quelle: AV-88, Bl. 103 (ZStAP, E-1, Nr. 48534)

[5a] AV-88, Bl. 94ff. (ZStAP, E-1, Nr. 48534) Den Angaben über die Akkumulationsrate liegen die Preise nach der zweiten Etappe der Industriepreisreform und den nach der Grundmittelumbewertung in der Grundstoffindustrie geltenden Abschreibungsbedingungen zugrunde.

Im Ergebnis der umsichtigen Veränderungen in den Volkswirtschaftsplänen und den Produktionsinitiativen der Werktätigen gelang es, die Anfang der 60iger Jahre eingetretene Abschwächung der wirtschaftlichen Entwicklung in einen allgemeinen Aufschwung überzuleiten. Die volkseigenen Betriebe erfüllten im Jahre 1964 neben dem Produktionsplan auch den Gewinnplan, und die Arbeitsproduktivität stieg weiter rascher an. Das traf auch für 1965 zu.

Insgesamt wurde die im Siebenjahrplan vorgesehene Steigerung der Arbeitsproduktivität auf 157 mit 158 Prozent erfüllt. Die Investitionen, die jährlich im Durchschnitt um 6,5 Prozent angestiegen waren, blieben hinter dem im Siebenjahrplan vorgesehenen Wachstum von 11 Prozent zurück. Demgegenüber wurde die Akkumulationsrate nahezu erfüllt. Das Nationaleinkommen, das jährlich um 7,8 Prozent ansteigen sollte, wuchs real um 4,3 Prozent. Mitte der 60iger Jahre hatte sich die Volkswirtschaft der DDR stabilisiert.

Die mit der Erarbeitung des neuen ökonomischen Systems der Leitung und Planung der Volkswirtschaft allmählich zum Tragen kommende neue ökonomische Denkweise fand einen ersten Niederschlag in der Wirtschaftspraxis.

Der Fünfjahrplan 1966 bis 1970 hatte, weil er auf einer eingehenden Analyse der von der wissenschaftlich-technischen Entwicklung ausgehenden Erfordernisse beruhte und mit den volkswirtschaftlichen Vorhaben der UdSSR abgestimmt war, eine neue Qualität. Seine inhaltliche Orientierung bestimmte bereits seit Anfang der 60er Jahre die Richtung der Investitionstätigkeit. In der Organisation und Leitung der volkseigenen Industrie kam es mit dem Ausgestalten der VVB zu ökonomischen Führungsorganen und mit dem Umbilden der Industrieabteilungen des Volkswirtschaftsrates in Industrieministerien zu wesentlichen Veränderungen im Jahre 1966.

Die auf den 1961/62 eingeschlagenen Wegen erzielten praktischen Ergebnisse ließen die industrielle Entwicklung der DDR 1965/66 aus dem Prozeß der sozialistischen Umgestaltung in den vom Aufbau der entwickelten sozialistischen Gesellschaft geprägten Prozeß hinüberwachsen.

Die im Verlauf der sozialistischen Umwälzung der Industrie entstandene sozialökonomische und zweigliche Struktur war eine der entscheidenden Bedingungen dafür, daß in der DDR die Gestaltung der entwickelten sozialistischen Gesellschaft in Angriff genommen werden konnte. Mitte der 60er Jahre erzeugten die volkseigenen, genossenschaftlichen und halbstaatlichen Betriebe 97,8 Prozent der industriellen Bruttoproduktion. Die volkseigenen Betriebe allein waren mit 85,8 Prozent an der industriellen Bruttoproduktion beteiligt. Der Anteil dieser drei Eigentumsformen an der industriellen Bruttoproduktion der einzelnen Industriebereiche geht aus der Tabelle 156 hervor.

Die sozialistische Umgestaltung der Industrie veränderte den Anteil der Industrie, das produzierende Handwerk (ohne Bauhandwerk) eingeschlossen, am Aufkommen des gesellschaftlichen Nettoprodukts. Es erhöhte sich (in vergleichbaren Preisen) von 47 Prozent im Jahr 1950 auf 59,2 Prozent im Jahre 1965.[6] Damit wuchs die Rolle der Industrie als der entscheidenden Quelle des Nationaleinkommens.

Die industrielle Bruttoproduktion stieg von 1950 bis 1965 auf 392 Prozent. Sie lag damit erheblich über dem Wachstum des gesellschaftlichen Gesamtprodukts, das auf 325 Prozent anstieg.[7]

[6] LV-240, S. 40 (StJb 66)   [7] LV-240, S. 13, 17 (StJb 75)

Tabelle 156

Anteil der volkseigenen, genossenschaftlichen und halbstaatlichen Betriebe an der industriellen Bruttoproduktion nach Industriebereichen 1963 (in Prozent)

Industriebereiche	Anteil
Grundstoffindustrie	98,9
Metallverarbeitende Industrie	98,6
Leichtindustrie	93,6
Nahrungs- und Genußmittelindustrie	97,6
Industrie, insgesamt	97,5

Quelle: errechnet nach LV-240, S. 115 (StJb 66)

Zur Quelle des industriellen Wachstums wurden hohe Raten der produktiven Akkumulation und der Anstieg der Beschäftigtenzahl in der Industrie. Waren im Jahre 1950 2154602 Werktätige in der Industrie beschäftigt, betrug der Beschäftigtenumfang im Jahre 1965 bereits 2747361 Personen. Damit waren 1965 über 36 Prozent aller in der Volkswirtschaft der DDR Beschäftigten in der Industrie tätig. Davon arbeiteten über 83 Prozent unter sozialistischen Produktionsverhältnissen.[8]

Gegenüber 1950 stiegen die jährlichen Investitionen in der Volkswirtschaft spürbar an und erreichten im Jahre 1965 im Vergleich zu 1950 das über 4,7fache. Betrug der Anteil der volkswirtschaftlichen Investitionen im Jahre 1950 am produzierten Nationaleinkommen 13,3 Prozent, so wuchs dieser in den Jahren bis 1960 auf 22,7 Prozent an. Erst am Beginn der 60er Jahre stagnierte dieser Anteil und hatte bis 1963 eine leicht fallende Tendenz. In diesem Jahr lag er bei 22,3 Prozent. Im Verlauf der sozialistischen Umgestaltung floß weit über die Hälfte aller zwischen 1950 und 1965 in der Volkswirtschaft der DDR getätigten Investitionen in die Industrie.[9] Das führte dazu, daß sich in der Industrieproduktion 1963 vergleichsweise zu 1950 das Verhältnis von Produktionsmitteln zu Konsumtionsmitteln nahezu anteilsgleich umgekehrt hatte. (1950 = 1 : 1,2; 1963 = 1,3 : 1).[10]

Wiederholt konnte auf die erheblichen materiellen Vorleistungen für ein künftiges Wirtschaftswachstum verwiesen werden. Diese Feststellungen werden nochmals deutlich, wenn das zwischen 1950 und 1965 getätigte Investitionsvolumen in den produzierenden Bereichen – die jährlichen Investitionen stiegen auf 653,6 Prozent – dem Anstieg des durchschnittlichen Grundmittelbestandes dieser Bereiche im gleichen Zeitraum auf 179,2 Prozent gegenübergestellt wird. Betrachtet man dabei weiterhin daß sich von 1950 zu 1965 der Anteil der Investitionen in den produzierenden Bereichen, gemessen an der gesamten Volkswirtschaft, von 73,9 Prozent auf 84,9 Prozent erhöhte, dann wird die tragende Rolle der Industrie beim sozialistischen Aufbau unterstrichen. Die Industrie war nicht nur das hauptsächliche Wirkungsfeld der produktiven Akkumulation, sondern auch die materielle Hauptquelle dieser Investitionen.[11]

8 LV-240, S. 94 (StJb 55); LV-240, S. 59 (StJb 66)
9 LV-240, S. 51 (StJb 66)
10 LV-222, S. 143 (Schulz)
11 LV-240, S. 13f. (StJb 75)

Im Prozeß der sozialistischen Umgestaltung der Industrie gewann die Wissenschaft eine veränderte Stellung zur industriellen Produktion. Es waren verschiedene Einflüsse, die die wissenschaftliche Forschung und Entwicklung zu einer das wirtschaftliche Wachstum direkt beeinflussenden und in vielen Fällen auslösenden gesellschaftlichen Entwicklungskomponente werden ließen. Die Bedeutung qualitativer Wachstumsfaktoren, die vielfach auch zur Hauptquelle des quantitativen Wachstums wurden, nahmen zu. Das in der sozialistischen Umgestaltung erweiterte Wirkungsfeld des gesellschaftlichen Eigentums an den industriellen Produktionsmitteln basierte auf einem strukturellen Wandel der Erzeugnis- und Zweigstruktur. In der ersten Hälfte der 50er Jahre war es gelungen, bestehende Lücken im industriellen Produktionsorganismus auszufüllen und damit den industriellen Reproduktionsprozeß im wesentlichen zu schließen. Die Ergebnisse des Zweijahrplanes 1949 bis 1950 und des ersten Fünfjahrplanes 1951 bis 1955 stehen für diese Entwicklung.

Ab Mitte der 50er Jahre wurde die industrielle Entwicklung der DDR zunehmend von den Ergebnissen des wissenschaftlich-technischen Fortschritts bestimmt. Das Reagieren der SED und des Staates auf qualitative Entwicklungsvorgänge in den gesellschaftlichen Produktivkräften führte zu wirtschaftspolitischen Entscheidungen, die es ermöglichten, die Struktur der Industrie auf die tragende Entwicklungsrichtung des wissenschaftlich-technischen Fortschritts zu orientieren und auf die künftig strukturbestimmenden Industriezweige auszurichten. (Vgl. Tabelle 157)

In der Grundstoffindustrie wurden im Zeitraum von 1955 bis 1965 diese Entwicklungstendenzen am deutlichsten in der chemischen Industrie sichtbar. Mit einem Wachstum auf 190 Prozent hatte die Erzeugung von Grundchemikalien die höchste Steigerung innerhalb der Chemieindustrie. Die chemische Industrie erzielte dadurch im Vergleich zur Gesamtindustrie einen Wachstumskoeffizienten von 1,05. Vorrangigen Anteil hatten daran die überproportionalen Steigerungsraten bei der Herstellung von Plasten und Plasterzeugnissen, – 1955 bis 1963 Steigerung der Bruttoproduktion auf 228 Prozent –, bei der Fertigung von Zelluloseregeneratfasern und synthetischen Fasern – 1960 bis 1963 Steigerung der Bruttoproduktion auf 129 Prozent – und bei der Produktion der Erdölverarbeitungsbetriebe – 1960 bis 1963 Steigerung der Bruttoproduktion auf 189 Prozent.[12]

Betrachtet man aus dem Blickwinkel der Gesamtindustrie alle vier Industriebereiche – nämlich die Grundstoffindustrie, die metallverarbeitende Industrie, die Leichtindustrie und die Nahrungs- und Genußmittelindustrie – so hatten zwischen 1955 und 1965 alle Bereiche erhebliche absolute Zuwachsraten der Produktion. Dennoch vollzog sich unter dem Einfluß des wissenschaftlich-technischen Fortschritts ein Strukturwandel hinsichtlich des jeweiligen Anteils der Industriebereiche an der Industrieproduktion.

Mit dem Übergang zu einer neuen Generation von Produktionsmitteln, die durch den Einsatz elektrotechnischer und elektronischer Baugruppen sowie der BMSR-Technik eine zunehmende Automatisierung, bzw. Teilautomatisierung bestimmter fertigungstechnischer Prozeßstufen gestatteten, wuchs die volkswirtschaftliche Bedeutung der metallverarbeitenden Industrie.

Im betrachteten Zeitraum hatte sich von den vier genannten Industriebereichen nur bei der metallverarbeitenden Industrie der Anteil an der Industrieproduktion

[12] LV-222, S. 209 (Schulz)

Tabelle 157
Wachstumskoeffizienten und Plazierung der Industriebereiche und -zweige 1955 bis 1964 (1955 = 100)

Industriebereich bzw. -zweig	Wachstumskoeffizient 1964 (Zweig: Industrie)	Plazierung der Zweige 1958	1964
Industrie, insgesamt	1,00		
Industriebereiche:			
Grundstoffindustrie	0,98		
Metallverarbeitende Industrie	1,26		
Leichtindustrie	0,85		
Nahrungs- u. Genußmittelindustrie	0,81		
Industriezweige:			
Energiebetriebe	1,07	8	8
Bergbau	0,70	19	20
Metallurgie	0,94	12	11
Chemische Industrie	1,06	10	9
Baumaterialienindustrie	1,19	3	5
Schwermaschinenbau	1,13	9	7
Allgemeiner Maschinenbau	1,40	6	3
Fahrzeugbau	1,15	5	6
Schiffbau	0,91	20	12
Gießereien und Schmieden	0,86	13	16
Metallwarenindustrie	1,40	2	2
Elektrotechnische Industrie	1,55	1	1
Feinmechanische und optische Industrie	1,20	4	4
Holz- und Kulturwarenindustrie	1,01	11	10
Textilindustrie	0,77	14	19
Bekleidungs- u. Näherzeugnisindustrie	0,86	7	15
Leder-, Schuh- u. Rauchwarenindustrie	0,87	15	14
Zellstoff- und Papierindustrie	0,81	17	17
Polygrafische Industrie	0,81	16	18
Glas- u. keramische Industrie	0,91	18	13

1 Die Plazierung der Zweige wurde nach dem Entwicklungstempo der Zweige errechnet (1955 = 100). Diese Plazierung stimmt mit der Reihenfolge der Wachstumskoeffizienten überein.

Quelle: LV-222, S. 305 (Schulz)

erhöht. Lag die metallverarbeitende Industrie 1955 mit einem Anteil von 29,3 Prozent noch hinter der Grundstoffindustrie mit 30,4 Prozent an zweiter Stelle, so hatte sie im Jahre 1964 mit einem Anteil von 36,7 Prozent die erste Stelle unter den Industriebereichen der DDR eingenommen.

Betrachtet man die an diesem Ergebnis vorrangig beteiligten Industriezweige, so wird deutlich, daß das Wesen des Strukturwandels in erheblichem Maße von qualitativen Veränderungen bestimmt wurde.

Den bedeutendsten Anteil hatte dabei die elektrotechnische Industrie. Von 1950 bis 1964 entwickelte sie sich auf das 7,3fache und darunter die elektronische Industrie von 1957 bis 1963 auf das 3fache. Dadurch erhöhte sich ihr Anteil an der Industrieproduktion von 5,8 Prozent im Jahre 1955 auf 9,04 Prozent im Jahre 1964.[13] Danach folgten der allgemeine Maschinenbau, die Metallwarenindustrie, die feinmechanisch-optische Industrie, der Fahrzeugbau und der Schwermaschinenbau. Materialintensive Industriezweige wie Gießereien, Schmieden und der Schiffbau blieben hinter dem Entwicklungstempo der Gesamtindustrie zurück. Von 62 Zweigen und Gruppen der metallverarbeitenden Industrie hatten sich von 1955 bis 1963 47 rascher entwickelt als die Gesamtindustrie. Vordere Positionen nahmen dabei der wissenschaftliche Gerätebau, Einrichtungen für die Nachrichtentechnik und der Metallwarenindustrie ein. (Vgl. Tabelle 158)

Tabelle 158
Index der industriellen Bruttoproduktion der metallverarbeitenden Industrie nach Industriezweigen und -gruppen 1955 bis 1963 (1955 = 100)

	1960	1962	1963	Wachstumskoeffizient 1963[1]
Industrie, insgesamt	155	174	182	1,00
Metallverarbeitende Industrie	180	211	226	1,24
Schwermaschinenbau	165	193	201	1,10
Energiemaschinen	148	180	167	0,92
Werkzeugmaschinen				
Schmiede- und Preßausrüstungen	189	226	244	1,34
Transportausrüstungen	129	142	154	0,85
Sonstige Ausrüstungen und Maschinen des Schwermaschinenbaus	160	172	196	1,08
Stahlkonstruktionen	201	226	233	1,28
Reparaturwerkstätten im Schwermaschinenbau	286	415	445	2,45
Montagebetriebe im Schwermaschinenbau	322	482	485	2,66
Allgemeiner Maschinenbau	190	240	254	1,40
Maschinen und Apparate für die Grundstoffindustrie	208	251	262	1,44
Maschinen und Apparate für die metallverarbeitende Industrie	144	250	315	1,73
Maschinen und Apparate für die Leichtindustrie	174	192	203	1,12
Maschinen und Apparate für die Lebensmittelindustrie	249	320	343	1,88
Maschinen und Apparate für die Bauwirtschaft	201	226	222	1,22
Maschinen und Apparate für die Landwirtschaft	212	262	276	1,51
Sonstige Maschinen und Apparate, einschl. Maschinenteile, Werkzeuge und Armaturen	169	224	236	1,30
Reparaturwerkstätten im allgemeinen Maschinenbau	146	339	292	1,60
Montagebetriebe im allgemeinen Maschinenbau	250	188	304	1,67
Fahrzeugbau				
Bau und Reparatur von:				
Dampflokomotiven	129	134	145	0,80

[13] LV 222, S. 209ff. (Schulz)

Fortsetzung Tab. 158

	1960	1962	1963	Wachstumskoeffizient 1963[1]
Diesel- und Elektrolokomotiven	190	194	232	1,28
Eisenbahn- und Straßenbahnwagen für Güterbeförderung	141	146	161	0,89
Eisenbahn- und Straßenbahnwagen für Personenbeförderung	138	138	142	0,78
Kraftwagen für Güterbeförderung	170	197	231	1,27
Kraftwagen für Personenbeförderung	270	286	324	1,78
Traktoren	168	226	254	1,40
Kraft- und Fahrräder	163	149	149	0,82
Sonstige Fahrzeuge	242	410	790	4,34
Schiffbau	153	143	157	0,86
Gießereien und Schmieden	149	163	163	0,90
Eisen- und Stahlgießereien	143	155	154	0,85
Buntmetallgießereien	199	219	226	1,24
Schmiedestücke, Preß- und Stanzstücke	131	147	147	0,81
Metallwarenindustrie	195	232	251	1,38
Draht- und Stahldrahtwaren	187	218	208	1,14
Technische Eisenwaren	202	266	280	1,54
Geräte für die Industrie, Landwirtschaft und Gewerbe	229	254	359	1,97
Metallbedarfserzeugnisse für die Konsumtion	229	254	359	1,97
Schmieden, Schlossereien und sonstige Werkstätten der metallverarbeitenden Betriebe einschl. Reparaturwerkstätten für die Produktion	230	340	399	2,20
Schmieden, Schlossereien und sonstige Werkstätten der metallverarbeitenden Betriebe einschl. Reparaturwerkstätten für die Konsumtion	156	173	186	1,02
Elektrotechnische Industrie	211	259	275	1,51
Elektromaschinen	180	217	238	1,31
Transformatoren und Schaltelemente	161	200	198	1,09
Kabel- und Elektromaterial	163	192	206	1,13
Einrichtungen und Geräte der Nachrichtentechnik	250	314	394	2,16
Sonstige elektrotechnische Erzeugnisse für die Produktion	184	236	243	1,34
Sonstige elektrotechnische Erzeugnisse für die Konsumtion	280	342	355	1,95
Montagebetriebe (elektrotechnische)	295	351	385	2,11
Reparaturwerkstätten (elektrotechnische) für die Produktion	176	213	190	1,04
Reparaturwerkstätten (elektrotechnische) für die Konsumtion	163	230	252	1,38
Feinmechanische und optische Industrie	171	197	214	1,17
Bau und Reparatur von Büromaschinen	196	224	249	1,37

Fortsetzung Tab. 158

	1960	1962	1963	Wachstumskoeffizient 1963[1]
Herstellung und Reparatur von medizintechnischen Erzeugnissen	145	195	212	1,17
Meßgeräte und Uhren für die Produktion	156	224	254	1,39
Herstellung und Reparatur von Uhren für die Konsumtion	186	162	175	0,96
Herstellung und Reparatur von sonstigen feinmechanischen Erzeugnissen für die Produktion	354	389	411	2,26
Herstellung und Reparatur von sonstigen feinmechanischen Erzeugnissen für die Konsumtion	146	203	197	1,08
Optische Geräte für die Produktion	153	168	178	0,98
Herstellung und Reparatur von optischen Geräten für die Konsumtion	116	130	139	0,76
Diamantenwerkzeuge	114	135	165	0,91

[1] Wachstumskoeffizient = Zweig: Industrie

Quelle: LV-222, S. 308 (Schulz)

Die mit dieser Entwicklung verbundenen Möglichkeiten für eine wachsende Konzentration der Produktion und der Spezialisierung in der Industrie schuf neue Bedingungen für die wissenschaftlich-technische Arbeit. Neue Produktionsmaßstäbe, Fertigungsbedingungen sowie Anforderungen an den Gebrauchswert der Erzeugnisse eröffneten der Erzeugnisentwicklung qualitativ neue Möglichkeiten.

Wenn seit Mitte der 50er Jahre verstärkt eine neue Generation von Produktionsmitteln in der Industrie entwickelt worden war, die auf der Basis bewährter Konstruktionsprinzipien durch Neuerungen des wissenschaftlich-technischen Fortschritts ergänzt, einen bedeutenden Gebrauchswertzuwachs erzielte, so entstand Ende der 50er Jahre eine immer größere Anzahl von Produktionsmitteln, die aus völlig neuen Entwicklungs- und Konstruktionskonzeptionen hervorgegangen war. Entscheidende Impulse für diese qualitativen Veränderungen in der industriellen Erzeugnisstruktur waren von den wirtschafts- und wissenschaftspolitischen Entscheidungen des V. Parteitages der SED im Sommer 1958 ausgegangen. Im Gefolge dieses Parteitages kam es zu einem Anwachsen des Erneuerungsgrades der industriellen Produktion. (Vgl. Tabelle 159)

Der Anteil völlig neuer Erzeugnisse belief sich in der volkseigenen Industrie im Jahre 1959 lediglich auf 1 Prozent an der Industrieproduktion. Bis zum Jahr 1963 konnte dieser Prozentsatz auf 4,6 Prozent gesteigert werden. Maßgeblichen Anteil an dieser Entwicklung hatte der überdurchschnittliche Anteil der Elektrotechnik/Elektronik mit 11,4 Prozent, der allgemeine Maschinenbau mit 8,4 Prozent und der Schwermaschinenbau mit 8,0 Prozent.[14]

Dabei handelte es sich erst um die Anfänge einer umfassenden Erzeugniserneuerung.

[14] LV-222, S. 52ff. (Schulz)

Tabelle 159

Entwicklung des Anteils neuer Erzeugnisse an der Produktion der volkseigenen Industrie 1959 bis 1964

Lfd. Nr.	1959	1960	1961	1962	1963
1. Volkseigene Industrie					
a) Bruttoproduktion in Mill. Mark	55809,8	60335,2	63764,3	68038,4	71002,7
b) neue Erzeugnisse in Mill. Mark	555,4	748,2	1923,0	2853,8	3235,6
c) Anteil von b) an a) in Prozent	1,0	1,2	3,0	4,2	4,6
2. Allgemeiner Maschinenbau	3179,8	3653,4	4226,7	4727,6	5191,5
a)	61,0	164,3	282,2	750,1	436,6
b)	1,9	4,5	6,7	15,9	8,4
c)					
3. Schwermaschinenbau					
a)	4856,8	5655,4	6127,3	7049,0	7528,8
b)	287,4	349,9	570,4	483,9	864,4
c)	5,9	6,2	9,3	6,9	11,4
4. Elktrotechnik					
a)	4856,8	5655,4	6127,3	7049,0	7528,8
b)	287,4	349,9	570,4	483,9	864.4
c)	5,9	6,2	9,3	6,9	11,4
5. Chemische Industrie					
a)	–	8974,6	9744,6	10514,8	11266,9
b)	–	21,9	135,0	85,3	131,0
c)	–	0,2	1,4	0,8	1,2

(Neue Erzeugnisse von 1959 bis 1961 in UPP, 1962 und 1963 in IAP, neue Erzeugnisse unter den Positionen 2 bis 5 nur zentralgeleitete volkseigene Industrie nach Verwaltungen.)

Quellen: LV-240, S. 304f. (StJb 60–61). LV-240, S. 284f. (StJb 62); LV-240, S. 114f., 171 (StJb 63); LV-240, S. 138f., 191 (StJb 64)

Das betraf vor allem das noch nicht ausreichende Tempo dieses Prozesses im gesamten Maschinenbau. Erhebliche Niveauunterschiede bestanden auch zwischen der zentralstaatlichen und örtlich geleiteten sozialistischen Industrie. Während beispielsweise 1963 die örtlich geleitete Industrie an der Gesamtproduktion der sozialistischen Industrie einen Anteil von 24 Prozent hatte, betrug der wertmäßige Anteil eingeführter neuer Erzeugnisse am Gesamtumfang nur 11,9 Prozent.[15]

Diese Entwicklung der Produktionsmittelindustrie war eine grundlegende Voraussetzung dafür, daß sich das industrielle Wachstum zunehmend auf die steigende Produktivität der gesellschaftlichen Arbeit gründete. In der Industrie erhöhte sich von 100 im Jahre 1950 die Produktivität je Produktionsarbeiter auf 314 Prozent im Jahre 1965. Überdurchschnittlich stieg mit 372 Prozent die Produktivität je Produktionsarbeiter in der metallverarbeitenden Industrie. Daran hatten vornehmlich die elektro-

15 LV-222, S. 52 (Schulz)

technische Industrie mit 416 Prozent, der Maschinenbau mit 358 Prozent und die feinmechanisch-optische Industrie mit 370 Prozent Anteil. Gleichstark erhöhte sich die Produktivität je Produktionsarbeiter in der Grundstoff- und in der Leichtindustrie auf 292 bzw. 295 Prozent. Die Produktivität in der Nahrungs- und Genußmittelindustrie stieg in dem hier betrachteten Zeitraum lediglich auf 218 Prozent.[16]

Die Produktivitätsentwicklung der industriellen Arbeit trug wesentlich dazu bei, daß zwischen 1950 und 1963 das Wachstum der Produktion von Erzeugnissen der Abteilung I mit einer Steigerung auf 374,6 Prozent deutlich über der des verfügbaren Gesamtprodukts, das sich auf 298,8 Prozent erhöhte, lag. Die Produktion der Abteilung II erhöhte sich in diesen Jahren auf 235,7 Prozent.[17]

Im Prozeß ihrer eigenen sozialökonomischen Umgestaltung trug die Industrie zugleich auf vielfältige Weise zur weitgehenden Ausbildung der Existenz- und Wirkungsbedingungen der ökonomischen Gesetze des Sozialismus und des sozialen Wesens der neuen Produktionsweise in der DDR bei. Sie schuf mit ihren Erzeugnissen die materiell-technischen Grundlagen für die sozialistische Umgestaltung der Landwirtschaft, des Bauwesens sowie des Verkehrswesens. Ihre wachsende Leistungsfähigkeit gestattete es, daß sich der Warenumsatz im Außenhandelt der DDR zwischen 1950 und 1965 auf insgesamt 662 Prozent erhöhen konnte und daß die Warenausfuhr in die RGW-Länder im gleichen Zeitraum auf 780,7 Prozent anstieg.[18]

Das soziale Wesen der neuen Produktionsweise wurde durch das Leistungswachstum der Industrie in zwei Hauptrichtungen beeinflußt.

Die Industrie versorgte im betrachteten Zeitraum die Bevölkerung mit zunehmend umfangreicheren und hochwertigeren Erzeugnissortimenten. Gleichzeitig ermöglichte es die gewachsene Reproduktionskraft der Gesellschaft, auf deren Entwicklung die Industrie gravierenden Einfluß hatte, daß sich der volkswirtschaftliche Leistungszuwachs in einer höheren Kaufkraft der Werktätigen niederschlug. Von 1950 bis 1965 entwickelte sich das durchschnittliche Arbeitseinkommen der Werktätigen in der sozialistischen Wirtschaft auf fast 203,5 Prozent.[19]

Das Wachstum des Einzelhandelsumsatzes von Industriewaren, der sich von 1950 zu 1965 auf 330,9 Prozent erhöhte, verdeutlicht, welchen Beitrag die Industrie zur individuellen Konsumtion leistete. Der Anteil der Industriewaren am Einzelhandelsumsatz stieg von 38,9 Prozent im Jahre 1950 auf 43,5 Prozent im Jahre 1965. Die Wachstumsrate der individuellen Konsumtion von Industrieerzeugnissen wuchs damit im Rahmen des gesellschaftlichen Gesamtprodukts überproportional.[20] Ausdruck des wachsenden Umfangs industrieller Konsumtionsmittel zur besseren Versorgung der Bevölkerung war auch ein erheblicher Zuwachs der Arbeiter und Angestellten im Bereich des Handels, der sich von einem Beschäftigtenanteil von 7,6 Prozent im Jahre 1950 auf 12,9 Prozent im Jahre 1964 erhöht hatte. Mit einer Steigerung von 5,3 Prozent im vorgenannten Zeitraum hatte die DDR mit weitem Abstand die größte Wachstumsrate dieser Beschäftigtengruppe aller sozialistischen Länder.[21]

16 LV-240, S. 180 (StJb 66); LV-213 (Roesler, Siedt, Elle)
17 LV-222, S. 143 (Schulz)
18 LV-240, S. 386 (StJb 66)
19 LV-240, S. 15 (StJb 75)
20 LV-240, S. 31 (StJb 66); LV-240, S. 13 (StJb 75)
21 LV-222, S. 44 (Schulz)

Zum zweiten vollzogen sich im Verlauf der sozialistischen Umgestaltung tiefgreifende Veränderungen im Bereich der gesellschaftlichen Konsumtion, die ebenfalls zu einer spürbaren Verbesserung der Arbeits- und Lebensbedingungen der Werktätigen führten. Betrugen die Ausgaben aus dem Staatshaushalt für die Lebensbedingungen der Bevölkerung im Jahre 1951 etwa 20,7 Prozent des produzierten Nationaleinkommens, so waren es im Jahre 1962 bereits 27,4 Prozent. Insgesamt stiegen diese Ausgaben im betrachteten Zeitraum auf 269 Prozent. Ihre Wachstumsdynamik verlief etwa proportional zur Entwicklung des produzierten Nationaleinkommens. Das ist ein Beleg dafür, wie der Zusammenhang von Wirtschafts- und Sozialpolitik in der Übergangsperiode vom Kapitalismus zum Sozialismus gewahrt wurde. Fast 73 Prozent der im Jahre 1962 verausgabten Mittel wurden für Leistungen des Gesundheits- und Sozialwesens aufgewandt.

Diese Leistungskategorie hatte mit einer Wachstumsrate von 1951 bis 1962 auf fast 275 Prozent eine überproportionale Entwicklung gegenüber den Gesamtausgaben erfahren. Das zweithöchste Wachstum erreichte die Ausgaben für Volksbildung, Berufsbildung und Sport im gleichen Zeitraum. Sie waren auf 265 Prozent gestiegen und bildeten 1962 einen Anteil an den Gesamtausgaben von fast 16 Prozent. Aber auch die staatlichen Ausgaben für Wissenschaft und Kultur waren im betrachteten Zeitraum auf über 241 Prozent gestiegen und erreichten 1962 einen Anteil an den Gesamtausgaben von über 11 Prozent.[22]

Auf die politischen, ökonomischen, wissenschaftlich-technischen und sozialen Ergebnisse der sozialistischen Umgestaltung der Industrie und der anderen volkswirtschaftlichen Bereiche gegründet, ging die Arbeiterklasse im Bündnis mit den anderen Werktätigen unter Führung der SED zum Aufbau der entwickelten sozialistischen Gesellschaft über.

22 LV-127, S. 4 (Kennziffern); LV-240, S. 90 (StJb 55); LV-240, S. 13 (StJb 75)

Anhang

1. Tabellenverzeichnis

2. Archivalienverzeichnis

Zentrales Staatsarchiv Potsdam
Reichswirtschaftsministerium

AV-1	Nr. 11642
AV-2	Nr. 11665
AV-3	A-I Nr. 195

AV-4	A-III	Nr.	3
AV-5	C-15	Nr.	6
AV-6	C-15	Nr.	25
AV-7	C-15	Nr.	297
AV-8	C-15	Nr.	300
AV-9	C-15	Nr.	533
AV-10	C-15	Nr.	584

AV-11	C-15	Nr. 585
AV-12	C-15	Nr. 724
AV-13	C-15	Nr. 745
AV-14	C-15	Nr. 746
AV-15	C-15	Nr. 751
AV-16	C-15	Nr. 754
AV-17	D-1	Nr. 3547
AV-18	E-1	Nr. 126
AV-19	E-1	Nr. 240
AV-20	E-1	Nr. 246
AV-21	E-1	Nr. 272
AV-22	E-1	Nr. 281
AV-23	E-1	Nr. 676
AV-24	E-1	Nr. 776
AV-25	E-1	Nr. 777
AV-26	E-1	Nr. 1209
AV-27	E-1	Nr. 1210
AV-28	E-1	Nr. 1297
AV-29	E-1	Nr. 1329
AV-30	E-1	Nr. 1396
AV-31	E-1	Nr. 1454
AV-32	E-1	Nr. 1701
AV-33	E-1	Nr. 1706
AV-34	E-1	Nr. 1708
AV-35	E-1	Nr. 1709
AV-36	E-1	Nr. 1719
AV-37	E-1	Nr. 1726
AV-38	E-1	Nr. 1728
AV-39	E-1	Nr. 2004
AV-40	E-1	Nr. 2211
AV-41	E-1	Nr. 3144
AV-42	E-1	Nr. 3146
AV-43	E-1	Nr. 3547
AV-44	E-1	Nr. 3880
AV-45	E-1	Nr. 3986
AV-46	E-1	Nr. 4014
AV-47	E-1	Nr. 4015
AV-48	E-1	Nr. 4982
AV-49	E-1	Nr. 8146
AV-50	E-1	Nr. 8811
AV-51	E-1	Nr. 11126
AV-52	E-1	Nr. 11128
AV-53	E-1	Nr. 11153
AV-54	E-1	Nr. 11158
AV-55	E-1	Nr. 11159
AV-56	E-1	Nr. 11183
AV-57	E-1	Nr. 11913
AV-58	E-1	Nr. 11959
AV-59	E-1	Nr. 11963
AV-60	E-1	Nr. 11983
AV-61	E-1	Nr. 12536
AV-62	E-1	Nr. 12607
AV-63	E-1	Nr. 12676
AV-64	E-1	Nr. 12688
AV-65	E-1	Nr. 12689
AV-66	E-1	Nr. 12963
AV-67	E-1	Nr. 13090
AV-68	E-1	Nr. 13879
AV-69	E-1	Nr. 13882
AV-70	E-1	Nr. 13915
AV-71	E-1	Nr. 13918
AV-72	E-1	Nr. 13934
AV-73	E-1	Nr. 13935
AV-74	E-1	Nr. 13962
AV-75	E-1	Nr. 13967
AV-76	E-1	Nr. 13993
AV-77	E-1	Nr. 14039
AV-78	E-1	Nr. 14060
AV-79	E-1	Nr. 14061
AV-80	E-1	Nr. 14082
AV-81	E-1	Nr. 14094
AV-82	E-1	Nr. 14097
AV-83	E-1	Nr. 14102
AV-84	E-1	Nr. 14103
AV-85	E-1	Nr. 14104
AV-86	E-1	Nr. 14108
AV-87	E-1	Nr. 14236
AV-88	E-1	Nr. 48534
AV-88a	E-1	Nr. 40990
AV-89	O-3	Nr. 1414

Archiv des Ministeriums für Wissenschaft und Technik

Bestand	Leitung
AV-90	Nr. 1
AV-91	Nr. 2
AV-92	Nr. 3
AV-93	Nr. 4
AV-94	Nr. 29
AV-95	Nr. 30
AV-96	Nr. 34
AV-97	Nr. 46
AV-98	Nr. 47
AV-99	Nr. 116
AV-100	Nr. 117
AV-101	Nr. 134
AV-102	Nr. 136
AV-103	Nr. 146
AV-104	Nr. 184
AV-105	Nr. 231
Bestand O	P, HA II, BT
AV-106	Nr. 51
Bestand TWK	
AV-107	Nr. 2

Staatsarchiv Dresden
Landesregierung Sachsen
Ministerpräsident

AV-108	Nr. 435
AV-109	Nr. 436
AV-110	Nr. 676
AV-111	Nr. 678
AV-112	Nr. 679
AV-113	Nr. 1372
AV-114	Nr. 1855
AV-115	Nr. 1856

Ministerium für Wirtschaft

Büro des Ministers
AV-116 Nr. 520
HA Industrie
AV-117 Nr. 337
Landkreis Zwickau
AV-118 Nr. 246
Industrie- und Handelskammer Sachsen
AV-119 Nr. 1

Hauptstaatsarchiv Freiberg

AV-120 TBBJ, Handakte Mauersberger Nr. 192

Staatsarchiv Weimar

Thüringer Wirtschaftsministerium
AV-121 Nr. 4216
AV-122 Nr. 4217
Land Thüringen
Der Ministerpräsident, Büro des Ministerpräsidenten

AV-123	Nr. 374
AV-124	Nr. 385
AV-125	Nr. 1375
AV-126	Nr. 1376

Ministerium für Wirtschaft und Arbeit

AV-127	Nr. 260
AV-128	Nr. 354
AV-129	Nr. 584
AV-130	Nr. 586
AV-131	Nr. 4216
AV-132	Nr. 4217

Institut für Marxismus-Leninismus beim ZK der SED
Zentrales Parteiarchiv
AV-133 IV/2/602
AV-134 NL 182/951

Zentrales Gewerkschaftsarchiv
FDGB-Büro, Büro Kirchner
AV-135 Nr. 1222
AV-136 Nr. 23/19/1160

3. Literaturverzeichnis

LV-1 H. Abraham, Die Bündnispolitik der SED mit den Handwerkern, Gewerbetreibenden sowie Klein- und mittleren Unternehmern in der Zeit des Übergangs von der antifaschistisch-demokratischen zur sozialistischen Revolution (Juni 1948–Juli 1952), Diss., Berlin 1966.

LV-2 K. Albrecht, Der Einfluß des technischen Fortschritts auf die Art der Tätigkeit der Produktionsarbeiter in der Industrie 1960 bis 1963. In: Statistische Praxis 1964, Heft 3.

LV-3 Derselbe, Ebenda, Heft 4.

LV-4 Anatomie eines Krieges. Neue Dokumente über die Rolle des deutschen Monopolkapitals bei der Vorbereitung und Durchführung des zweiten Weltkrieges, herausgegeben und eingeleitet von D. Eichholtz und W. Schumann, Berlin 1969.

LV-5 Anordnung über die Regelung der Vertragsbeziehungen zwischen privaten Betrieben und volkseigenen sowie genossenschaftlichen Betrieben und anderen Organisationen. Vom 18. Mai 1949, Zentralverordnungsblatt 1949, S. 385.

LV-6 Anordnung zur Verordnung über die Registrierung und Kontrolle der bestätigten Stellenpläne und Verwaltungsausgaben der staatlichen Verwaltungen und Einrichtungen sowie der Verwaltungen und Betriebe der volkseigenen Wirtschaft (Registrierung 1955). Vom 29. März 1955, Gesetzblatt der Deutschen Demokratischen Republik (im folgenden Gesetzblatt), Teil II, 1955, S. 125–128.

LV-7 Anweisung über die Durchführung der Anordnung über die Regelung der Vertragsbeziehungen zwischen den privaten Betrieben und volkseigenen sowie genossenschaftlichen Betrieben und anderen Organisationen. Vom 12. August 1949, Zentralverordnungsblatt 1949, S. 615.

LV-8 Arbeit und Sozialfürsorge, 1947.

LV-9 Arbeit und Sozialfürsorge, 1948.

LV-10 Arbeit und Sozialfürsorge, 1949.

LV-11 H. Arnold, H. Borchert, J. Schmidt, Ökonomik der sozialistischen Industrie, Berlin 1967.

LV-12 H. Arnold, H. Borchert, A. Lange, J. Schmidt, Die wissenschaftlich-technische Revolution in der Industrie der DDR, Berlin 1967.

LV-13 Ausmaß und Ursachen der Arbeitskräftebewegung in der volkseigenen Industrie im ersten Halbjahr 1956. In: Statistische Praxis 1956, Heft 11.

LV-14 Automobilbauer einst und jetzt, Berlin 1976.

LV-15 A. Apel, Das Chemieprogramm der DDR – ein wichtiger Faktor im ökonomischen Wettbewerb zwischen Sozialismus und Kapitalismus, Diss., Berlin 1960.

LV-16 Derselbe, Durch sozialistische Rekonstruktion und Erhöhung der Arbeitsproduktivität zur Erfüllung des Siebenjahrplanes. Referat auf der 5. Tagung des ZK der SED am 22./23. Mai 1959, Berlin 1959.

LV-17 L. Baar, Zur Problematik der Ausgangs- und Entwicklungsbedingungen der Volkswirtschaft in der Deutschen Demokratischen Republik (Material für das im Rahmen des Habilitationsverfahrens stattfindenden Kolloquiums), Berlin 1967.

LV-18 Derselbe, Zur ökonomischen Strategie und Investionsentwicklung in der Industrie der DDR in den 50er und 60er Jahren. In: Jahrbuch für Wirtschaftsgeschichte 1983, Teil 2.

LV-19 R. Bach, G. Otto, Der Anteil der innerbetrieblichen Transportarbeiten in der Industrie. In: Statistische Praxis 1964, Heft 1.

LV-20 G. Bachmann, Zur Herausbildung und historischen Entwicklung der wirtschaftlichen Rechnungsführung in den Industriebetrieben der DDR, Diss. A, Berlin 1977.

LV-21 R. Badstübner, Friedenssicherung und deutsche Frage. Vom Untergang des Deutschen Reiches bis zur Gründung der DDR (im Druck).

LV-22 H. Barthel, Die wirtschaftlichen Ausgangsbedingungen der DDR. Zur Wirtschaftsentwicklung auf dem Gebiet der DDR 1945 bis 1949/50. Forschungen zur Wirtschaftsgeschichte, herausgegeben von J. Kuczynski und H. Mottek, Bd. 14, Berlin 1979.

LV-22a Derselbe, Adolf Hennecke. Beispiel und Vorbild, Berlin 1979 (illustrierte historische hefte 16).

LV-23 W. Baumbach, Die Maschine am richtigen Platz. In: Rheinisch-Mainische Wirtschaftszeitung vom 28. April 1942.

LV-24 Bekanntmachung über den Strukturplan der provisorischen Regierung der Deutschen Demokratischen Republik, Ministerialblatt, Jahrgang 1949 und 1950.

LV-25 Bekanntmachung des Beschlusses über die Bildung des Ministeriums für Schwermaschinenbau, Gesetzblatt, Teil I, 1954, S. 225.

LV-26 Bekanntmachung des Beschlusses über die Bildung des Ministeriums für Maschinenbau, Gesetzblatt, Teil I, 1954, S. 238.

LV-27 Bekanntmachung des Beschlusses des Ministerrates über strukturelle Änderungen im Geschäftsbereich Maschinenbau, Gesetzblatt, Teil I, 1955, S. 313.

LV-27a Bekanntmachung des Beschlusses des Ministerrates über Maßnahmen zur Förderung des wissenschaftlich-technischen Fortschritts in der Deutschen Demokratischen Republik. Vom 21. Juli 1955, Gesetzblatt, Teil I, 1955, S. 521–531.

LV-27b Bekanntmachung des Beschlusses des Ministerrates über die Veränderung der Struktur des Regierungsapparates. Vom 16. November 1954, Gesetzblatt, Teil I, 1956, S. 1

LV-28 Bergbau und Energiewirtschaft, Jahrgang 2, 1949.

LV-29 Bericht über eine Rede des Staatssekretärs im Wirtschaftsministerium vor Berliner Unternehmern. In: Die Deutsche Volkswirtschaft vom 2. Februar 1940.

LV-30 Berichte, Referate, Diskussionsreden, Thesen und Beschluß. 32. Tagung des ZK der SED vom 10. bis 12. Juli 1957, Berlin 1957.

LV-31 Beschluß über Maßnahmen zur Verbesserung der Arbeit auf dem Gebiet der naturwissenschaftlich-technischen Forschung und Entwicklung und der Einführung der neuen Technik (Auszug). Vom 6. Juni 1957, Gesetzblatt, Teil I, 1957, S. 469–471.

LV-32 G. Bilkenroth, Braunkohlenenergie und Braunkohlenveredelung, Berlin 1956.

LV-33 W. Binger, A. Peters, So handeln Klassenbrüder. Aus der Chronik sowjetisch-deutscher Zusammenarbeit des heutigen VEB Magdeburger Armaturenwerk „Karl Marx" und des VEB Meßgerätewerk „Erich Weinert", o. O., o. J.

LV-34 W. Bleyer, Staat und Monopol im totalen Krieg. Der staatsmonopolistische Machtapparat und die „totale Mobilmachung" im ersten Halbjahr 1943, Berlin 1970.

LV-35 W. Bollerey, H. Sabisch, S. Tannhäuser, Ökonomik der sozialistischen chemischen Industrie der DDR, Leipzig 1963.

LV-36 E. Braun, E. Filzner, Der Einsatz von Hoch- und Fachschulkadern in der sozialistischen Wirtschaft. In: Statistische Praxis 1964, Heft 3.

LV-37 W. Brundert, Die Auswirkungen des Zweijahrplanes auf das Wirtschaftsrecht. Schriftenreihe der Rechts- und Staatswissenschaftlichen Fakultät der Martin-Luther-Universität Halle, Heft 1, Halle 1948.

LV-38 Derselbe, Rechtsgrundlagen der volkseigenen Betriebe Sachsen-Anhalts, Halle 1948.

LV-39 Bündnispolitik im Sozialismus, Berlin 1981.

LV-40 Carl-Zeiss Jena. Einst und jetzt. Von einem Autorenkollektiv unter Leitung von W. Schumann, Berlin 1962.

LV-41 Chemie gibt Brot – Wohlstand – Schönheit. Konferenzmaterial der Chemiekonferenz des ZK der SED und der Staatlichen Plankommission in Leuna am 3./4. November 1958, herausgegeben vom ZK der SED, o. O., o. J.

LV-42 N. S. Chruschtschow, 40 Jahre Große Sozialistische Oktoberrevolution. In: Neues Deutschland vom 10. November 1957.

LV-43 Chronik. Geschichte der deutschen Arbeiterbewegung, Teil III, 1945 bis 1963, herausgegeben vom Institut für Marxismus-Leninismus beim ZK der SED, Berlin 1967.

LV-44 Leistungslohn – Leistungssteigerung, Berlin, o. J.

LV-45 J. Čzerný, Die Kapitalisten und die sozialistische Revolution. (Maschinenmanuskript)

LV-46 Das Potsdamer Abkommen. Dokumentensammlung, Berlin 1975.
LV-47 DDR. Werden und Wachsen, Berlin 1975.
LV-48 Deutschland im zweiten Weltkrieg. Von einem Autorenkollektiv unter Leitung von W. Schumann, Bd. 1–6, Berlin 1975–1985.
LV-49 Der Einfluß der Kooperationsbeziehungen auf den Nachweis des Produktionsvolumens der Industrie. In: Statistische Praxis 1956, Heft 12.
LV-50 Der Fünfjahrplan zur Entwicklung der Volkswirtschaft in der Deutschen Demokratischen Republik (1951–1955). In: Dokumente der SED. Beschlüsse und Erklärungen des Parteivorstandes, des Zentralkomitees sowie seines Politbüros und seines Sekretariats (im folgenden Dokumente der SED), Bd. III, Berlin 1952.
LV-51 Der Kulturplan. Schriftenreihe der DWK, Nr. 2, Berlin o. J.
LV-52 Der neue Kurs und die Aufgaben der Partei. In: Dokumente der SED, Bd. IV, Berlin 1954, S. 449–478.
LV-53 Der Siebenjahrplan des Friedens, des Wohlstands und des Glücks des Volkes. Rede Walter Ulbrichts vor der Volkskammer der DDR am 30. September 1959. Gesetz über den Siebenjahrplan 1959–1963, Berlin 1959.
LV-54 Der Wirtschaftsplan für 1948 und der Zweijahrplan 1949 bis 1950 zur Wiederherstellung und Entwicklung in der sowjetischen Besatzungszone Deutschlands. In: Deutscher Zweijahrplan für 1949/50, Berlin 1948, S. 146–197.
LV-55 Der Wirtschaftsplan für 1949. Schriftenreihe bei der DWK, Heft 1, Berlin o. J.
LV-55a Die antifaschistisch-demokratische Umwälzung und die Entstehung der DDR von 1945 bis 1949. Von einem Autorenkollektiv unter Leitung von R. Badstübner, Berlin 1989.
LV-56 Die Arbeiterklasse wird das Kohle- und Energieprogramm lösen. Berichte von der Zentralen Kohle- und Energiekonferenz am 23./24. April 1957. In: Neues Deutschland von 27. April 1957.
LV-57 Die Entstehung des sozialistischen Wirtschaftssystems. Sozialistisches Weltwirtschaftssystem in 4 Bänden, Bd. 1, Berlin 1967.
LV-58 Die Entwicklung der Arbeitsproduktivität in der sozialistischen Industrie im ersten Fünfjahrplan. In: Statistische Praxis 1956, Heft 5.
LV-59 Die Frau in der Deutschen Demokratischen Republik. In: Statistische Praxis 1962, Heft 2.
LV-60 Die Frau der DDR – Gleichberechtigtes Mitglied der Gesellschaft. In: Statistische Praxis 1960, Heft 7.
LV-61 Die Investitionen des ersten Fünfjahrplanes. In: Statistische Praxis 1956, Heft 6.
LV-62 Die neuen Gesetze. Sammlungen von arbeits-, versicherungs- und wirtschaftsrechtlichen Bestimmungen, insbesondere vom Land Thüringen, Weimar o. J.
LV-63 Die neue Lage und die Politik der Sozialistischen Einheitspartei Deutschlands. In: Dokumente der SED, Bd. V, Berlin 1956, S. 445–511.
LV-64 Die Struktur der volkseigenen Betriebe. In: Die Wirtschaft 1950, Nr. 10.
LV-65 Die Wirtschaft 1951, Nr. 38.
LV-66 Die Wirtschaft 1957, Nr. 16.
LV-67 A. Diesener, Zu Problemen der qualitativen und Strukturentwicklung der Arbeiterklasse in der sowjetischen Besatzungszone/DDR in Westsachsen in den Jahren 1945/46 bis 1950, Diss. A, Leipzig 1983.
LV-68 Direktive für den zweiten Fünfjahrplan zur Entwicklung der Volkswirtschaft in der Deutschen Demokratischen Republik 1956 bis 1960. In: Dokumente der SED, Bd. VII, Berlin 1961, S. 790–872.
LV-69 U. Dirksen, Liberaldemokraten zwischen sozialem Fortschritt und Reaktion. Die LDPD im Kampf um die Entstehung und Festigung des Volkseigentums

1946 bis 1949. Schriften der LDPD, herausgegeben vom Sekretariat des Generalvorstandes, Heft 17, Berlin 1977.

LV-70 G. Dittrich, Die Anfänge der Aktivistenbewegung, Berlin 1987.

LV-70a Derselbe, Das quantitative Wachstum der Arbeiterklasse der DDR und die Veränderungen in ihrer sozialen und Zweigstruktur während der sozialistischen Revolution 1949 bis 1961/62, Diss. B, Leipzig 1977.

LV-71 H. Domeinski, Die SAG-Betriebe als Schulen des Sozialismus, dargestellt am Beispiel des VEB Chemiekombinat Bitterfeld, Diss., A, Halle–Wittenberg 1975.

LV-72 St. Doernberg, Die Geburt eines neuen Deutschlands 1945–1949. Die antifaschistisch-demokratische Umwälzung und die Entstehung der DDR, Berlin 1959.

LV-73 Derselbe, Kurze Geschichte der DDR, Berlin 1968.

LV-74 Drei Jahrzehnte VEB Jenapharm, Berlin 1981.

LV-75 Durch sozialistische Rekonstruktion und Erhöhung der Arbeitsproduktivität zur Erfüllung des Siebenjahrplanes. In: Dokumente der SED, Bd. VII, Berlin 1961, S. 652–663.

LV-76 Durchschnittliches monatliches Arbeitseinkommen der Arbeiter und Angestellten der sozialistischen Industrie. In: Statistische Praxis 1960, Heft 7.

LV-77 D. Eichholtz, Geschichte der deutschen Kriegswirtschaft 1939–1945. Forschungen zur Wirtschaftsgeschichte, herausgegeben von J. Kuczynski und H. Mottek, Bd. 1, 3. durchgesehene Auflage, Berlin 1984, Bd. 2, Berlin 1985.

LV-78 R. Eichfeld, Zu Problemen der Teilnahme der Frau am gesellschaftlichen Produktionsprozeß im Land Sachsen in den Jahren 1945 bis 1949. In: Studien zur Rolle der Frau im Arbeitsprozeß im Sozialismus. Beiträge zur Geschichte der Produktivkräfte, Bd. 14 = Freiberger Forschungshefte, D 120, Leipzig 1987.

LV-79 Energieerzeugung und -versorgung im ersten Fünfjahrplan. In: Statistische Praxis 1956, Heft 8.

LV-80 F. Engels, Das Lohnsystem. In: Marx/Engels-Werke, Bd. 19, Berlin 1962, S. 251–253.

LV-81 Derselbe, Herrn Eugen Dührings Umwälzung der Wissenschaft (Anti-Dühring). In: Marx/Engels-Werke, Bd. 20, Berlin 1962.

LV-82 Errichtung des Arbeiter- und Bauern-Staates der DDR 1945 bis 1949. Von einem Autorenkollektiv unter Leitung von S. Wietstruk, Berlin 1987.

LV-82a Entwicklung des Arbeiter- und Bauernstaates der DDR 1949–1961. Von einem Autorenkollektiv unter Leitung von K.-H. Schöneburg, Berlin 1983.

LV-83 J. M. Faingar, Die Entwicklung des deutschen Monopolkapitals. Ein Grundriß, Berlin 1959.

LV-84 Feldzug für strenge Sparsamkeit. In: Dokumente der SED, Bd. IV, Berlin 1954.

LV-85 H. Fiedler, Die Politik der SED zur verstärkten Nutzung von Wissenschaft und Technik beim weiteren Aufbau der materiell-technischen Basis des Sozialismus in der zweiten Hälfte der 50er Jahre, Diss. A, Berlin 1981.

LV-86 G. Fraas, Gewinn und Gewinnverwendung des volkseigenen Betriebes als Problem der wirtschaftlichen Rechnungsführung. In: Wirtschaftswissenschaften 1962, Heft 12.

LV-87 B. Friedemann, J. Gerlach, Die Entwicklung der Leitung und Planung sowie der wirtschaftlichen Rechnungsführung in der Maxhütte im Zeitraum 1946 bis 1955, Belegarbeit, Jena 1981.

LV-88 G. Fritsche, Die Entwicklung des beruflichen Qualifikationsniveaus der Arbeiterklasse in der volkseigenen Industrie der Deutschen Demokratischen Republik von 1945 bis 1955 (Maschinenmanuskript).

LV-89 H. Füchsel, Der II. Parteitag der SED. Der Befehl Nr. 234 der SMAD vom 9. Oktober 1947, seine Vorbereitung und Durchführung sowie sein Platz in der Geschichte der antifaschistisch-demokratischen, antiimperialistischen Umwälzung in der sowjetischen Besatzungszone. Die Zusammenarbeit der deutschen demokratischen Kräfte mit der SMAD, Diss. A, Berlin 1976.

LV-90 P. Ganz, Die Entwicklung der Kaliindustrie Thüringens von 1945 bis 1949, Dipl.-Arbeit, Jena 1980.

LV-91 J. Gehlhoff, Wie arbeitet man mit den Ergebnissen der Arbeitskräftestatistik. In: Statistische Praxis 1962, Heft 2.

LV-92 Derselbe, Ebenda, Heft 4.

LV-93 Geschichte der deutschen Arbeiterbewegung in acht Bänden, Bd. 6 bis 8, Institut für Marxismus-Leninismus beim ZK der SED, Berlin 1966.

LV-94 Geschichte der Deutschen Demokratischen Republik. Von einem Autorenkollektiv unter Leitung von R. Badstübner, Berlin 1981.

LV-95 Geschichte des Freien Deutschen Gewerkschaftsbundes. Herausgeber: Bundesvorstand des FDGB, Berlin 1982.

LV-96 Geschichte der Freien Deutschen Jugend, herausgegeben im Auftrag des Zentralrats der FDJ, Berlin 1982.

LV-97 Geschichte der Sozialistischen Einheitspartei Deutschlands. Abriß, Berlin 1978.

LV-98 Geschichte des Staates und des Rechts in der DDR. Dokumente 1949 bis 1961, Berlin 1984.

LV-99 Geschichte des VEB Leunawerke „Walter Ulbricht“ 1945 bis 1981, Leipzig 1986.

LV-100 Geschichte des VEB Filmfabrik Wolfen, Berlin 1969.

LV-101 Gesetz über den Fünfjahrplan 1951–1955, Gesetzblatt, Teil I, 1951, S. 973 bis 980.

LV-102 Gesetz über das Vertragssystem in der volkseigenen Wirtschaft (Vertragsgesetz). Vom 11. Dezember 1957, Gesetzblatt, Teil I, 1957, S. 627–642.

LV-103 Gesetz über die Vervollkommnung und Vereinfachung der Arbeit des Staatsapparates in der Deutschen Demokratischen Republik. Vom 11. Februar 1958, Gesetzblatt, Teil I, 1958, S. 117–120.

LV-104 M. Goedecke, Die Entwicklung der Bekleidungsindustrie Thüringens von 1945 bis 1949, Dipl.-Arbeit, Jena 1980.

LV-105 H. S. Gold, Die Organisation der volkseigenen Wirtschaft auf der Landesebene der Mark Brandenburg 1945 bis 1949, Dipl.-Arbeit, Potsdam 1973.

LV-106 K. Gregor, Der Betriebsplan der volkseigenen Industrie. In: Die Wirtschaft 1950, Nr. 50.

LV-107 O. Grotewohl, Im Kampf um Deutschland. Reden und Aufsätze, Bd. 1, Berlin 1948.

LV-108 Derselbe, Im Kampf um die einige Deutsche Demokratische Republik, Bd. 1, Berlin 1954.

LV-109 Derselbe, Ebenda, Bd. 3.

LV-110 G. Hartig, Untersuchungen über das Wachstum der Produktion und einige Wachstumsfaktoren. In: Statistische Praxis 1968, Heft 3.

LV-111 O. Hartkopf, Die Unterstützung der sowjetischen Genossen und Wirtschaftsfachleute bei der Befähigung deutscher Werkleitungen zur Führung sozialistischer Großbetriebe (dargestellt an einigen ehemaligen SAG-Betrieben Magdeburgs). In: 60 Jahre Roter Oktober. Beiträge zur Geschichte der Stadt und des Bezirkes Magdeburg, Heft 8, Magdeburg 1977.

LV-112 H. Hartmann, Die Strategie der 1. Parteikonferenz der SED. Der Kampf des FDGB unter Führung der SED für die Realisierung der wirtschaftlichen Konzeption der 1. Parteikonferenz, dargestellt insbesondere an der Entwicklung der Aktivisten- und Wettbewerbsbewegung (Januar bis Herbst 1946), Diss. A, Berlin 1978.

LV-113 U. Hartmann, Zur Entwicklung des Produktionskollektivs im VEB Maxhütte Unterwellenborn unter der politischen Führung der SED in den Jahren 1951 bis 1961, Diss. A, Jena 1980.

LV-114 Derselbe, Zur Genesis grundlegender Wesensmerkmale der sozialistischen Produktionsverhältnisse in der Industrie der DDR in der Übergangsperiode vom Kapitalismus zum Sozialismus (1950 bis Anfang der sechziger Jahre), Diss. B, Jena 1989.

LV-115 K. Hauschild, Produktionsabgabe, Dienstleistungsabgabe, Handelsabgabe, Verbrauchsabgabe, Berlin 1960.

LV-116 G. Heinze, Die Haltung und Zustimmung der LDPD im Prozeß der Herausbildung der sozialistischen Planwirtschaft, dargestellt am Zweijahrplan 1949/50 und am ersten Fünfjahrplan 1951–1955, Diss. A, Berlin 1978.

LV-117 H.-O. Henneberg, Zur Entwicklung und Organisation der Arbeitsbrigaden in der volkseigenen Industrie, Berlin 1953.

LV-118 W. Heyne, Der Kampf der Bergarbeiter des Borna-Altenburger Braunkohlenreviers für die Errichtung der antifaschistisch-demokratischen Ordnung von 1945 bis 1949, Diss. A, Leipzig 1966.

LV-119 Derselbe, Zur planmäßigen Entwicklung des Maschinenbaus durch die Arbeiterklasse in der ersten Periode des Übergangs vom Kapitalismus zum Sozialismus in der DDR (1949 bis 1955), Diss. B, Freiberg 1980.

LV-120 B. Holfter, Die Entwicklung der Textilindustrie Thüringens in den Jahren 1945 bis 1948, Dipl.-Arbeit, Jena 1978.

LV-121 W. Holtz, Stillegung von Betrieben. In: Deutsche Wirtschaftszeitung vom 1. März 1942.

LV-122 S. Hundt, Zur Theoriegeschichte der Betriebswirtschaftslehre, Köln 1977.

LV-123 In Volkes Hände gelegt. Chronik 1948 bis 1956. Aus der Geschichte des VEB Robotron – Buchungsmaschinenwerk Karl-Marx-Stadt, o. J., o. O.

LV-124 Industrie und Technik in der Deutschen Demokratischen Republik 1945 bis 1955, Berlin 1960.

LV-125 J. John, Faschistische Rüstungswirtschaft und regionale Industrie. Probleme der industriellen Entwicklung in Thüringen 1933 bis 1939, Diss. A, Jena 1969.

LV-126 B. Kahle, Die Steuerpolitik als Instrument der Arbeiterklasse und ihrer Verbündeten für den Übergang vom Kapitalismus zum Sozialismus in der DDR (1945 bis 1952), Diss. B, Berlin 1980.

LV-127 Kennziffern zur Entwicklung der sozialistischen Gesellschaft der DDR. In: Statistische Praxis 1963, Heft 1.

LV-128 P. Kirchberg, Autos aus Zwickau, Berlin 1985.

LV-129 W. Kirchhoff, Zur Rolle der Arbeiterklasse bei der Wiederingangsetzung und beim Wiederaufbau der Elektroenergiewirtschaft unter Führung der Partei im Prozeß der antifaschistisch-demokratischen Umwälzung auf dem Territorium der heutigen Deutschen Demokratischen Republik 1945–1949, Diss. B, Halle 1984.

LV-130 P. Kirste, Zur Ausarbeitung der wirtschaftspolitischen Konzeption der KPD 1944–1945. Die ersten Schritte der Arbeiterklasse zur Verwirklichung der Wirtschaftspolitik der KPD bei der Einleitung der antifaschistischen, antiimperialistisch-demokratischen Umwälzung vom Mai bis Dezember 1945, Diss. A, Berlin 1975.

LV-131 Derselbe, Die Wirtschaftspolitik der KPD und der SED und ihre Verwirklichung durch die Arbeiterklasse. Die Schwerpunkte der ökonomischen Politik und die Hilfe der SMAD sowie die wichtigsten Formen und Ebenen der Zusammenarbeit mit den deutschen Antifaschisten in den ersten Jahren der antifaschistisch-demokratischen, antiimperialistischen Umwälzung, Diss. B, Leipzig 1981.

LV-132 W. Klare, Neubeginn und Wiederaufbau. Erinnerungen an Schwarza aus den Jahren 1946 bis 1952, Rudolstadt o. J.

LV-133 Klassenkampf. Tradition. Sozialismus. Von den Anfängen zur Geschichte des deutschen Volkes bis zur Entwicklung der entwickelten sozialistischen Gesellschaft in der Deutschen Demokratischen Republik. Grundriß, Berlin 1974.

LV-134 Kleine Geschichte einer großen Bewegung. Zur Geschichte der sozialistischen Masseninitiative in der DDR von 1945 bis 1985. Von einem Autorenkollektiv unter Leitung von W. Falk (im Druck).

LV-135 Kohle und Energie – Kraftquell unserer Wirtschaft. Referat des Stellvertreters des Vorsitzenden des Ministerrates auf der Kohle- und Energiekonferenz 1957. In: Die Wirtschaft 1957, Nr. 17.

LV-136 Kommunique des Politbüros vom 9. Juni 1953. In: Dokumente der SED, Bd. IV, Berlin 1954, S. 428–431.

LV-137 Kommunique der 6. Tagung des Zentralkomitees. In: Dokumente der SED, Bd. VII, Berlin 1961, S. 747.

LV-138 Kontrolle zur Durchführung des Befehls Nr. 151. In: Arbeit und Sozialfürsorge, 1948.

LV-139 G. Koppelmann, Zur Bedeutung der SAG-Betriebe für die Formierung und das Wachstum der Arbeiterklasse in der DDR in den ersten Jahren der antifaschistisch-demokratischen Umwälzung. In: Der Rote Oktober und der Übergang vom Kapitalismus zum Sozialismus, Leipzig 1977.

LV-140 W. Krause, Die Entstehung des Volkseigentums in der Industrie der DDR, Berlin 1954.

LV-141 E. Krubke, Die Stellungnahme der CDU zur Herausbildung der sozialistischen Planwirtschaft in der DDR, dargestellt am Zweijahrplan 1949–50 und am ersten Fünfjahrplan 1951–1955, Diss. A, Berlin 1976.

LV-142 J. Kuczynski, Die Geschichte der Lage der Arbeiter unter dem Kapitalismus, Bd. 37, Berlin 1967.

LV-143 L. Kühne, Die Politik der SED zur Schaffung von Voraussetzungen für den Übergang zur zentralen Wirtschaftsplanung und zur Durchsetzung des Zweijahrplanes 1949/50 als Programm für die weitere gesellschaftliche Entwicklung (Anfang bis Ende 1948), Diss. A, Berlin 1976.

LV-144 K. Labahn, Die Herausbildung der Zweiggruppe der Arbeiterklasse in den Hochseewerften auf dem Territorium der späteren DDR 1945 bis 1952, Diss. A, Rostock 1979.

LV-145 G. Lang, Der Kampf der Arbeiterklasse unter Führung der SED für die Entwicklung des Schwermaschinenbaus in der Deutschen Demokratischen Republik, Diss. A, Berlin 1963.

LV-146 A. Lange, Die Investitionen in der volkseigenen Industrie der DDR im ersten Planjahrfünft, Berlin 1958.

LV-147 M. Laschke, Probleme des Verlaufs der sozialistischen Industrialisierung in den europäischen Mitgliedsländern des RGW. Studien zur Wirtschaftsgeschichte sozialistischer Länder, herausgegeben von L. Baar, Hochschule für Ökonomie „Bruno Leuschner", Berlin 1977.

LV-148 W. I. Lenin, Die nächsten Aufgaben der Sowjetmacht. In: Werke, Bd. 27, Berlin 1972, S. 225–268.

LV-149 B. Leuschner, Die Erfüllung der staatlichen Wirtschaftsaufgaben im Jahre 1955 und die Ausschöpfung der in unserer Volkswirtschaft vorhandenen Ressourcen, Berlin 1955.

LV-150 Derselbe, Ökonomie und Klassenkampf. Ausgewählte Reden und Aufsätze. 1945–1965, Berlin 1984.

LV-151 Derselbe, Unsere ökonomischen Probleme und die Verbesserung der Wirtschaftsführung. 30. Tagung des ZK der SED vom 30. 1.–1. 2. 1957, Berlin 1957.

LV-152 A. Lissner, O. Thau, Die Chemie der Braunkohle, Bd. II, Halle 1953.

LV-153 V. Malthesius, Stahl statt Wolle. In: Deutsche Allgemeine Zeitung vom 1. März 1942.

LV-154 K. Marx, Grundrisse der Kritik der politischen Ökonomie, Berlin 1974.

LV-155 Derselbe, Lohnarbeit und Kapital. In: Marx/Engels-Werke, Bd. 6, Berlin 1959, S. 397–423.

LV-156 Derselbe, Das Kapital, Erster Band. In: Marx/Engels-Werke, Bd. 23, Berlin 1962.

LV-157 Derselbe, Das Kapital, Zweiter Band. In: Marx/Engels-Werke, Bd. 24, Berlin 1963.

LV-158 Derselbe, Theorien über den Mehrwert, Zweiter Teil. In: Marx/Engels-Werke, Bd. 26,2, Berlin 1967.

LV-159 Meyers kleines Lexikon. Zweiter Band, Leipzig 1967.

LV-160 H. Mehls, Der Beitrag der sowjetischen Leitungskader im SAG-Betrieb Siemens-Plania-Werk (heute VEB Elektrokohle Berlin-Lichtenberg) bei der Ingangsetzung der Produktion. In: Die Entwicklung der freundschaftlichen Beziehungen zwischen der DDR und der UdSSR, Berlin 1977.

LV-161 W. Merker, Die deutschen Zentralverwaltungen in der sowjetischen Besatzungszone Deutschlands 1945–1947, Diss. A, Berlin 1984.

LV-162 K.-H. Michel, Die ökonomische Entwicklung des VEB Automobilwerk Eisenach in der Periode des Übergangs vom Kapitalismus zum Sozialismus (1945 bis zum Beginn der 60er Jahre), Dipl.-Arbeit, Jena 1982.

LV-163 W. Mühlfriedel, Die Wirtschaftsplanung in der sowjetischen Besatzungszone von den Anfängen bis zur Bildung der deutschen Wirtschaftskommission. In: Jahrbuch für Wirtschaftsgeschichte 1985, Teil 2, S. 9–30.

LV-164 Derselbe, Der Wirtschaftsplan 1948. Der erste Versuch eines einheitlichen Planes der deutschen Wirtschaftskommission zur ökonomischen Entwicklung der sowjetischen Besatzungszone. In: Jahrbuch für Wirtschaftsgeschichte 1985, Teil 3, S. 9–26.

LV-165 Derselbe, Der Produktionsplan der deutschen Wirtschaftskommission für das zweite Halbjahr 1948. In: Jahrbuch für Wirtschaftsgeschichte 1987, Teil 1, S. 31–59.

LV-166 Derselbe, SAG-Betriebe – Schulen des Sozialismus. Eine Skizze der historischen Entwicklung des staatlichen sowjetischen Eigentums an industriellen Produktionsmitteln in der sowjetischen Besatzungszone und in der Deutschen Demokratischen Republik. In: Jahrbuch für Wirtschaftsgeschichte 1980, Teil 4, S. 159–186.

LV-166a Derselbe, Die nichtmonopolistische Bourgeoisie und der Mittelstand in der antifaschistisch-demokratischen Umwälzung. (Maschinenschrift)

LV-167 W. Mühlfriedel, E. Wächtler, Zur Geschichte der wissenschaftlich-technischen Intelligenz in der DDR. In: Neue Bergbautechnik 1975, Heft 1, S. 56–63.

LV-168 W. Mühlfriedel, K. Wießner, Anmerkungen zum Verlauf der wissenschaftlich-technischen Revolution in der sozialistischen Industrie der DDR. Wissenschaftliche Beiträge der Ingenieurhochschule Wismar, Sonderheft „Ökonomische und philosophische Probleme der Produktivkraftentwicklung in der wissenschaftlich-technischen Revolution“, Wismar 1982.

LV-169 Dieselben, Zu Gemeinsamkeiten und Unterschieden in der Vorbereitung und im Vollzug der wissenschaftlich-technischen Revolution in der Industrie der europäischen RGW-Länder. In: Die Wirtschaft der europäischen RGW-Länder in den 70er Jahren, Prag 1984, S. 109–119.

LV-170 H. Müller, K. Reißig, Wirtschaftswunder DDR. Ein Beitrag zur Geschichte der ökonomischen Politik der Sozialistischen Einheitspartei Deutschlands, Berlin 1968.

LV-171 M. Müller, Funktion, Aufgaben, Stellung und Arbeitsweise der Hauptverwaltung Wirtschaftsplanung bei der Deutschen Wirtschaftskommission unter Berücksichtigung ihres institutionellen Vorgängers, der Abteilung für Wirtschaftsfragen, Abschlußarbeit, Potsdam 1973

LV-172 M. Müller, Die Entwicklung der Lebensmittelindustrie im Land Thüringen in den Jahren 1945–49, Dipl.-Arbeit, Jena 1980.

LV-173 W. Mussler, Die volkseigenen Betriebe. Entstehung, Organisation, Aufgaben, Berlin 1948.

LV-174 H. Mottek, W. Becker, A. Schröder, Wirtschaftsgeschichte Deutschlands. Ein Grundriß. Bd. III, 2. Auflage, Berlin 1975.

LV-175 D. Nakath, Zur Geschichte der Handelsbeziehungen zwischen der DDR und der BRD in der Endphase der Übergangsperiode 1958–1961. Die Rolle des Handels bei der Zuspitzung des imperialistischen Wirtschaftskrieges gegen die DDR. In: Jahrbuch für Geschichte, Bd. 31, Berlin 1984, S. 299–331.

LV-176 D. Nakath, S. Prokop, Der imperialistische Wirtschaftskrieg gegen die DDR 1947 bis Ende der 60er Jahre. In: Zeitschrift für Geschichtswissenschaft 1981, Heft 4, S. 326–330.

LV-177 Neues Deutschland vom 21. November 1949, vom 19. April 1955, vom 27. April 1957.

LV-178 K. Neumann, Die Ableitung des Technisierungsgrades der Produktion aus den Kennzifferen der Technisierung der Arbeit mit Hilfe von Näherungslösungen. In: Statistische Praxis 1963, Heft 6.

LV-178a Neue Aufgaben in der Volkswirtschaft. In: Dokumente der SED, Bd. III, Berlin 1952, S. 504–518.

LV-179 V. Neumann, Die Entwicklung der feinkeramischen Industrie in dem Zeitraum vom Mai 1945 bis Juli 1948, Dipl.-Arbeit, Jena 1978.

LV-180 K. Nitsche, Entwicklung ökonomischer Kennzahlen der Erzeugnisgruppe Ferrite im VEB Kombinat Keramische Werke Hermsdorf, Forschungsbericht, Jena 1978.

LV-181 Niveau und Entwicklung der Elektroenergieerzeugung der DDR. In: Statistische Praxis 1967, Heft 1.

LV-182 A. Norden, Für die marxistisch-leninistische Einheit und Geschlossenheit der Partei. In: Neues Deutschland vom 26. Februar 1958.

LV-183 F. Oelßner, Über die wirtschaftliche Rechnungsführung, Berlin 1952.

LV-184 Derselbe, Die Übergangsperiode vom Kapitalismus zum Sozialismus in der Deutschen Demokratischen Republik, Berlin 1955.

LV-185 Ökonomische Geografie der Deutschen Demokratischen Republik, Gotha/Leipzig 1969.

LV-186 G. Opitz, Neues Rechnungswesen für volkseigene Betriebe ab 1. Januar 1953. In: Die Wirtschaft 1952, Nr. 38.

LV-187 M. J. Osernoi, Die Verbundenheit der deutschen und sowjetischen Wissenschaftler während der demokratischen Erneuerung der Bergakademie in den Jahren 1945 bis 1947. In: Bergakademie Freiberg, Festschrift zu ihrer 200-Jahrfeier am 13. November 1965, Leipzig 1965, Bd. 1, S. 314–318.

LV-188 D. Pellmann, Die Einwirkung der Arbeiterklasse unter Führung der SED auf die sozialistische Umgestaltung der Landwirtschaft durch den Aufbau einer leistungsfähigen Landmaschinen- und Traktorenindustrie in der DDR, Diss. A, Leipzig 1977.

LV-189 R. Pichel, D. Paul, L. Hückel, Die Entwicklung der EDV und ihre Anwendung in der Deutschen Demokratischen Republik, Dipl.-Arbeit, Freiberg 1975.

LV-190 J. Pisalla, Die neuen Beschäftigtengruppen in der Industrie. In: Statistische Praxis 1964, Heft 3.

LV-191 Politische Ökonomie des Kapitalismus. Lehrbuch, Berlin 1981.

LV-192 Politische Ökonomie. Parteihochschule beim ZK der KPdSU, Bd. 3, Berlin 1974.

LV-193 Politische Ökonomie des Sozialismus und ihre Anwendung in der DDR, Berlin 1969.

LV-193a Produktivkräfte in Deutschland 1917/18 bis 1945, wissenschaftliche Redaktion: R. Berthold, Berlin 1988.

LV-194 S. Prokop, Übergang zum Sozialismus in der DDR. Entwicklungslinien und Probleme der Geschichte der DDR in der Endphase der Übergangsperiode vom Kapitalismus zum Sozialismus und beim umfassenden sozialistischen Aufbau (1958–1963), Berlin 1986.

LV-195 Protokoll der Verhandlungen des II. Parteitages der Sozialistischen Einheitspartei Deutschlands vom 20.–24. September 1947 in der Deutschen Staatsoper zu Berlin, Berlin 1947.

LV-196 Protokoll der Verhandlungen des III. Parteitages der Sozialistischen Einheitspartei Deutschlands vom 20.–24. Juli 1950 in der Werner-Seelenbinder-Halle zu Berlin, 4. und 5. Verhandlungstag, Berlin 1951.

LV-197 Protokoll der Verhandlungen der 2. Parteikonferenz der Sozialistischen Einheitspartei Deutschlands vom 9.–20. Juli 1952 in der Werner-Seelenbinder-Halle, Berlin 1952.

LV-198 Protokoll der Verhandlungen des IV. Parteitages der Sozialistischen Einheitspartei Deutschlands vom 30. März–6. April 1954 in der Werner-Seelenbinder-Halle, Berlin 1954.

LV-199 Protokoll der Verhandlungen der 3. Parteikonferenz der Sozialistischen Einheitspartei Deutschlands vom 24. März bis 30. März 1956, Bd. 2, Berlin 1956.

LV-200 Protokoll des V. Parteitages der Sozialistischen Einheitspartei Deutschlands vom 10.–16. Juli 1958 in der Werner-Seelenbinder-Halle zu Berlin, Berlin 1959.

LV-201 Protokoll des VI. Parteitages der Sozialistischen Einheitspartei Deutschlands. Vom 15. bis 21. Januar 1963, Beschlüsse und Dokumente, Berlin 1963.

LV-202 Protokoll des 25. Plenums des ZK der SED vom 24.–27. Oktober 1955, o. O., o. J.

LV-203 Protokoll des 2. FDGB-Kongresses, o. O., 1947.

LV-204 Protokoll des 5. FDGB-Kongresses vom 26. bis 31. Oktober 1959 in der Dynamo-Sporthalle zu Berlin, Berlin 1959.

LV-205 E. Rammler, Die Zusammenarbeit zwischen der sowjetischen und deutschen Kohlenindustrie. In den Jahren 1945 bis 1953. In: Freiberger Forschungshefte, D 60, Leipzig 1969.

LV-206 H. Rankow, Rationalisierung oder Steigerung der Arbeitsproduktivität. In: Die Arbeit, Jahrgang 1948.

LV-206a H. Rau, Vorlesung vor der Parteihochschule „Karl Marx" beim ZK der SED am 18. Oktober 1948, o. O., S. 12.

LV-207 Rechnungsführung und Statistik in der Industrie, Berlin 1978.

LV-208 Referat und Diskussionsreden auf der 10. Tagung des Zentralkomitees der Sozialistischen Einheitspartei Deutschlands vom 20.–22. November 1952, Berlin 1952.

LV-209 I. Riedl, Die Industriepreisreform von 1962 bis 1967 unter besonderer Beachtung der Preisentwicklung im VEB Cral Zeiss Jena, Dipl.-Arbeit, Jena 1986.

LV-210 J. Roesler, Der Beitrag der Betriebe sowjetischen bzw. gemischten Eigentums bei der Herausbildung und Festigung der sozialistischen Planwirtschaft in der volksdemokratischen Revolution. In: Die Große Sozialistische Oktoberrevolution und der revolutionäre Weltprozeß, Teil 2, Berlin 1978.

LV-211 Derselbe, Die Beziehungen zwischen wirtschaftsleitenden Organen und Industriebetrieben im Osten Deutschlands von der Befreiung vom Faschismus bis zur Gründung der DDR (1945–1949). In: Jahrbuch für Wirtschaftsgeschichte 1984, Teil 4, S. 9–24.

LV-212 Derselbe, Die Herausbildung der sozialistischen Planwirtschaft in der DDR. Aufgaben, Methoden und Ergebnisse der Wirtschaftsplanung in der zentralgeleiteten volkseigenen Industrie während der Übergangsperiode vom Kapitalismus zum Sozialismus. Forschungen zur Wirtschaftsgeschichte, herausgegeben von J. Kuczynski und H. Mottek, Bd. 11, Berlin 1978.

LV-213 J. Roesler, V. Siedt, M. Elle, Wirtschaftswachstum in der Industrie der DDR 1945–1970. Forschungen zur Wirtschaftsgeschichte, herausgegeben von J. Kuczynski, H. Mottek und H. Nußbaum, Bd. 23, Berlin 1986.

LV-214 H. Schaul, Zur Einführung des allgemeinen Vertragssystems in der volkseigenen Wirtschaft. In: Neue Justiz 1952, Heft 2, S. 51f.

LV-215 G. Schaum, Der Leistungslohn im Lohnstop und Tarifrecht. In: Arbeit und Sozialfürsorge, 1948.

LV-216 Derselbe, Neue Verordnungen für Heimarbeit. In: Arbeit und Sozialfürsorge, Jahrgang 1948.

LV-217 J. Schmelzer, E. Stein, Geschichte des VEB Filmfabrik Wolfen, Berlin 1969.

LV-218 P. Schmidt, Die Rolle der Banken, des Kredits und des Geldes bei der Schaffung der Grundlagen des Sozialismus in der DDR. 1948 bis 1952, Diss. A, Berlin 1979.

LV-219 K.-H. Schöneburg, R. Mand, H. Leichtfuß, K. Urban, Vom Werden unseres Staates. Eine Chronik, Bd. 1, Berlin 1966 und Bd. 2, Berlin 1968.

LV-220 H. Schönherr, Die Rohstoffbasis der Industrie der DDR, Berlin 1957.

LV-221 A. Schott, Die Entwicklung der Privatindustrie Thüringens in der Zeit der antifaschistisch-demokratischen Umwälzung 1945 bis 1949, Dipl.-Arbeit, Jena 1980.

LV-222 G. Schulz, Technische Revolution und Strukturwandel in der Industrie, Berlin 1966.

LV-223 K. Schultes, Der Aufbau der Länderverfassung in der sowjetischen Besatzungszone. In: Staat und Recht im neuen Deutschland, Heft 1, Berlin o. J.

LV-224 R. Schultze, Die Wirtschaftspolitik der Sozialistischen Einheitspartei Deutschlands zur Entwicklung der Kommandohöhen der Volkswirtschaft und des subjektiven Faktors sowie zur Vorbereitung des ersten Fünfjahrplans (Oktober 1949 bis Anfang 1951), Diss. A, Berlin 1978.

LV-225 H. Schumann, Einführung neuer Normen durch kollektive Arbeitsstudien. In: Die Arbeit, 1949.

LV-226 Derselbe, Die Qualitätsbrigaden in den Halleschen Kleiderwerken. In: Der Volksbetrieb, 1949, S. 295–297.

LV-227 A. Schwensfeger, Die Entwicklung des Industrieanlagenbaus in Deutschland bis 1945 und in der DDR, Diss. A, Magdeburg 1982.

LV-228 F. Selbmann, Der wichtigste Faktor in der wirtschaftlichen Entwicklung. Dokumente der Deutschen Demokratischen Republik, Heft 4, o. O., o. J.

LV-229 Derselbe, Volksbetriebe im Wirtschaftsplan, Berlin 1948.

LV-230 Derselbe, Strukturveränderungen in der volkseigenen Industrie. In: Die Wirtschaft 1950, Nr. 10.

LV-231 Derselbe, Strukturveränderungen in der volkseigenen Industrie. In: Die Wirtschaft 1951, Nr. 51.

LV-232 Derselbe, Kohle, Energie und industrielle Umwälzung. In: Einheit 1956, Heft 7.

LV-233 Derselbe, Referat zu den Perspektiven der wissenschaftlichen Arbeit in der Schwerindustrie der DDR, Berlin 1957.

LV-234 Derselbe, Ein Zeitalter stellt sich vor, Berlin 1957.

LV-235 Sozialistische Betriebswirtschaft. Lehrbuch, 4. wesentlich erweiterte Auflage, Berlin 1980.

LV-236 Sozialistische Finanzwirtschaft. Hochschullehrbuch, Berlin 1981.

LV-237 Staatliche Kontrolle – Volkskontrolle, Schriftenreihe der DDR, Nr. 2, Berlin 1950.

LV-238 A. Starck, Neue Lohnpolitik und die Bedeutung der Arbeitsnorm. In: Die Arbeit, 1949.

LV-239 R. Stasiak, Der Kampf der Werktätigen im Lande Sachsen unter Führung der SED um die Festigung der volkseigenen Industrie und die Hilfe der Sowjetunion in der Periode von Ende 1946 bis Mitte 1948. Ein Beitrag zur Darstellung der antifaschistisch-demokratischen Revolution, Diss. A, Dresden 1974.

LV-240 Statistisches Jahrbuch der Deutschen Demokratischen Republik, herausgegeben von der Staatlichen Zentralverwaltung für Statistik, 1955ff.

LV-241 Statistische Praxis 1950, 1962, 1967.

LV-242 R. Stefan, Die Entwicklung der Maschinenbauindustrie Thüringens in den Jahren 1945 bis Juli 1948, Dipl.-Arbeit, Jena 1978.

LV-243 R. Steinert, Wichtige ökonomische Aspekte der Petrolchemie. In: Die Wirtschaft 1963, Nr. 52.

LV-244 E. Stelzner, Die Herausbildung und Entwicklung der Kammer der Technik, Diss. B, Freiberg 1985.

LV-245 W. Stoph, Unternehmer im Wirtschaftsplan. In: Neues Deutschland vom 19. Mai 1949.

LV-246 Studien zur Geschichte der DDR in den sechziger Jahren. Wissenschaftliche Entscheidungen – historische Veränderungen – Fundamente der Zukunft, Berlin 1971.

LV-247 A. Stützner, Die Entwicklung der Arbeiter als Hauptproduktivkraft in der Kohlenindustrie der sowjetischen Besatzungszone und der DDR in den Jahren von 1945 bis 1962, Diss. B, Dresden 1970.

LV-248 M. Tatzkow, Die Entwicklung der Industrie- und Handelskammer und ihre Rolle bei der Einbeziehung bürgerlicher Schichten in den Aufbau der Grundlagen des Sozialismus (1953–1958), Diss. A, Berlin 1986.
LV-248a Tägliche Rundschau vom 27./28. Oktober 1949.
LV-249 The Economic Journal, Juni–September 1943.
LV-250 Technischer Fortschritt und die Struktur der Arbeitskräfte. In: Statistische Praxis 1960, Heft 3.
LV-251 H. Thalmann, Verschärfte Lohnkontrollen als lohnpolitisches Mittel. In: Arbeit und Sozialfürsorge, 1948.

LV-252 Über Buna wehen Rote Fahnen. Geschichte der Arbeiterbewegung des Kombinats VEB Chemische Werke Buna, Bd. 1, o. O., o. J.
LV-253 Über den Kampf um den Frieden, für den Sieg des Sozialismus, für die nationale Wiedergeburt Deutschlands als friedliebender demokratischer Staat. In: Dokumente der SED, Bd. VII, Berlin 1961, S. 232–316.
LV-254 W. Ulbricht, Zur Geschichte der deutschen Arbeiterbewegung. Aus Reden und Aufsätzen, Bd. III, Berlin 1953.
LV-255 Derselbe, Ebenda, Zusatzband, Berlin 1971.
LV-256 Derselbe, Ebenda, Band IV, Berlin 1958.
LV-257 Derselbe, Zur Geschichte der neuesten Zeit, Bd. 1, 1. Halbband, Berlin 1955.
LV-258 Derselbe, Planmäßige Wirtschaft sichert die Zukunft des deutschen Volkes. In: Der deutsche Zweijahrplan von 1949 bis 1950, Berlin 1948, S. 7–39.
LV-259 Derselbe, Über die Aufgaben der volkseigenen Industrie. In: Neue Verhältnisse – neue Aufgaben – neue Methoden, Berlin 1949.
LV-260 Derselbe, Fragen der politischen Ökonomie in der Deutschen Demokratischen Republik. Aus dem Referat auf der 21. Tagung des Zentralkomitees der Sozialistischen Einheitspartei Deutschlands am 14. November 1954, Berlin 1954.
LV-261 Derselbe, Die Perspektiven der wissenschaftlich-technischen Arbeit nach dem IV. Parteitag der SED und die aktive Hilfe der Wissenschaftler und Ingenieur bei der Lösung der großen Aufgaben der Volkswirtschaft. In: Die Wirtschaft 1954, Nr. 25.
LV-262 Derselbe, Über die Arbeit der SED nach dem 20. Parteitag der KPdSU und die bisherige Durchführung der Beschlüsse der 3. Parteikonferenz. In: Zur Entwicklung der Volkswirtschaft seit 1945, Berlin 1960.
LV-263 Derselbe, Das Programm des Sozialismus und die geschichtliche Aufgabe der SED, Berlin 1963.
LV-264 Um ein antifaschistisch-demokratisches Deutschland. Dokumente aus den Jahren 1945–1949, Berlin 1968.
LV-265 Unser Werk. Hydrierwerk Zeitz. Betriebsgeschichte, Teil I, 1937 bis 1962, Zeitz 1965.

LV-266 Verordnung über die Finanzwirtschaft der volkseigenen Betriebe. Vom 12. Mai 1948, Zentralverordnungsblatt 1949, S. 148–150.
LV-267 Verordnung über die Einführung von Betriebsplänen für die volkseigene Industrie (VEB-Pläne). Vom 16. März 1950, Gesetzblatt, Teil I, 1950, S. 200.
LV-268 Verordnung über die Verbesserung der Entlohnung der Arbeiter und Angestellten in den volkseigenen und ihnen gleichgestellten Betrieben. Vom 17. August 1950, Gesetzblatt, Teil I, 1950, S. 839–840.
LV-269 Verordnung über die Reorganisation der volkseigenen Industrie. Vom 22. Dezember 1950, Gesetzblatt, Teil I, 1950, S. 1233–1235.
LV-270 Verordnung über die Bildung des Staatssekretariats für Kohle und des Staats-

sekretariats für Energie. Vom 2. April 1953, Gesetzblatt, Teil I, 1953, S. 509 bis 510.
LV-271 Verordnung zur Änderung der Besteuerung und zur Senkung des Einkommenssteuertarifs. Erste und zweite Durchführungsbestimmung, Gesetzblatt, Teil I, 1953, S. 889–894. Dritte Steuerveränderungsverordnung, Gesetzblatt, Teil I, S. 775–779.
LV-272 Verordnung über die Einführung Staatlicher Standards und die Durchführung der Standardisierungsarbeiten in der Deutschen Demokratischen Republik. Vom 30. September 1954, Gesetzblatt, Teil I, 1954, S. 821.
LV-273 Verordnung über den Direktorfond in den Betrieben der volkseigenen Wirtschaft im Planjahr 1955. Vom 17. Februar 1955, Gesetzblatt, Teil I, 1955, S. 133–135.
LV-274 Verordnung über die Prämienzahlung für das ingenieurtechnische Personal, für die Meister und für das leitende kaufmännische Personal in den volkseigenen und ihnen gleichgestellten Betrieben. Vom 17. Februar 1955, Gesetzblatt, Teil I, 1955, S. 135–138.
LV-275 Verordnung über den Betriebsprämienfond sowie den Kultur- und Sozialfond in den volkseigenen und ihnen gleichgestellten Betrieben. Vom 11. Mai 1957, Gesetzblatt, Teil I, 1957, S. 289–292.
LV-276 Verordnung über die Bildung halbstaatlicher Betriebe. Vom 26. März 1959, Gesetzblatt, Teil I, 1959, S. 253–256.
LV-277 Verordnung über die Planung und Abrechnung der Selbstkosten der Betriebe und Erzeugnisse. Vom 12. Juli 1962, Gesetzblatt, Teil II, 1962.
LV-278 Volksbetriebe im Aufbau, Berlin 1948.
LV-279 Voraussetzung für die Einführung der wirtschaftlichen Rechnungsführung in der sozialistischen Industrie. In: Die Wirtschaft 1952, Nr. 42.
LV-280 E. Voß, Die Wirtschaft Mecklenburgs im Zweijahrplan. In: Jahrbuch für Regionalgeschichte, 9. Band, Weimar 1982.
LV-281 Derselbe, Bemerkungen zur Struktur und ökonomischen Funktion staatlicher und wirtschaftsleitender Organe in Mecklenburg und ihr Zusammenwirken mit den landeseigenen Betrieben (Maschinenmanuskript).
LV-282 E. Wächtler, W. Mühlfriedel, W. Michel, Erich Rammler – Biografien hervorragender Naturwissenschaftler, Techniker und Mediziner, Bd. 25, Leipzig 1976.
LV-283 V. Wahl, Der Beginn der antifaschistisch-demokratischen Umwälzung in Thüringen. Die Organisierung der gesellschaftlichen Kräfte und der Neuaufbau der Landesverwaltung, Diss. A, Jena 1976.
LV-284 Was ist durch den Sieg sozialistischer Produktionsverhältnisse erreicht worden? In: Statistische Praxis 1962, Heft 12.
LV-285 D. Weißleder, Wesen und Funktion der Deutschen Wirtschaftskommission (DWK), Diss. A, Berlin 1956.
LV-286 Wettbewerb der volkseigenen Betriebe in Brandenburg. In: Die Arbeit, 1948.
LV-287 K. Wießner, Erforderliche Spannkräfte an Dreibackenfuttern und ihre Haupteinflußfaktoren. In: Der Maschinenbau 1969, Heft 2.
LV-288 Derselbe, Die sozialistische Rationalisierung des Produktionsprozesses im Werkzeugmaschinenbau der DDR seit 1970, untersucht und dargestellt insbesondere am Beispiel des VEB Werkzeugmaschinenkombinat „Fritz Heckert“ Karl-Marx-Stadt, Diss. A, Jena 1980.
LV-289 Derselbe, Die Herausbildung der materiell-technischen Basis der sozialistischen Industrie in der Periode des Übergangs vom Kapitalismus zum Sozialismus in der Deutschen Demokratischen Republik. Grundzüge, Diss. B, Jena 1983.
LV-290 K. Wiegand, Zur Geschichte der Wirtschaftsplanung in der Kohlenindustrie.

Historische Einordnung und Bedeutung des Befehls Nr. 323 und des Generalplanes für die Wiederherstellung und Weiterentwicklung der Kohlenindustrie in der sowjetischen Besatzungszone bzw. DDR (1948–1950). In: Energietechnik 1977, Heft 12.

LV-291 Derselbe, Die Konstituierung des volkseigenen Sektors in der Industrie Thüringens 1946 bis 1948. In: Jahrbuch für Regionalgeschichte, 9. Band, Weimar 1982.

LV-292 Wir und unser Werk, Berlin o. J.

LV-293 Wirtschaftsgeschichte. Leitfaden, Berlin 1979.

LV-294 N. Woick, Die Politik der Sozialistischen Einheitspartei Deutschlands zur Schaffung der materiell-technischen Basis des Sozialismus in der Industrie der DDR im Verlaufe des ersten Fünfjahrplanes 1951 bis 1955, dargestellt an ausgewählten Bereichen der Industrie, Diss. A, Berlin 1980.

LV-295 G. Wyschofsky, Die chemische Industrie der DDR und ihre Rolle bei der weiteren Entwicklung der Volkswirtschaft, Berlin 1959.

LV-296 Zahlen und Fakten zur Entwicklung der chemischen Industrie der DDR. In: Statistische Praxis 1962, Heft 2.

LV-297 W. Zangen, Der Auftrag. In: Das Reich vom 1. März 1942.

LV-298 K. Zeising, Kampf und Sieg der Mansfeldkumpel, Band 2 (Maschinenmanuskript).

LV-299 G. Ziller, Die Anwendung der fortgeschrittensten Wissenschaft und die Herstellung der Rentabilität in der Industrie. In: Die Wirtschaft 1955, Nr. 16.

LV-300 Derselbe, Über die Perspektive und den Stand des technischen Fortschritts in der DDR. In: Einheit 1956, Heft 5.

LV-301 D. Zinke, Untersuchungen zum Einfluß gesellschaftlicher Faktoren auf die Qualitätsentwicklung von Industrieerzeugnissen in den einzelnen Entwicklungsetappen der DDR. Studien zur Geschichte der Produktivkräfte, Diss. A, Freiberg 1981.

LV-302 L. Zumpe, Wirtschaft und Staat in Deutschland 1933–1945, Berlin 1980.

LV-303 Zu den nächsten ökonomischen Aufgaben. Beschluß des ZK der SED vom 1. Februar 1957 (30. Tagung). In: Dokumente der SED, Bd. VI, S. 192–198.

LV-304 Zur ökonomischen Politik der SED und der Regierung der DDR. Zusammenstellung von Beschlüssen der SED sowie Gesetzen und Verordnungen der Regierung der DDR vom 11. 6. 1945 bis 21. 7. 1955, Bd. 1, Berlin 1955.

LV-305 Zur gegenwärtigen Lage und zu den Aufgaben im Kampf für Frieden, Einheit und Sozialismus. In: Dokumente der SED, Bd. IV, Berlin 1954.

LV-306 Zur Wirtschaftspolitik der SED. Akademie für Gesellschaftswissenschaften beim ZK der SED, Institut für Geschichte der Deutschen Arbeiterbewegung, Bd. 1, Berlin 1984.

LV-307 Zwanzig Jahre Braunkohlenbergbau in der DDR, Leipzig 1966.

LV-308 Zweite Durchführungsbestimmung zur Verordnung über die Finanzwirtschaft der volkseigenen Betriebe. Vom 21. Dezember 1948, Zentralverordnungsblatt 1949, S. 3–4.

4. Namenregister

Kolibri 360 GmbH
Ferdinand-Jühlke-Straße 7
99095 Erfurt, Deutschland
produktsicherheit@kolibri360.de